그들은 왜 자살을 생각하게 되었는가

그들은 왜 자살을 생각하게 되었는가

자살시도 요인에 대한
텍스트언어학적
질적 연구

박용익

KOREA
UNIVERSITY
PRESS
고려대학교
출판문화원

김하수 선생님께 이 책을 바칩니다

이 저서는 2010년 정부(교육부)의 재원으로 한국연구재단의 지원을 받아
수행된 연구임(NRF-2010-812-A00101)

머리말

필자가 질적 연구와 자살시도에 관한 연구를 접하게 된 것은 우연이었다. 그때만 하더라도 질적 연구에 대한 경험이 전혀 없었고, 더군다나 자살과 관련된 연구는 언어학자인 필자에게 매우 생경한 연구 대상이었다. 하지만 필자는 그 당시에 《이야기 분석》을 번역하였고 서사 텍스트 분석에 대한 관심이 있었기 때문에 질적 연구 방법론을 토대로 하는 자살 연구에 대한 막연한 설레임이 일기도 하였다. 모두 6회기로 진행되었고 시간이 거의 7시간에 이르며 137쪽으로 전사된 서사 인터뷰 사례 한 개가 연구의 자료로 사용되었다. 평소 작게는 음소 한두 개, 몇 개의 문장 또는 길어 봐야 몇 쪽의 텍스트를 연구 대상으로 하는 언어학자에게 그 방대한 연구 자료는 큰 부담으로 다가왔다. 그러나 연구 기간이 꽤 길게 주어졌고 대화분석과 텍스트언어학 연구를 통해서 쌓여진 의사소통 기능과 의미단위 분절 그리고 그에 대한 범주화와 범주 통합에 대한 나름의 지식이 있었던지라 큰 부담 없이 연구를 시작할 수 있었다. 회기별로 자살시도와 관련이 있는 요인들과 이 요인들 사이에 존재하는 기능적 · 의미적 관련성을 발견해 나가면서, 연구 참여자의 삶을 심층적으로 이해할 수 있었고 그의 전기적 이야기의 의미를 전체적으로 재구성할 수 있었다. 이 과정에서 자살 현상에 대한 전문적 지식이 없어도 한 사람이 자살 생각을 하게 되는 개별적 요인들이 자료에서 발견되고, 그러한 요인들이 상호 관련성을 맺으면서 자살시도에 이르게 되는 과정이 드러나는 것이 무척 신기하고 흥미로웠다. 또한 몇 달 동안의 연구 과정에서 연구 참여자인 자살시도자에 대한 깊은 인간적 관심과 애정을 갖게 된 것도 특별한 체험이었다.

특정 이론이나 연구자의 관념에서 출발하는 것이 아니라, 연구 대상자의 언어로 표출된 현상을 통해서 세계와 본질을 이해하는 것을 목적으로 하는 질적 연구의 가치를 깨달으면서, 앞으로 언어학자로서 가야 할 연구의 방향이 정립된 것도 이 연구로 인해서 얻은 큰 소득이었다. 통상적으로 언어학은 작은 언어 단위를 정밀하게 탐구하는 것이 특징인 관계로 사회의 문제를 거시적 관점에서 탐구하지 못하기 때문에 사회의 제반 문제를 해결하는 데 거의 기여를 하지 못하고 있는 실정이다. 하지만 언어학자가 자살과 같은 이 사회의 아픔이 담겨 있는 거대 텍스트를 탐구한다면, 사회적 문제의 해결에 직접적으로 참여하고 기여할 수 있겠다는 생각을 하게 되기도 하였다. 더 나아가서 질적 연구 방법론을 활용함으로써 그동안 대화분석이 해결하지 못했던 의사소통의 규범을 의사소통 참여자의 관점으로 정립할 수 있는 가능성을 발견하기도 하였다. 질적 연구는 규범을 정립하고 규범을 바탕으로 대화를 평가하며 그 결과를 토대로 대화의 개선을 추구하는 응용 대화분석 연구에 중요한 방법론으로 활용될 수도 있다. 이런 의미에서 우연한 계기로 시작한 질적 연구는 의사소통을 탐구하는 연구자인 나의 학문적 정체성을 구성하는 중요한 한 부분이 되었다.

한편 기존의 질적 연구는 많은 경우 텍스트 분석의 정밀도와 텍스트 해석에서 문제가 있음을 발견하기도 하였다. 이 과정에서 언어학자가 텍스트를 질적 연구로 분석한다면 방법론적으로 그리고 결과적으로 어떻게 다른 학제의 연구자들과 다를 수 있을까라는 물음이 생기기도 하였다. 또한 질적 연구에 언어학적 시각과 방법론을 접목한다면 질적 연구에 어떤 변화를 초래하고 어떤 이익이 발생할지에 대한 궁금증도 갖게 되었다.

한 사례의 연구를 통해 발견한 질적 연구의 묘미와 가치, 질적 연구와 언어학과의 접목 가능성과 이를 통한 두 연구 분야의 방법론적 확장 가능성, 자살 현상 연구를 통한 사회에 대한 직접 참여 가능성 등은 서사 텍스트 분석을 통한 자살 현상에 대한 질적 연구를 본격적으로 해 보아야겠다는 생각을 갖게 하였다.

2010년 한국연구재단에서 지원하는 인문저술사업에 선정된 후부터 지금까지 자살시도자 10명의 서사 상담 사례를 탐구해 왔다. 언어학자인 필자에게 800쪽이 넘는 전사 자료는 큰 도전이었다. 또한 필자는 사례별로 서사 인터뷰 텍스트를 분석하는 과정에서 연구 참여자를 자살시도로 이끌었던 그들의 힘들고 고통스러웠던 삶의 이야기 속으로 들어갈 수밖에 없었다. 이 과정에서 그들의 고통에 감정이입이 되어 느꼈던 심리적 부담과 고통이 필자에게 특히 큰 어려움으로 다가왔다. 한 사례 연구는 보통 2-3개월이 소요되었는데, 한 사례의 연구가 끝나면 그러한 심리적 부담과 고통을 해소하기 위해 항상 연구한 기간만큼의 휴식 시간이 필요하였다. 그렇게 심리적 부담과 고통을 씻어낸 후에야 비로소 다음 사례의 연구를 시작할 수 있었다.

이 연구의 결과를 간략하게 요약하면, 자살시도의 핵심적 요인은 가족, 연인 또는 부부, 친구, 직장동료 간의 인간관계의 문제이고, 이 과정에서 발생하는 타인과의 의사소통 단절의 문제이다. 이러한 사실은 최근 30년 사이에 자살자의 수가 거의 5배로 급증한 것의 근본적인 이유가 한국 사회의 전통적인 공동체적 삶의 해체와 이른바 '무한경쟁'으로 변질된 인간관계 그리고 의사소통의 단절에 있는 것이 아닐까라는 추측을 해보게 한다. 특히 의사소통이 자살시도의 핵심적 요인의 하나로 작용한다는 사실은 의사소통이 단순히 정보전달의 수단을 넘어서, 인간 생명의 존재론적 토대라는 것을 의미하기도 한다.

이는 의사소통에 대한 연구로도 한국 사회가 당면한 문제의 원인을 진단하고 해결에 대한 대안을 제시할 수 있다는 점에서 의사소통을 연구하는 언어학자이자 인문학자인 내게 큰 의미와 후속 관련 연구에 대한 동기를 부여한다.

질적 연구를 위한 연구 자료가 구축된 후에 첫 번째로 진행하는 연구단계는 코딩 또는 텍스트 분석이다. 이 단계는 범주화 및 의미 구성의 질적 수준에 결정적인 영향을 끼칠 만큼 중요한 것임에도 불구하고 질적 연구를 위한 개론서에 자세히 언급되거나 소개되어 있지 않은 실정이다. 그러므로 질적 연구를 처음 시작하는 사람에게는 질적 연구의 첫발을 내딛는 데 어려움이 있을 것으로 보인다. 이 책에 코딩을 하는 방법을 텍스트언어학적 관점에서 일부 소개하기는 하였지만, 이 연구의 핵심 과제가 연구방법론에 대한 탐구가 아니어서 이에 대해서는 본격적으로 다루지 못하였다. 코딩 또는 질적 텍스트 분석을 언어 및 비언어적 근거를 중심으로 보다 체계적이고 정밀하게 하기 위한 방안 제시는 향후 후속 연구의 과제로 삼기로 한다.

이 연구를 시작하고 마치기까지 여러 분의 도움이 있었다. 먼저 질적 연구에 발을 들여놓도록 친절하게 문을 열어주신 서울대학교 간호학과 이명선 선생님께 감사의 말씀을 드린다. 서울의 한 구청 정신보건센터에서 어려운 사람들에게 상담치료를 하고 계신 황순찬 박사님은 이 연구를 할 수 있도록 10사례의 인터뷰 전사 자료를 제공해주셨고, 개별 사례에 대한 연구가 끝날 때마다 겪었던 필자의 심리적 부담감과 고통을 씻어내주셨다. 또한 사례 연구 결과를 발표할 수 있도록 기회를 제공해주셨고, 필요한 피드백을 제공해주시기도 하였다. 뿐만 아니라 10사례에 대한 분석이 거의 끝날 때까지도 자살 현상에 대한 언어학적 연구의 의미를 확신하지 못한 필자에게 격려와 지지를 아끼지 않으셨다. 이 연구가 완료되고 책으로 나오게 된 데에는 황순찬 박사님의 도움이 결정적이었다. 황순찬 박사님께 존경과 감사의 말씀을 전한다. 언제나 격려와 지지를 보내주셨던 초당대학교 간호학과 고문희 선생님께도 감사의 말씀을 드린다. 이 연구를 마칠 때쯤 신체적·정신적 소진 현상을 겪으면서 연구를 더 이상 진행하기 어려웠을 때 필요한 의료적 조치와 따뜻한 마음을 전해주신 아이마인드의원 서경란 원장님과 이명란 선생님께 고마움과 사랑의 마음을 전해드린다. 4년이 넘는 오랜 기간 동안 힘들 때마다 했던 투덜거림을 묵묵히 들어주고 연구의 결과를 이야기할 때마다 진지하게 경청하고 유용한 조언을 해주었으며 학술 텍스트의 형식을 갖추지 못했던 초고와 최종 원고를 꼼꼼히 읽고 교정해준 아내 정연옥에게도 고마움을 표한다. 원고 교정에 참여해준 연세대학교 정여훈 선생님에게도 감사의 인사를 전한다. 마지막으로 어려운 출판환경임에도 불구하고 이 책의 출판을 허락해주신 고려대학교 출판문화원 원장님과 이 책을 정성스럽게 편집하고 교정해주신 유재혁 선생님께 감사의 말씀을 드리고 싶다.

이 책의 집필을 마치면서 가장 먼저 떠오르는 분들은 연구를 하는 시간 내내 마음으로 함께 했던 열 분의 연구 참여자 분들이다. 자살 생각과 시도를 할 만큼 지난하고 고통스런 삶을 사셨던 그분들이 그토록 바랐던 평범한 삶을 사시면서 일상의 평화와 소소한 행복을 누리시길 간절히 소망한다. 그분들이 소중하게 제공해주신 아픔의 이야기들이 다른 사람들의 아픔을 덜어내고 소중한 생명이 온전이 보존되는 데 쓰여진다면 이야기의 전달자인 필자에게 큰 기쁨이자 보람이겠다.

박사학위를 받은 후 20년이 넘게 비정규직 연구자로 살아가지만 학문에 대한 열정과 어려운 이웃들과 더 좋은 세상을 위해서 나의 지식을 바치고 싶다는 꿈을 잃지 않고 살아가고 있다. 이런 삶을 살아갈 수 있는 것은 오로지 가족과 주위 여러분들의 도움과 격려 덕분이다. 특히 연세대학교 국어국문학과 김하수 선생님은 2000년대 초반 학문의 길을 포기하고 새로운 길을 가고자 했을 때 아무런 개인적 연고가 없었던 필자를 연세대학교 인문학연구소 연구교수로 초대해주셨다.

또한 필자가 연구하는 대화분석과 화용 언어학을 귀하게 여기시며 항상 격려하고 지지해주셨다. 그럼으로써 필자는 지금까지 연구자로서의 삶을 이어갈 수 있었고 이 연구도 할 수 있었다. 오랜 기간 많은 후학에게 큰 가르침을 베푸시고 지난해 여름 교수로서의 삶을 성공적으로 마치신 김하수 선생님께 감사와 축하의 말씀을 보내드리며 이 책을 헌정한다.

2015년 8월 박용익

차례

3 분석 방법론

4 개인사례별 자살시도 체험과 자살 요인

1
들어가는 말

1.1. 연구의 배경과 필요성

최근 한국의 심각한 사회 문제 가운데 하나가 바로 자살에 의한 사망이다. 통계청 자료에 따르면 2013년 한국인 10만 명당 자살한 사람의 수는 28.5명에 달하고 있는데, 이를 하루 사망자 수로 환산하면 39.5명에 이르고 한해 자살 사망자의 수는 14,427명에 이른다. 2013년도의 한국인 전체 사망자 중에서 자살 사망자가 차지하는 비율은 5.4%에 이르고, 한국인의 사망 원인 가운데 자살이 4위를 점하고 있다. 2012년을 기준으로 하면, 경제협력개발기구(OECD) 회원국의 평균 자살률인 10만 명당 12.1명과 비교하면 2배 이상 높은 수치로, 한국은 경제협력개발기구 회원국 가운데 자살사망률 1위라는 불명예를 수년째 연속으로 누리고 있기도 하다.

한국의 자살 사망과 관련하여 제기되는 문제는 자살률이 매우 빠르게 증가하고 있다는 사실이다. 1982년 10만 명당 6.8명이었던 자살률은 1998년에는 10만 명당 18.4명으로 3배 가까이 상승했고, 2008년도에는 10만 명당 26명으로 10년 사이에 41.3%가 증가했다. 2009년부터 2011년까지 10만 명당 31명이 넘다가, 최근 2년에는 각각 28.1명과 28.5명으로 감소하였다(중앙자살예방센터).

이와 관련하여 더욱더 심각한 문제는 자살시도자는 자살자의 10-20배에 이를 것으로 추정되고, 한 번 자살을 시도한 사람은 다시 자살을 시도할 가능성이 매우 높다는 점이다. 자살로 인한 피해는 당사자뿐만 아니라 최소한 6명 이상의 주위 사람들에게도 심리적·정서적으로 크게 영향을 끼치며, 자살시도를 전염시킨다는 위험을 가지고 있는 데서도 발견할 수 있다(이광자 2009). 최근 한국 사회에서 유명인사들이 자살을 하면서 잇따르는 모방 자살 현상에서도 그러한 사실을 입증할 수 있다. 2014년 한 해 동안 한 번이라도 자살하고 싶다는 생각을 해본 적이 있는 사람은 13세 이상 인구의 6.8%에 이르고, 자살 생각의 이유는 아래와 같다(국가통계포털, http://kosis.kr).

- 경제적 어려움: 37.4%
- 이성문제: 5.4%
- 신체적·정신적 질환, 장애: 11.1%
- 직장문제: 7.8%
- 외로움, 고독: 12.7%
- 가정불화: 14.0%
- 학교성적, 진학문제: 5.6%
- 친구나 동료들과의 불화 및 따돌림: 1.6%
- 기타: 4.5%

이렇게 자살이 한국 사회의 중요한 문제로 대두되었음에도 불구하고, 자살시도의 이유를 자살시도자들이 살아온 생애사적인 전체 맥락과 그들이 당면하고 있는 사회심리적 요소들의 복합적인 체계 속에서 밝혀낸 연구는 아직까지 미비한 실정이다. 그렇기 때문에 지금까지는 환자의 주관적인 경험이 최소화되거나 심지어는 불필요한 것으로 평가되고, 주로 '객관적'으로 관찰할 수 있는 결과와 사실만이 과학적인 것으로 간주되는 정신의학적인 자살시도자 상담이 주류를 이루고 있는 실정이다. 이러한 의학적 접근 과정 속에서 자살시도자는 자신이 의학적으로 객관화되고, 자신의 내적 고통과 자신이 생각하는 자살시도 이유가 이해되지 못한다는 느낌을 갖게 될 수 있다. 그러한 이유로 전문 의료인도 자살시도자에게 적절한 도움을 제공해 주지 못하는 결과가 초래된다(이명선 2009).

지금까지 이 연구의 필요성을 자살이라는 사회적 현상과 대처의 문제와 관련하여 언급했다면, 언어학과 질적 연구 방법론의 차원에서도 이 연구의 필요성을 언급할 필요가 있다. 이야기 또는 텍스트 분석에 대한 언어학적 이론과 연구 방법론은 이미 많이 연구되었다. 그러나 실제의 이야기나 텍스트를 전적으로 분석한 경우는 매우 드물고, 더 나아가서 특정한 사회 문제의 해결을 위하여 텍스트나 이야기를 분석하고 연구한 사례는 거의 없는 실정이다(박용익 2012). 그러므로 언어학적 이야기 분석을 통해서 자살이라는 한국 사회의 당면 문제를 분석하고 해결을 위한 대안의 발판을 제시함으로써, 언어학적 이야기 연구가 사회적으로 기여할 수 있다는 점에서도 이 연구의 필요성은 높다고 할 수 있다.

한편 많은 경우 질적 연구는 이야기로 이루어진 텍스트 자료를 토대로 하지만 분석의 결과에 대한 신뢰성과 객관성은 항상 논란의 대상이었다. 이러한 질적 연구 방법론의 한계는 이야기나 텍스트에 대한 이론이나 정밀한 분석 방법론을 가지고 있는 언어학적 연구 방법론을 접목함으로써 상당 부분 해소할 수 있을 것이다. 이 연구는 언어학적 연구 방법론과 질적 방법론을 융합한 언어학적 질적 연구 방법론을 제시한다는 점에서도 의미가 있을 것이다.

1.2. 연구의 목적

이 연구는 다음과 같은 목적을 추구한다.

1) 한국인 자살시도 요인을 자살시도자의 관점에서 그리고 그들이 살아온 생애사의 맥락과 사회심리적 요인들의 복합적인 체계 속에서 밝혀내고 체계화한다.
2) 자살예방 상담자들에게는 상담 능력을 배양할 수 있고, 보건정책수립 담당자들에게는 자살예방 대책에 필요한 기초 정보를 제공한다.
3) 자살이라는 사회적 문제에 보다 많은 사람들이 관심을 갖도록 하고, 주위에 있는 잠재적 자살시도자들에게 적극적이고 효율적으로 대처할 수 있는 정보를 제공한다.
4) 사회적으로 큰 문제가 되고 있는 자살률을 낮춤으로써 귀중한 생명을 구하는 데 기여한다.
5) 언어학적 연구 방법론을 접목함으로써 질적 연구의 한계로 지적되어온 정밀성과 객관성을 개선할 수 있는 새로운 질적 연구 방법론을 창출한다.
6) 자살이라는 사회적 문제가 표출되어 있는 거대 텍스트의 전체 의미를 재구성함으로써 언어학의 연구 대상과 방법론을 확장하고, 언어학 연구의 사회적 참여와 사회적 기여의 가능성을 제시한다.

1.3. 책의 구성

제1장에서 이 연구의 필요성과 배경 및 목적을 소개한 후에 2장에서는 이 연구의 이론과 방법론을 소개한다. 즉 텍스트언어학에 대한 개략적인 소개와 텍스트의 거시구조 이론과 텍스트의 발화수반력 위계

구조 이론 및 언어학적 이야기 분석 방법론을 질적 연구 방법론과 접목하여 '언어학적 질적 연구 방법론'을 새롭게 정립하고자 한다.[1] 3장에서는 이 연구에서 활용된 연구 자료를 소개하고, 자살 상담 텍스트의 분석을 위한 질적 연구 방법과 구체적인 절차를 자세하게 소개한다. 4장에서는 자살시도자 8명의 인터뷰 텍스트에 나타난 자살시도 요인을 개인별로 분석한다. 또한 자살시도와 관련된 개인의 자전적 이야기가 재구성되고 자살시도 요인들이 상호작용을 하면서 한 개인이 자살시도에 이르는 경로를 자세하게 제시한다. 제5장에서는 이 연구에서 분석된 자살시도자들의 인터뷰 텍스트에서 발견된 자살시도 요인 12개에 대한 자세한 논의가 이루어진다. 특히 하나의 자살시도 요인이 어떻게 발생하게 되었고, 이 요인이 다른 요인의 발생에 어떻게 영향을 끼치는지를 분석한다. 그리고 그러한 요인들이 상호 영향을 끼치면서 자살시도에 이르게 되는 보편적인 구조가 재구성된다. 제5장에서는 이 연구의 결과가 자살이라는 사회적 현상과 질적 연구 및 언어학 연구에 어떤 의미를 갖는지 그리고 어떻게 활용될 수 있는지에 대해서 논의한다.

1 제2장의 언어학적 이론에 대한 논의는 이미 발표된 논문의 내용이 부분적으로 포함되어 있다. 텍스트언어학에 대한 전반적인 소개는 박용익(2012a), 발화수반력 위계구조 이론은 박용익(2012b), 그리고 언어학적 이야기 분석에 대한 기술은 박용익(2006)과 정연옥/박용익(2013)을 토대로 하였다.

2
질적 연구를 위한 언어학 이론

질적 연구는 연구자의 특정 이론이나 선험적 지식을 사용하지 않고도 연구 참여자 또는 텍스트 생산자의 경험세계 그리고 가치관과 자아 정체성 및 감정 등과 같은 그의 의식세계를 경험적으로 밝혀낼 수 있다는 점에서 매우 매력적이다. 하지만 그러한 질적 연구에서의 텍스트 분석이 얼마나 정밀하고 체계적이냐에 대한 논란은 분분한 형편이다.

질적 연구를 평가할 수 있는 기준은 매우 다양하지만, 대표적으로 사용되는 질적 연구 평가 기준으로는 신뢰성(credibility), 재연가능성 또는 적용성(transferability), 검증가능성(auditability), 확인가능성 또는 객관성(objectivity) 등이 있다(김귀분 외 2005, 451-454; Freeman et al. 2007; Dixon-Woods/Shaw/Agarwal/Smith 2012). 그러한 다양한 질적 연구의 평가 기준을 간략하게 정리해보면 다음과 같다.

먼저 연구 과제와 관련하여 필요한 정보가 풍부한 연구 자료를 확보하는 것이 질적 연구의 1차적인 질적 평가 기준이 될 수 있다. 이 자료 속의 연구 과제와 관련한 실제의 현상이나 내용들을 정밀하고 원자료에 표현된 사실에 부합하게 분석하고 해석해서 범주화하는 것이 2차적인 질적 평가 기준이 될 수 있다. 범주화된 결과들이 연구 주제와 관련된 문제들을 심층적이고 다차원적으로 설명을 해주는지, 그리고 연구 결과가 실제 현장에서 활용될 가능성이 높은지가 3차적인 질적 연구의 평가 기준이 될 수 있을 것이다.

방대한 텍스트에서 연구과제와 관련된 요인을 분석해내고 그 부분에 적절한 주제어를 부여하는 일은 질적 연구 결과의 질적 수준을 결정하는 매우 중요한 일이다. 이 과정이 그렇듯 매우 중요함에도 불구하고, 그러한 1차 분석을 정밀하고 타당하게 할 수 있는 방법론이나 이론은 질적 연구 방법론에서 구체적으로 제시되어 있지 않다. 그렇기 때문에 텍스트에 대한 1차 분석은 대부분의 경우 연구자의 주관적 판단이나 직관을 토대로 이루어진다. 그러므로 이 과정에서의 텍스트 분석이 앞서 제기한 질적 연구의 보편적인 평가 기준(신뢰성, 재연가능성 또는 적용성, 검증가능성, 확인가능성 또는 객관성)을 충분하게 충족시키지 못할 수 있다. 또한 이러한 현상은 질적 연구가 객관적이지 못하다는 질적 연구에 대한 일반적인 비판의 빌미로 작용하기도 한다. 이러한 근본적인 주관성의 한계를 넘어서기 위해서 질적 연구에서는 한 사람의 연구 결과가 다른 연구자에 의해서 논평을 받았는지가 그 연구를 평가하는 중요한 지표로 활용되고 있다(김귀분 외 2005, 455). 즉 분석의 과정과 결과가 주관적이라고 하더라도 그것이 상호주관성(intersubjectivity)을 확보하면, 그 연구는 적어도 그리고 최소한의 신뢰성과 객관성을 확보한다는 것이다.

질적 연구는 본질적으로 텍스트에 대한 의미 연구이므로 그러한 분석과 해석의 주관성 그리고 그로 인한 질적 연구의 정밀성과 타당성에 대한 비판은 피할 수 없는 원초적인 한계이다. 그러한 질적 연구의 원초적인 한계는 단지 질적 연구에만 해당되는 것이 아니라, 의미와 의사소통적 기능에 대한 연구를 하는 모든 연구 분야에 공통되는 한계이기도 하다.[1] 비록 의미에 대한 연구가 원초적으로 주관성을 토

1 이러한 논란은 언어학에서도 이미 오래전부터 논의되어왔고 논란이 되어왔던 사안이기도 하다. 그렇기 때문에 특히 언어학의 엄밀성과 객관성에 많은 의미를 부여하는 상당수의 언어학자들은 의미를 언어학 연구에서 배제하고 오로지 언어 수단 그 자체만을 연구 대상으로 간주하고 있다. 이에 대한 반론으로 로만 야콥슨은 "의미 없는 언어 연구는

대로 하고 정밀성과 타당성의 문제가 있기는 하지만, 질적 연구의 여러 단계에서 내재하는 그러한 문제를 최소화 할 수 있는 방안으로 화용언어학, 텍스트언어학, 언어학적 이야기 분석 등의 이론을 제시할 수 있을 것이다. 이 연구 논문에서는 질적 연구의 한계를 부분적이라도 극복하고 최소화할 수 있는 화용언어학, 텍스트언어학, 언어학적 이야기 분석 방법론에 대해서 간략하게 소개할 것이다.[2]

2.1. 텍스트언어학

2.1.1. 텍스트언어학과 텍스트의 이해

전통적으로 언어학이 연구하는 언어 단위는 음소나 형태소 또는 낱말이나 문장이었다. 하지만 1960년대 중·후반부터 인간의 언어는 개별적인 낱말이나 문장으로 사용되고 그에 따라서 구체적인 의미가 발생하는 것이 아니라, 언제나 텍스트를 기본단위로 이루어진다는 인식이 독일의 언어학계에서 태동되었다. 즉 언어는 낱말이 문장과 같은 개별 언어 단위들이 텍스트 내에서 서로 엮이고 관련성을 맺으면서 사용되고 의미를 가질 수 있다는 것이다(Hartmann 1968). 또한 텍스트의 형태로 사용되는 언어는 개별 언어단위가 지닌 의미의 총합이 아닌, 그 이상의 의미 또는 개별 언어단위의 의미와는 다른 의미를 가지게 된다(Coseriu 1980, 51). 이렇듯 언어사용의 양상과 언어의미의 생성이 텍스트를 기본 단위로 이루어진다는 사실에 대한 인식이 이루어지면서 독일의 언어학계에서는 텍스트언어학이 태동되었다.[3] 이러한 인식

의미 없는 것(Jakobson 1983, 601)"이라는 유명한 말로 언어 연구에서 의미의 중요성에 대해서 언급한 바가 있다.

2 질적 연구의 한계를 극복할 수 있는 방안을 체계적으로 그리고 완성도 높게 제시하는 것은 향후 연구 과제로 남기기로 한다.

3 통상적으로 사용되는 텍스트에 대한 언어학의 명칭으로서 "텍스트언어학(Textlinguistik)"

의 전환을 바탕으로 텍스트언어학은 1960년대 후반부터 그리고 대화 분석론은 1970년대 중반부터(박용익 2010, 67~68) 언어학의 새로운 연구 분과로 태동되었다. 그 이후로 언어학의 두 연구 분과는 서로 독립적이기도 하고 상호보완적인 관계로 발전하여, 이제는 이미 언어학 연구의 중요한 연구로 자리매김하고 있다. 한국의 언어학계에 텍스트 언어학이 본격적으로 도입된 시기는 한국 텍스트언어학회가 창립된 1992년이다. 이 시기 이후 많은 언어학자들이 매우 다양한 연구의 관심과 목적을 가지고 텍스트언어학을 연구하였다. 그 결과 많은 연구 논문이 생산되었고 텍스트언어학의 태동지인 독일에서 발간된 주요 텍스트언어학 개론서들이 번역 출판되었다. 이를 통해서 이제 텍스트 언어학은 한국의 언어학계에서 이제 비중 있는 연구 분야로 자리매김하게 되었다.

텍스트를 연구 대상으로 하는 텍스트언어학은 한편으로는 텍스트 구성을 위한 일반적 조건과 규칙을 체계적으로 기술하고 그것이 텍스트 이해에 어떤 의미를 갖는지를 설명하는 것을 목적으로 한다. 또한 다른 한편으로는 구체적인 텍스트의 문법적 구조와 주제적 구조 그리고 의사소통적 기능을 밝혀내는 것을 목적으로 하기도 한다(Brinker 1992, 8).

텍스트언어학이 연구 대상으로 하는 텍스트의 개념 정의는 보편적으로 합의되어 사용되는 것은 없고, 텍스트를 연구하는 언어학자 또는 텍스트 연구의 특정 대상에 따라서 매우 다양하게 정의되어 있다(박용익 2012). 텍스트에 대한 정의가 보편적으로 합의된 것이 없는 이유는 아래와 같이 '텍스트'가 가리키는 실제의 대상이 무엇이냐를 규

이 사용되고 있으나, 서양의 언어학계에서는 "텍스트학(Textwissenschaft)" "텍스트문법(Textgrammatik)" "텍스트이론(Texttheorie)" "담화 분석(discours analysis)" 등이 사용되기도 한다. 또한 텍스트언어학이 탐구하는 대상이나 목적에 따라서 "텍스트통사론(Textsyntax)" "텍스트의미론(Textsemantik)" 그리고 "텍스트화용론(Textpragmatik)" 등의 용어가 사용되기도 한다(박용익 1998, 3).

정하는 것이 간단하지 않기 때문이다. 즉, 텍스트는 매우 다양한 단위나 측면의 언어 또는 비언어를 지칭할 수 있다.

- 언어 - 비언어: 텍스트가 가리키는 것이 오로지 언어적인 것만을 지칭하느냐, 아니면 그림이나 사진 또는 동영상까지도 지칭하느냐에 대한 것은 '텍스트'를 규정하는 사람에 따라 각각 다를 수 있다.
- 한 문장(발화) - 여러 문장(발화): 텍스트는 통상적으로 여러 문장 또는 발화로 이루어진 복합적인 언어단위로 규정되지만, 비록 한 문장이나 발화로 이루어져 있다고 하더라도 그것이 의사소통 기능을 충분히 발현한다면(예: '불이야!' '스톱!' 등) 그것은 텍스트라고 정의된 바 있기도 하다(de Beaugrande/Dressler 1981).
- 문어 - 구어: 통상적으로 글로 이루어진 언어단위만을 텍스트로 규정할 것인지, 아니면 입말로 이루어진 언어단위(발표, 연설 등)도 텍스트로 규정할 것인지에 대한 논의도 명확하지 않다.
- 의사소통의 결과물 또는 언어수단 - 언어행위(의사소통 과정): 텍스트를 의사소통의 결과물이나 수단으로 보는 것이 전통적인 텍스트에 대한 관념이지만, 텍스트가 의사소통 과정 그 자체로 정의되는 경우도 많다("텍스트는 의사소통적 사건", de Beaugrande/ Dressler 1981).
- 독화 - 대화: 전통적으로 한 명의 언어사용자에 의해서 만들어진 언어단위만이 텍스트로 규정된 것과는 달리, 두 명 이상의 언어사용자에 의해서 생산된 언어단위인 대화도 텍스트로 지칭되는 경우도 많다.

이와 같이 텍스트 규정의 어려움은 그것이 가리키는 대상이 매우 다양하고 복잡한 데 기인하는 것뿐만 아니라, '텍스트'의 구성요소의 다양성에서도 기인한다. 텍스트의 구성요소의 다양성은 개략적으로 텍스트의 문법적 또는 통사 구조적 측면, 의미 또는 주제적 측면, 그리고 의사소통적 기능의 측면으로 분류할 수 있다.[4] 이러한 구성적 측면의 다양성과 더불어 텍스트에 대한 개념 정의가 매우 다양하게 존재한다.

1) 문법 또는 형태적 측면에 따른 텍스트 정의: 텍스트는 문장 초월적이고 문장들이 통사적으로 연결되어 있는 언어적 단위이다.

- Isenberg(1968): 텍스트는 텍스트를 조직하는 수단으로 서로 연결된 문장의 연속체[5]
- Harweg(1968): 대명사의 중단 없는 연쇄를 통해서 형성되는 언어적 단위의 병렬체
- Agricola(1970): 텍스트는 특정 수단들에 의해서 연결되어 있고 특정한 방식으로 질서를 갖추고 있는 문장들의 선형(linear)적 연쇄

2) 텍스트의 의미 또는 주제적 측면에 따른 정의: 하나의 일관된 내용을 가리키는 언어적 단위들의 연쇄

- Steinitz(1968): 텍스트는 지시 대상의 동일성, 즉 표층적 구성단위가 지칭하는 대상의 동일성을 통해서(co-reference) 구성
- Pfütze(1970): 텍스트는 의미적·목적적으로 체계화된 다수의 문장으로 구성되고, 이 문장 사이에는 의미 및 기능과 관련된 관계가 성립되어 있다.
- Agricola(1969): 텍스트는 하나의 주제를 구성하는 질서를 갖춘 문

4 이러한 분류는 텍스트언어학의 발달사를 개략적으로 반영한다. 즉 텍스트언어학은 텍스트의 문법적이고 구조적인 측면을 다루었던 텍스트문법론으로 시작하여, 텍스트의 의미와 주제적인 측면을 다루었던 텍스트의미론을 거쳐서, 텍스트의 의사소통적 측면과 텍스트의 생산과 이해를 다루었던 텍스트화용론의 순서로 발달하였다.

5 텍스트의 개념정의와 관련된 사항은 Helbig(1990, 158-161)와 Adamzig(2004, 31-48)에서 간접적으로 인용한 것임을 밝힌다.

장의 총합

- van Dijk(1972): 텍스트는 의미적 심층구조에 의해서 유발되고 조정되는 표층구조. 심층구조는 추상적이고 논리적인 구조로서 텍스트의 플랜
- van Dijk(1980): 텍스트는 의미적 특성을 지닌 거시구조를 가지고 있는 문장의 연속체

3) 텍스트의 의사소통적 측면에 따른 정의: 텍스트는 의사소통을 수행하기 위한 수단이나 의사소통 행위를 수행한 결과(1) 또는 의사소통 그 자체(2)이다.

(1) 텍스트는 의사소통의 수단 또는 결과

- Grosse(1976): 텍스트는 의사소통 행위 속에서 발현되는 발화의 언어적 요소
- Schmidt(1973): 텍스트는 의사소통 유형 또는 상호작용 유형이 실현된 것
- Kallmeyer et al.(1974): 텍스트란 의사소통적 상호작용에서 나타나는 기호의 총체
- Viehweger(1976): 인간 의사소통 활동의 결과인 텍스트는 복합적 언어기호
- Brinker(1990): 텍스트는 내재적으로는 결속성을 가지고 있고, 전체로서는 인지 가능한 의사소통적 기능을 알려주는 언어기호들의 한정된 연쇄체
- Schmidt(1973, 150): 텍스트는 특정 내용과 관련되어 있고 인식 가능한 의사소통적 기능을 구현하는 의사소통 행위의 발화된 언어적 구성 성분들의 총체

(2) 텍스트는 의사소통적 행위

- Güich/Raible(1977): 텍스트는 의사소통 행위와 동일
- Isenberg(1976): 텍스트는 시간적으로 순차적으로 이어지는 의사소통적 행위
- Rosengren(1980): 텍스트는 의사소통적 단위, 즉 발화수반력과 주제 그리고 언어적인 단위이고, 의사소통 과정 속에서 의사소통 행위가 언어적으로 실현되는 부분이며, 의사소통 과정 속에서 발화수반적 기능을 충족시키는 의사소통적 단위이고 주제적 단위
- de Beaugrande/Dressler(1981): 텍스트는 의사소통적 사건(communicative occurrence)

이와 같은 다양한 텍스트 정의에서 헬비히는 텍스트의 개념 정의의 구성적 요소를 다음과 같이 다섯 가지로 정리하고 있다(Helbig 1990, 160).

① 복합성의 기준: 텍스트는 문장의 복합체
② 결속성의 기준: 텍스트는 결속성을 갖춘 문장의 연속체
③ 주제의 기준: 텍스트는 특정한 주제를 갖춘 단위
④ 완결성의 기준: 텍스트는 상대적으로 완결성을 갖춘 단위
⑤ 의사소통적 기준: 텍스트는 명시적인 의사소통적 기능을 갖춘 단위

2.1.2. 텍스트언어학의 연구 방법론

텍스트에 대한 정의가 매우 다양한 것을 반영하여 텍스트언어학에도 매우 다양한 이론이 존재한다. 텍스트언어학의 이론은 한편으로는 앞 절에서 소개된 텍스트의 정의와 관련이 있다. 텍스트의 형태적 구성 요소를 탐구하는 텍스트문법론 또는 텍스트통사론, 텍스트의 의미 구조를 다루는 텍스트의미론, 그리고 텍스트의 의사소통적 기능 또는 기능

구조를 다루는 텍스트화용론 등이 있다. 다른 한편으로는 텍스트 종류가 어떤 것들이 있는지 그리고 다양한 텍스트의 종류들이 서로 어떤 공통점과 차별성을 가지는지 등을 탐구하는 텍스트유형론과 텍스트의 이해, 즉 해석과 분석 및 생산 과정을 다루는 텍스트인지학 등이 있다. 그러한 개별적 텍스트 이론은 매우 다양한 하위 이론들을 가지고 있다(Heinemann/Viehweger 2001, Brinker 1992). 이 책에서는 그러한 다양한 텍스트언어학의 이론 중에서 질적 연구의 문제를 해소하고 한계를 확장할 수 있는 텍스트언어학의 이론만을 간략하게 다루기로 한다.[6]

2.1.2.1. 텍스트의 거시구조(macro structure) 이론

네덜란드의 언어학자인 반데이크는 1980년대 초반 텍스트언어학의 주요 이론 가운데 하나인 거시구조 이론과 거시구조의 생성을 위한 거시규칙(macro rules) 이론을(van Dijk 1980) 소개하였다. 거시구조란 여러 개의 개별 의미를 포괄하는 요약적 의미를 뜻한다. 다시 말하자면 여러 개별 내용으로 이루어진 내용을 한 차원 더 큰 의미 범주로 요약될 수 있는데, 이것이 바로 거시구조이다. 또 다른 말로 거시구조를 표현하자면 텍스트 또는 텍스트의 일부분이 가지고 있는 주제(topic) 또는 요약(abstract)이라고 할 수도 있다.

거시구조는 어떤 특정한 의미 범주를 가리키는 개념이 아니라 의미 범주와 의미 범주 사이의 크기와 차원의 차이에 따른 상대적 개념이다. 즉, 아래의 그림에서 볼 수 있듯이 최하위의 개별적 의미(P11, P12, P13...; p=proposition '명제의미')는 한 차원 높은 의미 범주인 거시구조(M=macro structure)를 형성할 수 있고, 이 거시구조는 동일한 차원에 있는 여러 개의 다른 거시구조와 더불어 한 차원 더 높은 의미 범주,

6 질적 연구를 위한 언어학적 연구 방법론이나 텍스트언어학적 이론에 대한 구체적이고 상세한 논의는 이 책에서 본격적으로 다루기에는 한계가 있다. 이는 또 다른 향후 연구의 과제로 남기기로 한다.

즉 거시구조(M_2^{n-2})를 형성할 수 있다. 이 거시구조는 다시 동일한 차원의 다른 거시구조 (M_1^{n-2}, M_2^{n-2}, M_3^{n-2}…)와 더불어 이들보다 한 차원 더 높은 거시구조(M_1^{n-1})를 형성할 수 있고 이는 다시 동일한 차원의 다른 거시구조(M_1^{n-1}, M_2^{n-1}, M_3^{n-1}…)와 더불어 또 다른 상위 거시구조(M_1^{n})를 형성할 수 있다.

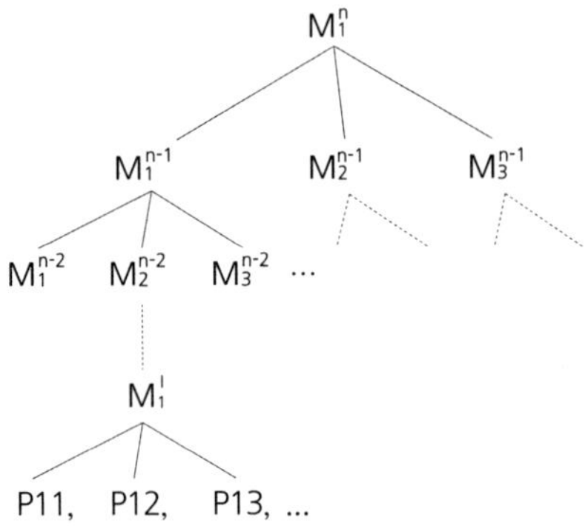

그림 1. 상대적 개념으로서의 거시구조

거시구조가 생성되기 위해서 사용되는 규칙으로는 생략, 선별, 일반화, 통합의 거시규칙들이 있다. 먼저 생략규칙은 거시구조로 통합되는 과정에서 관련이 없는 부수적인 정보나 핵심적이지 않은 내용은 삭제하는 것으로 정의할 수 있다. 아래의 예문에서 어떤 정보가 핵심적이고, 어떤 정보가 비관여적인가는 의사소통 상황에 달려 있다. 가령 어떤 일이 발생하였는지가 중요한 맥락이라면 아래의 예문에서 (i)이 핵심적인 정보일 것이다. 그러므로 나머지 정보((ii), (iii))은 생략될 수 있다. 반면에 여러 소녀들이 지나갔고 그러한 정보가 모두에게 알려져 있는 상황이고 소녀들이 어떤 옷을 입었는가를 알고자 하는 상황이라면, 핵심적인 정보는 (ii)가 될 것이고 다른 정보((i), (iii))는 생략될 수 있다.

(i) 어떤 소녀가 지나갔다.
(ii) 그녀는 원피스를 입었다.
(iii) 그 원피스는 노란색이었다.

→ 어떤 소녀가 지나갔다.

선택규칙을 통해서는 여러 내용 중에서 핵심적인 정보가 거시구조로 선별되도록 한다. 생략규칙을 통해서는 덜 중요한 의미가 삭제되는 것이 강조되고, 중요함과 중요하지 않음에 대한 판단이 텍스트 외적인 기준에 의해서 이루어지는 것과는 달리, 선택규칙을 통해서는 가장 본질적이라고 판단되는 의미가 선별되는 측면이 강조되고, 중요함과 중요하지 않음에 대한 판단이 텍스트 내재적인 의미의 관련성에 의해서 이루어진다. 아래의 예에서 (iii)이 핵심적인 의미로서 거시구조로 선별될 수 있는데, 그 이유는 (i)과 (ii)가 (iii)의 전제조건이 되기 때문이다. 그러므로 생략규칙에 의한 거시구조에서는 생략된 의미들의 복원이 불가능하지만, 선별규칙에 의해서 생략된 의미들의 복원은 어느 정도 가능하다.

(i) 페터는 그의 자동차로 갔다.
(ii) 그는 자동차에 탑승했다.
(iii) 그는 프랑크푸르트로 갔다.

→ 그는 프랑크푸르트로 갔다.

세 번째 거시규칙은 일반화규칙으로 여러 의미를 포괄하는 상위의미 또는 범주로 대체하는 것을 일컫는다. 아래의 예에서 '인형' '기차모형' '블럭'은 '장난감'이란 상위범주로 통합되면서 거시구조화될 수 있다.

(i) 인형 하나가 바닥에 놓여 있다.
(ii) 나무로 된 기차모형이 바닥에 놓여 있다.
(iii) 블럭들이 바닥에 놓여 있다.

→ 장난감이 바닥에 놓여 있다.

구성규칙은 기존의 여러 의미를 통합하여 새롭고 축약적인 의미로 추론해내는 것을 의미한다. 기존의 여러 의미들은 상태, 사건, 과정, 행위의 조건, 상황 요소 그리고 결과 등과 관련이 있다. 아래의 예에서 있는 (i)에서 (v)까지의 의미들은 '나는 기차를 타고 부산으로 갔다'의 의미로 통합되고 축약되어 대체될 수 있다. 기존의 의미들은 대체된 의미에 대한 과정적이고 조건적인 의미라고 할 수 있다.

(i) 나는 기차역으로 갔다.
(ii) 나는 차표를 샀다.
(iii) 나는 승강장으로 갔다.
(iv) 나는 기차에 올랐다.
(v) 기차가 출발했고 부산역에 도착했다.

→ 나는 기차를 타고 부산으로 갔다.

지금까지 논의된 거시규칙 이론이 질적 연구 방법론을 보완할 수 있는 점은 연구 과제와 관련된 내용을 텍스트 자료에서 찾을 때, 즉 개방 코딩을 할 때 특히 유용하게 활용될 수 있다. 개방 코딩은 이후 범주화 작업이나 연구 관련된 의미의 발견을 위한 첫 번째 과정이고 그러한 연구 과정의 질과 수준을 결정하는 매우 중요한 기초 작업이다. 개방 코딩의 핵심은 방대한 양의 정보에서 연구 과제와 관련된 핵심적인 내용을 발견해내는 것이다. 또한 연구 과제와 관련하여 정보가 얼마나 본질적인지를 정보제공자가 명시적으로 밝히지 않는 것이 대부분이기 때문에 어떤 정보가 본질적이고 중요한지를 발견하기가 매우 어렵다. 또한 개방 코딩 과정에서 연구 과제와 관련하여 본질적이지 않다고 판단되는 정보를 왜 정보제공자가 언급했는지도 명확하지 않다. 텍스트 자료 속에 들어 있는 특정 정보들이 연구 과제와 관련하여 직접적으로 중요하지 않다고 판단되더라도 연구자는 그 정보가 불필요하다고 전제해서는 안 된다. 어떤 정보라고 정보제공자는 그것을 언급해야 할 필요성이 있기 때문에 말한 것이고, 또한 개방 코딩 과정에서는 연구 과제와 관련하여 덜 중요하고 비본질적이라고 판단된 정보가 연구의 진행과정에 따라서 형성된 전체 의미의 관련성 속에서야 비로소 중요하고 본질적인 정보로 판명되는 경우도 있다. 뿐만 아니라 정보를 표현하는 언어 및 비언어수단들은 모호하거나 다의적일 수 있기 때문에 연구 과제와 관련하여 그러한 표현수단에 의해서 표출된 정보의 의미를 정확히 분석하기도 어렵고 그 의미의 비중과 본질성을 간과하기 쉽다(Lucius-Hoene/Deppermann 2011, 254).

코딩이 어려운 또 하나의 이유는 불가피하게 해석과 분석이 전제되는 코딩 작업을 위한 보편적인 해석 방법이 없기 때문이다. 텍스트에 들어 있는 의미 발견을 위한 해석이 정확하거나 타당하다는 보장을 할 수 있는 '자동화된' 해석 방법이 없기 때문에, 연구자는 오로지 자신의 직관을 토대로 언어로 표출되는 의미와 행간의 의미를 해석할 수밖에 없다. 그렇다고 해서 모든 해석과 분석이 개별 연구자의 직관에 의존하거나 주관적이어도 상관없다는 것을 의미하는 것은 아니다. 질적 분석을 하는 연구자가 텍스트에서 발견한 의미는 어떤 형태로든 텍스트에 표현되어야 하고, 그렇기 때문에 항상 텍스트에 있는 언어 및 비언적 표현을 토대로 그 근거를 제시할 수 있어야 한다(Coseriu 1980, 114). 질적 자료에 대한 정밀하고 미시적인 해석을 위한 기본 원리와 그 해석의 결과인 코딩의 적확성 또는 타당성을 검증할 수 있는 일련의 방법들로 다른 요소로 바꾸어보기, 요소를 삭제해보기, 연쇄되는 문장의 순서를 바꾸어보기, 새로운 요소를 보충해보기 등과 같은 방법론이 있다(Lucius-Hoene/Deppermann 2011, 142-157; 251-277). 그러한 방법에 대해서 여기서는 자세히 다루기 어렵고, 단지 방대한 정보에서 연구과제와 관련하여 필요한 정보를 찾아내는 데 반데이크의 거시규칙 이론이 어떻게 활용되는지에 대해서 김태구(2014)의 연구를 토대로 간략하게 논의하겠다.

김태구(2014)는 질적 연구자료에서 연구과제와 관련된 핵심적인 정보를 발견하고 해석할 때 거시규칙 이론이 어떻게 활용될 수 있는지를 체계적으로 제시하였다. 생략규칙은 특정 정보에 대한 구체적인 사례, 논증 또는 대조와 비교 그리고 번복되거나 정리되지 않은 발화 등을 제거함으로써 연구과제에 대한 본질적인 정보를 찾아내는 데 활용될 수 있다. 선택규칙은 구체적으로 표현된 큰 범주의 의미를 수용하거나, 반복되는 동일한 내용들 중에서 또는 비유적 표현 가운데 하나를 선별하거나, 또는 일반적 진술과 구체적 진술이 있을 때 구체적 표현을 선별함으로써 연구과제와 관련된 본질적 의미 발견에 활용될 수 있다. 일반화 규칙은 유사한 의미 또는 개념이 나열되어 있을 때 이들을 포괄할 수 있는 의미를 사용하거나, 상술되어 있는 의사소통 행위를 지칭할 수 있는 메타언어를 사용함으로써 활용될 수 있다. 마지막으로 구성규칙은 특정 주제어로 해석할 때 결여되어 있는 정보를 보완하거나 길게 상술되어 있는 사건의 전개과정을 압축하거나 전제 또는 함축되어 있는 의미를 추론함으로써 연구 과제와 관련된 의미를 해석해 낼 수 있다. 지금까지 소개한 거시규칙의 활용 조건과 규칙은 〈표 1〉과 같이 나타낼 수 있다.

표 1. 거시규칙의 적용조건과 하위규칙(김태구 2014, 71)

반데이크의 거시규칙	거시규칙의 적용양상	
	적용조건	하위규칙
생략	구체적인 사례, 논증 또는 대조와 비교	제거
	번복되거나 정리되지 않은 발화	제외
선택	명시적 거시명제	수용
	반복된 표현	선별
	비유적 표현	선호
	구체적 표현	구체화
일반화	유사개념의 나열	총괄
	의사소통행위에 대한 설명	행위규정
구성	정보의 결핍	보완
	사건의 전개과정	압축
	함축된 정보	추론

지금까지 논의한 거시규칙을 아래의 텍스트 자료에 적용해보면 다음과 같다.

(1)	저희 누나 같은 경우에는 이제 저희 아버지하고 비슷하고 저는 이제 엄마 쪽 비슷하면서 자꾸 이제 흉내만 낼려고 그러죠. 이제 저희 아버지나 제 아버지 쪽이 좀 상당히 좀 다들 성격들이 좀 그러신 거 같아요. 약간 좀 다혈질적인 지금은 나이가 드셔가지고 안 그러신데 젊었을 때나 보면은 우리가 그 작은아버지 큰아버지 그 작은고모 여자 분이신데도 굉장히 성격이 좀 있으셨거든요. 날카롭고
(2)	저희 그 큰누나랑 큰고모랑 안 좋았어요. 어렸을 때 굉장히 뭐라고 했거든요. 저희 누나한테 근데 큰누나 같은 경우 어린앤데도 불구하고 뭐 이렇게 뒷 지려고 지려고 안 했던 거 같아요. 큰고모한테 그래서 더 싫어했죠. 저희 큰고모가
(3)	예를 들어 뭐 같이 놀러 다 식구들이 놀러 가는데 제가 한 번은 케이크를 모르고 들고 가다가 이렇게 뚜껑을 잘못 잡아가지고 훅 떨어졌어요. 막 뭐라고 그랬어요. 저희 누나가 그걸 또 저희 큰 작은 고모가 보셨죠. 막 뭐라고 그랬죠.
(4)	저희 왜 그거 갖고 그럴 수도 있는데 그런 거예요. 별거 아닌 거 같은데 사소한 거 갖고 막 싸우게 되요. 서로 뭐 안 맞으니까 뭐 어려 고등학교 때는
(5)	예를 들어 뭐 쩝 본인이 공부하고 오면은 제가 TV보고 있으면 확 꺼버리고 공부하는데 너 이거 어 열 받는다 너는 이거 보고 있고 저 중학교 때 이제 그런 식이죠. 그런 거 때문에 싸우고 뭐 먹는 거 갖고도 싸우고
(6)	제가 어머니한테 또 큰누나 같은 경우 대들면은 아 또 막 보기 싫고 그리고 또 그것 때문에 싸우고 또 엄마한테 또 왜 엄마 왜 어그 자식한테 왜 그렇게 당하냐 또 엄마한테 싸우고
(7)	그러니까 작은누나가 제일 웃긴 게 이제 큰누나한테 아무 소리도 못해요. 지금까지도 그 어떤 기에 눌려가지고요. 제가 봤을 때는 참 한 살 차인데 충분히 뭐 진짜 싸움해도 맘먹고 싸울 수도 있는데 어렸을 때부터 그 계속 지금까지도 그래서 뭐 부당한 거 같은 경우도 뭐 뭐라고 하면 그거 꼭 해주고 아 나 그 꼴 보기 싫은 거죠. 저는 그게 더 그것 때문에 더 열 받는 거 같아요.

위의 예문에서 화자는 큰누나가 사납고 공격적이라는 정보를 제공하고 있다. 이 텍스트에는 이 텍스트의 내용 전체를 아우를 수 있는 부분은 (1)에 전반적으로 제시되어 있고 큰누나와 고모의 다툼 이야기((2), (3)), 큰누나와 화자의 다툼((4), (5), (6))에 대한 이야기, 큰누나에 대한 작은누나의 굴종적 행동(7)에 대한 이야기가 있다. 그러므

로 이 예문의 가장 본질적인 정보는 (1)에 표현되어 있고 (2)-(7)의 정보는 (1)의 내용을 구체화하는 것과 관련이 있다고 할 수 있다. 그렇기 때문에 이 가운데 가장 포괄적인 내용이 담겨 있는 (1)을 본질적인 내용으로 규정하고 나머진 것들을 생략할 수 있으므로 거시규칙 가운데 생략이 활용되는 것이다.

(1)에서 다시 거시구조를 찾아내자면 "아버지 쪽"이 "작은아버지 큰아버지 그 작은고모"등을 포괄하는 의미이므로 "아버지 쪽"으로 일반화된 개념을 선별할 수 있을 것이다. 그러므로 이와 관련해서는 일반화 규칙이 활용될 수 있다.

(7)의 경우 주로 작은누나의 패배주의적이고 굴종적인 내용만이 언급되어 있다. 작은누나가 큰누나에 대해서 그러한 태도를 취하는 데 대한 전제적 조건 또는 함축적 의미로 큰누나의 공격적이고 사나운 성격을 추론할 수 있다. 물론 작은누나가 큰누나에 대한 태도가 반드시 그러한 의미를 가지는 것은 아니지만, 화자가 작은누나의 태도를 언급하는 이유는 앞에서 언급한 큰누나의 성격을 구체화하거나 그렇게 판단하는 자신의 정당성을 강화하기 위한 것이라고 할 수 있기 때문이라는 추론이 가능하다. 여기서 사용된 거시규칙은 구성규칙이라고 할 수 있다.

앞의 예문에서 발견된 거시구조의 계층적 관계를 도표로 나타내면 〈그림 2〉와 같다.

지금까지 살펴본 바와 같이 거시구조 및 거시규칙 이론은 방대한 정보에서 연구 과제와 관련된 정보 내용을 분석하고 해석하는 데 활

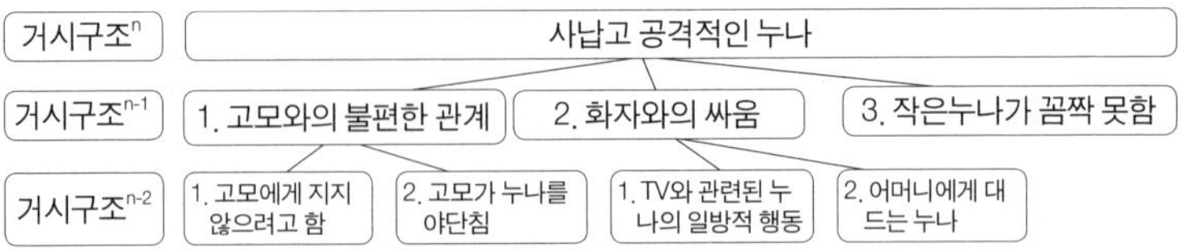

그림 2. 거시구조의 계층적 관계의 예

용될 수 있음을 알 수 있다. 거시규칙이 텍스트 코딩 과정에서 주제어를 자동적으로 산출해주는 것은 아니지만, 방대한 정보 내용에 대해서 어떤 거시규칙을 적용할지를 고려하면 어떤 주제어를 해석해내어야 하는지에 대한 실마리를 제공할 수 있을 것이다.

2.1.2.2. 발화수반력 위계구조(illocution hierarchy) 이론

발화수반력 위계구조 이론을 이해하기 위해서는 먼저 화용(話用)론과 화행(話行)론에 대한 이해가 전제되어야 한다.[7]

화용론은 언어학 연구 패러다임의 하나로서 언어수단의 내재적 의미, 즉 사용 맥락이 배제된 명제적 내용을 탐구하는 기존의 체계 언어학과는 달리 언어의 사용 양상을 탐구한다. 화용론은 언어가 구체적인 맥락 속에서 사용될 때 어떤 의미를 갖는지를 탐구한다. 그러한 의미를 사용 의미라고 한다. 사용 의미는 언어수단이 잠재적으로 내포하고 있는 의미가 특정한 상황에서 발현된 의미를 뜻한다. 사용 의미의 예를 들자면 "우리 내일 보자"라는 문장의 내포적 또는 명제적 의미가 주어인 '우리'에 대한 서술어 '내일 보자'의 합('주어에 해당되는 사람들이 다음 날 만나게 되는 일')이라면, 그 문장의 사용 의미는 그 문장이 사용되는 맥락과 양상에 따라서 '제의(내일 만나자)' '주장(약속일이 모레가 아닌 내일이야)' '협박(전화통화: 내일 만나면 혼내줄 거야)' '요청(정중한 표현: 내일 와주기 바란다)' 등 매우 다양할 수 있다. 그러므로 언어의 사용 의미는 언어의 의사소통 기능과 같은 의미이고, 이를 구체적으로 밝혀내기 위해서는 사용 맥락을 참조하는 것이 매우 중요하다. 또한 화용론은 어떤 특정한 언어수단이 특정한 사용 의미 또는 의사소통적 기능을 발현하기 위한 사용 조건을 탐구하기도 한다. 화용론은 연구 대상에 따라서 직시와 함축 그리고 전제를 포괄하는 의미

7 화용론에 대한 논의는 Levinson(1993), Mey(1996), Verschueren(2003) 등 참조.

화용론과 대화분석론을 포괄하는 행위 화용론으로 구분될 수 있다.

화용론이 언어 사용에 대한 다양한 연구 분야를 포괄하는 것이므로 여러 연구자들에 의해서 동시다발적으로 촉발된 것이라면, 화행론은 분석철학자인 오스틴(Austin 1962)에 의해서 창시되었고, 그의 후계자인 썰(Searle 1969)에 의해서 계승 발전되었다.

화행론은 원래 창시되었던 철학 연구 분야보다는 1970년대 초반에 언어학에 도입된 이후로 오히려 언어학 연구 분야에서 매우 활발히 연구가 이루어졌고, 언어학 연구의 패러다임 전환을 가져왔던 화용론의 발달에 결정적인 영향을 끼쳤다. 화행이란 말로써 하는 행동을 의미하는 것으로써 항상 언어를 사용된 맥락에서 탐구하는 것이고, 언어의 문법이나 명제적 내용이 아닌 인간이 언어로 말하는 것을 행위로 바라보는 것이다. 행위의 본질적인 구성요소 가운데 하나가 바로 행위자의 의도 또는 목적이므로, 인간의 언어사용을 행위로 본다는 것은 인간이 언어를 사용할 때 특정한 의도를 가지고 있다는 것을 함의한다. 즉 언어사용자는 언어를 사용할 때 언어표현에 자신의 의도 또는 의사소통 목적을 담는 것을 의미하다. 그러므로 화행론을 토대로 언어를 탐구할 때 언어표현의 내재적인 의미(즉 명제적 의미)를 넘어서 그 속에 담겨져 있는 언어사용자들의 의도, 즉 의사소통적 목적을 밝혀내는 것이다. "방이 덥다!"라고 말한다면 이것은 단순히 어떤 공간('방')의 상태('덥다')를 기술하는 것이 아니라, 그 말을 함으로써 언어사용자는 창문을 열어서 환기를 해달라는 '요청'이나 에어컨이 나오지 않는다는 '불평' 또는 방이 추울 것이라고 걱정하는 주인을 손님이 '안심'시키고자 하는 등의 다양한 의사소통적 목적을 추구한 것일 수도 있다.

이와 관련하여 화행론에서는 화행이 발화(locution), 명제내용(proposition), 발화수반력(illocution), 발화효과(perlocution)로 구성된 것으로 보고 있다. 발화는 사용되어 표출된 언어 및 비언어적 표현 수단(낱말,

문장, 눈맞춤, 얼굴표정 등)이고, 명제내용은 표현수단의 내재적 의미이다. 발화수반력은 말을 함으로써 화자가 추구하는 의도 또는 의사소통 목적(예: 요청, 주장, 약속, 감사 등)이고, 발화효과는 화행을 수행함으로써 화자가 청자에게 기대하는 반응(예: 요청-이행, 약속-수락, 주장-믿음, 비난-사과 등)이다. 이러한 네 개의 요소로 구성되는 화행이 성공적으로 수행되기 위해서 지켜야 할 규칙으로는 명제내용 규칙, 예비규칙, 성실성 규칙, 본질적 규칙 등이 있다.

명제내용 규칙은 화행에 따라서 언어내재적으로 사용될 수 있는 내용들이 정해져 있음을 의미한다. 예를 들면 약속이나 요청은 항상 미래에 이루어질 사태만이 명제내용으로 나타날 수 있는 반면에 주장이나 비난은 항상 과거의 사태만이 명제내용으로 나타날 수 있다. 예비규칙은 화행이 사용되기 위해서 지켜져야 하는 조건과 관련이 있다. 예를 들면 약속은 상대방이 약속한 미래의 행위를 좋아할 것이라는 조건이 지켜져야 하고 요청은 상대방이 미래의 행위를 이행할 수 있어야 한다는 조건이 지켜져야 하며 판결은 그 행위를 할 수 있는 제도적 권능의 조건이 충족되어야 한다.

성실성 규칙은 화행을 수행할 때 화자의 심리상태와 관련이 있다. 화자가 주장을 하려면 말하는 것에 대한 믿음이 실제로 있어야 하고, 요청을 할 때에는 원하는 것이 실제로 있어야 하며, 감사를 할 때에는 고마운 마음이 실제로 있어야 한다.

본질적 규칙은 화행을 수행할 때 화자가 추구하는 의도 또는 의사소통 목적과 관련이 있다. 예를 들면 주장을 할 때에는 상대방이 말하는 바를 믿기를 바라고, 요청을 할 때에는 바라는 바를 상대방이 이행해주기를 바라며, 비난을 할 때에는 상대방이 사과를 하기를 바라는 것이다.

발화수반력 위계구조 이론은 화용론과 화행론을 토대로 하는 텍스트언어학의 한 이론이다(Bak/Kang/Waßner 1992; Motsch 2000; Heinemann/

Viehweger 2001, 75-78; 박용익 2014, 157-161).

발화수반력 위계구조 이론은 1980년대 초반 이후 모취(Motsch), 피이베거(Viehweger) 파쉬(Pasch) 등의 언어학자가 텍스트의 기능 구조를 분석하기 위해서 정립한 이론이다. 이 이론에 따르면 텍스트는 문장이 아닌 텍스트로 구성된다. 텍스트를 구성하는 화행들은 서로 기능적인 관련을 맺고 있는데, 기능적 관련성의 형태는 두 가지로 나뉜다. 첫째는 기능적으로 동등한 화행들이 서로 병렬적인 관련을 맺고 있는 형태이다. 이때의 텍스트의 기능은 동등한 화행들이 갖고 있는 기능의 총합이다. 화행의 병렬적 연계는 보고서나 기행문과 같은 텍스트 유형에 자주 사용된다.

둘째는 화행들이 서로 주종적인 관련을 맺는 경우로서, 하나의 화행이 텍스트의 전체 용도를 대표하고(주화행), 나머지 화행들은 텍스트 내에서 그 주화행의 목적 달성을 위해서 보조하는 기능을 갖는다(보조화행). 주화행과 보조화행의 개념은 상대적 개념이다. 다시 말해서 주화행도 상위 기능을 갖고 있는 화행에 대해서 보조 기능을 가질 수 있고, 또한 보조화행도 그의 기능을 보조하기 위한 하위 기능에 대해서 주화행이 될 수도 있다(박용익 2014, 307). 보조화행의 기능은 주화행 수행의 정당성 또는 이해 가능성을 강화함으로써 주화행의 목적이 원활하게 달성되도록 하는 것이다. 보조화행은 주화행에 대해서 대체적으로 조건, 상황맥락, 근거제시, 결과 등의 관계를 맺는다.

(1) 죄송합니다.
(2) 잠시 여쭈어봐도 좋겠습니까?
(3) 시청이 어디입니까?
(4) 제가 이곳이 처음입니다.

위의 텍스트 예문에서 발화수반력 위계구조 관계를 살펴보면 다음과 같다. 이 텍스트 예문의 (1)에서 화자는 양해를 구하는 행위를 하고, (2)를 통해서는 자신이 다음 행위를 예고하고 수락을 요청하는 행위를 한다. 그리고 (3)에서 길 묻기 질문을 하고, (4)에서 길 묻기 질문을 하는 근거제시의 행위이다. 위의 텍스트에서 (3)의 길 묻기 질문이 가장 핵심적인 의사소통 목적일 것이다. 화자는 핵심적인 의사소통 목적인 길 묻기를 하기 전에 (1)과 (2)를 먼저 말함으로써 상대방에게 예의와 존중을 표현하는 것이다. 이를 통해서 화자는 상대방이 자신의 의사소통 목적을 보다 우호적으로 실현시켜주도록 하는 것이다. 또한 (4)를 통해서 상대방에게 자신이 질문을 해야 하는 이유를 납득시킴으로써 상대방이 자신의 질문을 수용하고 그에 상응하는 대답을 해주는 데 유리한 환경을 조성하는 것이다. 그러므로 위의 텍스트에서 (3)이 주화행이고 (1)과 (2) 그리고 (4)가 보조화행이라고 할 수 있다.

이처럼 발화수반력 위계구조 이론은 텍스트를 구성하는 행위[8] 중에서 무엇이 더 중요하고 비중이 있는지를 밝혀내는 하나의 관점을 제시할 수 있다. 발화수반력 위계구조 이론을 통해서 알 수 있는 또 하나의 중요한 사실은 하나의 화행이 자체적으로 규정되는 것이 아니라, 다른 화행과의 관계 속에서 규정된다는 것이다. 예를 들면 (2)는 자체적으로는 질문으로 규정될 수 있지만, 위의 예문에서는 (3)과의 관계 속에서 행위 예고 또는 수락 요청으로 규정된다. 또한 (4)도 자체적으로는 하나의 주장이나 사실 확인이 될 수 있지만, (3)과의 관계 속에서 근거제시로 규정되는 것이다.

8 여기서 말하는 '행위'는 '발화수반력' '의사소통 목적' '의사소통 기능' '의도' '화행'과 동일한 개념으로 사용된다. '의사소통 목적'과 '의사소통 기능'의 개념적 차이는 한 행위를 화자의 측면에서 보면 '의사소통 목적'을 가진 것이고, 의사소통 수단의 측면에서 보면 '의사소통 기능'을 가진 것이다. 예를 들자면, "물 좀 줘!"라는 말을 하게 되면 화자는 상대방이 물을 가져다 줄 수 있도록 작용을 하려는 의사소통 목적을 가지는 것이고, 그 문장은 화자의 의도를 전해서 상대방의 반응을 유도하는 의사소통 기능을 갖는 것이다.

지금까지 논의한 발화수반력 위계구조 이론과 이것의 이론적 배경이 되는 화용론과 화행론이 질적 연구에 함의하는 바는 매우 크다고 할 수 있다. 왜냐하면 화용론과 화행론이 질적 자료를 분석할 때, 특히 개방 코딩을 할 때 가지는 의미는 질적 연구의 자료인 텍스트가 명제적 의미를 넘어서, 특정한 상황 맥락에서 사용 의미를 갖는다는 관점이 생기기 때문이다(Coseriu 1981, 48-52). 특히 화행론을 통해서는 질적 텍스트 자료를 문장 또는 문장 내재적 명제내용의 연쇄체 또는 복합체로 보지 않고, 의사소통 행위로 이루어진 복합체로 파악할 수 있게 된다. 이를 통해서 전체 텍스트와 텍스트의 구성요소에 텍스트 생산자의 의사소통적 의도와 목적이 담겨져 있다는 사실이 함축된다.

이러한 질적 텍스트 자료에 대한 새로운 관점을 통해서 질적 연구는 텍스트 자료 분석 또는 개방 코딩 과정에서 연구 참여자가 어떤 의도와 목적으로 말을 했는지를 탐구할 수 있게 된다. 그럼으로써 질적 자료에 대한 탐구는 텍스트의 내재적 의미(무엇을 말하고 있는가?)를 넘어서 연구 참여자의 인터뷰 자료 속에서 그가 말한 의도와 의사소통 목적(그 말을 하게 된 의도 또는 이유는 무엇인가?)을 분석할 수 있다. 그러므로 개방 코딩은 내용 분석뿐만 아니라 연구 참여자가 지향하는 의도 또는 의사소통 목적도 분석의 대상으로 확장할 수 있는 것이다.

한편 텍스트 구성요소들 속에 텍스트 생산자들의 의도 또는 텍스트 구성요소의 의사소통 기능을 밝혀내며, 텍스트의 구성요소들 사이의 기능적 위계구조를 밝혀내는 것을 목적으로 하는 발화수반력의 위계구조 이론은 텍스트의 구성요소들이 다른 요소들과의 관계 속에서 어떤 의사소통적 기능을 갖는지, 어떤 것이 핵심적인 기능이고 어떤 것이 보조적인 기능인지를 명확하게 밝혀낼 수 있는 토대를 제공한다. 발화수반력 위계구조 이론이 질적 연구에 대해서 가지는 의미는 이 이론이 수많은 의미 속에서 어떤 것을 연구 과제와 관련하여 보다 더 중요하고 본질적인가를 파악하고 코딩해야 할지 그리고 그 외의 것들이 본질적인 내용과 어떤 관계에 있는지를 결정하는 데 활용될 수 있다는 점이다.[9] 이에 대한 예를 아래의 텍스트 예문에서 간략하게 들어보기로 한다.

> 인터뷰어: 그 자살과 관련해서 처음 그런 생각을 가진 게 언제예요?
> 강석민: 아마 한 중학교 땐가부터 생각을 했었던 거 같아요. 그때는 그렇게 막 머라고 해야 되지? 이렇게 그니까 어떤 하— 어떻게 표현해야 할지 막연한 게 있었어요. 그때는 그냥 화가 나니까 화가 나고 주로 화가 나서 그런 생각을 많이 했었고. 그때는 그때 여기 적혀 있는지 모르겠는데 부모님이 거의 머 일주일에 머 한 사오 일은 항상 싸우셨기 때문에 예 그때는 그런 거를 보면서 좀 화가 많이 났었어요. 화가 많이 났었고〔…〕 아버지 어머니가 싸우실 때는 싸우는 이유가 거의 항상 똑같았던 게 돈 가지고 많이 싸우시더라고요. 그니까 아버지가 도박에 좀 손을 대셔가지고 돌아가실 때까지도 계속 끊임없이 도박을 하셨거든요. 머 어릴 때는 얼마나 그게 심각한지 몰랐는데 나중에 크니까 얘기를 해주더라고 어떤 규모로 하시고 얼마나 거기에 빠져 있는지를 얘기를 들었는데 머 한 번에 머 원정도 가시고 인천까지 간다고 들었거든요. 가서 한 번에 들고 간 돈이 5백만원씩 들고 가서 다 날리고 온다고 그러고. 그렇게 얘기를 하더라고요. 그래서 머 한 중·고등학교 때는 들은 게 한 일억 가까이 집에 있다는 얘기도 듣고 나중에 돌아가시고 처리할 때 보니까 7천 얼마 있더라고요(1-59).

위의 예문은 인터뷰어의 질문에 대한 연구 참여자의 대답으로 이루어져 있다. 이 텍스트 자료의 본질적인 사안은 연구 참여자가 언제 처음으로 자살 생각을 한 것인가에 대한 연구 참여자의 대답(중학교 때). 그러므로 이 텍스트 자료에서 "한 중학교 땐가부터 생각을 했었던 거 같아요"가 핵심적인 내용일 것이다. 그리고 연구 참여자는 "주

---

9 이 연구의 자료에서 발화수반력 위계구조 분석의 예는 2.2.6을 참조.

로 화가 나서 그런 생각을 많이 했었고"라고 말을 한다. 연구 참여자는 이 말을 통해서 자살 생각의 한 요인이었던 화가 나게 된 근거제시를 하고 있다. 또한 "부모님이 거의 머 일주일에 머 한 4-5일은 항상 싸우셨기 때문에 예 그때는 그런 거를 보면서 좀 화가 많이 났었어요"라는 말을 통해서는 그가 화가 난 데 대한 근거를 다시 제시하고 있다. 한편 "아버지 어머니가 싸우실 때는 싸우는 이유가 거의 항상 똑같았던 게 돈 가지고 많이 싸우시더라고요. 그니까 아버지가 그니까 도박에 좀 손을 대셔가지고"를 통해서는 부모님이 항상 싸운 데 대한 근거제시를 하고 있다. 아래의 도표에서 볼 수 있듯이 이 텍스트에서 (1)이 주화행이고 (2)는 1의 근거를 제시하는 보조화행이다. 또한 (3)은 (2)에 대해서 (4)는 (3)에 대해서 그리고 마지막으로 (5)는 (4)에 대해서 각각 근거를 제시하는 보조적인 기능을 갖는다.

	그 자살과 관련해서 처음 그런 생각을 가진 게 언제예요?	
(1)	한 중학교 땐가부터 생각을 했었던 거 같아요	주화행
(2)	주로 화가 나서 그런 생각을 많이 했었고	(1)에 대한 보조화행: 자살을 생각한 이유
(3)	부모님이 거의 머 일주일에 머 한 4-5일은 항상 싸우셨기 때문에 예 그때는 그런 거를 보면서 좀 화가 많이 났었어요	(2)에 대한 보조화행: 화가 난 이유
(4)	아버지 어머니가 싸우실 때는 싸우는 이유가 거의 항상 똑같았던 게 돈 가지고 많이 싸우시더라고요.	(3)에 대한 보조화행: 화가 난 이유
(5)	그니까 아버지가 그니까 도박에 좀 손을 대셔가지고	(4)에 대한 보조화행: 부모가 싸우게 된 이유

이러한 분석을 통해서 각각의 행위들이 어떤 위계와 상호관련성이 있는지 밝혀진다는 점에서 흥미롭다. 더 나아가서 발화수반력 위계구조 분석을 통해서 자살 생각과 관련이 없어 보이는 내용이 그러한 위계와 상호관련성을 통해서 결과적으로 자살 생각 또는 시도에 영향을 끼치는 것으로 밝혀질 수도 있다. 예를 들면 연구 참여자는 아버지의 도박으로 인해서 자살 생각을 했던 것은 아니다. 하지만 위의 분석에서 밝혀진 바와 같이 여러 단계적 위계적 상호관계를 통해서 아버지의 도박이 연구 참여자의 자살 생각에 영향을 끼쳤다는 사실을 알 수 있다.

2.2. 언어학적 이야기 분석

2.2.1. '이야기'의 개념 정의

'이야기'는 한국어의 낱말 체계에서 두 개의 다른 의미를 가지고 있다. 이 낱말은 한편으로 거의 모든 언어적 행위 유형(예: 보고, 묘사, 통보, 설명, 화해, 협상, 다툼 등)을 지칭하는 것으로, 가장 일상적이고 보편적인 화행동사인 '말하다' '대화하다'와 같은 의미로 사용되는 경우가 많다. 그러나 이야기라는 낱말의 일상적 사용과는 달리 텍스트의 한 유형을 가리킬 때에는 보다 제한된 의미를 갖는다. '이야기'란 이야기를 하는 시점 이전에 있었던 실제 또는 허구의 행위나 사건의 진행과정을 담화 형식의 형태로 재구성한 것을 말한다.

'이야기'는 원래 통시적인 형식을 갖춘 언어적 표현행위이다. 다시 말해서 이야기는 과거의 특정한 상황 속에서 있었던 사건의 시간적 변화를 재현하는 것을 의미한다. 텍스트 유형을 지칭하는 이야기는 다시 소설이나 동화 그리고 영화 등과 같은 꾸며낸 '가상의 이야기'와 말하는 사람이 직접 체험했거나 또는 어떤 형태로든지 직간접적으로 관련이 있는 '체험(또는 전기) 이야기'의 유형으로 크게 나눌 수 있다. 이 연구의 대상이고 경우에 따라 '생애사 이야기'라고도 불리는 '자전적 이야기'란 화자가 이야기하는 상황을 넘어서 인생 전반에 걸친 의미를 가지고 있고, 화자 자신에게 중요한 것 또는 경험과 자신의 세계관을 표현하는 직접 체험한 것에 관한 이야기를 의미한다. 모든 형태의 이야기가 과거에 있었던 사건 또는 사태를 단순하게 재현하고 전달하기 위해서 수행되는 것만은 아니다. 화자는 자전적 이야기를 통해서 다양한 의사소통 목적을 실현하고자 한다. 구체적으로 살펴보면, 자전적 이야기는 넓은 의미의 정보 제공의 목적을 가진 과제 중심적 이야기와 유흥과 오락을 목적으로 하거나 관계 유지와 형성 또는 같은 편 만들기를 목적으로 하는 관계 중심적 이야기로 나눌 수 있다.

과제 중심적 이야기는 이야기가 다른 텍스트의 존재 여부와 관계없이 독립적으로, 다시 말해서 순전히 이야기 그 자체를 위해서 수행되는 경우도 있고, 반대로 선행하는 다른 텍스트에 의존해서 수행되는 경우도 있다. 예를 들면 이야기는 비난이나 비판적 질문 또는 주장이나 반론 등에 대한 반응, 즉 근거제시나 정당화 또는 논증 등의 의사소통 목적으로 이루어질 수 있다. 한편 텍스트 독립적 이야기는 이야기가 이루어지는 영역에 따라서 사적 이야기와 제도적 이야기로 나눌 수 있다. 사적 이야기는 자기 이해, 정체성 확립, 체험 극복, 전통 계승, 자기 자랑, 공감 얻기, 위로 받기 등의 의사소통을 목적으로 하고, 제도적 이야기는 특정 시대에 발생하였던 사건에 대한 증언이나 고발 등을 의사소통 목적으로 한다.

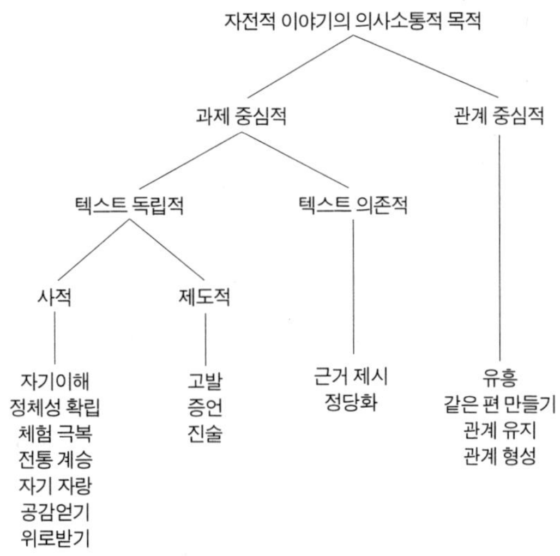

그림 3. 자전적 이야기의 의사소통 목적의 유형

2.2.2. 이야기의 구성적 자질과 인식 지표

1) 순차적으로 구조화된 시간 변화의 재현

과거에 일어났고 우리에게 중요한 것으로 그리고 이야기할 만한 가치가 있는 것으로 보이는 사건이나 경험을 재현하려고 할 때 우리는 이야기를 한다.[10] 이야기의 가장 일반적인 자질은 시간 속에서 사건의 변화에 관한 언어적 표현이다. 사건이 발생한 시점부터 시작하여 종료될 때까지 마치 사건의 결말을 모르는 듯이 사건의 시간적 경과와 변화를 순차적으로 배열된 문장으로 표현하는 것이 이야기의 구성적 자질이다.

2) 플롯구성

연속되는 사건을 이야기의 행위 또는 줄거리로 전환시켜주는 것을 '플롯구성(emplotment, 줄거리 짜기)'이라고 한다. 플롯구성을 통해서 서로 관련이 없는 사건의 연쇄가 의미 있고 결속성을 갖는 이야기의 줄거리로 구성된다. 사건은 보통 '기대하지 않은 것' '비일상적인 것' '비연속성' '계획의 중단' '스캔들' '불안정적 요소' 등으로서 무엇인가 정상적인 진행과정을 중단시키고, 그리하여 듣는 사람의 관심을 끌 수 있어야 한다.

3) 행위 주체자와 동기 부여된 사건

자전적 이야기는 행위를 수행하였거나, 일어난 사건으로 인해서 외적·내적인 변화 또는 경험을 하였거나 동기와 의도 또는 계획을 가지고 있는 사람이나 사람과 비슷한 존재의 체험과 관련이 있다. 사건이 이야기가 되는 것은 사건이 우리에게 어떤 형식으로든 동기가 부여된 것으로 나타나기 때문이다. 자전적 이야기의 경우 대부분 화자가 변

10 여기 소개되는 자전적 이야기의 특징들은 루치우스-회네/데퍼만(2006, 22-66)을 토대로 한다.

화를 체험했거나 그것을 행위로써 유발한 경우이다.

4) 관점과 평가 그리고 감정

사건은 특정한 관점하에서 이야기되고, 이 관점 속에 사건에 대한 말하는 사람의 태도(예: 사건에 대한 사무적 또는 감정적 참여, 지식의 정도, 평가)가 드러난다. 1인칭 화자는 자신의 관점과 자신의 기억을 바탕으로 사건을 어떻게 체험했는지를 재현하고, 동시에 그 사건이 그에게 어떤 의미를 가지고 있는지에 대해서 전달해준다. 이야기는 단순히 사건의 개요만을 제공하는 것이 아니라 사건에 대한 화자의 입장도 말해준다. 화자는 이야기 속에 자신의 정서적 경험과 감정적 평가를 써 넣는 것이다. 그래서 개인적인 경험의 이야기는 언제나 이야기의 묘사를 넘어서 평가적인 요소 또는 감정이나 욕구, 동기 등을 전달하는 '다중 가치'를 갖는다. 이야기를 통해서 표현되는 화자의 감정을 통해서 화자가 이야기한 사건의 과거와 현재의 의미와 중요성을 이해할 수 있는 결정적인 근거가 제시되고, 화자가 사건에 개인적으로 얼마만큼 개입되어 있었는지를 확인할 수 있다. 이야기의 특징은 그러한 관점과 평가 그리고 감정이 객관적이기 보다는 주관성에 기인한다는 데 있다.

5) 화자의 이중 시점

경험을 이야기할 때 화자는 체험하던 순간과는 근본적으로 다른 인식의 관점을 가지고 있다. 이야기를 하는 상황에서 화자는 이야기가 어떻게 종료되는지를 알고 있는데, 그것은 당시의 행위자로서 사건이 진행되는 순간에는 불가능한 것이었다. 그러나 그는 동시에 사건이 진행되는 동안 시간과 사건의 진행과 결과를 아직 몰랐던 그 순간에 그가 무엇을 생각했고, 모든 것을 어떻게 해석했는지, 그가 왜 그렇게 행동했는지, 즉 어떤 느낌을 가졌는지를 회상하기도 한다. 그렇기 때문에 이야기할 때 방향설정을 위한 두 개의 중심이 있다. 하나는 이야기하는 상황을 중심으로 하는 방향설정이고, 다른 하나는 이야기되는 상황을 중심으로 하는 방향설정이다. 이야기된 시간에서 화자는 과거의 체험하는 나와 동일시할 수 있고, 회상적 후체험에서 그것을 마음대로 처리할 수 있는 방식으로, 과거를 체험하는 나의 관점에 관해서 말할 수 있다. 그렇게 함으로써 사건의 진행이 마치 불확실하기라도 한 듯이, 사건과 행위가 이야기에서 전개되고 동기와 목적이 발전해 나간다.

6) 이야기는 구성적 활동

이야기에서는 본래 체험했던 사건과는 근본적인 거리가 존재한다. 자신의 경험을 이야기하기는 체험한 것을 단순히 재현하는 것과는 큰 거리가 있다. 이야기하기는 세상을 모사하는 활동이 아니라, 창조적 모형이거나 우리들의 기대와 경험 그리고 욕구를 바탕으로 세상에 대한 우리의 이해를 모방적으로 표현하는 행위이다. 그러한 견해에 대한 근거로 이야기의 이중 시점, 기억의 구성성, 이야기 상황의 영향 그리고 이야기 과정의 상호행위성 등을 꼽을 수 있다. 우리는 우리의 내적 독화와 상호행위의 상대자와 나누는 일상적 이야기 활동에서 서사화된 경험을 압축시키고 반추하며, 우리의 전기적 발달 과정에 따라서 항상 새로운 모습으로 만들고 변화된 삶의 요구에 따라서 최적화시킨다. 우리가 이야기하는 경험 이야기는 자기 체험의 중요한 부분을 형성하고, 우리 삶의 이야기를 마치 자기 자신이라고 확신할 수 있는 수단인 레퍼토리를 형성한다.

7) 이야기는 의사소통의 과정

이야기는 의사소통이라는 말은 곧 청자와의 상호행위를 의미한다 (Quasthoff 2001, 1300-1304). 이런 관점으로 보자면 이야기된 경험은 더 이상 한 사람의 사적인 구조물이 아니다. 우리가 다른 사람의 비판적 의식과 판단능력 및 감정이입의 능력에 우리의 경험의 서사적 표현을 제공함으로써 그것은 사회화되는 것이다. 청자는 이야기하는 우리에게 우리 이야기의 사회적 지평선과 상대방 중심의 방향설정 그리고 우리 자신에 대한 외부로부터의 시각을 보여준다. 자기 경험과 자기 반추가 자기 자신에 대한 다른 사람의 시각도 또한 포함하듯이, 이야기에는 실제적 또는 상상의 청자와의 관련성이 표현되어 있다. 그렇기 때문에 청자는 화자에게 사회적 인정과 보임과 들림의 중요한 기능을 행사하는 것이다.

2.2.3. 이야기의 원형

일상생활에서 이루어지는 이야기의 구조와 구성 자질에 대해서 처음으로 상세하게 논의한 연구자는 라보프와 웨일츠키(Labov/Waletzky 1967)이다. 그래서 이들의 이야기 원형의 모델을 먼저 소개한 후 이들의 모델을 발판으로 제시된 이야기의 원형 모델 중에서 비교적 잘 알려진 반 데이크(van Dijk 1981)와 하우젠도르프/크바스토프(Hausendorf/Quasthoff 2005; Quasthoff 2001)의 모델을 제시하도록 하겠다.

1) 라보프/웨일츠키의 모델

라보프/웨일츠키의 모델에 의하면 이야기는 요약안내, 방향설정, 갈등, 종결부로 구성된다(Lucius-Hoene/Deppermann 2006, 207이하).

- 요약안내(abstract): 요약안내는 이야기 내용을 미리 요약적으로 예고하거나 이야기할 내용에 대한 평가적 의미를 제시하는 이야기의 도입부이다. 예고는 다음에 올 내용의 이해를 위한 일종의 사용설명서로서 앞으로 할 이야기의 중요성이나 핵심적 내용이 언급된

다. 예고는 이야기의 포인트로서 짧은 형태로 정점을 미리 선취하기도 한다 ('최근에 속임수를 당한 일이 있는데…'). 짧은 형식의 예고의 표현으로 '그리고 갑자기…', '그리고 나자 그때' 등이 있고, 이것들은 주변 텍스트와 에피소드를 분리시킨다.

• 방향설정(Orientation): 방향설정은 청자에게 이야기의 시간과 장소 그리고 환경과 참여 인물 등에 대한 정보를 제공하고, 일정 부분 장면을 준비하며, 등장인물을 소개한다. 방향설정은 요약 뒤에 전체로 처리되거나, 방향설정을 위한 안내와 묘사적인 모습으로 행위의 진행과정에 섞여 있을 수도 있고, 나중에 추가로 제공될 수도 있다.

• 갈등(Complication): 갈등은 원래의 행위 또는 사건이 일어난 일들이 연속으로 이어지는 이야기 문장을 통해서 그려진다. 이는 대개 연대기적 진행과 상응하고 서사적 결속성을 창출한다. 갈등의 정점은 장면적 현재 시제, 즉 이야기 문장을 구성하는 동사를 현재형으로 사용하는 것과 말한 그대로의 재현, 즉 대화의 표현을 등장인물의 직접적·간접적 발화인 원래의 발화형태대로 표현하는 것을 통해서 강조된다.

• 종결부(Coda): 다음으로 행위와 사건경과의 결과는 결말에서 표현될 수 있다. 이야기의 핵심 또는 교훈, 즉, 대개 개별적 사건의 범위를 넘어서 추상화할 수 있는 교훈이나 일반화 또는 설명 등이 표현되는 종결부가 결말에 이어지는 경우가 많다. 이야기는 오로지 이야기 그 자체를 위해서 말해지는 것이 아니라, 처음부터 특정한 평가를 명확히 하고 그에 대한 근거를 제시하기 위함이다(예: 행위의 격률, 세계관, 인물에 대한 평가 등). 또한 종결부는 자전적 전체 이야

기의 끝 부분에서 이야기가 종료됨을 표시하고, 의사소통의 시점을 과거에서 현재로 전환하고 화자의 역할을 상대방에게 넘겨주겠다는 표시를 한다.

그림 4. 라보프/웨일츠키의 이야기 구조 모델

2) 반 데이크의 모델

반 데이크(van Dijk 1981, 140 이하; Heinemann/Viehweger 2001, 316 이하)의 모델은 이야기의 구성요소들을 단순히 확인하는 데 그치지 않고, 이들 사이의 위계구조를 밝히는 것이 특징이다. 반 데이크는 사건을 일상적 이야기의 가장 핵심적인 자질로 규정하는데, 이 사건은 그냥 단순한 일상적인 사건이 아니라, 이야기를 하는 사람에게 어떤 형태로든지 중요하고 듣는 사람에게는 흥미로울 수 있도록 일련의 행위들이 복잡한 갈등의 양상을 보여야 하고, 나중에는 갈등이 해결되어야 한다. 거꾸로 말하자면 행위의 복잡한 갈등과 그 갈등의 해결이 사건을 구성한다. 사건은 다시 그 사건이 일어나게 된 배경(setting)과 더불어 일화(episode)를 형성한다. 연속적으로 발생한 일련의 일화는 이야기의 줄거리(plot)를 형성한다. 이야기에서 단순히 줄거리뿐만이 아니라 화자의 생각이나 태도 그리고 가치판단도 함께 다뤄지는데, 반 데이크는 이것을 평가(evaluation)로 범주화한다. 평가는 줄거리에 대한 화자의 반응이라고 볼 수 있다. 줄거리와 평가는 '이야기'를 구성한다. 이야기에는 화자나 청자의 미래 행위와 관련된 교훈이나 가르침 또는 메시지 등이 표현되는 경우가 많다. 이를 교훈(moral)이라고 하는데, 이야기와 교훈은 이야기 텍스트 유형 서사(narration)를 구성한다. 이를 나무 그림으로 나타내면 〈그림 5〉와 같다.

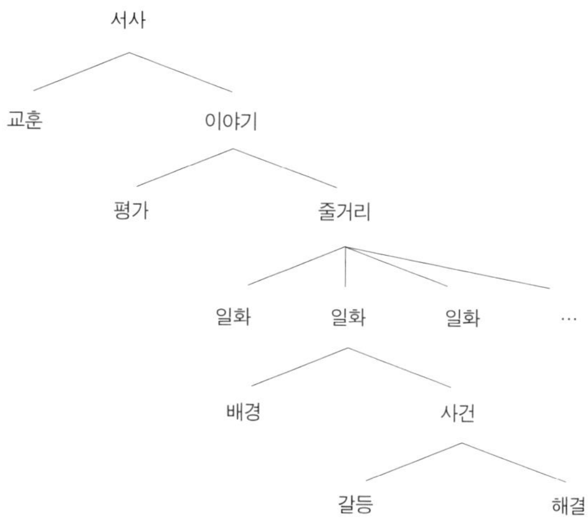

그림 5. 반데이크의 이야기 구조 모델

3) 하우젠도르프/크바스토프의 모델

앞에서 소개된 두 이야기 모델이 이야기(텍스트)의 구성요소를 중심으로 한 것이라면 하우젠도르프/크바스토프의 모델은 이야기의 대화적 진행과정을 바탕으로 한다. 이들에 따르면 이야기는 단순한 텍스트 구조나 인지적 구조가 아닌 최소한 두 명 이상의 의사소통 참가자가 화자와 청자의 역할을 교체하면서 협력적으로 수행하는 언어활동의 형식으로 규정한다(Hausendorf/Quasthoff 2005). 그렇기 때문에 이들은 이야기의 모델을 구성하는 것을 단위 또는 요소로 보지 않고, 의사소통적 과제로 규정한다. 이들의 모델에 따르면 이야기는 내용의 중요성에 대한 표현과 주제화 그리고 확장과 극화(劇化) 및 전환 그리고 종료의 과정으로 수행된다.

일종의 '사발' 모양을 한 하우젠도르프/크바스토프의 모델은 화자와 청자의 역할 교체가 빈번하게 일어나는 대화와 한 사람에게 화자의 역할이 일정 기간 보장되는 이야기의 차이를 나타내준다. 내용의 중요성 표현 과제(예: '깜짝 놀랄 만한/끔찍한/중요한/재미있는/무시

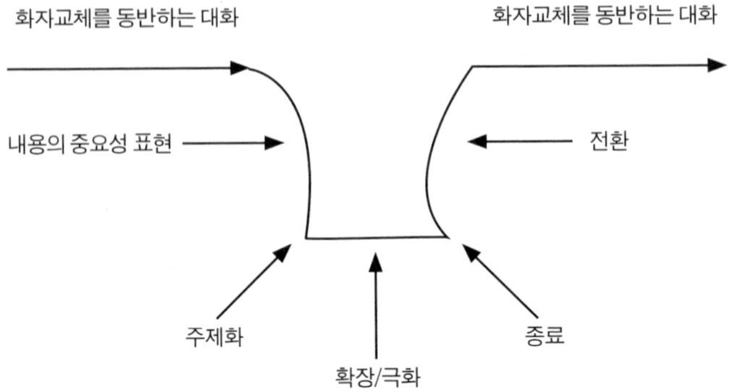

그림 6. 하우젠도르프/크바스토프의 이야기 구조 모델

무시한 일이 있었는데')는 화자와 청자가 대화를 나누는 지금 현재의 대화 상황에서 과거에 발생한 사건에 관한 이야기의 세계로 전환하게 한다. 내용의 중요성에 대한 표현 과제와 대척점에 있는 전환의 과제(예: '어때 이야기가 재미있었니?/무서웠니?/놀랄 만했지?')를 통해서 화자는 청자에게 발화권을 넘기는 발화를 함으로써 상호작용을 다시 이야기의 세계에서 대화의 세계로 전환시킨다. 주제화와 종료의 과제는 이야기 내용의 시작과 종료를 나타내는 것으로, 일종의 이야기의 틀을 짓는 울타리 역할을 한다. 주제화를 통해서 표현되는 사건의 내용이 구체적으로 도입되고 시작된다면, 종료의 과제를 통해서는 이야기되는 사건의 갈등이 정점을 지나서 해소되는 것이 나타난다. 확장과 극화는 이야기 과제의 핵심이다. 확장이란 상황에 적합하고 청자를 지향하는 사건의 재구성에 대한 필요성과 관련이 있고, 극화는 이야기의 핵심과 정점을 이른바 '장면적 현재형'으로 재표현하는 것을 말한다.

2.2.4. 이야기텍스트 유형학적 특성

텍스트 유형을 구분하는 기준은 매우 다양하지만(박여성 1994, Heinemann/Viehweger 2001), 텍스트의 내용 및 화용적 전개방식과 관련하여 거론되는 텍스트 유형은 기술(또는 묘사, description), 이야기(narrative), 설명(explication), 논증(argumentation) 등이다(Brinker et al. 2000, Brinker et al. 2001). 이 4개의 텍스트 유형은 대상의 유형과 기능에 따라서 각각 기술과 이야기텍스트 그리고 설명과 논증의 텍스트로 구분할 수 있다.[11]

이야기와 기술텍스트를 구분하는 가장 특징적인 기준은 이야기가 과거 사건의 시간적 흐름에 따른 변화를 재현하는 것을 목적으로 한다면, 기술은 특정한 시점에서 사람, 상황, 공간, 환경, 풍경 또는 감정 등의 한 단면에 대한 하나의 그림을 떠오르게 하는 '세계'의 표현을 목적으로 한다(Lucius-Hoene/Deppermann 2011, 208).

이야기와 기술이 구체적이고 실체적인 것을 대상으로 한다면, 설명과 논증의 텍스트는 이론적이고 인지적이며 추상적인 것을 대상으로 한다. 설명과 논증을 구분하는 중요한 기준은 전제조건과 목적이다. 즉 설명은 의사소통 상대자가 이해를 하지 못하기 때문에 이해의 결핍을 해소하기 위해서 정보를 제공하고자 하는 목적으로 수행된다. 반면에 논증은 의사소통 상대자가 화자의 태도와 입장에 대해서 이견을 가지고 있기 때문에 그것을 수용하려고 하지 않을 때, 화자가 자신의 태도와 입장의 타당성을 뒷받침할 수 있는 근거를 제시하려는 것을 목적으로 한다.

정리하자면, 이야기는 시간의 변화를 기준으로 기술과 구별이 되고, 이야기가 설명 및 논증의 텍스트와 차이가 나는 이유는 이야기가

11 이 4 개 유형의 텍스트 또는 대화에 대한 다양한 개념 정의와 다양한 논의는 다음의 문헌에서 볼 수 있다: 이야기텍스트(Gülich-Hausendorf 2000), 논증텍스트(Eggs 2000), 설명텍스트(Jahr 2000), 기술텍스트(Heinemann 2000); 기술/묘사 대화(Stutterheim/Kohlmann 2001), 이야기 대화(Qusthoff 2001), 설명과 논증 대화(Klein 2001).

구체적인 사건을 대상으로 하는 것과는 달리 설명과 논증은 추상적인 이론이나 합리성 등을 대상으로 하기 때문이다.

이야기와 매우 비슷한 특성을 보이지만, 이야기와 구분이 되는 텍스트 유형은 보고이다. 이야기와 보고의 공통점은 두 텍스트가 과거의 사건을 주제로 삼는다는 데 있다. 이 두 텍스트 유형이 과거의 사건이라는 공통점을 가지고 있지만, 화자가 과거의 사건을 표현하는 목적과 방식 그리고 태도 등에서는 큰 차이가 있다(Rehbein 1980; Rehbein 1983, Hoffmann, 1983; Lucius-Hoene/Deppermann 2011, 210-226).

이야기를 하는 목적은 이야기가 언제 어떻게 사용되느냐에 따라서 매우 다양하고 상이하지만(박용익 2006, 146-147), 이야기의 가장 본질적인 목적 중의 하나는 화자와 청자 사이의 공감과 연대감 유발이다. 반면에 보고는 발생한 사건의 전말에 대한 청자의 객관적인 이해이다. 이는 이야기가 주관적이고 감정적인 데 비해서, 보고는 객관적이고 합리성이라는 특징을 함의한다. 주제의 전개방식에 따르면 이야기는 사건이 발생 시작점에서 종료까지 이르는 시간의 흐름을 따라서 사건이 마치 지금 벌어지듯이 생생하게 진행형으로 표현되지만, 보고는 사건이 종료된 시점에서 사건의 다양한 요인을 범주적으로 그리고 회고적으로 표현한다.

2.2.5. 이야기텍스트의 구조와 구성요소

이야기의 가장 큰 특징은 과거에 발생했던 사건의 시간적 변화에 대한 표현이다. 이러한 이야기의 특질은 기술, 설명, 논증 그리고 보고와 다른 점이다. 이는 시간의 흐름이 없는 기술텍스트, 이론적이고 추상적인 것을 내용으로 하는 설명텍스트와 논증텍스트, 그리고 주제전개의 방식과 의사소통 목적 등에서 차이가 나는 보고 등은 이야기텍스트에 속하지 않는다는 사실을 의미한다.

하지만 이야기에는 사건의 시간적 변화와는 관계가 없는 기술텍스트와 실제로 일어나지 않은 추상적인 대상을 가리키는 설명과 논증의 텍스트가 필수적으로 수행되어야 한다. 사람, 상황, 공간, 환경, 풍경 또는 감정 등에 대한 시간이 정지된 특정한 상태를 표현하는 기술 텍스트가 이야기에서 필수적인 이유는 사건의 시간적 흐름이 구체적으로 표현되는 갈등의 이해를 돕기 위한 이야기의 구성요소인 방향설정 때문이다. 즉, 방향설정에서는 갈등이 전개된 시점과 등장인물 그리고 장소 등이 묘사된다.

또한 이야기에는 추상적이고 이론적인 평가나 설명 그리고 논증이 나타나야 한다. 그 이유는 이야기의 핵심적인 구성요소 가운데 하나가 바로 평가이기 때문이다. 평가는 과거의 사건이나 사건에 등장하는 인물 그리고 상황 등에 대해서 화자의 태도와 입장 그리고 감정을 나타내는 것으로서 과거 사건에 대한 화자의 중요한 메시지를 내포하고 있다.

한편 이야기와 비슷하지만 사건의 결말의 관점에서 과거 사건을 재구성하는 것을 목적으로 하는 보고도 이야기에서 매우 자주 나타나는 텍스트 유형이다. 특히 많은 에피소드와 주제를 함유하고 있는 거대 이야기텍스트에서 보고는 중요한 역할을 한다(이에 대해서는 나중에 보다 자세히 다룰 것이다).

이와 같이 이야기의 특징적인 부분들(요약, 방향설정, 갈등, 평가)이 이야기의 필수적인 요소로 이야기 속에 내포되어 있어야 한다는 사실은 아래의 텍스트 예문에서 구체적으로 볼 수 있다.

(1) 내겐 잊혀지지 않는 겨울 얘기가 있어
(2) 그 얘기 속엔 두 여인이 나오고
(3) 추억의 노래가 흐르는 카페도 있고
(4) 아직도 난 널 사랑하고

(5) 모두 들떠 있던 축제의 그날
(6) 그녀가 날 이끈 그곳엔
(7) 아주 작고 어린 소녀가 날 보며
(8) 메리 크리스마스 웃고 있었네
(9) 기억하나요. 우리 사랑을
(10) 그땐 서로의 아픔을 함께했었죠.
(11) 이젠 무엇도 남아 있지 않지만
(12) 하얀 눈 내리던 그날의 입맞춤은
(13) 기억해요.
(14) 너를 가지려던 나의 꿈들은
(15) 눈 속 어딘가에 묻혔고
(16) 우리 셋이 함께한 그날의 파티는
(17) 세상 어느 곳보다 따스했었지
(18) 돌아오는 길에 너의 뜨거운 입맞춤에
(19) 나는 하늘을 날았고
(20) 안녕하며 돌아선 내 머리 위엔
(21) 어느새 하얀 눈이 내려 있었지
(22) 이젠 무엇도 남아 있지 않지만
(23) 하얀 눈 내리던 그날의 입맞춤은
(24) 기억해요.

위의 텍스트 예문 (1)은 앞으로 전개될 이야기의 전체적인 특징('잊혀지지 않는 겨울 얘기')이 언급되는 개요에 해당된다. (2), (3), (5)는 등장인물 '두 여인'과 장소('카페'), 시점('축제의 그날')에 대한 내용이 기술되고 있는 방향설정의 부분이다. 이 부분은 시간의 흐름이 정지된 특정한 상황이 묘사되는 기술 텍스트 유형이다.

(6)-(8), (16)-(18), (20-21)은 이야기의 갈등 부분으로서 사건이 시작되고(6) 발전되고(7-8, 16-17) 절정(18)을 이루다 종결(20-21)되는 것이 표현되어 있다.

이야기의 배경설정과 갈등이 표현되는 중간(4, 9-13, 17, 19)과 이야기의 마지막 부분(22-23)에서 평가 부분이 다섯 차례에 걸쳐서 나타난다. (4)와 (9)-(13) 그리고 (22)-(24)는 화자가 과거의 체험에서 빠져나와서 과거 체험에 대한 자신의 현재의 태도와 감정을 나타내고 있다. 반면에 (17)과 (18)은 과거 당시에 느꼈던 화자의 감정이 재현되고 있다. (22)-(23)은 종결부로서 평가적으로 표현되고 있다.

한편 (14)-(15)는 이야기의 갈등이 완료되기 전에 사건이 어떻게 결말이 이루어졌는지를 범주적이고 결론적으로 표현하고 있다. 그렇기 때문에 이 부분은 보고적인 텍스트 유형이라고 할 수 있다.

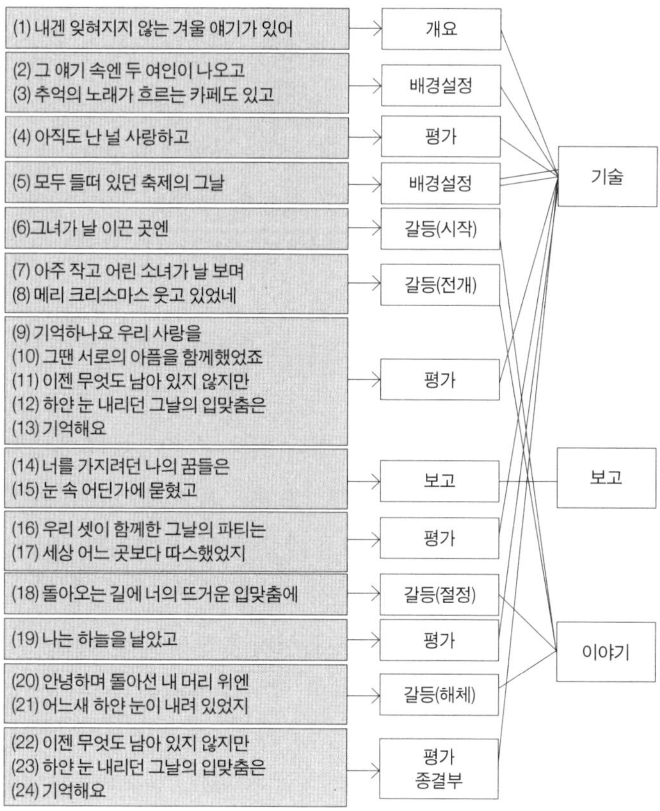

그림 7. 이야기텍스트의 유형학적 요소의 예

지금까지 논의한 이야기텍스트 유형학적 규정과 이야기 텍스트의 구성요소에 대한 논의를 정리하면 다음과 같다. 텍스트 유형 이야기와 관련 텍스트 유형인 보고, 기술, 논증 그리고 설명은 각각 개념 및 텍스트 유형학의 차원에서 존재론적으로 규정될 수 있다. 이러한 텍스트 유형들에 대한 개념 정의와 텍스트 유형학적 규정은 개별 텍스트 유형의 개별적이고 배타적인 특성을 존재론적으로 부여하는 것이고, 이를 통해서 하나의 텍스트 유형이 다른 텍스트 유형과 구분되게 하는 것이다.

하지만 실제의 텍스트 유형은 단 하나의 텍스트 유형이 갖는 고유한 특성의 텍스트로만 구성되는 것이 아님을 위의 〈겨울이야기〉의 예에서 잘 볼 수 있다. 다시 말해서 실제의 텍스트는 단 하나의 고유한 특성과 기능만을 내포하고 있는 것이 아니라 매우 다양한 특성과 기능을 지닌 여러 유형의 텍스트로 구성되는 복합적 특성을 지닌다.

이것이 함의하는 바는 단일하고 고유한 특성을 지닌 텍스트는 개념 또는 모듈로서만 존재하고, 실제의 텍스트는 서로 다른 기능과 특성을 지닌 여러 텍스트로 구성된다는 사실이다. 이러한 현상은 단지 이야기텍스트만의 특징이 아니라, 여러 유형의 대화에서도 확인되는 사실이다.[12]

하나의 텍스트가 서로 다른 특성과 기능을 지닌 여러 유형의 텍스트 모듈로 구성된다면, 하나의 텍스트 유형을 이를테면 이야기나 보고 또는 기술로 규정할 근거가 모호해질 수 있다. 하지만 하나의 텍스트를 구성하는 부분 텍스트의 구성요소들이 모두 동등한 정도로 중요한 것은 아니다. 하나의 텍스트에 여러 유형의 부분 텍스트 유형들이 있다고 하더라도, 특정 텍스트의 기능과 특성이 주도적이고 나머

12 정연옥 외 (2013)에 의하면, 환자중심적인 설명동의 대화는 환자의 의견과 기대사항을 묻는 탐구대화, 환자에게 예정된 시술의 유형에 대한 정보를 제공하는 정보제공대화, 환자와 시행할 시술에 대한 공동 의사결정을 내리는 협의대화로 구성된다.

지 텍스트 유형들은 그러한 주도적인 텍스트 유형의 기능이 잘 발현될 수 있도록 보조적인 기능을 하게 되는 것이다. 예를 들면 이야기텍스트의 본질적 기능이 과거 사건의 시간에 따른 변화에 대한 재현이라면, 기술과 논증 및 보고는 그러한 이야기텍스트의 본질적 기능이 원활하게 발현될 수 있도록 돕는 보조적인 기능을 이야기텍스트 내에서 갖게 된다.

예를 들면 기술텍스트 유형은 이야기 공간의 전개와 이야기의 핵심적 행위자들의 특징을 기술함으로써 이야기의 갈등 상황과 맥락을 이해하는 데 도움이 된다. 논증텍스트 유형은 행위의 성향과 동기, 사건과 결과를 납득시키거나 정당화, 또는 근거를 제시함으로써 과거 사건에 대한 화자의 입장과 태도를 납득하고 수용하는 데 도움이 된다. 보고는 과거 사건을 모두 재현할 수 없으므로 과거 사건을 압축하고 범주화해서 과거 사건의 핵심사항을 회고적이고 요약적으로 보여주며 이야기 시간을 단축하는 기능을 갖는다(Lucius-Hoene/Deppermann 2011, 245-249).

이야기는 이야기텍스트 및 관련 텍스트 유형과의 관계와 관련하여 좁은 의미의 이야기와 넓은 의미의 이야기로 구분된다(Lucius-Hoene/Deppermann 2011, 210-249). 좁은 의미의 이야기는 사건이 발생한 과정의 관점으로 사건의 진행된 과정에 대해서 마치 모르는 것처럼 처음부터 끝까지 생생하게 재현하는 것으로서 장면적-에피소드적 이야기라고 불린다. 장면적-에피소드적 이야기는 라보프/웨일츠키의 이야기의 구성요소 중에서 갈등에 해당된다.

넓은 의미의 이야기는 좁은 의미의 이야기인 장면적-에피소드적 이야기와 보고적 표현 그리고 연대기적 표현을 포괄하는 개념이다. 보고는 이야기를 하는 현재의 관점에서 그리고 과거 사건의 결말에 대해서 이미 잘 알고 있는 상태에서 요약적이고 회고적으로 과거의 사건을 표현하는 것이다. 한편 연대기적 표현은 긴 시간 동안 이루어진 과거의 사건을 시간의 흐름에 따라서 열거하는 것을 의미한다.

넓은 의미의 이야기는 기술 및 논증과 더불어서 전체 이야기를 구성한다. 넓은 의미의 이야기는 라보프/웨일츠키의 이야기의 원형(요약안내-방향설정-갈등-평가-종결부)과 대략적으로 일치한다.

지금까지 논의한 이야기의 개념은 이야기의 본연적인 특징을 가장 많이 가지고 있는 장면적-에피소드적 이야기, 과거 사건에 대한 표현이기는 하지만 좁은 의미의 이야기적 특징을 가지고 있지 않은 보고와 연대기적 표현을 포괄하는 넓은 의미의 이야기, 그리고 과거 사건의 시간적 변화를 표현하는 넓은 의미의 이야기와 과거 사건의 시간변화와는 관련이 없고 실체적인 것이 아닌 이론적이고 추상적인 대상을 다루는 기술과 논증을 포괄하는 전체 이야기로 각각 세 차원의 이야기를 외연적으로 규정한다.

이러한 규정에 따르면 이야기는 이야기적 특성을 지니고 있지 않은 텍스트 유형인 논증과 기술을 포함하고 있고, 거꾸로 논증과 기술은 자체적으로는 이야기적 특성을 지니고 있지 않지만, 전체 이야기 텍스트 속에서 좁은 의미의 이야기인 갈등이 이해되고 수행될 수 있

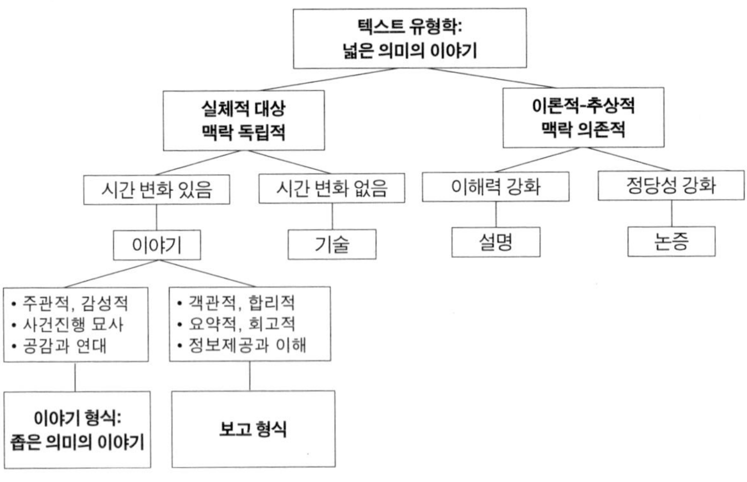

그림 8. 이야기텍스트의 유형학

도록 보조하는 기능을 지닌 이야기의 구성요소로서 작용할 수 있다.

지금까지 언급된 이야기의 개념과 텍스트 유형의 관계는 〈그림 8〉처럼 나타낼 수 있다(Lucius-Hoene/Deppermann 2011, 210).

2.2.6. 이야기텍스트의 의미와 기능구조

루치우스-회네/데퍼만의 이야기의 텍스트 유형학적 규정에 따른 이야기의 개념은 이야기의 가장 작은 단위인 원형적 구조와 관련된 것이다. 이 두 연구자가 말하는 '전체 이야기'의 개념과 라보프/웨일츠키의 이야기의 원형적 구조는 텍스트로서의 완결성을 지닌 이야기의 가장 작은 단위라고 보는 것이 타당할 것이다. 그 이유는 연구자들의 이야기 개념이 과거에 발생했던 하나의 에피소드를 지칭하는 데는 문제가 없지만, 통상적인 이야기에서는 다양한 주제가 다루어지고, 하나의 주제에서는 여러 개의 에피소드가 이야기되기 때문이기도 하다.

실제로 우리가 접하는 많은 이야기들은 '전체 이야기' 또는 '이야기의 원형구조'로 실현되지 않는다. '전체 이야기' 또는 '이야기의 원형구조'는 하나의 에피소드를 지칭할 뿐이고, 실제로 수행되는 이야기에는 '전체 이야기' 또는 '이야기의 원형구조'로 실현된 수많은 에피소드들이 표현되어 있다.[13] 여러 개의 에피소드(小 이야기)는 하나의 일관된 주제를 형성하고, 이러한 주제는 중간 규모의 이야기가 된다(中 이야기). 여러 개의 주제는 다시 내용적으로 일관된 전체 이야기(大

13 이와 관련하여 반 데이크(van Dijk 1981, 140-144; Heinemann/Viehweger 2001, 316-324)는 이야기를 다양한 계층으로 규정한다. 그는 이야기의 가장 작은 단위를 사건(event= 갈등+해결)으로 보았고, 사건에 배경 정보가 더해지면 이를 에피소드(episode=사건+배경)로 규정했다. 여러 개의 에피소드가 합쳐져서 결속력 있는 내용의 얼개가 만들어지면 이는 줄거리(plot=에피소드+에피소드+에피소드+…)가 된다. 줄거리에 그에 대한 화자의 평가가 더해지면 이것은 이야기(story=줄거리+평가)가 되고 이야기에 화자의 교훈(moral)이 합쳐지면 이는 서사 또는 네러티브(narrative=이야기+교훈)가 된다.

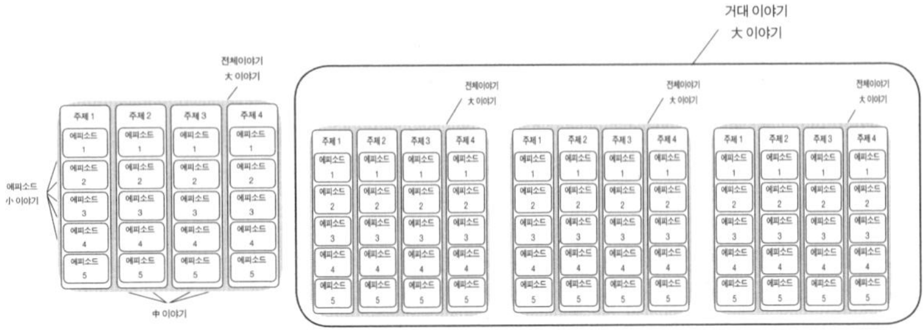

그림 9. 다양한 차원의 이야기 구조

이야기)를 형성한다. 전체 이야기는 한 명의 화자에 의해서 연쇄적으로 이어질 수도 있고, 이러한 연속 이야기는 다시 동일한 주제를 다루는 여러 명의 화자에 의해서 거대 이야기(巨大 이야기)의 한 부분이 될 수도 있다.(〈그림 9〉 참조)

에피소드가 이야기의 정의적이고 본연적인 특징을 가장 많이 가지고 있으므로, 과거 사건의 시간적 변화에 따라서 생생하게 전달할 수 있는 장점 또한 가장 크게 가지고 있다. 하지만 과거 사건에 대한 에피소드적 표현은 과거에 발생했던 사건의 시간과 이야기를 하는 시간이 같거나 비슷해야 한다. 특정 사건과 관련된 과거의 체험은 매우 많은 내용과 에피소드가 다루어지는 경우가 많은 상태에서 그러한 에피소드적인 이야기는 효율적이지 않을 수 있다. 또한 긴 시간 동안 이루어지는 이야기에서 모든 과거의 체험이 마치 영화나 드라마처럼 긴장감을 유발하면서 이야기되는 것은 불가능하다.

그렇기 때문에 대부분의 실제 이야기텍스트는 본래의 이야기적 특성을 조금 덜 보이는 보고적 표현이 많이 사용된다. 그 이유는 보고적 표현에서 비교적 긴 시간 동안 발생했던 과거의 사건이 포괄적이고 회고적으로 요약되기 때문이다. 전체 이야기는 보고적 표현을 통해서 과거 사건의 결말과 관련된 중요한 정보가 요약적으로 언급된다. 그럼에도 불구하고 이야기텍스트가 보고의 텍스트가 되지 않은 것은 이야기텍스트의 의사소통적 특성과 목적 때문이다. 즉, 보고텍스트가 원래는 객관적이고 합리적이며 향후 의사결정을 위한 정보제공의 목적을 가지고 있지만, 이야기텍스트에서 사용되는 보고 형식의 텍스트는 주관적이고 감성적이며 청자와의 공감과 연대의 의사소통 목적을 지향하는 이야기의 특징을 그대로 가지고 있기 때문이다. 그러므로 보고의 텍스트가 이야기텍스트 속에서 사용될 때에는 보고가

텍스트	구성요소
저희 누나 같은 경우에는 이제 저희 아버지하고 비슷하고 저는 이제 엄마 쪽 비슷하면서 자꾸 이제 흉내만 낼려고 그러죠. 이제 저희 아버지나 저 아버지 쪽이 좀 상당히 좀 씁 다들 성격들이 좀 그러신 거 같아요. 약간 좀 다혈질적인 지금은 나이가 드셔가지고 안 그러신데 젊었을 때나 보면은 우리가 그 작은아버지 큰아버지 그 작은고모 여자분인데도 굉장히 성격이 좀 있으셨거든요. 날카롭고	보고 1
저희 그 큰누나랑 큰고모랑 안 좋았어요. 어렸을 때 굉장히 뭐라고 했거든요 저희 누나한테 근데 큰누나가 같은 경우 어린앤데도 불구하고 뭐 이렇게 뒷 질라고 지려고 안 했던 거 같아요. 큰고모한테 그래서 더 싫어했죠 저희 큰고모가	보고 2
예를 들어 뭐 같이 놀러 다 식구들이 놀러 가는데 제가 한 번은 케이크를 모르고 들고 가다가 이렇게 뚜껑을 잘못 이렇게 잡아가지고 훅 떨어졌어요. 막 뭐라고 그랬어요 저희 누나가 그걸 또 저희 큰 작은고모가 보셨죠. 막 뭐라고 그랬죠	에피소드 1
저희 왜 그거 같고 그럴 수도 있는데 그런 거예요 별거 아닌 거 같은데 사소한 거 갖고 막 싸우게 되요. 서로 뭐 안 맞으니까 뭐 어려 고등학교 때는	보고 3
예를 들어 뭐 쩝 본인이 공부하고 오면은 제가 TV보고 있으면 확 꺼버리고 공부하는데 너 이거 어 열 받는다 너는 이거 보고 있고 저 중학교 때 이제 그런 식이죠 그런 거 때문에 싸우고 뭐 먹는 거 갖고도 싸우고	에피소드 2
제가 어머니한테 또 큰누나 같은 경우 대들면은 아 또 막 보기 싫고 그리고 또 그것 때문에 싸우고 또 엄마한테 또 왜 엄마 왜 어 그 자식한테 왜 그렇게 당하냐 또 엄마한테 싸우고	에피소드 3
그러니까 작은누나가 제일 웃긴 게 이제 큰누나한테 아무 소리도 못해요. 지금까지도 그 어떤 기에 눌려가지고요 제가 봤을 때는 참 한 살 차인데 충분히 뭐 진짜 싸움해도 맘먹고 싸울 수도 있는데 어렸을 때부터 그 계속 지금까지도 그래서 뭐 부당한 거 같은 경우도 뭐 뭐라고 하면 그거 꼭 해주고 아 나 그 꼴 보기 싫은 거죠. 저는 그게 더 그것 때문에 더 열 받는 거 같아요.	보고 4
그래도 저는 이제 아 보기가 싫은 거죠 아 지가 뭔데 뭐 자꾸 뭐 어렸을 때부터 그러니까 나서 뭐 뭐 한 번은 뭐 아버지 생신 땐데 어 음 그 압구정동에 있는 무슨 뭐 그 식당에 예약을 해 가지고 먹기로 했어요 근데 갑자기 또 뭐 지 기분이 안 좋았는지 뭐 작은누나 또 막 뭐라고 그러더라구요. 뭐 둘이 뭐라고 그러면서 뭐 지 기분 지가 기분 안 좋다고 안 간다는 거예요. 그래가지고 저희 이제 돼지갈비 구워 먹었죠. 가까운 데서 그냥 근데 또 자기 간다고 한 시간 뒤에 그러면서 다 가자고 고기 구워 먹고 있는 상태에서 열 받잖아요. 사실. 아 그러니까 또 그냥 자기가 자기 한 사람만 오면 딱 해결될 문제고 자기가 또 그 작은누나 끌고 가고 거기다가 엄마까지 끌고 또 간 거예요. 그 자리에서 결국 거기 가서 어디 가서 먹었는지 뭐 점심 또 먹고 오더라구요. 또 그런 모습이 너무 싫은 거예요. 자기 하나 죽어서 오면 되는 거를. 개판을 만들어버린 거죠. 그 그 그 생신인데 그래도 아 그러니까 참 매형이 그때 옆에 있었는데 보기도 민망하고 다른 사람도 많이 있었는데 주위에 아 참 큰일 날 뻔했죠. 예 몇 년 전에 아버지 같은 성격이었으면 대판 난리 났을 거예요. 그런 경우가 많았어요 어렸을 때부터	에피소드 4
예를 들어 차를 타고 가다가 뭘 먹으러 가자 딱 가면은 꼭 항상 자기 싫은 거는 먹기 싫은 거예요 일루 가자 큰누나 같은 경우는 그러면 싸우는 거예요. 아버지랑 또 그러고 또 욕하고 서로 또 흐지부지 끝나버리고 그런 경우 많았죠	보고 5

그림 10. 이야기 텍스트의 구성요소와 기능적 상호관계

가지고 있는 정의적인 특징을 상실한다고 볼 수 있다. 다시 말해서 이야기 속에서 많은 이야기들이 보고의 형식을 가지고 있지만, 의사소통적 특성과 기능은 정의적 의미에서 이야기와 같다고 할 수 있는 것이다. 거꾸로 보고의 내용을 구체화하는 설명의 기능이나 보고의 내용의 정당성과 납득성을 높여주는 논증의 기능으로 에피소드적 표현이 사용된다.

〈그림 10〉의 텍스트 예문은 전체적으로 누나의 성격이 거칠고 사납다는 사실(보고 1-보고 4)과 그에 대한 구체적인 사례에 대한 정보제공(에피소드 1-에피소드 3), 그리고 누나의 이기적인 행동(보고 5, 에피소드 4)에 대한 한 화자의 이야기이다. 이 텍스트는 두 개의 주제, 즉 '누나의 사나움'과 '누나의 이기심'으로 구성되어 있다.

첫 번째 주제인 '누나의 사나움'은 전체적이고 포괄적인 정보가 제공되는 보고텍스트 형식(보고 1)과 누나의 사나움을 입증하는 개별사례 3개가 보고텍스트 형식으로 제시되고 있다(보고 2: 어린 누나가 고모에게 지려고 하지 않음, 보고 3: 누나와 나와의 다툼, 보고 4: 나이 차이가 한 살 밖에 나지 않은 작은누나가 큰누나에게 꼼짝 못함). 구체적인 사건을 에피소드의 형식으로 표현하는 에피소드 1은 보고 2에 대한 구체적인 증례로, 에피소드 2와 3은 보고 3에 대한 구체적인 증례로 사용되고 있다. 첫 번째 주제의 이야기 '누나의 사나움'은 모두 세 층위의 이야기 텍스트로 구성되어 있다. 최상위의 이야기텍스트는 보고 1이고, 보고 2와 보고 4는 보고 1에 대한 구체성 또는 납득성을 확보하기 위한 기능을 하는 보조 텍스트이다. 그리고 주제 1에서 나타난 세 개의 에피소드는 보고 2와 보고 3의 구체성 또는 납득성을 위해서 작용하는 기능을 하는 보조텍스트이다.

두 번째 주제 '누나의 이기심'은 첫 번째 주제에서와는 달리, 전체적인 내용을 소개하는 부분 없이 바로 에피소드의 형식(에피소드 4: 아버지 생신사건)과 보고의 형식(보고 5: 외식사건)을 통해서 처리되고 있다.

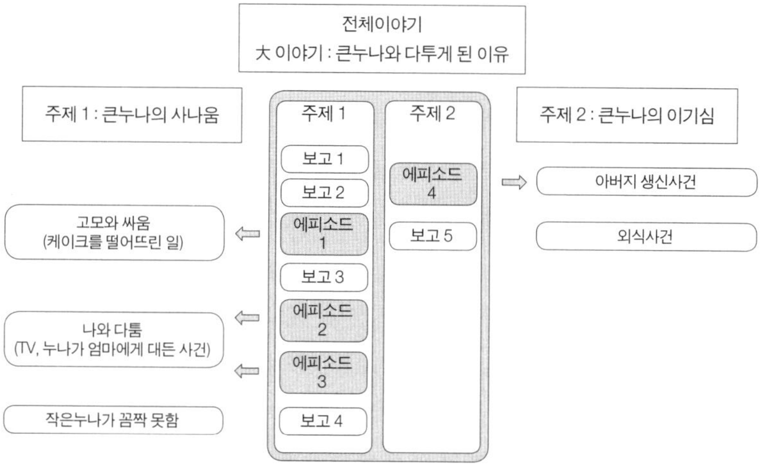

그림 11. 전체 이야기의 구성 요소와 위계적 관계

〈그림 11〉의 텍스트 예문에서 알 수 있는 사실은 첫째로 과거 사건의 재현은 먼저 보고의 형식으로 전반적인 내용 소개가 이루어지고 그 이후에 자세하고 구체적인 내용이 보고 또는 에피소드의 형식으로 재현되고 있다는 사실이다.

둘째로, 개별적인 내용 또는 사건을 나타내는 텍스트 유형들이 여러 층위에서 위계적인 관계를 맺고 있다는 사실이다. 위계적인 관계는 주로 의사소통적인 기능에 의한 것으로서 하위의 텍스트 유형들이 명료화 또는 정당성 제고의 기능을 발현한다.

셋째로, 대체적인 과거의 사건 재현은 주로 보고의 형식으로 처리되고, 정작 이야기의 가장 본연적인 정의적 특징을 가지고 있는 에피소드는 주로 보고의 내용을 보다 구체화하는 기능을 하는 보조적인 장치로 사용되고 있음을 알 수 있다.

그러므로 많은 내용과 에피소드가 들어 있는 거대 이야기텍스트에서 라보프/웨일츠키와 루치우스-회네/데퍼만이 제시한 이야기의 원형적 구조를 찾아내는 일은 거대 텍스트의 분석에서는 별로 의미가 없는 일일 뿐만 아니라 거대 텍스트의 차원에서는 사실상 불가능한 일이다. 그러한 분석은 오로지 거대 텍스트의 작은 한 부분인 에피소드의 차원에서만 의미가 있고 가능한 일이다.

텍스트의 의미 및 기능 구조와 관련하여 또한 중요하게 다루어져야 할 부분은 이야기의 전개와 기술 및 논증텍스트와의 관계이다. 이야기텍스트와 기술 및 논증의 관계는 이야기의 원형적 구조와 관련하여 이미 논의된 바 있다. 그러나 기술과 논증은 각각 배경설명과 평가로서 이야기의 원형적 구조의 구성요소로 작용한다.

그러나 거대 이야기텍스트에서 논증과 기술은 이해력과 납득성의 제고라는 의사소통적 기능의 차원에서는 동일하지만, 이야기텍스트의 구조적인 측면에서는 다른 작용을 한다. 에피소드에서 기술과 논증은 필수 구성요소이지만, 거대 이야기텍스트에서는 임의적인 구성요소이다. 화자가 이해력과 납득성의 문제가 있다고 생각할 때 본 이야기의 앞뒤 또는 중간에 기술과 논증의 의사소통 행위를 하는 것이다. 즉, 거대 이야기 텍스트에서 기술과 논증은 이해력과 납득성의 문제를 해결하기 위한 방안으로서만 작용하는 것이다.

아래의 예문에서 이야기의 전개와 논증 및 기술텍스트 유형이 어떻게 서로 관계를 맺으면서 실현되고 있는지를 잘 볼 수 있다.

(1) 중국 가서는 초반에는 제가 의욕적으로 하려고 했어요.
(2) 그래서 광주라는 그 도시가 있는데 거기서 어떤 의류나 이런 쪽에
(3) 거기서 한국 쪽으로 이제 수출을 하거든요. 우리나라에서 수입을 하는 거죠.
(4) 그런 쪽에서 제가 의류 쪽에도 예전에 일도 했었고 디자인 옷 같은 거 이런 거 관심이 있었거든요. 거기 가서 해볼까 생각을 하고 가서
(5) 어 굉장히 초반에는 이제 집도 구하러 다니고 의욕적으로 시장조사 다니고 그랬는데
(6) 하- 아무래도 혼자서 뭘 하는 게 저는 이제 있는 거 같아요. 아무래

도 혼자 하는 일은 제가 잘 못 견디는 거 같아요. 그러니까 어떤 사람 같은 경우에는 혼자서 스케줄을 딱딱 정하고 그에 맞춰서 하는 사람도 있는데 저 같은 스타일은 그게 안 되는 거 같아요. 누가 이렇게 스케줄을 예를 들어 해줘 가지고 이렇게 이렇게 해라 그러면 하겠는데 아니면 이제 직장처럼 딱딱 그게 있으면 거기에 맞춰서 그냥 하겠는데 제가 뭐 하겠 초반에는 굉장히 열심히 하다가 아무리 사람이 혼자다 보니까

(7) 또 날씨가 굉장히 더운데 거든요. 느슨해지다 보니까 씁.

(8) 아 내가 과연 이렇게 여기서 또 할 수 있을까

(9) 그리고 또 언어도 제가 처음에는 된다 생각했는데 어 그게 안 되더라고요. 자꾸 어려운 부분에서 막히더라고요.

(10) 거기에서 또 오는 스트레스가 또 있었어요.

(11) 그래서 씁. 아 이것 좀 언어적인 것도 더 할까 이런 생각도 하고

(12) 여기서 내가 좀 더 아직은 쉽지 않겠다. 이런 거 수입해서 하는 거가 뭐

(13) 자금도 만만치 않은데

(14) 내가 과연 할 수 있을까 만만치 않더라고요. 생각했던 거보다

(15) 그래서 사람들 하숙집에서 하는 사람들 얘기 들어보니까

(16) 제가 생각했던 거처럼 쉽게 단순하게 뭐 물건을 떼다가 하는 게 아니더라고요.

위의 텍스트 예문은 하나의 에피소드로서 이야기의 원형적 구조(요약안내-방향설정-갈등-평가)가 잘 나타나 있다.

개요(1)에서는 중국에 가서 사업을 했고 초반에는 열심히 하려고 했다는 사실은 명시적으로 나타나고, 나중에 어려움을 겪게 되었다는 사실은 함축적으로 표현되어 있다. 방향설정(2-3)에서는 사업의 장소(2: 광주)와 사업의 유형(3: 의료사업)이 소개되어 있고, 장소와 사업유형을 선택한 이유가 각각 논증적으로 제시되어 있다. 갈등에서는 초반의 노력(5), 성공에 대한 회의감(8), 스트레스(10), 계획변경

(10), 사업 포기(11)의 순서로 과거의 사건이 재현되어 있다.

평가(13-15)에서는 사업이 어려웠다는 사실에 대한 평가가 이루어지고 있는데, (14)는 다른 사람들의 평가를 빌려서 자신의 평가가 정당하다는 근거(논증)로서 사용되고 있다.

화자가 언급한 혼자서 일을 하지 못하는 습관(5), 더위(6), 언어장벽(9), 자금 부족(13) 등은 갈등에서 회의감(8)이나 사업 포기(12)의 정당성을 확보하기 위한 근거제시, 즉 논증으로 사용되고 있다.

발화	구조
1) 중국 가서는 초반에는 제가 의욕적으로 하려고 했어요	요약안내
2) 그래서 광주라는 그 도시가 있는데 거기서 어떤 의류나 이런 쪽에	방향설정
5) 거기 가서 해볼까 생각을 하고 가서 어 굉장히 초반에는 이제 집도 구하러 다니고 의욕적으로 시장조사 다니고 그랬는데 8) 아 내가 과연 이렇게 여기서 또 할 수 있을까 10) 거기에서 또 오는 스트레스가 또 있었어요. 11) 그래서 씁. 아 이것 좀 언어적인 것도 더 할까 이런 생각도 있고 12) 여기서 내가 좀 더 아직은 쉽지 않겠다. 이런 거 수입해서 하는 거가	갈등
14) 내가 과연 할 수 있을까 만만치 않더라구요 생각했던 거보다 15) 그래서 사람들 하숙집에서 하는 사람들 얘기 들어보니까 16) 제가 생각했던 거처럼 쉽게 단순하게 뭐 물건을 떼다가 하는 게 아니더라고요	평가
3) 거기서 한국 쪽으로 이제 수출을 하거든요 우리나라에서 수입을 하는 거죠 4) 그런 쪽에서 제가 의류 쪽에도 예전에 일도 했었고 디자인 옷 같은거 이런거 관심이 있었거든요 6) 아무래도 혼자서 뭘 하는 게 저는 이제 있는 거 같아요. 아무래도 혼자 하는 일은 제가 잘 못 견디는 거 같아요. 그러니까 어떤 사람 같은 경우에는 혼자서 스케줄을 딱딱 정하고 그에 맞춰서 하는 사람도 있는데 저 같은 스타일은 그게 안 되는거 같아요. 누가 이렇게 스케쥴을 딱딱 정하고 그에 맞춰서 하는 사람도 있는데 저 같은 스타일은 그게 안 되는거 같아요. 누가 이렇게 스케줄을 예를 들어 해줘 가지고 이렇게 이렇게 해라 그러면 하겠는데 아니면 이제 직장처럼 딱딱 그게 있으면 거기에 맞춰서 그냥 하겠는데 제가 뭐 하겠 아무리 사람이 혼자다 보니까 7) 또 날씨가 굉장히 더운데 거든요 느슨해지다 보니까 씁. 9) 그리고 또 언어도 제가 처음에는 된다 생각했는데 어 그게 안 되더라고요 자꾸 어려운 부분에서 막히더라고요 13) 뭐 지금도 만만치 않은데	논증

그림12. 라보프/웨일츠키의 모델에 따른 이야기의 원형적 구조의 예

지금까지의 분석에서 볼 수 있듯이 논증과 기술은 화자가 이해 또는 납득의 어려움이 있다고 판단될 때 이야기 텍스트의 다양한 부분에서 나타나고 있음을 알 수 있다.

사업지를 광주로 선택함	⟸	한국과 의료 무역이 이미 이루어지고 있음
업종으로 의류 사업을 선택함	⟸	경험과 관심이 있었음
사업성공에 대한 회의감	⟸	혼자서는 일을 하지 못하는 습관
초반의 열정 상실과 느슨해짐	⟸	더운 날씨
스트레스를 받음	⟸	언어장벽
사업 포기	⟸	더운 날씨, 언어장벽, 자금, 의류 무역사업이 원래 어려움
의류 무역사업 어려움에 대한 판단	⟸	다른 사람들도 나와 같은 의견을 말함

그림 13. 논증의 사례

마지막으로 이야기 내용의 전개 과정에서 하나의 이야기는 어떤 이야기에 의해서 어떤 이유로 촉발되고, 또 어떤 이야기는 다른 이야기를 어떤 이유로 촉발하며, 이야기의 내용들이 서로 어떻게 상호관련성을 갖는지를 살펴보기로 하겠다.

여기에 소개된 두 개의 텍스트 예문(누나와의 갈등, 광주에서 의류 무역사업)은 자살시도자 김명성(가명)이 자살시도를 하게 된 이유에 대한 서사 인터뷰의 부분이다.

> 김명성 씨는 여러 가지 성격적이고 사회관계적인 이유로 직장 생활에 적응하지 못하고 잦은 이직과 무직의 생활을 겪고 있다. 김명성 씨는 직장생활을 포기하고 사업을 하고자 했고, 아버지에게 사업자금을 요청했지만 단번에 거절당한다. 그 이후 아버지와 심한 갈등을 겪는다. 그리고 직장을 다니지 않는 상태에서 집에서 약국을 운영하는 누나와 잦은 갈등을 겪는다. 새로운 직업을 갖기 위한 목적과 가족과의 심한 갈등 상황에서 벗어나기 위해서 중국 광주로 가서 의류사업을 시작하

게 된 것이다.

앞에서 소개된 누나에 대한 이야기는 갈등적 가족관계의 한 부분이고, 이를 통해서 화자는 큰누나와의 갈등의 원인이 자신이 아닌, 누나의 사나움과 이기심에 있다는 사실을 알려주고자 하는 것으로 보인다. 중국 광주에서의 무역사업에 관한 이야기는 직장 부적응과 갈등적 가족관계의 결과로 나타난 이야기다. 이렇게 볼 때 직장 부적응에 관한 이야기가 갈등적 가족관계와 광주 무역사업 이야기를 촉발하므로, 이 부분의 이야기텍스트에서 핵심적인 이야기 주제로 작용하고 있다는 것을 알 수 있다.

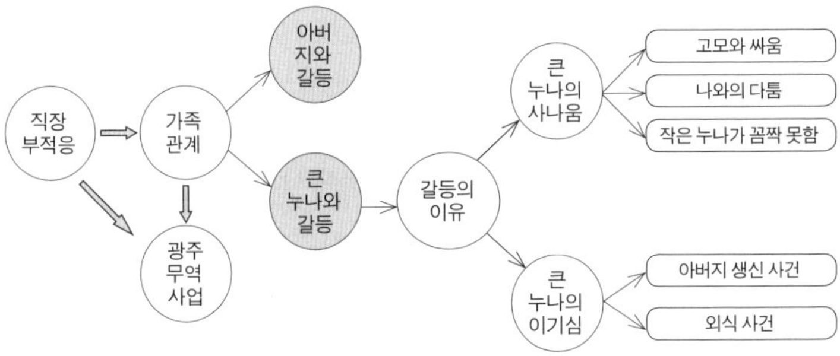

그림 14. 개별 이야기 주제 사이의 위계관계의 예

2.3. 언어학적 질적 연구 방법론의 특성

여러 유형의 언어학적 이론에 바탕을 둔 질적 연구 방법론을 사용하는 이 연구는 연구의 목적과 방법론적 차원에서 다양한 특성이 있다. 이 연구의 핵심적인 특성은 이 연구의 탐구 대상인 자살시도의 요인의 발견을 전적으로 자살시도자들이 인터뷰어와의 상담에서 토로한 내용에만 의거한다는 사실이다. 즉, 이 책에서 지향하는 바는 그들이 상담에서 토로한 바를 토대로 그들이 자살 생각이나 시도를 하게 된 직·간접적인 요인들을 분석해내고, 개별요인 사이의 다양한 의미 및 기능적 관계를 밝혀내며, 이를 토대로 자살 생각 또는 자살시도와 관련된 의미를 개인별 그리고 범주별로 재구성하는 것이다. 그들이 말하지 않은 자살 생각이나 자살시도의 이면에 잠재해 있다고 생각되는 심리적 정신적 요인 또는 사회·정치적인 요인이나 상황에 대한 해석은 이 연구의 대상이 전혀 아니다.

이 연구에서 언급되는 모든 사항은 실제의 상담자료에서 출발하고 제시되는 의미의 근거는 언제나 실제 상담자료에 의거한 내용에 기반한다. 언어 및 비언어 연구자료에서 의미를 분석하고 해석하는 첫 번째 단계에서 연구자의 직관이 핵심적으로 중요한 것은 피할 수 없다. 그 이유는 언어 및 비언어자료에서 연구과제와 관련된 의미를 체계적으로 발견하고 해석하기 위한 학문적으로 검증되고 보편타당한 방법이 존재하지 않기 때문이다. 신뢰도와 타당도가 보장된 의미 발견을 위한 분석과 해석의 방법 또는 기법이 없다는 사실은 자료의 분석과 해석이 오로지 연구자의 직관이나 주관에 의해서 이루어져야 한다거나, 분석과 해석의 타당성과 신뢰성을 검증할 수 있는 방법도 또한 없다는 것을 의미하지는 않는다. 연구자는 직관에 의해서 분석되고 해석된 의미에 대한 근거를 언제나 실제 자료를 통해서 설득력 있게 제시하여야 한다(Coseriu 1980, 114). 분석되고 해석된 의미의 신뢰성과 타당성에 대한 검증 방법론으로 변이 분석 방법론이 사용된다(Lucius-Hoen/Deppermmann, 262-266). 변이 분석은 해석된 연구자료의 특정요소를 삭제해보거나, 다른 요소로 바꾸어보거나, 나타난 순서를 바꾸어보거나, 연구자료에 없는 요소를 보충해보는 등의 방법을 토대로 의미의 변화 양상을 통해서 분석 및 해석의 결과의 타당성을 검증하는 방법이다. 아래의 예문을 통해서 변이 분석의 방법의 예를 들어보기로 하자.

(1) 내겐 잊혀지지 않는 겨울 얘기가 있어
(2) 그 얘기 속엔 두 여인이 나오고
(3) 추억의 노래가 흐르는 카페도 있고
(4) 아직도 난 널 사랑하고
(5) 모두 들떠 있던 축제의 그날
(6) 그녀가 날 이끈 그곳엔
(7) 아주 작고 어린 소녀가 날 보며
(8) 메리 크리스마스 웃고 있었네
(9) 기억하나요. 우리 사랑을
(10) 그땐 서로의 아픔을 함께했었죠.
(11) 이젠 무엇도 남아 있지 않지만
(12) 하얀 눈 내리던 그날의 입맞춤은
(13) 기억해요.
(14) 너를 가지려던 나의 꿈들은
(15) 눈 속 어딘가에 묻혔고
(16) 우리 셋이 함께한 그날의 파티는
(17) 세상 어느 곳보다 따스했었지
(18) 돌아오는 길에 너의 뜨거운 입맞춤에
(19) 나는 하늘을 날았고
(20) 안녕하며 돌아선 내 머리 위엔
(21) 어느새 하얀 눈이 내려 있었지
(22) 이젠 무엇도 남아 있지 않지만
(23) 하얀 눈 내리던 그날의 입맞춤은
(24) 기억해요.

위의 텍스트 예문에서 화자는 자신에게 일어났던 지난 일(축제 참가, 소녀와의 만남, 입맞춤)이 자신의 의지 또는 주도에 의한 것이 아니라, 이야기 속에 언급된 다른 사람들에 의한 것이라고 해석할 수 있다. 그러한 해석에 대한 근거는 아래의 문장에서 찾을 수 있다.

(6) 그녀가 날 이끈 그곳엔
(7) 아주 작고 어린 소녀가 날 보며
(8) 메리 크리스마스 웃고 있었네
(18) 돌아오는 길에 너의 뜨거운 입맞춤에

위의 예문에서 화자가 그곳에 가게 된 계기가 그녀에 의한 것이라는 해석에 대한 타당성은 (8)의 "그녀가 날 이끈"이라는 표현에 의해서 근거를 제시할 수 있다. (7)-(8)에서 소녀와 크리스마스 인사를 나누게 된 것은 나의 주도적인 행위에 의한 것이 아니라, 소녀가 나를 보면서 인사를 하면서("아주 작고 어린 소녀가 날 보며") 이루어진 것이란 것을 알 수 있다. 또한 (18)에서 입맞춤을 하게 된 것은 화자의 주도성에 의한 것이 아니라 상대방의 의도에 의한 것이라는 사실에 대한 해석의 타당성은 "너의 뜨거운 입맞춤"의 표현으로 근거를 제시할 수 있다. 해석의 타당성에 대한 검증방식으로 사용되는 변이분석을 해보면 그러한 해석의 타당성이 더욱 강화될 수 있다. 예를 들어 "너의"란 표현을 "나의" 또는 "우리의"로 바꾸어보면, 입맞춤의 사건이 나의 주도성이나 또는 상호주도성에 의해서 이루어졌음을 알 수 있을 것이다. 또는 "너의"를 삭제해보면, 그 사건이 누구의 주도에 의해서 이루어졌는지를 정확하게 해석해 낼 수 없다. 이러한 변이분석을 통해서 "너의 뜨거운 입맞춤"에서 행위의 주도성이 화자가 아닌 타자라는 해석의 타당성을 강화할 수 있다.

위의 예문 해석의 타당성과 그것에 대한 검증 방법을 통해서 볼 수 있듯이 분석과 해석의 출발과 그에 대한 근거제시도 또한 실제 자료를 근거로 한다. 이러한 자료 중심적인 연구의 태도는 이 연구에서 코딩 과정뿐만 아니라 이후의 모든 범주화 과정과 의미재구성 단계에서도 일관되게 유지될 것이다. 이러한 자료 중심적 태도에 입각하여 연구자의 해석을 가능한 배제하고, 연구 참여자의 시각과 관점을 최대한 드러내기 위해서 참여자가 토로한 내용을 자세하게 소개할 것이다. 분석과 범주화의 과정에서 연구자의 진술문은 연구 참여자의 시각과 관점을 잘 이해할 수 있는 일종의 도입 안내문의 범위를 넘지 않을 것이다.

> 조혜란 씨는 같은 회사에서 근무하던 경비 아저씨의 소개로 그의 아들을 소개받았다. 처음 만났을 때 그녀와 같은 나이지만 죽어가는 식물처럼 병약해 보이던 그가 마음에 들지는 않았지만, 경비 아저씨의 적극적인 권유로 결혼을 하게 되었다.
>
> 조혜란: 어느 날은 자기 아들 한 번 만나 볼래냐고 그러더라구요〔…〕그때 나이가 제가 스물여덟 그랬는데 벌써 이 남자가 완전히 머리도 여기 막 빠져가지고 굽실굽실하니 얼굴도 지글지글 해가지고 진짜 그때 저는 그 남자를 딱 보는 순간 식물로 치면은 진짜 죽은 식물 같다는, 죽어 가는 식물 같다는 느낌이 확 들었다니까요. 아 영 아니더라고요〔…〕이제 자꾸 싫어서 세 번 정도를 내가 아무튼 거부를 했는데 시아빠가 자꾸 밀어붙이다시피 했고. 그러면서 이미 그때 그 신랑이〔…〕벌써 아파트를 하나 이제 뭐 집값 되지도 않는다는 고거를 이제 해놓고 완전 떠밀다시피 아파트 해놨으니까 그 아빠가 막 귓바람을 또 한 거죠(1525-1566).

위의 예에서 볼 수 있듯이 연구자의 진술문은 연구 참여자 조혜란 씨의 인용문의 핵심내용을 요약해서 보여주는 것에 국한되어 있을 뿐, 연구 참여자가 밝힌 내용에 대한 어떠한 추가적인 해석이 없다.

연구자의 해석은 한 사례에서 발견된 범주들과 이들 사이의 상호관계를 밝힐 때, 또는 한 사례의 전체적인 의미의 재구성이나 대범주들 사이의 상호관계와 자살 생각이나 자살시도 요인을 재구성할 때에 비로소 제시된다. 하지만 이 과정에서도 해석은 철저하게 자료가 제시하는 것에 근거할 뿐, 자료의 범위를 벗어나는 해석은 이루어지지 않을 것이다(4장 및 5장 참조).

언어학적 질적 연구의 또 다른 방법론적 특성은 언어학이 전통적으로 음소나 형태소 또는 개별 낱말 등과 같은 작은 단위에 대해서 정밀한 연구 태도를 가진 것과 관련이 있다. 즉, 의미는 작은 문법적 요소나 낱말 또는 억양 등에 의해서 미세하거나 큰 폭으로 변화할 수 있는데, 작은 언어 단위의 의미 발견에 대한 민감성을 계발시키는 언어학 연구 태도로 인해서 다른 학제에서 이루어지는 연구자료 분석보다 더 정밀할 가능성이 크다.

언어학적 질적 연구의 또 다른 특성은 앞 절에서 논의한 화용론과 화행론 그리고 텍스트언어학과 언어학적 이야기 분석의 이론적 배경과 관련이 있다. 통상적으로 질적 연구는 텍스트를 구성하는 요소들의 명제적 의미에 대한 내용분석을 하는 것과는 달리, 이 연구에서는 텍스트를 구성하는 요소들의 사용 의미 또는 의사소통 기능을 분석에 포함할 것이다. 이는 질적 연구에서 이루어지는 텍스트 분석의 원칙적인 질문 "왜 지금 여기에서 그러한 내용이 그와 같은 방식으로 표현되었는가?"의 "왜" 또는 "무엇을 위해서"에 해당된다. 이미 앞(2.1.2.1)에서 논의한 텍스트 예문에서 텍스트 구성요소(7)의 명제 내용에 대한 내용 분석을 한다면, 대략적으로 "작은누나가 큰누나에게 꼼짝을 못하고 그에 대해서 화가남"이라는 주제어로 코딩을 할 수 있을 것이다. 하지만 화자가 왜 그 말을 했는가를 그 말이 사용된 맥락 (1)(큰누나의 사나움)에서 바라본다면, 아래의 예문은 "작은누나가 꼼짝을 못할 정도로 큰누나가 사나움"이라는 주제어로 코딩될 수 있을 것이다.

(1)	저희 누나 같은 경우에는 이제 저희 아버지하고 비슷하고 저는 이제 엄마 쪽 비슷하면서 자꾸 이제 흉내만 내려고 그러죠. 이제 저희 아버지나 제 아버지 쪽이 좀 상당히 좀 다들 성격들이 좀 그러신 거 같아요. 약간 좀 다혈질적인 지금은 나이가 드셔가지고 안 그러신데 젊었을 때나 보면은 우리가 그 작은아버지 큰아버지 그 작은고모 여자 분이신데도 굉장히 성격이 좀 있으셨거든요. 날카롭고
(7)	그러니까 작은누나가 제일 웃긴 게 이제 큰누나한테 아무 소리도 못해요. 지금까지도 그 어떤 기에 눌려가지고요. 제가 봤을 때는 참 한 살 차인데 충분히 뭐 진짜 싸움해도 맘먹고 싸울 수도 있는데 어렸을 때부터 그 계속 지금까지도 그래서 뭐 부당한 거 같은 경우도 뭐 뭐라고 하면 그거 꼭 해주고 아나 그 꼴 보기 싫은 거죠. 저는 그게 더 그것 때문에 더 열 받는 거 같아요.

또한 발화수반력 위계구조 이론에 따라서 텍스트의 부분들을 내용적이고 기능적인 관계에 따라서 코딩을 할 것이다. 자세하게 말하자면 코딩은 단순히 텍스트의 내용에 대한 주제어만 관련이 있는 것이 아니라, 다른 텍스트 부분과의 내용적 기능적 관련성까지도 포함할 것이다. 이를 통해서 특정 텍스트 부분이 왜 언급되었는지를 구체적으로 드러낼 수 있을 것이다. 이에 대한 예로 아래의 텍스트 예문을 다음과 같이 코딩할 수 있을 것이다.

(1)	I:	첫 질문 그 분과 관련한 경험에 대해서 그냥 편하게 아무 얘기나 한 번 해주시겠어요?
(2)	S:	프리셉터는 지금도 사실 프리셉터가 그러니까 애초에 저희가 실습을 할 때
	I:	네
	S:	그 사전에 프리셉터를 사전에 정해주는 경우는 거의 없어요.
	I:	아
	S:	상황에 따라서 그 병동이나 실습할 때 상황에 따라서 그러니까 수선생님이 정해주거나 아니면 정말 그때 눈치를 보면서 눈치껏 따라다닐 선생님을 저희가 임의로 같이 실습하는 친구들이랑 너는 어떤 선생님 따라다녀라 이렇게 저희끼리 정하기도 하는 거거든요
	I:	아 그렇구나.
	S:	근데 프리셉터를 정해주는 경우는 제일 처음 실습했을 때랑
	I:	네
	S:	지금 이 그럼 네 제일 마지막에 실습하고 있을 때 프리셉터를 사전에 정해주는 거거든요
	I:	네
	S:	그래서 저는 사전에 프리셉터 선생님을 정해주는 게 더 좋은 거 같아요. 사실
(3)	S:	사전에 그렇게 지정해주는 것 자체가 프리셉터 선생님들한테도 저희에 대한 뭔가, 뭔가를 해줘야겠다는 그런 게 생기는 것 같고
	I:	음
(4)	S:	그게 아닐 때는 저희가 좀 임의로 따라다닌다는 게 사실 어떤 선생님한테는 동의를 상황상 동의를 먼저 구하고 따라다닐 수가 없거든요.
	I:	네
	S:	그냥 저희 느낌상 이 선생님을 따라다녀야 될 것 같다는 그런
	I:	아
(5)	S:	따라다녀야 될 것 같다는 그런 느낌상, 느낌을 믿고 따라다녔을 때 이 선생님이 좋게, 받아들일 수도 있지만, 속으로는 불편해하실 수 도 있잖아요.
(6)	S:	그리고 또, 저희를 아직. 뭐라고 해야 되지? 아직 연차가 별로 안 되셔서 저희가 원래 따라다니면 안 되는 선생님들이 또 있거든요, 이제 막 입사하신 지 얼마 안 되시는 분들은 또 따라다니면 안 되는데, 또 저희가 이제 첫날에 그거를 다 파악할 수가 없잖아요. 솔직히 누가 말해주지 않는 이상 그게 조금, 프리셉터에 중요한 것 같아요
	I:	네
(7)	S:	그러니까 그거는, 프리셉터라는 말 자체가, 이게 사전에 지정해주는 거라고 생각하는데 다른 실습 때는 프리셉터 없이 저희가 그냥 따라다니면 그게 서로 좀 불편한 것 같아요.
	I:	음

(1): 프리셉터에 대한 실습학생의 체험에 대한 질문

(2): 프리셉터 사전 미배정으로 인해서 프리셉팅이 비체계적이므로 프리셉터를 사전에 정해주는 것이 좋겠음.

(3): 프리셉터를 미리 정할 때의 장점: 프리셉터는 학생에게 해주어야 할 일을 잘 알게 됨

(4): 프리셉터를 정하지 않았을 때 학생 측의 어려움 1: 동의를 먼저 구하기 어려움

(5): 프리셉터를 정하지 않았을 때 학생 측의 어려움 2: 임의로 따라다녔을 때 프리셉터의 마음을 알기 어려움

(6): 프리셉터를 정하지 않았을 때 학생 측의 어려움 3 : 누구를 프리셉터로 따라다닐지 모름

(7): 프리셉터를 정하지 않았을 때 학생과 프리셉터의 어려움 : 서로 불편함

지금까지 논의한 언어학적 질적 연구의 특징을 종합하면 다음과 같이 정리할 수 있다.

- 철저하게 자료에 근거해서 의미를 발견하고 전체 의미를 재구성한다.
- 발견되고 재구성된 의미의 타당성에 대한 근거 또한 자료에 의거한다.
- 언어학적 질적 연구는 미세한 언어 및 비언어에도 민감하고 그에 대한 정밀한 분석을 토대로 한다.
- 텍스트의 표현에 들어 있는 명제내용을 넘어서 참여자의 의도를 분석에 포함한다.
- 텍스트의 의미구성을 단선적이거나 평면적이 아닌 위계구조를 가진 것으로 파악한다.
- 텍스트를 분석할 때 다른 텍스트와의 의미 및 기능적 관련성을 고려한다.

3
분석 방법론

3.1. 연구자료

이 연구는 서울소재 ○○구청 정신보건센터에서 지난 2008년 4월부터 2009년 3월까지 수집된 사회복지사와 10명의 자살시도자 사이에 이루어졌던 심층 서사 인터뷰 자료를 분석 대상으로 하였다.

연구자료는 서울대학교 생명윤리위원회의 연구 승인을 받고, 연구 참여자의 동의를 받은 후 녹음하여 전사하는 과정을 거쳤다. 인터뷰 참여자는 20대에서 50대에 이르는 다양한 연령층에 속하고, 남자와 여자가 각각 5명이다. 10명의 자살시도자에 대한 서사 인터뷰 사례는 각 사례별로 3-6회기로 이루어졌고 모두 47개이며, 총 인터뷰 시간은 47시간 18분이며, 전사의 양은 총 852쪽이다. 연구자료에 대한 상세 사항은 〈표 7〉에서 참조할 수 있다.

표 7. 연구자료 현황

사례	이름 (가명)	성별	나이 (세)	인터뷰 기간	인터뷰 횟수(회)	인터뷰 시간(분)		전사(쪽)
1	강석민	남	26	2008.07.31-2008.09.26	6	1 회기	66.34	137
						2 회기	79.55	
						3 회기	69.02	
						4 회기	73.32	
						5 회기	90.23	
						6 회기	60.23	
2	김명관	남	52	2009.01.28-2009.02.25	4	1 회기	39.50	44
						2 회기	35.52	
						3 회기	41.08	
						4 회기	45.15	
3	안정희	여	39	2008.07.30-2008.10.10	5	1 회기	65.06	79
						2 회기	69.02	
						3 회기	73.55	
						4 회기	56.44	
						5 회기	51.53	
4	장영복	남	36	2008.12.17-2008.12.29	3	1 회기	66.32	50
						2 회기	60.10	
						3 회기	33.00	
5	민형주	남	20	2008.08.07-2008.09.01	4	1 회기	53.20	85
						2 회기	55.14	
						3 회기	51.13	
						4 회기	53.28	
6	우지선	여	31	2008.09.02-2008.09.30	5	1 회기	64.50	114
						2 회기	62.40	
						3 회기	63.48	
						4 회기	66.47	
						5 회기	72.36	
7	한정연	여	35	2008.04.07-2008.05.27	5	1 회기	58.11	50
						2 회기	59.20	
						3 회기	42.09	
						4 회기	55.38	
						5 회기	36.19	
8	이재득	남	29	2009.02.13-2009.03.11	5	1 회기	65.11	84
						2 회기	64.22	
						3 회기	71.06	
						4 회기	61.17	
						5 회기	65.32	

9	장주현	여	25	2008.08.01 - 2008.09.17	5	1 회기	75.32	108
						2 회기	70.28	
						3 회기	69.58	
						4 회기	55.49	
						5 회기	73.44	
10	조혜란	여	35	2008.10.21 - 2008.11.26	5	1 회기	70.04	101
						2 회기	100.58	
						3 회기	59.40	
						4 회기	62.51	
						5 회기	65.46	
총	10명				47회		약 47시간 18 분	852쪽

3.2. 질적 텍스트 분석의 방법과 절차

1) 연구과제와 관련된 요인을 발견하고 적절한 주제어를 부여한다. 연구 과제와 관련하여 가장 먼저 해야 할 일은 자살시도자가 면담 텍스트의 여러 곳에서 산발적으로 밝힌 자살의 이유를 찾아내는 것이다. 자살시도자는 서사 상담에서 자살시도 이유를 '자살'이라는 명시적인 표현으로 밝히는 경우도 있고, 그렇지 않은 경우도 있다. 자살시도자가 명시적으로 밝히지 않은 자살시도 이유를 발견하기 위해서 상담 텍스트를 여러 차례 숙독을 해야 하고 자살시도 이유와 관련이 있다고 생각되는 텍스트의 전후 맥락을 살피는 것이 매우 중요하다.

〈그림 15〉에서 보는 바와 같이 전체 텍스트를 전사 자료로 읽어 보고 자살 이유와 관련된다고 생각되는 텍스트 부분을 표시하고 이 부분에 적당한 주제어를 제시해준다. 주제어를 제시해 줄 때 가능하면 화자가 말한 내용을 가급적 그대로 수용한다. 직접적으로 화자가 언급하지 않았을 경우 연구자는 그에 알맞다고 생각되는 주제어를 선택한 텍스트 부분에 부여한다. 이 단계에서의 주제어는 매우 임시적인

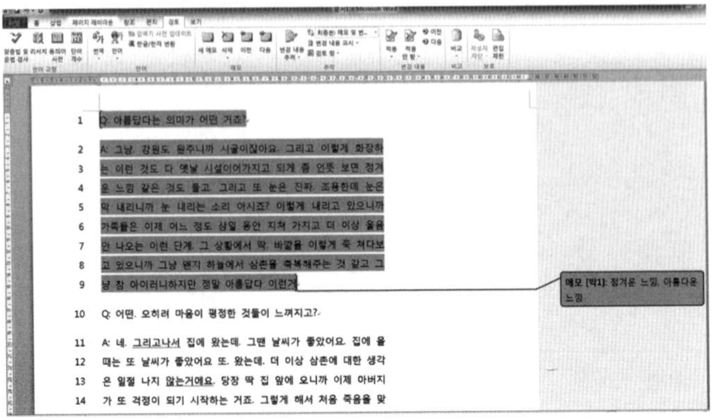

그림 15. 원문 코딩의 예

작업이어서 추후에 다듬어지고 통합되기도 하며 수정되거나 삭제될 수도 있다. 이 과정에서 텍스트 선별과 주제어 표기는 매우 임시적인 과정이고, 주어진 내용을 놓치지 않기 위해서 자살 이유와 관련되어 있다고 생각되는 부분을 최대한 찾아낸다.

2) 코딩한 부분과 주제어로 이루어진 관련 텍스트 모음 파일을 만든다. 여러 차례의 전사텍스트 및 오디오 자료 검토를 바탕으로 코딩이 완

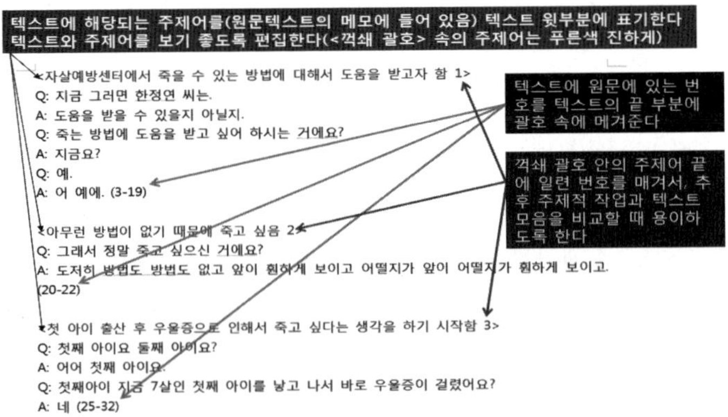

그림 16. 관련 텍스트 만들기의 예

료되면 표시된 텍스트 부분 모두를 발췌하여 하나의 파일로 만든다. 이때 추후에 발췌한 텍스트와 분석이 합치하는가를 검토할 때 용이하도록 전사 자료의 왼쪽에 있는 일련 번호를 발췌한 텍스트의 끝 부분에 괄호 ( )표기를 하고 그 안에 병기한다. 발췌한 텍스트에 해당되는 주제어를 텍스트 윗부분에 꺾쇠 괄호 〈 〉에 넣어서 표기하고, 주제어의 끝부분에 일련번호를 매겨준다. 이는 주제어를 정리하고 체계화할 때 이 작업이 용이하도록 주제어만을 따로 분리하는데, 추후에 주제어에 상응하는 텍스트를 찾기 편리하게 하기 위함이다.(〈그림 16〉 참조)

이미 앞에서 서술한 바와 같이 한 사례 또는 한 회기의 텍스트의 분석은 매우 복합적인 과정과 절차를 통해서 완성된다. 단계별로 이루어진 작업을 개별적으로 저장해두면 나중에 분석결과가 어떤 과정을 통해서 이루어졌는지를 확인할 수 있고 분석의 전체 과정을 조망할 수 있으며, 특히 분석결과를 검토할 때 단계별로 확인할 수 있으므로 매우 유용하고 효과적이다.

이름	수정한 날짜	유형	크기
관련텍스트 모음1	2012-06-01 오전 1...	한컴오피스 한글 2...	39KB
관련텍스트 모음2	2012-06-01 오전 1...	한컴오피스 한글 2...	37KB
주제어 작업1	2012-06-01 오전 1...	한컴오피스 한글 2...	38KB
주제어 작업2	2012-06-01 오전 1...	한컴오피스 한글 2...	23KB
주제어 작업3	2012-06-08 오전 1...	한컴오피스 한글 2...	14KB
주제어 작업4	2012-06-08 오전 1...	한컴오피스 한글 2...	14KB
주제어 작업5-동일주제어의 하위 분류 1	2012-07-08 오전 1...	한컴오피스 한글 2...	14KB
주제어 작업6-동일주제어의 하위 분류 2	2012-07-08 오전 1...	한컴오피스 한글 2...	15KB
주제어 작업-최종 정리	2013-06-18 오전 1...	한컴오피스 한글 2...	27KB
텍스트 작업 1	2012-07-10 오전 9...	한컴오피스 한글 2...	23KB
텍스트 작업 2	2012-07-10 오전 1...	한컴오피스 한글 2...	84KB

그림 17. 파일 관리의 예

3) 관련 텍스트 파일에서 텍스트는 삭제하고 주제어만 남긴 후에 주제어에 대한 정렬 작업을 한다. 정렬 작업은 보통 '가나다' 순서로 할 수 있다.

〈고통스럽기 때문에 죽고 싶음 12〉
〈군대 생활에 대한 동기 부여가 안 됨 28〉
〈기분의 기복이 심하다 1〉
〈긴장된 삶을 살지 않다가 긴장된 삶을 사는 것은 괴로운 일 19〉
〈남의 평가에 대해서 예민함 17〉
〈노끈으로 목맴자살시도 7〉
〈다른 사람들이 내 말을 진지하게 수용하지 않을 것임 16〉
〈다른 사람들의 눈치를 많이 봄 23〉
〈도움을 요청할 곳이 없다는 사실이 매우 힘들었음 14〉
〈말을 하지 않은 이유: 다른 사람들이 자신을 도와줄 것이라는 신뢰감이 없음 15〉
〈민형주 감정의 핵심어-공허함 24〉
〈바빴지만 다른 이들이 인정했기 때문에 힘들지 않음 20〉
〈삶의 의미를 모름 3〉
〈선임과 관련하여 심적 고통이 있었고 그에 대한 대화를 나눌 사람이 없었음 18〉
〈이전에도 외고 떨어졌을 때 자살 생각이 있었음- 삶의 가치에 대한 감사한 마음으로 극복했었음 27〉
〈인생이 무의미하다고 생각함 2〉
〈자살시도 : 고통에서 벗어날 수 있는 수단-선임의 괴롭힘,업무스트레스 6〉
〈자살시도는 충동이 아니라 지속적으로 생각했던 것 11〉
〈자살시도를 말린 사람에 대한 원망 9〉
〈자살시도를 우발적으로 함 8〉
〈자살시도의 원인은 선임이 아니라 일에 대한 부담감 22〉
〈자살시도의 원인은 외부에 있는 것이 아니라 자신에게 달려 있음 25〉
〈자살은 이기적인 것 21〉
〈자신의 문제를 말할 사람이 없음 13〉
〈죽고 싶지만 용기가 없음-남이 죽여주길 바람 5〉
〈죽음은 편한 것 10〉
〈죽임을 당하고 싶음 4〉
〈현재 가장 우려스러운 것은 인생을 포기해버린 것 같은 느낌에서 회복될 수 없다는 느낌 26〉

그림 18. 주제어 정렬의 예

4) 정리된 주제어를 코딩한다.

이 과정은 원자료에 대한 코딩하기, 즉, 주제어 부여 과정의 목적 및 과정과 동일하다. 그러므로 이 과정에서 부여된 주제어도 임시적인 것이고 향후 범주화의 과정 속에서 명료화되거나 수정되어야 한다. 아래의 예문에서와 같이 주제어의 내용에 따라 타당한 주제어(예: 자살시도, 마음의 상태 등)를 부여한다.

〈**자살시도** 고통스럽기 때문에 죽고 싶음 12〉
〈**군대 생활** 군대 생활에 대한 동기 부여가 안 됨 28〉
〈**마음의 상태** 기분의 기복이 심하다 1〉
〈**군대생활** 긴장된 삶을 살지 않다가 긴장된 삶을 사는 것은 괴로운 일 19〉
〈**대인관계** 남의 평가에 대해서 예민함 17〉
〈**자살시도** 노끈으로 목맴자살시도 7〉
〈**소통의 어려움** 다른 사람들이 내 말을 진지하게 수용하지 않을 것임 16〉

〈**소통의 어려움** 다른 사람들의 눈치를 많이 봄 23〉
〈**군대생활** 도움을 요청할 곳이 없다는 사실이 매우 힘들었음 14〉
〈**마음의 상태** 삶의 의미를 모름 3〉
〈**군대생활** 선임과 관련하여 심적 고통이 있었고 그에 대한 대화를 나눌 사람이 없었음 18〉
〈**자살시도** 이전에도 외고 떨어졌을 때 자살 생각이 있었음 - 삶의 가치에 대한 감사한 마음으로 극복했었음 27〉
〈**마음의 상태** 인생이 무의미하다고 생각함 2〉
〈**자살시도** 고통에서 벗어날 수 있는 수단 - 선임의 괴롭힘, 업무 스트레스 6〉
〈**자살시도** 자살시도는 충동이 아니라 지속적으로 생각했던 것 11〉
〈**자살시도** 자살시도를 말린 사람에 대한 원망 9〉
〈**자살시도** 자살시도를 우발적으로 함 8〉
〈**자살시도** 자살시도의 원인은 선임이 아니라 일에 대한 부담감 22〉
〈**자살시도** 자살시도의 원인은 외부에 있는 것이 아니라 자신에게 달려 있음 25〉
〈**자살시도** 자살은 이기적인 것 21〉
〈**자살시도** 자신의 문제를 말할 사람이 없음 13〉
〈**자살시도** 죽고 싶지만 용기가 없음 - 남이 죽여 주길 바람 5〉
〈**자살시도** 죽음은 편한 것 10〉
〈**자살시도** 죽임을 당하고 싶음 4〉

그림 19. 주제어에 대한 코딩의 예

5) 코딩된 주제어를 동일한 것들로 재분류한다.

코딩된 주제어를 재분류할 때 '한글' 프로그램을 사용할 경우 재분류할 내용 전체를 선택한 후에 '도구' 부분의 '정렬' 기능을 사용하면 유용하다.

〈군대생활 군대생활에 대한 동기 부여가 안 됨 28〉
〈군대생활 긴장된 삶을 살지 않다가 긴장된 삶을 사는 것은 괴로운 일 19〉
〈군대생활 바빴지만 다른 이들이 인정했기 때문에 힘들지 않음 20〉
〈군대생활 선임과 관련하여 심적 고통이 있었고 그에 대한 대화를 나눌 사람이 없었음 18〉

〈대인관계 남의 평가에 대해서 예민함 17〉
〈대인관계 다른 사람들의 눈치를 많이 봄 23〉

〈마음의 상태 감정의 핵심어-공허함 24〉
〈마음의 상태 삶의 의미를 모름 3〉
〈마음의 상태 인생이 무의미하다고 생각함 2〉
〈마음의 상태 현재 가장 우려스러운 것은 인생을 포기해버린 것 같은 느낌에서 회복될 수 없다는 느낌 26〉
〈마음의 상태 기분의 기복이 심하다 1〉

〈소통의 어려움 자신의 문제를 말할 사람이 없음 13〉
〈소통의 어려움 다른 사람들이 내 말을 진지하게 수용하지 않을 것임 16〉
〈소통의 어려움 도움을 요청할 곳이 없다는 사실이 매우 힘들었음 14〉
〈소통의 어려움 말을 하지 않은 이유: 다른 사람들이 자신을 도와줄 것이라는 신뢰감이 없음 15〉

〈자살시도 노끈으로 목맴자살시도 7〉
〈자살시도 이전에도 외고 떨어졌을 때 자살 생각이 있었음- 삶의 가치에 대한 감사한 마음으로 극복했었음 27〉
〈자살시도 : 고통에서 벗어날 수 있는 수단-선임의 괴롭힘, 업무스트레스 6〉
〈자살시도 자살시도는 충동이 아니라 지속적으로 생각했던 것 11〉
〈자살시도 자살시도를 말린 사람에 대한 원망 9〉
〈자살시도 자살시도를 우발적으로 함 8〉
〈자살시도 자살시도의 원인은 선임이 아니라 일에 대한 부담감 22〉
〈자살시도 자살시도의 원인은 외부에 있는 것이 아니라 자신에게 달려 있음 25〉
〈자살시도 자살은 이기적인 것 21〉
〈자살시도 죽고 싶지만 용기가 없음-남이 죽여주길 바람 5〉
〈자살시도 죽음은 편한 것 10〉
〈자살시도 죽임을 당하고 싶음 4〉
〈자살시도 고통스럽기 때문에 죽고 싶음 12〉

그림 20. 주제어 분류의 예

6) 분류된 주제어가 다양한 내용을 포괄할 경우 이를 내용별로 다시 하위 범주화한다.

이 과정의 코딩과 분석 그리고 범주화의 방법과 절차도 1)과 5)의 과정과 동일하게 이루어진다. 모든 분류의 결과를 명시적이고 개괄적인 시각을 가질 수 있도록 '파워포인트'를 이용하여 도표화하면 분석의 결과를 명료하게 개괄하고 검토하는 데 매우 유용하다.

〈**방법** 자살시도 - 노끈으로 목맴자살시도 7〉
〈**이유와 계기** 자살시도 - 이전에도 외고 떨어졌을 때 자살 생각이 있었음 27〉
〈**극복방법** 자살시도 - 삶의 가치에 대한 감사한 마음으로 극복했었음 27〉
〈**이유와 계기** 자살시도 - 자살시도 : 고통에서 벗어날 수 있는 수단 - 선임의 괴롭힘, 업무 스트레스 6〉
〈이유 자살시도 - 자살시도는 충동이 아니라 지속적으로 생각했던 것 11〉
〈자살시도 - 자살시도를 말린 사람에 대한 원망 9〉
〈**이유와 계기** - 자살시도 자살시도를 우발적으로 함 8〉
〈**이유와 계기** 자살시도 - 자살시도의 원인은 선임이 아니라 일에 대한 부담감 22〉
〈**이유와 계기** 자살시도 - 자살시도의 원인은 외부에 있는 것이 아니라 자신에게 달려 있음 25〉
〈**자살의 규정** 자살시도 - 자살은 이기적인 것 21〉
〈**죽음의 규정** 자살시도 - 죽음은 편한 것 10〉
〈**방법** 자살시도 - 죽임을 당하고 싶음 4〉
〈**이유와 계기** 자살시도 - 고통스럽기 때문에 죽고 싶음 12〉

그림 21. 하위 범주화의 예

7) 1)에서 6)까지 과정의 결과는 회기별 또는 사례별 주제어로 도표화한다.

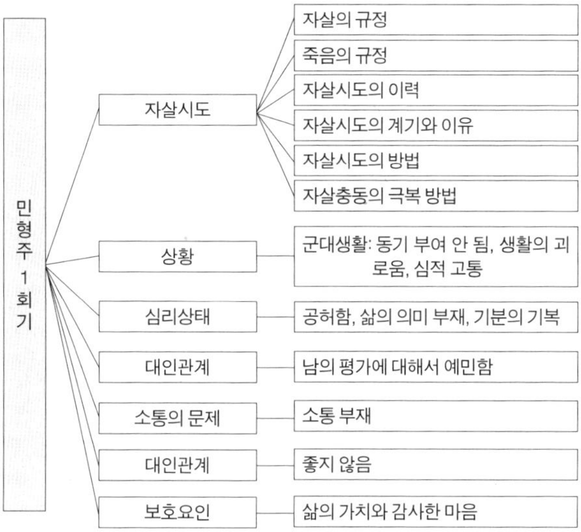

그림 22. 회기별 주제어 정리의 예

8) 1개 사례의 전체 회기(예: 1-5회기)에서 밝혀진 자살시도 요인을 통합한다.

통합하는 과정은 전체 회기에서 한 번이라도 나타나는 주제어들을 모으고, 여러 회기에서 반복적으로 나타나는 주제어들은 하나의 주제어로 통합한다. 또한 하나의 주제어에 속하는 하위 주제어들이 여러 회기에서 상이하게 나타난다면 이들을 하나의 상위 주제어로 통합시킨다.

(1) 제1회기
〈자살충동: 본인 - 가난과 오빠들과의 차별, 부모의 무관심 2〉
〈자살충동/남편의 문제: 남편이 죽었으면 하고 그를 죽이고도 싶고 자신도 죽고 싶음 18〉
〈자살충동: 가압류의 쇼크로 자살을 시도함 29〉
〈자살충동: 결혼 이후에 생김 41〉
〈자살충동: 본인 - 수학여행을 못 감 1〉

〈자살충동: 자식들이 압류의 쇼크를 받은 데 대해서 자살을 시도함 29〉
〈자살충동: 재정문제로 너무 힘들어서 죽고 싶음 27〉

(2) 제2회기
〈자살충동: 투신과 목맴의 유혹 8〉
〈자살충동: 자살의 이유: 너무 힘듦; 남편에 대한 복수심 9〉
〈자살충동: 자살의 이유: 희망없음 10〉

(3) 제3회기

(4) 제4회기
〈자살시도: 유서를 쓴 경험이 있음 28〉
〈자살시도: 자살에 대한 공감: 자신만 없어지면 편해짐, 자살의 동기는 절망감, 자포자기 Ⅳ 1〉
〈자살시도: 자살에 대한 관념 - 죽으면 끝 27〉
〈자살시도: 죽으면 모든 것이 끝나고 아무것도 없는 것 Ⅳ 4〉
〈자살시도: 힘들 땐 죽음에 대한 갈망이 큼 Ⅳ 2〉

(5) 제5회기
〈자살시도: 자살에 대한 공감: 죽음 후 편안해 졌을 것. 죽기 전까지 많이 힘들었을 것, 공인들의 자살에 대해서 공감하지만 동의하지는 않음: 인생은 살 만한 것이고 가족에게 무책임한 것이기 때문 7〉
〈자살시도: 자살의 관념: 죽으면 끝 그러므로 남은 사람 생각은 안 함 18〉

위와 같이 자살시도와 관련된 모든 주제어를 모으고 이를 내용별로 하위 범주화하면 자살시도의 이력, 이유, 죽음 또는 자살에 대한 관념, 자살의 방법 등으로 재분류할 수 있다. 이와 같은 방식으로 주제어를 통합하고 하위 범주화하여 도표로 나타내면 〈그림 23〉과 같다.

9) 1개 사례의 연구 결과를 바탕으로 범주별로 의미를 재구성하고 텍스트를 작성한다.

범주 또는 하위 범주에 해당되는 텍스트 예문을 텍스트 모음에서 찾아서 해당 주제어 아래에 붙여놓는다. 통상적으로 한 개의 범주 또는 하위 범주에 여러 개의 텍스트 예문들이 존재한다. 의미를 재구성하고 이를 텍스트로 기술하기 위해서 그러한 예문들 중에 해당 범주를 가장 대표하는 예문을 선택하거나 여러 예문을 통합할 수 있다. 아래에는 인터뷰의 여러 회기에 산재해 있는 여러 개의 예문에서 불필요한 것을 삭제하고 통합하여 하나의 의미로 재구성한 사례이다.

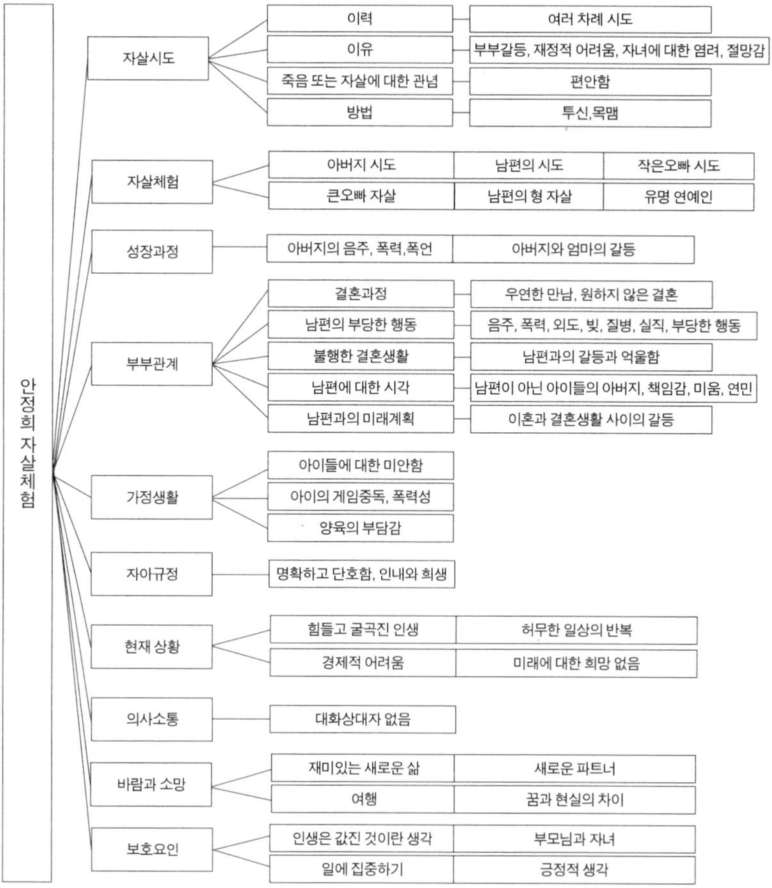

그림 23. 1개 사례의 자살시도 요인의 범주 및 하위 범주의 도표화

이재득: 가족 문제는 그때까지 해결이 되지 않아서 참 어디다 얘기하기 부끄러운 상황이였던 거 같아요(295-306). (…) 결혼 문제가 닥쳤을 때 이제 상대방의 그 부모님들이 저희 부모님들은 잘 계시냐 물어보실 수가 있는데 그거에 대한 대답을 하기가 참 힘들어요. 저 같은 경우는 그냥 할 수는 있어요. 근데 심리적으로 굉장한 압박감과 굉장한 그 제 상태에 어떤 부끄러움이라고 해야 되나 숨기고 싶은 어떤 사실 그런 거(2414-2426). (…) 그거 때문에 불행한 게 첫 번째 여자친구와의 어

떤 헤어짐이 불행했고요(2603-2609).

특정 범주의 의미를 재구성하고 텍스트를 기술한 데 대한 예문을 제시할 때 특히 유의해야 할 점은 범주의 내용과 텍스트 예문의 내용이 일치해야 한다. 연구 참여자들은 특정 범주에 대한 이야기를 할 때 여러 다른 범주의 내용을 혼합할 수 있기 때문에 특정 범주의 내용과 일치하지 않는 텍스트 예문의 부분은 삭제하는 것이 적절하다.

10) 개별 사례별로 자살시도 요인 사이의 상호 관련성을 발견한다.

자살시도자는 서사 인터뷰에서 자살요인을 단순하게 밝히는 데 머무는 것이 아니라, 그가 왜 그런 자살요인을 가지게 되었는지에 대한 이유와 원인을 밝히기도 하고, 그러한 자살요인들이 어떤 결과를 초래했는지를 밝히기도 한다. 이와 같은 자살시도 요인과 관련된 배경 정보를 또 다른 도표에 반영하면 자살시도 요인과 관련된 요인들 사이의 관련성을 명시적이고 개괄적으로 파악하는 데 유용하다. 아래의 도표에서 왼쪽에 있는 네모 칸 안에 분석된 12개의 주제어가 나열되어 있다. 이러한 주제어들 즉 자살시도 요인들이 어떻게 서로 관련을 맺는지는 오른쪽의 원 속에 있는 주제어로 표현되어 있다. 아래의 도표에서 화살표는 하나의 요인이 다른 요인에 어떤 영향을 끼치고 있는지 그리고 어떤 내용적 기능적 관계를 가지고 있는지를 나타낸다. 예를 들면 안정희 씨의 자살시도 요인 가운데 핵심적인 것은 남편의 문제이다. 이로 인해서 다양한 자살시도 관련 요인들이 발생한다. 남편문제로 인해서 결혼생활이 어려워지고 재정적인 문제가 발생하며 남편의 문제로 인해서 자살시도의 충동을 느끼기도 한다. 남편의 문제와 그로 인해서 파생된 자살시도요인들은 그녀가 현실에 대한 부정적인 인식을 하게 한다. 남편의 문제로 인해서 어려워진 결혼생활은 다시 자녀들의 양육 문제를 발생시키고 양육 문제는 다시 안정희 씨의 현실인식을 더욱 부정적으로 만들고 자살시도를 하게 되는 요인으로 작용한다. 한편 그녀가 어린 시절 겪었던 가족에 대한 부정적인 체험, 즉, 부모 사이의 갈등은 현재 자신이 남편과 겪고 있는 어려움을 더욱 힘들게 하는 요인으로 작용한다.

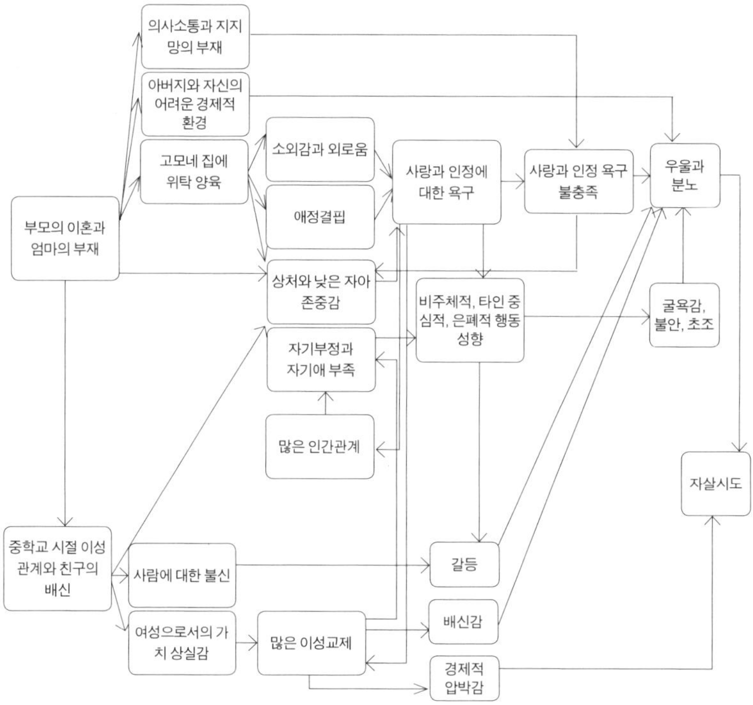

그림 24. 자살시도 요인 사이의 상호관계의 예

11) 1) - 9)의 과정과 같은 방식으로 이루어진 개별 사례 연구 결과를 통합한다.

개별 사례의 연구는 다른 연구 결과를 전제하거나 참조하지 않고 오로지 자료에 의거하므로, 개별 사례 연구별로 범주와 이름이 다를 수도 있고 분석의 차원 등이 각각 다를 수 있다. 그렇기 때문에 전체 사례의 결과를 통합하는 과정에서 서로 다르게 설정되고 분류된 개별 사례의 범주와 그 명칭을 재정리하고 수정한다. 통합의 결과 이 연구에서는 자살시도 요인과 관련된 대범주와 중범주가 아래와 같이 정리되었다.

1. 자살시도	이력	7. 자아규정	
	이유와 계기	8. 행동성향	
	죽음 또는 자살에 대한 관념		
	방법	9. 인간관계	
2. 자살체험			
3. 성장과정	가족 내 문제	10. 현재 상황	심리적 어려움
	학교에서의 체험		신체적 정신적 질병
4. 이성관계/결혼생활	이성관계		경제적 어려움
	부부관계	11. 의사소통	
5. 가족과의 관계	부모와의 관계	12. 보호요인	
	자녀와의 관계		
6. 직업생활			

12) 통합된 개별 범주별로 의미 재구성을 하고 텍스트를 기술한다. 이 과정에서 개별 범주가 개별 사례에서 어떻게 실현되었는지를 밝혀낸다. 이를 위해서 개별 개별 사례에서 나타난 범주와 관련된 내용을 한 곳으로 모아서 개별 범주의 특성과 실현 양상을 나타내줄 수 있는 예문을 남긴다. 이렇게 남겨진 예문을 바탕으로 개별 범주에 대한 의미를 재구성한다.

부모의 무관심과 차별: 연구 참여자들 중에서는 성장과정에서 부모가 다른 형제자매를 편애했고 자신은 부모로부터 차별적인 대우를 받았다는 생각을 가진 사람들이 있었다. 부모의 무관심과 차별은 연구참여자들이 성인이 되어서 분노, 부모 형제와의 불편한 관계, 올바르지 못한 성격 형성 등과 같은 자살시도의 직간접적 요인으로 작용하는 것으로 밝혀졌다. 강석민 씨의 경우 가사 일을 제대로 돌보지 않고 밖으로 떠도는 어머니가 집안일을 아픈 누나에게는 시키지 않고 자신에게만 시킴으로써 부담감과 억울함을 갖게 되었다. 이러한 차별에 대한 억울함은 그가 자살을 생각하게 된 분노의 한 원인으로 작용한다. 안정희 씨의 경우 중학교 때 부모님들이 오빠들만 편애하고 자신에게는 관심을 주지 않았으며, 꼭 가고 싶었던 수학여행을 가지 못하게 됨으로써 처음으로 자살 생각을 하게 되었다. 장영복 씨의 경우 아버지가 일방적으로 누나 편을 드는 것에 대해서 아버지와 누나를 불편하게 생각한다. 김명관 씨의 경우 어린 시절 부모 형제들이 자신에게 무관심하였고 제대로 된 교육을 하지 않아 자신의 일방적인 성격이 형성된 원인으로 파악하고 있다. 그의 일방적인 성격은 그의 사업실패의 한 원인이고, 사업실패는 다시 자살시도의 본질적인 원인이었으므로 김명관 씨는 부모 형제의 무관심을 자살시도의 한 원인으로 보고 있는 것으로 보인다.

강석민: 집안일을 다 해놨어야 했어요. 밥 해놓고 반찬 해놓고 설거지하고 빨래하고 청소하고 그걸 다 해놓고 그제서야 나갈 수가 있었어요. 그걸 안 해놓으면 어머니께 혼났어요[…] 누나도 그니까 누나가 되게 초등학교 때부턴가 한 스무 살 때까지 다리에 또 암이 있었어요. […] 어머니는 과잉보호를 한 거죠. 쟤는 일시키지 말라고. 실제 성격도 누나도 좀 게으른 편이었고 그래서 원래 제가 많이 나서서 하는 편이었고 그래서 어떻게 하다 보니까 그냥 제가 다 하게 됐고[…] 어릴 때는 당연히 그렇게 당연히 아 그래야 되는구나, 하고 그렇게 항상 지냈는데. 근데 그렇게 지내다가 한 번씩 그렇게 싸우고 이러면. 억울한 거예요.(92-110)

안정희: 집안이 많이 힘들었었거든요. 근데 수학여행인가? 가야 되는데, 형편이 어려우니까 여행비를 안 주시는 거예요. 초등학교 때도 돈 때문에 못 갔었거든요. 근데 중학교 때 가야 되는데 꼭 가고 싶은데 집에서 돈이 없으니까 못 보내주시는 거예요. 요번에 꼭 가고 싶은데. 그래서 한번 저희 집 근처에 예당저수지 거기 내려오면 수로가 있어요. 집 앞에 조금 나가면. 한번 뛰쳐나가서. 죽겠다고 뛰쳐나가서. 그때 사춘기 때잖아요? 그 뚝방에 앉아서 생각한 적이 있어요[…] 오빠들이 있

다 보니까 저는 만날 밀리게 되는 거예요. 엄마, 아빠는 살기 힘드시니까(울먹) 저한테 관심을 안 보여주시고. 그냥 하고 싶은 일도 많고 공부도 하고 싶었는데. 제 힘으로. 하면서 알바라고 하긴 좀 그런데, 일을 하면서. 했었고, 중학교 때. 처음 그 생각을 했어요(7-21)

장영복: 그 뭐 어렸을 때 같은 경우는 예를 들어 누나랑 싸우면 싸우면은 저를 이제 그 어떻게 보면 둘이 이제 잘못을 했을 텐데 불구하고 저를 이제 많이 나무랐죠. 동생이 누나한테 그러면 안 된다 많이 혼났던 거 같아요. 그랬던 게 어렸을 때는 또 많이 서운했던 거 같아요. 차별을 당한다는 씁 어떤 느낌을 받았던 거 같아요. 어렸을 때는 그런 게 강한 거 같아요(1142-1147)

김명관: 이제 그 성장과정이 좀 부모님 밑에서 컸지만 크게 뭐 관심을 안 가져주니까 그 뜻대로 내 뜻대로 좀 했다고(590-594). (…)우리가 뭐 교육을 교육도 뭐 잘못 받았고 어떤 옆에서 자꾸 깨우쳐줬으면 리드를 좀 해줬으면 싶은 생각이 들고 아 시골 사람들이 뭐 그렇게 해주는 사람이 어딨어 자기 스스로 깨쳐 나가야 되는데 난 그런 점이 좀 부족한 거 같아 어릴 적부터(689-692)

13) 범주들 사이의 상호관련성을 밝혀낸다.

이 연구에서 밝혀진 자살시도 요인들은 서로 밀접한 인과관계를 맺

그림 25. 범주 사이의 상호관련성의 예

고 있다. 그러므로 하나의 자살시도 요인이 왜 발생하게 되었는지, 그리고 그 자살시도 요인이 어떤 다른 자살시도 요인을 발생시키는지를 밝혀내는 것이 중요하다. 〈그림 25〉는 자살시도 요인의 하나인 의사소통 단절이 왜 발생하게 되었는지 그리고 이것이 자살로 이어지는 요인으로 어떻게 발전하는지를 보여주는 하나의 사례이다.

4
개인별 자살시도 체험과 자살 요인

이 장에서는 개인별로 자살시도 체험을 그들의 전반적인 생애사의 맥락에서 재구성한다. 자살시도자들 10명의 자살시도 체험을 분석한 결과 모두 12개의 대범주가 발견되었다. 12개의 대범주는 다양한 내용의 중범주와 소범주로 구성되지만, 이에 대한 사항은 개인별 자살시도 체험의 재구성에서 확인할 수 있다. 발견된 대범주는 다음과 같은 내용들로 구성된다.

1. **자살시도**: 자살시도 범주는 연구참여자가 직접적으로 자살시도 요인을 언급한 내용으로 구성된다. 자살시도는 다음과 같은 중범주의 내용으로 구성된다.

- 자살시도 이력: 연구 참여자들이 언제 처음 그리고 얼마나 자주 자살을 시도했는지에 관한 내용이다.
- 죽음 또는 자살의 관념: 연구 참여자들이 자살과 죽음을 어떻게 규정하고 바라보고 있는지에 대한 내용이다(예: 죽음은 편안한 것, 자살은 고통에서 벗어날 수 있는 수단 등).
- 자살의 이유와 계기: 연구참여자들이 생각하는 자살시도 또는 자살 생각의 이유나 그런 시도와 생각을 하게 된 계기와 관련된 내용이다.

- 자살시도의 방법: 연구참여자들이 밝힌 자살시도의 다양한 방법에 대한 내용이다.

여기서 발견된 모든 대범주들도 궁극적으로는 자살시도와 관련이 있지만 그러한 것들은 연구참여자들이 직접적으로 자살시도의 요인으로 언급한 것이 아니다. 그렇기 때문에 그러한 내용들은 다른 대범주로 분류하고, 대범주 자살시도에는 연구 참여자들이 자살시도 또는 자살 생각의 요인이라고 밝힌 내용만이 귀속된다.

2. **자살체험**: 이 범주에서는 연구참여자들의 어린 시절 또는 최근에 가족이나 친인척 또는 사회적 공인들의 자살을 체험한 내용으로 구성된다. 다른 사람, 특히 가족의 자살을 어떻게 체험하였고, 그러한 자살체험이 자신에게 어떤 영향을 끼쳤는지에 대한 언급이 이 범주의 중요한 내용이다.

3. **성장과정**: 연구참여자들의 성장과정은 그들의 자아 정체성과 전체적인 삶 그리고 자살시도와 자살 생각에 원초적이고 결정적인 영향을 끼친다. 이 범주는 연구 참여자들이 어린 시절을 어떻게 기억하고 있는가와 관련이 있다. 주로 부모 형제와 관련된 가족 내에서의 체험과 성장배경, 그리고 학교생활과 교우와의 관계 등이 이 범주의 중요한 내용이다.

4. **이성관계/결혼생활**: 이성 또는 결혼상대자는 자살시도자의 삶과 자살시도에 직접적인 영향을 끼치는 경우가 적지 않은 것으로 밝혀졌다. 이 범주에서는 이성친구나 배우자와 관련된 다양한 내용으로 구성된다.

5. **가족과의 관계**: 이 범주는 연구참여자들이 성인이 되고 난 이후 부모 형제와의 관계 또는 결혼을 했고 자녀가 있는 경우 자녀와의 관계와 관련된 내용으로 구성된다. 성장과정에서 부모 형제와 관련된 사항은 연구참여자에게 매우 큰 영향을 끼쳤고 자살시도와 관련하여 특히 큰 의미를 차지하므로 이는 성장과정에서 따로 다룬다. 또한 남편도 가족의 범주에 속하지만 자살시도와 관련하여 큰 의미를 가지므로 이성 관계 또는 결혼생활의 범주에서 따로 다룬다.

6. **직업생활**: 이 범주는 직업과 관련된 내용으로 구성되는데, 주로 회사생활이나 사업과 관련된 체험 또는 해외체험이나 군대생활에 대한 내용이 주를 이룬다.

7. **자아규정**: 이 범주에서 연구 참여자가 자신을 어떤 사람이라고 직접적으로 규정한 내용으로 구성된다.

8. **행동성향**: 연구참여자는 자기 자신을 설명하거나 자살시도나 자살생각을 하게 하는 다양한 요인들의 원인으로 자신의 성격이나 행동성향이 어떠하다는 언급을 하는 경우가 많다. 이러한 내용들이 이 범주로 분류된다.

9. **인간관계**: 이 범주에서는 연구참여자의 친구, 직장 동료 또는 친인척 등과의 관계에 대한 내용으로 구성된다.

10. **현재 상황**: 이 범주는 연구참여자들이 현재 자신이 처한 경제적, 신체적, 심리적 상황 등과 관련된 내용들로 구성된다.

11. **의사소통**: 이 범주는 연구 참여자들이 자신이 처한 상황을 남에게

이야기하고 있는지, 그리고 다른 사람들로부터 위로나 격려 또는 공감을 받을 수 있는 소통과 지지망이 존재하는지 등에 관한 내용으로 구성된다.

12. **보호요인**: 이 범주는 연구참여자들이 자살을 억제하는 요인으로 어떤 것들이 있는지에 대한 내용으로 구성된다.

발견된 12개의 자살시도 요인과 관련된 범주들은 개인별 자살시도 체험에 모두 나타나는 것은 아니다. 개인별로 대범주의 실현은 서로 다르다.

이 장은 먼저 개인별로 어떤 범주들이 실현되었는지를 요약적으로 제시하고, 실현된 범주들이 어떤 내용으로 구성되는지를 자세하게 밝힌다. 그리고 나서 마지막으로 발견된 요인들이 서로 어떻게 영향을 끼치면서 연구 참여자들이 자살시도나 자살 생각을 하게 하는지를 밝힐 것이다.

4.1. 김명관 씨의 상담에 나타난 자살시도 요인

김명관 씨의 이야기는 아래와 같은 11개의 범주로 분석되었다.

1. **자살시도**: 김명관 씨는 본인의 자살시도와 관련하여 자살시도의 이력과 자살 및 죽음에 대한 관념 그리고 자살시도의 방법과 그가 자살을 시도하고 생각하게 하는 이유 등으로 정리할 수 있다.

2. **성장과정**: 김명관 씨는 어린 시절 성장과정에서 부모와 형제로부터 관심을 받지 못하였다고 말한 바 있다.

3. **부부관계**: 김명관 씨는 부인과 소통 단절의 상태에 있고 여러 가지 이유로 갈등 관계에 처해 있음을 밝히고 있다.

4. **가족관계**: 김명관 씨는 자녀들과도 소통을 하지 않으며, 소원한 관계에 있음을 밝히고 있다.

5. **직업생활**: 김명관 씨는 직업생활과 관련하여 주로 사업 실패에 대해서 많은 언급을 하고 있고, 그의 이야기는 거의 모두 사업 실패와 관련이 있다.

6. **인간관계**: 김명관 씨는 가족뿐만 아니라 친척이나 다른 사람들과도 원만한 인간관계를 맺는 데 어려움을 겪고 있다. 그는 자신의 이야기를 마음껏 할 수 있는 대화상대자가 없고 고립된 삶을 살고 있다.

7. **자아규정**: 김명관 씨는 전체적으로 자신을 모난 성격과 능력과 지식이 부족한 열등한 사람으로 규정하고 있다. 그는 또한 자신을 신뢰하지 않으며 사랑하지 않는다.

8. **행동성향**: 김명관 씨는 다양한 관점으로 자신의 행동성향을 규정하고 있다. 이 가운데 그는 일상생활과 관련해서는 자신의 행동성향을 부정적으로 파악하며, 사업과 관련해서는 자신의 행동성향을 긍정적으로 파악하고 있다.

9. **현재 상황**: 김명관 씨는 현재 사업 실패와 부부 갈등으로 인해 많은 스트레스를 받고 있고 사람들을 만나는 것을 회피함으로써 타인과의 관계가 단절된 고립된 삶을 살고 있다.

10. **의사소통**: 김명관 씨는 주위에 자신의 처지를 터놓고 마음껏 이야기할 상대가 없는 의사소통 단절의 상태에 처해 있다.

11. **보호요인**: 김명관 씨는 자살을 생각하거나 시도를 하지 않게 하는 요인으로서 사업의 호조와 자신의 처지에 대해서 토로할 수 있는 대화 그리고 자신이 처한 현실을 있는 그대로 받아들이는 현실 수용 및 국가정책을 언급하고 있다.

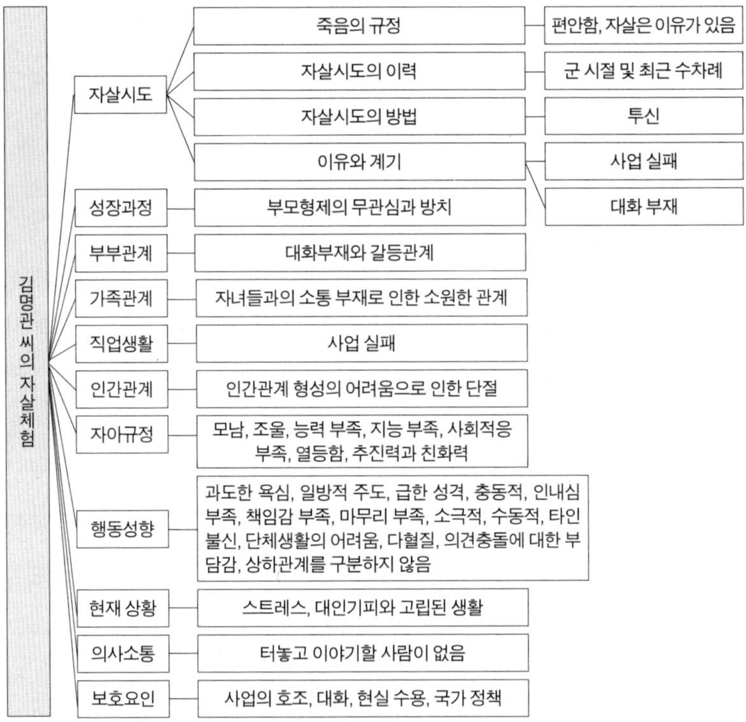

그림 26. 김명관 씨의 자살시도 요인

4.1.1. 자살시도

4.1.1.1. 자살시도 이력

김명관 씨는 군대 생활을 했을 때 그리고 그 이후에도 자살시도와 자살 생각을 한 적이 있었고 현재에도 지속적으로 자살에 대한 충동을 가지고 있다.

> 인터뷰어: 그 이전에도 더 어렸을 때도 죽음에 대해 생각해보신 적 있으세요?
>
> 김명관: 뭐 군에 가서도 내가 시도 한 번 했었어요.
>
> 김명관: 그때 해양경찰 제가 지원해서 속초로 발령받아 가지고 그때 (…) 바다 한 번 뛰어내린 적도 있고 (웃음)
>
> 인터뷰어: 아 그 정말 죽기 위해서 바다에 뛰어내린 적이 있으세요?
>
> 김명관: 그렇지요. 아 그때 뛰어내렸지요. 바다에서(269-278).

> 김명관: 그리고 뭐 몇 번 쩝 차 몰고 가면서도 한 번 그냥 뛰어들 생각도 했었고
>
> 인터뷰어: 한강으로 뛰어들
>
> 김명관: 네.
>
> 인터뷰어: 또 있었습니까 그런 일이?
>
> 김명관: 어- 지방 가서도 몇 번 그랬지요.
>
> 인터뷰어: 운전하시면서요?(73-79)

> 인터뷰어: 그러면 이제 높은 데 올라가서 그렇게 한 번 시도를 하신 적이 있고 계속 운전하시면서도 불현듯 그렇게 이제 죽고 싶다 이런 생각을 하시는 거네요. 지금 현재도 그러세요?
>
> 김명관: 지금도 좀 그런 게 있더라고요(81-84).

4.1.1.2. 관념

김명관 씨가 자살을 생각하게 된 직접적인 계기인 사업의 실패와 그 밖의 여러 이유로 인한 심한 심적 고통 때문이었다. 이를 탈피할 수 있는 방안의 하나로 자살을 생각하고 있었던 것이다. 그는 자살이 자신의 문제를 깨끗하게 해결해 줄 것이며, 스스로 편안해질 것이라는 관념을 가지고 있다.

> 인터뷰어: 지금 그러면 만약에 내가 자살을 해서 죽으면 어떤 상황이 벌어지죠?
> 김명관: 뭐 다 잊고 뭐 편안하겠지 뭐(143-149).

> 김명관: 그래서 이제 그 자살 한 번 하면 다 끝인데 깨끗하지만은(349-353).

또한 자살하는 사람은 자살을 할 만한 이유가 충분히 있다는 자신의 인식을 밝힘으로써 자살에 대한 정당성을 부여하는 모습을 보이고 있다.

> 김명관: 그래서 뭐 씁. 사람들이 왜 자살할까 나도 생각을 많이 해봤는데 실지 내가 다 내가 생각해보니까 좀. 아 자살할 그런 여건이 되는구나 아 자살 한번 해볼 만하구나. 그런 생각이 들더라고(151-156).

> 김명관: 자살 문제에 대해서 남이 자살하는 걸 아 저 미친놈이라고 많이 얘기했는데 내 현실에 당해 보니까 그게 아니더라고. 아 자살할 만하겠다 저 정도면은. 다 뭐 이유 있어가지고(433-436).

4.1.1.3. 자살방법

김명관 씨가 시도했고 생각했던 방법은 주로 바다로 뛰어내리기, 차를 타고 가다가 강으로 돌진하기 그리고 높은 빌딩에서 뛰어내리기 등과 같은 투신이다.

인터뷰어: 그러면 이제 높은 데 올라가서 그렇게 한 번 시도를 하신 적이 있고 계속 운전하시면서도 불현듯 그렇게 이제 죽고 싶다 이런 생각을 하시는 거네요. 지금 현재도 그러세요?
김명관: 지금도 좀 그런 게 있더라고요(81-84).

김명관: 그리고 뭐 몇 번 쩝 차 몰고 가면서도 한 번 그냥 뛰어들을 생각도 했었고
인터뷰어: 한강으로 뛰어들
김명관: 네(73-79).

인터뷰어: 아 그 정말 죽기 위해서 바다에 뛰어내린 적이 있으세요?
김명관: 그렇지요. 아 그때 뛰어내렸지요. 바다에서(269-278).

4.1.1.4. 자살 이유

1) 사업 실패

김명관 씨는 상담의 초반부에서 자살의 가장 큰 이유로 그의 삶을 어렵게 한 사업 실패를 들 고 있다. 자살을 시도할 만큼("그냥 끝내자 그런 생각들고") 힘든 삶("정신이 멍하고" "잠이 안 오고" "그냥 붕 떠있는 듯함")을 살게 된 계기가 바로 사업 실패와 그로 인한 돈의 문제임을 매우 명시적으로 밝히고 있다.

인터뷰어: 그 부도 맞았을 때 그 당시에 심경을 조금 더 구체적으로 말씀해주실 수 있나요?
김명관: 그때 뭐 내 돈 다 잃었다 생각하고 정신이 멍하더라고. 그냥 그래 차츰차츰 가니까 그게 이제 아이고 내 돈 다 뺏겼다라는 생각을 한 2주 정도 되니까.
인터뷰어: 처음에는 막 경황이 없어요?

김명관: 예. 그냥 뭐 고개만 푹 숙이고 뭐 생각이 없었어요. 야 이거 진짜 2주 지나니까 죽겠더라고. 그때부터 마 심경에 변화가 오더라고 그냥 쩝 잘 끝내자 그런 생각들고

인터뷰어: 그 상황에서 누가 위로가 됐던 사람이나 이야기를 좀 털어놓고 나눌 수 있는 사람이 있었나요?

김명관: 그때는 없었어요. 그때는 뭐 내 혼자 집에 가고

인터뷰어: 잠도 못 주무시고

김명관: 잠이 안 오더라고.

인터뷰어: 그냥 뜬눈으로 그 생각만 하셨던 거예요. 2주 동안에

김명관: 네 누워 있으면 그냥 붕 떠 있는 거 같아.

인터뷰어: 그리고 2주 지난 다음에는 아주 구체적으로 아 내가 이런 일을 당했구나 실감이 나셨나요?

김명관: 예. 그때부터 괴롭더라고. 힘들더라고. 그래 가지고 뭐 채권단 회의하고 그 한 달 이후인가 흠. 기도원인가 거기 일주일 가 있었고(1905-1113).

2) 대화 부재

김명관 씨는 상담의 후반부에 자살의 가장 큰 이유가 사업 실패와 그로 인해서 어려워진 외적 환경이 아니라, 그러한 어려움에 대해서 마음 놓고 이야기할 수 있는 상대자가 없는 것, 즉 대화의 부재라고 보고 있다. 그렇기 때문에 자살 예방의 중요한 한 수단으로 대화를 꼽고 있다.

김명관: 이 대화라는 게 상당히 중요한 거 같아(707-708). 실질적으로 자살 문제도 그거 아무것도 아니잖아요. 그래서 얘기하고 좀 이렇게 하면 되는데 성격이 좀 그런 거 같아서 많이 고비를 넘겼지(715-717).

김명관: 나도 사람들이 왜 죽나 싶은데 본인이 느껴보니까 아 그런 그게 내한테 오면은 감당을 그 못하니까 진짜 그거는 대화 없이는 그 죽음이 사망에 이르더라고. 내 생각에는 난 이런 전문가는 아니지만은 내

가 느껴 본 바로는 대화 많이 해야 돼. 있는 걸 다 얘기해서 고쳐 주면 결론적으로 경제문제는 이 대화로 하면 풀리거든(1784-1790).

4.1.2. 성장과정

김명관 씨의 성장과정은 시골에서 자랄 때 부모님이 자신에게 충분한 관심을 기울이지 않았고 또한 적절한 교육을 제공하지 않은 것이 현재 그의 일방적이고 주도적인 행동성향을 갖게 된 이유로 보고 있다. 다시 말해서 현재 어려움을 겪고 있는 사업 실패의 한 요인이 자신의 일방적이고 주도적인 행동성향으로 인해서 나타난 것이고, 이것의 원인은 부모님의 적절한 관심과 교육이 부재한 데 있다고 보는 것이다.

> 김명관: 이제 그 성장과정이 좀 부모님 밑에서 컸지만 크게 뭐 관심을 안 가져주니까 그 뜻대로 내 뜻대로 좀 했다고(590-594). (…) 우리가 뭐 교육을 교육도 뭐 잘 못 받았고 어떤 옆에서 자꾸 깨우쳐줬으면 리드를 좀 해줬으면 싶은 생각이 들고 아 시골 사람들이 뭐 그렇게 해주는 사람이 어딨어? 자기 스스로 깨쳐 나가야 되는데 난 그런 점이 좀 부족한 거 같아 어릴 적부터(689-692).

김명관 씨는 성장과정에서 부모형제들로부터 적절한 교육을 받지 못했기 때문에 자신이 매우 일방적이고 주도적인 행동성향을 보이고 또한 가족관계도 원만하지 못한 이유라고 밝히고 있다.

> 김명관: 그래서 내 그 성장과정에서 뭐 어떤 대화라는 게 거의 없었으니까 내 혼자 위주로 해서 내 혼자 넘어지고 일어나고 하니까 그게 이렇게 협조적이지 못 했던 거 같아. 그래서 군에 있을 때도 다 잘하는 데 나 혼자만 그렇다고 뭐 여건이 나쁜 것도 아니고 대화적으로도 이 인내심이 약간 상당한 영향이 있으니까 단순 내 생각으로는 거 다 필요.

없는 생각이더라고. 내 생각 자체가 다 안 좋더라고(908-919).

김명관 씨는 어린 시절 음악에 대한 관심과 재능이 있었지만 가족들의 무관심과 지도가 부재했기 때문에 그 재능을 살릴 수 없었다고 말하고 있다. 그렇기 때문에 그는 자신의 능력과 성향에 맞지 않는 사업을 하게 되었고 현재의 어려움을 겪고 있다고 말하고 있다.

> 김명관: 초등학교 때도 아예 그쪽으로 좀 내가 끼가 있어나봐요. 그래서 이제 우린 장사 체질이 아닌 거 같아. 어차피 이리 와서 이렇지만(645-646). 〔…〕 끼는 있는데 그쪽에서 좀 살리지 못해서 뭐 그 점이 후회스럽지 지금 씁. 우린 이 이 개인적인 사업 체질은 아닌 거 같아.
>
> 인터뷰어: 음악을 만약에 그때부터 쭉 하셨었다면 행복했겠다는 생각은 드세요?
>
> 김명관: 들지요. 아무래도 했던 거기 때문에 내가 업소에 뭐 색스폰을 불어도 그걸 하고 싶었던 거 같아. 지금 생각해보면은. 그래서 뭐 스트레스 다 풀고 내가 없더라도 그런 참 좋은 기회 있었는데(679-685).

> 김명관: 이제 성장과정에서 부모들한테 형들한테 이런 조언을 좀 그 받아야 되는데 난 저는 거 뭐 안 받았다 잘 살지만은 그런 조언이라든가 그런 거 없었어요(1250-1252).

김명관 씨는 어린 시절 가정교육의 부재로 인해서 가장으로서 그리고 남편으로서의 역할을 잘 못하고 있고 그것이 현재 어려움을 겪고 있는 부인과의 갈등의 원인인 것으로 파악하고 있다.

> 김명관: 가장으로서 어떤 역할도 못하고 지금 뭐 와이프 하고도 뭐 내 생활태도가 아휴 교육을 잘못 받았지 않나 그런 생각을 내한테 마 하더라고. 그 그거는 뭐냐 하면 내 혼자 생활하고 있다가 내 못 떠나니까 그게 좀 내한테 질책을 하는 거 같더라고 하- 그걸 알지만은 내 하루 아

침에 못 고치겠대요(1264-1268).

4.1.3. 부부관계

상담의 초기에는 그를 괴롭힌 가장 큰 요인을 사업 실패로 꼽았지만 상담의 후반부에서는 부인과의 갈등 문제가 그를 가장 많이 괴롭히고 있다고 언급하고 있다.

김명관: 근래 들어와서 이 와이프가. 그래 가지고 하 며칠 동안 머리가 좀 아파.

인터뷰어: 어떤 문제로 지금 그러신 거예요?

김명관: 아이고 뭐 험. 좀 귀찮은가 봐요? 이 나이에. 전체적으로 사는 게 서로가. 그래 가지고 나도 마 혼자 살아버릴까 그런 생각이 드네요. 요즘 또. 다른 거 다 잊어버리고. 돈이고 뭐 다 잊어버리는데 그런 사정을 떠나서 혼자 살고 싶더라고요. 그런 생각 많이.

인터뷰어: 구체적으로 두 분 사이에 어떤 문제가 지금 있으신 거예요?

김명관: 뭐 개인적으로 성격이 많이 좀 안 맞는 거 같고. 좀 이걸 여기 놓으면 꼭 그 자리 갖다 놔야 되고 내가 만졌다 그러면 좀 많이 터치를 많이. 나 때문에 뭐 자기 명에 못 죽는다는 그런 얘기도 하더라고. 내가 피해 준 게 많이 있지 뭐(1439-1451).

김명관 씨는 부부간의 문제가 되는 요인으로 성격 차이, 대화 부재, 종교 차이, 시댁과의 갈등 등을 구체적으로 언급하고 있다

김명관: 좀 싫어하더라고. 험. 더 끊고 맺고는 확실해. 근데 뭐 나하고는 뭐 성격이 많이 틀리지. 그래도 뭐 애들 다 키워놓고는 뭐 서로 갈라서자 그런 얘기도 해. 나한테(1482-1490).

김명관: 요즘 얘기도 안하고 뭐 그렇게.

인터뷰어: 서로 대화를 충분히 해보신 적은 있으신가요?

김명관: 해도 난 돌아서면 똑같아. 내가 성격이 이러니 마음에 좀 안 드나봐.
인터뷰어: 그런 부분에 대해서도 얘기해보신 적 있으세요?
김명관: 어떤 부분이요.
인터뷰어: 우리 시집에 대소사가 있을 때 좀 같이 그 좀 협력을 하면 어떻겠냐.
김명관: 싫어하더라고. 자기는 종교가 기독교고 이쪽은 우리 또 뭐 형제들하고 다 틀리거든요. 좀 그런 게 있고 애들이 오면 거 또 친척집 가는 거는 뭐 예사롭게 생각해야 되는데 그런 보내지도 않고 애들은 가려고 하는데 그런 걸로 인해서 트러블이 많이 생기는 거 같아요.
인터뷰어: 결혼하고 처음부터 그러셨던가요?
김명관: 좀 그렇더라고. 남이 집에 오는 거 싫어하고요. 그런 사람 있잖아요. 또 자기도 아무 데도 안 가(1459-1480).

김명관: 이 제일 큰형이 제사를 모시잖아요. 거기 가면 뭐 교회 다닌다 싶고 뭐 절을 안 해서 아무래도 미움을 좀 받지요. 그래서 이제 그래 하다 보니까 우리 와이프 하고 트러블이 생기더라고 그래 안 가요. 명절 때도 내만 잠깐 갔다가(403-406).

그는 부부 사이의 문제를 해소하기 위해서 부인과의 문제를 해결하기 위해서 스스로 노력할 생각을 가지고 있다.

김명관: 그래서 갔다 오니 또 이 와이프가 또 괴롭히네. 그래서 뭐 이 좀 재밌게 재밌게 보다도 이제 열심히 한 번 빠져볼라고 일에.
인터뷰어: 아내하고 한 번 화해를 하실 생각은 없으세요?
김명관: 성격상 좀 그래.
인터뷰어: 아주 근원적으로 좀 서로를 다시 한 번 점검하고 그럴 생각은 없으세요?
김명관: 쩝. 시간 봐서 한번 해야지. 또 그렇다고 이혼은 당장 그거 좀 그렇잖아요(1577-1582).

더 나아가서 그는 부인을 소개시켜준 처남과 형제들 그리고 친구들과 대화를 나눌 예정이라고 밝히고 있다. 이것이 함의하는 바는 첫째로 부인과의 문제를 더 이상 악화시키지 않음으로써 이혼을 하지 않으려는 노력의 표시이기도 하지만, 더 큰 함의는 평소 자신의 문제를 남에게 공개하지 않으려는 그의 행동성향을 바꾸어서 자신을 남에게 열어 보여주고 행동 변화를 시도한다는 사실에 있다.

인터뷰어: 아내하고 일에서 지금 가장 걱정하는 부분이 어떤 부분이세요?
김명관: 그렇게 큰 걱정은 안 되는데 그 그 오빠가 나를 소개해줬거든. 토요일 날 한 번 만날라고.
인터뷰어: 오빠 분 하고요?
김명관: 네. 그래서 쏵 살아보니까 내로 인해서 상당히 스트레스 많이 받고 명대로 못 사니 그런 얘기 하니 어떡하면 좋겠냐고 상의를 해봐야겠다고(1720-1726).

인터뷰어: 힘드실 때 앞으로는 주변 사람들과 얘기를 나누실 생각 있으세요?
김명관: 얘기를 좀 해야겠더라고. 거 아무래도 친구들이겠지. 친구들이고 뭐 어제 형 형님 집에 가서 얘기를 좀 했네. 와이프 문제 때문에 그런 얘기를 좀 해야겠더라고(1709-1713).

4.1.4. 가정생활

김명관 씨는 부인과의 갈등과 자녀들과의 소통 부재로 인해서 자녀들과 가까이 지내지 못하고 있다.

인터뷰어: 자녀들하고 충분히 시간을 가져 볼 새가 별로 없으셨겠네요. 그러면?
김명관: 그렇지요. 뭐 좀 방학 때 좀 뭐 아빠가 걔 애들이 내한테 뭘 고치

라는 얘길 많이 하더라고.

인터뷰어: 뭘 고치라고 그래요?

김명관: 아빠는 이렇게 해야 되는데 왜 그렇게 하냐고 엄마 말 좀 따라주지 뭐 그런 얘길 많이 하는 거 같아.

인터뷰어: 주로 어떤 면이죠. 그런 게.

김명관: 주로 뭐 같이 얘기 좀 많이 하고 그런 얘기를 많이 하지.

인터뷰어; 조금 더 가정적으로

김명관: 그렇지.

인터뷰어: 대화도 좀 하고

김명관: 엄마 좀 도와주라고(802-813).

김명관 씨는 자녀와의 관계에서 자신의 처신이 옳지 않음을 인식하고 이를 개선하고자 노력하고 있다.

김명관: 아빠는 뭐 우리한테 이렇게 무슨 얘기도 없고 그래서 요즘에 내가 메일로도 내가 많이 내가 뭐 잘한 건 없지만(웃음) 좀 그렇게 좀 가까이 할라고 노력하고 실지 오면은 뭐 엄마하고 있지 내 하고는 뭐 좀 그렇더라고. 그래서 많이 노력해야겠더라고 지금 52 이지만은 어휴 너무 잘못 살았더라고 애들(1258-1262).

4.1.5. 직업생활: 사업 실패

김명관 씨의 전체 이야기 중에서 사업 실패와 관련한 이야기가 가장 자주 언급되고 있고, 거의 모든 다른 이야기는 사업 실패와 관련이 있다. 그는 2002년 월드컵 특수를 기대하고 많은 돈을 투자했지만, 실패로 끝나면서 회복이 불가능하다고 생각할 만큼 큰 금전적 소실을 보게 된다. 이로 인해서 그는 많은 정신적 고통을 겪게 되고 자살시도를 하게 되기도 한다.

김명관: 예 동대문 운동장에서 그 그 000라는 본사에 그 선금 줬던 게 다 월드컵 때 대비해서 준비하던 게 다 날아가 버렸지〔…〕 그 한 번 맞고는 고마 정신을 못 차리겠더라고요. 그 지금도 마찬가지지만 그 일이 계속 떠오르면서 내가 지금 뭐 있는 재산도 정리하고 그래서 뭐 허무하더라고〔…〕

인터뷰어: 예 실제로 죽고 싶다는 생각을 강하게 하시고?

김명관: 그렇지요.

인터뷰어: 그걸 실행에 옮긴 경험이 있으세요?

김명관: 예(22-58).

김명관: 내 가지고 있던 거 다 뺏겨서 그런가봐. 결론은 뭐 돈이지(1205). 〔…〕 그때 뭐 내 돈 다 잃었다 생각하고 정신이 멍하더라고 그냥 그래 차츰차츰 가니까 그게 이제 아이고 내 돈 다 뺏겼다라는 생각을 한 2주 정도 되니까 〔…〕 야 이거 진짜 2주 지나니까 죽겠더라고. 그때부터 마 심경에 변화가 오더라고 그냥 쩜 잘 끝내자 그런 생각 들고(1905-1113).

4.1.6. 인간관계

김명관 씨는 친인척은 물론 사적으로 사람들과 관계 맺기를 잘하지 못하고 있는 것으로 인식하고 있다. 그런 이유로 그는 자신의 어려움을 허심탄회하게 터놓고 이야기할 상대자가 없는 실정이다.

김명관: 어떤 사회에 적응에 좀 발 디딧음이 안되고 적응을 좀 못 하더라고 좀 그런 생각이 많이 들더라고(743-744).

김명관: 좀 친척들하고 뭐 협조가 좀 안 된다. 그런 것도 있고 그리고 뭐

인터뷰어: 본인이 안 맞춰주시는 거예요. 아니면 다른 사람이 나하고 틀리기 때문에 내가?

김명관: 내가 잘 안 맞춰주는 거 같더라고(518-521).

> 김명관: 친절하게 터놓고 얘기할 그 좀 친구들이 없었어요. 에. 그냥 뭐 요즘 세대가 뭐 돈 자랑하고 뭐 그런 자랑뿐이잖아요. 얘기 자체가. 그래서 뭐 저 서로 파묻혀봐야 뭐 쩝. 빠져나올 길이 없고 이래서 내가 (736-738).

김명관씨는 자신이 사람들과 인간관계를 잘 형성하지 못하는 이유로 성장과정에서 가족과 소통하지 못하였고 그렇기 때문에 모든 것을 혼자 결정했어야 했기 때문이라고 밝히고 있다.

> 김명관: 그래서 내 그 성장과정에서 뭐 어떤 대화라는 게 거의 없었으니까 내 혼자 위주로 해서 내 혼자 넘어지고 일어나고 하니까 그게 이렇게 협조적이지 못 했던 거 같아(913-919)

4.1.7. 자아규정

김명관 씨는 부부관계, 사회생활, 자녀양육 등과 같은 사적 영역에서는 자신이 능력이 없다고 인식하고 있고, 자신의 지능이 다른 사람들과 비교하여 떨어진다고 생각하고 있다. 또한 자신이 남과 잘 어울리지도 못하고 모가 나 있으며 충동적이고 조울적이라고 보고 있기도 하다. 그는 이러한 모든 열등적 요소 때문에 다른 사람들로부터 인정을 받지 못하고 있고 냉대를 받고 있다고 생각하고 있다. 이러한 이유로 그는 모임에도 잘 나가지 않으며 사람들과의 만남을 기피하고 있다. 결과적으로 김명관 씨는 자기 자신에 대한 믿음을 가지고 있지 못하고 실수에 대한 두려움을 가지고 있다. 하지만 사업과 관련해서는 자신을 친화력도 있고 추진력도 좋은 사람으로 인식하고 있다.

4.1.7.1. 성격이 모난 사람

김명관 씨는 다른 사람들과 행동방식이 다르기 때문에 이상한 사람 그리고 모난 사람이라는 말을 많이 듣고 있고 그렇기 때문에 자신이 모난 성격을 가진 사람이라고 믿고 있다.

> 김명관: 근데 성격이 좀 이상하다는 얘기 좀 들어.
> 인터뷰어: 어떤 면에서요?
> 김명관: 씁 야 저 친구는 좀 특이하다. 자기 좀 남이 안 하는 걸 하니까 왠지 몰라도. 혼자 여행 극장이 아 밥 먹으러 혼자 가 그런 친구도 있더라고 아 밥 먹으러 혼자 어떻게 가냐 밥 먹을 사람 없이 그런 얘기하고 여러 가지 뭐 난 내 생각 자 내 자신도 그렇게 생각해 좀 특이하다는 생각이 들어(1287-1294).

> 김명관: 성격이 좀 모났어 내가 생각해도(782-783). (…) 뭐 성격 좋고 뭐 다 이렇게 뭐 거의 가는데 씁. 내 자체는 그렇게 좋은 거는 아니라고 보는데 뭐 원만하다고 보지 사람들이 그러나 좀 뭔가 뭐 좀 성격이 이상하다는 얘길 좀 들어. 보통 사람하고는(797-799).

4.1.7.2. 조울적 성격을 가진 사람

김명관 씨는 자신이 능력의 측면에 대한 믿음의 정도와 감정적 측면에서 긍정적인 측면과 부정적인 측면의 극단을 왔다 갔다 하는 불안정한 상태라고 밝히고 있다.

> 인터뷰어: 그러니까는 지난번에도 그런 말씀 드렸지만 아주 그 열정에 차서 그때는 뭐든지 다 하실 수 있는 거의 뭐 전지전능한 그런 느낌도
> 김명관: 올라가다가
> 인터뷰어: 또 정반대의 사이클에서는 내가 뭐 실패했고 능력이 없고 열등감에 휩싸이고 마음이 불안하고 초조하고 이게 계속 이렇게
> 김명관: 연결돼서

인터뷰어: 네(1620-1633).

4.1.7.3. 능력이 부족한 사람

김명관 씨는 다른 사람들과 비교해서 자신이 능력이 떨어진다고 믿고 있다. 이것이 그가 사업에도 어려움을 겪고 있고 다른 사람들을 잘 만나지 않는 이유라고 생각하고 있다.

김명관: 다른 사람들하고 내가 떨어진 그런 기분이 들기도 하고 뭐 능력이 딸린다(837-839). 〔…〕 내 능력이 상당히 없다고 생각하거든요. 제 자신이 그래서 뭐 결혼 문제도 그렇고 사회생활도 그렇고 이제 애들 키우는 과정에서도 요즘 안 힘든 사람이 있겠습니까만은(870-875). 〔…〕 내가 능력 부족으로 인해서 많은 것을 야 나는 사회적으로 좀 뒤 떨어져 있는 사람이다 그런 생각을 하면서 많이 뒤로 빼는 스타일로 요즘 그런 게 있더라고(893-897)

4.1.7.4. 지능이 부족한 사람

김명관 씨는 지적 능력이 부족한 사람으로 자신을 인식하고 있다.

인터뷰어: 날 뭔가 뭐 사고가 터질 거 같다.

김명관: 네 쓥 내만 하면 잘 안되고 다른 사람은 잘 되는 데 그렇더라고 내가 많이 부족한 점이 많다고 그래 뭐 아이큐가 아이큐도 좀 낮은 거 같더라고. 내가. 음 한 뭐 100 정도 밖에 안 되는 거 같아. 100이면 낮잖아요. 그죠?

인터뷰어: 보통

김명관: 좀 떨어지는 거 같더라고. 이 암기력이 약하더라고. 암기력이 약간 약하더라고 약하고(963-970).

4.1.7.5. 사회에 적응을 못하는 사람

그는 타인에 대해서 협조적이지 못하기 때문에 인간관계에도 어려움이 있고 사회에 적응도 제대로 하지 못하는 사람으로서 자신을 인식하고 있다.

> 김명관: 어떤 사회에 적응에 좀 발 디딤음이 안 되고 적응을 좀 못하더라고 좀 그런 생각이 많이 들더라고(743-744).

> 김명관: 좀 친척들하고 뭐 협조가 좀 안 된다. 그런 것도 있고 그리고 뭐
> 인터뷰어: 본인이 안 맞춰주시는 거예요. 아니면 다른 사람이 나하고 틀리기 때문에 내가
> 김명관: 내가 잘 안 맞춰주는 거 같더라고(518-521).

> 김명관: 그래서 내 그 성장과정에서 뭐 어떤 대화라는 게 거의 없었으니까 내 혼자 위주로 해서 내 혼자 넘어지고 일어나고 하니까 그게 이렇게 협조적이지 못 했던 거 같아. 그래서 군에 있을 때도 다 잘하는데 나 혼자만 그렇다고 뭐 여건이 나쁜 것도 아니고 대화적으로도 이 인내심이 약간 상당한 영향이 있으니까 단순 내 생각으로는 거 다 필요. 없는 생각이더라고. 내 생각 자체가 다 안 좋더라고. 얘기해보면 참 그런 게(913-919).

4.1.7.6. 타인으로부터 인정을 못 받는 사람

김명관 씨는 다른 사람들로부터 인정이나 환영을 받지 못하는 사람으로 자신을 생각하고 있다.

> 김명관: 그래서 내가 뭐 쩝 아유 나는 사회에서 이 냉대받는 사람이기 때문에 내가 이 피해 주면서 살고 싶지 않다는 생각을 많이 하면서 에라 모르겠다 그냥 가자 그런 생각도(931-933). [⋯] 내가 사회에 있어서 좀 인정을 못 받더라고 모든지 그런 실수를 좀 많이 하고 그런

거 (935-936).

4.1.7.7. 열등한 사람

김명관 씨는 전반적으로 자신이 열등하고 자기 자신도 스스로를 믿지 못한다고 말하고 있다. 그렇기 때문에 자기 자신에 대한 사랑과 존중감도 가지고 있지 못하다.

> 인터뷰어: 어떻게 역으로 자기 자신도 잘 못 믿으시는 거예요?
> 김명관: 씁. 좀 그런 거 같아(959-962).

> 김명관: 내 자신을 많이 미워하는 거 같아(930).

> 김명관: 그게 아 열등의식이 좀 강해서 그런가 보죠(1634-1635).

4.1.7.8. 추진력과 친화력이 강한 사람

김명관 씨는 개인적인 영역에서는 전반적으로 자신을 부정적으로 규정하지만, 사업과 관련해서는 자신을 긍적적으로 자리매김한다. 그는 어떤 일을 마칠 때까지 추진하는 힘이 있고 사업을 위한 친화력이 있다고 자신을 이해하고 있다.

> 김명관: 나 한 번 뭘 하면 끝까지 또 파고들거든요(685-686).
> 김명관: 어떤 아 저걸 내가 저 사람하고 내 만나야겠다 그거는 뭐 수단과 방법을 가리지 않고 만나더라고. 뭐 P P 감독 만나는 것도 상당히 어려웠었거든요. 쩝. 아 저 사람 어떻게 만났으면 제일 좋은 방법인가. 그래서 접근을 한 번만 해주더라고. 그 아는 사람이. 그리고 난 뒤에 아 저 사람이 탁 보니까 어 받는 걸 좋아하더라고. 아 그래 그러면 뭐 자기 필요한 용품을 내 뭐 갖다 주고 그때부터 약간 이제 좀 사이가 좋아지더라고. 그래서 지금은 자기도 다 들어먹고 내한테 좀 서로 약간 그래도 의지하면서 진짜 친형제보다 더 가깝게 그랬어(1398-1406).

인터뷰어: 그러니까 극과 극을 지금 보여주시는 거네요. 한 면에서는 굉장히 사업가적인 면이 있고 수완이 좋고. 그다음에 오히려 세상 일반적인 사람보다 더 에너지가 많은 면이 있고 또 한편으로는 사람들로부터 벗어나서 혼자 있고 싶고 혼자만의 공간과 시간 속에 있고 싶고 그리고 세상과 떨어져서 관조적으로 바라보고 싶은. 이게 서로 같이 있는 거네요?

김명관: 그러니 성격이 이상하지 그걸 (1386-1391).

4.1.8. 행동성향

김명관 씨는 자신의 행동성향에 대해서 다양한 관점으로 규정하고 있다. 그가 언급한 자신의 행동성향은 모두 13개로 분석되었다.

4.1.8.1. 과도한 욕심

김명관 씨는 과도한 욕심을 부리는 행동성향이 있다고 밝히고 있다. 그는 이러한 행동성향을 사업실패의 원인으로 보고 있다.

김명관: 욕심이 좀 과하지 않았나 그리고 그런 거 같더라고(90-91). 〔…〕 결론적으로 그도 부도 난 것도 내가 욕심을 내서 그런 거지뭐(310-314).

4.1.8.2. 일방적, 주도성

김명관 씨의 자기 인식 가운데 가장 큰 특징 가운데 하나가 바로 일방적이고 주도적인 행동성향이다.

김명관: 나는 난 내 진짜 하고 싶다고 내가 몬 한다고 규제 받고 그런 거는 행동을 그렇게 안 돼. 난 내일 내가 미국 가고 싶으면 가고. 그런 거지 내가 규제를 받고 뭐 그런 거는(1492-1494).

김명관: 그냥 뭐 뭐라고 그럴까 내 내 멋대로 갈 길 가고 그런 식으로 하

다 보니까 이 콘트롤이 안 되는 거 같아(1253-1254).

김명관 씨가 자신의 일방적이고 주도적인 행동성향을 부정적으로 말하고 있는 이유는 사업 실패의 원인이 다른 사람들의 의견을 듣지 않고 일방적으로 자신이 주도했기 때문이라는 사실을 설명하기 위한 것으로 보인다.

> 김명관: 참 내가 많이 여론을 좀 의식해야 되는데 참 일방적(544-545). 〔…〕 다 내 주장이 다 옳다 생각해. 내 주장이 옳다 생각해서 내 저번에 그 부도 맞았지만 주위에서 말렸다고. '야, 그거 하지 마라!' 했다고 하지 마라 했는데도 내가 했으니까 다 잘못이 지금 내 인정을 하죠(1336-1339).

김명관 씨는 사업실패의 중요한 원인 중의 하나로 일방적 주도성을 보고 있기도 하지만 그러한 행동성향으로 인해서 나타나는 문제의 해결도 스스로가 일방적이고 주도적으로 하고 있음을 보여주고 있다. 이는 그가 자살 이유의 가장 큰 원인 중의 하나인 소통 부재와 그로 인한 고립감을 더욱 악화시키는 원인으로 작용하고 있음을 보여주고 있다. 이러한 행동성향은 결과적으로 그가 토로한 다른 행동성향인 타인 불신과 자신의 어려움을 남에게 말하지 않은 성향과도 밀접한 관계가 있기도 하다.

> 김명관: 내 자신이 해결해야지 남한테 뭐 많이 기댈 필요는 없다고 생각하고(1060-1061).

> 김명관: 에 주위에 친척들이나 그런 거 형들도 와도 그런 거 없어 다 뭐 내 스스로 해결해야 되겠다. 실질적으로 저희 7남매 있지만 씁. 형들한테 내한테 의존을 하거든. 내가 볼 때 좀 사업하니까 그런 게 있고. 그

래서 뭐 아 지금도 나 혼자 해결을 해야지 의존 절대 그거는 좀 그렇더라고(1116-1120).

4.1.8.3. 급한 성격

김명관 씨가 밝히고 있는 자신의 급한 성격은 전체적으로 자기 행동의 충동적 성향이나 일에 대한 마무리 부족이나, 그리고 인내심 부족과 관련이 있는 것으로 보인다. 즉 성격이 급하기 때문에 어떤 것이든 불현듯 생각나면 곧바로 시행해야 하고 마무리를 잘하지 못하는 것과 관련이 있을 것이라고 해석할 수 있다.

김명관: 성격이 좀 급하다 그런 얘기를 많이(605).

김명관: 성격이 급해가지고 뭔가를 빨리 찾고자 하는데 이 일을 빨리 해결이 됐으면 싶은 생각이 그런 생각을 갖는데 지금은 아 시간이 그거는 해결해주겠지 생각을 한다고. 그래서 그게 또 맞고. 내 생각이 그게 맞더라고 책을 보면서 책이 뭐 다 정답이더라고. 다 기고. 책도 이 글씨가 너무 많은 거 같아서 빨리 좀 넘어 갔으면. 이것도 고쳐야겠더라고. 성격 자체를 좀 뭐 많이 저 생각에도 많이 좋아지고 있어요. 항상 이 머리가 맑아야 되는데 항상 땡기고 그랬거든요. 여 오기 전에 그래서 뭐 그래서 빨리 이런 데를 찾아가지고 조언을 좀 받아야되는데 약간 늦었다고 생각하는데(1130-1138).

김명관: 그 성격이 너무 좀 급한 거 같아. 요것도 좀 고쳐야겠더라고. 그런데도 있다더라고 정신과 흠(1718-1719).

4.1.8.4. 충동적

김명관 씨는 또 다른 자신의 행동성향을 충동적이라고 말하고 있다.

김명관: 즉흥적인 거 같거든요. 내 생각나면 무조건 가고 싶은 가야 되

내일 일본 가고 싶으면 내가 싸가지고 가고. 성격이 좀 모났어 내가 생각해도. 내 작년 전 까지만 해도 뭐 여권이 뭐 두 권정도 되니까 많이 돌아다녔다고(778-784). (…) 그 요즘에 뭐 말 했던 거를 좀 뒤집는 그런 게 좀 있는 거 같더라고. 내 이렇게 했다가 저렇게 해 뿌리고. 허 그런 게 좀(850-859).

그의 충동적인 행동성향은 사업 실패의 원인으로도 작용하지만, 동시에 자살시도의 직접적인 요인으로 작용하고 있기도 하다. 예를 들면 그가 군대에서 자살을 시도한 것은 충동적인 것이었다고 말하고 있다.

인터뷰어: 정말 죽기 위해서 바다에 뛰어내린 적이 있으세요?
김명관: 그렇지요. 아 그때 뛰어내렸지요. 바다에서. 근데 다행히 그래도 그거 뭐 쩝 무모한 짓이지. 그런 충동감이 있는 거 같아.
인터뷰어: 욱하는, 뭔가 내 파국 어떤 파국을 향해서 이렇게 충동적으로 그렇게 하는 게 있다는 거네요?
김명관: 네. 있는 거 같아.
인터뷰어: 그러니까 어떤 앞뒤 생각하지 않고 그렇게 이제
김명관: 욱하는 성격이 있어 내 성격이 자체적으로 그런 게(277-287).

4.1.8.5. 인내심 부족

김명관 씨는 본인이 인내심이 부족하다고 말하고 있다. 그는 일을 벌려놓고 끝까지 책임지지 못하기 때문에 사업에서 어려움을 겪고 있는데 대한 근거를 제시하고자 하는 것으로도 보인다.

김명관: 성격 자체는 여기 이렇게 오 한 군데 오래 못 앉아 있어(1221-1226). (…) 내가 참 아 이거 인내심 부족으로 많이 내가 손실을 많이 보고(603-604).

4.1.8.6. 마무리 부족

그는 자신이 어떤 일을 충동적으로 벌여놓고 마무리를 잘하지 못하는 것을 또 다른 자신의 부정적인 행동성향으로 보고 있다.

> 김명관: 일은 내가 벌렸지만 좌우지간 벌리는 덴 내가 선수야 벌려놓고는 마무리가 안 되는 거야. 일단(939-941). 〔…〕 마무리 부족, 꾸준함 부족 마무리가 아까 안 된다 했지. 또 꾸준한 게 없다. 그게 좀 단점인 거 같아(975-976).

마무리 부족이라는 부정적 행동성향은 자신의 능력 범위를 벗어나 충동적으로 일을 많이 벌여놓은 뒤, 인내심이 충분하지 못한 상태에서, 또 급하게 다른 일을 새롭게 하려고 하기 때문인 것으로 해석할 수 있을 것이다.

> 김명관: 일 일을 벌여놓고 마무리를 못 짓는 그런 것도 있고 일 벌려놓고 딴 사람이 와서 해결해주고 그런 게 좀 있어요. (웃음)
> 인터뷰어: 내 능력 이상으로 일을 많이 이렇게?
> 김명관: 네 좀 벌리는 거 같더라고.
> 인터뷰어: 결국 그게 다 마무리가 잘 안 된다는 거죠?
> 김명관: 그게 좀 그렇더라고.
> 인터뷰어: 그렇지만 새로운 데 자꾸 관심이 가시고?
> 김명관: 에 그렇지요. 그게 이제 관심이 가지요.
> 인터뷰어: 자꾸 새롭고?
> 김명관: 뭘 개척 할라고 하고(1345-1362).

4.1.8.7. 책임감 부족

김명관 씨가 책임감 부족을 언급하는 이유는 자신이 벌여놓은 일을 끝까지 책임지지 못하고 다른 사람의 힘을 빌려 그 일을 마무리해야 하는 성향 때문인 것으로 보인다.

> 김명관: 오직 뭐 일만 벌려놓고 네가 마무리해라 해놓고 왔지. 뭐 그런 경향이 있고 뭐 책임감도 좀 약하고 그런 거 같더라고(980-982).

4.1.8.8. 소극적, 수동적

김명관 씨는 2회기에 이어서 3회기에서도 자신이 모임에서 말을 하지 않고 듣기만 하는 행동성향이 있다고 말하며, 이는 자신이 전문지식을 가지고 있지 않기 때문이라고 밝히고 있다.

> 김명관: 내가 여러 사람 모이면 말을 거의 안 하더라고. 듣는 쪽이야. 우리 와이프는 말을 하는 편이지. 내가 리드하는 쪽은 아니더라고. 많이 듣고 듣는 쪽이야(792-794) (…) 그래서 이제 사업을 해도 어떤 내가 좀 끌려가는 입장이더라고. 어떤 소비자들한테도 (…) 그런 생각을 하면서 많이 뒤로 빼는 스타일로 요즘 그런 게 있더라고(893-897).

4.1.8.9. 타인 불신

김명관 씨는 다른 사람들을 불신하는 경향이 있다는 사실과 그 이유를 밝히고 있다.

> 김명관: 사람을 내가 좀 많이 못 믿더라고. 그게 이제 좀 의심을 항상 하면서 그런 게 많이 좀 있더라고. 의심을 좀 하는 거 같아. 와이프도 의심이 내가 더 하다고 어떤 뭐 매장에 창고에 물건이라든가 그런 거 보면 사람들을 많이 의심하고 그래(955-958).

> 김명관: 전체적인 이 내가 생각해도 사람 살아가는 사람들 볼 때 계산적으로 하 저 아웅다웅 싸우고 지지고 볶고 시장 시장에 다 미쳤다고(웃음) 그런 식으로 보고 있어요. 그 무리에 껴가지고 내가 이렇게 물이 들

어서 이렇게 정신병자와 비슷하게 됐구나 생각하고. 뭐 진짜 정신병자가 따로 없는 거 같아요. 그 자체가 뭐 카 죽이고 살리고 어지럽더라고(1182- 1187).

4.1.8.10. 단체생활의 어려움

김명관 씨는 또 다른 자신의 행동성향으로 단체생활의 어려움에 대해서 말하고 있다.

김명관: 단체생활을 좀 싫어하는 편이더라고(1268-1269).

4.1.8.11. 다혈질

김명관 씨는 자신이 사람들과 잘 어울리지 못하고 사람들을 피해서 혼자 있는 것이 더 편한 이유가 사람들과의 의견과 이해관계가 다를 때 이를 참지 못하고 감정적으로 반응하는 다혈질적 행동성향 때문이라고 말하고 있다.

인터뷰어: 전에는 어떠셨어요. 전에는?
김명관: 바로 그냥 나오지.
인터뷰어: 어떻게 나오세요?
김명관: 이상한 사람 바로 막 성질 내고 어 함구를 하지. 그래 이제 의견을 해서 조율하면 되는데도 불구하고 그 지금은 뭐 아 그러냐고 아 그러면 좋은 방법을 한 번 찾아보자고 그래서.
인터뷰어: 조금 이렇게 불같이 행동하는 성향이 있으세요?
김명관: 욱하는 성격이 있었어요. 제가. 제가 B형인데 왁 하는 성격이 있더라고 그러니까 자살시도도 했지. 바로 순간을 못 참아가지고. 참을성이 좀 약하고 그런 스타일이지. 진짜 성격이 급했어요. 참을성이 진짜 없었어요(1141-1155).

4.1.8.12. 의견 충돌에 대한 부담감

아래의 예문에서 김명관 씨는 사람들과 의견 충돌에 어려움을 겪고 있음을 밝히고 있다. 이 또한 대인기피와 고립감의 원인으로 작용하는 것으로 보인다.

> 김명관: 뭐 사람을 기피하는 게 아니라 기냥 혼자만 으로서 만족을 느끼고 의견 충돌 얘기하다 보면 그런 거에 대해서 또 신경 쓰이니까 너무 복잡하고. 복잡한 거 싫어해. 따지고 마 그런 거 있으면 딱 그냥 직원 '네가 알아서 해라' 그러더라고(1049-1053).

4.1.8.13. 상하관계를 구분하지 않음

김명관 씨가 직장에서 상하관계를 구분하지 않고 자기가 하고 싶은 일을 하는 행동성향은 남을 고려하지 않는 그의 일방적이고 주도적인 행동성향과 관련이 있고 그러한 행동들이 부하 직원을 불편하게 하며, 결과적으로 사람들과의 관계 맺기를 어렵게 하는 요인으로 작용하는 것으로 보인다.

> 김명관: 막말로 뭐 청소라도 내 직업을 가지고 해야 된다 그래 생각하거든. 실제로 내 하고 내가 뭐 위 아래 없이 난 그렇게 행동을 해. 그래서 뭐 직원들 할 거를 내 스스로 해버리니까. 시 시키기 귀찮으니까. 내 박스 내가 수두룩 해버리니까. 그래 아무래도 직원은 좀 마음에 마음에 거슬리지 내가 하니까(1295-1299).

김명관 씨가 언급한 행동성향 중에서 (1)-(7)번까지의 행동성향은 사업실패의 원인을 설명하고자 토로된 내용으로 해석할 수 있다. 즉 그는 과도한 욕심(1)과 다른 사람의 의견을 듣지 않고 일방적으로(2) 그리고 급하고(3) 충동적(4)으로 사업을 벌이는 반면에, 인내심(5)과 책임감(6)이 부족하여 마무리(7)를 잘하지 못하기 때문에 사업에 실패한 것이라 설명하려는 것으로 보인다(8). 그의 소극적이고 수동적인 행동성향은 사업 실패로 인한 영향과 관련이 있기도 하고, 또한 인간관계 형성에 어려움을 겪게 되는 원인으로 작용하기도 하는 것으로 보인다.

한편 (9)-(13)의 행동성향은 김명관 씨가 인간관계를 원만하게 형성하지 못하는 이유로 언급되는 것으로 보인다. 김명관 씨는 다른 사람들을 신뢰하지 않고(9) 다른 사람들과 함께 있는 데 대해서 어려움을 느끼며(10), 다혈질적인 성격으로 인해서(11) 다른 사람들과 의견충돌이 잦고 그러한 의견 충돌을 힘들어하기 때문에 다른 사람들과 인간관계 맺기를 힘들어하는 것(12)으로 볼 수 있다. 회사 내에서는 상하관계를 구분하지 못하고 아무 일이나 닥치는 대로 하기 때문에 직원들이 사장인 자신을 어려워하므로 그들과 원만하게 지내는 데 어려움을 초래하는 요소로 작용하는 것(13)으로 볼 수 있다.

4.1.9. 현재 상황

4.1.9.1. 스트레스

김명관 씨는 사업실패로 인해서 심한 패배감을 느끼고 있고 그로 인해서 힘든 일상생활을 이어나가고 있다.

> 김명관: 사업장에 나가면 이제 사업장에 나가면 자꾸 비교 되는 게 있기 때문에 위치가 좀 문제더라고(94-95). [⋯] 이 스트레스 쌓이더라고(103). [⋯] 강박관념이 떠나지 않더라고(106-107).

> 김명관: 같이하고. 사는 자체가 하 너무 힘들어 할 때는 진짜 아 이 이 세상 살아야 되나 그런 생각이 많이 들더라고(372-373). [⋯] 이 하루라도 이 생각이 좀 좋아야 되는데 상쾌한 날이 항상 이 목이 뻣뻣해요. 그

일만 생각하면. 이래 주로 목이 뻣뻣하더라고. 하루라도 기분 좋을 때가 없어요(380-383).

김명관 씨가 일상을 힘들게 생각하는 또 다른 이유는 당뇨병이다. 그는 당뇨병이 사업 실패로 인한 스트레스 때문에 생겨난 것이라고 믿고 있다.

김명관: 그래서 요즘에 또 뭐 저녁에 잘 때도 이 발도 저릿 저리고 그 당뇨 때문에 그것도 뭐 또 신경 잘 써야지(172-173). […] 당뇨도 정신적인 스트레스가 많이 오는 거 같더라고 (1634).

4.1.9.2. 대인 기피와 고립된 생활

사업 실패 이후 그는 패배감을 느끼고 다른 사람들에게 위축감을 느낀다. 이는 원래부터 김명관 씨가 가지고 있었던 생활태도가 아닌 사업에서 어려움을 겪고 위축감을 느끼고 사람들을 기피하게 되면서 나타난 현상으로 파악된다.

인터뷰어: 예. 가장 그 지금 마음 속에서 힘들게 하는 게 어떤 거예요?
김명관: 사업장에 나가면 이제 사업장에 나가면 자꾸 비교되는 게 있기 때문에 위치가 좀 문제더라고.
인터뷰어: 어떤 게 비교되는 거죠?
김명관: 근방이 다 뭐 우리하고 같이 했는 사람도 있지만 또 우리 사업장에 일하다가 나갔는 친구들이 그걸 보면 우리가 도로 역전 됐지. 그쪽에서 좀 우리가 구걸하는 식으로 또 되는 그런 식으로.
인터뷰어: 그런 부분이 자존심이 자꾸 상하시는 거예요?
김명관: 뭐 엄청 뭐 마음에 예 얘긴 안 하지만 내 생각으로 크
인터뷰어: 그게 못 견딜 정도로 상하시는 거예요.
김명관: 많이 상하지. 그러니까 계속 이 스트레스 쌓이더라고. 나가기만 나가면은 사무실에 쏩. 그걸 이제 탁 종잡을 수 없더라고.

인터뷰어: 그걸 떨쳐버리기 힘드시고요?
김명관: 네. 네. 말은 이래 했지만 돌아서면 그거에 대한 강박관념이 떠나지 않더라고. 그래서
인터뷰어: 누군가 나보다 늦게 시작한 사람이 나보다 잘 되는 것이 굉장히 그렇게 힘드신 거예요?
김명관: 씁. 그거는 이제 원래 헴 이 부도를 안 맞았으면 거의 뭐 제가 좌우지 할 수 있는데 거기 뭐 한 방 맞고(93-111).

김명관: 그 지금도 마찬가지지만 그 일이 계속 떠오르면서 〔…〕 그래서 모임도 잘 안 나가고 (47-52)

인터뷰어: 원래는 성격은 어떤 성격이세요?
김명관: 성격이 좀 뭐 좀 잘 어울리고 뭐 농담 좋아하고 그래. 요즘엔 좀 혼자 가끔 여행도 혼자 가고 영화도 혼자 보고 혼자 있는 걸 좀(182-183). 〔…〕 옛날엔 뭐 동창회 모임도 내가 다 주선하고 뭐 솔선수범했는데 이제 가기 싫더라고. 그래서 이제 조용히 그냥 여기 석 석 저녁에 석 00호수 한 두 바퀴 돌고(355-339).

4.1.9.3. 질병

김명관 씨는 현재 우울증과 당뇨병을 앓고 있는데, 이 두 질환은 사업 실패와 그로 인한 스트레스가 원인이 되어서 발병한 것으로 보고 있다.

김명관: 거기에 이 우울증이라는 게 참 내한테는 그런 게 안 올 쩝 그런 거 몰랐는데 지금은 뭐 내 생각도 자꾸 잊어 줄라는데 돌아서면 뭐 이 쉽진 않더라고(162-164).

김명관: 그래서 요즘에 또 뭐 저녁에 잘 때도 이 발도 저릿 저리고 그 당뇨 때문에 그것도 뭐 또 신경 잘 써야지(172-173). 〔…〕 그 스트레스가 몸을 상하게 하더라고 지 당뇨도 마찬가지 전에 정신적인 스트레스로 (1075-1084). 〔…〕 내 혼자 자꾸 안에 여 넣고 삭이니까 이 뭐 병이 왔

지. 당뇨가 와(1124-1125).

4.1.10. 의사소통

김명관 씨는 가족과 친구 등에게 자신의 힘든 이야기를 터놓지 못하고 있다. 그 이유는 허심탄회하게 자신의 이야기를 할 친한 친구가 없는 데 있기도 하고, 다른 사람들에게 자신의 어려움을 이야기하지 않으려는 자신의 행동성향과도 관련이 있다. 이로 인해서 그는 많은 어려움을 겪고 있다.

인터뷰어: 고 상황에서 누가 위로가 됐던 사람이나 이야기를 좀 털어놓고 나눌 수 있는 사람이 있었나요?
김명관: 그때는 없었어요. 그 때는 뭐 내 혼자 집에 가고(1905-1113).

인터뷰어: 네. 들어오셨고. 그러면 이제 같이 그런 이야기를 좀 하세요?
김명관: 요즘은 안 해요. 내가 그런 얘기 절대 안 꺼내요. 집에서.
인터뷰어: 왜 안 꺼내시죠?
김명관: 씁. 뭐 부담이 가는 게 하기 싫더라고. 친구한텐 해도 집사람한테는 얘기하기 싫더라고(132-146).

인터뷰어: 다른 사람들한테 마음속에 있는 얘기를, 하고 싶은 얘기를 전달하는 게 힘드세요?
김명관: 거의 뭐 못하지 뭐 내 혼자 뭐 내 혼자 삼키면서 내 혼자 얘기하면서 그래서 속병이 나나 봐. 안 좋더라고.
인터뷰어: 그 표현을 못하는 특별한 이유가 있으세요?
김명관: 그래서 내 그 성장과정에서 뭐 어떤 대화라는 게 거의 없었으니까. 내 혼자 위주로 해서 내 혼자 넘어지고 일어나고 하니까 그게 이렇게 협조적이지 못 했던 거 같아(908-919).

김명관 씨는 소통의 부재로 인해서 자신이 큰 신체적·정신적 어려움을 겪고 있고, 심지어는 자신이 자살을 시도한 것도 원천적으로는 자신의 어려움을 이야기하지 못한 데서 기인한 것으로 파악하고 있다.

> 김명관: 아니 뭐 그런 얘기조차를 남한테 하기 싫더라고 그래 내 혼자 자꾸 안에 여 넣고 삭이니까 이 뭐 병이 왔지. 당뇨가 와(1124-1125).

> 김명관: 이 대화라는 게 상당히 중요한 거 같아(707-708). 실질적으로 자살 문제도 그거 아무것도 아니잖아요. 그래서 얘기하고 좀 이렇게 하면 되는 데 성격이 좀 그런 거 같아서 많이 고비를 넘겼지(715-717).

대화의 중요성을 인식한 김명관 씨는 자신의 이야기를 터놓고 했으면 좋겠다는 바람과 실제로 자신의 이야기를 하기 위해서 기울이는 노력에 대해서 말하고 있다.

> 김명관: 뭐 쩝 진짜 대화를 좀 많이 하면서 마음을 좀 바꿔야 하는데(206-207).

> 김명관: 저는 요즘은 하 누구든지 만나 얘기 좀 하고 싶은 생각이 많아. 그래서 무슨 뭐 사이트 들어가서 뭐 바로 뭐 얘기도 좀 하고 채팅식으로 얘기 좀(122-125).

김명관 씨는 동호회 회원이나 상담사에게 자신의 이야기를 하였고, 그로 인해서 그는 자신의 문제가 해소되는 체험을 하였다.

> 김명관: 여 와서 다 얘기하니까 좋아요. 이렇게 있어도 뭐 있는 얘기 없는 얘기 다하니까 속이 좀 편하더라고(721-722).

> 김명관: 약초사랑 모임이라고 뭐 그런 사이트 있더라고 콱 가입해서 요

즘 소나무 좋아하는 사람들 막 그런데 가입해서 얘기하고 좋은 그런 얘기 서로 나누고 좋더라고. 그 사람도 뭐 다 그 내하고 겪었던 사람 같아 좀 외지하고 경남 하동 쪽에 뭐 서울서 근무하다 몸이 안 좋아서 그 쪽 갔는 그런 얘기하니까 마음이 좋아지더라고(1189-1201).

4.1.11. 보호요인

4.1.11.1. 사업의 호조

김명관 씨는 상담의 후반부에서 자신이 사업이 원만하게 잘 진행되면서 사업에 재능이 있는 것으로 자기 자신을 긍정적으로 인식하고 있고, 사는 것이 상당히 재미있으며 기분이 좋음을 밝히고 있다. 이는 그가 자살시도와 관련하여 사업 실패가 가장 큰 이유이며, 거꾸로 사업 성공이 자살 생각을 하지 않게 하는 요소임을 증명한다.

김명관: 그래서 올해 두 두 건이 두 건 그 이 상담하면서 들어와 상황이 좋아(1523-1537). (…) 기분이 너무 좋더라고. 뭐 당장 뭐 나한테 이익이 안 되도 그 가서 뭐 다 뭐 그래도 세계적인 회산데 우리가 코딱지만 한 회사가 가서 서로 얘기하고 웃고 뭐(1565-1570).

인터뷰어: 어떨 때 마음에 제일 편안하세요? 무언가 일을 했을 때 아니면 뭐 내가 혼자 쉴 때 아니면 무언가

김명관: 무언가 이루어낼 때 그럴 때 참 그 어떤 순간의 반응으로 기분이 참 편하고 좋더라고.

인터뷰어: 아주 고요하고 편안한 상태가 되세요?

김명관: 그렇지요(1589-1607).

4.1.11.2. 대화

그는 자살의 가장 큰 이유가 어려운 외적 환경이라기보다는 그 외적

환경을 마음 놓고 이야기할 수 있는 상대가 없는 것, 즉 대화의 부재에 있다고 보고 있다. 그렇기 때문에 자살 예방의 중요한 한 수단으로 대화를 꼽고 있다.

> 김명관: 대화 없이는 그 죽음이 사망에 이르더라고 내 생각에는. 난 이런 전문가는 아니지만은 내가 느껴본 바로는 대화 많이 얘길 해야 돼. 있는 걸 다 애기해서 고쳐주면은 결론적으로 경제 문제는 이 대화로 하면 풀리거든(1784-1790).

> 김명관: 실질적으로 자살 문제도 그거 아무 것도 아니잖아요. 그래서 얘기하고 좀 이렇게 하면 되는 데 성격이 좀 그런 거 같아서 많이 고비를 넘겼지(715-717).

4.1.11.3. 현실 수용

김명관 씨는 자살을 예방하기 위해서는 마음을 비우고 현재의 자기 자신을 있는 그대로 인정하고 수용해야 한다고 밝히고 있다.

> 김명관: 이제는 뭐 다 놓고 현실에 맞게 되는 대로 살아보자. 그렇게 많이 생각하죠(220-221).

> 김명관: 글쎄 뭐 있는 현 그 내 위치 위치를 있는 거에서 만족을 느끼고 고렇게 앞으로 열심히 열심히 사는 거는 살아야 되(1701-1708).

> 김명관: 이 생각만 뭐면 자살할 일이 뭐 있겠어요. 하루에 뭐 밥 한 끼 먹는데 뭐 되는대로 살면 되고 돈 있으나 없으나 〔…〕 내 생각도 자꾸 잊어 줄라는데 돌아서면 뭐 이 쉽진 않더라고(160-164).

4.1.11.4. 정부 정책

그리고 그는 자살을 막기 위해서는 정부가 정책을 수립하고 적극적으로 개입을 해야 하는 것으로 보고 있다.

김명관: 지금 환경이 뭐 안 좋으니까 죽는 사람이 한둘이요. 지하철에 하루에 4명씩 죽는데. 그 정부에 뭐 자기 책임을 다 못하는 거지. 직무유기지 나쁘게 말하면. 그런 거는 정부 차원에서 해줘야지. 뭐 있는 사람은 뭐 살고 없는 사람은 죽고 뭐 그런 거 나라가 되냐고 그거는 다(1855-1859).

자살시도 요인의 상호 관련성

김명관 씨는 자살시도와 관련하여 모두 11개의 범주로 정리되는 이야기를 다양하게 했는데, 그중에서 특히 자신의 정체성 규정과 자신의 행동성향을 사업 실패와 관련하여 자세하게 언급했다. 김명관 씨 이야기의 중심축은 사업 실패이다. 그는 자신이 왜 사업에 실패했는지에 대한 원인을 밝히고 사업실패 요인을 설명하기 위해서 그는 과도한 욕심, 일방적 주도성, 급한 성격, 충동적, 마무리 부족, 인내심 부족, 책임감 부족 등과 같은 자신의 부정적인 행동성향과 자신의 열등감의 주요 원인이라고 생각하는 능력 부족과 지능 부족 등에 대해서 언급하고 있다. 자신의 부정적인 정체성과 행동성향이 어디에서 기인하는지를 설명하기 위해서 그는 부모 형제로부터 관심을 받지 못했던 자신의 성장과정에 대한 이야기를 하기도 한다.

사업 실패로 인해서 김명관 씨는 심한 패배감과 스트레스를 받았고, 그로 인해서 우울증과 당뇨병이 발병했다고 믿고 있다. 또한 패배감으로 인해서 그는 가족뿐만 아니라 다른 사람들과의 만남도 기피하고 몇 년 동안 인간관계가 단절된 고립된 생활을 하게 된다. 그로 인해서 그는 자신의 어려움을 토로할 이야기 상대를 갖지 못하고 극단적으로 자살을 생각하고 시도하게 된다.

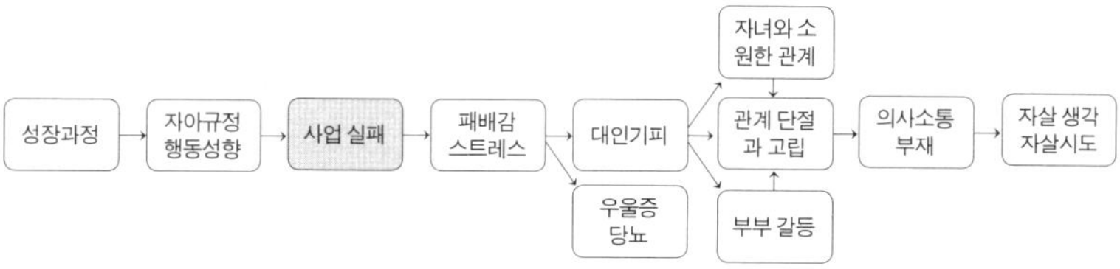

그림 27. 사업 실패가 김명관 씨의 자살시도에 영향을 끼치는 과정

김명관 씨가 자살을 생각하고 시도하는 데 직접적으로 영향을 끼치는 인간관계 단절과 고립감에 영향을 끼치는 요인으로 그의 행동성향, 정체성 규정, 가족관계, 대인기피 등을 꼽을 수 있다. 첫째로는 가족관계의 문제, 즉, 부인과 갈등관계에 있고 부인 및 자식들과 소통을 제대로 하지 못하는 것이 그가 겪는 고립감의 원인이다. 김명관 씨의 행동성향(일방적, 주도적, 충동적, 소극적, 수동적, 타인 불신, 단체생활의 어려움, 다혈질, 의견 충돌에 대한 부담감 등)과 정체성 규정(모난 성격, 사회적응력 부족)도 그가 인간관계를 잘 맺지 못하고 단절된 생활을 하게 하는 원인으로 작용한다. 또한 사업 후에 나타난 대인기피적 행동성향은 그가 현재 처한 인간관계의 단절과 고립감의 직접적 원인으로 작용한다.

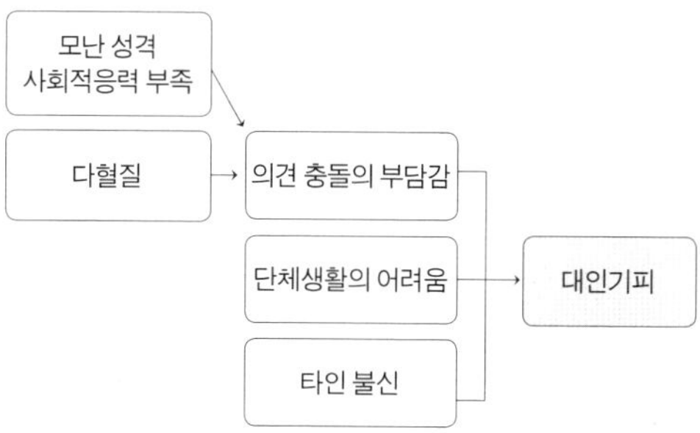

그림 28. 김명관 씨의 인간관계 단절과 고립감의 원인

그리고 세 번째 및 네 번째의 고립감에 대한 원인으로 열등감과 패배감이 있는데, 이는 사업 실패 이후에 그가 느끼는 감정으로서 사람들과의 관계 맺기를 피하는 결과로 그가 고립감을 느끼게 하는 요인으로서 작용하고 있다.

김명관 씨는 모난 성격 및 사회적응력 부족 그리고 특히 다혈질적 성격으로 인해서 사람들과 잦은 충돌을 일으키고 있고 사람들과의 충돌에 대해서 많은 부담감을 느끼고 있다. 다른 사람들과의 의견 충돌에 대한 부담감과 단체생활의 어려움 그리고 타인 불신은 사람 만나기를 꺼리고 혼자 있기를 좋아하는 대인기피적인 행동성향의 요인으로 작용하고 있다.

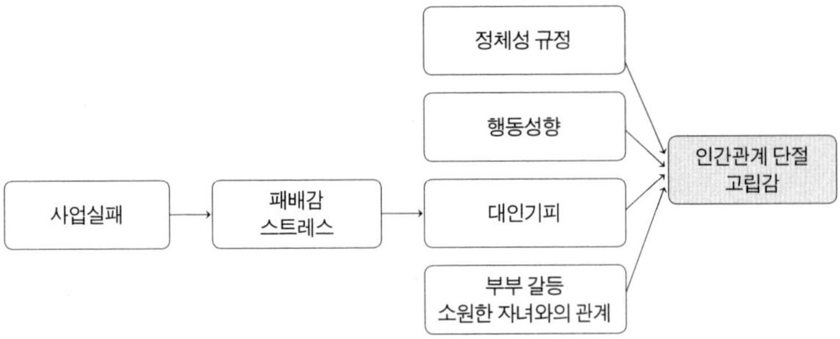

그림 29. 김명관 씨의 대인기피의 원인

4.2. 안정희 씨의 상담에 나타난 자살시도 요인

안정희 씨의 이야기는 아래와 같은 9개의 범주로 분석되었다.

1. **자살시도**: 안정희 씨는 자살시도의 이력과 이유 그리고 그녀의 죽음과 자살에 대한 관념과 자살의 방법에 대해서 언급하였다. 그녀는 지금까지 투신과 목맴 등의 방법으로 몇 차례 자살을 시도한 바 있다. 안정희 씨는 자살을 시도한 이유로 부부 사이의 갈등, 남편의 실직으로 인한 재정적 어려움, 차압으로 인해서 놀란 자녀에 대한 염려, 미래에 대한 절망감 등을 언급하고 있다. 그녀는 자살을 자신의 어려움을 벗어날 수 있는 방법으로 인식하고 있다.

2. **자살체험**: 그녀는 어린 시절부터 지금까지 많은 사례의 자살과 자살시도를 체험한 바 있다. 그녀가 어렸을 당시 큰오빠가 자살을 하였고 작은오빠는 자살시도를 하였다. 성장해서는 정신분열증을 앓고 있는 셋째 오빠로 인해서 아버지는 우울증을 앓고 음독자살을 시도하였다. 남편은 시모의 사망 후 자살시도를 체험한 바 있다. 남편의 형은 자살을 하였다.

3. **성장과정**: 안정희 씨는 어린 시절 아버지의 음주와 폭력 그리고 폭언으로 인한 부모 사이의 극심한 갈등을 경험한 바 있다. 또한 오빠들에 비해서 부모가 상대적으로 차별한 것에 불만과 슬픔으로 인해서 처음으로 자살 생각을 한 적도 있다.

4. **부부관계**: 안정희 씨가 자살을 생각하고 시도하게 하는 가장 큰 요인은 남편과의 관계와 관련이 있다. 그녀는 남편과의 우연한 만남과 원하지 않았던 결혼 과정, 자신을 힘들게 하는 남편의 부당한 행동(음

주, 폭력, 외도, 빚, 질병, 실직, 부당한 행동), 그로 인한 남편과의 극심한 갈등과 불행한 결혼생활로 인한 억울함 등에 대해서 언급하였다. 그녀는 남편을 더 이상 남편으로 생각하지는 않지만 자녀들의 아빠로서는 인정을 하고 있다. 현재 망가진 인생을 살고 있는 남편에 대해서 책임감과 연민을 느끼고 있기도 하지만 그로 인해서 자신의 인생도 힘들어지게 된 데 대해서 남편에 대한 미움이 있다. 그녀는 남편과 이혼을 하고 싶어하지만 여러 가지 이유로 이혼을 하지 못하는 데 대해서 갈등을 겪고 있다.

5. **가족관계**: 안정희 씨는 부부 간의 갈등과 재정적 궁핍으로 인해서 어려움을 겪고 있는 자녀들에 대해서 미안한 마음을 가지고 있기도 하지만, 게임중독과 아버지의 폭력성을 닮아가는 자녀들에 대해 염려하고 있다. 또한 스스로 경제문제 해결해야 하는 것과 동시에 아이들 양육에 대해서도 큰 부담감을 느끼고 있다.

6. **자아규정**: 안정희 씨는 자신을 명확하고 단호한 사람 그리고 다른 한편으로는 타인 중심의 인내와 희생을 하는 사람으로서 이해하고 있다.

7. **현재 상황**: 안정희 씨는 현재 자신의 처한 상황을 힘들고 굴곡진 인생으로 표현하고 있다. 그녀는 현재 경제적인 어려움을 겪고 있고 미래에 대한 희망을 갖지 못하고 있다. 그렇기 때문에 그녀는 허무한 일상생활이 반복되는 것으로 현재 상황을 인식하고 있다.

8. **의사소통**: 안정희 씨는 주변에 자신의 어려움에 대해서 토로하고 상의할 수 있는 대화 상대자가 없다.

9. **보호요인**: 안정희 씨의 자살시도를 막아주는 보호요인은 삶을 살아

볼 만한 가치가 있는 것이라는 인식 전환, 부모님과 자녀들 그리고 일에 집중하고 힘든 일이 있더라도 긍정적으로 생각하는 것 등이 있다. 그녀의 또 다른 보호요인은 지금까지 고통을 겪어온 것과는 다른 재미있는 삶을 새롭게 시작하고 싶어하는 바람과 소망이다. 그러한 삶에 속하는 것 중의 하나는 새로운 파트너를 만나서 서로 존중하며 사랑하는 관계를 형성하고 싶어 하고, 힘든 현실의 삶에서 벗어날 수 있는 여행을 하고 싶어한다. 하지만 안정희 씨는 자신이 처한 현실과 꿈꾸고 있는 희망 사이에 존재하는 차이로 인해서 힘들어 한다.

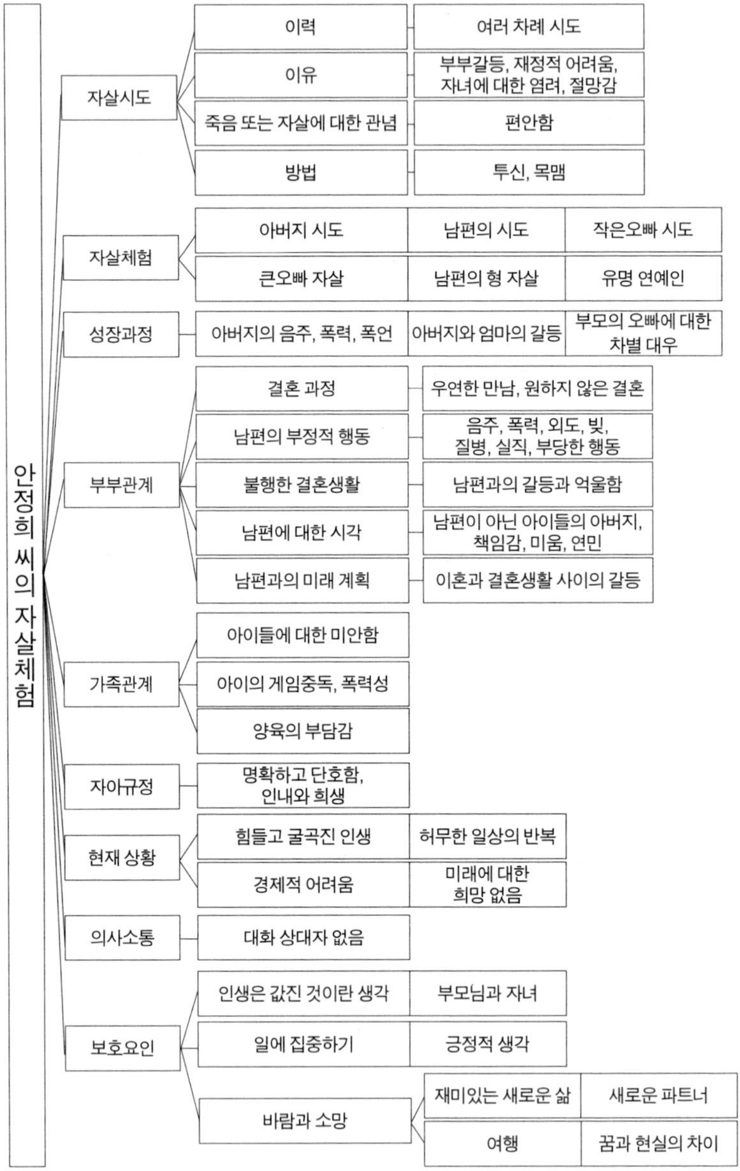

그림 30. 안정희 씨의 자살시도 요인

4.2.1. 자살시도

4.2.1.1. 이력

안정희 씨가 처음으로 자살을 생각한 것은 중학교 때 수학여행을 가지 못하였고 오빠들과의 관계 속에서 부모로부터 차별을 받았으며 상대적으로 부모님이 자신에게 무관심했기 때문이었다.

> 안정희: 네. 집안이 많이 힘들었었거든요. 근데 수학여행인가? 가야 되는데, 형편이 어려우니까 여행비를 안 주시는 거예요. 초등학교 때도 돈 때문에 못 갔었거든요(…) 그래서 한번 저희 집 근처에 ○○저수지 거기 내려오면 수로가 있어요. 집 앞에 조금 나가면. 한 번 뛰쳐나가서. 죽겠다고 뛰쳐나가서. 그때 사춘기 때잖아요? 그 뚝방에 앉아서 생각한 적이 있어요(7-14). (…) 오빠들이 있다 보니까 저는 맨날 밀리게 되는 거예요. 엄마, 아빠는 살기 힘드시니까 (울먹) 저한테 관심을 안보여주시고. 처음 그 생각을 했어요(16-21).

그 당시만 하더라도 그녀의 자살 생각은 충동적인 것이었고 심각한 것은 아니었던 것으로 보인다. 구체적으로 자살을 생각하게 된 것은 결혼을 하고 난 이후이다.

> 안정희: 특별히 학교 다닐 때는 그렇게 죽고 싶다는 그런 생각을 크게 안 했던 거 같아요. 그냥. 단지 힘드니까 그런데 결혼하고 나서(94-95).

안정희 씨는 결혼을 한 후에 남편과의 갈등과 재정적 문제 등과 같은 여러 가지 이유로 인해서 여러번 자살충동을 느꼈고 실제로 자살시도를 한 적이 있었다. 이 과정에서 남편이 죽기를 바라기도 했고 남편과 아이들을 죽이고 싶다는 생각을 갖기도 하였다.

안정희: 제가 너무 힘들었었고, 근데 내가 너무 힘드니깐 죽고 싶은 거예요. 그래서 한번은 애들 보는 앞에서 그런 적이 있었어요. 목을 맨 적이 목을 맬라고(울음)

인터뷰어: 애들이 보는 데서요?

안정희: 네 애들 있는 데서. 잘 때 제가 애들 아빠 그 소리가 그러는 거예요. 재수 없으니까 내 집에서 그렇게 하지 말래요. 술이 전혀 관심이 없었으니까 그랬는데 말 그렇게 했는데. 내가 그렇게 힘들다 하는데 한번은 너무너무 힘들어서. 자는 애들 죽이고 나도 죽으면 되지 않을까 그런 생각도 했었고.

인터뷰어: 목을 맬려고 했던 거는 애들도 있고, 남편도 보는 앞에서 그렇게 한 거예요?

안정희: 진짜 죽고 싶어서 한두 번 그런 적이 있었어요(509-532).

안정희: 차라리 저 사람 죽었으면 하는 생각도 들고 죽이고 싶은 충동도 많이 느꼈었고. 저 사람만 아니면 이렇게 힘들게 살 이유가 없는데 차마 그렇게는 못하겠구. 내가 죽으면 편하겠다는 생각을 하게 된 거예요(283-287).

4.2.1.2. 이유

안정희 씨는 남편과의 갈등과 그의 실직으로 인한 재정적인 어려움으로 자신의 삶이 너무 힘들어졌고 또한 자녀들에 대한 걱정과 미래에 대한 희망이 사라진 절망감과 남편에 대한 복수심 등으로 자살을 생각하고 시도하게 되었다고 밝히고 있다.

1) 남편과의 갈등

안정희 씨가 자살충동을 느끼게 된 것은 남편의 음주와 폭력 그리고 부부 간의 갈등으로 인한 어려움이다. 이 일로 인해서 그녀는 남편이 죽기를 바라거나 남편을 죽이고 자신도 죽고 싶다는 생각을 하게 된다.

> 안정희: 저 사람만 아니면 이렇게 힘들게 살 이유가 없는데(285-286). 〔…〕아무래도 갈등이 심해지니까 애들 보는 앞에서도 싸우게 되고. 심지어는 칼도 휘두르고, 자기 머리맡에 칼 두고 그랬었거든요. 그래서 아예 제가 포기를 해버렸어요. 차라리 저 사람 죽었으면 하는 생각도 들고. 죽이고 싶은 충동도 많이 느꼈었고. 저 사람만 아니면 이렇게 힘들게 살 이유가 없는데. 차마 그렇게는 못 하겠구. 내가 죽으면 편하겠다는 생각을 하게 된 거예요(279-287). 〔…〕 진짜 죽고 싶어서, 그런 마음도 있었어요. 그때는 너무 힘들게 하니까, 내가 이렇게 하면 그 사람이 진짜 정신 차리고 살지 않을까, 그런 복수심 같은 것도 있었고(914-920).

2) 재정적 어려움

안정희 씨가 자살시도를 할 만큼 크게 느꼈던 남편의 문제로 인한 두 번째 어려움은 남편의 실직과 그로 인해 발생한 경제적 빈곤이다.

> 안정희: 그런데 쓰러지고 나니깐 사람도 변하고. 그런 채무 관계도 있었고 그러니까 그게 너무 힘들었어요(350-351). 〔…〕 얘네 아빠가 직장을 그만두고 수입이 없게 되니까. 수입이 자꾸 없어지잖아요. 저도 먹고 살기 힘들고, 애들은 자꾸 커가고, 빚은 빚대로 졌지. 그러니까 너무너무 힘들더라구요. 그냥 이건 어떻게 해결되는 방법이 없잖아요(486-489). 〔…〕 제가 너무 힘들었었고, 근데 내가 너무 힘드니깐. 죽고 싶은 거예요(516-517).

3) 자녀들에 대한 염려

가정의 경제 문제가 더욱 악화되면서 특히 자녀들의 면전에서 시행된 압류 딱지 부착 사건으로 인해서 아이들이 크게 놀란 일이 있었다. 이로 인해서 안정희 씨는 큰 충격을 받고 자살을 시도한 적이 있다. 그녀는 또한 너무 힘들어서 자는 아이들을 죽이고 자신도 죽을까 하는 생각도 한 적이 있다고 토로하고 있다.

> 안정희: 너무 충격 받은 게 뭐냐면 애들 있는데 집안에 압류 딱지가 붙은 거예요. 애들이 다 놀랜 거예요. 이거 막으니까 또 터지고, 또 터지고 계속 터지는 거예요. 그러니까 애들이 쇼크를 받았을 거 아니에요. 근데 제가 너무 힘들었었고, 근데 내가 너무 힘드니깐 죽고 싶은 거예요. 그래서 한 번은 애들 보는 앞에서 그런 적이 있었어요. 목을 맨 적이 목을 맬라고(509-532).

4) 절망감

안정희 씨는 남편과의 갈등과 경제적 압박감 그리고 자녀들에 대한 염려 등과 같은 문제의 해결책이 없다는 좌절감이 그녀의 자살 생각에 대한 이유로 작용한다.

> 안정희: 현실에 대한 그런거, 왜 희망이라도 있으면 그렇게라도 살텐데, 희망이 일단 없으니까 (946-953). [⋯] 제가 힘들 때 자리에 누우면 아침에 눈 좀 못 떠졌으면. 그렇게 진짜 힘들 때 그랬었거든요. 눈뜨는 게 싫었어요. 자다가 그냥 영원히 그랬으면 잠들었으면(2306- 2311).

4.2.1.3. 죽음 또는 자살에 대한 관념

안정희 씨는 죽음을 현재 당면하고 있는 많은 어려움과 고통을 없애주고 자신을 행복하고 편안하게 해 줄 수 있는 수단으로 생각하고 있다. 그녀는 유명 연예인들이 자살을 시도하기 전의 고통과 그 후에 그들이 편안해졌을 것이라는 생각으로 인해서 그들의 자살에 대해서 공감하고 있다.

> 안정희: 죽으면 그냥 끝이구나. 내가 너무 힘드니까 끝날 꺼라는 생각이 그러면 나만 죽으면 끝날 꺼잖아요. 아무것도 없는 거잖아요(2328-2332).

> 안정희: 절망적이었을 것 아니에요. 그 사람이 빚도 막 그런 게 많았으니까 그러지 않았을까. 그런 공감대가 있었어요. 내가 힘들었을 때 나만 없어지면 편하지 (…) 저도 절망적일 때 아무 희망이 없었을 때, 저 사람도 희망이 없어서 저러지 않았을까. 자포자기. 그래서 죽음을 택하지 않았을까. 그래서 공감대가 좀 있었어요. 그냥 뭐 남은 식구들은 그 생각은 생각이 안 나는 거예요(2282-2291).

4.2.1.4. 방법

안정희 씨는 고층에서 투신에 대한 자살 생각과 목맴을 통한 자살시도를 한 적이 있었다.

> 안정희: 제가 6층에 사는데 15층까지 올라가요. 올라가서 밑에를 쳐다봐요. 죽고 싶을 때 그때 당시에는 그랬어요. 그때는 제정신 아닐 때, 집에서도 진짜 목을 맬라고. 제가 그때 말씀 드렸죠? 그렇게 한 적도 있었고(902-912).

4.2.2. 자살체험

안정희 씨는 성장과정에서 큰오빠의 자살과 작은오빠의 자살시도 그리고 결혼 후에 시아주버니의 자살과 남편의 자살시도 그리고 친정아버지의 잦은 자살시도를 체험하였다. 안정희 씨는 어렸을 때 큰오빠가 자살을 했지만 큰오빠의 자살을 직접 체험하지 못했고 아버지의 이야기를 통해서 알고 있다. 그러한 이유들로 인해서 그녀는 그 당시에도 오빠의 자살에 의해서 특별한 영향을 받지 않은 것으로 보인다.

> 안정희: 맨 위에 큰오빠가 저 초등학교 들어갈 무렵에 자살을 했다고 들었어요. 근데 어렴풋이 기억이 나거든요? (…) 그때 어렸을 때 추억만 갖고 있고, 얼굴도 지금은 가물가물하고 그렇거든요. 그때 오빠가

서울에 있었나 봐요. 그때 자살을 했다고 얘기를(24-31). (…) 자세한 내막은 그때는 몰랐죠. 약 먹고 그렇게 했다는 정도만 내막은 잘 모르겠고.

인터뷰어: 그때는 특별히 실감이 나거나 그러지는 않으셨어요?

안정희: 그런 거는 없었어요(52-57)

안정희 씨는 작은오빠가 여자 문제로 자살을 시도한 적이 있었는데 작은오빠의 자살시도를 철없는 행동이었다고 밝히고 있다.

안정희: 둘째오빠가 (…) 여자문제로 그런 거 때문에 집에서 약을 먹고 한번 자살시도를 한 적이 있었어요. 저 그때 중학교 때(60-66). (…) 그냥 약 먹고, 그때도 제가 생각해도 왜 철이 없었나. 그런 거에 대해 죽음에 대해 크게 생각은 안 했었거든요(70-71)?

안정희 씨는 큰오빠의 자살에 대한 직접 경험과 기억이 거의 없는 상태이고 작은오빠의 자살시도를 철없는 행동으로 간주하고 있는데, 이것은 아마도 그녀가 어린 시절 겪었던 오빠들의 자살 문제가 그녀의 성장과정에 큰 영향을 끼치지 않은 것으로 보인다.

인터뷰어: 일단은 그러면 큰오빠, 작은오빠의 그런 상황에 대해서 특별히 마음에 두거나 그러진 않고?

안정희: 네.

인터뷰어: 어쨌든 그냥 성장을 했던거고?

안정희: 네(77-81).

안정희 씨의 아버지는 특히 봄만 되면 우울증이 심해지고 그 과정에서 음독자살을 여러 차례 시도한 바 있다.

안정희: 아버님도 어떻게 좀 아까 시도를 하셨다고?

안정희: 네. 그래서 아버지는 좋아지셨어요. 그런데 봄만 되면 그렇게 봄을 타시나봐요. 그러시더라구요.

인터뷰어: 그런 시도를 하세요? 봄만 되면?

안정희: 봄에. 많이 우울해 하세요. 그런데 요번에는 (약을) 드실라고 드신 건 아닌데, 많이 힘드셨데요(594-599).

안정희 씨 남편의 둘째 형이 자살을 하였고 남편은 시어머니가 돌아가신 데 대한 충격으로 자살을 시도한 바 있다.

인터뷰어: 남편은 스스로 자해하거나 자살 행동을 한 적은 없어요?

안정희: 엄마 돌아가시고 나서 한 번 그런 적이 있었어요. 목을 멘 적이.

인터뷰어: 아— 그러니까 남편의 형도?

안정희: 네. 둘째 형이 자살을 했어요. 그분도, 술을 많이 드셨는데 뇌가 건강치 않았는데 목을 매셨더라구요. 그래서 깨어나지 못하셨어요. 그렇게 돌아가셨어요.

인터뷰어: 시댁어머님이 돌아가시고 나서, 목을 매신 거예요?

안정희: 아니요. 돌아가시기 전에 아주버님은 엄마 돌아가시기 전에 시어머님 돌아가시기 전에 돌아가셨거든요. 남편은 시어머님 돌아가시고 나서 그 충격 때문에 한번은 목을 멜려고 하더라구요.

인터뷰어: 집에서요?

안정희: 네. 그런 적이 있었어요(1498-1514).

안정희 씨는 상담의 후반부에 유명 연예인들의 자살을 경험하게 된다. 이와 관련하여 그녀는 한편으로는 그들의 자살에 대해서 공감을 표하고 죽음에 대한 긍정적인 관념(죽으면 편안한 것)을 표현하고 있다. 그러나 다른 한편으로 그녀는 자살은 특히 가족에 대해서 무책임한 일이기도 하고 또한 인생은 살 만한 것이기 때문에 그들의 자살 선택을 동의하지 않고 있음을 밝히기도 하다.

안정희: 공감해요. 그 사람은 편안할 꺼 같아요. 그 사람들이 많이 힘들어 했을 것 같아요. 그렇게까지 힘들었겠죠. 아무래도 저도 애들 앞에서 목을 맬라 그랬었으니까 그 사람은 그만큼 힘들었단 거잖아요. 죽을 만큼 (…) 많이 힘들었겠죠. 갈 때도 힘들게 갔을 꺼 같아요. 그 마음을 먹기까지 (…) 그러면서도 저는 그런 거예요. 왜 바보같이 이 좋은 세상을 왜 죽냐고. 살아야지 왜 재밌게 살다 가야지. 어차피 한번은 가지만 (…) ○○○ 사건 같은 경우는 애들이 어리잖아요. 엄마로서 그렇게까지 했을 때는, 그랬을 꺼 같아요(3133-3150).

4.2.3. 성장과정

안정희 씨의 어린 시절 아버지는 음주, 폭력, 폭언이 심하였고 그로 인해서 엄마와 아버지는 싸움을 심하게 하였다. 그에 대해서 그녀는 환멸감을 느꼈고 사춘기 때는 부모가 이혼하기를 바라기까지 하였다.

안정희: 술을 좋아하시고 시골 양반들 다 그러시잖아요. 술 드시면은. 두들겨 패고 욕하고. 막 이러는 게 (…) 어렸을 때 그런 게 많이 있었어요. 그래서 어렸을 때 안 좋은 추억들이 있어가지고, 너무 싫었거든요(124-139). (…) 엄마 아빠가 많이 싸우는 게 그렇게 싸우는데 너무 싫었거든요. 아버지가 술을 좋아하시니까 엄마 아빠하고도 많이 싸웠어요. 사춘기 때는 차라리 싸우지 말고 이혼하라고도 그런 소리를 많이 했었거든요. 저렇게 난 절대로 저렇게 안 살겠다고(117-121).

안정희 씨가 어린 시절 아버지의 음주와 폭력적인 행동을 언급하고 그에 대한 환멸감을 이야기하는 이유는 남편의 행동이 그토록 피하고 싶었던 아버지의 그런 행동과 유사하기 때문인 것으로 보인다.

인터뷰어: 그때 그런 말씀하신 적 있잖아요? 성장하면서 나는 엄마, 아빠

처럼 살진 않을 꺼야. 근데 인제 시간이 흘러 돌아보니까 내가 엄마, 아빠보다 못한 인생을 살고 있어서 놀랐다고 그런 말씀을 하신 적 있잖아요?

안정희: 네.

인터뷰어: 그런 생각이 많이 있으신 거예요?

안정희: 네. 그렇죠. 행복하게 못 살았으니까. 아버지는 오빠들 때문에 그렇게 속을 썩었잖아요. 그런데 저는 남편 때문에 속을 썩는 거잖아요(1975-1982).

안정희 씨는 성장과정에서 진학이나 학교생활 등과 관련하여 오빠들과 비교하여 부모로부터 차별을 받았고 아버지로부터 관심을 받지 못하였다고 말하고 있다. 그랬기 때문에 그녀는 어린 시절부터 자신의 힘으로 삶을 헤쳐나가야 했다.

안정희: 그냥 가고는 싶은데 어렸을 때부터 집안이 힘들다 보니까. 저는 맏이잖아요, 오빠들이 있어도. 오빠들이 있다 보니까 저는 맨날 밀리게 되는 거예요. 엄마, 아빠는 살기 힘드시니까 저한테 관심을 안 보여주시고. 그냥 하고 싶은 일도 많고 공부도 하고 싶었는데 저 힘으로 하면서 알바라고 하긴 좀 그런데, 일을 하면서 했었고(16-21).

안정희 씨는 어린 시절 부모로부터 차별 대우를 받기도 했고 또한 아버지의 음주와 폭력 및 그로 인한 부모의 심한 갈등 등으로 매우 힘든 성장과정을 겪었지만 현재는 부모에 대해서 마음으로 의지를 하고 있고 자신이 좋은 삶을 살지 못하는 데 대해서 미안한 마음을 가지고 있다.

안정희: 제일 미안한 거는 엄마, 아버지한테 잘 사는 모습 보여 드리려 했는데 그렇지 못했기 때문에 불효를 한 거잖아요. 엄마 아빠가 연세가

> 많으시니까 잘 사는 모습을 보여 드려야 되는데 그렇게 못해서 제일 가슴이 아프고 그래요(1970-1974). [⋯] 부모님이 계시니까 더 잘 살아서 열심히 살아서 부모님 돌아가시기 전에 잘 사는 모습을 보여 드려야지 저도 좋은 거잖아요. [⋯] 제가 힘들 때는 아버지, 엄마한테 많이 의지를 했었고(2328-2345).

4.2.4. 부부관계

4.2.4.1. 결혼 과정

1) 우연한 만남과 동거생활

안정희 씨는 어린 나이에 직장을 다니면서 공부를 할 때 우연히 남편을 만나게 되었고 이성관계를 갖은 이후 그와 동거를 하게 됨으로써 당연히 결혼을 하는 것으로 생각하였다.

> 안정희: 동거를 하는 상황이니까. 그냥. 당연히 살아야 되는 줄 알았나 봐요. 제 딴에는 그렇게 생각을 했었거든요. 학교 다닐 때 만났고, 어린 나이에 만났고, 이 남자가 첫 남자니까 (140-144). [⋯] 그냥 제가 공부하면서 직장 다녔다 그랬잖아요. 그렇게 다니면서 애들 아빠를 우연히 만나게 된거예요. 같은 직장에서. 그래서 그냥 어떻게 됐어요(1095-1097). [⋯] 우연찮게 관계를 가졌고 그래서 그냥 어떻게 임신이 돼서(1124).

2) 원하지 않았던 결혼

안정희 씨의 결혼 과정은 순탄치 않았다. 안정희 씨는 결혼하기 전 동거 시절부터 남편과의 다툼 과정에서 남편의 폭력이 있었고 그런 남편의 폭력적인 행동을 고치려는 마음으로 결혼을 하지 않겠다고 선언하였다. 그러나 그녀는 그 일로 인해서 시가의 요구로 사과와 각서를 쓰고 결혼을 하게 되었는데, 그 이후로 오랜 기간 동안 심한 수치심과 복수심을 느끼게 되었다.

> 안정희: 결혼날 잡아놓구 무슨 뭐가 돼서 싸우게 된 거예요. 싸우게 됐는데. 애들 아빠가 손찌검을 한 거예요. 저한테 (…) 그런 게 그전에도 따귀정도는 때리고 그랬었는데, 그런 것 때문에 싫은 거예요. 싫더라구요. 그래서 제가 물론 딱 헤어질라고 했던 것은 아니었는데 그 버릇 고칠려고 제가 그랬었거든요. 근데 이게 크게 일이 벌어진 거예요. 저는 저 나름대로 심각했었거든요. 애들 아빠가 시집식구들한테 다 알려서 그렇게 하니까, 여자 입에서 안 산다는 소리가 나왔다고 각서를 쓰래는 거예요. 그래서 시집식구들한테 제가 빌고 들어갔어요. 빌고, 각서 쓰고 그러고 결혼했거든요. (…) 왜 수치심이랄까 그런 거 있잖아요, 여자로서 그런 거. 그런 거 막, 그런 게 너무 너무나 싫은 거예요. 제 주장이 좀 강한 편이었거든요. 제가 똑똑 부러지는 성격이라 그랬잖아요. 근데 그 성질을 죽이고 할래니까 제가 너무너무 싫은 거예요. 그게 되게 오래 가더라구요. 제가 각서를 쓰고 그 당시에는 제가 나중에 다 갚아줄 꺼라고 그때 당시에는(1037-1067).

4.2.4.2. 불행한 결혼생활

1) 남편과의 갈등과 그 이유

안정희 씨는 결혼 초기부터 남편과의 많은 갈등과 다툼으로 불행한 결혼생활을 하였다. 그녀가 남편과 갈등과 다툼을 가지게 된 이유는 원하지 않은 사람과의 결혼이었고, 이른 결혼으로 어린 나이에 할 수 있는 일을 하지 못하고 집안일만 하였으며, 하고 싶은 공부를 남편이 지원해주지 않은 데 대한 실망감이 컸기 때문이다.

> 안정희: 살다 보니까 맨날 티격태격 싸웠어요(1076-1083). (…) 이 사람하고 사는 자체가 너무 지겨웠어요. 솔직히. 힘들었고, 경제적인 문제도 싫었고(1283-1284).

안정희: 공부를 하고 싶다니까 공부를 해라 해가지고, 그렇게 했었는데. 하다가 중간에 포기를 했지만. 그런 것들이 이 사람이 해줄 꺼라고. 그때만 해도 막연히 남자니까 당연히 해줄 꺼라는 생각을 했었는데 막상 결혼해서 살다 보니까 그게 아닌 거예요(1008-1011). (…) 친구들은 공부하고 자기할 꺼 하는데, 나는 공부도 못하고. 친구들은 직장생활하고, 여행다니고 할 때잖아요. 일찍 결혼했으니까 애 낳고 살림하고 오로지 그냥 집안일 그렇게만 하는 게 그 나이에 그게 너무 싫었어요. 내가 하고 싶은 게 너무 많았는데(1082-1090).

안정희 씨는 남편의 잘못된 음주 습관과 그와 관련된 그의 행동으로 남편과 많은 갈등을 겪게 된다.

안정희: 술 좋아하고, 사람 만나는 것 좋아하고, 그때는 술에 대한 문제는 없었는데. 아버지한테 질려서 이 사람은 안 그럴 줄 알았는데 밤새고 들어오는 것도 일이고, 술도 좋아하다 보니까 모이면 밤새 고스톱 치고, 술 먹고, 밤새고 들어오고, 내가 싫어하는 것들만 골라서 하는 거예요(1009-1016).

아울러 남녀 간의 성역할 즉, 남자가 주도적인 역할을 해주길 바랐지만 오히려 그녀가 주도적 역할을 해야 하는 결혼생활에 대한 실망감 그리고 남편의 우유부단함과 자신의 강직한 성격 차이 또한 남편과 갈등과 다툼을 갖게 된 또 다른 원인으로 작용하였다.

안정희: 나이 차이가 많이 나면 그 사람이 저한테 잘해줄꺼라 생각하는데 저는 그게 아닌 거예요. 이 사람은 막내로 자랐고 옥이야 금이야 곱게만 자랐고, 저는 맏이다 보니까 이렇게 반대로 성격이 반대인 거예요. 그러니까 제가 이끌어 가는 편인 거예요. 싸우더라도 제가 먼저 화해를 하는 편이고, 이 사람은 화해를 안 하는 편이에요. 저는 그런 게 싫었거든요(1182-1193).

> 안정희: 이 사람은 우유부단한 성격이고, 저는 똑똑 부러지는 성격이다 보니까 모든 게 트러블이 생기는 거예요. 이 사람하고 나하고도 (…) 제 성격이 강하다 보니까 제가 지기 싫어하고 하다 보니까 제가 이길라고 했던 거예요. 애들 아빠를 이겨먹을라고 제가 성격이 강하다 보니까(1196-1207).

남편은 자유롭게 외부생활을 할 수 있는 데 비해서 자신은 가사와 육아에 전념하느라 자신의 생활을 자유롭게 하지 못하는 성차별적인 결혼생활도 남편과의 갈등과 다툼의 또 다른 원인이었다.

> 안정희: 나는 구속이 딸리는데, 남자이다 보니까 이런 게 없다는 게 너무 너무 억울한 거예요(1009-1016). (…) 애 낳고 살림하고 오로지 그냥 집안일 그렇게만 하는 게 그 나이에 그게 너무 싫었어요. 내가 하고 싶은 게 너무 많았는데, 그렇게 사는 게(1082-1090).

2) 불행한 결혼생활에 대한 억울함과 우울증

안정희 씨는 남편으로 인해서 자신의 삶이 꼬였다는 생각을 가지고 있다. 불행한 결혼생활로 인해서 그녀는 삶의 의미와 의욕을 찾지 못하고 우울감을 느끼고 있고, 그러한 불행한 결혼생활을 오래 지속한 것에 대해서 박탈감과 억울함을 느끼고 있다.

> 안정희: 저 사람 때문에 내 인생을 망쳤다는 생각이 들어서(975-985). (…) 저 사람 때문에 내 인생이 꼬였다고 생각했었고, 저 사람으로 인해서 내가 이렇게 힘들구나(1641-1647).

> 안정희: 사는 게 재미없단 생각이 들고, 사는 게 솔직히 재미가 없잖아요. 그때는 그 주기가 많이 우울해 있었어요. 왜냐하면 제가 육체적으로도 힘들고, 심적으로도 힘들고, 그냥 많이 우울하더라구요. 내가 왜 사나 하는 생각도 들고, 그런 생각을 가끔가다가 하긴 하거든요(782-793)?

> 안정희: 다시 밑바닥부터 다시 올라갈라고, 시작할라고 보니까 너무너무 힘든 거예요. 나는 나이를 안 먹은 거 같은데 나이는 벌써 40을 넘어가고 그런 생각이 들다 보면, 내 인생 이러다 종치나 하는 생각에 너무너무 억울한 거예요. 내 자신이 살아온 게(953-956).

안정희 씨가 남편과의 결혼생활을 매우 불행하게 생각하는 것은 어린 시절 그토록 혐오했던 아버지의 음주와 폭력적인 행동을 남편이 답습하고 있고, 피하고 싶었던 아버지와 어머니와 같은 결혼생활을 자신이 답습하는 것과 관련이 있다.

> 안정희: 어렸을 때 안 좋은 추억들이 있어가지고, 너무 싫었거든요. 그런데 난 절대로 저렇게 결혼하면은 안 살겠다고. 저런 인생은 안 살겠다고. 다짐을 다짐을 했었거든요. 그런데 결혼을 딱 해보니깐 해서 살다 보니깐 어느 날 갑자기 제 모습을 떠올리게 되는 거예요. 제가. 그렇게 다짐을 했었는데(…). 어느 날 갑자기 보니까 엄마 아빠보다 못한 인생을 살고 있는 거예요. (울먹임) 그런 생각이 막 들더라구요. 그렇게 생각했던 그런 건 아니었는데. 그러면서 아무튼 결혼 때부터 많이 힘들었었어요(127-138).

4.2.4.3. 남편의 행동

안정희 씨의 결혼생활이 매우 불행한 이유는 남편의 음주와 알코올중독, 뇌출혈로 인한 이상해진 성격과 행동, 빚과 재정적 압박, 외도, 폭력, 직장생활 부적응과 실직, 자신에 대한 부당한 행동 등과 관련이 있다.

1) 남편의 음주와 알코올중독

안정희 씨의 남편은 알코올중독으로 인해서 대소변을 가리지 못할 정도로 일상생활과 사회생활에 지장을 받았고 건강이 좋지 않았으며 이에 대한 뒤처리를 해야 하는 데서 그녀는 큰 고통을 겪었다.

안정희: 갈등이 심한 게 술 문제로 많이 갈등이 심했었어요. 그게 제가 싫었거든요. 너무 싫었는데. 당연히 그렇게 해야 되는 줄 알고 이렇게 까지 살았었는데 〔…〕 뒤치닥거리를 맨 날 했어요. 싫었어요. 제가 〔…〕 잔칫집에 가도 항상 술에 취해 있는 거예요. 제가 애 들쳐 업고 남편 챙겨야 되고, 그런 게 너무 싫었어요. 그런 거 때문에 갈등도 심해지고(155-178). 술은 아무튼 계속 먹었으니까요. 그건 제가 어떻게 절제할 수 있는 능력이 안 되더라구요(260-264). 〔…〕 알코올 때문에 문제가 돼서 간도 안 좋아져서 치료를 받게 된 거고. 심지어는 알코올 문제는 센터에서도 그렇게 했었고, 몸이 안 좋아져서 뇌경색도 왔었고 그랬거든요(356-361). 〔…〕 대소변을 그거를 모르는 거예요. 아무리 취중이지만 술이 깨면 어느 정도 자기가 하면 애들이 있으니까 뒤처리를 해야 하는데 안 하는 거예요. 그 정도로 심했었거든요(1583-1590).

2) 남편의 질병(뇌출혈)으로 인한 성격 변화와 폭력성 증가

안정희 씨의 남편이 뇌출혈을 겪고 난 후에 성격이 이상해졌고 그로 인해서 부부 사이의 갈등이 더욱 심해지면서 폭력성도 증가하였다.

안정희: 2000년도에 뇌출혈이 있었거든요(180-181). 〔…〕 그런데 뇌출혈 되고 나서부터는 갈등이 심해지잖아요. 점점. 저랑도 사이가 안 좋아지고 하니까. 그러면서 아무래도 갈등이 심해지니까. 애들 보는 앞에서도 싸우게 되고. 심지어는 칼도 휘두르고, 자기 머리맡에 칼 두고 그랬었거든요(279-283) 후유증. 그런 성격은 좀 변하더라구요. 성격이 변하고. 그때부터 좀 몸 관리를 했으면 건강상태가 이 정도로 안 왔는데. 그때 다행히 크게 마비가 오고 그러진 않았었거든요(356-361).

3) 빚과 경제적 압박

안정희 씨의 남편은 빚보증을 서고 내연관계에 있는 여성에게 카드를 제공하여 금전 지출이 많아지면서 감당할 수 없을 만큼 큰 빚을 지게 되었다.

안정희: 빚을 지게 되니까, 가압류도 오게 되고 〔…〕 그때 칠팔 천 됐으니까 감당이 안 되니까. 여기서 틀어막고 대출받고, 난리쳐서 알게 되서 다 터진 거예요. 사채까지 끌어대고. 저 모르게 할려다 보니까 아무래도 집으로 오게 되잖아요. 연락이. 우연찮게 집에서 연락을 받으니까 퇴직금 담보로도 다 대출받고, 직장이 있으니까 다 연결 연결해서 다 받은 거예요. 〔…〕 빚보증도 섰구요. 또 전에 의심스러웠던 게 뭐냐면. 친구들도 그런 것도 있었고. 술값을 그렇게, 그런데 가서 먹을 사람은 아니거든요. 카드도 빌려주고 그러지 않았나 싶어요(236-260). 〔…〕 그 여자 문제도 말이 그렇지. 여자한테 카드까지 맡겨놓고 쓰라고 할 때는. (한숨) 그러지 않았을까. 근데 애들 아빠니까 믿고는 싶었어요. 나만 바보 취급을 한 거예요. 제가 바보가 된 기분인 거예요. 그런 사이인 거면. 카드까지 맡겨놓고 쓰라고 할 때는. 아무리 술을 먹고 했어도, (훌쩍임) 다 쓰라는 건데 〔…〕 우연찮게 그 내역서들을 보니까 너무너무 기가 막힌 거예요. 그래서 알게 된 거예요. 그때부터 돈 쓴 내역이 나오니까, 저는 저대로 미치는 거예요(429-437).

4) 외도

안정희 씨의 남편은 다른 여성과 외도를 하였다. 이미 앞에서도 언급한 바와 같이 외도 그 자체도 문제이지만 그 여성으로 인해서 남편이 많은 빚을 지게 되었고, 그로 인해서 그녀는 큰 배신감을 느낀다.

안정희: 알고 보니까 여자 문제가 있더라구요. 얘네 아빠가. 같이 알게 된 사람인데. 저도 아는 사람인데. 물론 그렇게라도 안 믿는데도. 남자들은 한 번씩 하잖아요. 지나가는 바람도 있고, 저도 그렇게 믿고 싶어요. 저를 위해서 그렇게 믿고도 싶고. 그건 모르는 거잖아요(193-198).

5) 폭력

안정희 씨의 남편은 결혼 전 동거 시절부터 폭력적인 성향을 보였는데, 결혼 후에는 폭력이 반복되었다. 특히 뇌출혈을 앓은 이후부터는 흉기로 위협을 가할 만큼 그 폭력성이 더욱 심해졌다. 남편의 폭력성은 그녀뿐만 아니라 자녀들과의 관계에서도 나타난다.

안정희: 날 잡아놓고 한번 애들 아빠가 손찌검을 하더라구요. 술도 그때도 좋아하긴 했었는데, 좋아하니까 그런가보다 그러고 했었거든요. 그러면 이제 그게 이렇게까지 크게 될 줄은 몰랐었죠. 이렇게 심각하게 다만 남자들 술 좋아하고 좋아하니까(150-153). (…) 점점 저랑도 사이가 안 좋아지고 하니까 그러면서 아무래도 갈등이 심해지니까 애들 보는 앞에서도 싸우게 되고. 심지어는 칼도 휘두르고, 자기 머리맡에 칼 두고 그랬었거든요(279-283). (…) 진짜 싸울 때 칼 갖다가 들이대요. 대다가 제가 죽이라고 들이밀었어요. 그러면 사실상 못 찔러요. 그게 한두 번이 아니에요. 머리 터져가지고 제가 맞아가지고 머리 터져서 꼬맨 적도 있었고, 그런 게 진짜 지옥 같았어요. 사는 게 진짜 사는 게 지옥이 따로 없었어요. 지옥이었었어요(1451-1455).

안정희: 저도 푸념식으로 뭐라고 했어요. 제가 막. 그랬더니 얘네 아빠가 칼을 들고 갑자기 그렇게 하는 거예요. 그래서 큰놈이 제재를 한 거예요. 둘이 싸우고 어떻게 되다 보니까 그 와중에 그렇게 된 거 거든요. 그냥 싸우면 죽일 꺼 같더라구요(701-714). (…) 애들도 두들겨 패고 그랬었거든요. 응급실에 실려 가서 꼬맨 적도 있었고, 그런 게 너무너무 싫었었거든요(716-717).

6) 직장생활 부적응과 실직

안정희 씨의 남편은 알코올중독으로 인한 건강 문제로 인해서 정상적으로 직장에 출근할 수가 없었고, 또한 빚으로 인해서 월급에 대한 가압류가 학교에 알려지기도 하였다. 이런 이유로 그가 직장을 사직하고 수입이 없어지게 되면서 그녀는 재정적 압박감에 시달리게 되었다.

안정희: 술로 인해서 몸 건강상태가 안 좋으니까 많이 힘들었죠(233-

237). 〔…〕 1년에 거의. 출근한 날보다 안 한 날이 더 많았으니까. 〔…〕 자꾸 건강상태가 술로 인해서 안 좋아지니까(268-272). 〔…〕 여기 와서 한 2년 정도 근무를 했는데, 근무한 시간이 몇 달 안 되요. 계속 병가내고 휴직내고 아프고 그러다 보니까(363-371). 〔…〕 그때는 심각했나봐요. 환청도 들리구, 알콜 문제 그런 거 때문에. 다니는 거 보면 제가 마치 어디 홀린 사람처럼 그렇게 다녔으니까(371-381).

인터뷰어: 어떤 문제가 구체적으로 터진 거예요?

안정희: 일은 빚을 지게 되니까, 가압류도 오게 되고(233-237).

안정희: 얘네 아빠가 직장을 그만두고 수입이 없게 되니까 수입이 자꾸 없어지잖아요. 저도 먹고살기 힘들고, 애들은 자꾸 커가고, 빚은 빚대로 졌지 그러니까 너무 너무 힘들더라구요. 그냥 이건 어떻게 해결되는 방법이 없잖아요(486-491).

7) 부당한 행동과 태도: 책임전가와 근거 없는 비방

안정희 씨의 남편은 실직과 빚의 책임을 그녀의 책임으로 돌리고 그녀가 다른 남자와 내연관계에 있다는 헛소문을 퍼뜨린 적이 있었다.

안정희: 직장도 그만두고 그것도 제 탓인 양 돌리는 거예요. 빚도 나 때문에 졌고. 퇴직금도. 제가 다 쓰고 바람 피고 돌아다니고, 심지어는 동네 아버지뻘 되는 사람, 저만 당사자들만 모르고 있었던 거예요. 〔…〕 동네에서 수군수군 하더래요. 알고 봤더니 그 소문이 내가 침대에서 뒹구는 거를 봤다고. 그런 소문까지 다 난 거예요. 한번은 저한테 밤중에 너무 화가 나가지고 찾아가서 다 삼자대면 하자고 한 거예요. 알고 봤더니 애들 아빠가 다 소문을 낸 거 였어요. 그러니까 제가 그런 여자로 동네에서 다 소문이 났던가봐요(538-548).

4.2.4.4. 남편에 대한 시각

1) 남편과의 관계에 대한 규정

안정희 씨는 남편이 다시는 예전처럼 되돌아오지 않을 것이기 때문에 그에 대한 희망을 가지고 있지 않다. 그는 그녀에게 평생 짐이 될 것이고 남편으로서는 인정하기 어렵지만 자녀들의 아빠로서는 인정을 하고 있다.

> 안정희: 솔직히 제가 이 사람하고 살면 평생 제가 짊어지고 가야 할 짐이잖아요(555-556). 〔…〕 다시 이 사람이 회복이 되면야 좋지만, 제가 버렸다고 했잖아요. 희망이 없다고, 그럼 다시 퇴원을 해서 나오면 또 그 생활이 반복이 될꺼란 말이에요(1456-1459). 〔…〕 그 사람이 다시 예전처럼 돌아올 꺼라는 생각은 안 하고 살고 있거든요(2503-2504). 〔…〕 애들 아빠로서만 그렇게 해주고 싶어요. 솔직히. 남편으로서 해주고 싶다는 생각은 안 들고(1997-2002).

안정희 씨는 남편과의 관계는 악순환의 연속이고 남편을 감당해낼 수가 없기 때문에 둘 사이의 관계는 끝내야 할 전쟁으로 표현할 만큼 지속 불가능한 관계로 규정하고 있다.

> 안정희: 저는 진짜 인제 감당이 안 될 것 같아요. 안 되고 힘들고 악순환이 되다 보면, 제가 맨 날 입버릇처럼 하는 게 누구 하나 둘 중에 피를 봐야지 끝나는 전쟁이라고 제가 말을 했듯이. 그렇게 될 거 같아요. 감당이 자신도 없고 그렇거든요(2871-2876).

2) 남편의 현 상태와 자신의 관련성

안정희 씨는 정상적인 삶을 살 수 없게 된 남편의 상태에 대해서 한편으로는 자신이 최선을 다했기 때문에 책임이 없다고 생각하기도 하지만, 다른 한편으로는 자신이 남편에 대해서 끝까지 돌봐주지 못하고 방관하였기 때문이라는 자책감을 가지고 있기도 하다.

안정희: 제가 후회를 안 하는 게 노력을 해봤잖아요. 이 사람을 고쳐도 볼라고 노력해봤고, 제가 노력을 안 해봤으면 제가 진짜 나쁜 사람인데 제가 살려고도 노력을 해봤고 용서를 해볼려고도 했는데 안 되잖아요(울먹임)(1308-1312). 〔…〕 그건 본인이 잘못해서 그렇게 된 거잖아요(1662-1663).

안정희: 저한테도 책임이 있지 않았을까 그런 생각이 자꾸만 들고(1571-1573). 〔…〕 처음엔 진짜 잘해줬거든요. 잘해줬는데 차츰 제가 한계가 느껴지는 거예요. 더 이상은 내가 너무너무 힘드니까 그래서 인제 저 스스로 그 사람을 방관하기 시작한 거예요. 그냥 냅뒀어요. 〔…〕 차라리 저렇게 사람 구실을 못할 바에야 빨리 가면 마음은 아파도 남은 사람이 편하게 살지 않을까 그런 생각을 했었거든요. 그래서 냅뒀는데(1614-1630). 〔…〕 제가 빨리 그렇게 되기 전에 무슨 결단을 내렸으면, 저 사람이 낫지 않았을까. 좀 그런 생각도 들구요(1651-1652).

3) 남편에 대한 미움과 부담감

안정희 씨의 입장에서는 자신을 너무도 힘들게 하는 남편의 음주와 폭력 그리고 그 외의 부당한 행동으로 인해서 그녀는 남편이 자신의 삶을 불행하게 했다는 데 대한 극단적인 미움의 마음을 가지고 있다.

안정희: 싸울 때 진짜. 싸울 때 진짜. 저사람 죽이고 싶을 정도로, 그 사람이 싫었어요. 그 사람이. 〔…〕 진짜 싸우다가도 몸싸움 할 때도 있었거든요. 맞고 실려가고도 그런 적도 있었는데, 그때는 진짜 죽이고 싶었어요. 그 사람이 너무너무 싫어서, 저 사람 때문에 내 인생을 망쳤다는 생각이 들어서(975-985).

남편과 한집에 함께 살았던 것에 대해서 큰 고통과 부담감을 느끼는 안정희 씨는 알코올 치료를 위해서 입소해 있는 남편이 집에 없는 것에 대해서 편안함을 느끼지만, 퇴원 후 다시 함께 살게 되면 남편과의 갈등이 재현될 것에 대해서 우려를 하고 있다.

> 안정희: 집에만 있으면 아프고 우울해지고. 그게 호르몬 때문에 그렇다고는 하는데. 가끔 가다가 우울하다가. 그 기분이 너무너무 싫은 거예요. 죽고 싶을 정도로(382-390). 〔…〕 집에 들어가는 게 지옥 같았으니까, 제가 집으로 들어가는 게 죽으러 들어가는 거 같은 거예요(2347-2348).

> 안정희: 그냥 잘 지내요. 아빠가 없으니까, 부딪힐 일 없으니까 편안해 하고 그래요. 〔…〕 애들도 많이 안정을 찾은 것 같고 (한숨) 그래요(1633-1635).

> 안정희: 어찌 됐든 간에 한집에서는 못살잖아요. 살면 또 부딪힐 꺼고 갈등이 시작이 될 거 아니에요. 그럼 제가 더 힘들어질 꺼잖아요. 제가 이제 못 참잖아요. 어떻게 사냐구요. 그렇게 하고. 못 사는데 그러면 다시 그 사람을 또 미워하고 그 생활이 반복이 될 것 같아요(2436-2440). 〔…〕 퇴원을 해야 한다는 생각에 불안한 거예요(2851-2853).

4) 남편에 대한 연민

안정희 씨는 남편에 대한 미움과 부담감을 가지고 있기도 하지만, 현재 남편이 정상적인 삶을 살 수 없을 정도로 병세가 좋지 않은 것에 대해 연민의 마음을 가지고 있기도 하다.

> 안정희: 사람은 알아보고 하는데 인지능력이 떨어지는 거예요. 기억도 못하고, 자기 물건 같은 것도 잘 못 챙기고 〔…〕 (1542-1559) 남은 인생을 그렇게 살아야 한다는 게 참 우울하더라구요. 마음은 먹었던 건데, 막상 보니까 완전 애기가 되버린 사람 같아가지고 퇴원을 해도 제가

감당을 못할 것 같고 그래요(1567-1572). (…) 지금은 기운도 딸리고 안 됐다라는 마음이 많아요(1599).

5) 남편에 대한 바람

안정희 씨는 불행한 결혼생활과 남편에 대한 미움과 부담감으로 인해서 한때는 남편이 빨리 죽기를 바란 적도 있었다.

안정희: 그 사람이 제발 좀. 그렇게 살 바에야 그냥 빨리 죽어줬으면 하는 생각이 있었거든요. 지금도 그래요. 그런데 같이 살 때는 그랬었어요. 이 사람이 빨리 죽어주는 게 나를 도와주는 거다 생각을 했는데(1489-1497). (…) 그렇게 속 썩고 사느니 차라리 없는 게 낫다라고 생각을 했었거든요. 재출발을 할 수도 있는 거고(1673-1675).

하지만 남편이 알코올 치료소에 입소한 이후에 마음이 안정되면서 한편으로는 남편에게 잘 대해주지 못했다는 미안한 마음이 들기도 하고, 다른 한편으로는 남편에 대한 증오를 가지고 사는 삶이 힘들기 때문에 남편을 용서하고 싶어한다.

안정희: 내가 지금은 안 보니까 마음이 편해졌다 그랬잖아요. 그러니까 내가 못해줬던 그런 마음이 생기는 거예요(…). 제 마음속에 사람을 미워하는 마음까지 제 마음에 심어두기가 싫은 거예요. 그런 마음. 그럼 제가 더 힘들잖아요. 그 사람을 용서하고 나면 내가 더 편해질 꺼 잖아요. 미안한 마음도 없어질 꺼고, 그 사람 죽이고 싶은 마음도 없어질 거고, 저 사람 때문에 내 인생 망쳤다는 생각도 안 들것이고, 일단은 제가 마음이 편한 거잖아요. 일단을 그렇게 하면 제가 그 사람을 용서를 하지 않을까(1372-1381).

안정희 씨는 남편이 건강한 삶을 살면서 가족에게 부담을 주지 않기를 바라고 또한 남편과의 관계를 지속하길 원하지는 않지만 자녀들이 성장해서 결혼할 때까지 살아서 아버지로서의 역할을 해주길 바라고 있다.

> 안정희: 근데 지금은 그냥 건강하게 (울먹임) 살아서 자기 갈 때까지만 이라도 건강하게 살아줘서 남은 식구들 편안하게 살도록 도와줬으면 좋겠고, 지금은 마음이 편하니까 그런 마음을 가져요(1489-1497). 〔…〕 건강해서 애들 장가갈 때까지 남편으로서가 아니라 애들 아빠로서만 자리를 지켜줬으면 하는 생각이 들고 그냥 그래요(1962-1967).

4.2.4.5. 남편과의 미래에 대한 생각

안정희 씨는 남편을 용서하고 자신을 고통으로부터 해방되게 하기 위해 이혼을 원하고 있다. 하지만 남편이 아이들의 아버지이기 때문에 쉽게 이혼을 결행하지는 못하고 있다.

> 안정희: 부탁을 했었어요. 애들 아빠한테. 이혼서류 두 번까지 내밀면서 나 편하게 살고 싶으니까 이혼해달라고(1307-1309). 〔…〕 요즘 세상은 그렇게 겁이 안 나잖아요. 재혼가정도 많고, 크게 흠이 되는 것도 아니잖아요. 요즘 세상에. 그래서 그렇게라도 하면 내가 저 사람을 용서를 하고, 나 자신한테 해방이 되는 게 아닌가. 저 사람한테(1353-1357). 〔…〕 그렇게 하면 제가 마음이 더 편안하지 않을까 그런 생각도 들고(2013-2014).

> 안정희: 그게 지금 다 서류는 준비가 된 것도 있는데 접수만 바로 시켜버리면 그 사람하고 법적인 거는 끝나는 거거든요. 거기에서 그게 끝나는 문제가 아니잖아요. 애들 아빠이기 때문에(2943-2948).

안정희 씨는 남편이 퇴원을 하게 되면 자녀들 때문에 이혼을 하지는 못하더라도 부부로서는 더 이상의 관계를 유지할 생각은 없고 별거를 할 생각을 가지고 있다.

안정희: 그렇죠. 다시 다시 퇴원해서 집에서 살게 되면. 근데 그냥 그래요. 시골에 집이 있으니까, 자기생활을 갖고 싶어 하니까, 그냥 가서 아예 내려가서 자기 생활을 나름대로 살았으면 하는 생각도 들어요. 솔직히 그냥 애들 보고 싶을 때 당연히 아빠고 자식이니까 그런 거 막고 싶은 생각도 없고 〔…〕 그냥 인간적으로 좋은 부부가. 물론 부부였던 사람이지만, 인간적으로 좋은 관계를 유지를 하지 않을까. 지금 제가 그런 생각을 할 거예요(2474-2493).

안정희 씨는 한편으로는 이혼을 원하지만, 다른 한편으로는 이혼을 결행하지 못하는 자신에 대해서 답답하게 생각하고 있다.

안정희: 답답하고, 우울하죠. 딱 어떻게 결정내릴 수 있는 그런 게 아니

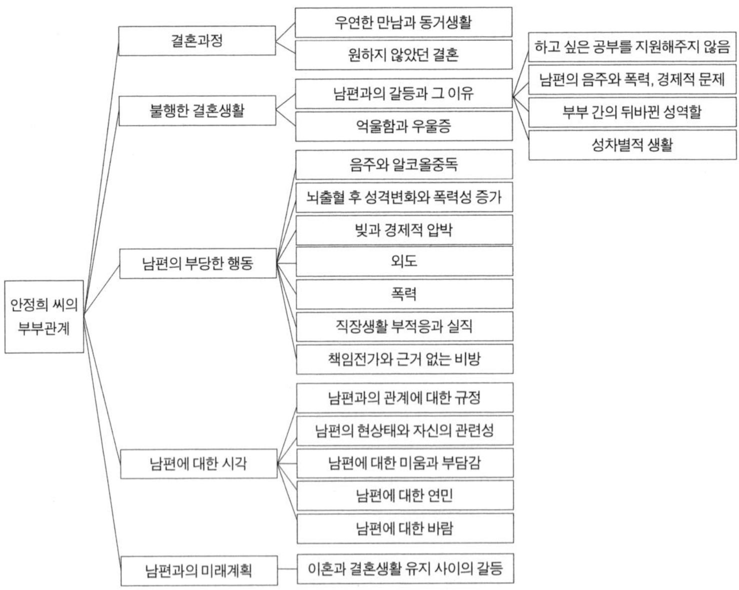

그림 31. 안정희 씨의 부부관계와 남편에 대한 시각

니까. 제가 독하게 딱 끊으면 되는데 그러질 못하니까 그런 게 있고 (2997-2999).

지금까지 논의한 안정희 씨의 부부관계에 대한 범주는 〈그림 31〉처럼 정리할 수 있다.

4.2.5. 가족관계

4.2.5.1. 아이들에 대한 미안함

안정희 씨는 자녀들에게 부부 갈등과 경제적 어려움으로 인해서 아이들이 겪지 말아야 할 것들을 많이 겪게 한 것에 대해서 그리고 자신이 힘든 상황에서 자녀들에게 충분히 잘해주지 못한 데 대해서 미안한 마음을 가지고 있다.

> 안정희: 애들한테 상처 주는 말도 사실은 많이 하고. 근데 그게 잘하는 짓은 아니라고 생각은 하는데 애들이 엄마 아빠 싸우는 것도 많이 봤고, 안 좋은 모습도 많이 봐왔기 때문에(869-878). 〔…〕 압류 같은 거 들어오고, 애들한테 가슴 아픈 거 다 보여줬고 다 할 때마다 그게 너무 너무 싫었어요(1277-1283). 〔…〕 애들한테도 관심도 없고 제가 못해주는 게 너무 많으니까, 제가 많이 힘드니까 일하기도 힘들고 그냥 그래요(1815-1817).

4.2.5.2. 자녀들의 문제

1) 과도한 온라인게임

안정희 씨는 남편의 실직으로 인해서 경제적인 어려움을 겪고 있는 중에 큰아들이 집전화와 이동전화로 온라인게임을 하여서 매우 많은 액수의 통신요금이 부과된 데 대해서 격분한 적이 있었다.

> 안정희: 맘이 상했었어요. 왜냐하면 관리비도 많이 밀렸었고, 그다음에 큰놈이 게임을 해서 그것 때문에도 전화가 끊길 상황이었어요. 전화가 집전화로 저 모르게 그렇게 했더라구요. (…) 한 3개월이 밀리니까 몇십 만원이 되더라구요. 머니를 산 거예요. 머니를 사가지고 한 거를 나중에 알고 봤더니 큰놈이 그거를 했더라구요(736-752). (…) 근데 핸드폰요금이 거기도 게임을 또 한 거예요(…). 그 대금을 보는 순간 명세서를 보는 순간 큰놈을 마대자루로 막 때렸어요. 여기저기 다. 감정적인 것도 있는데 순간 화가 나더라구요(1730-1774).

2) 폭력적 행동

안정희 씨는 아이들이 아버지의 폭력적인 행동을 따라하는 것과 관련하여 아이들이 성장해서도 그러한 행동을 할 수 있을 것이라는 것에 대해 염려와 두려움을 가지고 있다.

> 안정희: 남자아이들이다 보니까 아빠가 했던 행동들을 해요. 그럴 때 마다 섬뜩섬뜩해요. (…) 장난을 치다가 큰놈이 문을 잠갔어요. 잠갔는데 작은놈이 막 울고불고 하더라구요. 막 봤는데 보였어요. 봤는데 싱크대 문을 열더니 과도칼로 문을 막 치는 거예요. (…) 그런 버릇 어디서 배웠냐고 그렇게 야단을 쳤어요(1712-1739).

4.2.5.3. 양육의 부담감

안정희 씨는 남편 없이 그리고 경제적인 어려움 속에서 혼자 자녀들의 양육을 떠맡아야 하는 데 대해서 큰 부담감을 느끼고, 때때로 아이들을 포기하고 싶은 마음이 들기도 한다.

> 안정희: 자식도 이제 귀찮다라는 생각이 들어요(783). (…) 어느 때는 자식도 버리고 싶다는 생각도 들고 (…) 솔직히 애들 아빠는 제가 포기를 한 상태라서 애들을 키우는 건 이제 제 몫이잖아요(882-891). (…) 여자 혼자 애들을 키운다는 게 쉬운 일은 아니잖아요. 그런 것 때

문에 부담감은 되는데, 지금도 애들한테는 그런 얘기해요. 너희들은 엄마가 끝까지 지켜줄 테니까 걱정하지 말라고 얘기를 하면서도 힘들면 짜증을 내요. 내가 너희들을 왜 낳아가지고 이렇게 고생을 하냐?(1333-1337)

특히 방학이 되면 경제적으로 어려운 상황 속에서 자녀들에게 과외 활동을 해줄 수 있는 경제적 여건이 되지 않기 때문에 온종일 집에만 있는 자녀들을 챙겨주는 데 큰 부담을 가지고 있다.

안정희: 지금은 애들이 방학을 하니까 애들이 집에 있잖아요. 애들. 그런 거에 대한 스트레스가 많이 쌓이는 거예요. 애들이 없으니까 학원도 내가 못 보내고, 그때는 돌봐주지 못하니까, 세 끼도 다 챙겨줘야 되고, 간식까지 내가 챙겨줘야 되고(831-838). (…) 그러니까 방학 내내 갈 데가 없으니까 게임만 하고 내내 TV만 보는 거예요. 오히려 제가 한 달이 지옥 같은 거예요(1793-1796).

4.2.6. 자아규정

안정희 씨는 자신을 크게 두 유형의 정체성을 지닌 사람으로서 이해하고 있다. 첫째로 그녀는 자신을 사안에 대해서 명확한 입장을 취하고 분명하고 단호한 입장 표명을 하는 사람으로서 이해하는 것이다. 둘째로 그녀는 사람들과의 관계를 중요시하고, 본인이 원하는 것이 아니라고 하더라도 다른 사람들이 원하면 거절하지 못하며 희생하는 착한 사람("천사")으로 자신을 이해하고 있다. 하지만 그녀는 자신의 그러한 타인중심적이고 희생적인 삶을 사는 것을 원하지 않는다.

4.2.6.1. 명확하고 단호한 나

안정희: 제가 성격이 똑똑 부러지는 성격이었었어요(121-122). (…) 저는

화나면 막 다다다닥 하고 하는 성격. 제가 불같은 성격이라 뒤끝은 없어요(2807-2808).

4.2.6.2. 인내하고 희생하는 나

인터뷰어: 안정희 씨는 이런 성향이 있는 같아요. 그러니까 다른 사람이 나를 원하면 내가 힘들고 고통스러워도 그 사람이 원하는 것을 들어줄려는 마음이 많으신 거예요? 살아오면서 봤을 때.

안정희: 그랬죠. 많이.

인터뷰어: 그러면 거절하지 못하고, 끊지 못하고 이런 게 강하신 거예요?

안정희: 예(2514-2523). (…) 진짜 옷깃만 스쳐도 인연인데 인간적으로 그런 사람들을 되게 소중하게 생각하는 사람이거든요(2814-2819). (…) 애들 아빠 그것 때문에 부채가 많아서 너무 힘드니까 어떻게 해볼려고 간 거예요. 법무사를 찾아갔는데 그때는 아무 희망이 없어서 그렇게 찾아간 거예요. 그런데 버릴 사람이 아니래요. 저 칭찬인지 뭔지는 모르겠는데. 오죽하면 시댁 쪽에 친척들이. 가족들 말고 친인척들이 시골에 많이 살아요. 그 정도면 젊은 여자가 저렇게 하는 게 천사라는 얘기를 제가 아직 젊잖아요. 나이 차이도 많이 나니까 천사라는 얘기를 들어요(2658-2669).

안정희: 저는 천사가 아니라고, 천사하기 싫다고, 천사가 아니라고 그런 얘기를 해요. 근데 그렇듯이 저는 그게 싫은 거예요. 제가 저도 제 생각이 왜 나만 희생을 하냐구요. 그렇게 할려믄 같이 물론 그 사람도 희생을 안 했다고는 못하는데 그런 생각이 있어요. 나는 천사가 아닌데 당연히 그렇게 해야 하는 게, 당연히 그런 삶을 살아야 하는 게 당연한 건데 이제는 싫은 거예요. 내가 참고, 이해하고, 나만 희생하고, 그게 너무너무 싫은 거예요. (2658-2669).

안정희 씨가 이와 같이 상반되게 자신을 규정하는 것은 남편과의 이혼과 결혼생활 유지에 대해서 명확하게 결정하지 못하는 것에 대한 설명을 하기 위한 것으로 보인다.

4.2.7. 현재 상황

4.2.7.1. 힘들고 굴곡진 인생

안정희 씨는 어려운 일이 연이어 일어나서 힘들고 굴곡진 인생을 살고 있다고 인식하고 있다. 그녀는 자살한 아들과 정신분열증을 앓고 있는 아들 등으로 인해서 힘든 삶을 살고 있는 아버지와 같은 삶을 살고 있다고 생각하고 있다.

> 안정희: 저한테는 우울한 일만 생기는 거 같애서 하나 넘으면 하나 넘은 거 같애서, 산 하나 넘은 거 같으면 또 하나 산이고 제인 생에 굴곡이 그냥 그럴 것 같아요(1955-1959).
>
> 안정희: 아버지 인생을 내가 살고 있구나 아버지 같은 인생을 안 살겠다고 했는데 아버지 같은 인생을(2003-2004).

4.2.7.2. 변화 없는 허무한 일상의 반복

안정희 씨는 현재의 상태를 변화시키고 즐거운 인생을 살 수 있기를 바라고 힘겹게 노력하지만, 힘든 일상이 나아지지 않고 항상 반복하기 때문에 삶이 무의미하고 허무하다고 느끼고 있다.

> 안정희: 늘 똑같은 일이 반복되잖아요. 일상이 다 똑같잖아요(1857-1864). (…) 아무리 발버둥쳐봐야 맨날 그게 그건데, 사는 게 똑같은데 왜 내가 이렇게 하나, 하루하루 즐겁게 이렇게 살자라는 생각을 하기 때문에 하고 싶은 거는 너무 많은데 현실은 그렇지가 못하잖아요. 그렇게 때문에 그냥 사는 게 그냥 그렇구나라는 생각을 하는데 허무하다라는 생각을 많이 해요. 그러면서도 제가 막 하고 싶으면 산에도 가고 싶고 놀러도 가고 싶고 그렇거든요. 맨날 나는 기계같이 일만 해야 하나 그런 생각을 하면 우울한 거예요(2211-2227).

4.2.7.3. 경제적 어려움

남편이 실직하고 혼자서 자녀 두 명을 키우는 환경 속에서 안정희 씨는 경제적 어려움을 겪고 있다.

> 안정희: 물가는 오르고, 생활비는 더 들고, 카드값은 더 많아지고 그러니까 그런 것도 부담도 되고, 그냥 내일은 생각은 안 하고(1813-1817). (…) 나는 이렇게 하고 싶은 것도 많은데 내 현실은 아닌 거예요. 하루하루 먹고 살기 바쁘고, 애들 먹을 꺼 걱정해야 되고 맨날(2174-2175).

4.2.7.4. 미래에 대한 희망 없음

안정희 씨는 본인의 나이에 새로운 인생을 다시 시작하는 것이 어렵다고 생각하고 있고, 직장이 불안정하고 노후대책이 미비한 이유로 미래에 대한 두려움을 가지고 있다.

> 안정희: 다시 시작을 해도 될 꺼라는 생각을 했었는데, 근데 지금은 어느새 갑자기 사십이라는 나이가 된 거예요. 그러다 보니까 점점 자신도 없어지고 내 앞날에 대한 그런 것도 불투명하고 하다 보니까 힘들어지는 거예요. 그렇다고 제가 직장이 번듯하게 있는 것도 아니고 (…) 계획도 없고 그렇게 노후대책도 제가 잘 해놓은 것도 아니고 그런 것들이 걱정도 되고 (1938-1945).

4.2.8. 의사소통

안정희 씨는 자신의 어려움에 대해서 상의할 대화상대자가 없어서 하고 싶은 이야기를 할 수도 없고 문제를 혼자서 생각하고 해결해야 하는 상황을 힘들어하고 있다.

> 안정희: 내가 힘들 때 누구한테 상의할 사람도 없고. 그런 게 좀 많이 힘

들어요(887-890). 〔…〕 하고 싶은 얘기도 못하니까(1868). 〔…〕 주위에서 관심을 갖고 좀 해줬으면 했는데 저는 관심 가져줄 사람이 없잖아요(3111-3113).

인터뷰어: 요즘은 그런 복잡하고 그런 상황들을 주변 분들 하고 의논하세요?
안정희: 아니요. 혼자 생각하고 혼자 삭히고 그래요(3024-3027).

안정희 씨가 자신의 이야기를 할 대화상대자가 없는 이유는 비록 주변 사람들과 친분관계를 갖기는 하지만 정작 자신의 이야기보다는 피상적인 이야기를 하는 것으로 보이고 또한 자신의 어려움에 대해서 말을 하더라도 딱히 도움을 받지 못하기 때문인 것으로 보인다.

안정희: 사람만나는 것도 귀찮고. 제가 주위에 언니들이 있다 그랬잖아요. 만나요. 언니들을. 언니들이다 보니까 모임을 한 달에 한두 번씩 갖곤 했었는데 다들 바쁘다 보니까 시간도 안 맞고. 재미가 없는 거예요. 그냥 만나면 술 한잔 먹고 그렇게 하고 수다 떠는 건데 일단은 몸 피곤하고 지치고 힘드니까(1829-1836).

인터뷰어: 의논해도 별로 특별한 게 없어서 그러세요? 아니면.
안정희: 없고, 무슨 방법이 없잖아요(3024-3027)

4.2.9. 보호요인

4.2.9.1. 인생은 값진 것이라는 생각

안정희 씨는 지금까지 죽고 싶을 만큼 힘든 인생을 살았지만, 그래도 인생이 늘 힘든 것만 있는 것이 아니기도 하고 살아볼 만한 가치가 있으며 하고 싶은 일도 많기 때문에 죽는 것은 억울하다고 생각하고 있다.

안정희: 아직 내가 젊고 아직 할 일도 많고, 하고 싶은 것도 많은데, 내가 지금 죽으면 너무 억울하지 않냐구요? 억울하잖아요. 한번 살아볼 만한 인생인데, 왜 내가 이 나이에 이렇게 죽어야 하나 그런 생각도 들고 그래요(2317-2325). [⋯] 재밌게 살다 가야지. 내가 나한테 주어진 생명이고, 주어진 삶인데 그렇게 우울하고 꿀꿀하게 살고 싶은 생각이 없는 늘 꿀꿀한 일만 있는 건 아니 잖아요(2745-2763).

4.2.9.2. 부모님과 자녀

안정희 씨가 자살을 하지 않고 살아야 하는 중요한 이유로 자살이 부모님에는 도리가 아니고 자녀들에는 무책임한 행동이라는 인식을 갖고 있다.

안정희: 부모님이 계시니까 더 잘살아서 열심히 살아서 부모님 돌아가시기 전에 잘사는 모습을 보여 드려야지. 저도 좋은 거잖아요. [⋯] 내가 살아야 하는 첫 번째 이유는 내가 살아야 하는 이유가 아이들이 있기 때문에 살아야 하는 거고, 엄마 아버지가 계시기 때문에 엄마 아버지를 앞서서 가면 안 되잖아요. 그게 불효잖아요. 그 생각을 해서 제가 힘들 때는 아버지, 엄마한테 많이 의지를 했었고, 아이들이 있어서 그게 보탬이 되긴 됐었는데(2328-2345).

4.2.9.3. 일에 대한 집중

안정희 씨는 자신이 하는 일에 집중하고 그 일에 대해서 즐거움을 느낄 때 행복감을 느낀다고 하였다.

인터뷰어: 어떻게 살 때 행복하세요? 내가 행복하다고 느끼세요?
안정희: 지금이 행복해요. 일하고, 일 열심히 하고. [⋯]
인터뷰어: 일에, 지금 하고 있는 일에 충실할 때?
안정희: 네 충실하고, 제가 일도 즐긴다 그랬잖아요. 즐기고(2764-2777).

4.2.9.4. 긍정적 생각

안정희 씨는 자신의 삶을 제약하는 많은 어려움이 있지만 자신이 가지고 있는 긍정적인 것들을 생각함으로써 우울한 마음을 없앨 수 있다고 하였다.

> 안정희: 단지 여러 가지 경제적인 이런 게 따라올 때 고민을 하는데, 그런 나름대로 힘들 때는 아직 내가 건강하니까 그런 생각을 하게 되면 우울해지잖아요. 그런 생각은 웬만하면 안 하는 거예요. (…) 그런 생각을 하다 보면 나 자신이 우울해지고 싫은 거예요. 싫으니까 그런 생각은 안 하고, 좋은 생각만 하고 좋은 일만 생각을 하고, 좋게 좋게 이렇게 긍정적인 생각을 하면 내 삶도 긍정적이지 않을까. 남한테 악하게 안 하고, 애들 아직까지 건강하고, 아직까지 속 썩이지 않고, 내가 내 몸만 건강하면 살아도 되지 않을까. 행복하니까(2764-2777).

4.2.9.5. 바람과 소망

1) 재미있는 새로운 삶

안정희 씨는 지금까지 결혼생활로 인한 힘든 삶과는 전혀 다른 재미있고 평범한 삶을 살고 싶어한다. 그녀가 재미있고 평범하다고 생각하는 삶은 늙어서까지 서로 사랑하고 의지할 수 있는 부부관계와 자녀들과 함께 오순도순 살아가는 것이다.

> 안정희: 이렇게 안 살고 싶은 거죠. 그 마음이 강하니까, 아직 젊으니까 내가 좋아하는 사람하고 살든, 혼자 살든 그렇게 한 번 살고 싶은 그런 마음이 드는 거예요. 그렇게 한 번 살고 싶고, 너무 결혼생활이 너무 힘들었기 때문에(2533-2540).

> 안정희: 재밌게 살고 싶어요. 놀고도 싶고 그냥 평범하게(1848). (…) 다시 한 번 살고 싶다. 다시 한 번 재밌게 살고 싶다라는 거. (…) 재밌게

오순도순. 제가 제일 부러운 게 그거라고 그랬잖아요. 외식 나가면 우리는 세 식구인 거예요. 〔…〕 애들 나중에 커서도 큰 다음에도 나중에 의지하는 게 부부밖에 없잖아요. 그런 부부상을 원했는데(2015-2027).

2) 새로운 파트너

안정희 씨는 연애도 할 수 있고 사랑도 할 수 있는 새로운 파트너를 만나서 여자로서 새로운 삶을 다시 시작하고 싶고 행복한 가정을 새롭게 꾸리고 싶은 마음을 가지고 있다.

안정희: 엄마로서 그런 것도 있지만 엄마이기 전에 여자니까 그렇게 한 번 살아보고 싶다는 생각을 해요. (울먹임) 내가 너무 힘들고 그래서 그런지 모르겠지만(2153-2155). 〔…〕 진짜 좋아하는 사람을 만나봐서 진짜 연애도 진짜 제대로 해보고, 사랑도 제대로 해봐서, 물론 그 사람하고 결혼까지 골인을 해서 그렇게 행복하게 살면 좋겠지만 그렇게 못 해봤으니까 그런 미련 같은 것은 있어요(2152-2156). 〔…〕 서로가 나이를 먹어도 친구 같은 그런 부부 있잖아요. 같이 내 인생에 동반자가 되줄 수 있는 사람이 있었으면. 그게 아니더라도 친구라도 되줘서, 그런 사람 만들었으면 하는 게 지금 제 솔직한 심정이에요(2056-2066).

3) 여행

안정희 씨는 현재 처한 상황에서 벗어나 여행을 가고 싶어하는 마음이 있지만, 경제적인 제한으로 이를 실천하지 못하고 있다.

안정희: 혼자 훌쩍 떠나고 싶은 생각도 들고(1874-1875). 〔…〕 가끔가다 여행도 한 번 다니고 싶기는 한데 지금은 그런 게 없잖아요. 서로 먹고 살 꺼를 생각을 해야 하고, 내가 놀러를 가고 싶어도 일단은 비용이 깨지니까 그것도 힘들고, 내가 얽매이다 보니까 생계를 책임져야 하니까 그런 것도 부담감도 있고(1855-1859).

4) 꿈과 현실의 차이

안정희 씨는 지금의 삶에서 벗어나 새로운 삶을 다시 시작하고 싶어 하지만 여러 가지 제약으로 인해서 노력을 해도 그것을 실천하지 못하는 데 대해서 힘들어 하고 있다.

> 안정희: 아무리 발버둥 쳐봐야 맨날 그게 그건데, 사는 게 똑같은데 왜 내가 이렇게 하나, 하루하루 즐겁게 이렇게 살자라는 생각을 하기 때문에 하고 싶은 거는 너무 많은데 현실은 그렇지가 못하잖아요. 그렇기 때문에 그냥 사는 게 그냥 그렇구나라는 생각을 하는데 허무하다라는 생각을 많이 해요(2211-2227). (…) 나는 이렇게 하고 싶은 것도 많은데 내 현실은 아닌 거예요. 하루하루 먹고 살기 바쁘고, 애들 먹을 꺼 걱정해야 되고 맨날(2174-2175).

자살시도 요인의 상호 관계

안정희 씨는 어린 시절부터 현재에 이르기까지 큰오빠의 자살, 작은오빠와 아버지의 자살시도 그리고 남편의 자살시도와 남편 형의 자살 등과 같은 많은 자살 관련 체험을 하였다. 하지만 그러한 자살체험이 그녀의 자살시도에 직접적으로 큰 영향을 끼치는 것으로는 보이지 않는다. 그 이유는 먼저 그녀가 아주 어린 시절 큰오빠가 먼 곳에서 자살을 했기 때문에 직접적으로 자살을 체험하지 못하였고 작은오빠의 자살시도를 일종의 철없는 행동으로 간주하기 때문이다. 또한 그 밖의 자살이나 자살시도에 대한 체험에 대해서도 별다른 자신의 관점이나 감정을 드러내지 않는 것도 주변인의 자살과 자살시도가 그녀의 자살시도에 영향을 끼치지 않은 것으로 판단할 수 있는 또 다른 근거로 볼 수 있다.

안정희 씨는 성장과정에서 가정에서 겪었던 부정적인 체험, 즉 아버지의 음주와 폭력 그리고 그로 인한 부모의 심한 갈등에 대해서 언급하고 있다. 안정희 씨가 성장과정의 부정적인 체험에 대해서 언급하는 이유는 남편과의 갈등과 그로 인한 결혼생활 및 자기 삶의 불행과 관련이 있다. 즉, 안정희 씨의 남편의 음주와 폭력 그리고 그로 인한 자신과 남편 사이의 극심한 갈등이 자신의 삶 속에서 가장 피하고 싶었던 것이었기 때문에 그로 인한 불행을 그녀가 더욱 크게 느끼는 것과 관련이 있다. 다시 말해서 안정희 씨의 성장과정 이야기는 남편과의 관계로 인해서 야기되는 문제들을 그녀가 어떻게 느끼는가에 대한 배경 설명인 것으로 보인다.

안정희 씨의 이야기 중에서 가장 중심이 되는 이야기는 부부관계에 관한 내용이다. 남편의 여러 가지 부정적인 행동으로 인해서 그녀와 남편은 극심한 갈등을 겪게 되고, 이것이 그녀의 불행한 결혼생활과 삶의 원인으로 작용한다. 남편의 실직으로 인해서 그녀는 심한 경제적 압박을 받게 되고 아이들을 혼자서 양육해야 되는 부담을 지게 된다. 또한 같은 이유로 재산 압류를 당하게 되고 그로 인해서 아이들

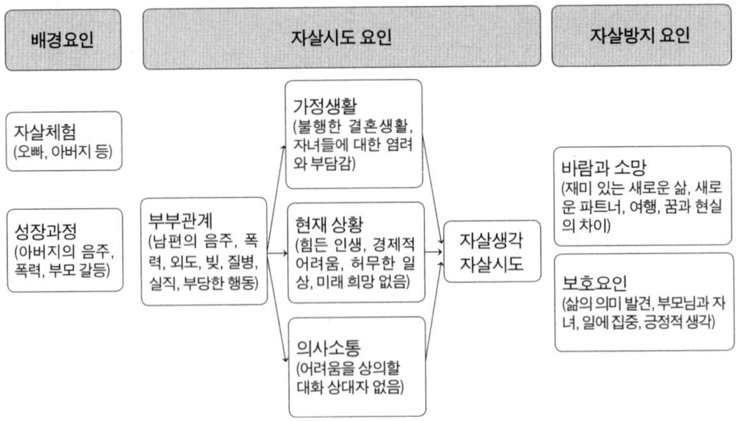

그림 32. 안정희 씨 자살시도 요인 사이의 상호관계

이 충격을 받은 데 대해서 큰 슬픔을 느낀다. 아이들은 아버지의 폭력적인 행동을 따라하고 큰아들의 온라인게임 중독으로 불안감을 느낀다. 그럼에도 불구하고 안정희 씨는 그러한 여러 가지 문제에 대해서 서로 이야기를 나누고 상의할 수 있는 대화상대자가 주위에 없다. 안정희 씨는 자신의 삶을 매우 불행하게 생각하고 있고 허무한 일상이 반복된다고 생각하며 미래에 대한 희망을 갖지 못하고 있다. 정리해서 말하자면 남편의 문제와 부부 간의 갈등에 관한 이야기가 가정생활과 현재 상황 그리고 의사소통에 대한 이야기를 촉발한다. 그리고 그러한 요인들로 인해서 안정희 씨가 자살을 생각하게 된다. 반면에 그녀가 밝힌 바람과 소망 그리고 보호요인은 그녀가 힘든 주변 상황에도 불구하고 자살을 하지 않게 되는 요인으로 작용한다.

4.3. 장영복 씨의 상담에 나타난 자살시도 요인

장영복 씨의 인터뷰 텍스트에서 발견된 10개의 의미 범주는 아래와 같다.

1. **자살시도**: 장영복 씨는 고등학교 때 처음으로 자살 생각을 하였다. 그는 자살을 생각하고 시도하는 이유를 열등감과 우울증 그리고 우유 사업을 했을 때의 과중한 업무와 죽음은 편안하다는 인식 등이라고 말하고 있다. 그가 사용한 자살시도 방법은 수면제 복용이었다.

2. **성장과정**: 장영복씨는 고등학교 시절 아버지의 사업 실패로 가정형편이 어렵게 되었다. 그래서 그는 미대 진학을 원했지만 비용이 많이 드는 미대 진학을 할 수 없었다. 성장과정에서 장영복 씨는 아버지와 누나와의 관계가 원만하지 않았다.

3. 이성관계: 장영복 씨는 현재 외국계 여성과 교제 중이다. 여자친구가 장영복 씨의 학력이나 경제력을 따지지 않고 그의 어려움을 위로해주고 앞으로 하고자 하는 일에 대해서 격려를 해주었기 때문에 그는 자신감을 회복하고 우울감을 느끼지 않으며 또한 자살 생각도 하지 않게 되었다. 그러나 다른 한편으로 여자친구보다 뒤처지는 직업과 경제력으로 인해서 그는 자신감이 없어지고 그녀와의 미래에 대해서 불안해하고 우울해하였다. 하지만 그는 그녀에게 자신이 처한 상황을 있는 그대로 토로함으로써 그러한 문제를 해결하였다.

4. 가족관계: 장영복 씨는 실직으로 집에 있으면서 아버지와 누나와 갈등을 겪었다.

5. 직업생활: 장영복 씨는 한 회사에서 오래 근무하지 못하고 여러번 이직한 체험을 가지고 있다. 그가 한 회사에서 오랫동안 버티지 못하는 이유는 다른 직원들에 비해서 능력이 떨어진다는 열등감과 자신감 상실 때문이다. 그는 성격적으로 인내심이 약하고 자신이 좋아하는 일은 열심히 하지만 그렇지 않은 일은 잘 하지 못하는 편향적인 성격으로 회사에서 오래 근무하지 못하였다. 그가 회사생활을 오랫동안 하지 못하는 또 다른 이유는 업무가 과중하고 건강에 해로우며 또한 미래에 대한 전망이 밝지 못하기 때문이기도 하다. 회사에서의 직업생활을 포기한 그는 중국에서 무역사업을 하였고 그것이 실패로 끝난 이후에 한국에 돌아와서 우유사업을 하지만 그것마저도 다시 실패를 하게 되었다. 그러한 직업생활의 실패로 인해서 그는 자신감을 상실하였고 미래에 대한 두려움을 가지고 있으며, 삶의 의욕을 상실하였고 자살 생각을 하게 되었다.

6. 인간관계: 장영복 씨는 학력과 실직 등에 대해서 열등감을 가지고

있고 다른 사람들이 그러한 것을 아는 것에 대해서 두려움을 가지고 있다. 그러한 이유로 그는 새로운 사람들을 만나는 것을 피하고 있다.

7. **행동성향**: 장영복 씨는 자신은 좋아하는 것과 싫어하는 것을 명확히 구분하는 편향적인 성향을 가지고 있고, 혼자서 일을 할 수 있는 독립성이 없으며, 자신이 처한 상황을 부정적으로 바라보는 성향이 있다.

8. **현재 상황**: 장영복 씨는 자신감 상실과 열등감이라는 큰 문제에 봉착하고 있다. 또한 직업생활과 여자친구와의 미래 그리고 친구와의 관계나 인간관계 등에 대해서 두려움을 가지고 있다. 그는 현재 우울증을 가지고 있고 새로운 직업을 찾는 데 어려움을 겪고 있다.

9. **의사소통**: 장영복 씨는 가족이나 친구들 중에서 자신의 이야기를 토로할 수 있는 사람이 없는 것으로 판단하고 있다. 그는 누구에게도 자신의 과거나 처한 상황을 있는 그대로 드러내지 못하고 있다.

10. **보호요인**: 장영복 씨는 긍정적인 사고방식, 운동, 돈, 직장, 대화 그리고 자기를 있는 그대로 드러내기 등을 보호요인으로 꼽고 있다.

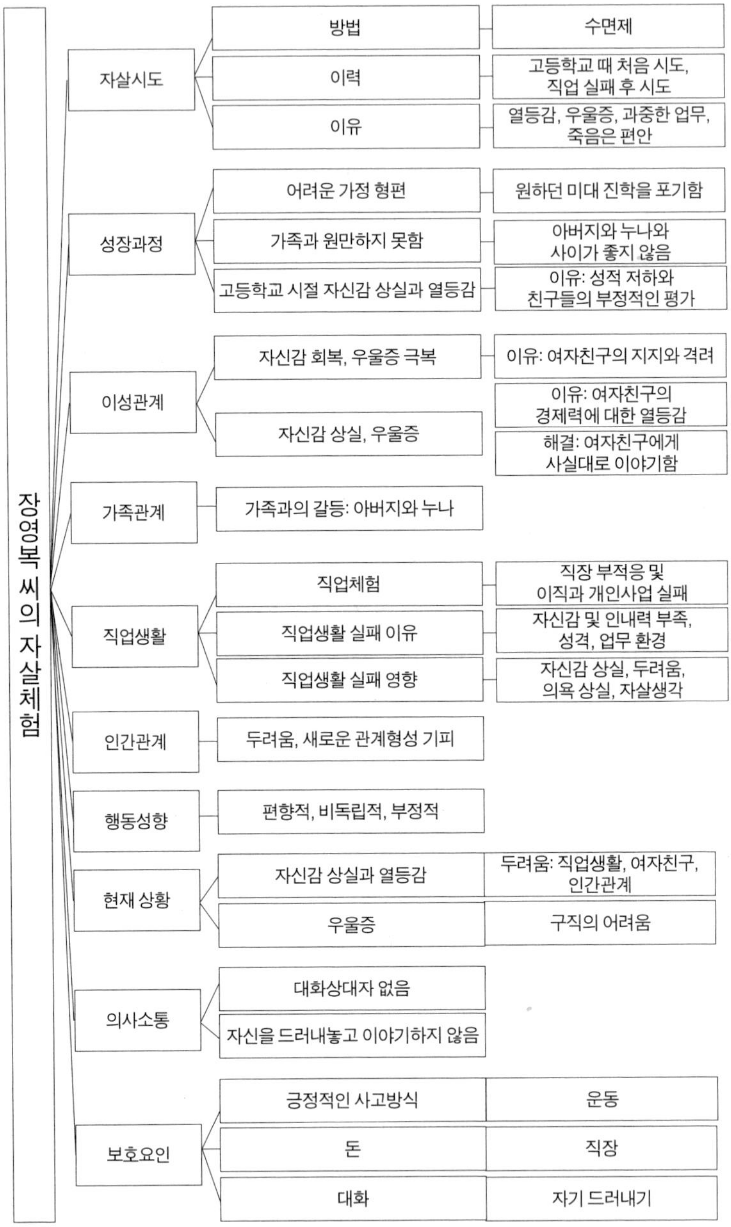

그림 33. 장영복 씨의 자살시도 요인

4.3.1. 자살시도

장영복 씨는 상담을 받기 몇 달 전부터 힘들다는 생각이 지속적으로 들었고 죽고 싶다는 생각을 하게 되었다. 그러던 중에 우울증이 심해지면서 수면제 20알 정도를 복용하면서 자살을 시도하였다.

> 장영복: 6월 전 까진 정말 그냥 계속 힘들었던 거 같아요. 죽고 싶단 생각밖에 없었고(333-334). (…) 그냥 낮에 같은 때는 공원 같은 데 가서 공원 가서 앉아 있다가 또 우울 계속 우울하더라구. 우울해지면 또 그러다가 수면제를 그때 한 번 술을 많이 먹고 수면제를 한 많이 먹었죠. 한 이십 알 가까이 먹었던 거 같아요. 먹을 때까지 먹다 그냥 기억이 없었던 거 같아요(444-452).

장영복 씨는 고등학교 때 자신의 외모에 대한 친구들의 놀림을 심각하게 받아들이고 죽고 싶다는 생각을 한 적이 있고, 우유배달을 할 때 너무 힘들어서 고층 아파트에서 투신자살에 대한 생각을 충동적으로 한 적도 있었다.

> 장영복: 고등학교 2학년 때 같은 경우는 좀 약간 좀 제가 내성적이고 그 지금은 이제 좀 약간 건장한 이런 거였는데 그때 굉장히 말랐거든요. 좀 거기다가 눈이 굉장히 나빴어요. 안경을 또 굉장히 높은 도수에 안경을 끼고 그러다 보니까 뭐 놀림을 굉장히 많이 받았거든요. (…) 단순하게 놀리는 건데 저는 이제 굉장히 그걸 깊게 받아들이고 그 당시에 한 번 어 그런 이제 뭐 약간 누구나 한 번 생각할 수 있겠지만 저도 인제 그때 뭐 아 뭐 죽고 싶다는 생각을 한 번씩 가졌구요(35-45).

> 장영복: 우유배달을 하면서 너무 어려워가지고 제가 생각했던 거보다 그때 막 이제 충동적으로 진짜 고층 아파트에서 난간 보이는 데서 어우

> 너무 힘들 때 춥고 너무 힘들 때 그때 또 마침 1월 달 가장 추울 때라 새벽에 와 어둡고 어두운데 무섭더라구요. 또 겁도 나고 재래식 그런 데라서 어우 정말 난간도 되게 낮고 그래가지고 그때 하 진짜 충동적으로 뛰어내릴까 뭐 그런 생각을 아마 그때부터(53-62).

장영복 씨는 자신의 자살시도에 대한 이유로 자격지심(열등감)과 우울증 그리고 자신이 하던 일에 대한 부담감을 들고 있다. 먼저 그가 자살을 시도하는 이유는 자격지심(열등감)인데, 그는 그것을 자신이 가진 모든 문제의 근본적인 원인으로 보고 있다. 그는 자격지심으로 인해서 자신감을 상실하게 되었고, 자신을 사랑하지 않게 되었으며, 과거에 집착함으로써 미래에 대한 준비를 하지 못했다.

> 장영복: 일단 뭐 무엇보다 결정적인 거는 제 자격지심인 거 같아요. 자신감이 없었기 때문에 그러니까 저를 사랑하지 않았기 때문에 모든 일이 다 잘 안 됐던 거 같아요. 그러니까 자꾸 뭐 과거 집착적이게 되고 후 자꾸 그걸 또 후회하고 그러다 보니까 점점점 발전이 없고 자꾸 미래를 위해서 생활을 바꿔야 되는데 아 과거만 계속 생각하고 내가 저렇게 했으면은 이래 이래해서 지금 이럴 텐데. 후회를 하다 보니까 자꾸 그 그 도태되는 거 같은. 결정적으로 그게 다 어떻게 보면 제 자신감이 없어서 제 자신을 너무나 싫어해서 아마 그렇게 되지 않았나. 그 그것 때문에 나온 다 결과물이지 않았나 생각 들거든요. (1994-2003).

장영복 씨의 두 번째 자살시도 이유는 우울증이다. 우울증이 심해졌을 때 살고 싶지 않다고 생각했고 실제로 자살을 시도하기도 하였다.

> 장영복: 2년 전쯤에 아마 이제 중국에 마지막 가기 전쯤에 그때 인제 굉장히 우울했던 거 같아요. 그래서 그때는 뭐 어 생 꼭 죽어야 되겠다는 이런 거 보다는 그냥 살고 싶지 않다 뭐 이런 생각을 했거든요(48-51).

〔…〕 계속 우울하더라구. 우울해지면 또 그러다가 수면제를 그때 한 번 술을 많이 먹고 수면제를 한 많이 먹었죠. 한 20알 가까이 먹었던 거 같아요(444-452).

장영복 씨가 자살을 생각하게 된 또 다른 계기는 그가 여러 직장에서의 부적응과 사업실패 후에 하던 우유배달이 생각보다 훨씬 더 어렵다는 생각을 하게 되었고 그때 충동적으로 자살 생각을 하였다.

장영복: 우유배달을 하면서 너무 어려워가지고 제가 생각했던 거보다 그 때 막 이제 충동적으로 진짜 고층 아파트에서 난간 보이는 데서 어우 너무 힘들 때 춥고 너무 힘들 때 그때 또 마침 1월 달 가장 추울 때라 새벽에 와 어둡고 어두운데 무섭더라구요. 또 겁도 나고 재래식 그런 데라서 어우 정말 난간도 되게 낮고 그래가지고 그때 하 진짜 충동적으로 뛰어내릴까 뭐 그런 생각을 아마 그때부터 (53-62)

장영복 씨가 자살을 생각하게 된 이유는 자신을 힘들게 하는 여러 문제들을 해결하기 위한 방법이 없는 상태에서 차라리 죽음은 고민거리를 없애주어서 편안할 것이라는 죽음에 대한 인식이다.

장영복: 그러니까 또 막 아 차라리 그냥 진짜 어디 내가 이런 또 신경을 하나 차라리 진짜 죽으면 모든 게 그냥 다 차라리 편할 텐데 이런 걱정 안 할 텐데 그런 생각도 있고(381-383).

장영복 씨가 어머니에게 자신의 자살 생각에 대해 이야기했을 때 어머니는 처음에는 매우 놀랐고 그에게 큰 관심을 보였지만, 그의 반복되는 자살 이야기에 대해 어머니도 점차로 무덤덤하였고 반응을 보이지 않게 되었다.

장영복: 작년에 한 4월 달 5월 달에 그때 이제 막 죽겠 그때 어머님한테 뭐 구체적으로 아 너 죽어야겠다 이런 걸 얘기한 거 같아요. 그때는 이제 어머님이 처음에 놀래가지고 어 그 잘 진짜 집이래도 팔아가지고 뭐라도 하자 이런 식으로 해 했었는데 이제는 너무 제가 그 그런 얘기를 쉽게 쉽게 하니까 처음엔 놀래셨는데 이제는 뭐 귀찮아 진 거죠. 어머니도. 별로 뭐 특별히 또 않고 어머니 나름대로 방법으로는 그냥 무시해버리는 게 낫겠단 생각을 이제 이제는 별로 반응이 없어요. 그래서 이번에 뭐 올해 들어와서 죽겠다 그러면 크게 반응을 안 하시는 거 같아요. 그냥. 피하시고 뭐 요즘 그러세요. 그냥(466-476).

장영복 씨의 자살시도에 대한 체험은 지금까지 기술한 바와 같이 자살시도의 방법과 이력 그리고 그가 자살을 생각하게 된 이유와 그의 자살 생각과 관련된 가정환경 등으로 정리할 수 있다.

4.3.2. 성장과정

장영복 씨는 어린 시절에 아버지와 누나와의 관계가 좋지 않았던 것으로 기억을 하고 있고, 고등학교 시절에는 자신이 원했던 미대 진학을 집안의 어려운 경제 상황으로 인해서 포기한 경험이 있다.

장영복 씨는 아버지와 소원한 관계를 가지고 있는데 그 이유는 자신의 어린 시절에 그의 아버지는 매우 엄격했고 그에게 체벌을 하기도 하였으며, 아버지로부터 차별적인 대우를 받았고, 아버지가 잔정이 없었기 때문이었다. 그로 인해서 그는 어린 시절부터 아버지와의 관계가 좋지 않았고 지금도 아버지와 대화를 하지 않고 있다.

아버지의 엄함과 체벌

장영복: 네 어렸을 때 부터 이제 아버지는 좀 엄하셨어요. 굉장히 엄하셨어요. 어렸을 때는 어쩔 때는 때리기도 하시고 뭐 이렇게 좀 화나면 집

어 던지기도 하시고. (…) 아버지 하고는 그래서 그래서 그런지 사이가 썩 좋지도 않고 지금도 그렇고 뭐 굳이 대화를 하고 싶은 생각은 없어요(1121-1130).

아버지의 차별적 대우

장영복: 그 뭐 어렸을 때 같은 경우는 예를 들어 누나랑 싸우면 싸우면은 저를 이제 그 어떻게 보면 둘이 이제 잘못을 했을 텐데 불구하고 저를 이제 많이 나무랐죠. 동생이 누나한테 그러면 안 된다 많이 혼났던 거 같아요. 그랬던 게 어렸을 때는 또 많이 서운했던 거 같아요. 차별을 당한다는 어떤 느낌을 받았던 거 같아요. 어렸을 때는 그런 게 강한 거 같아요(1142-1147).

아버지의 잔정 없음

장영복: 잔정이라든가 그런 게 있었으면 좋은데. 예를 들어 지금도 저희 아버지는 저를 볼 때 야야 그러거든요. 이름을 불러줬으면 좋겠는데 호칭을 좋은 호칭을 놔두고 괜히 야 임마 뭐 이런 식으로 이리 와서 이거 해라. 뭐 그런 게 조금 저는 이제 듣기가 싫었던 거 같아요(1149-1153).

장영복 씨는 어린 시절부터 큰누나와 서로 잘 맞지 않아서 사소한 일에 대해서도 잦은 다툼이 있었다.

인터뷰어: 그래요. 누님하고는 뭐 그렇게 부딪치게 만들었던가요?

장영복: 뭐 어렸을 때부터 안 맞았죠. 뭐 여러 가지 그러니까 뭐 씁 그러니까 뭐 한 초등학교 한 뭐 열 살 정도까지는 괜찮았던 거 같아요. 뭐 나름 크게 싸우 그 이후에는 다 안 맞는 거 같아요. 뭐 뭐 예를 들어 진짜 먹는 거라든가 그것도 그렇고 뭐 예를 들어 TV같은 거 채널 같은 거 뭐 난 스포츠 보고 싶은데. 뭐 드라마 보고 싶은 거 그거 같고 또 막 싸우고 서로 뭐 별거 아닌 거 솔직히 별거 아닌데 싸우 크게 싸움이 되죠. 치고받고 나중에 치고받고 싸우게 되고(1219-1227).

장영복 씨는 고등학교 때 원래 미대를 가고 싶은 마음이 있었지만 아버지의 퇴직으로 인한 어려운 집안 사정 때문에 미대 준비를 할 수 없었다. 그는 만약에 자신이 원했던 미대를 나왔다면 지금과는 전혀 다른 인생을 살 수 있었을 것이란 데 대해서 회한을 가지고 있다.

> 장영복: 이제 좀 미술을 좀 좋아했거든요. 미술을 좀 잘했고 그래서 사실은 미대나 이런 쪽으로 정말 가고 싶었어요. (…) 고등학교 올라가니까 다른 친구 뭐 전혀 생각지도 못 했던 애들이 뭐 미술 배운다고 막 학원 다니면서 석고상 들고 다니고 막 그러더라구요. 그래서 물어봤어요. 뭐 비용을. 그랬더니 한 달에 굉장히 비싸더라구요. (…) 경제적으로도 저희 아버지가 좀 거의 퇴직 당하는 그때 시점이라 아 제가 뭐 선뜻 그거를 손 벌리기가 그전부터 뭐 사실 그랬던 거 같아요. (…) 만약에 지금 생각해보면은 사실 정말 어떻게든 그때 미대를 들어갔으면 오히려 내가 하고 싶었던 걸 하지 않았을까. (…) 내 인생이 좀 많이 바뀌지 않았을까 하는 후회가 많이 되지요. 그때 조금 뭐 무리를 해서라도 투자를 해서 제대로 된 뭐 공부하고서 딱 했으면 지금쯤 인생이 좀 많이 바뀌지 않았을까? 하고 싶었던 거 전 미술 그쪽으로 하고 싶었어요(1066-1106).

장영복 씨는 고등학교에 입학하면서 성적이 떨어지고 학우들과의 격차가 벌어지게 되면서부터 자신감을 상실하게 되었다.

> 장영복: 아무래도 고등학교 들어오면서부터 그런 게 조금 이제 격차가 벌어지니까 제 자신이 약간 좀 거기서 어 참 자꾸 소외시키는 거 같은 그런 게 느꼈어요(901-906).

장영복 씨가 자신감을 상실한 또 다른 계기는 원래 자기 자신에 대해서 부정적인 평가를 하지 않았으나 친구들이 그의 외모와 지적 능력에 대해 반복적으로 부정평가를 하였고 그로 인해 그도 스스로 그렇다고 믿게 되었다.

> 장영복: 저는 크게 생각을 안 했어요. 처음에 뭐 저기 외모가 뭐 못났다던가 아니면 뭐 뭐 머리가 좀 딸린다든가 운동이 딸린다든가 전혀 못 느끼겠는데 자꾸 주위에서 얘기를 하니까. 뭐 근데 제가 그렇게 못났다 생각해본 적 한 번도 없거든요. (…) 이제 사람들이 자꾸 그런 얘기를 하니까 아 내가 정말 그렇구나(956-968).

그 후로 그는 자기 자신을 부정적으로 평가하고 자신을 수용하지 않기 시작했고 지적능력과 운동능력 그리고 외모에 대해서 열등감을 갖게 되었다.

> 장영복: 예를 들어 고등학교 때 적부터 뭔가 좀 부정할라고 그랬던 거 같아요. 제 자신을 뭐 예를 들어 외모라든가 뭐 어떤 뭐 운동능력이라든가 뭐 이런 뭐 여러 가지들이 있잖아요. 남하고 이제 비교해서 예를 들어 뭐 머리가 좀 더 좋은 애들이 있다 그러면은 거기에 대해서 약간 좀 그 뭐라고 그럴까? 그 어떤 자기가 이제 좀 못났다 뭐 이런 생각이 들 때 많고 그런 거는 계속 이어왔던 거 같아요. 자기 자신을 좀 사랑해야 되는데 그런 게 좀 부족했던 거 같아요(926-934).

4.3.3. 이성관계

장영복 씨는 얼마 전부터 외국계 여성과 이성교제를 하고 있다. 이 여성과의 만남을 통해서 장영복 씨는 그가 그동안 겪었던 많은 문제를 회복하는 계기가 되기도 하지만, 다른 한편으로는 자기를 괴롭히는 열등감이 더 심해지고 그로 인해서 우울증이 생기기도 한다.

> 장영복: 뭐 제 나이도 있고 제 진짜 이런 능력에 비해서 너무 괜찮은 거 같아요. 그래서 뭐 진짜 좋은 방향으로 갔으면 좋겠다는 생각으로 지

금 막 하고 있는데 하튼 그런 거예요. 같이만 있으면 괜찮은데 자신감도 생기고. 그런 또 같이 뭐 이렇게 그런 생각을 하면 또 우울해지거든요. 자신도 없어지고. 만나면서 싫고 아 뭐 그냥 아 초라해 제 자신이 더 초라해질 거 같고. 아 근데 두려운 거죠. 또 미래가 자꾸 두렵고 어떻게 할까(403-410).

4.3.3.1 자신감이 회복되고 우울증 및 자살 생각이 사라짐

장영복 씨는 여자친구로부터 많은 격려와 지지를 받음으로써 자신감이 생기고 자신을 사랑하게 되었으며 우울증과 자살 생각이 사라졌다.

> 장영복: 그 친구랑 같이 있으면 하다못해 뭐 몸으로 때우는 거라도 솔직히 자신감이 생기는 거 같더라구. 그래서 저도 제 나름대로 같이 있는 게 좋고(1686-1692). 〔…〕 그리고 뭐 예를 들어 자살이라든가 우울하다든가 이런 거는 솔직히 그 이후로는 없었거든요(1727-1731). 〔…〕 전까지만 해도 정말 자신이 없었는데 누구 만나는 것도 그렇고. 근데 이 친구를 통해서 굉장히 저라는 한 인간에 대해서 자신감을 저를 일단 사랑하는 어떤 그런 거 계기가 된 거 같아요. 〔…〕 그 친구가 항상 뭐 잘될 거다 뭐 자신감을 가져라 항상 그렇게 얘기해주니까 어 저도 모르게 그 자꾸 이렇게 되는 거 같아요. 자신감을 갖게 되고 (1894-1902).

4.3.3.2. 여자친구에 대한 열등감으로 자신감이 상실되고 우울해짐

장영복 씨는 여자친구에 대해서 열등감을 느낌으로써 자신감이 상실되고 그녀와의 관계 지속에 대한 확신을 갖지 못하기 때문에 우울해지는 상황에 빠지게 되었다.

> 장영복: 모든지 걔한테도 자신이 없고 일에 대해서도 자신이 없고 아 만나지 말아야지 또 며칠 동안 이제 안 만나요. 그러면 또 우울하게 또 아 그런데 연락 와서 오라고 그러면 또 만나고 만나다 보면 또 괜찮고 지금 왔다 갔다 하는 거예요(361-365).

장영복 씨가 여자친구에 대해서 열등감을 갖는 이유는 그녀가 영어강사로 활동하는 데 비해서 자신이 선택할 수 있는 직업은 육체적인 일로 제한되어 있고, 그러한 직업이 상대방을 만족시켜주지 못할 것이라는 우려 때문이었다.

> 장영복: 문제가 너무 제가 육체적인 걸 하면 사실 보이잖아요. 그런 어떤 뭐 이렇게 어떤 겉모습에서 느껴지는 어떤 뭐 육체의 땀냄새가 날 수도 있고, 뭐 얼굴이 힘들어질 수도 있고. 뭐 육체적으로 피곤하니까 얘한테도 뭐 잘하지 못할 거 같고. 그렇다고 뭐 좀 편안한 직업을 갖기는 좀 좀 힘들고. 항상 그게 저는 좀 갈등인 거죠(761-770).

장영복 씨가 열등감을 가지는 또 다른 이유는 장영복 씨의 직업 상황과 밀접한 관계가 있는 수입 및 경제적 여건과 관련이 있다. 그는 여자친구에 비해서 수입이 낮은 것에 대해서 자괴감을 가지고 있었다.

> 장영복: 그 친구 같은 경우는 지금 영어를 하니까는 학원에서 강사를 하면서 돈을 꽤 벌잖아요. 아무래도 얼마 버는지 정확히 모르지만 근데 제 자신이 초라한 거예요. 만약에 일을 새 일을 시작하면 기껏해야 진짜 백만 원 좀 왔다 갔다 할 텐데. 거기서 과연 내가 또 제 자신이 초라하지 않을까(372-381)?

4.3.3.3. 여자친구와의 문제는 있는 그대로를 이야기함으로써 해결됨

장영복 씨는 열등감으로 인해서 겪는 자신감 상실과 관계가 단절될 것에 대한 두려움 등을 여자친구에게 있는 그대로 이야기를 하였고 여자친구가 그것을 이해하고 그를 격려함으로써 여자친구와의 문제를 해결하였다.

> 장영복: 솔직히 얘기했어요. 난 자신감이 없다. 뭐 뭐 이러이러 저 저러

해서 자신감이 자신감을 갖어라. 나한테 그러더라구요. 그러니까 한편으로 고맙고 자신감이 그래도 생기더라구요(1603-1606). 〔…〕 그 여기 상담받기 전에도 굉장히 불안했거든요. 왜냐면 얠 계속 만나야 될 지 아니면 아 그만 만나는 게 나을지? 왜냐면 비밀이 풀어놓지 않은 것들이 많았기 때문에. 이제 이 친구는 거의 뭐 이제 뭐 뭐 100% 가까이 이제 탁 털어놓고 그다음에 그렇기 때문에 저도 마음 편하고 오히려 또 그걸 또 좋게 받아줘가지고. 그러니까 어 굉장히 좋았던 같아요. 그래서 많이 나아진 거 같아요. 저도(1879-1886).

4.3.4. 가족관계

장영복 씨는 어린 시절부터 아버지와 누나들과 관계가 원만하지 않았고 그들과의 관계가 소원하였다.

장영복: 물과 기름과 같죠. 그래서 뭐 뭐 다른 집들이 어떻게 사는지 모르겠는데 저희 집 같은 경우는 그래서 아 싫었죠. 집에 대해서 항상 어머니 빼고는(1300-1303).

장영복 씨의 아버지는 그가 직장생활에 적응하지 못하고 실직 상태에서 집에 있는 것을 못마땅해 했고, 그가 이후 사업을 하려고 그의 아버지에게 자금을 부탁했을 때 단호하게 거절을 당하면서 그와 아버지의 관계는 더욱 악화되었다.

장영복: 이제 처음에는 실직하고 집에 있을 때는 좀 굉장히 싫어하셨죠. 어느 여느 부모 마찬가지로 자식이 뭐 그렇게 하는 게 좋은 좋은 부모가 누가 있겠어요. 그런데 처음에 이제 굉장히 뭐라고도 많이 하셨는데. 〔…〕 아버님한테 이제 좀 담보를 대출받아서 집을 담보를 대출받아서 뭐 조그만 장사 같은 거 하면 어떻겠냐 얘기를 했는데. 너무나 이제

뭐 이렇게 좋게 얘기해줄 수 있는데 너무 이제 그 뭐라고 그럴까 단칼에 그냥 절대 안 된다. 네가 나가서 진짜 무슨 트럭에다 야채라도 팔아야지 뭐 그러니까 너무 서운하더라구요. 진짜 그때 많이 싸웠던 거 같아요(1165-1170).

실직 상태에서 장영복 씨는 아버지와 누나와의 관계가 더욱 악화되어 그들과 한집에서 함께 사는 것이 힘들었기 때문에 가족 간의 갈등을 회피하고 직업생활을 찾기 위한 하나의 방안으로 무역사업을 하기 위해 중국으로 갔다.

장영복: 아부지하고 거의 얘기도 안 하고 진짜 큰누나하고 얘기도 안 하고 집에서 피해 다니고 막 이러다가(74-80). […] 몇 달 동안 쉬고 저희 아버지도 뭐 집에 계시고 그러다 보니까 셋이서 뭐 친하지도 않은데 셋이서 있다 보니까 자꾸 부딪히고 못 견뎌요. 숨이 막히더라구요. 하어디든지 떠나자 이런 식으로 했는데 아무래도 중국이 제 생각에는 좀 하나의 제 기회라고 생각했었기 때문에 그냥 또 중국으로 가게 됐죠(251-257).

이전에는 가족 간, 특히 아버지와의 관계가 소원하였지만 아버지도 이제는 장영복 씨를 이해하려고 노력하고 있고, 가족들이 현재 사귀고 있는 여자친구에 대해서도 만족하고 있다. 한편 장영복 씨도 외국 생활을 하면서 가족에 대한 소중함을 깨닫게 되고 문안인사를 하면서 자연스럽게 가족과의 소통이 이루어지게 되었다. 이러한 것들이 가족 간의 갈등을 완화시키는 요인으로 작용하였다. 장영복 씨는 향후 여자친구와 독립적으로 생활을 하게 되면 가족관계가 앞으로 더 좋아질 것이라고 믿고 있다.

장영복: 지금은 이제 크게 이제 터치를 안 하세요. 네가 좋아질 때까지 기

다리는 그 한편으로는 제가 고맙기도 하죠. 지금 막 뭐라고 하셨으면 더 힘들었을 텐데 오히려 지금 조금 이렇게 놔두시는 느낌. (…) 제가 봤을 때 부모로서 뭐 그래도 나름 최선을 다 하시는 거 같아요(1212-1218).

장영복: 중국에 있어봤을 때 느꼈던 게 떨어져 있으니까 소중한 걸 알겠더라구요. 그래서 오히려 한국에 있을 때 같이 살 때는 얘기도 안 하고 막 그랬는데 중국에서 이제 국제전화하고 이러다 보니까 어 막 문안인사도 하게 되고 자꾸 막 얘기하고. (…) 이번에 독립을 하게 되면 이제 그런 게 또 자연스럽게 될 거 같아요. 나름대로 그리고 뭐 부모님들도 한두 번 정도 보여 드렸는데 어 좋아하시고 가족들도 되게 좋아하고. (…) 오히려 더 좋을 거 같아요. 그런 점들이 에 가족관계도 좋아질 거 같고(1204-1218).

4.3.5. 직업생활

장영복 씨의 자살시도에 대해서 가장 큰 영향을 끼치는 것은 사회생활, 즉 직업과 관련된 일로 보인다. 그는 여러 회사에 입사하지만 한 직장에서 오래 견디지 못하고 잦은 이직을 경험하게 된다. 직장생활에 대한 자신감을 상실한 그는 개인사업을 하였지만 그것도 실패로 끝났다. 연이은 직장생활과 개인사업의 실패로 인해서 그는 자살충동을 느꼈다. 그는 이제 자신이 원하는 직업을 구하지 못할 것이라는 생각을 하면서 구직을 포기하고 오랜 시간 동안 무직의 상태로 지냈고 그로 인해 그는 삶에 대한 의욕을 상실하고 자살생각을 하게 되었다.

4.3.5.1. 장영복 씨의 직업 체험

1) 이직 경험

장영복 씨는 대학 졸업 후에 많은 회사에 입사를 했다. 하지만 한 회사에 오랫동안 머무르지 못하고 다른 회사로 이직한 경험이 매우 잦았다. 그가 체험한 직장은 디자인회사, 보험회사, 중고차매매회사 그리고 다시 보험회사 등이다.

장영복: 이제 저는 닮은 보험 일을 예전에 한 번 해 본 적이 있거든요. 97년도쯤에 ○○생명이라는 데서 그 처음 대학교 졸업하자마자 그냥 우연찮게 그냥 들어갔었거든요. 그 너무 힘들어가지고 그런 일은 안 하겠다는 생각으로 했는데(303-307).

장영복: 예전 디자인 할 때는 이런 것도 있었죠(132-133).

장영복: 예전에 뭐 중고차 그런 뭐 수출 같은 거 하는 거를 한 번 해볼라고 중고차 이제 그 하는 데를 들어갔어요. (…) 몇 개월 있다 또 그만 두고 뭐 이런 식으로 자꾸 하다 보니까(114-120).

장영복: 그러다가 2007년 말에 이제 아는 후배가 그 보험 이쪽에 일을 해요. (…) 그런 일 해보면 안 되겠냐 그래서 회사를 들어갔다가 또 거기서 또 한 달 정도밖에 못 있었어요. 결국은 두 번 그러니까 한 달씩 두 회사를 이렇게 들어갔거든요(292-299).

2) 개인사업

장영복 씨는 연이은 직장 적응 실패 이후 첫 번째 개인사업으로 중국 광주에서 의욕과 열정으로 한국과 의류 무역사업을 시도하였는데 여러 어려움으로 인해서 실패로 종결되었다.

장영복: 중국 가서는 초반에는 제가 의욕적으로 할라고 했어요. 그래서 광주라는 그 도시가 있는데 거기서 어떤 의류나 이런 쪽에 거기서 한국 쪽으로 이제 수출을 하거든요. 우리나라에서 수입을 하는 거죠. (…) 아 내가 과연 이렇게 여기서 또 할 수 있을까. 이런 거 수입해서 하

는 거가 뭐 자금도 만만치 않은데 내가 과연 할 수 있을까 만만치 않더라구요. 생각했던 거보다(250-274).

장영복 씨는 중국에서 시도한 사업 실패 후 한국에 돌아와 매형과 함께 우유대리점 사업을 시도하였지만, 과도하게 잡은 사업으로 인해 육체적으로 견디기 어려워서 이 사업도 포기하게 되었다. 그는 우유 사업을 하던 중에 너무 힘들고 부담이 커서 충동적으로 자살을 생각하게 되었고, 사업 포기 후에는 우울증을 앓게 되었다.

장영복: 처음에 시작할 때 조그맣게 해서 거기서부터 이어 나갔어야 되는데 처음부터 막 구역을 너무 많이 이걸 받아가지고 권리를 사 와가지고 둘이 하는데 못 하겠더라구요. 하루에 그 11신가 전날 11시에 나가서 그다음 날 15시까지 일했으니까 3시까지 일한 적도 있었거든요. 그러니까 열 몇 시간을 그냥 운전 계속 같이 〔…〕 아 막 그 한 달인가 하다가 저는 도저히 못 하겠다고 포기를 해버렸죠. 아 그때부터 참 힘들더라구요. 우유배달하고 그만두고 이제 그다음부터 우울모드로 들어간 거죠(274-285). 〔…〕 그때 하 진짜 충동적으로 뛰어내릴까 뭐 그런 생각을 아마 그때부터(53-62).

4.3.5.2. 직업생활 실패의 이유

1) 내재적 이유

장영복 씨는 자신이 직장생활에서 적응하지 못하고 개인 사업에 실패한 이유로 자신감과 인내력 부족 등 자신의 성격적 특성을 들고 있다.

장영복: 이제 조직 자체 내에서도 잘하는 사람들한테는 굉장히 이제 높게 이거 하고 못하는 사람들은 아무래도 천대하잖아요. 거기서 또 약간 제가 뭐라고 그럴까 그 자신이 없는 거예요. 여기서 과연 버텨낼 수

있을까(325-332).

장영복: 결정적으로 결점이 하나가 끈기가 이제 제가 봐도 부족한 거 같아요. 남들도 그런 얘길 하지만(103-105).

장영복 씨는 호불호가 분명한 성격이다. 이 성격적 특성으로 인해 그는 특히 회사에서 자신이 좋아하는 일은 잘하지만, 그렇지 않은 경우 주어진 일을 제대로 수행하지 못해서 결과적으로 회사에서 인정을 받지 못하게 되었다.

인터뷰어: 내 좋은 거에 대한 무조건 시간이 무한정 시간이 거기 할애가 될 수 있지만 내가 원하지 않는 거는.
장영복: 네 그런 거 같아요. 그래서 조금 사람들이 제 어머니도 그러는데 넌 자꾸 표정에서 자꾸 나타나기 때문에 조심해라. 뭐 직장에서 하기 싫은 거래도 해야 되는데 너 자꾸 표정에 나타난다(191-194).

장영복 씨가 회사생활을 원만하게 이어가지 못하고 개인사업에 실패한 또 다른 이유는 회사일이나 사업에 대한 그의 관점과 관련이 있다. 그는 직장이나 개인사업에 대해 매번 부정적인 것만을 바라보고, 또한 현실보다 미래에 있을 수 있는 어려운 점을 바라보는 부정적 시각을 가지고 있기 때문이다.

장영복: 단점을 먼저 보게 되는 거예요. 단점을 자꾸 먼저 보게 되요. 어떤 점이 어렵다더라 어렵다더라. 아 뭐 돈은 이것밖에 못 받는데 힘들다더라. 뭐 이런 거는 자꾸 이제 그걸 듣고서 장점보다 단점을 먼저 생각하고 하다 보니까 […] 그러다 보니까 못 하겠더라구요. 그런 식이죠. 단점이 제가 단점인데 못 고치겠더라구요(154-164).

장영복: 어떤 일을 찾았을 때 그 일을 현실적인 걸 좀 중시해야 하는데 저

는 자꾸 이제 미래만 보게 되는 아 나 이 일을 해서 과연 뭐 몇 년 뒤에 뭐 어떻게 되고 어떻게 몇 년 후까지 할 수 있을까? 그러니까 디자인 예전에 할 때도 그게 하나의 단점이었어요(105-109).

2) 외재적인 이유

장영복 씨가 직장을 오래 다니지 못하고 잦은 이직을 하게 된 외재적인 이유로 직장 내에서 다른 사람들과 비교를 했을 때 자신의 능력이 부족하다고 생각했기 때문에 위축되고 자신감을 잃었기 때문이다.

장영복: 막상 일을 같이하다 보니까 실력 차이가 인제 아무래도 나는 거를 제가 좀 느끼게 되더라구요. 그러면은 이제 점점점점 제가 위축이 되잖아요. 자신감도 없고 너는 안 된다 뭐 이런 식으로 이렇게 사람들이 대하는 거 같으면 제가 위축이 되서 더 못하고 심리적인 것도 있는 거 같아요(169-174).

회사에서 장영복 씨의 능력과 성과를 충분히 인정해 주지 않고 부정적으로 평가했기 때문에 겪게 된 좌절감과 상처도 장영복 씨가 회사생활에서 겪은 어려움의 이유이다.

장영복: 제 스스로 이제 좌절감을 점점 맞게 되고 회사에서도 이제 인정을 안 해주고 자꾸 저도 인정 못 받으니까 일하는데 자꾸 일을 그 자꾸 등한시하게 되고 집중 못하고 이제 그만두게 되고 결론은 그러게 되거든요. 쩝 뭐 그런 거고(138-148).

장영복: 지점장이라는 사람이 그런 말들 너는 좀 힘들기 때문에 넌 정말 열심히 해야 된다. 뭐 이런 그런 게 굉장히 상처가 또 오는 거예요(325-332).

장영복 씨가 회사생활을 오래하지 못한 이유는 업무환경이 너무 열악하고 업무가 건강을 해칠 수 있으며 또한 종사하고 있는 업종에 대한 비전을 가질 수 없었기 때문이다.

> 장영복: 장시간 그냥 앉아서 하루 죙일 하는 거예요. 뭐 밤샐 때도 있고 그러다 보니까 뭐 어떤 사람은 뭐 허리디스크가 걸렸다더라 뭐 전자파를 많이 받아서 뭐 애를 못 낳는다든가 뭐 그런 식도 있고(132-138).

> 장영복: 뭐 수명이 예를 들어 디자인 쪽은 짧으니까 우리나라에서 삼십 중반 되면 인제 끝났다(132-138).

장영복 씨는 중고차매매회사에서 오래 근무하지 못한 이유로 그곳에 종사하는 사람들의 성향이 거칠고 수익이 크게 나지 않기 때문이라고 말하고 있다.

> 장영복: 예전에 뭐 중고차 그런 뭐 수출 같은 거 하는 거를 한 번 해볼라고. 중고차 이제 그 하는 데를 들어갔어요. 거기가 굉장히 이제 좀 사람들이 좀 드세잖아요. 〔…〕 이거 해봤자 뭐 돈도 안 될 거 같고(114-120).

그가 우유사업을 한 달 만에 포기한 이유는 그 일이 육체적으로 지나치게 부담이 되었고 그가 육체적인 일을 좋아하지 않았기 때문이다.

> 장영복: 힘든 일 자꾸 못 하겠고 힘든 일 해서 과연 젭. 진짜 막 돈 백 만 원 만질 받을라고 제가 멸시받으면서 육체적으로 또 힘들고 아 그 그거 하느니 차라리 난 죽는 게 낫겠다. 이런 생각을 자꾸 드는 거죠(555-558).

4.3.5.3. 잦은 이직과 사업 실패의 영향

잦은 이직과 사업 실패 이전만 하더라도 그는 직업과 관련된 일에 대해서 큰 열정을 가지고 있었다.

> 장영복: 일주일만 집에서 쉬어도 불안하고 답답하고 빨리 구해야지 30대 초반만 해도 그 정도로 제가 열성이었거든요(524-526).

하지만 잦은 이직과 사업 실패는 장영복 씨에게 심리적으로 많은 영향을 끼쳤다. 그는 잦은 이직과 사업 실패로 인해서 좌절감을 느끼게 되었고 미래에 어떤 일을 시작하는 데 대해서 자신감을 상실하게 되었다.

> 장영복: 거기서 이제 실 좌절감을 계속 맛보잖아요. 사람이. 실패감을 맛보니까 또 예전에 어떤 성공했던 기억들은 없고 자꾸 좌절감만 제가 남게 되더라구요. 그래서 다음에 무슨 새로운 일을 시작할 때 자꾸 두려움이 앞서는 거예요. 지금도 이제 문제가 그게 문제가 뭐냐면 저 일은 과연 계속 끝까지 할 수 있을까 뭐 그런 두려움 자꾸 그게 앞서기 시작해가지고 새로운 일을 자꾸 못하게 되더라구요. 아 그런 식이 된거죠(120-127).

장영복 씨는 자신의 직장체험으로 인해서 조직생활에 대한 두려움을 가지게 되었고, 다시 조직 생활을 하는 데 대한 어려움을 가지게 되었다.

> 장영복: 조직사회 하는 조직생활하는 게 전 두렵겠더라구요. 자꾸 혼자 할 수 있는 일을 찾게 되고 혼자 이렇게 쩝 어떤 혼자서 처음부터 끝까지 할 수 있는 일 그런 거를 자꾸 찾게 되고 누구 밑에 들어가는 게 좀 두렵고(841-844).

직업생활에서 겪는 많은 실패로 인해서 그는 좌절감을 느끼고 자신감을 상실하게 되면서 새로운 일을 찾는 것을 포기하게 되었다.

장영복: 직업은 이미 이제 포기했죠. 사실 나이도 있고 그런 것 때문에 능력도 없고. 그냥 어 근데 뭐 제가 바라는 어떤 일 이런 거랑 좀 제가 해야 될 일들은 사실 그렇게 뭐 제가 이렇게 실질적으로 구 구직을 한 것도 아니에요. 그냥 이런 일을 해볼까 이런 생각만 하는 거지. 막상 이력서를 내고 이런 건 없어요. 그냥 그거 안 한 지는 굉장히 오래됐거든요(466-471).

장영복 씨는 실직상태가 지속되면서 자신감을 상실하게 되고 열등감이 생기면서 대인기피증을 앓게 되었다.

장영복: 아 저 사람이 또 날 괄시하면 어떡할까 뭐 욕먹을까 어떡할까 그런 게 자꾸 두려운 거죠. [⋯] 만나기 싫으니까 또 만나면 또 자 잘난 척 하는 거 보기 싫고 자존심 상하고 뭐 그러고 또 만날 대인기피증이 자꾸 생기고. 제가 뭐 그런 식이었죠. 만나기가 싫더라구요. 사람. 뭐 친척들도 안 만나고 친구들도 안 만나고 그렇죠(561-573).

무직생활이 길어지면서 삶과 직업에 대한 열정과 의지가 사라지고 죽고 싶다는 생각이 들게 되었다.

장영복: 이렇게 막 일 년 이 년 집에서 허송세월 보내고 나니까 시간이 아깝지가 않더라구요. 전혀 아깝지가 않고 그냥 빨리 가서 그냥 빨리 죽었으면 하는 그런 생각밖에 없고. 돈 돈에 대한 개념도 없더라구요. [⋯] 그러다 보니까 일을 뭐 해야 되겠다는 제가 크게 의지가 없어지더라구요(531-555).

지금까지 논의한 장영복 씨의 직업체험에 관한 이야기를 범주별로 정리하면 〈그림 34〉와 같다.

장영복 씨가 직장에 적응을 하지 못하고 자주 이직을 하고, 그에 대한 대안으로 펼친 개인사업에 실패한 이야기와 그것의 원인과 결과를 요약하자면, 그는 대학 졸업 후에 여러 직장을 다녔지만 여러 가지 이유로 그곳에 정착하지 못하고 자주 이직을 하게 된다. 회사생활에 대한 자신감을 상실한 후에 그는 중국과 한국에서 개인사업을 벌이지만, 그것도 여러 가지 이유로 성공하지 못한다.

장영복 씨는 자신이 직장과 개인사업에 적응을 하지 못하고 실패한 데에는 한편으로는 자신의 성격적 특성과 직업과 관련된 인식이라는 내재적인 이유가 있고, 다른 한편으로는 직장에서의 인정부재와

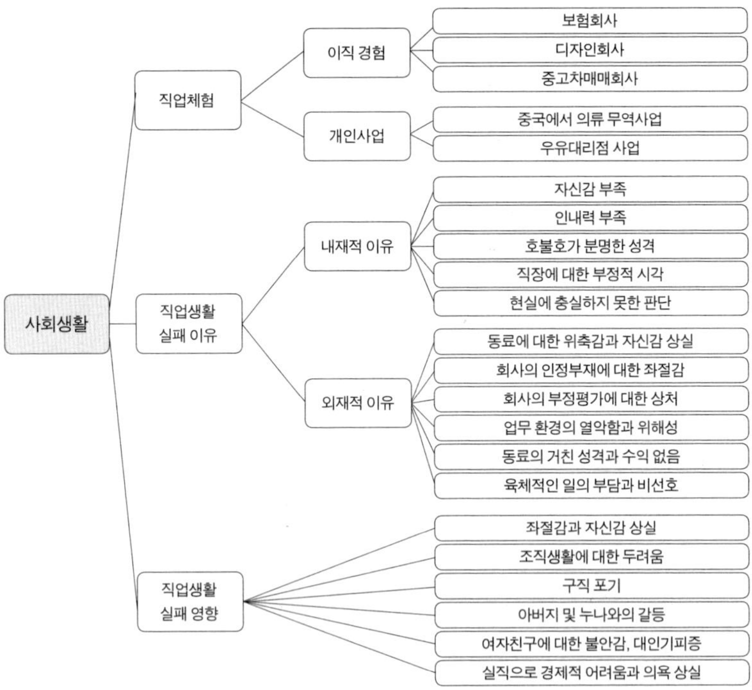

〈그림 34〉 장영복 씨의 직업생활 체험

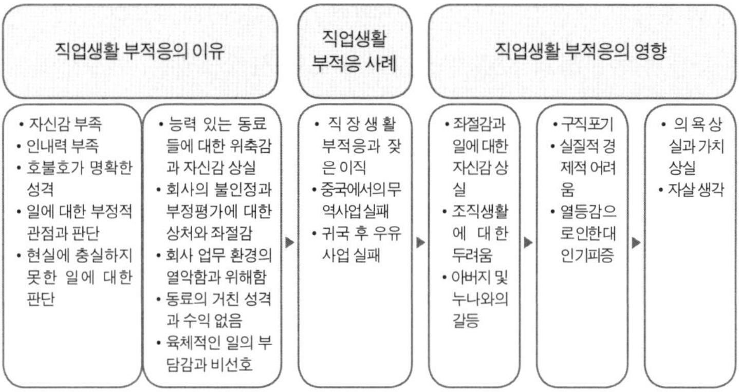

그림 35. 장영복 씨의 직업생활 부적응의 이유와 영향

부정평가 그리고 업무환경 등과 같은 외재적 이유가 있기도 하다.

직업생활의 부적응으로 인해서 그는 좌절감을 느끼고 조직생활에 대한 두려움과 더불어 직업생활에 대한 자신감을 상실한다. 그로 인해서 그는 더 이상 구직을 하지 않았고 오랜 기간 무직상태로 있다. 오랜 기간의 무직생활은 그가 다른 사람들에 대해서 열등감을 느끼게 하는 원인으로 작용하고 있고, 이는 다시 사람들을 피하는 대인기피증의 원인으로 작용하고 있다. 이 과정에서 그는 삶에 대한 의욕과 가치를 상실하게 되고 자살을 생각하게 된다.

장영복 씨의 직업체험과 그것의 원인 그리고 그것이 그의 삶에 끼치는 영향 등의 상호관계는 〈그림 35〉와 같이 나타낼 수 있다.

4.3.6. 인간관계

장영복 씨는 사람들과의 인간관계가 매우 제한적이고 원만하지 못하다. 그의 원만하지 못한 인간관계는 다층적이다. 그의 인간관계가 다층적인 이유는 이미 고등학교 시절부터 인간관계가 원만하지 못하였고, 대학 졸업 후 사회생활 속에서도 그러했으며, 직업 부적응으로 인한 열등감과 자신감 상실로 대인관계가 더욱 어려워졌다. 그는 친한 사람들과는 친하게 지냈지만 그렇지 못한 사람들과는 가까이 지내지 못한 경험을 가지고 있다.

> 장영복: 고등학교 때부터 약간 좀 그런 게 있었던 거 같아요. 그러니까 친한 사람만 친하고 조금 이제 그 친한 사람과도 깊이 이렇게 해야 되는데 어 뭐라고 그럴까. 하여튼간 대인관계 자체가 제가 봤을 때 남남과 이런 관계가 끈끈한 이런 거는 잘 못하는 거 같아요(812-816).

장영복 씨는 대학 졸업 후에 사회생활을 하면서 새로운 인간관계를 맺는 데 대해서 두려움을 가졌다. 그가 새로운 사람들을 만나는 데 대한 두려움을 가지고 있는 가장 큰 이유는 대학교 학력에 대한 열등감 때문이다.

> 장영복: 그래서 새로운 사람 만나는 게 전 약간 솔직히 두려워요. 〔…〕 뭐 이것저것 자꾸 물어보잖아요. 뭐뭐 대학은 어디 나오고 고등학교 어디 나오고 뭐 하며 나이는 뭐며 이런 게 자신 없는데 말하기도 싫고(596-608). 〔…〕 학교에 좀 콤플렉스가 있어가지고 또 이제 약간 좀 그런 게 있었고 학교 얘기 하는 거 또 싫어했고(1489-1497).

그러한 열등감 때문에 그는 새로 만나는 사람들에게 자신의 과거 이야기하지 않았고, 그들을 오랜 기간 동안 만나게 되면 자신의 과거를 그들이 알게 될 것이라는 우려 때문에 새로 만난 좋은 사람들과의 관계를 지속할 수 없었다.

> 장영복: 새로운 사람 만날 때 정말 저를 아는 사람들이나 뭐 얘기하고 뭐 그렇지 않는 경우는 굳이 제가 젭 얘기 안 했죠. 〔…〕 그러니까 오래 지속을 못 하는 이유가 오래 지속을 하면은 결국 결국은 알게 될 거 같아서 씁. 정말 괜찮은 사람도 많았 많았음에도 불구하고 제가 끊을 수밖

에 없었던 게(1547-1555). (…) 흐지부지 연락이 되 그다음부터 계속 짧은 만남만 갖게 되는 거예요. 긴 만남 못 하겠더라구요. 제 자신도. 그리고 얘가 나에 대해서 아는 게 두려운 거죠. 그래서 쩝 그랬던 거 같아요(1557-1559).

장영복 씨가 사람들과 원만한 인간관계를 맺지 못하는 원인으로 작용하는 열등감의 원인은 직업생활 부적응으로 인한 무직상태와 경제적인 어려움이다. 무직으로 인한 자신의 처지로 인해서 그는 좋은 직장을 가지고 있는 친구들에게 열등감을 느끼게 되어 만남을 후회하기도 하지만, 만나지 않으면 또한 두려운 마음이 들기도 한다.

장영복: 직장 갖고 이런 친구들 보면 어우 또 괜히 말하기 싫고(596-608). (…) 어떤 때 만날 때는 또 괜찮은데 또 이제 안 만나고 이러고 있으면 또 두려운 거예요. 재 만나기 재 괜히 재한테 연락했다 아 만나지 말걸. 지금 또 제가 초라하니까는. 제가 예를 들어 뭐 그래도 안정된 직장 갖고 있고 이러면은 괜찮을 텐데 그 친구들도 약간 좀 이제 저 만나는 거 부담스러워하는 거 있는 거 같고 왜냐하면 술값을 거의 안 내니까 그 친구들 물론 그 친구들 돈이 많으 그러니까 내는 건 당연하지만 저 딴에 뭐 제가 또 어쩌다 한 번씩은 내야 되는데 그런 걸 안 하니까 못하니까요. 그건 또 뭐 약간 좀 거부하는 거 같기도 하고(583-593).

장영복 씨는 자신이 직업이 없는 것에 대해서 콤플렉스를 가지고 있고, 이를 다른 사람들이 아는 것에 대해서 두려워하고 있다.

장영복: 누가 이제 혹시나 또 새로운 사람 만났을 때 직장 얘기 하지 않을까 그럼 또 씁. 거짓말을 해야 하는데 (…) 그게 이제 너무 싫은 거예요. 두렵고 막 새로운 사람 만나면 얘기하기가 싫더라구요. 그런 얘기 하는 게. 다른 얘기 자꾸 막 하게 되고(1489-1497).

그러한 이유로 장영복 씨는 최근에는 사람을 전혀 만나고 싶지 않은 대인기피증을 가지고 있기도 했다.

> 장영복: 작년에랑 올 올 초 그 때까지는 거의 저기였어요. 완전 대인기피증이었어요. 그래서 친구들도 연락 다 끊고. (…) 만나기 싫으니까 또 만나면 또 자 잘난 척하는 거 보기 싫고 자존심 상하고 뭐 그러고 또 만날 대인 기피증이 자꾸 생기고 제가 뭐 그런 식이었죠. 만나기가 싫더라구요. 사람. 뭐 친척들도 안 만나고 친구들도 안 만나고 그렇죠 (566-573).

장영복 씨의 인간관계를 요약하면, 그는 고등학교 때부터 사람들과의 교제에 어려움이 있었고 사회생활을 하면서도 역시 새로운 사람을 사귀는 일이나 친구들을 만나는 데 어려움이 있었다. 장영복 씨가 새로운 사람들을 만나는 데 어려움을 겪었던 이유는 학력과 직장 또는 무직에 대해서 열등감을 가지고 있었고, 이를 사람들이 알게 되는 것을 두려워했기 때문이다. 또한 무직 상태와 그로 인한 경제적 궁핍으로 인해서 친구들에게 열등감과 상처를 받게 되었고 그로 인해서 사람들을 만나기 싫어하는 대인 기피증을 겪게 되었다.

4.3.7. 행동성향

4.3.7.1. 편향적 성향

장영복 씨는 자신이 좋아하는 일에 대해서는 열정적이고 최선을 다하지만, 그렇지 않은 일에 대해서는 최선을 다하지 못하는 편향적인 행동성향을 가지고 있다.

> 장영복: 싫어하는 거는 막 안 하게 되고 어 좋아하는 거는 좋아하는 거에

대해서는 밤새는 것도 즐겁고. 자꾸 그렇게 되는 거 같아요(1037-1039).

장영복 씨의 그러한 편향적 행동성향은 이미 고등학교 때에도 있었는데, 그는 자신이 잘 하는 과목은 매우 열심히 하고 성적도 좋았지만, 그렇지 않은 과목은 열심히 공부도 하지 않고 성적도 낮았다.

> 장영복: 고등학교 때는 (…) 물리나 화학 같은 싫어하는 과목들 뭐 암기과목 같은 거 나오면은 뭐 한자라든가 듣기 싫더라구요. 그래서 안 듣게 되고 성적은 뭐 거의 그런 것도 바닥이고 영어 수학은 점수가 너무 높고 불균형이 오다 보니까 제가 이렇게 좋아하는 것만 공부하게 되더라구요(968-977).

장영복 씨의 그러한 편향적인 행동성향은 회사에서도 마찬가지였고, 그것이 회사에서 좋지 않은 근무평가를 받게 된 요인으로 작용하고 있는 것으로 보인다.

> 장영복: 회사에서도 아마 조금 뭐 윗선에서 안 좋게 봤던 게 아마 그런 걸 수도 있을 거 같아요. 제가 아마 뭐 일을 하면서 그 주어 저한테 주어진 거는 회사에서 원하는 거는 뭐든 일에 대해서 최선을 다하는 그런 모습을 보여야 되는데 이제 뭐 제가 하기 싫은 거는 좀 이제 하 좀 하기 싫은 어떤 그런 모습이 보일 수도 있어요. 제 제가 뭐 굳이 내색을 안 했지만 위에서 봤을 때는 다 보이잖아요(1055-1067).

4.3.7.2. 비독립적 성향

장영복 씨는 스스로를 혼자서 일을 조직하지 못하고 이끌어나가지 못하는 독립적이지 못한 성향을 가진 것으로 판단하고 있다.

> 장영복: 아무래도 혼자 하는 일은 제가 잘 못 견디는 거 같아요(213-214).

4.3.7.3. 부정적 성향

장영복 씨는 자신의 또 다른 행동성향으로 현실에서 찾을 수 있는 장점보다는 미래에 있는 단점을 보는 부정적 성향을 꼽고 있다. 이로 인해서 그는 현실에 대한 만족을 하지 못하고, 특히 직장생활을 오래 지속하지 못하게 된다.

> 장영복: 단점을 먼저 보게 되는 거예요. 단점을 자꾸 먼저 보게 되요. 어떤 점이 어렵다더라 어렵다더라. 아 뭐 돈은 이것밖에 못 받는데 힘들다더라. 뭐 이런 거는 자꾸 이제 그걸 듣고서 장점보다 단점을 먼저 생각하고(154-164). (…) 어떤 일을 찾았을 때 그 일을 현실적인 걸 좀 중시해야 하는데 저는 자꾸 이제 미래만 보게 되는 아 나 이 일을 해서 과연 뭐 몇 년 뒤에 뭐 어떻게 되고 어떻게 몇 년 후까지 할 수 있을까(105-109).

4.3.8. 현재 상황

4.3.8.1. 자신감 상실과 열등감

장영복 씨는 자신감 상실로 인해서 자신을 사랑하지 않게 되고 다른 사람들과의 관계에서 항상 열등감을 지니고 살고 있다. 그는 자신이 현재 겪고 있는 모든 문제의 근원을 자격지심, 즉 자신감이 없기 때문이라고 판단하고 있다.

> 장영복: 일단 뭐 무엇보다 결정적인 거는 제 자격지심인 거 같아요. 자신감이 없었기 때문에 그러니까 저를 사랑하지 않았기 때문에 모든 일이 다 잘 안 됐던 거 같아요. 그러니까 자꾸 뭐 과거 집착적이게 되고 후 자꾸 그걸 또 후회하고 그러다 보니까 점점점 발전이 없고 자꾸 미래를 위해서 생활을 바꿔야 되는데. 아 과거만 계속 생각하고 내가 저렇게 했으면은 이래 이래해서 지금 이럴 텐데 후회를 하다 보니까 자꾸

그 그 도태되는 거 같은. 결정적으로 그게 다 어떻게 보면 제 자신감이 없어서 제 자신을 너무나 싫어해서 아마 그렇게 되지 않았나? 그 그것 때문에 나온 다 결과물이지 않았나 생각 들거든요(1994-2003).

1) 자신감 상실과 열등감의 이유

그가 사회생활에서 자신감을 상실하고 열등감이 심화된 이유는 출신 대학과 동료들에 대한 열등감 그리고 직장에서의 실패 체험 때문이다.

장영복: 대학에서 이제 좀 잘 못 들어간 그다음부터 이제 더 심화가 된 거 같아요. 사회 나가서도 그러고 또 이제 일을 안 하면서 그게 더욱 더 심화가 되가지고(901-906).

사회생활에서 그가 자신감을 상실하게 된 또 다른 계기는 직장동료들에 대해서 자신의 능력이 뒤처진다고 느낀 데 있다.

장영복: 아 막상 일을 같이하다 보니까 실력 차이가 인제 아무래도 나는 거를 제가 좀 느끼게 되더라구요. 그러면은 이제 점점점점 제가 위축이 되잖아요. 자신감도 없고 너는 안 된다 뭐 이런 식으로(169-174).

직장에서의 연이은 실패 체험으로 인해서 그는 좌절감을 느끼게 된다.

장영복: 거기서 이제 실 좌절감을 계속 맛보잖아요. 사람이. 실패감을 맛보니까 또 예전에 어떤 성공했던 기억들은 없고 자꾸 좌절감만 제가 남게 되더라구요(120-127).

장영복 씨가 자신감을 상실하고 열등감을 느끼는 이유는 그의 실직 상태와 관련이 있다.

장영복: 지금 또 제가 초라하니까는. 제가 예를 들어 뭐 그래도 안정된 직장 갖고 있고 이러면은 괜찮을 텐데(583-593). 직장 또 그만두고 나서는 누가 이제 혹시나 또 새로운 사람 만났을 때 직장 얘기하지 않을까 그럼 또 거짓말을 해야 하는데(1532-1540).

2) 자신감 상실과 열등감의 영향

장영복 씨가 자신감 상실과 열등감이 모든 문제의 근원이라고 밝혔듯이 이는 그에게 대인관계, 여자친구와의 관계 그리고 친구들과의 관계 등에 부정적인 영향을 끼친다.

장영복 씨가 새로운 인간관계를 맺는 데 어려움을 느끼는 이유는 사람들이 자신의 학력과 직업에 대해서 묻는 것을 두려워했기 때문이다.

장영복: 제가 자신감이 이제 많으면 상관없는데 자신감 없을 때 이제 그런 만남을 가지면 제가 이제 위축이 되는 거죠. 계속 위축이 되고 계속 이제 예전에도 말씀 드렸지만 이제 어우 뭐 한국에서 이제 새로운 사람 만나서 얘기하는 게 별로 이렇게 싫더라구요(1511-1518). [⋯] 학교에 좀 콤플렉스가 있어 가지고 또 이제 약간 좀 그런 게 있었고 학교 얘기하는 거 또 싫어했고 이제 흠. 직장 또 그만두고 나서는 누가 이제 혹시나 또 새로운 사람 만났을 때 직장 얘기하지 않을까 그럼 또. 거짓말을 해야 하는데 이러면 학교 얘기하면 안 되는데 그게 이제 너무 싫은 거예요. 두렵고 막 새로운 사람 만나면 얘기하기가 싫더라구요. 그런 얘기하는 게. 다른 얘기 자꾸 막 하게 되고(1532-1540).

그는 다른 사람들이 자신에 대해서 알게 되는 것을 원하지 않는다. 다른 사람들과 관계가 오랜 기간 지속되면 그들이 그가 자신 없어하는 모습을 알게 될 것이라고 우려해서 사람들과의 지속적인 만남을 회피한다.

장영복: 새로운 사람 만날 때 정말 저를 아는 사람들이나 뭐 얘기하고 뭐 그렇지 않는 경우는 굳이 제가 쩝 얘기 안 했죠. (…) 그러니까 오래 지속을 못 하는 이유가 오래 지속을 하면은 결국 결국은 알 게 될 거 같아서 씁. 정말 괜찮은 사람도 많았 많았음에도 불구하고 제가 끊을 수밖에 없었던 게(1547-1555). (…) 흐지부지 연락이 되 그다음부터 계속 짧은 만남만 갖게 되는 거예요. 긴 만남 못 하겠더라구요. 제 자신도. 그리고 얘가 나에 대해서 아는 게 두려운 거죠. 그래서 쩝 그랬던 거 같아요(1557-1559).

자신감 상실과 열등감으로 인해서 장영복 씨는 다른 사람들이 자신을 무시하고 비난할 것이라는 두려움을 가지게 되었고 그렇기 때문에 사람들을 만나는 것을 꺼리게 되었다.

장영복: 누구한테 욕먹을 게 또 두렵고 예전에는 젊었을 때는 그게 별거 아니었다 생각했는데 이제는 아 저 사람이 또 날 괄시하면 어떡할까 뭐 욕먹을까 어떡할까 그런 게 자꾸 두려운 거죠(561-564).

장영복 씨의 자신감 상실과 열등감은 여자친구와의 관계에도 심대한 영향을 끼친다. 여자친구의 번듯한 직업과 높은 수입에 비해 자신은 현재 무직이고 앞으로도 좋은 직업을 갖지 못하게 될 것이기 때문에 그는 열등감을 느끼고 있고, 그로 인해서 우울한 기분을 느끼게 된다.

장영복: 영어를 하니까는 학원에서 강사를 하면서 돈을 꽤 벌잖아요. 아무래도 얼마 버는지 정확히 모르지만 근데 제 자신이 초라한 거예요. 만약에 일을 새 일을 시작하면 기껏해야 진짜 100만 원 좀 왔다 갔다 할 텐데 거기서 과연 내가 또 제 자신이 초라하지 않을까. 그런데 그 친구는 뭐 괜찮다 뭐 어 돈 뭐 돈은 뭐 중요한 건 아니다 이런 식으로 얘기 하지만 한국 남자는 또 그게 아니잖아요. 자존심이 또 있고 어 너무 초라해가지고 얘기를 못 하겠고 그런 식이에요(372-381). (…) 모든지

개한테도 자신이 없고 일에 대해서도 자신이 없고 아 만나지 말아야지 또 며칠 동안 이제 안 만나요. 그러면 또 우울하게 또 아 그런데 연락 와서 오라고 그러면 또 만나고 만나다 보면 또 괜찮고 지금 왔다갔다 하는 거예요(361-365).

장영복 씨는 무직으로 인한 경제적인 궁핍으로 친구들에 대해서도 자신감을 상실하고 열등감을 느끼고 있다.

장영복: 지금 또 제가 초라하니까는. 제가 예를 들어 뭐 그래도 안정된 직장 갖고 있고 이러면은 괜찮을 텐데. 그 친구들도 약간 좀 이제 저 만나는 거 부담스러워 하는 거 있는 거 같고 왜냐하면 술값을 거의 안 내니까 그 친구들 물론 그 친구들 돈이 많으 그러니까 내는 건 당연하지만 저 딴에 뭐 제가 또 어쩌다 한 번씩은 내야 되는데 그런 걸 안 하니까 못하니까요. 그건 또 뭐 약간 좀 거부하는 거 같기도 하고. 그럼 거부할 때 제가 또 약간 상처도 받고 아 여러 가지로 복잡하죠(583-593).

4.3.8.2. 우울증

장영복 씨는 우울증을 이미 오래전부터 가지고 있다고 말하고 있다. 그는 우울한 기분이 들면 모든 것을 다 부정적으로 보고 세상과 사람들에 대한 염세적인 생각을 가지게 된다고 말하고 있다.

장영복: 2년 전쯤에 아마 이제 중국에 마지막 가기 전쯤에 그때 인제 굉장히 우울했던 거 같아요(48-51). (…) 그냥 낮에 같은 때는 공원 같은 데 가서 공원 가서 앉아 있다가 또 우울 계속 우울하더라구(444-452). (…) 막 사회가 굉장히 싫고 뭐 사람들이 싫고 전부 다 부정적이었죠. 코미디 프로를 봐도 웃기지도 않고. 재는 왜 저런 쓸데없는 얘기나 하고 있나? 뭐 그 이상하게 TV에 나오는 사람들은 다 행복해 보이고 길을 다니는 사람들은 다 잘나 보이고 그런 그런 거였죠. 다 부정적이었죠(2006-2019).

직장생활에 대한 부적응과 중국에서의 사업 실패 후에 한국으로 돌아와서 새로 우유사업을 시작했지만, 우유사업을 지나치게 크게 벌였고 그로 인한 과도한 업무를 견디지 못하고 그 일을 포기하게 되었다. 그는 사업 포기로 매우 힘들어했고 우울하게 되었다.

> 장영복: 처음에 시작할 때 조그맣게 해서 거기서부터 이어 나갔어야 되는데 처음부터 막 구역을 너무 많이 이걸 받아가지고 권리를 사 와가지고 둘이 하는데 못 하겠더라구요. 하루에 그 11신가 전날 11시에 나가서 그 다음날 15시까지 일했으니까 3시까지 일한 적도 있었거든요. 〔…〕 막 그 한 달인가 하다가 저는 도저히 못하겠다고 포기를 해버렸죠. 아 그때부터 참 힘들더라구요. 우유배달하고 그만두고 이제 그 다음부터 우울 모드로 들어간 거죠(274-285).

새로 사귄 여자친구는 장영복 씨에게 자신감을 회복시켜주기도 하지만, 여자친구에 대한 열등감으로 인해서 그는 자신감을 상실하고 우울한 기분을 가지게 되었다.

> 장영복: 모든지 걔한테도 자신이 없고 일에 대해서도 자신이 없고. 아 만나지 말아야지 또 며칠 동안 이제 안 만나요. 그러면 또 우울하게. 또 아 그런데 연락 와서 오라고 그러면 또 만나고 만나다 보면 또 괜찮고 지금 왔다 갔다 하는 거예요(361-365).

4.3.8.3. 두려움

우울증 외에도 장영복 씨가 현재 처해 있는 정서적 어려움 가운데 하나는 두려움이다. 그의 두려움은 그의 자신감 상실과 열등감과 직접적으로 관련이 있어 보인다. 그러한 열등감의 원인은 직업생활, 여자친구와의 관계, 친구들과의 관계, 사람들과의 인간관계 등의 어려움과 불확신에서 기인하는 것으로 보인다.

1) 직업생활에 대한 두려움

장영복 씨는 직장 부적응으로 잦은 이직과 사업 실패를 겪으면서 좌절감을 느끼고 있고, 그로 인해서 직업생활을 하는 것에 대한 두려움을 느끼고 있다.

> 장영복: 거기서 이제 실 좌절감을 계속 맛보잖아요. 사람이. 실패감을 맛보니까 또 예전에 어떤 성공했던 기억들은 없고 자꾸 좌절감만 제가 남게 되더라구요. 그래서 다음에 무슨 새로운 일을 시작할 때 자꾸 두려움이 앞서는 거예요. 지금도 이제 문제가 그게 문제가 뭐냐면 저 일은 과연 계속 끝까지 할 수 있을까 뭐 그런 두려움 자꾸 그게 앞서기 시작해가지고 새로운 일을 자꾸 못하게 되더라구요. 아 그런 식이 된거죠(120-127).

특히 회사생활과 관련하여 그가 두려움을 느끼는 이유는 그가 조직생활을 적응하지 못할 것이라는 것과 회사에서 대인관계를 유지하는 데 어려움을 느끼고 업무를 제대로 처리하지 못할 것이라는 것과 관련이 있다.

> 장영복: 조직사회 하는 조직생활하는 게 전 두렵겠더라구요. 〔…〕 누구 밑에 들어가는 게 좀 두렵고(841-844). 〔…〕 사람을 상대하는 게 두렵고 또 같이 일하는 거에 대해서 두렵다고 생각하고 또 이제 그런 것도 있어요(653-655).

장영복 씨는 현재 공무원시험 준비를 하고 있지만 합격을 할 수 있을 것이라는 자신이 없기 때문에 극심한 불안감과 그로 인한 불면증에 시달리고 있다.

> 장영복: 합격하면 같이 결혼하자 이렇게까진 얘길 했는데 뭐 합격한다는

보장도 아직 없으. 그런 불안한 건만 없으면은 저는 사실 쏵 공부하는 데도 큰 무리 없을 거 같은데 지금도 그래서 어제 막 어우 잠이 안 와가지고 2시정도에 막 혼자 나와가지고 먹을 거 사다가 소주 거의 뭐 한 병 가까이 먹고서 겨우 잠들었거든요(1741-1749).

장영복 씨는 자신이 잘 할 수 있고 재미있게 수행할 수 있는 직업을 찾지 못하고 있고 미래도 찾지 못할 것이라는 생각 때문에 두려움을 가지고 있다.

장영복: 미래에 대한 어떤 두려움. 미래에 대한 어떤 어떻게 제가 미래를 어떻게 이끌어 나가야 될지? 일을 할 때 어떤 일을 찾아야 되고 과연 오랫동안 할 수 있는 제가 좋아서 할 수 있는 일을 찾을 수 있을까? 근데 아무래도 인터넷만 자꾸 보다 보니까 그게 쉽지가 않더라구요. 찾는 것도 그렇고 자꾸 다른 걸 하게 되고 […] 자꾸 시간은 흐르면서 전 자신이 전 점점점점 두려워지고(412-420).

2) 여자친구와의 관계에 대한 두려움

장영복 씨는 자신의 처지와 향후 자신의 직업과 관련하여 여자친구에 대한 열등감을 가지고 있다. 그는 그녀와 미래에도 관계가 유지되지 못할 것이라는 두려움을 가지고 있다.

장영복: 자신도 없어지고 만나면서 싫고 아 뭐 그냥 쩝 아 초라해 제 자신이 더 초라해질 거 같고 아 근데 두려운 거죠. 또 미래가 자꾸 두렵고 어떻게 할까(403-410). […] 제가 육체적인 걸 하면 사실 보이잖아요. 그런 어떤 뭐 이렇게 어떤 겉모습에서 느껴지는 어떤 뭐 육체의 땀 냄새가 날 수도 있고 뭐 얼굴이 힘들어질 수도 있고 뭐 육체적으로 피곤하니까 얘한테도 뭐 잘하지 못할 거 같고. 그렇다고 뭐 좀 편안한 직업을 갖기는 좀좀 힘들고 항상 그게 저는 좀 갈등인 거죠. 육체적인 걸 구해야 되는데 과연 그게 쩝 제가 또 해낼 수 있을까라는 두려움도 있

고(761-770).

3) 친구들과의 관계 단절에 대한 두려움

장영복 씨는 열등감으로 인해서 친구를 만나는 일을 꺼리고 있다. 하지만 오랜 기간 동안 친구들을 만나지 않으면 친구들과의 관계가 단절될 것이라는 데 대한 두려움을 가지고 있다.

> 장영복: 어떤 때 만날 때는 또 괜찮은데 또 이제 안 만나고 이러고 있으면 또 두려운 거예요(583-593).

4) 인간관계에 대한 두려움

장영복 씨는 새로운 사람들을 만나는 데 대해서 두려움을 가지고 있다. 그 이유는 그가 열등감을 가지고 있는 자신의 학력과 실직에 대해서 사람들이 알게 되는 것을 두려워하기 때문이다.

> 장영복: 그래서 새로운 사람 만나는 게 전 약간 솔직히 두려워요. […] 한국에서는 일단은 뭐 이것저것 자꾸 물어보잖아요. 뭐뭐 대학은 어디 나오고 고등학교 어디 나오고 뭐 하며 나이는 뭐며 이런 게 자신 없는데 말하기도 싫고. 그리고 특히 여자를 만날 때 거짓말을 해야 되고 뭐 남자를 만나도 자신이 없고. 또 뭐뭐 좋은 직장 갖고 이런 친구들 보면 어우 또 괜히 말하기 싫고. 그러니까는 한국 사람은 더더욱 만나기가 싫은 거예요(596-608). […] 나에 대해서 아는 게 두려운 거죠(1557-1559).

4.3.8.4. 구직의 어려움

장영복 씨가 현재 처한 큰 어려움 중의 하나는 구직의 어려움이다. 그가 처한 현재의 상황에서 그가 할 수 있는 일을 찾지 못하고 있고 그로 인해서 현재 생활의 돌파구를 찾지 못하고 있다.

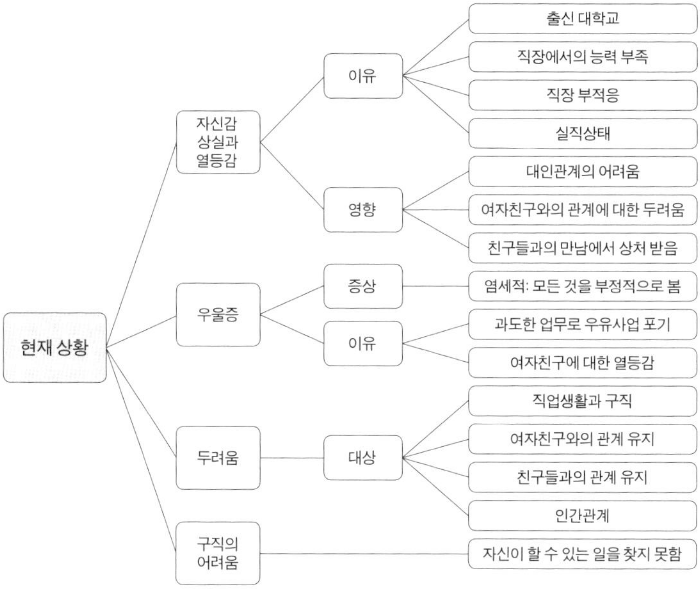

그림 36. 장영복 씨가 처한 현재 상황

> 장영복: 뭔가를 해보고 싶은데 어디서부터 어떻게 그 실마리를 좀 차 찾을 수 있을까 그거를 지금 못하겠더라구요(437-438). 〔…〕 직업은 이미 이제 포기했죠. 사실 나이도 있고 그런 것 때문에 능력도 없고 (466-475).

장영복 씨가 현재 처한 상황, 즉 자신감 상실과 열등감, 우울증, 두려움 그리고 구직의 어려움에 대한 지금까지의 논의를 정리하면 〈그림 36〉과 같다.

4.3.9. 의사소통

장영복 씨는 자신이 처한 어려운 상황을 이야기하면 들어주고 공감해 줄 대화상대자가 없는 상태이다. 가족 내에서 그나마 어머니와 대화가 되는 편이지만 대화 중에 자주 발생하는 불편한 상황으로 인해서 어머니가 스트레스를 받고 대화를 회피하고 있다. 그 외에 자신의 이야기를 허심탄회하게 이야기할 대화상대자가 가족 내에서는 존재하지 않는다.

> 장영복: 뭐 원망스럽죠. 옆에서 좀 사실 어머님밖에 없는데 사실 대화할 만한 사람이. 제 나 제 생각에는 그래서 이런저런 얘기하고 싶은데. 근데 엄마랑 얘기하다 보면은 서로 또 의견충돌이 계속 나기 때문에 옛날 또 과거 얘기 나오고 그러다 보면 또 아 또또 엄마한테 짜증내고 이러니까 어머니도 그게 싫으시니까 스트레스 받 어머니 딴에는 그걸 피하시는 건데. 저는 이제 그 외에 말할 사람이 없으니까는 매형하고도 잠깐 그런 얘기해봐도 매형하고는 대화가 안 되니까 얘길 못 하겠고. 그렇다고 누나랑 얘기하기도 그렇고. 작은누나랑한테는 뭐 예를 들어 뭐 정신적으로 나 지금 너무 힘들고 뭐 우울증도 있고 뭐 그러면 또 누나는 그런 거예요. 그런 거 없는 사람 어딨냐? 나도 죽 죽 죽기 일보 직전이라구 그러니까 저도 할 말 없고. 그런 거에 대해서 얘기하기도 그렇고 그러니까 누구나 다 똑같은 거 같아요(479-492).

장영복 씨는 친구들로부터 자신의 어려운 처지에 대해서 이해받고 위로와 격려를 받고 싶지만 오히려 다른 사람들 앞에서 자신의 치부를 드러내기 때문에 친구와 대화가 되지 않는다고 생각하고 있다.

> 장영복: 정말 거의 뭐 이십 년 가까이 친구로서 어 소주잔 한 잔 기울이더라도 단 뭐 둘이서 남자 대 남자 내가 힘든 거를 걔가 좀 이해해줬으면 하는 거였는데. 그게 아니라 항상 이제 누구 델꼬 나오고 뭐 지 저기 와이프 데리고 나오고. 아니면 여자친구 내가 얘기를 할라고 그러니까는 대화도 안 되고. 근데 걔는 이제 선입견으로 제 겉 겉모습만 지금 판단해가지고 그런 치부를 드러내니까 너는 왜 어 그런 식으로 사냐 이런 식으로 하니까는 제가 이제 기분이 나빴던 거죠. 아마 걔가 어 좋게 예

를 들어 일하는 게 요즘 힘드냐 그럼 이러 이런 식으로 좀 해보면 어떻겠냐 이런 식으로 따뜻하게 했으면 아마 좀 틀렸겠죠. 그게 아니니까 (1491-1501).

장영복 씨는 사회생활을 하면서 새롭게 만나는 사람들에게 자신에 대한 이야기를 솔직하게 토로하지 않았다.

장영복: 새로운 사람 만날 때 정말 저를 아는 사람들이나 뭐 얘기하고 뭐 그렇지 않는 경우는 굳이 제가 쩝 얘기 안 했죠(1547-1555).

장영복 씨는 처음에는 여자친구에게 자신이 처한 상황에 대해서 자세하게 이야기를 하지 않았다. 그러한 이유로 여자친구와의 관계가 지속될지에 대해서 불안감을 가지고 있었다.

장영복: 백프로는 아니구요. 그냥 뭐 가끔씩 우울하다. 일에 대해서 우울하고 그리고 만약에 내가 뭐 일 한다고 안 한단 얘기는 못하겠구요. 그러면은 진짜 못 만날 거 같더라구. 일을 하는데 좀 정리를 해야 된다. 그래서 내년부터 다시 새로운 일을 찾는데 아마 좀 그런 일을 좋은 일을 못 구할 거다. 그런 식으로만 얘기했죠(384-390). (…) 여기 상담받기 전에도 굉장히 불안했거든요. 왜냐면 얠 계속 만나야 될지 아니면 아 그만 만나는 게 날지 왜냐면 비밀이 풀어놓지 않은 것들이 많았기 때문에(1879-1886).

장영복 씨는 사람들과의 새로운 관계를 위해서는 솔직하게 자신이 처한 상황에 대해 이야기를 해야 한다는 인식을 하게 되었고, 여자친구에게도 자신의 모든 것을 털어놓고 이야기를 하였다. 자신을 솔직하게 드러낸 결과 여자친구도 자신을 수용해주었고 자신의 마음도 편안한 것을 느꼈다.

장영복: 이제 새롭게 시작 할려면 모든 걸 다 다시 이제 처음으로 돌아가서 그런 진짜 뭐 제 속에 있는 다 오픈한 다음에 누굴 만나든지. 뭐 누굴 어떤 일을 하든지 그렇게 해야 될 거예요. 그래서 저도 여자친구한테 이제 그런 얘기를 거의 다 했거든요(1701-1704). (…) 이제 이 친구는 거의 뭐 이제 뭐 뭐 100% 가까이 이제 탁 털어놓고 그다음에 그렇기 때문에 저도 마음 편하고 오히려 또 그걸 또 좋게 받아줘가지고 그러니까 어 굉장히 좋았던 같아요. 그래서 많이 나아진 거 같아요. 저도(1879-1886).

장영복 씨에게 대화는 자신의 문제를 해결해주는 일종의 치료제 같은 기능을 가지고 있다. 그는 자신의 어려운 상황에서 벗어날 수 있었던 계기로 상담과 여자친구와의 대화를 들고 있다.

장영복: 지금 이렇게 뭐 상담도 받고 이 친구 만나고 또 그런 좋은 얘기 많이 하니까는 대화도 하고 그러니까. 많이 긍정적으로 바뀐 거 같아요. 오히려 잘 오히려 제 그 아팠던 과거들이나 그런 게 있었기 때문에 또 좋은 또 지금 이런 인연이 된 거 같기도 하고(2015-2019).

4.3.10. 보호요인

4.3.10.1. 긍정적인 사고방식

장영복 씨는 과거에 자신을 괴롭혔던 상황들도 관점에 따라서는 긍정적인 면이 있다는 인식을 하게 되었고, 이를 통해서 과거의 부정적인 상황들을 긍정적으로 받아들일 수 있었다.

장영복: 만약에 내가 그때 그 과를 안 그러니까 미술을 전공해서 좋은 데 잘 들어가서 만약에 지금 성공했으면 또 나를 못 만나지 않았느냐? 뭐 그런 것도 보니까 맞는 얘기인 거 같아요. 꿈을 지금은 못 이룬 거 자체

가 후회되지 않구요. 또 생각을 바꾸니까는 이게 또 틀려지더라구요. 사람 사고방식 자체가 예전엔 내가 왜 그거를 하 이뤘으면 지금 잘되 있을 텐데. 그나마 그래도 뭐 성공은 아니더라도 야 그래도 어느 정도 좀 자리 잡고 이 나이에 진짜 결혼해가지고 애도 있고 뭐 일찍 결혼해서 뭐 그나마 안정되게 돈도 좀 모으고 그랬으면. 근데 또다시 바꿔 생각하니까 오히려 또 내가 그 취미로 그거를 더 하면은 더 또 그걸 더 잘할 수 있지 않을까? 일보다 일하면 또 지겨워지잖아요. 어떤 일이든지 오히려 괜찮을 거 같아요. 그래서 씁. 생각 자체가 전환이 되는 거 같아요(1848-1861).

4.3.10.2. 운동

장영복 씨는 우울증으로 힘들 때 운동을 하고 땀을 흘리면 마음이 진정됨을 느꼈다.

장영복: 운동할 때랑 똑같은 거라 땀을 흘리면은 이제 모든 게 좀 마음이 진정될 때가 있거든요(775-776).

4.3.10.3. 돈

장영복 씨는 직장에서 격무로 어려움을 겪었지만 그래도 통장에 적금이 쌓이는 것을 보면 마음이 뿌듯했던 경험이 있다.

장영복: 일할 때는 정말 힘들고 막 이랬어도 그때는 거의 6개월 동안 집에 막 12시 전에 들어 간 적이 거의 없을 정도로 손꼽을 정도로 막 주말에도 나가고. 예를 들어 막 크리스마스날에도 나가고 그랬던 거 같아요. 근데 일에 대해서 노예가 되 노예라고. 기계처럼 일했거든요. 근데 한 가지 좋았던 거는 정말 돈이 통장에 쌓이니까 적금 부으면서 그 이자 챙기고 매달 얼마씩 적금 붓고 그게 너무 뿌듯하더라구요(511-521).

4.3.10.4. 직장

장영복 씨는 자신의 현재 상황을 극복하는 데 직장을 가져야 할 것으로 판단하고 있다. 그 이유 중의 하나는 우울하다가도 일을 하면 우울증이 사라지기 때문이다.

> 장영복: 직장 다닐 때는 저번에도 말씀 드렸지만은 우울해도 다른 내일 또 가서 일을 하면 일을 하다 보면 그게 이제 없어지잖아요(93-95). 〔…〕 이제 그 저기 이제 미래에 대한 그거는 아직까지 이제 확실하게 뭐 뭔가 직장을 어떤 직장이든 가져야만 그게 해결될 거 같아요(912-914).

4.3.10.5. 대화

장영복 씨는 자신의 문제를 해결하는데 상담과 여자친구와의 대화가 매우 큰 역할을 했음을 밝히고 있다.

> 장영복: 지금 이렇게 뭐 상담도 받고 이 친구 만나고 또 그런 좋은 애기 많이 하니까는 대화도 하고 그러니까 씁. 많이 긍정적으로 바뀐 거 같아요. 오히려 잘 오히려 제 그 아팠던 과거들이나 그런 게 있었기 때문에 또 좋은 또 지금 이런 인연이 된 거 같기도 하고(2015-2019).

4.3.10.6. 자기 드러내기

장영복 씨의 근원적인 문제는 자격지심과 열등감인데, 그의 자격지심과 열등감의 요인들을 솔직하게 드러냄으로써 마음이 편안해지고 우울증과 자살 생각도 사라진 체험을 하였다.

> 장영복: 굉장히 마음 편해졌어요. 그리고 뭐 예를 들어 자살이라든가 우울하다든가 이런 거는 솔직히 그 이후로는 없었거든요(1727-1731). 〔…〕 이렇게 터놓고 얘기해본 적이 없었기 때문에 터놓고 얘기하다보

니까 저의 나름대로 많이 도움이 된 거 같아요(2123-2125).

자살시도 요인의 상호 관련성

장영복 씨의 자살시도에 가장 큰 영향을 끼치는 요인은 열등감과 자신감 상실 및 직업생활의 부적응과 실패이다.

열등감과 자신감 상실은 장영복 씨가 토로한 대로 자신이 가지고 있는 문제의 근원이라고 할 수 있다.

"무엇보다 결정적인 거는 제 자격지심인 거 같아요. 자신감이 없었기 때문에 그러니까 저를 사랑하지 않았기 때문에 모든 일이 다 잘 안 됐던 거 같아요."

장영복 씨가 자기 자신을 부정적으로 평가하고 자신감을 상실하게 된 이유는 고등학교 때 성적이 저하되고, 친구들의 반복적인 놀림을 통해서 자신의 외모와 운동능력에 대한 자신감을 잃어버린 것 때문이었다. 또한 그의 대학교 학력에 대한 콤플렉스 때문이다. 그는 아버지의 실직으로 어려워진 가정형편으로 인해서 자신이 재능이 있다고 믿었고 진학하고 싶어했던 미대 진학 준비를 할 수 없었다. 그는 그가 원하던 대학을 갔었더라면 자신의 삶이 지금과는 사뭇 달랐을 것이라고 생각하고 있다.

열등감 및 자신감 상실과 더불어 장영복 씨의 자살시도 체험의 다른 중요한 요인은 직업생활, 특히 직장생활에서의 실패 체험이다. 그는 여러 직장을 다녔지만 한 군데 오래 있지 못하고 여러 회사를 옮겨 다녔다. 그 이유는 그가 회사생활을 하면서 다른 직원들에 비해서 능력이 떨어지는 것을 발견하였고, 또한 직장에서의 그에 대한 평가가 부정적이었기 때문이었다. 그로 인해서 그는 상처를 받았고 열등감을 느꼈으며 회사생활에 대한 자신감을 상실하였다.

그로 인해서 그는 개인사업을 하려고 결심하였다. 아버지에게 사업자금을 요청하였으나 아버지는 이를 단호하게 거절하였다. 사업자금 요청에 대한 아버지의 단호한 거절과 더불어 실직생활로 집에 있는 시간이 길어짐으로써 아버지 및 누나와의 갈등이 깊어졌다. 이러한 상황에서 벗어나기 위해서 그는 중국으로 가서 의류 무역사업을 하였으나 실패하였다. 귀국 후에 매형과 함께 우유대리점 사업을 하였으나 다시 실패하였다. 그는 우유사업을 하면서 일이 너무 힘들어서 충동적으로 자살 생각을 하기도 하였다.

그는 자신의 학력에 대한 열등감과 실직에 대한 열등감으로 인해서 친구들과의 관계와 인간관계 그리고 여자친구와의 관계에서 어려움을 겪었다. 그는 여자친구와 다른 사람들에게 자신의 약점인 학력과 실직에 대해 알려지는 것에 대해서 두려움을 가졌고 그에 대해서 솔직하게 토로하지 않았다.

그는 인간관계와 여자친구와의 관계의 어려움으로 인해서 우울증이 심화되었고, 오랜 실직으로 인해서 경제적 어려움과 의욕을 상실하게 되었다. 그로 인해서 그는 자살 생각을 하게 되었다.

지금까지 기술한 것을 도표로 정리하면 〈그림 37〉과 같다.

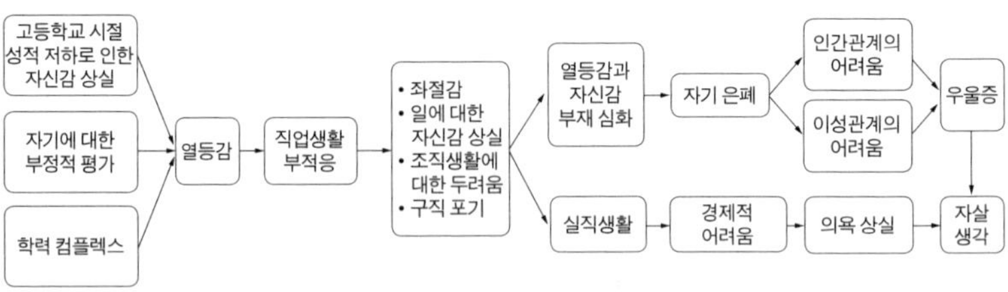

그림 37. 장영복 씨의 자살시도 요인 사이의 상호관계

4.4. 우지선 씨의 상담에 나타난 자살시도 요인

우지선 씨의 자살체험 이야기는 모두 8개의 범주로 정리되었다. 그 구체적인 내용은 다음과 같다.

1. **자살시도**: 우지선 씨는 자살시도와 관련하여 죽음의 규정, 자살시도의 이력, 자살시도 시의 사회심리적 상태, 자살시도의 방법, 자살시도의 이유와 계기 등에 대해서 언급하였다. 그녀는 죽음은 편한 것이라고 말함으로써 자살을 현재 겪고 있는 어려움의 해결책으로 간주하고 있는 것으로 보인다. 그녀는 최근에 다양한 방법으로 10여 차례의 자살시도를 하였고, 자살시도를 할 때 가족이나 친구 등과 같은 주변 사람들에 대한 고려나 배려는 하지 않는 것으로 밝히고 있다. 그녀가 밝힌 자살시도의 이유와 계기는 자존감 부재, 남자친구의 관심을 유도하기 위한 목적, 남자친구로 인한 스트레스, 남자친구에 대한 미안함, 회사로부터 받는 스트레스, 삶에 대한 희망 부재 등이 있다. 이 가운데에서 자살시도 요인의 가장 큰 원인으로 작용하는 것은 회사와 남자친구로부터 받는 스트레스이다.

2. **이성관계**: 우지선 씨의 최근 삶에서 그리고 그녀의 자살시도와 관련하여 남자친구는 매우 중요한 요소로 작용하고 있다. 남자친구는 그녀에게 존재의 버팀목이자 동시에 괴로움의 원천으로 이중적 의미를 가지고 있다. 우지선 씨와 남자친구는 서로에게 부정적인 영향을 끼치는 방식으로 상호행동을 하고 있다. 우지선 씨는 남자친구에게 매우 의존적이고 집착적인 행동을 함으로써 남자친구에게 부담을 주고 있다. 또한 자존감이 낮은 남자친구를 그가 원하는 만큼 존중해주지 않기도 한다. 반면에 보수적이고 꼼꼼한 성격을 가지고 있는 남자친구는 우지선 씨를 속박하고 통제하는 행동을 하고 있다. 그 결과 둘은

잦은 다툼을 벌이고 있고 충분한 대화를 하지 않고 있다. 우지선 씨는 남자친구의 속박과 통제로 인해서 다른 사람들과의 인간관계가 소원해진다. 그로 인해서 그녀는 스트레스를 해소할 수 있는 기회를 상실하게 되기도 하고, 다른 한편으로는 그에게 더욱 의존하고 집착하게 되는 악순환에 빠지게 된다. 그녀는 남자친구에 대해서 외로움, 분노, 불안 그리고 그에게 집착함으로써 끼치는 부정적 영향으로 인해서 미안한 감정을 동시에 가지고 있다. 그녀는 남자친구가 자신에게 보다 더 많은 관심을 가져주기를 바라고 있다.

3. **직장생활**: 우지선 씨는 회사생활로 인해서 많은 스트레스를 받고 있다. 그녀가 회사로부터 받는 스트레스의 첫 번째 이유는 업무의 과중함이다. 업무가 지나치게 과중하기 때문에 신체적으로 완전히 소진되고 그로 인해서 그녀는 재충전할 수 있는 여가생활을 하지 못한다. 그렇기 때문에 스트레스가 누적되고 그것이 자살 생각을 하게 되는 직접적인 요인으로 작용하고 있다. 회사의 과중한 업무가 그녀에게 스트레스가 되는 또 다른 요인은 과중한 업무로 인해서 남자친구가 자신에게 충분한 관심을 보이지 못하고 시간을 내지 못하기 때문이다. 그렇기 때문에 그녀는 자신과 회사 그리고 남자친구를 삼각관계로 보고 있다. 회사로 인한 두 번째 스트레스 요인은 회사의 체계적이지 못하고 비합리적인 업무방식이다. 그러한 비체계적이고 비합리적인 업무방식은 그녀의 원칙적인 성격과 맞지 않아 그녀에게 스트레스로 작용한다. 또한 갑작스럽게 새로운 업무를 부여함으로써 남자친구와의 계획이 틀어지는 것도 그녀에게 스트레스로 작용한다. 우지선 씨는 회사에서 남자 사원들과 같은 업무를 하지만 그들보다 더 적은 보수를 받는 데 대해서 불공정하고 불만스럽게 생각하고 있다.

4. **가정생활**: 우지선 씨는 자신의 성장 배경에 대한 이야기는 구체적으

로 밝히지 않았지만, 자신의 어려운 일들을 부모에게 이야기하면 부모가 힘들어할 것을 우려해서 이야기를 하지 않는다. 이를 보면 그녀는 부모와 좋은 관계를 가졌었고 현재도 유지하고 있는 것으로 보인다.

5. 자아규정: 우지선 씨는 자신의 성격과 행동방식을 '원칙적' '완벽주의' '정의로움' '주도적' '주체적' '집중력과 추진력' '솔직함' 등으로 밝히고 있다. 이를 보면 그녀는 자신에 대해서 원천적으로 긍정적인 자아상을 가지고 있는 것으로 보인다.

6. 인간관계: 우지선 씨는 남자친구를 만나기 전까지는 많은 사람들과 활발한 만남을 가져왔고, 그런 만남이 그녀의 스트레스를 해소할 수 있는 기제로 작용하였다. 하지만 보수적이고 통제적인 남자친구로 인해서 현재는 다른 사람들과의 인간관계가 매우 소원해졌다.

7. 현재 상황: 우지선 씨는 현재 분노, 불안감, 스트레스, 음주습관, 신체적 소진, 혼란스러움, 좌절감 등에 대해서 언급하고 있다. 그녀는 현재의 그러한 상황을 정상적이지 않은 것으로 보고 있고 이를 개선하려고 노력하고 있지만, 반복적으로 실패함으로써 좌절감을 느끼고 있다.

8. 의사소통: 그녀는 삶의 여정에서 많은 어려움을 가지고 살았지만 가족이나 주변에 자신의 어려움에 대해서 이야기를 하지 않았다. 현재 받고 있는 상담은 남자친구의 권유로 받고 있으며, 자신을 이해하고 정리하는 데 큰 도움을 받고 있다.

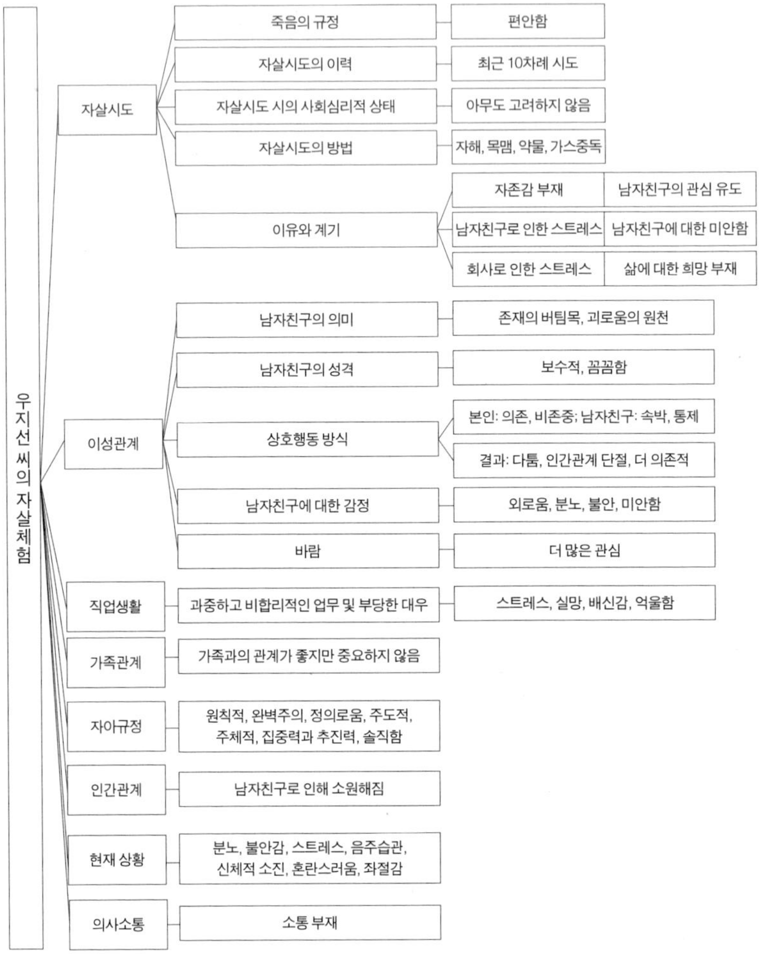

그림 38. 우지선 씨의 자살시도 요인

4.4.1. 자살시도

4.4.1.1. 자살시도의 이력

우지선 씨는 상담을 받기 한 달 전에 처음 자살을 시도한 후에 다양한 방법으로 모두 10여 차례의 자살시도를 하였다.

> 인터뷰어: 처음 자살시도를 한 게 8월이 처음이에요?
> 우지선: 네.
> 인터뷰어: 그전에는 그런 일이 없었고요?
> 우지선: 네(62-71).

> 인터뷰어: 마지막 게 언제죠?
> 우지선: 마지막 거랑. 마지막 게 그게 제가 찾아오기 전날인가.
> 인터뷰어: 그때가 몇 번째 자살시도였죠?
> 우지선: 그게 제가 생각이 안 나는데요, 대략 잡아도 한 열 번은 넘었었을 텐데(93-99).

4.4.1.2. 죽음에 대한 관념

우지선 씨는 이전에는 죽음을 많이 두려워했지만 지금은 힘들고 고통스러운 삶을 살아가는 것보다는 차라리 자살을 통해서 죽는 것이 더 편하다는 생각을 가지고 있다.

> 우지선: 처음에는 저도 막 죽음이라는 게 되게 무서웠어요. 되게 막. 너무 무섭더라고요. 근데 요즘은 그런 생각도 안 들어요. 옛날 같으면 아 죽으면 어떻게 될까, 내가 죽으면 어떻게 될까 막 이렇게 했는데(805-809). [⋯]힘들고 고통스러우면. 차라리 한 번에 겪고, 일찍 겪는 게 오히려 더 나을지도. 모른다라는 생각이 들어서(844-847).

4.4.1.3. 사회심리적 상황

우지선 씨는 자살을 시도할 때 남자친구에 대한 배려는 하고 있지 않고 있고, 이전에는 부모 생각을 하면서 자살 생각을 하지 않으려고 했지만, 지금은 부모님 생각도 하고 있지 않다.

> 우지선: 전 이 남자친구는, 제가 죽어도 이 남자친구에 대한 죄책감도 없어요. 부모님 그런 거 없는 것 같아요, 지금. 옛날에는 부모님 때문에 자살한 생각 말아야지 이런 생각이 들었는데, 그런 생각이 전혀 없어졌어요(874-877).
>
> 인터뷰어: 그럼 어떻게 보면, 사실은 엄밀하게 얘기해서 부모님도 남자친구도 별로 배려하거나 고려하는 생각은 없는 거네요?
>
> 우지선: 지금은 없어요. 지금은(878-883).

우지선 씨는 자신의 자살시도에 대해서 특정한 생각이나 감정을 가지고 있지 않다.

> 우지선: 그것도. 그니까 요즘은 무슨 생각이 드냐면 아무런 생각이 안 들어요. 죽고자 한 것도 아무런 생각도 안 들고, 남들이 피해를 입든 안 입든 아무 생각 안 들고, 내가 그때 생각이 어땠는지도 아무 생각이 안 들고. 그런 생각들 뭐라 그, 진짜 아무런 생각이, 감정도 없고요. 아무런 생각도 안 들어요(558-567).

우지선 씨는 죽음에 대한 충동은 이전보다 덜 느끼지만 자살에 대한 생각이 여전히 충동처럼 밀려오는 것을 느끼고 있다. 하지만 그녀는 이제 더 이상 자살에 대한 생각을 하지 않기를 바라고 있다.

> 인터뷰어: 죽음에 대한 충동이 여전히 있는 거네요, 그러면?
>
> 우지선: 으음. 예전보단 좀 덜해졌고, 그게 아직은 그건 없지만 뭔가가 또 확 몰려오, 모, 쓰나미처럼 몰려와버리면 감당이 될지 모르겠어요.

아직까지(3450-3460). 〔…〕 되도록 자살 안 해야 되고, 그 마음은 좀 사라졌으면 좋겠어요(4218-4224).

우지선 씨는 자살시도를 실패한 다음 날에도 자기 책임을 다해야 한다는 생각을 가지고 정상적으로 출근해서 성실하게 일을 했다. 그리고 다시 집으로 돌아와서 자살시도를 하곤 했다.

인터뷰어: 그렇게 하고 나서도 그 다음 날 출근을 하셨어요?
우지선: 일단은 제 제가 맡은 일에는 책임을 져야 되니까. 그렇다고 딴 사람들한테 제가 죽었으면 모르겠는데, 제가 살아 있는데. 제정신으로 어떻게 제가 맡은 일에 그걸 안 할 수가 있겠어요. 그래서 아무런 그거 없이 다시 그냥 일하고 또 컨디션 안 좋고 기분 나쁘면 여섯 시 땡 하자마자 집에 와 갖고 마악 연기 피우고(222-227).

4.4.1.4. 자살시도의 이유와 계기

1) 자존감 부재

우지선 씨가 자살을 시도하는 이유 중의 하나는 자존감 부재이다. 즉, 그녀는 자신이 세상에 필요한 존재가 아니고, 자신이 죽더라도 별다른 영향이 없을 것이란 생각을 가지고 있다.

우지선: 뭐, 저 하나 죽는다고. 세상이 크게 달라지는 것도 아니고. 천지개벽하는 것도 아니고. 그냥 저 하나만 없어지는 건데. 어차피, 어차피 없어질 존잰데 조금 일찍 가는 건데, 뭐가 그렇게 대단하겠어요(793-796). 〔…〕 내가 죽어도 세상은 잘 돌아간다(805-809).

2) 남자친구의 관심 유도

우지선 씨가 자살시도를 하는 이유는 실제로는 죽을 마음은 없지만 자살시도를 하게 되면 남자친구가 자신에게 큰 관심을 주기 때문이다. 우지선 씨는 남자친구의 관심을 유도하기 위해서 자살시도를 하겠다는 메시지를 남자친구에게 보냈다.

인터뷰어: 죽을 마음이, 근데 죽을 마음이 없었는데 칼을 집은 이유는 뭐에요?
우지선: 그러면 관심 가져줄 것 같아서(625-643). [⋯] 그때는 죽을 마음이 없었어요. 그냥 단지 자기 삐져서 들어간 거. 나 좀 봐달라고. 삐지지 말고(647-654).

우지선: 스무 알 중에. 나 처음에 나 약 먹는다. 다 먹을래. 막 메신저 보냈다가. 나 이거 다 먹을 거다. 내가 이러더니, 다 먹, 다 먹는다 이랬는데, 다 먹는, 다 먹은 줄 알고 와갖고 보니까 아 얘가 안 먹어서 간, 있, 안 먹었으니깐 나보고 양치기 소녀래요(1096-1104).

우지선 씨가 실제로 죽으려고 한 것은 아니고, 남자친구의 관심을 끌기 위한 것이라고는 했지만, 경우에 따라서는 실제로 죽음을 염두에 두고 자살시도를 하기도 하였다.

인터뷰어: 그 순간 남자친구가 안 나타나기를 바라는 거야, 아니면 남자친구가 나타나길 바라는 거예요?
우지선: 으음 반반이었던 것 같아요. 어떨 때는 나타나라. 어떨 때는 내가 오던, 오지 마라. 반반이었던 것 같아요(211-214).

3) 남자친구로 인한 스트레스(화, 불안감)

우지선 씨가 남자친구 때문에 자살시도를 한 이유는 남자친구가 그녀의 귀가시간이나 다른 이성과의 만남 그리고 음주 등과 관련하여 자신의 가치관과 생활 패턴 속에 우지선 씨를 구속하려고 했고, 그러한 구속이 지속되면서 그녀가 지치고 힘들었기 때문이다.

우지선: 지금 남자친구가 친구를 만나도 저희가 남자애들이랑 같이 여자애들이랑 같이 만나거든요. 그럼 꼭 10시, 10시까지 들어오라고 난리를 그걸 계속 연락을 해요. 안 들어오면 자기가, 자기 틀에 계속 맞출라 그래요. 그런 거를. 그러니까 거기서 이제 조금 조금씩 지쳐갔던 것 같아요. (…) 술도 그렇고. 제가 술 되게 좋아했었거든요. 막 친구랑 술 거의 고래같이 먹었었는데. 남자친구가 너무 싫어해 갖고 처음에 술 거의 안 먹었죠. 근데 요즘은 제가, 안 그럼 제가 미쳐버리니까 술 먹는 거를 조금 허용은 하는데, 되게 싫어해요. 그런 것들이 조금 조금씩 이제 있었던 것 같아요(2520-2566).

우지선 씨는 남자친구로 인해서 그녀의 인간관계가 단절되었고, 그로 인해 그녀의 스트레스를 풀 수 있는 기회를 상실하게 되었다. 그녀는 누적되어 과부하가 걸린 스트레스가 자신의 직접적인 자살시도의 이유로 작용하고 있는 것으로 보고 있다.

인터뷰어: 그 자살이라는 행위를 통해서 자기 자신을 좀 확인하고 싶었나요? (…)

우지선: 스읍. 으음. 그것보단 스트레스 풀 그게 없었던 것 같아요. 그니까 사람이 사람마다 스트레스 푸는게 있잖아요? 그런데 저는 스트레스 풀었던 게 사람들이랑 어울리면서 늦게까지 술도 먹기도 하고 이런 저런 활동도 많이 하고, 뭐 남자든 여자든 어울리면서 그러면서 스트레스도 풀었던 스타일인데, 남자친구는 그걸 못 봐주는 스타일이었던 거죠(2756-2776).

우지선 씨가 남자친구로 인해서 자살 생각을 한 또 하나의 이유는 남자친구가 자신의 성향과는 달리 약속도 잘 지키지 않고, 또한 계획한 대로 일을 진행시키지 않기 때문에 화가 났고 스트레스를 받았기 때문이다.

우지선: 저랑 계속 약속을 하면 계속 어겨요. 맨날 무슨 일이 생겨서 계속 어기고, 자기 딴에는 피치 못할 상황이라지만 저랑 약속해서 지킨 적이 거의 없어요. 그게 저는 원래 계획 예전부터 계획을 세워놓고 생활하는 스타일이고 계획대로 하는 스타일이라서, 약속 같은 것도 되게 중요하게 생각하고. 그 뭐지, 일 이렇게 진행되는 것도 되게 중요하게 생각하는데, 여기 회사도 그렇게 진행이 안 되고, 남자친구도 그게 안 되는 거예요. 그게 저는 너무 스트레스였어요. 제가 저 같은 경우는 너무 딱딱딱딱 맞게 생활을 하다보니까. 그런 것들에 대해서 너무 화가 났어요.

인터뷰어: 그냥 화가. 그냥 화가 난 걸로 끝나지 않고?

우지선: 그게 폭발하는 거죠.

인터뷰어: 그래서 죽으려는 시도를 했고?

우지선: 네(139-160).

우지선 씨는 남자친구와 다툰 후에 분노를 억제하지 못해서 자살을 시도한 적이 있었다. 그녀가 자살을 생각할 만큼 크게 느낀 분노는 오로지 남자친구와의 관계에서만 발생한다.

우지선: 출근하는 길에 그렇게 했었어요. 그래 갖고 출근해서 메신저로 마악 그렇게 얘기하다가, 너무 저 제가 너무 화가 나 갖고 주체가 안 되는 거예요. 얘기했는데 자기도 이제 화가 나 있으니까. 니가 열 받든 말든가 이제. 그렇게 된 거죠. 그래 갖고 아 그러냐고 나 나 나 조퇴하고 집에 갈 거라고 그러고 그냥 전 갔어요. 〔…〕 집으로 와서는 또 연탄개스 피웠죠(1761-1790).

인터뷰어: 화가 나는 감정이 들은, 드 들었을 때 그 감정이 극단으로 그렇게 쉽게 가나요. 혹시?

우지선: 으음 요즘은 남자친구가 좀 맞춰주면 좀 덜해요. 좀 풀어 줄라 그럼 좀 덜한데, 자기도 같이 화나서 나한테 화내면. 그다음에는 그게

안 되죠.

인터뷰어: 다른 사람한테도 그런 감정이 들 때가 있어요?

우지선: 아니요.

인터뷰어: 오직 남자친구한테.

우지선: 거의 그런 것 같아요(1823-1832).

우지선 씨는 남자친구가 회사생활에 지나치게 얽매여 생활하는 것에 대해 불만이 많고, 그렇기 때문에 그녀에게 관심을 두지 않는다는 것이 그녀가 자살시도를 하게 되는 이유이다.

우지선: 회사에 너무 얽매인 게. 이거는 뭐 주말도 없고, 평일 저녁시간도 없고. 내 시간이 하나도 없잖아요. […] 그게 그냥 기분 나쁜 거예요. 그게 그냥 그러고 했는데 나랑 다퉜지만, 나, 나, 내가 전화했는데 전화도 한 번도 안 받고. 그러니깐 그래. 그냥 내가 나 죽으라고 그냥 나가는 거구나. 그래 나 죽겠다. 그러고 그냥 죽는 죽으려고 하는 거죠(255-265).

우지선 씨는 직장에서 일을 하다가 오후 서너 시가 되고 남자친구가 바쁘게 활동을 하면 남자친구로부터 관심을 받지 못할 것이고 자신이 혼자 남겨졌다는 소외감과 불안감을 느낀다. 그러한 때 그녀는 약물을 다량으로 복용하면서 자살시도를 한 적이 있었다.

우지선: 한 네 시. 세네 시쯤 되면 막 불안해서 어떻게 할 줄을 몰라요. […] 남자친구가 바쁘면 불안하고. 관심을 못 받을까봐 그런 거예요. 내가 막 이제 말 걸을, 메신저로 말 걸 때, 아, 나 바빠, 이러면 뭔가 불안해지기 시작해요. 남자친구 마악 바쁘게 마악 요란하게 다니면, 저도 막 불안해져요, 이상하게. 모르겠어요, 그래 갖고 남자친구가 좀 바쁘면 제가 불안해요. […] 으음 그 혼자인 것 같아요, 그냥. 아, 그러니까 아 실제적으로는 아닌데, 제가 맨날 그러니까 남자친구한테 요즘

메신저로도 맨날 얘기하는 게, 나는 외톨이야. 나는 나밖에 없어 나 혼자야 막 맨날 그렇게 얘기하거든요(1092-1119).

4) 남자친구에 대한 미안함

우지선 씨가 남자친구와 관련하여 자살을 생각하는 또 다른 이유는 자신이 남자친구에게 걸림돌이 되고 억압적인 행동을 하기 때문에 미안하다는 생각을 하고 있고, 이러한 문제를 해결하기 위한 방안이 자살이라고 생각하기 때문이다.

> 우지선: 저 사람 인생에 계속 방해가 되는 것 같은 느낌이 드는 거예요. 방해가 되고, 내가 계속 족쇄를 채우는 것 같고, 지금 저 때문에 뭔가를 사회생활도 지금 제대로 안 되고 있고, 자기 생활도 지금 제대로 안 되 있고. 뭐가 안정되지 않잖아요. 계속 제가 발목을 잡고 있으니까(1213-1225). 〔…〕 제가 계속 미안한 짓을 계속 하잖아요(2653-2658). 〔…〕 그거를 알겠으니까 더 죽고 싶은 거예요(2108-2112).

5) 회사로부터의 스트레스

우지선 씨가 자살 생각을 하고 자살시도를 하게 하는 요인 중의 하나는 회사생활이다. 회사가 그녀의 자살시도를 하게 하는 요인은 두 가지이다. 그중의 하나는 그녀가 회사에서 여러 이유로 스트레스를 겪고 있다는 것이다(4. 직업생활 참조).

> 우지선: 그때는 그랬죠. 그게 시작 그렇게 시작됐던 것 같아요. 그니까 그런 것들이 그니까 제가 스트레스를 안 받았으면 덜 받았으면, 그런 게 어쩌면 안 올라왔을지도 몰라요. 그런데 직장 내에서 스트레스가 너무 과도했기 때문에. 이거를 그릇이 넘치기 전에 비워줘야 되는데, 물이 넘치기 전에 비워줘야 되는데 그러지 못하니까. 이제 인제 계속 넘으면서 이제 그전에 것들까지 같이 첨가가 되갖고 더 그랬던 거 같다라는 생각이 좀 들어요(2682-2692).

다른 한편으로는 같은 회사에서 일을 하고 있는 남자친구가 회사일에 너무 몰두하고 있고 그로 인해서 그녀가 남자친구부터 관심을 받지 못하기 때문이다.

> 인터뷰어: 그때는 왜 그렇게 죽으려고 했는지 기억나세요?
> 우지선: 〔…〕 남자친구가 회사에 계속 얽매이는 거도 너무 보기가 싫었었고. 그니까 계속 보기 싫은데 자기는 또 자기 소신껏 해야 되니까 계속 그렇게 나갔고. 회사일 때문에 나한테도 관심을 너무 그니까 회사에 저랑 계속 약속을 하면 계속 어겨요. 맨날 무슨 일이 생겨서 계속 어기고 〔…〕 그런 것들에 대해서 너무 화가 났어요.
> 인터뷰어: 그냥 화가. 그냥 화가 난 걸로 끝나지 않고?
> 우지선: 그게 폭발하는 거죠.
> 인터뷰어: 그래서 죽으려는 시도를 했고?
> 우지선: 네(139-160).

우지선 씨는 남자친구가 바쁜 회사생활로 인해서 자신에게 관심을 주지 않고 그로 인해서 큰 스트레스를 받고 있기 때문에 자신과 회사 그리고 남자친구와의 관계를 삼각관계로 인식하고 있다.

> 우지선: 제가 여자친구니까 저한테도 어느 정도 관심을 가져줘야 되잖아요. 그니까 이거를 이렇게 해줘야 되는데, 저는 지금 남자친구가 회사에 관심을 너무 100% 쏟는 걸 다 싫어해요. 이게 싫어요(1627-1631). 〔…〕 회사라는 게 저랑 이렇게 해 갖고 삼각관계라니깐요 (3683-3686).

6) 삶에 대한 희망 부재

우지선 씨는 사는 것이 재미가 없고 삶에 대한 희망이 없는 것을 자살시도의 또 다른 이유로 언급하고 있다.

우지선: 사는 거에 대한 희망이 없어요. 흣. 그니까 뭔가가 재미있어야 되고, 뭔가가 세상 사는 게 기쁘고 즐겁고, 희망이 있고, 미래가 있고, 뭐 이런 생각들이 들어야지 세상 사는 즐거움이 있고, 그래 내가 살아야 될 이유가 있어 하고 살고 싶은 마음이 들 텐데, 그런 게 없어요(3462-3469).

4.4.1.5. 자살시도의 방법

우지선 씨는 모두 10번 넘게 자살시도를 하였는데, 손목에 자해하기, 목맴, 약물복용, 일산화탄소 중독 등과 같은 방법들을 사용하였다.

인터뷰어: 열 번을 넘게 자살시도를 했었고요? 대부분 손목 그은 건가요?

우지선: 아니, 처음엔 손목을 긋다가 안 돼 갖고 목을 매었고요, 그 목 매다가 그때 한 번 또 실패해 갖고, 그다음부턴 계속 일산화탄소 중독이나 그 연기. 거의 일산화탄소 중독.

인터뷰어: 집에서 연탄불을 피웠던 거예요?

우지선: 네.

인터뷰어: 목을 맨 거는 어떻게 하셨던 거예요?

우지선: 어 집에 장롱을 장롱? 옷장이 있는데, 집에 맬 만한 데가 없어 갖고. 걔가 제일 튼튼하더라고요. 그래서 옷장 위에 있는 물건 다 빼고. 거기에.

인터뷰어: 옷을 거는 그 쇠봉에다가.

우지선: 에. 거기에. 어 그거. 천으로 된 허리띠가 있거든요? 근데 좀 부드러워요. 일반 허리띠 같은 게 아니라서. 그걸로 그거에 매달아서 목을 맸죠. 근데 다리 길이도 너무 짧았고. 발에 닿았으면 안 됐어요. 발이 닿으면 안 되고. 일단 그때도 막 목을 매 갖고 다음 날인가 이제 실패했잖아요?(97-106) […] 병원에서 약 준 거 있잖아요. 다 뜯어 갖고 절반 이상을 먹어버렸어요. 한번에(1092-1119).

우지선 씨가 자살을 시도하는 가장 핵심적인 이유는 스트레스이다.

그녀가 자살을 시도할 만큼 스트레스를 받는 요인은 남자친구와 회사이다. 남자친구는 그녀에게 여러 가지 이유로 스트레스를 주고 있다. 그 하나는 남자친구가 자신에게 충분한 관심을 기울이지 않기 때문에 그녀가 소외감과 불안감 그리고 분노를 느끼기도 하고, 남자친구가 자신과는 다른 삶의 방식을 강요하는 데서 오는 스트레스이다. 그러한 남자친구로 인해서 그녀는 다른 사람들과 어울리면서 스트레스를 풀 수 있었던 기회를 상실하게 되었고, 그로 인해서 누적된 스트레스는 그녀가 자살시도를 하게 되는 직접적인 요인으로 작용한다.

남자친구에 대한 또 다른 스트레스의 원인은 그녀가 남자친구에게 관심을 끌기 위한 방안으로 잦은 자살 협박과 시도로 인해서 남자친구가 많은 어려움을 겪는 데 대한 미안한 마음이다.

그녀가 자살시도의 원인으로 생각하는 스트레스의 또 다른 요인은 회사의 과중한 업무 때문이다. 과중한 업무로 인해서 그녀는 심한 스트레스를 겪기도 하고, 같은 회사에서 근무하는 남자친구가 과중한 업무로 인해서 그녀에게 관심을 기울이지 못하기 때문에 스트레스를 받기도 한다. 그녀가 남자친구에게 지나치게 집착하고, 남자친구와의 관계 속에서 그녀는 자신이 원하는 방식대로 삶을 살지 못하고, 자신에 대한 자아존중감이 매우 낮아진 것이 또 다른 자살시도의 중요한 원인이다. 그녀가 자기 삶의 방식을 버리고 남자친구에게 집착하고 의존된 삶을 살만큼 그녀가 결핍을 느끼고 자아존중감이 낮은 이유는 이 인터뷰에서 밝혀지지 않았다.

4.4.2. 이성관계

4.4.2.1. 남자친구의 의미

우지선 씨에게 남자친구는 그녀의 존재의 이유로 작용하기도 하지만, 정반대로 그녀가 삶을 포기하려는 고통의 원인이기도 하다.

1) 존재의 버팀목

현재 사실혼 관계에 있는 남자친구는 우지선 씨 가까이 있는 유일한 사람이고 그녀가 살아 있는 이유 중의 하나이기도 하다. 그렇기 때문에 남자친구가 떠나게 되면 또한 자신의 존재가 없어지는 것이기도 하다.

> 인터뷰어: 어떻게 보면 이렇게 얘기해도 되나요? 사실은 어떻게 보면, 지금 우지선 씨한테 가장 유일한. 가까이 있는 가장 유일한 존재라고 할 수도 있나요?
>
> 우지선: 그렇죠(741-744). […] 지금은 사는 이유 중에 하나가 남자친구죠(1934).

> 인터뷰어: 그니깐은 이런 거네요, 그러면. 이 남자가 없으면 나는 죽거나.
>
> 우지선: 네. 제 존재가 사라지겠죠(742-748).

2) 괴로움의 원천

우지선 씨에게 남자친구는 삶의 버팀목이기도 하지만 동시에 그녀의 삶을 힘들게 하는 고통의 원인으로 작용하기도 한다. 그녀가 남자친구로 인해서 고통을 받는 이유는 남자친구가 그녀를 그의 틀 속에 가두려고 하기 때문이다.

> 우지선: 지지대이기도 하지만, 구렁텅이로도 밀어넣는 것 같은 […] 다 지금 남자친구한테 얽매어 있는 거잖아요. 그러니깐 그냥 구렁텅이에 집어넣는 것 같기도 하고(3551-3560).

우지선 씨가 남자친구로 인해서 받은 고통의 또 다른 이유는 남자친구가 회사에 지나치게 얽매어 있고, 그녀가 그로부터 관심을 받지 못하고 존중받지 못하기 때문이다. 그녀는 자신과 회사 그리고 남자친구의 관계를 삼각관계로 인식하고 있다.

우지선: 남자친구가 회사에 계속 얽매이는 거도 너무 보기가 싫었었고. 그니까 계속 보기 싫은데 자기는 또 자기 소신껏 해야 되니까 계속 그렇게 나갔고. 회사일 때문에 나한테도 관심을 너무 그니까 회사에 저랑 계속 약속을 하면 계속 어겨요. 맨날 무슨 일이 생겨서 계속 어기고 〔…〕 그런 것들에 대해서 너무 화가 났어요(139-160).

우지선: 그니깐 회사라는 게 저랑 이렇게 해 갖고 삼각관계라니깐요. 회사에서 이렇게 이렇게 해갖고 가는 게 싫어요(3683-3686).

4.4.2.2. 남자친구의 성격 규정: 보수적이고 꼼꼼함

우지선 씨는 남자친구가 보수적인 성격을 가지고 있다고 보고 있다. 그렇기 때문에 그는 남녀의 성역할을 명확히 규정하고 있고 그녀가 다른 남자와 어울리는 것을 좋아하지 않는다. 그래서 그녀는 답답함을 느끼고 있다.

우지선: 근데다가 남자친구가 되게 보수적이고, 그런 게 좀 있어요. 그래서 아주 예전 고, 그니까 뭐라고 그럴까. 조선시대 사람이라고 해야 되나. 그게 좀 강해요. 여자는 밖으로 나가면 안 되고, 집안일을 해야 되고, 어 그 뭐지 남자가 먹여 살려야 되고. 이게 되게 강해요. 그걸 어떻게 해야 될지 모르겠어요, 그것도. 그냥 이렇게, 이렇게 보고 있는데, 스읍. 결혼을 생각하고 미래를 생각하면 좀 답답하긴 해요. 그니까 남, 남자친구는 제가 일을 이제 지금이야 같이 일을 하지만, 하아. 따로따로 일을 해서 다른 남자들이랑 어울리는 걸 되게 불안해해요(3177-3188).

우지선 씨가 생각하는 남자친구의 또 다른 성격은 꼼꼼함이다. 그로 인해서 그가 회사의 일에 전념하고 있고 그로 인해서 그녀는 남자친구와 회사에 대해서 불만을 가지고 있다.

> 우지선: 성격이 좀 꼼꼼해요, 저 사람이. 그러니깐. 일단은 회사에 올인을 할라고 많이 하는 게 싫은가봐요, 제가(3808-3814).

4.4.2.3. 남자친구와 우지선 씨의 상호행동 방식

1) 우지선 씨의 행동: 집착, 의존적, 비존중적

우지선 씨는 남자친구와의 관계에서 자신이 남자친구에게 집착하고 사랑을 구걸하는 것으로 인식하고 있다.

> 우지선: 아니요. 아니 이렇게 일반적으로 생각할 때 그냥 좋아하고 사랑하고 이거를 이제 그런 생각을 하는데 이제 거기서 너무 제가 지금 어 조금 안 좋은 말을 쓰자면 집착을 하게 되는 거잖아요. 계속.
>
> 인터뷰어: 사랑을 주고받는 것도 가능해요?
>
> 우지선: 지금 현재는 거의 구걸이죠(1941-1946). […] 할 말이 없는데도, 말을 걸고 싶으니까, 계속 이렇게 이잉잉거리고. 그거 뭐지. 항상 붙어 있을라 그러고. 계속 인제. 또 불안 불안 불안하면 또 찾고. 이게 계속 하루에 한 서너 시쯤 되면 계속 잉잉 거리거든요. 거의 한 다서 여섯 시까지(1248-1266).

우지선 씨가 남자친구에게 의존하고 집착하게 된 이유는 그녀의 삶의 이력과 의사소통의 부재로 설명할 수 있다. 그녀는 어린 나이에 일과 공부를 하면서 오랜 기간 힘들게 살아왔다. 하지만 그녀는 힘든 문제를 누구와도 나누지 않았다. 그러나 그녀는 그러한 문제들을 함께 살게 된 남자친구에게 털어놓고 그가 그녀의 힘든 문제를 해결할 수 있는 유일한 대상으로 생각하고 있다.

우지선: 스무 살 때부터 막 일하면서 공부하고 막 그렇게 하다 보니까 시간도 그때도 막 그때 자, 잠 같은 거 잘 때 막 하루에 두 세 시간 자고 이럴 때도 되게 많았거든요. 그렇게 생활하고 막, 잘 먹지 못하고 생활하고 이런 것들이 많고 이렇게 하다 보니까(378-381). (…) 혼자 산 지가 8 년짼데 그동안 힘든 일 있어도 계속 전 저 혼자만 끙끙 앓고 있었어요. 부모님한테 얘기 안 해요, 힘든 일은 또, 있어도. 집안에서 이제 있으시니까. 걱정하시니까. 괜히 마음 아프실까봐. 그니까 그전까진 계속 힘든 걸 혼자 끌어안고 있었어요. 그랬는데 이제 옆에 같이 있고, 보잖아요. 그래서 그게 전이가 된 것 같아요. 그니까 나 힘드니까 나 좀 봐달라고, 이제. 아마 옆에 없었으면 또 저 혼자 막 그렇게 그랬을지도 몰라요(675-683).

인터뷰어: 모든 감정이나 모든 어떤 욕구나 이런 게 남자친구를 통해서 표현되고 표출되고 그런 상황인가요?

우지선: 어 그렇진 않은데요.

인터뷰어: 그렇진 않아요?

우지선: 그게, 그게 무슨 말씀인지 이해를 못하겠는데.

인터뷰어: 그니까 내가 원하는 것은 무조건 남자친구한테 요구한다거나 표현한다거나. 예를 들어 누구를 만나고 싶다. 그 부분에 있어서도 그냥 나는 남자친구한테만, 내가 사람과 있고 싶은 그 욕구는 남자친구한테만 푼다든지.

우지선: 그런 것 같은데(709-718).

우지선 씨는 남자친구로부터 받고 싶은 관심을 충분히 받지 못한 경우 남자친구에게 자살을 하겠다는 통보를 하고 자살을 시도한다.

우지선: 스무 알 중에. 나 처음에 나 약 먹는다. 다 먹을래. 막 메신저 보냈다가. 나 이거 다 먹을 거다(1096-1104).

우지선 씨는 그러한 집착적인 행동으로 인해서 자신이 남자친구에게 걸림돌이 되고 있기 때문에 그에게 미안하다는 생각을 하고 있다.

> 우지선: 남자친구가 불쌍해요. 내가 집착하고 있는 것 같으니까(920-921). 〔…〕 제가 저 사람 인생에 계속 방해가 되는 것 같은 느낌이 드는 거예요. 방해가 되고, 내가 계속 족쇄를 채우는 것 같고, 지금 저 때문에 뭔가를 사회생활도 지금 제대로 안 되고 있고, 자기 생활도 지금 제대로 안 돼있고. 뭐가 안정되지 않잖아요. 계속 제가 발목을 잡고 있으니까(1213-1225).

우지선 씨의 남자친구는 직업생활을 늦은 나이에 시작했고 학교도 졸업하지 못한 데 대한 열등감을 가지고 있다. 이러한 상황에서 남자친구는 그녀가 자신을 존중해주기를 바라지만 그녀는 남자친구의 호칭을 존대 형식으로 하지 않는다. 그로 인해서 남자친구는 그녀로부터 무시당하는 느낌을 받고 있다.

> 우지선: 근데다가 그 직업도 조금 늦게 가졌고 그러니깐 자격지심이 좀 있어요. 아직 학교도 다 못 마치고 이런 게 그런 게 좀 있어서. 맨날, 제가 오빠란 소리를 잘 못해요. 원래. 안 했어요, 처음부터 막. 맨 처음에 만났을 때 아저씨였다가 그다음에는. 그러니까 오빠란 소리 안 하고 거의 그러니까 외국에서 만났으니까 거의 you라고 불렀거든요. 외국에선 you면 다 끝나잖아요. 그게 없으니까. 근데 요즘 들어서는 그냥 이름 불러요. 이름 부르고 뒤에 씨자 붙이거나 이러고. 가끔가다가 오빠를 붙이거든요. 제가 자기를 너무 얕본다라고 생각을 해요. 그런 것들 때문에 좀 그런게 더 있는 것 같아요(3260-3271).

2) 남자친구의 행동: 속박하고 통제적

우지선 씨는 남자친구가 그의 가치관과 행동성향의 틀 속에 자신을 속박하려고 한다고 인식하고 있다. 그리고 남자친구는 자신의 가치관과 성향에 따라서 그녀가 행동을 하지 않을 때 그녀에게 비난을 하고 가르치려는 행동을 한다. 그로 인해서 그녀는 숨통이 막힐 것 같은 느낌이 들고 미쳐버릴 것 같다고 생각을 하게 된다.

> 우지선: 항상 남자친구는 자기가 뭔가가 잘, 되게, 되게 예의범절 되게 중요시하는 스타일이에요. 저는 좀 약간 프리한 스타일이 좀 있는 스타일이고요. 항상 자기 틀에 끼워 넣으려고 해요. 그거에 그게 안 맞으면 자기도 인제. 그러는 거죠. 넌 왜 이렇게 예의가 없니? 넌 왜 이렇게 니 멋대로니? 니 생각밖에 안 나니? 항상 그래요. 그런 식으로 얘기하는 게 좀 많아요. 저는 미쳐버릴 것 같아요, 그런 소릴 들으면, 요즘요(2583-2593).

> 우지선: 그게 자기가 이제 그래 나랑 평생 살 사람이야라고 생각을 해서, 그리고 저보다 다섯 살이 많아요. 그러니깐 어린애니깐 내가 가르쳐야겠어(3257-3259). (…) 사람이 다 다르기 때문에 그냥 그렇게 살아가는 건데 그거를 자기 관점에 다 끼워 맞추려고 하니까 저는 숨통 터질 것 같아요, 좀(2950-2960).

3) 상호행동의 결과

대화결핍과 다툼 우지선 씨와 남자친구는 서로 다른 가치관과 행동성향으로 인해서 서로에게 순기능적인 상호행동을 하지 못하고 있다. 그로 인해서 둘은 서로 대화를 잘 하지 않고 대화가 원만히 수행되지도 않으며 자주 다투게 된다.

> 우지선: 저희가 대화가 별로 없어요(4192-4196). (…) 대화가 안돼요. 갑갑해. 그래서 어떻게 해야 될지 모르겠어요. 그게 충돌하잖아요? 그러면 대화가 안돼요(3274-3275). (…) 항상 그 부분에서 항상 싸우면 제가 항상 그래 니가 잘못된 거야. 항상 저가지고 뭐라 하니까. 근데 그거에 그거 외에 그렇게 싸운 적이 없거든요(3007-3010).

인간관계 단절 우지선 씨는 남자친구의 바람대로 다른 사람들, 특히 남자들과 어울리는 것과 음주를 멀리하게 되었다. 또한 남자친구는 그녀에 대한 좋은 배려를 하고 있다. 그로 인해서 그녀는 점차적으로 다른 사람들과의 관계에 대해서 흥미를 잃게 되었고 집에 있는 것을 더 좋아하게 되었으며 사람들을 멀리하게 되었다.

> 우지선: 지금 남자친구가 다른 남자랑 어울리는 걸 싫어해요. 그래서 그닥 사람들도 잘 안 만나게 되더라고요. [⋯] 예전 같았으면 집에 있는 걸 싫어했는데, 요즘 같아선 집에 있는 걸 좋아하고. 많이. 바뀌었죠. 180도로(339-351). [⋯] 술을 멀리하다 보니까, 친구들은 만나도 안 마신, 못 마신, 안 마시게 되니까 남자친구랑 한 약속이 있어서. 그러니까 친구들이랑 있는 것도 재미도 없고, 애들이랑 이제 말하는 코드도 안 맞으면 또 그렇고. 이게 지루한 거예요, 말을 하는 게. 재미를 못 느끼는 거죠, 흥미를(398-409).

남자친구에게 더 의존하고 집착하게 됨 다른 사람들과의 관계가 소원해짐으로써 우지선 씨는 남자친구에게 더 의존하게 되고 더 많이 집착하게 되었다.

> 우지선: 일단 사람들을 만나고 이게 이제 정신이 분산되면 여기저기 이제 제가 그게 여기도 갔다가 저기도 갔다가 막 그러잖아요? 근데 이게 밖에게 전혀 차단된 상태니까 이게 계속 이제 안쪽에서 뭔가를 계속 잡으려고 하는 것 같아요. 그니까 친구가 필요하고 누구한테 얘기할 사람이 필요하면 바깥 친구를 찾기보다는 안에 있는 친구, 남자친구를 찾고 어디 놀러가려고 해, 하더라도 바깥 친구를 찾기보다는 안에 있는 남자친구가 더 편하니까 남자친구를 계속 잡고. 그러니까 편하면 편할수록 더 잡아 끄는 것 같아요.
>
> 인터뷰어: 상대에의 강력한 집착으로 변했었잖아요.
>
> 우지선: 그쵸(2616-2632).

4.4.2.4. 남자친구에 대한 심리 상태

1) 외로움

우지선 씨는 남자친구가 자신에게 관심을 가져주는데도 불구하고 혼자이고 외톨이인 것처럼 느끼고 있고 남자친구에게 그에 대해서 하소연하고 있다.

> 우지선: 네. 그런 생각이 계속 들고, 으음 남자친군 계속 관심을 가져주는데 저는 계속, 혼자인 것 같아요. 그, 관심을 가져준다고 하는데 관심을 가져주죠. 자기가 일하다가도 막 제가 메신저로 말 걸면 말 받아주고(1248-1253). (…) 제가 맨날 그러니까 남자친구한테 요즘 메신저로도 맨날 얘기하는 게, 나는 외톨이야. 나는 나밖에 없어 나 혼자야 막 맨날 그렇게 얘기하거든요(1076-1083).

2) 불안

우지선 씨는 남자친구와 관련하여 불안감을 느끼고 있다. 그녀가 불안감을 느낄 때는 남자친구가 주변에 보이지 않을 때이다. 그녀가 그에 대해서 불안감을 가지는 것은 애정결핍 때문인 것으로 보인다. 그녀는 남자친구가 곁에 없어서 불안해지면 약을 먹고 불안을 진정시켜야 한다.

> 우지선: 그리고 스읍. 애정 결핍 이런 것도 있는 것 같아요. 제가 느끼기에. 그니까 붙어 있지 않고 이러면 뭔가 계속 불안해요. 그니까 체온이 느껴져야 되고, 심장 소리가 들려야 되는 거예요. 안 그러면 불안해져요. 안 그러면 안정이 안 돼요. 눈앞에서 사라지거나 이러면 완전 안절부절 이러거든요(1902-1907). (…) 안 보이면 약을, 약부터 먹고 일단 진정을 좀 시켜야 돼요(2053-2068).

남자친구가 곁에 있더라도 그와 밀착해 있지 않거나, 그가 다른 일을 하기 때문에 그녀에게 관심을 보이지 않을 때에도 그녀는 불안을 느낀다.

우지선: 네. 회사에서도 보고 있어도 그래요. 아, 붙어야 돼, 붙어 그러니까 붙어서 팔짱끼고 이러면, 그러니까 스킨십이 되잖아요, 팔 이렇게 딱 닿고 이러면. 그러면 좀 나은데 계속 뭔가가 붙어 있지 않으면 불안 불안 불안 불안해요(1268-1271).

우지선: 이유도 없이 그럴 때도 있고. 남자친구가 바쁘면 불안하고. 관심을 못 받을까봐 그런 거예요. 내가 막 이제 말 걸을, 메신저로 말 걸 때, 아, 나 바빠, 이러면 뭔가 불안해지기 시작해요. 남자친구 마악 바쁘게 마악 요란하게 다니면, 저도 막 불안해져요, 이상하게. 모르겠어요, 그래 갖고 남자친구가 좀 바쁘면 제가 불안해요. 아예(1067-1074).

3) 분노

우지선 씨는 남자친구가 회사일로 인해서 바쁘거나, 연락을 했는데 남자친구로부터 응답이 없을 때, 그리고 약속을 어길 때 남자친구에 대해서 분노를 느낀다.

우지선: 회사에서 일할 때 남자친구가 주가 아니고 여기저기 끌려다니는 거 보거나, 남자친구가 막 진짜 바쁘게 되게 열심히 일하는데, 딴 쪽에 여기서 뭐 그닥, 뭐 이런이런 느낌이요? 그런 거 받으면 제가 막 남자친구한테 화가 나요. 막 그렇게까지 일하는 것도 화가 나고. 회사에 대해 그렇게 일하는 게 갑자기 화가, 화가 생겨요. 그리고 일상생활에서는 안 보이면 문자를 했는데 문자가 없거나 전화를 했는데 전화가 없거나 이럴 때 그리고 사소한 약속들은 조금 아직도 어겨요. 그게 제가 원래 약속 어기는 거에 대해서 좀 예민한데 남자친구한테 조금 더 많이 예민하죠(1991-2001).

4) 미안함

우지선 씨는 자신이 남자친구에게 집착하고 그로 인해서 그가 손해를 볼 수밖에 없는 것에 대해서 미안하게 생각하고 있다.

> 우지선: 남자친구가 불쌍해요. 내가 집착하고 있는 것 같으니까(920-921). [⋯] 계속 그러니깐. 으음 미안함 같죠. 그냥 제가 그니까 계속 이 상태로 그렇게 지내면. 저 사람한테는 득이 되는 게 아니고. 오히려 해가 될텐데. 마이너스, 플러스가 아니고 마이너스가 될텐데. 나로 인해서. 그런 마음이죠(3361-3365).

4.4.2.5. 남자친구에 대한 바람: 더 많은 관심

우지선 씨는 남자친구가 항상 자신의 곁에 있어주기를 바라고 있고, 또한 회사보다는 자신에게 더 많은 관심을 가져주기를 바라고 있기도 하다.

> 인터뷰어: 남자친구한테 원하는 게 뭐죠?
> 우지선: 으음 옆에 있는 거?
> 인터뷰어: 그냥 온전히 옆에 있는 거?
> 우지선: 네. 요즘 그런 것 같아요. 요즘 드는 생각은. 계속 붙어 있을라 그러니까. 붙어 있으면 좀 마음이 편해지니깐(1908-1912).

> 우지선: 저한테 100을 줬으면 좋겠어요, 지금은. 그러니까 자기는 자기 나이도 있고 일도 해야 되고, 회사에선 일을 해야 되니까 회사에 100을 주고 싶은 거예요. 근데 저는 그거를 보면, 제가 너무 소외감을 느끼고 제가 너무 힘들어요. 그래서 요즘 많이 제 쪽으로 그거를 해주려고, 노력하고 있는 것 같아요(1662-1667).

우지선 씨는 남자친구가 자신의 집착적인 행동 때문에 고생하고 손해 보고 있기 때문에 그가 떠나가기를 바라고 있다.

인터뷰어: 그러면 그동안 남자친구는 괜히 볼모로 잡혀가지고.
우지선: 그러니깐요.
인터뷰어: 직사게 고생하다가.
우지선: 그러니깐 빨리 도망가라고 맨날 그러는데.
인터뷰어: 도망가도 돼요?
우지선: 네 가라 그랬어요, 제가(2134-2157).

우지선 씨에게 남자친구는 문제의 해결책이자 또한 문제의 원인으로 작용하고 있다. 그녀는 애정결핍을 가지고 있어서 남자친구에게 과도하게 의존되어 있고 집착하고 있다. 그녀는 남자친구가 살아야 하는 이유로 생각하고 있고, 남자친구와 늘 함께 있고 그가 그녀에게 언제나 관심을 보여주기를 바라고 있다.

하지만 남자친구는 회사일로 바쁘기 때문에 우지선 씨가 바라는 만큼의 관심을 주지 못하고 있고, 그로 인해서 그녀는 외로움과 불안 그리고 분노를 느낀다. 이러한 감정상태에서 그녀는 자살시도를 하게 된다.

남자친구가 우지선 씨에게 문제로 작용하는 또 다른 이유는 보수적인 가치관을 지닌 남자친구가 자유로운 가치관을 지닌 우지선 씨에게 자신의 가치관과 행동성향을 요구하기 때문이다. 그중의 하나는 우지선 씨가 다른 사람들, 특히 다른 남자들과의 만남과 그녀의 음주를 남자친구가 싫어한다. 이러한 서로 다른 가치관과 행동성향으로 인해서 우지선 씨와 남자친구는 대화를 원만히 수행하지 못한다. 또한 남자친구의 요구를 받아들인 우지선 씨는 다른 사람들과의 관계가 단절되고 그로 인해서 그녀는 남자친구에게 더 의존하고 집착하게 된다. 이로 인해서 그녀는 남자친구에게 짐이 된다는 미안한 생각을 하고 있고 자살로써 그를 자기로부터 해방시켜 주고자 하는 마음도 갖게 된다. 다른 사람들과의 인간관계 단절은 다른 한편으로 그녀에게 재충전의 기회 상실을 의미하기도 한다. 그로 인해서 그녀는 스트레스가 누적되고 폭발하는 체험을 하게 되고 이것이 또 다른 직접적인 자살시도의 요인으로 작용하기도 한다.

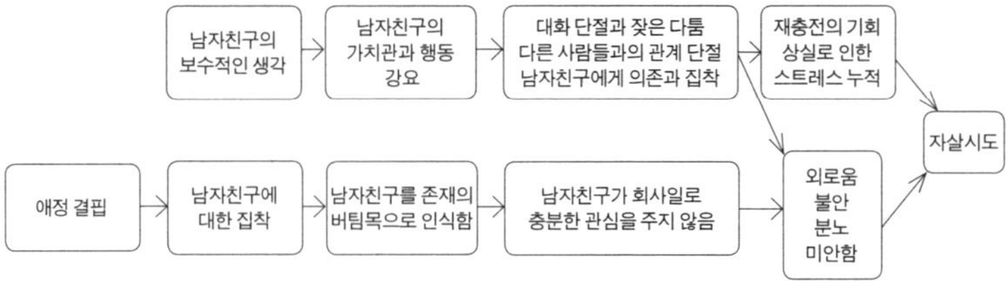

그림 39. 남자친구와 관련된 우지선 씨의 자살시도 요인의 상호 관련성

4.4.3. 가정생활

우지선 씨의 성장과정은 인터뷰에서 밝혀진 사항이 없지만, 대체적으로 가족 내에서 큰 문제 없이 성장하였고 부모와도 원만한 관계를 가지고 있는 것으로 보인다. 그 이유는 그녀가 부모의 사랑을 잘 인식하고 있고, 부모님을 크게 실망시킨 적이 없었으며, 또한 남자친구와의 결혼이 미루어지는 것과 관련하여 부모가 충격을 받을 것을 우려하고 있기 때문이다.

우지선: 그렇진 않죠. 저희 부모님도 저를 얼마나 사랑하는데.
인터뷰어: 그걸 인식을 하고 있어요?
우지선: 잘 알죠(869-871).

우지선: 그래서 남자친구 결혼을 좀 미루자고 그랬었어요. 널 어떻게 델꼬 살아야 될지. 한 3년 동안 생각해보자고. 미루자 그랬는데, 저희 집

에선 빨리 결혼을 했으면 하고. 근데 고민이 되는 게, 지금은 제 상태를 어머니께 말씀을 드려야 되나, 말아야 되나. 말씀을 드리면 또 충격을 상당히 받으실 텐데. 저희 집에서 저한테 거는 기대는 되게 커요. 제가 또 집에선 막내지만 그래도 장녀고 밖에 이렇게 나와 산 지 오래됐고 부모님 실망시켜 드린 적이 한 번도 없기 때문에 충격이 꽤 크실 거예요(3288-3298).

하지만 어려움을 겪고 있는 현재 부모는 우지선 씨에게 그렇게 중요한 존재가 아닌 것으로 보인다.

인터뷰어: 별로, 어쨌든 부모님은 나한테 지금 그렇게 중요한 존재가 아닌 거네요?

우지선: 으음 지금 현재 그렇고(897-899). 〔…〕 으음 솔직히. 솔직히 얘기하면 부모님도 옆에 없어도 뭐 조금 떨어져 있어도 상관은 없을 것 같은데 남자친구는 그럼 안 될 것 같아요. 모르겠어요(892-896).

4.4.4. 직업생활

우지선 씨는 회사생활에 대해서 불만이 크고 감내하기 어려울 만큼 많은 스트레스를 받고 있다.

우지선: 근데 지금 있는 회사는 갑자기 너무 많은 스트레스를 격하게 주는 바람에 제가 그게 넘친 것 같아요. 그릇이 이제 그릇이. 그거를 받아들일 수 있는 그릇이(1875-1878). 〔…〕 스트레스 받으면. 그니까 마음에 여유가 없고. 계속 얘는 힘들고 막 그랬는데, 그게 계속 쌓이고 쌓이고 쌓이고 하다 보니까, 회사에 대한 불만도 너무 많고(283-287).

우지선 씨는 회사에 대해서 느끼는 불만과 스트레스의 이유로 회사의 과중한 업무, 불합리한 업무환경, 그리고 부당한 대우 등을 들고 있다.

4.4.4.1. 과중한 업무

회사는 우지선 씨가 체력적으로 감당할 수 없을 만큼 많은 일을 연속적으로 시키고 있지만, 직원들에게 재충전할 시간을 주지 않는 데 대해서 힘들어하고 있다.

> 우지선: 계속 회사에서 너무 매달리다 보니까, 뭐 일단은 이제는 몸에서 안 따라줘요. 조금만 막 밤 12시 가까이 막 일해도 다음날 막 다다음 날 까지도 막 일주일 내내 몸이 너무 힘들어요. 힘이 하나도 없고 다 빠지고 이러니까, 일단 체력이 안 따라줘요, 지금은. 체력도 안 따라주고. 그런 것들 너무 많아지는 것 같아요(376-390). (…) 이건 토요일도 나오라 그래, 나와서 거의 6시 넘어서 들어가, 평일에도 맨날 10시 11시 12시 넘어가 들어와. 쉴 수가 없어요(3977-4000).

4.4.4.2. 불합리한 업무 환경

회사는 우지선 씨가 하고 있는 일이 매우 많음에도 불구하고 그녀에게 지나치게 많은 업무를 할당하고 있다. 업무지시를 무계획적이고 즉흥적으로 하기 때문에 그녀는 스트레스를 받고 있으며, 업무를 효율적으로 하지 못하고 있다.

> 우지선: 으음 일단 일 양이 너무 많아요. 너무 제가 하는 일에 대해서 너무 잘 모르면서 얕잡아보고 일정을 잡으시는 것 같아요. 근데 실제적으론 제일 일이 많은데 그거를 그렇게 분배하시고 그렇게 하니까. 그리고 스트레스가 쌓이니까 일하는 능률도 떨어지고, 일이 더 안 되는 거예요. 그러니까 일을 더 못하게 되죠(416-420).
>
> 우지선: 인제 일정이 그니까 무조건 그렇다고 밀린다고 다 스트레스받

는 건 아니에요. 미리 말을 해주면 되잖아요. 꼭 당일 날, 당일치기에. 이건 이렇게 해야 된다. 안 된다. 밀린다. 순간순간 계속 바뀌는 거예요. 미리 얘기를 해주면 어떻게든 대처를 할텐데, 맨날 거의 시간 다 돼서 얘기를 하는 거예요. 남자친구도 그렇고 회사도 그렇고. 그럼 저는 스트레스 되게 많이 받아요(480-489).

4.4.4.3. 부당한 대우

우지선 씨는 과도한 업무에 최선을 다해서 임했지만 회사가 그에 합당한 보상을 해주지 않았다. 또한 같은 직급의 남자 직원들과 나중에 입사한 직원들보다 더 낮은 보수를 받는 데 대해서 억울함과 배신감을 느끼고 있다.

우지선: 부당하죠. 제가 그렇다고 막 회사에 안 해줄 거 안 해주고, 못 해줄 거 못 해주는 것도 아니고 전 제 나름대로 신경 써서 막 다 해준 건데, 막 작업해준 것도 다 해준 건데, 그런 작업에 대해서 만족하면서 그렇게 시간들인 건 또, 또 안 쳐주더라고요. 지금은 제가 많이 언급해서 지금은 그렇구나라고 그냥 그렇게 하시는데, 진짜 너무 억울했어요(430-447).

우지선: 일단은 제 같은 직급에 대해서는 다른 남자분들보다 제가 작아요. 월급이 작다고 그러셨고. 근데 나중에 그걸 보상해주신다 그랬는데, 중간 그. 그런데 글쎄요. 그건 나중이란 거는 나중 돼봐야지 아는 거고, 현재로 볼 때는 그러고 나서 뒤에 사람들을 한 열 사람을 더 뽑았어요. 그러면 저는 배신감 느끼죠.
인터뷰어: 그 사람들은 나보다 급여도 많고.
우지선: 당연하죠(430-447).

이러한 여러 가지 이유로 우지선 씨는 회사를 그만두고 싶지만, 자신의 우유부단함과 남자친구의 부족한 학력과 경력 때문에 타 직장

취업이 곤란하여 본인도 회사를 계속 다니고 있다.

우지선: 근데 그렇다고… 제가 또 결단력이 되게 세서 이 회사를 다 뿌리치고 나가거나 이렇게는 잘 못해요. 성격상(1862-1863).

우지선: 남자친구 때문에 〔…〕 그러니까 회사를 다닌 사람이라면 경력을 한 줄이라도 쓰려고 하면 최소 1년은 있어야 돼요. 근데 저 나이에 지금 경력도 없이 저러면 이제 못 들어가는 거죠. 어디 들어갈 수도 없고. 아직 학력 안되서 지금 바로 옮기기도 힘들고(4002-4008).

우지선 씨가 회사를 계속해서 다닐 수 있는 다른 이유는 본인이 견딜 수 있을 만큼만 일을 알아서 하기도 하고, 회사에 자신의 건강 문제와 원하는 바를 명시적으로 이야기를 하였으며, 이에 대해 회사가 배려를 해주었기 때문에 회사업무로 인한 스트레스가 줄어들었기 때문이다. 이로 인해서 우지선 씨는 회사에 대한 극도의 미움이 사라졌다.

우지선: 부서를 바꾸고 나서부터는 뭐 그렇게 그거하진 않아요. 그래서 그냥 쉬엄쉬엄 하고 있어요 〔…〕 딱 할만큼만 하고 그냥 놀면서 하는 것 같아요. 쉬엄쉬엄(964-969).

우지선: 으음 지금은 제가 몸이 좀 안 좋다 거 좀 많이 홍보하고 다녀서 그런지, 되게 순하세요. 진짜 180도로 바뀌었고 〔…〕 되게 섬세하게 배려를 준비해주시고 밤새우지 말라고 집에 들어가라고 막, 그렇게 해주셔서 좀 의외였어요(547-555).

우지선: 지금은 저도 안 되겠으니까, 저는 이제 때려칠 생각으로 난 이렇게는 못한다, 아예 대놓고 막 얘길 하고, 이거 이만큼 해서 이제, 나는 설득을 하는 거죠. 〔…〕 타협점을 찾아서(506-526).

우지선: 극도로 미워했었는데요, 요즘 들어서 저한테 너무 잘해주세요,

다들(2180-2185).

회사생활로 인해서 발생하는 우지선 씨의 자살시도 요인은 두 가지이다. 하나는 그녀가 회사의 과중한 업무와 압박으로 인해서 신체적 소진 현상을 겪게 되고, 이는 다시 다른 사람들과의 인간관계를 유지할 수 없는 요인이 됨으로써 결과적으로 자살시도의 요인으로 작용한다. 다른 하나는 같은 회사에 다니는 남자친구가 과중한 업무와 불합리한 업무 방식으로 인해서 그녀에게 충분히 시간을 할애하거나 관심을 보여줄 수 없게 되고, 그녀는 그로 인한 스트레스와 그의 관심을 끌기 위해서 자살시도를 하게 되는 것이다.

그림 40. 회사생활로 인한 우지선 씨의 자살시도 요인

4.4.5. 인간관계

우지선 씨는 원래 적극적으로 그리고 자주 사람들을 만나고 사람들과 친밀하게 지내는 것을 즐기는 사람이었다.

> 우지선: 원래는 되게 적극적이고 밝고 막 사람들이랑 친밀하거나 막 이런 거 되게 좋아하는데(412-413). (…) 이제 예전 같았으면 이제 사람들과 많이 어울리고 그렇게 했는데(2563-2564).

하지만 최근에는 그러한 만남이 거의 없고 사람들과의 관계가 단절되었다. 그 이유는 첫째로 남자친구의 영향이다. 남자친구는 우지선 씨가 다른 사람들과 밤늦게 술을 마시면서 어울리는 것을 좋아하지 않았고 그녀는 남자친구에게 맞추어주려고 노력을 했다.

우지선: 남자친구는 10시 되면 딱 집에 들어와야 되고 10시 이후에 이제 자기 아닌 그 다른 사람, 그니까 여자는 여자면 좀 덜한데 남자 섞여 있으면 아예 안 되고 그 사람들이랑 술 먹는 것도 안 돼요. 그니까 그거를 맞춰주다 보니까(2565-2568).

그러므로 일찍 집으로 들어가야 하고 같이 있더라도 친구들과 같이 음주도 못하게 됨으로써 친구들과의 만남에 흥미를 잃게 되었고 그로 인해서 점차적으로 사람들을 만나지 않게 되었다.

우지선: 친구들은 만나도 안 마신, 못 마신, 안 마시게 되니까 남자친구랑 한 약속이 있어서. 그러니까 친구들이랑 있는 것도 재미도 없고(400-404). [···] 그러면서 별로 사람들 만나는 거가 재미없었기 때문에 그다음부터 사람들을 안 만났, 지게 되는 것 같아요(2584-2585).

우지선 씨의 인간관계 단절은 회사생활과도 관련이 있다. 회사가 직원들에게 쉴 틈 없이 업무를 부여했기 때문에 그녀는 체력이 소진되고 시간도 없기 때문에 사람들과의 만남을 가질 수 없게 되었다.

우지선: 서울에 아는 사람이 아무도 없으니까 어떻게든지 아는 사람 만나기 위해서 막 그렇게 쫓아다니고 만나고 막 활동하고 그랬는데, 이제 어느 정도 되다 보니까 이제 저는 지쳐가는 거예요. 일하면서 계속 회사에서 너무 매달리다 보니까, 뭐 일단은 이제는 몸에서 안 따라줘요(376-390). [···] 이건 토요일도 나오라 그래, 나와서 거의 6시 넘어

서 들어가, 평일에도 맨날 10시 11시 12시 넘어가 들어와. 쉴 수가 없어요(3977-4000).

우지선 씨는 남자친구로 인해서 사람들과 만날 수 없고 친구들과 동일한 방식으로 어울리지도 못하면서 사람들과의 만남에 흥미를 상실하게 된다. 또한 회사의 과중한 업무로 인해 신체적으로 소진되고 여유 시간도 없게 됨으로써 사람들을 만나지 못하게 된다. 이러한 두 가지 이유로 그녀는 현재 다른 사람들과의 관계가 거의 단절되어 있는 상태이다.

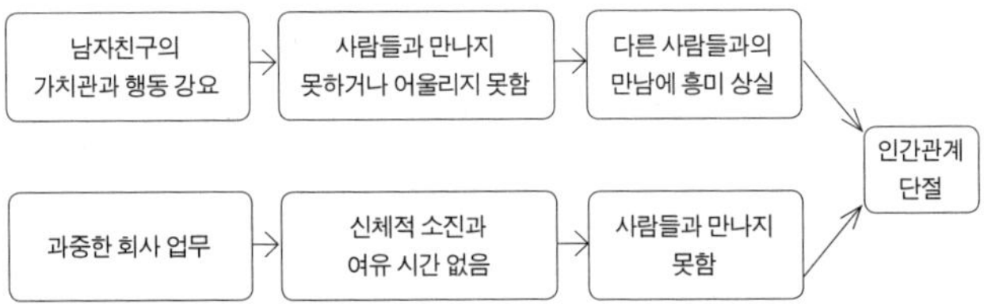

〈그림 41〉 우지선 씨의 인간관계 단절의 요인

4.4.6. 자아규정

4.4.6.1. 원칙적

우지선 씨는 일을 할 때 계획을 세우고 그 계획을 철저하게 지키는 습관을 가지고 있다.

> 우지선: 공부하면서 일을 네 가지 이렇게 했거든요. 네다섯 가지를 하는데, 그게 시간이 딱딱딱딱 맞아 떨어지지 않으면 못해요. 그래 갖고 시간이나 막 계획 이런 건 되게 철저하게. 그렇게 해야지 또 공부도 하니까. 그게 습관이(469-476).

4.4.6.2. 완벽주의

우지선 씨는 완벽주의적인 성격을 가지고 있어서 일을 하면 일이 잘 될 때까지 끝까지 하곤 했지만 지금은 일을 여유롭게 하는 편이어서 조금은 편안해졌다.

> 우지선: 그렇죠. 제가, 제가 좀 완벽주의자예요. 그니까 일 같은 거 좀 제, 제 마음에 안 들면 다 다시하고, 제가 처음부터 끝까지 좀 하는 걸 좋아해요. [⋯] 지금은 대충대충하는 것도 좀 있고. 유도리가 유도리가 생겼다고 해야 될지, 뭐가 생겼다고 해야 될지 모르겠지만. 그렇게 일을 해서 조금 나아진 게 있죠. 일도 그렇고, 생활 패턴도 좀 그렇고(4078-4095).

4.4.6.3. 정의로움

우지선 씨는 정의로운 성향을 가지고 있다. 일례로 그녀는 학교를 다닐 때 괴롭힘을 당하는 약한 애들 편에 선 적이 있었다.

> 우지선: 괴롭히는 애들 [⋯] 좀 있어 갖고, 약한 애들 괴롭히는 거예요. 근데 저는 또 그런 과가 아니라 갖고, 그냥 좀. 약, 괴롭힘 당하는 애들한테 가서 같이 놀아주니까. 그랬었고요(1337-1343). [⋯] 좀 그런 게 있어요. 부당함에 대해선 또 되게 못 견뎌요, 저는(3236-3240).

4.4.6.4. 적극적

우지선 씨는 이전의 자신을 밝고 활동적이며 적극적인 성격을 가진 사람으로 규정하고 있다. 그랬기 때문에 사람들과 주도적인 만남을 가졌고 즐겼었다.

> 우지선: 되게 활달했어요. 밖으로도 많이 다니고. 이런저런 활동도 되게 많이 하고(292-296). [⋯] 원래는 되게 적극적이고 밝고 막 사람들이랑 친밀하거나 막 이런 거 되게 좋아하는데 (376-377). [⋯] 사람들 챙기는 것도 원래 그런 거 되게 좀 좋아하고 그래서 사람들도 잘 마 잘 만나

고 잘 어울리고(2699-2740).

4.4.6.5. 주체적

우지선 씨는 자신의 일은 자신의 소신에 따라서 그리고 자신의 의지로 해결하는 매우 주체적인 사람이다.

> 우지선: 제가 알아서 공부하는. 집에서도 공부하라고 하는 소릴 거의 잘 안 하셨어요. 그냥 제가 알아서 하는 스타일이라(1347-1350). [⋯] 저는 상위 상위 학교에 지원했어요. 그 선생이 말렸죠. 말렸는데(1355-1360).

4.4.6.6. 집중력과 추진력

우지선 씨는 어떤 일을 하게 되면 매우 집중하고 일이 종료 될 때까지 그 일에 매진하는 추진력을 가지고 있다. 이러한 성격이 남자에게 집착을 하는 하나의 요인으로 작용하는 것으로 보인다.

> 우지선: 성격이 거 뭔가를 한번 시작을 하면 그거를 진짜 완전 마스터할 때까지 내가 아니면 끝을 볼 때까지 계속하는 스타일이에요. 이렇게 그게 사람한테 옮겨가서 그런 것 같아요. [⋯] 사람한테로 넘어가게 되니까 그게 집착으로 변하는 게 아닌가(2635-2649).

4.4.6.7. 솔직함

우지선 씨는 솔직하게 자신의 생각을 표현하는 사람인데 그렇지 않은 남자친구는 그녀가 솔직한 태도를 드러내지 않길 바란다.

> 우지선: 저는 되게 솔직해요. 싫으면 싫은 티를 얼굴에 다 내요. 싫으면 또 싫다라고 얘기를 해버려요. 이거는 아니잖아요라고 얘기를 해버려요. 어느 정도 그게 있으면. 근데 남자친구는 싫으면 싫은 티를 내면 안 된데요, 저보고(3241-3253).

4.4.6.8. 자신감 부재

우지선 씨는 평소 자신이 하는 일에 대해서 자신감을 가지고 있지 않다.

> 우지선: 저는 자신감은 없어요. 항상 자신감을 못 갖고 살아서 그런지 모르겠는데, 잘한다는 거는 자신이 없는데(405-412).

지금까지 살펴본 바와 같이 우지선 씨는 자신에 대해서 대체적으로 긍정적인 자아상을 가지고 있다. 그녀의 긍정적인 자아정체성 규정은 주로 회사와 남자친구로 인해서 겪는 문제와 어려움을 설명하는 근거로 사용되고 있다.

우지선 씨가 자신에 대한 정체성을 언급하는 이유는 그녀가 남자친구와 회사에 대해서 어려움을 갖는 데 대한 이유를 제시하려고 하는 것으로 보인다. 즉 원칙적이고 완벽주의적인 성향은 회사의 무원칙적인 업무 운영과 그로 인한 남자친구와의 관계에서 겪는 어려움에 대한 이유로, 그리고 완벽주의적 성향은 회사가 그녀에게 과중한 업무를 부여시, 자신의 완벽주의적 성향으로 인해서 일에 최선을 다했고 그러한 이유로 매우 힘들었던 데 대한 근거로 제시된 것으로 보인다. 우지선 씨의 정의로운 성격은 부당한 행위를 하는 회사에 대한 자신의 어려움을 설명하는 근거로 사용되는 것으로 보인다.

그녀의 적극적인 성향과 주체적인 성향은 남자친구의 간섭으로 인

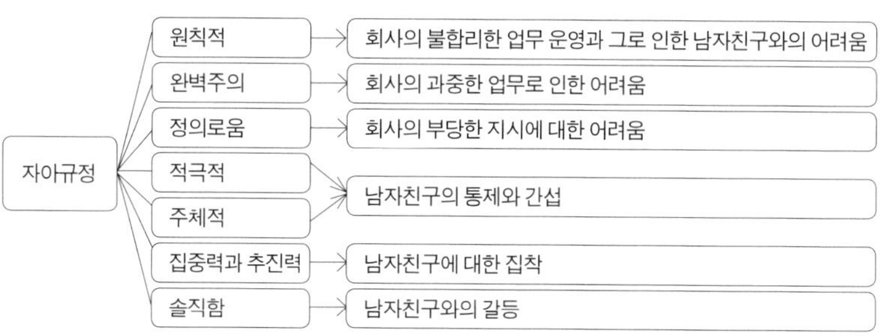

그림 42. 우지선 씨의 정체성 규정과 회사 및 남자친구와의 문제

해서 겪는 어려움의 이유로 제시되는 것으로 보인다. 한편 집중력과 추진력이 강한 그녀의 성향은 그녀가 남자친구에게 집착하는 이유로 제시되고, 솔직함은 남자친구와 다른 성향으로 인해서 발생하는 갈등을 설명하는 근거로 제시되는 것으로 보인다.

4.4.6.7. 현재 상황

1) 분노

우지선 씨는 분노가 순간적으로 분출되고 분출된 분노를 통제하지 못하고 있다. 그녀가 분노를 느끼는 이유는 남자친구가 자신에 대해서 관심을 보이지 않기 때문이다.

> 우지선: 관심받고 싶어서. 조금이라도 관심이 없어지면 〔…〕 계속 관심 가져주고 있다가 살짝, 살짝, 어 살짝 사라지면 불안하고 화가 나고(12-20). 지금은 화나는 것도 잘 모르겠는데 그게 갑자기 어느 순간 튀어나오면 걔는 이제 절제가 안 돼요(614-618).

2) 불안감

우지선 씨가 현재 분노와 더불어 느끼고 있는 감정은 불안감이다. 그녀는 자신의 불안한 상태를 '살얼음판 같음'이나 '절벽의 가장자리를 걷고 있는 느낌' '이 순간이 마지막인 것 같고' 등으로 표현하고 있다. 그녀가 불안을 느끼는 중요한 이유는 역시 남자친구와 관련이 있는데, 그가 그녀에게 지속적으로 관심을 보이지 않기 때문이다. 특히 회사가 예정에 없던 일을 부과하게 되면 남자친구가 그 일을 하게 됨으로써 그녀에게 관심을 보일 수 없기 때문에 퇴근시간이 가까워지면 불안감을 크게 느끼게 된다.

> 우지선: 그전에는 안 봐도 막 그냥 그렇게, 막 심장, 심장이 마악 그렇게

뛰는 것까진 아니었는데, 요즘 막 그래요. 저도 그게 언제부터인지 잘 모르겠어요, 솔직히(933-936). 〔…〕 지금 현재 상태가 너무 안절부절못하다 보니까, 그냥 딱 이 순간이. 마지막인 것 같고. 살얼음판 같아요, 지금. 제가 걷고 있는 게(1921-1924). 〔…〕 그러니까 절벽을, 절벽, 가장자리를 걷고 있는 기분(2215-2217).

우지선: 그렇게 타협점을 찾긴 했는데, 불안불안해요, 그게. 저한테 계속 다시 올 것 같기도 하고. 이제는 중간 중간에 무슨 일이 터질지 모르겠어서, 중간중간에 계속 불안하면 막 거기 한 세네 시만 되면 막 가슴이 막 심장이 막 뛰어요(526-538).

3) 스트레스

우지선 씨는 회사생활과 남자친구와의 관계로 인해서 스트레스를 받고 있다. 그녀는 스트레스가 지속적으로 누적되고 해소되지 않은 것이 자신이 현재 겪고 있는 모든 문제, 특히 자살시도의 원인이라고 판단하고 있다.

우지선: 이게 한 한 달 두 달 되니깐 이게 스트레스를 계속 넘치는 게 두 달 정도 그냥 넘쳐버리니까. 왜 저희 물 끓일 때도 물이나 이런 거 가스레인지 끓일 때도 얘가 넘치다가 나중에는 가스를 꺼트려버리잖아요. 그것처럼 이게 지속적으로 이렇게 계속 넘치니까 그게 안 되니까 제가 미쳐버리는 것 같아요(2831-2840).

그녀가 스트레스를 겪는 이유는 남자친구와 회사뿐만 아니라 그녀의 생활방식과 자신의 힘든 삶의 이력과도 관계가 있다. 그녀는 지나치게 계획적으로 살았고 또한 오랜 기간 동안 힘든 생활을 의지할 데 없이 홀로 어려움을 감당할 수밖에 없었다. 그 결과 몸과 정신이 힘들어졌고 남자친구와 회사로 인해 겪는 어려움으로 인해서 그런 힘든 상황을 조절할 수 없게 되자 스트레스가 누적되어 폭발하게 되었다.

> 우지선: 그게 그동안 이제 살았던 가정이나, 그런 것들이 아무래도 같이 합쳐져서 시너지 효과를 얻게 되지 않았을까요? 막 계획적으로 살아야 되고, 힘들게 살았었고, 사람들 의지할 데 없었고, 힘들어도 혼자 다 힘들었어야 됐고. 그러다 보니까 몸도 많이 힘들고 정신도 많이 힘들고 그렇게 살아와 갖고 중간에 한 번 해외를 갔다와서 조금 쉬었는데 그걸 다시 그런 식으로 인터럽트를 받다보니까 그렇게 이제 그게 나는 계속 그거를 못 받겠는데 그 이상을 줘버리니까 저는 과부하가 걸려 갖고 이제 터진 게 아닌지(858-866).

우지선 씨는 이전에는 스트레스가 쌓이면 자살을 생각했지만, 현재는 스트레스를 조금씩 줄여가려고 노력하고 있다.

> 우지선: 지금은 그러니까 예전에는 그래 내가 없어져야지만 돼라고 생각했던 그런 관점이었다면 지금은 어떻게 해서든지 넘칠 것 같은 이 스트레스를 좀 어떡해서든지 조금씩 줄여봐야겠다라고 생각하는. 그런 거에서 좀 바뀐 건 있죠(3138-3146).

4) 음주 습관

우지선 씨는 스트레스를 음주로 해소하는 습관을 가지고 있다. 그녀는 술을 마시게 되면 스트레스가 해소되고 기분이 좋아지기 때문에 장기간 반복적으로 술을 마시고 있다.

> 우지선: 이게 스트레스 선이 있다면 여기 이하에선 사람들 만나서 풀어지는데 그 이상에서는 사람들로는 안 되, 안 되서 술을 거의 많이 먹었었던 것 같거든요. (…) 한 보름 동안 술을 먹죠, 그러니깐. 술을 그렇게 먹고 나면 또 시간 지나면 또 괜찮아져요. 그 술 먹고 나면 이상하게 다음 날 기분 좋아져요, 저는. 그게 좀 있어서 그게 좀 안 좋은 습관인데 그게 좀 있어서 너무 힘들 때는 좀 술을 먹는 게 좀 있긴 하거든요(2778-2794).

그녀는 과도한 음주로 인해서 좋지 않은 행동을 보일 때도 있다.

> 우지선: 막 토하기도 하고. 그냥 술 계속 마시기도 하고 (…) 가끔 욕하기도 하고. 그니까 입이 너무. 그니까 소주를 너무 많이 마시면 입이 너무 쓰니까 침을 뱉기도 하고. 그런다 (311-335).

5) 신체적 소진

그녀는 특히 회사의 과중하고 불합리한 업무로 인해서 신체적으로 완전히 소진되어 있다. 그래서 주말에 사람들을 만나거나 여가생활을 통한 재충전을 할 수 있는 기회를 갖지 못하게 된다. 그럼으로써 그녀는 스트레스를 해소하거나 통제하지 못하게 된다.

> 우지선: 그때는 (…) 어떻게든지 아는 사람 만나기 위해서 막 그렇게 쫓아다니고 만나고 막 활동하고 그랬는데, 이제 저는 지쳐가는 거예요. 일하면서 계속 회사에서 너무 매달리다 보니까, 뭐 일단은 이제는 몸에서 안 따라줘요. 조금만 막 밤 12시 가까이 막 일해도 다음 날 막 다 다음 날 까지도 막 일주일 내내 몸이 너무 힘들어요. 힘이 하나도 없고 다 빠지고 이러니까, 일단 체력이 안 따라줘요, 지금은(376-395). (…) 너무 힘드니까 일요일 되면 집에서 그냥 퍼져요. 힘이 들어서. 그게 좀 틀린 것 같아요, 그런 게. 그러니까 그런 식으로 계속 쌓여 있는 스트레스, 스, 스트레스들을 조금 조금씩 이렇게 날려 보내줘야 되는데 이게 항상 그냥 차 있는 것 같아요(2806-2826).

6) 혼란스러움

우지선 씨는 현재 자신이 정상적인 정신상태가 아니라고 밝히고 있다. 그녀는 일상에서 감정에 대한 혼란을 겪고 있고 정신이 멍하고 기억을 잘 못하고 있다.

우지선: 전 제가 제정신이 아니라고 생각해요. 아, 그렇다고 미친 건 아니지만, 그렇다고 정, 제 제 저의 일반적인 정상적인 나가 아닌 것 같아요(821-823). (…) 이런 말 써도 되나요? 미친년 같아요(2097-2099).

우지선: 요즘 감정도 그렇게 없는 것 같아요. 뭘 해도 그렇게 즐겁지도 않고 (…) 기쁜 것도 잘 모르겠고. 슬픈 것도 잘 모르겠고요(602-614). (…) 요즘 그러니까 생각이요, 멍해요. 그리고, 기억력이요 계속, 기억을 잘 못해요. 그게 뭐였지, 뭐였지, 뭐였지? 이런 게 너무 많아요, 그게(1153-1155).

그녀가 그런 정신적인 혼란스러움을 겪고 있는 이유는 회사와 남자친구로 인한 스트레스라고 밝히고 있다.

인터뷰어: 회사 스트레스 남편, 저기 남자친구에 대한 스트레스를 심하게 받은 이후로 부터는 제정신이 아닌 거예요?
우지선: 그런 것 같아요(828-834).

7) 좌절감

우지선 씨는 현재 자신이 처한 상황을 비정상적으로 생각하지만 그러한 상황을 통제하지 못하고 있다. 그녀는 자신의 현재 상황을 고치기 위해서 노력을 하지만 개선의 여지가 보이지 않기 때문에 포기하고 싶은 좌절감을 느끼고 있다.

우지선: 그니깐 머리로는 이상하죠. 제정신 아니죠. 머리로는 이게 정상적인 사람이 아니죠. 그니까 알, 알고는 있어요. 알고 있는데, 안 돼요. 따로 움직여요(911-917). (…) 그러니까 제가 하루하루 노력해 갖고 매 시간마다 매 순간마다 노력을 하는 거예요, 저는. 근데 한순간에 그게 이렇게 휘청거리고 막 다시 무너져버리면, 그냥 포기하고 싶어져요. 노력을 해도 이건 별 나아지는 그런 게 안보이니까. 이걸 해서 뭐하나.

완치는 되는 건가. 무슨 안개 속을 걷는 것 같아요, 길도 없는 곳에서, 계속. 그러니깐 계속 포기하고 싶어져요, 지금(3532-3538).

4.4.6.8. 의사소통

우지선 씨는 오랜 기간 동안 혼자 살면서 힘든 일이 많았지만 자신의 힘든 삶을 아무에게도 말하지 않았다. 그녀는 자신의 오랫동안 쌓인 문제를 현재 남자친구에게 전이하고 있는 것으로 보고 있다.

> 우지선: 제가 지금. 제가 또 살아, 이제 혼자 지금 산 지가 한 7년 8년째거든요. 혼자 산 지가 8년짼데 그동안 힘든 일 있어도 계속 전 저 혼자만 끙끙 앓고 있었어요. 부모님한테 얘기 안 해요, 힘든 일은 또, 있어도. 집 안에서 이제 있으시니까. 걱정하시니까. 괜히 마음 아프실까봐. 그니까 그전까진 계속 힘든 걸 혼자 끌어안고 있었어요. 그랬는데 이제 옆에 같이 있고, 보잖아요. 그래서 그게 전이가 된 것 같아요. 그니까 나 힘드니까 나 좀 봐달라고, 이제. 아마 옆에 없었으면 또 저 혼자 막 그렇게 그랬을지도 몰라요(675-683).

우지선 씨가 상담을 받게 된 계기는 남자친구의 권유가 있었기 때문이다. 상담을 받으면서 그녀는 자신에 대해서 모르고 있던 부분을 알게 되었고 더 많이 이해하게 되었으며, 긍정적인 삶의 태도를 가지려고 노력하게 되었고 또한 다른 사람들에 대한 관심을 보다 많이 갖게 되었다.

> 우지선: 으음. 일단 중간 중간에 정리한 부분들도. 제가 그니까, 미처 생각하지 못한 그런 정리 같은 것도 좀 해봤던 것 같기도 하고. 으음. 일단은 좀 나아지지가 않을까 하는 희망을 갖고 왔으니까. 그런 희망들을 품고 좀 긍정적으로 바뀌려고 노력도 하고. 나 혼자가 아닌, 다른 사람도 눈에 이제, 하나둘에 두 명씩 담기 시작했고. 다시 좀 삐걱거려서 그렇지. 지금 좀 그러, 그런 그러네요. 그런 것들을(4201-4213).

자살시도 요인의 상호 관련성

우지선 씨가 20대 초반부터 혼자 살면서 힘든 시간을 보냈지만 그러한 과정에서 자신의 어려움을 아무에게도 이야기하지 않은 소통의 부재가 우지선 씨의 자살시도에 대한 가장 원초적인 요인으로 작용하는 것으로 보인다. 그러한 그녀의 힘들었던 삶의 이력과 의사소통의 부재는 남자친구와 회사생활로 인해서 겪게 되는 어려움과 합쳐지면서 더 큰 어려움을 야기하고 그것이 결과적으로 그녀가 자살시도를 하게 되는 요인으로 작용한다. 요약해서 말하자면, 그녀의 삶의 이력과 소통부재 그리고 남자친구와 회사가 그녀의 자살시도에 영향을 끼치는 매우 중요하고 직접적인 요인으로 작용하고 있다.

그녀는 남자친구를 자신의 힘들었던 삶의 이력과 그것에 대한 의사소통의 부재의 문제를 해결할 수 있는 유일한 대상으로 여기고 그에게 의존하고 집착한다. 한편 보수적인 성격을 가지고 있는 남자친구는 그녀가 다른 사람들과 자유롭게 만나 술을 마시고 집에 늦게 귀가하는 행동을 속박하고 통제한다. 그렇기 때문에 남자친구에게 의존하고 집착하는 그녀는 자신의 방식을 버리고 남자친구의 삶의 방식을 살게 된다. 그럼으로써 그녀는 자신의 스트레스를 풀 수 있었던 유일한 계기였던 다른 사람들과의 만남을 갖지 못하게 되고 점차 흥미도 잃어가게 된다. 결과적으로 그녀는 인간관계가 단절되고 재충전할 수 있는 기회가 상실됨으로써 한편으로는 남자친구에게 더 의존하고 집착하게 되고, 다른 한편으로는 스트레스가 누적되고 폭발하게 되어 자살시도를 하게 된다.

우지선 씨는 회사에서 밤늦게까지 일을 해야 하고 휴일에도 수시로 업무를 해야 하는 과중한 업무에 시달린다. 그럼으로써 그녀는 신체적으로 완전히 소진되고, 그로 인해서 휴일에 사람들을 만나지 못하는 인간관계의 단절을 겪게 되고 여가생활을 못하게 됨으로써 재충전할 기회를 상실하게 된다. 이로 인해서 누적되고 폭발하는 스트레스가 그녀가 자살을 시도하게 되는 요인으로 작용한다. 회사에서 시도 때도 없이 부여하는 과중한 업무는 그 자체로도 그녀에게 스트레스의 요인으로 작용한다. 하지만 더 큰 문제는 회사의 과중한 업무와 불합리한 업무 방식으로 인해 그녀가 의존하고 집착하는 남자친구가 회사일에 얽매이고 몰두함으로써 그녀에게 충분한 관심을 보이지 못하게 된다는 것이다. 그렇기 때문에 우지선 씨는 남자친구와 회사 그리고 자신을 삼각관계에 놓여 있는 것으로 보게 된다. 남자친구의 불충분한 관심과 인간관계의 단절로 인해서 그녀는 남자친구에게 이전보다 더 많이 의존하고 집착하게 된다. 그로 인해서 그녀는 분노와 불안감 그리고 스트레스를 겪고 있고 자아존중감을 상실하게 되는데 이러한 것들이 그녀가 자살시도를 하게 되는 요인으로 작용한다. 또한

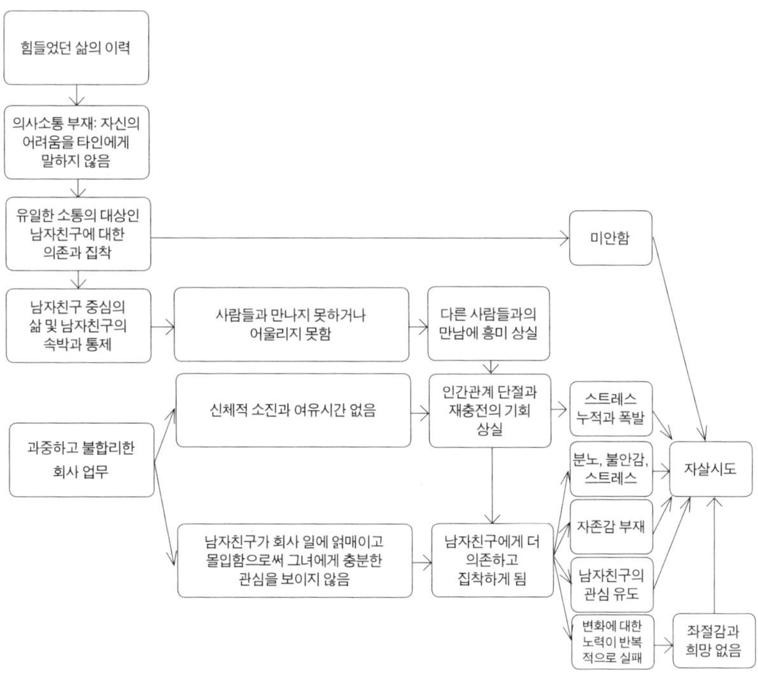

그림 43. 우지선 씨의 자살시도 요인의 상호 관련성

이러한 상황에서 자살시도는 남자친구의 관심을 유도하고자 하는 수단으로 이용되기도 한다. 우지선 씨는 남자친구에게 지나치게 의존하고 집착하고 또한 그로 인해서 자살시도를 하는 것을 매우 비정상적인 것으로 판단하고 이러한 상황을 변화시키고자 하지만 매번 실패한다. 그러한 반복적인 실패로 그녀는 좌절감을 느끼고 삶에 대한 흥미와 희망을 찾지 못하게 되는 것이 또 다른 자살시도의 요인으로 작용하기도 한다.

4.5. 한정연 씨의 상담에 나타난 자살시도 요인

한정연 씨의 자살시도 체험은 아래와 같이 10개의 범주로 정리된다.

1. **자살시도**: 한정연 씨는 자살시도와 관련하여 그녀가 자살을 시도한 이력과 이유 그리고 방법에 대해서 이야기를 하였다. 그녀는 첫째 아이를 출산한 후에 우울증이 오면서 목맴 자살시도를 한 적이 있다. 그녀가 자살을 시도하게 된 이유로 우울증, 일상생활 불가능과 자포자기, 강박적 사고와 행동방식, 타인에 대한 지나친 의식과 두려움 등을 들고 있다. 그녀가 생각하는 자실시도 방법은 흉기를 사용한 상해와 약물복용 그리고 목맴 등이 있다.

2. **성장과정**: 한정연 씨는 자신의 성장과정을 평탄하고 원만했다고 짧게 언급하고 있다.

3. **부부관계**: 한정연 씨는 남편과 원만한 연애 끝에 결혼을 했으며, 결혼생활 내내 이렇다 할 큰 다툼 없는 원만한 부부관계를 유지하였다. 그녀는 남편을 착한 사람이라고 인식하고 있다. 그녀의 남편은 그녀

의 질병 상태를 잘 이해하고 있고, 그녀가 하지 못하는 일상적인 가사를 대신하고 있다.

4. 가족관계: 한정연 씨는 두 딸을 두고 있다. 그녀는 일상생활이 불가능하기 때문에 두 자녀에 대해서 잘 해주려고 하지만, 결과적으로 엄마로서의 역할을 다하지 못한 데 대해서 매우 안타깝게 생각하고 있다. 친정어머니와 언니는 그녀가 하지 못하고 있는 가사와 육아를 대신해주고 있다. 그녀는 그에 대해서 매우 미안하게 생각하고 있다. 한정연 씨의 시부모는 이혼을 협박하면서 둘째 아이를 임신하라고 강하게 권한 바 있다.

5. 인간관계: 한정연 씨는 결혼 전에는 원만한 인간관계를 맺으며 살아왔다. 하지만 강박증으로 인해서 그녀가 남다른 행동을 하게 되고, 다른 사람들이 그것을 흉보고 비난할 것이라는 걱정으로 인해서 사람들을 두려워하고 회피하게 되었다.

6. 자아규정: 한정연 씨는 자신을 진지하고 심각하며 소심하고 내성적인 사람이라고 규정하고 있다. 그녀는 결혼 전에는 정상적이었지만, 현재는 몸을 자유롭게 움직이지 못하기 때문에 갇혀 있는 비정상적인 삶을 살고 있다고 자신을 규정하고 있다.

7. 행동성향: 한정연 씨는 자신의 행동성향을 다양하게 규정하고 있다. 그녀는 지나치게 심각하고 진지하며, 부정적으로 생각하고 행동하는 경향이 있다고 말하고 있다. 또한 어떤 일을 꾸준하게 하지 못하고, 자신을 지나치게 자책하고 학대하는 성향이 있다고 보고 있다. 그녀는 다른 사람들과 다르고 이상한 행동을 하고, 그것을 다른 사람들이 알고 흉을 볼 것에 대해서 지나치게 의식하고 있으며, 타인으로부터 자

신을 고립시키는 행동을 하고 있는 것으로 보고 있다.

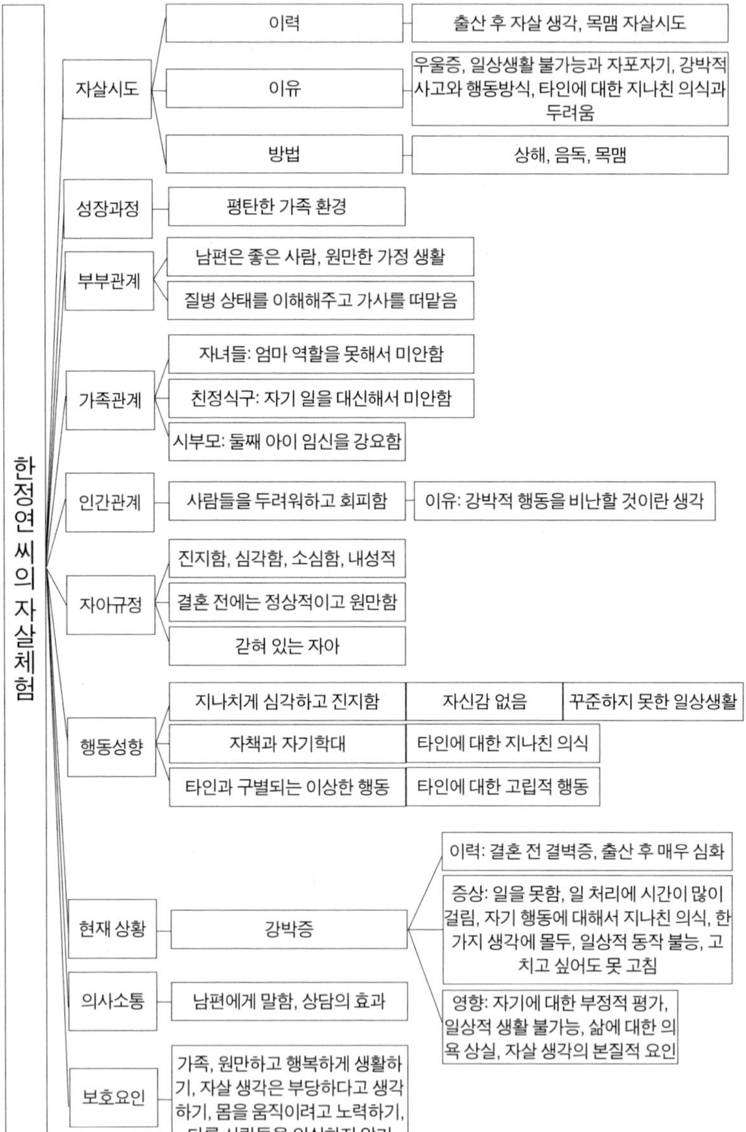

그림 44. 한정연 씨의 자살시도 요인

8. 현재 상황: 한정연 씨가 현재 겪고 있는 가장 큰 어려움은 강박증이다. 그녀는 결혼 전에도 결벽증과 같은 경미한 강박증을 가지고 있었지만 출산 후에 그러한 증세가 매우 심화되었다. 그녀가 말하는 그녀의 강박 증상은 일을 못함, 일 처리에 시간이 많이 걸림, 자기 행동에 대해서 지나치게 의식함, 한 가지 생각에 몰두함, 일상적 동작 불가능, 고치고 싶어도 못 고침 등이 있다. 강박증은 그녀에게 여러 가지 부정적인 영향을 끼치고 있다. 그러한 것으로는 자기에 대한 부정적 평가, 일상적 생활 불가능, 삶에 대한 의욕 상실 등이 있다.

9. 의사소통: 한정연 씨는 자신의 어려움에 대해서 남편에게 말을 하고 그와 협의하여 해결책을 모색하고 있다. 그녀는 상담을 받으면서 마음이 편안해진 느낌을 받았고, 자살 생각을 하지 않게 되었다.

10. 보호요인: 한정연 씨의 자살 생각을 막아주는 보호요인으로는 가족, 원만하고 행복하게 생활하기, 자살 생각은 부당하다고 생각하기, 몸을 움직이려고 노력하기, 다른 사람들을 의식하지 않기 등이 있다.

4.5.1. 자살시도

4.5.1.1. 자살시도 이력

한정연 씨는 둘째 아이를 출산한 이후에 구체적으로 자살 생각을 한 적이 있었고, 지금도 가끔씩 자살 생각을 하고 있다.

> 한정연: 어어어어. 스으읍. 으으으음. 예 아이가 태어나고 나서부터, 이제… 얼마 안 되서 그때부터 이제 또 죽어야 되겠다 그런 생각을 많이 했던 것 같아요(493-503).

인터뷰어: 내 안에 죽고 싶은 그런 생각이 계속, 끊임없이 있나요?

한정연: 어어어. 조금은 있어요. […] 가끔씩이요(2285-2289). […] 지금도 그런 생각은 있거든요. 들거든요(1277-1280).

그녀는 첫 번째 자살시도로 가족들이 모두 잠들었을 때 벨트로 목을 맨 적이 있었다.

한정연: 벨트로. 저희 집 식구들이 다 잠을 잘 때요. 밤에 그때 예 목을 이렇게 벨트로 목을 졸라 가지고 죽으려고 시도를 했었거든요(2208-2223).

그녀는 약물을 복용하면 심장마비로 죽을 것이란 생각을 하면서 두 번째 자살시도를 하였다.

한정연: 아 그때는 제가 정신과 병원을 다니잖아요. 다니고 있잖아요. 어어 제가 티비에서 봤는데요, 약을 갈아서 먹으면 심장이 마비가 돼서 죽는다고. 그런 얘기를 들었어요. […] 죽음에 대한 그런 생각이 어어 절실했기 때문에 그래서 어어 그렇게 약물로 시도를 했거든요(2261-2270).

그녀는 자살을 시도하는 중에 죽는 것이 너무 힘들고 고통스럽기 때문에 자살시도를 멈춘 경험이 있었다.

한정연: 그렇게 예 그렇게 시도를 하고 나서, 어어 하아. 너무 고통스럽고 힘드니까 힘, 아이 너무 고통스럽고 힘든 그런 생각 때문에도 그랬고요, 어어 습 으음 아니다, 아니다 이건 아닌 것 같다. 뭐 살아야 되겠다. 살아야 되겠다 그런 생각이 어어 습 갑자기 들었던 것 같아요. 그래서 예 벨트를 풀렀거든요(2226-2230).

자살하는 것이 너무 힘들고 고통스럽기 때문에 그녀는 자살을 할 수 없을 것이라고 생각하고 있다.

> 인터뷰어: 근데 그보다 더 좋은 방법이 있다면 하실 수 있겠네요.
> 한정연: 음 그니까 할 수만 있으면 할 태, 하겠지만 (…) 예. 근데 그게에 저한테는 너무, 저한테는 너무 어려운 것 같으니까요(792-809).

4.5.1.2. 이유

한정연 씨가 죽고 싶다는 생각을 한 이유는 둘째 아이를 출산하고 생긴 우울증과 그로 인해서 일상생활이 완전히 불가능해지고, 그러한 상태가 나아질 것이라는 희망이 없어져 자포자기한 상태이었기 때문이었다. 또한 그녀의 강박적 사고와 행동방식과 사람들에 대한 두려움도 그녀가 자살을 생각하게 한 요인으로 작용하였다.

1) 우울증

한정연 씨는 둘째 아이를 출산하고 난 후에 우울증이 생겼고 그 당시에 구체적인 방법을 떠올리면서 자살 생각을 하게 되었다.

> 한정연: 어어 음 죽고 싶다는 생각은 습. 제가요. 아이를 낳고 나서. 우울증이 그때부터 시작됐거든요(25-32). (…) 어어 우울증이 생기고 나서부터. 죽고 싶다는 생각을 많이 했던 것 같아요. 그때부터 (…) 뭐어. 목을 매달아서 죽든지 아니면 뭐 칼로 찔러서 죽든지 칼로 이렇게 배 뭐 이렇게 가슴 배를 배나 가슴을 찔러가지고 죽든지 아니면 약을 머 뭐 약 같은 거를 먹고 죽든지 뭐 그런 생각을 많이 했었던 것 같아요(176-186).

2) 강박적 사고와 행동 방식

한정연 씨는 자신의 행동이 평소와 다르고 다른 사람들과도 다르다는 사실을 인식하게 되었다. 즉, 그녀는 한 가지 일에 집착하게 되고 행동이 이상하게 변화한 것에 대해서 힘들어 죽고 싶다는 생각을 하게 되었다.

> 한정연: 어 제 자신이 허어 막 너무 한 가지에 습 집착 심하게 집착하고 골똘하게 생각하고 막 신경 쓰고 막 그 체크하고. 그런 그 그니까 그런 것들 때문에 제 자신이 많이 힘들고 스, 그니까 제 스스로가 제 자신한테 많이 힘들고 좀 복잡하기도 하고 머리도 좀 많이 아픈 것 같기도 하고. 그래서 그런것 때문에 많이 힘들거든요. 주로 그런 것 때문에 많이 힘들거든요(1285-1293). (…) 어느 날부터인가… 습 제가 달라, 그니까 뭔가가 조금 달라지면서 어 행동을 이상하게 한다던지 그런 게 생겼거든요. (…) 그니까 제가 하던 방식에서 좀 약간 틀에 많 약간 그니까 아주 지나치게 많은 많이는 아닌데 좀 벗어나고 이상하게 행동이 되더라고요. 그래서 예 그것 때문에 많이 힘들고 죽고 싶다는 생각이 많이 들더라고요(1405-1419).

3) 일상생활의 불가능

한정연 씨는 우울증으로 인해서 일상생활을 전혀 할 수가 없었다. 그녀는 그러한 상태가 개선될 것이라는 희망을 갖지 못했다. 그러한 상태에서 그녀는 벼랑 끝에 다다른 느낌을 가지게 되었고 스스로 삶을 마감하는 것이 최선의 방법이라고 생각을 하게 되었다.

> 한정연: 완전히 그때 당시에도 자포자기 뭐 정말로 일을, 일을 못하고 막 그러니까. 뭐 어땠냐면은요. 막. 아무것도 거의 아무것도 못하고(130-132). (…) 도저히 생활을 할 수 없는 그런 상태거든요. (…) 그래서 어 도저히 어떻게 제가 제 자신도 어떻게 할 수가 없고… 하아 그… 방법이 없겠다. 거의 지금은 지, 지금 현재 상태에는 하아 포기상태라고 말해도 뭐 예 포기상태라고 말할 정도의 그런 상태거든요. (…) 이대로는 도저히 살 수가 없다. 다 포기를 해야 할 것 같다. 하아. 도저히 습

이 상태로서는 방법이 없겠다. 하어. 죽어야 되겠다. 죽을 수밖엔 없겠다. 그 죽는 거밖에는 방법이 없겠다. 네. 그렇게 생각을 하거든요(2700-2734).

한정연: 이 상태로 계속 있다가는 뭐 고쳐질 것 같지도 않고. 방법도 없고, 고쳐지, 그니까 고쳐질 것 같지도 않고 방법도 없고 완전히 구제불능에 상태니, 구제불능에, 자포자기에 완전히 포기 포기 완전히 포기 상태니까. 하아. 이제는… 완전히 더 이상 갈 곳도 없고 으음. 딱 벼랑에 이제 딱 벼랑길에 멈춰서게 됐으니까. 그 죽, 이제 죽는 방법이 이제에 최상의 저한테는, 제 지금 주어진 환경에서는 최상의 방법이라고 밖에는 생각이 안 드는(780-788).

4) 타인에 대한 지나친 의식과 두려움

한정연 씨는 자신의 자연스럽지 못한 행동방식을 다른 사람들이 이상하게 생각할 것이라고 크게 걱정하고 있고, 다른 사람들에 대해서 두려움을 갖게 되었으며, 죽고 싶다는 생각을 하게 되었다.

한정연: 어떤 행동을 할때에 그냥 자유롭게 자연스럽게 행동을 하는데요. 스읍 저는 하아 그렇지가 못하거든요. […] 다른 사람들이 저를 […] 어떻게 생각을 할 거라는 그 생각을 제가 생, 생각을 하거든요. 그래 가지고 그런 것 때문에 많이 힘들거든요. 제가 그런 생각을 하게 돼서요. […] 사람들이 습 무섭다는 생각이 들었다고요. […] 그런 생각이 […] 영향을 좀 끼치는 것 같아요. 그래서. 어어. 그런 것 때문에 살기가 싫고 죽고 싶다고 생각이 되거든요(2152-2175).

한정연 씨는 자신의 변화된 행동으로 인해서 다른 사람들이 자신을 약하게 볼 것이라고 생각을 하였고, 지나치게 타인을 의식하게 됨으로써 자신의 삶이 없는, 타인의 눈치를 보는 삶을 살고 있다는 생각을 하고 있다.

> 한정연: 으음. 제가요 제 자신하고 저희 식구들을 위해서 사는 게 아니고 남을 위해서 사는 것 같아 가지고 그것 때문에 죽고 싶었거든요. (…) 이렇게 뭐 어 실수 같은 거를 많이 한다던지 그러면 뭐 스읍 좀 그러면 그 사람한테 그 그런 사람들한테 이렇게 약해 약하게 보일 것 같아서 그런 예 행동할 때도 스 그런 면 때문에 그런 예 그래서 예 약하게 보이지 않으려고 하거든요(2451-2482). (…) 저 자신의 삶을 살 살고 있는 게 아니고 다른 사람의 삶을 살고 있는 것 같아서 그래서 죽고 싶다는 거거든요(2533-2540).

4.5.1.3. 방법

한정연 씨는 상해, 음독, 목맴 등과 같은 다양한 자살 방법을 생각한 적이 있었다.

> 한정연: 뭐어. 목을 매달아서 죽든지 아니면 뭐 칼로 찔러서 죽든지 칼로 이렇게 배 뭐 이렇게 가슴 배를 배나 가슴을 찔러가지고 죽든지 아니면 약을 머 뭐 약 같은 거를 먹고 죽든지 뭐 그런 생각을 많이 했었던 것 같아요(176-186).

그녀는 약물로 자살을 하기 위해서 약국에 가서 죽을 수 있는 약을 달라고 요청을 한 적이 있었다.

> 한정연: 애기 낳고 나서부터 이제 어어 바로 막 죽고 싶다는 생각이 많이 들어서, 막 막 약국 같은 데 가가지고 이렇게 죽는 약… 구하려고 그랬었고 그랬어요(507-518).

한정연 씨는 자살을 할 수 있는 방법을 구체적으로 알고 싶어서 자살예방센터에서 죽을 수 있는 방법에 대해서 도움을 받고자 한 적도 있었다.

인터뷰어: 오늘 그 114 통해서 자살예방협회에 간 이유는 어떤 이유예요?
한정연: 어어… 거기에서 어. 습. 도움을… 좀 받을 수 있을까 해서요.
인터뷰어: 무슨 도움을요?
한정연: 죽는 도, 죽는 거에 대한 도움이요(3-19).

4.5.2. 성장과정

한정연 씨는 비교적 평탄한 환경 속에서 성장을 하였다. 그녀는 막내였고 언니들의 도움을 많이 받고 자라서 성장과정에서 큰 어려움을 느끼지 못하였다. 그렇기 때문에 그녀는 결혼과 출산으로 인해서 스스로 해야 할 일들에 대해 큰 부담을 느꼈다.

한정연: 막내다 보니까 어려운 거 뭐 크게 뭐 어려운 거는 모르고 살아왔어요. 언니들의 도움을 워낙에 많이 받고 살아왔기 때문에. (…)
인터뷰어: 예 그러면 결혼하고 아이를 낳고. 물론 결혼생활도 어려움이 있지만, 아이를 낳고 했을 때 그런 어떤 부담이나 어려움이 확 느껴졌어요? 내가 이걸 감당할 수 있을까?
한정연: 어 아무래도 생활이 많이 달라졌잖아요. 그렇다 보니까. 그런, 예 조금은 그런 그런 건 있었죠.
인터뷰어: 그 부담이 있었다는 거죠?
한정연: 예.
인터뷰어: 그 부담이 굉장히 컸었나요?
한정연: 어 예 컸었지요(1792-1814).

4.5.3. 부부관계

한정연 씨는 남편과 원만한 연애생활을 한 후에 결혼을 하였다. 남편은 좋은 사람이고 결혼생활을 하는 동안 부부가 심각하게 고민할 만큼 힘들고 어려운 일이나 다툰 일은 없었을 만큼 원만한 결혼생활을 하였다.

한정연: 연애할 때는 그때는 습 어어 되게 좋았거든요. 예. 원만했고 좋았어요(673-681).

인터뷰어: 남편이 성격도 좋으시고요?
한정연: 예. 착한 편, 많이 착한 편이에요(695-696).

한정연: 제가 지금까지 결혼생활을 쭉 해오면서 느꼈던 건데요, 뭐 음… 제 생활에서 그렇게까지 뭐 심각하게 고민을 해야 되고, 뭐 막 아주 뭐 견디기 힘들거나 뭐 해결하기 어려웠던 그런 문제는 (…) 거의 없었거든요(1251-1256). 뭐 크게 싸우거나 그런 적은 어 별로 없었거든요. 아이, 거의 없었어요(1958-1966).

한정연 씨는 우울증으로 인해서 남편에게 무관심하게 대하지만 남편이 잘 이해해주는 편이다.

한정연: 어어 그냥 뭐 스 이게 남편이 오면 막 귀찮아가지고요. 인사도 그냥 막 누워서 하고 그런 식이고 막 인사도 제대로 못하고 그런 식이죠. (…) 제가 우울증이라는 병이 있으니까. 그래서 이해를 잘 해주 해줬던 것 같아요(738-746).

한정연 씨가 우울증으로 인해서 일상생활이 불가능해지자 남편이 살림과 관련된 대부분의 일을 하고 있고, 그녀는 걸레질이나 설거지와 같은 일을 하고 있다.

인터뷰어: 아침 식사준비는 누가 하세요?
한정연: 음 식사준비는 주로 남편이 하거든요.
인터뷰어: 점심은 누가 준비하세요?

한정연: 음 점심도 남편이 준비하거든요.
인터뷰어: 저녁은 누가 준비하죠?
한정연: 저녁도 남편이 준비해요.
인터뷰어: 그러면은 주로 다 살림과 관련한 건 남편이 하세요?
한정연: 어 예. 거의 그렇다고 봐야 되겠죠(1059-1066). (…) 저는 뭐 이렇게 걸레질 같은 거요. 걸레질 같은 거라든지 아니면 설거지요(1068-1072).

한정연 씨는 남편의 이해와 협조로 비교적 원만한 가정생활을 영위하고 있다. 하지만 그녀가 엄마와 가정주부로서의 역할을 다하지 못하는 것에 대한 남편의 불만으로 인해서 남편과 다툼을 벌인 적도 있었다.

한정연: 제가요. 엄마 노릇 그러니까 엄마 노릇을 습 제대로 한 적이냐 있었냐고 저희 남편이 저한테 몇 번 그랬었거든요. 습. 그런 말 들었을 때 좀… 화도 나고요. (…) 제가 화나면 뭐 변명을 하거든요? 그 제가 이렇게 그러니까 뭐 일부러 그런 것도 아니고 병이 있어서 그러는 건데. 병이 있어서 그러는 거 아니냐고 그렇게 말을 하거든요. 그러면 남편은 저희 남편은 뭐 아 그런 것도 하루 이틀이지 뭐 그. 어어. 병이 있다는 거는 뭐 변명에 지나지 않는다는 그런 식으로 말을 하고요. 음. 그리고 습 아아. 자기가 저하고 습. 어. 아 이럴 줄 알았으면 저하고 결혼을 하지 않는 건데 괜히 결혼을 했다고 하아아 그런 식으로 말을 하고요(1982-2023).

4.5.4. 가정생활

4.5.4.1. 자녀

한정연 씨는 둘째 임신기간 중에 가끔 죽고 싶다는 생각을 했지만, 태아를 위해서 부정적인 생각을 하지 않으려고 노력했다.

한정연: 아이를 가졌으니까 안 좋은 생각을 하면은 안, 아이한테도 안 좋잖아요. 그래서 그냥 으음. 그런 생각을 되도록이면 안 하려고 했었거든요. 그래 가지고 그니까 아이 가졌을 때는 막 죽고 싶단 생각이 막 많이 들진 않았거든요. 근데 가끔씩. 어쩌다가 가끔씩요. 생각이 전혀 안 들었던건 아니고요. 가끔씩은 들었었어요(429-435).

한정연 씨는 둘째 아이가 미숙아로 태어났고, 아이가 정상적으로 잘 자랄 수 있을지에 대한 걱정으로 죽고 싶다는 생각을 하게 되었다.

한정연: 예예 아이가 너무 작게 태어나 가지고. 막 스, 너무 여리잖아요. 그래 가지고 하아 어어 과연 잘 자랄 수가 있, 저 상태에서 습 크게 자랄 수가 있을까, 커질 수가 있을까 그런 생각을 했었어요.
인터뷰어: 그러고 나서, 아이한테로 관심이 쭉 가는 게 아니라, 나의 어떤 우울감이나, 죽고 싶다는 생각 쪽으로 다시 옮겨진 거예요, 생각이?
한정연: 어어어어, 예 그랬던 것 같아요(469-483).

한정연 씨는 우울증으로 인해서 일상생활의 어려움을 겪고 있지만 아이들에게 잘 해주기 위해서 노력하고 있다.

한정연: 어 그런 생각은 제가 하지는 못하지만 어 습 어 노력을 많이 해서 애기들 아기들 아이들한테 잘 해줘야 할 텐데 그런 생각은 많이 해오거든요(1244-1246).

한정연 씨는 아이들을 위한 일을 할 때에는 그렇게 힘들다는 생각은 들지 않고 또 그런 생각이 누그러지기도 한다.

한정연: 그냥 뭐 제가 해줄 수 있는, 있던 거는요. 책을 조금씩 뭐 읽어준다던지 아니면 뭐 스읍. 뭐 이렇게 그림 애기가 그림 그리는 거를 워낙에 좋아하거든요. 그리고 혼자 있을 때는 주로 그림을 많이 그리면서

놀거든요. 그래서 어 애기 그림 그리는 거를 봐주 봐주고 아이, 보고 예 예 보고, 봐주고 그러거든요. (…) 그럴 때는 그렇게까지 힘들다고 생각은 안 들었거든요(1116-1125).

한정연 씨는 일생생활을 하지 못하는 것과 더불어 아이들에게도 엄마로서의 역할을 전혀 하지 못하고 있다.

한정연: 뭐 엄마 노릇은 엄마 역할은 진짜로 하지 못해 전혀 하지 못했던 상황이었죠(360-362).

한정연 씨는 아이가 놀아달라고 해도 귀찮고 흥미가 없어서 거절을 하기도 한다. 또한 그녀는 자신이 해야 할 일을 아이에게 시킴으로 인해 아이가 불쌍하다고 생각하고 아이에게 미안해하는 마음을 가지고 있다.

한정연: 어 아니요. 그냥 놀아주는 거 아이하고 놀아주는 것 자체가 어 그냥 습. 그 놀아주는 것 그거에 그것 자체에 흥미가 별로 없다고 생각이 되고요, 막 재미도 없는 것 같고 많이 귀찮다고 생각이 되고. 그래서 못 놀아주거든요(1103-1115). (…) 집에서 아이하고 같이 있을 때요. 아이한테 어어. 제가 할 수 있는 일들도요. 막 아이한테 심부름 같은 거를 많이 시키거든요. 어어. 그래 가지고요. 아이한테 으음. 스읍 으음 미안한 것 같기도 하고요. 그런 것 때문에 아이가 어어 안됐다는 그런 생각이 들더라고요. 불쌍하기도 하, 불쌍하다고 생각되기도 하고요(1914-1926).

한정연 씨는 자신이 처한 현재의 어려운 상황으로 인해서 아이들에게 잘 해줄 수 있는 처지가 아니다. 그렇기 때문에 그녀는 아이들에게 엄마의 역할을 다하지 못하고, 심지어는 어린아이에게 자신이 할 일마저 시키기 때문에 마음 아파하고 있다. 비록 그녀는 힘들고 아이들에게 엄마로서의 역할을 다하지는 못하지만, 아이들에게 최선을 다하고자 하는 마음은 가지고 있다.

4.5.4.2. 친정식구

한정연 씨는 자신이 일상생활을 영위할 능력이 되지 않아 친정 어머니와 언니가 그녀의 일을 대신해주고 있는데, 이것에 대한 미안한 마음으로 죽고 싶다는 생각을 하기도 하였다.

> 한정연: 그래서 어 제가 생활을 그 아이 낳고 나서부터도 마찬가지로 생활을 여전히 전이나 지금이나 못 했거든요. 그래 가지고 막 엄마나 작은 언니가 와 가지고 이렇게 뭐 도와, 와서 오셔서 도와주시고. [⋯] 엄마랑 작은언니한테 미안한 생각도 들고 그래서 들, 들고 또 하아. 또 하루 이틀도 아니고 막 평생을 이렇게 돌봐주, 그니까 이렇게 봐주시고 돌봐주시고 그러니까 어어 그니까. 그으. 그니까. 이 생활이 언제까지 지속될 수 있을까 그, 이런 생각도 들고 또 언, 언제까지 언제까지 도움만 받고 살 수 있을까 뭐 그니까 생각이 좀 그런 그런 부분에서 생각이 좀. 많이 들면서 이제 그 죽고 싶다는 생각도 많이 들었던 것 같아요 (588-613).

4.5.4.3. 시부모

한정연 씨는 시부모님의 강제적인 요구에 의해서 둘째 아이를 임신하게 되었고, 둘째 아이가 딸로 태어났을 때 그들이 매우 실망했다는 사실을 명확히 느낄 수 있었다.

> 한정연: 제 의지와, 제 의지하고는 전혀 상관없이, 그냥 거의 완전히 그니까 애기를 안 가지면 이혼을 시켜 시키겠다. 그렇게까지 아버님께서 그렇게까지 말씀을 하시고, 그런 식으로 나오시, 나오셨던 상황이었어요. 그래 가지고 어, 저는 애를 갖고 싶은 생각이 둘째 애를 갖고 싶은 생각이 전혀 없었거든요. [⋯] 그니까 제 의지, 저는 제 의지하곤 상관

없이 거의 완전히 강, 반강제적으로 애기를 갖게 된 거예요(372-379).

> 한정연: 시부모님이 오셨는데 반응이 그니까 아버님이 특히나 반응이 너무나 안 좋으셨어요. 너, 너무 서운해하셨거든요. 굉장히 많이 서운해하셨어요. 그게 표정에서도 역력했거든요(392-398).

4.5.5. 인간관계

한정연 씨는 산후 우울증이 오기 전까지는 사람 만나는 데 어려움을 느끼지 못했고 사람들과 원만하게 잘 지냈었다.

> 한정연: 어어 사람 만나는 거는 어려웠던 적이 없던 것 같고요(80-81). 〔…〕 큰언니가 저한테 음 가끔씩 그런 말을 했었거든요. 너는 교회 다닐 때가 제일 편안해 보였고, 보였다고. 그리고 그때는 음 제가, 음 그때는 제가 청년부에도 가입을 했었던 상태였거든요. 그래서 음 청년부 생활도 원만했었다고 언니, 원, 원만했었, 원만히 잘했다고 했었다고 그랬거든요(652-659).

하지만 산후우울증이 온 이후로 한정연 씨는 사람들을 만나는 것이 두려워 외출을 하지 않고 있다.

> 한정연: 어어 그냥 그 이렇게 집에서요 생활을 하는데 이렇게 뭐, 뭐어 방에서 거실을 나오다 나온다든지 아니 아니면 뭐 예, 그 음. 스읍 그럴 때에 이렇게 그냥 아 이렇게 예. 사람들이 무섭다는 생각이 들어서. 하아. 이렇게 나오기가 조금. 어 예 그런 것 같아요(1853-1866).

한정연 씨가 다른 사람들 만나기를 두려워하는 이유는 자신이 강박적으로 변한 행동방식을 그들이 알아 보고 흉을 보거나 비난을 할 것이라는 생각 때문이다.

한정연: 이렇게 흉을 보거나 뭐 욕을 하거나 그럴 것 같다는 생각이 들거든요(1878-1888). 그니까 제가. 아 집에서 제 일을 할 때요. 그니까 지나치게 지나치게 제 일에 너무 이렇게 신경 쓰고 집중하고 몰두하고 그러다 보니까 막 그런 게 다른 사람들이 그거를 그니까 저의 그런 거를 아는 것 같아요. 아는 것 같아가지고 제 생각에는요. 그래서 그 사람들이 저에 대해서 뭐라고 얘기를 하고 아이, 뭐 이렇게 욕을 하, 그러니까 흉을 본다든지 욕을 한다든지 뭐 저에 대해서 얘기를 하고 그런 것 같거든요(2067-2075).

한정연 씨는 다른 사람들의 시선 때문에 힘들고 다른 사람들이 무섭다는 생각을 하고 있으며 이러한 것들로 인해서 자살 생각을 하게 되었다.

한정연: 다른 사람들이 저를 (…) 어떻게 생각을 할거라는 그 생각을 제가 생, 생각을 하거든요. 그래 가지고 그런 것 때문에 많이 힘들거든요. 제가 그런 생각을 하게 되서요. (…) 사람들이 습 무섭다는 생각이 들었다고요. (…) 그런 생각이 (…) 영향을 좀 끼치는 것 같아요. 그래서. 어어. 그런 것 때문에 살기가 싫고 죽고 싶다고 생각이 되거든요(2152-2175).

한정연 씨는 산후우울증이 오기 전까지 사람들과 원만한 관계를 맺고 살았지만, 발병 후 그녀의 변화된 행동방식에 대해서 다른 사람들이 욕하고 비난할 것이라는 생각을 하게 되었다. 그로 인해서 그녀는 사람들을 두려워하게 되었고 사람들과의 만남을 피하고 있다.

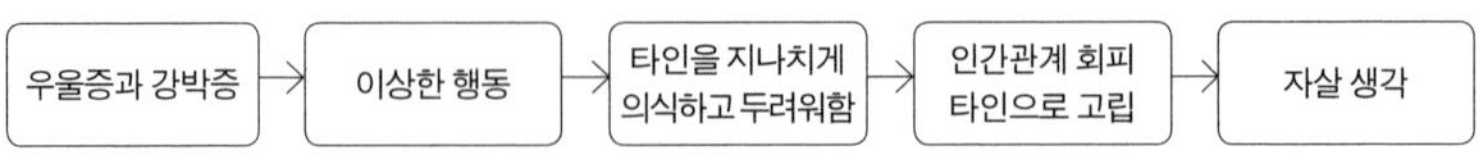

그림 45. 한정연 씨의 자살시도 요인으로서 인간관계의 문제와 그 요인

4.5.6. 자아규정

4.5.6.1. 진지함, 심각함, 소심함, 내성적인 자아

한정연 씨는 자기 자신에 대해서 전반적으로 진지하고 심각하며 소심하고 내성적이라고 규정하고 있다.

> 한정연: 으음 예 제가요. 제 성격이 좀 많이 진지하고 어 많이 심각하고 많이 소심하고 많이 내성적이, 아 그러니까 조금 내성적이고 그런 편이라서(1234-1236).

4.5.6.2. 결혼 전에는 정상적이고 원만한 자아

한정연 씨는 결혼 전에는 자신이 매우 정상적이고 원만했으며 일상생활에도 전혀 어려움이 없었음을 밝히고 있다.

> 한정연: 전에는 그전에는 제가 결혼하기 전에는요. 보통 사람들처럼 생활도 생활도 잘하고 그랬거든요. 그르고 그때는 스읍 일을 제가 했었거든요. 일, 뭐어. 근데 으음. 제가 생각해 볼 때는 그때는 어어. 지극히 정상적이었고 원만했었거든요(34-37).

4.5.6.3. 갇혀 있는 자아

한정연 씨는 잠재적 자폐증이 있고 그것 때문에 몸도 스스로 가누지 못하는 것에 대해서 큰 고통을 받고 있다. 그녀는 갇혀 있는 삶을 살고 있다고 생각하고 있다.

> 한정연: 잠재적인 자폐성이 있거든요. 그래 가지고 그 때문에 너무나 많이 힘들거든요. 정말로 막 괴롭거든요. 미치겠어요. (…) 그러니까 마악 어어 어떻게 하아 그니까 제에 자신이 제 몸도 제대로 어떻게 가누지도 못하고요. 아, 그니깐 제가 제 자신을 어떻게 해야 될지를 모르겠

고요, 어어 그리고. 완전 그니까 제가 제 자신을 그니까 완전히 폐쇄적으로 그렇게 예에 완. 그니까 어 그러니까 어어 갇혀서 사는 그런 삶인 거 같거든요(2677-2685).

4.5.7. 행동성향

4.5.7.1. 타인과 구별되는 이상한 행동

한정연 씨는 자신이 다른 사람들과 다른 이상한 행동을 하는 것에 대해서 의아스럽게 생각하고 있다.

> 한정연: 그러니까 좀 음 제가 성격이 그니까 이렇게 좀 틀에 박히고 이렇게 좀 고립되고 〔…〕 보통 사람들이 하는 행동하고 다르게 행동이 되면 그거에 대해서 걱정을 많이 하고 어 내가 왜 이럴까 막 어 이러면 안 되는데 좀 이상하다는 내가 이상하다는 생각도 좀 들기도 하고(1371-1378).

4.5.7.2. 꾸준하지 못한 일상생활

한정연 씨는 일상적인 일도 꾸준하게 실행하지 못하고 있다.

> 한정연: 전, 어 전에는 뭐 이렇게 뭐 뭐 이렇게 가끔씩 식기세척기 같은 것도 돌리, 그러니까 식기세척기 같은 것도 돌리고 뭐 집 안 청소도 하고 걸레질도 하고 그런 정도. 〔…〕 그런데 그렇게 하다가도 며칠 그렇게 하다가도 또 어 음 습 또 다른 날 다음 그 또 다, 또 다음 날이 되면 하다가 말하다(1760-1765).

4.5.7.3. 타인에 대한 지나친 의식

한정연 씨는 지나치게 타인의 기준에 맞추어 자신의 삶을 살고 있다고 생각한다. 그렇기 때문에 스스로 자신이 자신과 가족이 아닌 남을 위한 삶을 산다고 느끼고 사는 것이 힘들게 여겨지면서 죽고 싶다는 생각을 하게 된다.

> 한정연: 너무 그니까. 어어 어떤 뭐 기준이라고 할 때 뭐 그런 게 남한테에 다른 사람들한테 스읍 맞춰지져 맞춰어지다 보니까 그런 거 때문에 그니까. 어어 제가 살아가는 게 마치 다른 사람들을 위해서 살아가게 되는 것 같아서, 그것 때문에 살기가 싫다는 거거든요(2509-2513). 〔…〕 어어읍 그런 거는 아닌데요, 으음 다른 제가요. 다른 사람들을 하아 다른 사람들을 너무 생각하고 신경 쓰다 보니까 어 살아가기가 힘이든 것 같아요(2586-2590).

4.5.7.4. 자신감 없음

한정연 씨는 원래 문제될 것이 없는 것도 너무 심각하고 잘할 수 없을 것이라는 부정적인 생각을 하다 보니 불안하고 긴장을 느낀다.

> 한정연: 어 그냥 특별히 문제될 게 거의 없는데요. 〔…〕 너무 심각하다 보니까 어 그 잘할 수 있는 일인데도 불구하고 그거를 이렇게. 또 그리고 생각이 너무 제가요. 생각이 제가 많이 부정적인 편이거든요. 그렇다 보니까 그런 거에서 많이 불안해하고 초초하, 좀 예 좀 불안해하고 좀 당황스러워하고 좀 긴장하고 긴장되어 하고 그렇죠(1333-1341). 〔…〕 일을 할 때 어떤 일을 할 때 처음에 하기가 조금 어려운 것 같거든요. 아 내가 이 일을 잘할 수 있을까. 아아 나는 못할 것 같다(1743-1751).

4.5.7.5. 심각하고 진지함

한정연 씨는 자신이 가볍게 넘길 수 있는 문제까지도 지나치게 심각하고 진지하게 생각하는 경향이 있다고 말하고 있다.

> 한정연: 어떤 한 가지 문제를 생각할 때 그거를 뭐 그냥 쉽게 쉽게 뭐 편하게 그렇게 생각하기보다는 심각하게 좀 제 나름대로 심각하게 어 진

지하게 그렇게 생각을 많이 하거든요(1236-1239).

4.5.7.6. 자책과 자기 학대

한정연 씨는 작을 일에도 자신을 들볶고 학대하는 경향이 있다.

> 한정연: 제 스스로를 좀 이렇게 그니까. 그, 들볶고. 약간은 이렇게 학대하고 그런 면이 있어가지고 그런 것 때문에 제가 제 스스로 자신한테 많이 힘들어 할 때가 많았어요(1259-1265). (…) 그런데 그런 부분이 어떤거냐면 큰 부분이 아, 결코 큰 부분이 아니거든요(1381-1386).

4.5.7.7. 타인에 대한 고립적인 행동

한정연 씨는 다른 사람들과의 접촉을 차단하고 다른 사람들로부터 스스로를 고립시키는 행동을 하고 있다.

> 한정연: 이러한 식으로 표현을 하면 표현이 좀 적절할 거같기도 한데요. 제가 제 무덤을 판다고요. 그러니까 어어 제가 제 스스로를 너무 이렇게 습. 으음… 다른 사람들하고, 많이 고립을 시키고. (…) 그니까 제가 제 스스로가, 그니까 저하고 다른 사람들하고, 완전히 이렇게 차단시키려고 차단시키고 있, 시키려고, 그러 어 그런 것 같아요(2383-2391)

한정연 씨의 여러 행동성향은 내재적인 인과관계를 보인다. 그녀는 강박증으로 인해서 꾸준하지 못한 일상생활을 하고 있고 타인과 구별되는 이상한 행동을 하게 된다. 특히 타인과는 다른 변화된 그녀의 행동 때문에 다른 사람들을 지나치게 의식하고 두려워하게 되었다. 다른 사람들의 시선에 대한 지나친 의식으로 그녀는 자신감을 상실하였고, 자신의 행동 하나하나를 의식하게 되었으며, 자신을 자책하고 학대하게 되었다. 그로 인해서 그녀는 인간관계를 회피하고 고립된 삶을 살게 되었다.

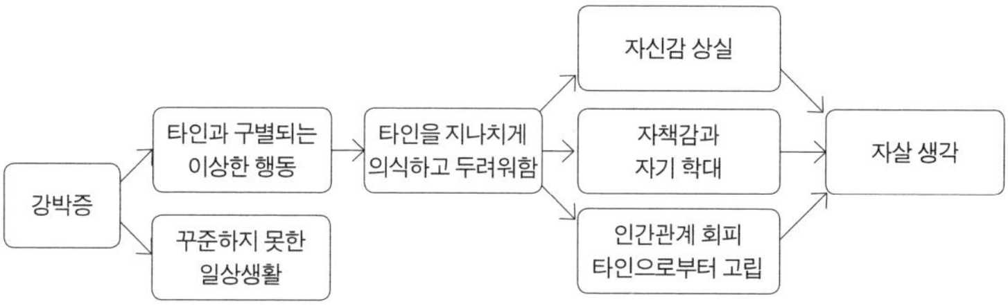

그림 46. 한정연 씨의 행동성향으로 인한 자살시도의 요인과 상호 관련성

다양한 행동성향들 사이의 인과관계는 〈그림 46〉처럼 나타낼 수 있다.

4.5.8. 현재 상황

한정연 씨는 다른 사람들과는 달리 심각한 강박증을 가지고 있는 것에 대해서 고통스러워하고 있다.

> 한정연: 저는 그 강박증이 습 다른 사람들에 비해서 너무 너무나 많이 심해가지고요, 그것 때문에 좀 다른 것보다도 특히 그런 부분 때문에 제 스스로가 제 자신한테 많이 힘들어했거든요(918-922).

4.5.8.1. 강박증의 이력

한정연 씨는 결혼 전에도 지금처럼 심하지는 않았지만 결벽증이라고 여길 만한 강박증을 가지고 있었다. 하지만 강박증은 출산 후에 어머니의 청결에 대한 지적을 받은 후에 매우 심하게 변했다.

> 한정연: 어어 그때도 약간 예 그때도 그런 건 있었어요. 그니까 막. 머리도 마악 자, 매일 안 감으면 안 된다 안 될 것처럼 그랬고, 예 막 씻고 닦고 뭐 그런 한 위생적인 면으로 좀 결벽증이 있다 있다 시피 아 있다 싶을 정도로 좀 그런 게 심했던 것 같아요(641-651).

> 한정연: 근데 어, 뭐 거실 방 뭐 거실을 보시더니 어, 바닥이 이게 뭐냐고 그러셨어요. 근데, 그 마 엄마한테 그 말씀을 듣고 나서부터 이게 좀 강박증적으로 제가 그렇게 변하게 된 것 같더라고요(44-60). 〔…〕 어 이제는 전에 하고는 다르게 강박증이 너무너무나 심해졌어요(944-948).

4.5.8.2. 강박증의 증상

한정연 씨가 겪고 있는 강박의 증상은 다양하다. 첫째, 그녀가 일을 중단하게 되면 오랜 시간 동안 아무 일도 하지 못하게 된다.

> 한정연: 손을 한 번 놓잖아요. 일하는 데 손을 한 번 놓으면은 한동안은 많이 못 하는 것 같아요(1208-1222).

둘째, 예를 들면 집 안 청소 같은 일을 할 때 서너 시간이 걸릴 정도로 긴 시간이 소요된다.

> 한정연: 어 시간은 항 방하고 거실하고 그러니까 저희집 같은 경우에는 방이 두 개고요. 거실이 하나거든요. 그러니까 총 세 군데잖아요. 총 세 군데를 다 청소를 하면은요. 어 시간이 대략적으로 한 한 세 시간에 네 시간정도 걸리거든요(1190-1198)?

셋째, 그녀가 행동을 할 때 행동 하나하나에 대해서 잘하고 있는지 또는 잘했는지 등을 지나치게 의식하면서 한다.

> 한정연: 그러니까 막 그 이렇게 뭐 예를 들자면 막 뭐 옷 같은 거를 입고 벗고 하잖아요. 그러면 〔…〕 제 행동 하나하나를 보면서 제 행동이 올바르게 잘됐는지, 아니면 막 좀 거기에서 조금 벗어났든지 아니면 막 많이 벗어났든지. 벗어났. 예. 그런 거를 습 좀 굉장히 많이 신경을 쓰는 편이거든요(933-939).

넷째, 그녀는 한 가지 생각에 몰두해서 긴 시간을 보낸다.

> 한정연: 그냥 이렇게 혼자 앉아서 막 앉아서 앉아 있으면서 이렇게 막 그냥 고개 푹 숙이고요. 막 방바닥만 보면서. 그러니까 뭐 어떤 한 가지 생각에. 그니까 한 가지 생각에 골똘이 빠지, 빠져 있다던지(1074-1078).

다섯째, 그녀는 일상적인 행동이나 동작을 못한다.

> 한정연: 그냥 생활하는 게 생활 어 음 제, 제일 큰 게 가장 큰 그런 큰 부분이 어 잘 움직이지를 못하니까 예 움직이, 움지, 움직이려고 하지 않는 거요. 그게 가장 큰 그런 거였죠(1518-1527). (…) 저는 앉아 있는 것도 못하거든요. 왜냐면 앉아 있으면, 오래 앉아 있지를 못해요. 그니까 누워 있고 싶다 그런 생각이 많이 들, 그러니까 누워 있고 싶다는 생각이 제, 가장 제일 가장 많이 들거든요(855-872).

여섯째, 한정연 씨는 자신이 강박증을 가지고 있다는 사실을 알고 있고 그것을 고치고 싶어하지만, 계속해서 강박적 행동을 하게 된다.

> 한정연: 그냥 하아 내가 왜 이러지 아아 왜 이렇게 뭐. 도대체 왜 이러는 거지. 내가 도대체 왜 이러는 거지. 막 그런 생각을 하면서도 그러면서도 제가 그냥 그렇게 하거든요. 그거를 알면서도 그렇게 하거든요(1055-1058). (…) 생각은 많이 있고 많이 하면서도, 그 고치려고. 그니까 그거를 행동으로 옮기지 않고 있는 상태거든요. 예. 그렇거든요(774-776).

4.5.8.3. 강박증의 영향

한정연 씨는 강박증으로 인해서 자신을 부정적으로 평가하게 된다.

> 한정연: 집중하고 집착하고 그러니까 제 스스로가 제 자신한테 피곤함을 많이 느끼지요(961-963).

한정연 씨는 강박증의 영향으로 일상적인 생활이 불가능해졌으며, 살림과 육아는 남편과 친정식구들이 대신 해주고 있다.

인터뷰어: 그러면 아침에 남편 출근하거나 이런 부분은 누가 다 해주시는거죠?
한정연: 어음.
인터뷰어: 남편이 알아서?
한정연: 예예.
인터뷰어: 아이는 어떡해요. 아침에. 유치원 가는 거.
한정연: 아이는 남편이 챙겨주거든요.
인터뷰어: 애기는요?
한정연: 하아 어 애기는 애기는 음 아. 지금요. 저희 작은언니가 어 저희 집에 와 가지고 저하고 애기하고 어 이렇게 봐주고 있거든요.
인터뷰어: 예 봐주고 있어요? 아예, 아예 집에서 같이 지금(1531-1552).

한정연 씨는 자신이 하지 못하는 일을 친정 언니가 힘들게 대신해 주는 것에 대해 미안해하고 자책감을 가지고 있다.

한정연: 작은 언니가 저희 집에 매일같이 와 가지고 저하고 애기를 보살펴주잖아요. 그래서 하아 언니는 저희 집에 와서 힘들게 일을 일만 많이 하는데 저는 그냥 맨날 뭐 가만히 앉아 있고 그냥 그 누워 있고 그러니까. […] 제가 조금이라도 뭐 움직여서 음 제 할 일을 하면 언니가 하는 일을 조금 어, 언니의 수고를 제가 덜어줄 수 있을 텐데. 하아. 맨날 항상 아무것도 못하고 있는 상태니까. 그런 것 때문에 으음. 언니한테 미안하다는 생각이 많이 들고요. 하어 제 자신에 대해서 좀 자책하는 그런 마음도 그런 생각도 들기도 하고 그렇더라고요. 그렇더라고요(1724-1738).

한정연 씨는 강박증으로 인해 자연스럽게 움직이지 못하고 늘 같은 자세로만 생활해야 하는 자신에 대해 암담해하고 있다. 또한 자신이 일상생활을 하지 못하는 것에 대해 비참하고 한심하다고 생각하고 있다.

한정연: 다른 사람들은 저렇게 잘 움직이는데 왜 나는 하아 움직이지를 않고 항상 앉아만 있거나 누워만 있거나 계속 똑같은 그런 자세로 지, 그런 자세로 지내는 생활이 계속 이어지는 걸까. 그런 생각을 하거든요. 아, 그런 생각을 하면서 또 다른 사람들이 생활을 원만하게 잘하는 거를 보면 어..많이 부럽다는 많이 부럽다는 생각도 어 많이 들고요. (…) 어떨 때는 좀 제 자신이 비참하다는 생각이 들 때도 있었어요(1689-1705).

한정연: 어 어 비참하다는 생각 그런 생각하고요, 그런 생각도 들고 그런 생각이 그런 생각이 들었고 또 어 제 자신이 너무너무나 한심하다는 그런 생각도 들었어요. 어 하는 맨 날 하는 일도 없고 그냥 뭐 그냥 맨날 앉아 있거나 맨날 누워 있거나 항상 똑같은 늘 똑같은 자세로 그 그 습 생활이 언제나 그런 식이니까 예 그래서. 그런 생각이 예 그런 예 들더라고요(1707-1712).

한정연 씨는 그녀가 겪고 있는 강박적 행동과 그것이 끼치는 부정적인 영향으로 삶에 대한 관심과 즐거움을 상실하였고, 삶이 싫어졌으며 지겹다는 생각을 하게 되었다.

인터뷰어: 한정연 씨가 관심 갖고 즐거워할 만한 일은 없어요?
한정연: 예 없는 것 같아요.
인터뷰어: 전에는 그런 게 없으셨어요, 전에도?
한정연: 전에는 전에도 딱히 그런 건 없었던 것 같거든요.
인터뷰어: 내가 흥미를 갖고 즐거워하고, 그다음에 했으면 좋겠다 하는 그런 일들이 없으셨단 말인가요?

한정연: 예.
인터뷰어: 주로 살아오면서 나는 별다른 데 흥미가 없고 관심이 없었어요?
한정연: 네(1589-1598).

한정연: 사는 게 지겹다. 예. 사는 게 지겹다 뭐, 어 어 지루한 것 같다 그런 생각이 들어서. 들어서. 하아. 그런 것 때문에 살기가 싫다. 그런 생각이 든 적이 있었거든요. [⋯] 거의 모든 게 다 싫고 그러니까 그런 생각이 많이 드니까 좋아하는 것도 하나도 없고(1581-1588).

한정연 씨는 강박증으로 인해 삶의 벼랑 끝으로 내몰려졌다고 생각을 하였고, 강박증이 자살 생각을 하게 하는 본질적인 원인이라고 보고 있다.

한정연: 으음. 어어 지금 완전히 제, 저의 지금 현재 상태가요. 지금 완전히. 그니까. 벼랑으로 몰려 있는 그런 상태나 마찬가지거든요(723-725).

한정연: 하아— 어제만해도요 죽고 싶다는 생각을 많이 했거든요. [⋯] 그런 원인이 다른 데 있는 게 아니고요, 어 그거는 오로지 제 자신 때문에 그런 거거든요. 제 자신에서 자신에게서 일어나는 문제 때문에요. [⋯] 어 그러니까 막. 그 그러니까 아 제가 말씀 드렸듯이 강박증이에요. 지나치게 막 신경 쓰지 않아도 될 부분을 막 굉장히 민감하게 유난히 유난스럽게 유, 예 유난이 집착하듯이 마치 집착하듯이 그렇게 시, 신경을 쓰고 그러니까요(969-983).

4.5.9. 의사소통

한정연 씨는 자신의 문제를 남편에게 이야기하고 남편과 함께 해결책을 모색하고 있다.

인터뷰어: 남편한테 여보 나 너무 허전하고 외롭다란 얘기를 하셨어요?
한정연: 그런 얘기도 했었죠, 예. 안 해보지는 않았어요(152-162).

인터뷰어: 어떻게 병원에 가시게 된 거예요? 처음 병원에 어떤 식으로 누구에 의해서 가게 된 거예요?
한정연: 어어어. 스읍. 그냥. 어어 그냥 제 자신이 힘드니까. 가게 됐던 거 같.
인터뷰어: 스스로, 스스로 찾아서 갔어요?
한정연: 아니요. 남편하고… 서로 얘기를 했었던가. 그랬던 것 같기도 하거든요(198-208).

한정연 씨가 상담을 받는 이유는 정신적으로 너무 힘들기 때문이고, 상담을 통해 위안과 희망을 발견하기 위한 것이다.

한정연: 어 여기 와서 어 일단은 제가 정신적으로 너무나 너무 너무나 많이 힘들고 괴로우니까. 예 주로 정신적으로 너무 많이 힘들고 괴로우니까 그 부분에 대해서 얘기를 좀 많이 해야 되겠다 그런 생각을 하면서 왔거든요(1361-1364).

한정연: 으음 이게 어 여기를 와서 선생님하고 이렇게 대화를 나누, 나누면서 거기서 조금의 뭐 위안이라든지 예 뭐 희망 같은 거를 습 찾을 수 있을 것 같다는 그런 생각 그런 생각으로. (…) 그러니까 우울증이라는 병에 뭔가 조금 도움이 되지 않을까 그런 생각으로 오는 거거든요(1642-1648).

상담을 받는 동안 한정연 씨에게 큰 변화는 없었지만 그녀는 환기가 되는 체험을 하였고, 상담을 받는 동안에는 자살 생각을 하지 않았다.

한정연: 아니요. 집에 가서도 그렇게까지 크게는 변화는 없었거든요. 그냥 누구하고 대화를 해가지고 그냥 좀 이렇게 답답한 그런게 조금은 이

렇게 좀 좀 뭐랄까 환기가 된 듯한 그런 거는 있었거든요(888-891). 〔…〕 상담을 다 하고 나서는 언젠가는 후련하다고 그렇게 생각 들었던 적도 있었는데요, 으음 .그 후에는 그 생각도 안 들었거든요(2742-2744)

인터뷰어: 그런데도 계속 죽고 싶은 생각이 강렬하게 드세요?
한정연: 네.
인터뷰어: 지금 이야기하는 동안에도 그런 마음이 많이 드세요?
한정연: 하아. 지금 이야기하고 있는 동안에는 그런 생각이 한 번도 들지는 않았던 것 같아요.
인터뷰어: 아까랑 굉장히 달라졌네요, 그러면?
한정연: 네.
인터뷰어: 그죠, 표정도 편안해지시고? 그죠(754-762)?

4.5.10. 보호요인

한정연 씨가 자살을 생각하지 않고 시도하지 않는 이유는 자살이 너무 힘들고 고통스럽기 때문이기도 하다. 하지만 가족에 대한 걱정과 원만하고 행복하게 살아야겠다는 생각과 자살 생각을 심각하게 받아들이지 않겠다는 생각 등을 통해서 자살을 시도하지 않고 있다.

4.5.10.1. 가족에 대한 걱정

그녀는 자신이 죽게 되면 남은 가족이 어떻게 될지에 대한 걱정을 하기 때문에 자살시도를 하지 않고 있다.

인터뷰어: 나는 살고 싶지 않은데, 어쨌든 그래도 가족구성원 중에 한 사람이니까 그래도 사, 죽을 순 없지 하면서 사는 거예요? 〔…〕
한정연: 예예. 그니까 제가 죽게 되면 남아 있을 가족들이 어떨지. 그러한 생각 그런 것 때문에(823-833).

4.5.10.2. 원만하고 행복하게 생활하기

한정연 씨는 자살충동을 극복하는 또 다른 방안은 보통 사람들처럼 행복하고 원만하게 사는 것이라고 생각하고 있다.

> 한정연: 어 음 그러니까. 다른 사람들처럼 보통 다른 사람들처럼 생활을 원만하게 잘 하고 그리고 음. 행복하게 원만하게 잘 사, 그니까 생활을 원만하게 행복하게 잘 살면 안 그럴 것 같아요(1296-1299).

4.5.10.3. 자살 생각은 부당하다고 생각하기

한정연 씨는 자살을 시도하는 것은 부당하다고 생각했기 때문에 자살 시도를 멈출 수 있었다.

> 한정연: 그렇게 예 그렇게 시도를 하고 나서 (…) 으음. 아니다, 아니다 이건 아닌 것 같다. 뭐 살아야 되겠다. 살아야 되겠다 그런 생각이 어어. 갑자기 들었던 것 같아요. 그래서 예 벨트를 풀렀거든요(2226-2230).

4.5.10.4. 몸을 움직이려고 노력하기

한정연 씨를 가장 괴롭히고 있는 일은 그녀가 강박증으로 인해서 몸을 마음대로 움직이지 못하고 있고, 그것이 다른 사람들과 다르게 느껴져서 죽고 싶다는 생각을 하게 되는 것이다. 그러므로 그녀는 그러한 문제를 해결하기 위해서 몸을 움직이려고 노력하지만, 결과는 성공적이지 못하다.

> 한정연: 그냥 노력을 해야 되겠다 생각을 하고 어어 제가요. 집에서어 어어 거의 안 움직이잖, 안 움직이고 있잖아요. 예. 그래서어 움직이려고 (…) 그때뿐이고 나중에는 이제도 그냥 아하. 뭐… 뭐 괜찮다 그런 식으로 되 가지고 괜찮다라 그런 식으로 생각을 해서 그냥 아 아니 괜찮다 그런 식으로 생각하는 건 아니고요. 그냥 어어 나중에 하자. 그렇게

생각을 해서 또 결국에는 또오 어 움직이지 못하고, 안 움직이고 그렇게 되거든요(2632-2642).

4.5.10.5. 다른 사람들을 의식하지 않기

한정연 씨는 다른 사람들을 의식하지 않는 것을 문제해결 방안이라고 보고 있고, 그것은 다른 사람들의 도움을 통해서가 아니라 자신이 직접 시도해야 하는 것이라고 생각하고 있다.

한정연: 사람들을 신경 쓰지 않고 어 제가 제 할 일을 어어 하면서 그니까 으으 음. 뭐 두렵다 두렵거나 무섭다고 생각이 들더라도 그냥 몸으로 부딪쳐서 힘들더라도 몸으로 부딪쳐서 어어 예 그렇게. 극복을 해야 될 것 같다고 생각이 되거든요(2609-2614).

자살시도 요인의 상호 관련성

한정연 씨는 자살시도와 관련된 다양한 내용을 언급하지만, 자살시도의 가장 근원적인 원인은 출산 후 발생한 그녀의 우울증과 강박증이라고 말하고 있다.

그녀는 심각한 강박적 행동을 하고 있다. 그녀는 강박적 행동으로 인해 일을 시작하는 데 오랜 시간이 걸리고, 한 가지 일을 하는 데도 많은 시간이 소요되며, 자신의 행동 하나하나를 지나치게 의식하고 있다. 또한 한 가지 일에 긴 시간 동안 몰두해 있기도 한다. 그녀는 강박증으로 인해서 살림과 육아는 말할 것도 없고, 일상적인 행동이나 동작 등과 같은 생활 자체가 불가능해졌다.

그녀는 그러한 변화된 상황으로 인해서 갇혀져 있는 삶을 살고 있다고 생각하고 있다. 자신을 크게 고통스럽게 하는 강박적 행동을 고치려고 생각하지만, 성공적으로 실행하지는 못하고 있다. 이로 인해서 그녀는 삶에 대한 의욕과 미래에 대한 희망을 상실했다. 그녀는 자신이 벼랑 끝에 내몰렸다고 느끼고 있고, 자살 생각을 하고 있다.

강박증으로 인해서 그녀는 다른 사람들과는 다른 이상한 행동을 많이 하게 되고, 이를 다른 사람들이 보고 흉을 보고 비난할 것이라는 걱정을 많이 하고 있다. 그렇기 때문에 자신의 행동 하나하나에 대해서 지나치게 의식하고 있고, 다른 사람들의 시선에 대해서도 많이 의식하고 있다. 그로 인해서 그녀는 자신과 가족이 아닌 다른 사람들을 위해서 살고 있다는 느낌을 가지고 있다. 또한 다른 사람들을 두려워하기 때문에 다른 사람들과의 만남을 회피하기도 한다.

결론적으로 한정연 씨가 자살을 생각하고 시도하는 근본적인 이유는 그녀의 강박적 행동 때문이다. 이것으로 인해서 일상생활이 불가능해지고 이로 인해 삶에 대한 의욕이 상실되었다. 또한 자신의 행동이 다른 사람들과 다르기 때문에 다른 사람들의 시선을 지나치게 의식하고 다른 사람들을 두려워하며 피하게 된 것이다.

이와 같은 요인들과의 인과관계는 〈그림 47〉처럼 나타낼 수 있다.

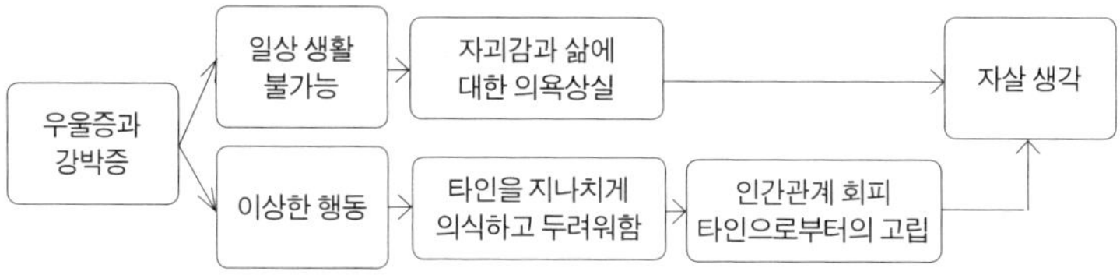

그림 47. 한정연 씨의 자살시도 요인의 상호 관계

4.6. 이재득 씨의 상담에 나타난 자살시도 요인

이재득 씨의 자살체험 이야기는 모두 8개의 범주로 정리가 되었다.

1. **자살시도**: 이재득 씨는 자살시도와 관련하여 주로 그 이유에 대해서 말하고 있다. 그가 밝힌 자살시도의 이유는 우울증, 자존감 부재, 자기비하, 분노, 복수심, 사소한 일에 의한 충동적 자살 생각, 다른 사람들의 자신에 대한 관심 부재 및 어린 시절의 부정적 체험 등이 있다. 그는 자살 생각을 하게 되는 가장 근본적인 이유는 어린 시절의 가족해체로 인한 부정적 체험 때문이라고 말하고 있다.

2. **성장과정**: 이재득 씨가 미성년 시절에 겪은 부모의 이혼과 그 이후 혼자 살게 되면서 겪었던 여러 가지 어려움은 그 이후에 그가 겪었던 모든 어려움의 근원적인 원인으로 작용한다. 특히 그는 가정에 어머니의 부재로 인한 외로움과 열등의식을 느끼게 되었다. 그는 외로움을 해소하기 위해 친구들과 잘 지내야 했고 친구들의 환심을 사기 위해 그들에게 의존적이고 그들이 원하는 행동을 했어야 했다. 또한 그의 어머니가 가정에 계시지 않는 것에 대한 열등의식으로 전에 사귀었던 여자친구와 결혼을 하지 못하게 되었다.

3. **이성관계**: 이재득 씨에게 여자친구는 자신의 외로움과 우울증을 치료해주는 순기능을 하지만, 반면에 그의 낮은 자존감을 더욱 악화시키는 역기능을 하기도 한다. 이재득 씨의 자존감을 낮추는 여자친구의 행동과 태도로는 무시, 비존중적 태도, 비공감적 태도, 비관여적 태도, 자신보다 더 높은 수입 등이 있다.

4. **인간관계**: 이재득 씨는 친구들과의 만남을 점차적으로 멀리하게 되

면서 친구들과의 관계가 많이 단절되었다.

5. **행동성향**: 이재득 씨는 보복적, 독단적, 단호함, 감정적, 일방적인 행동성향을 가지고 있다고 밝히고 있다. 이러한 성향은 직업 불안정, 다른 사람들과 여자친구와의 관계를 어렵게 하는 요인으로 작용하고 있다.

6. **현재 상황**: 이재득 씨가 현재 처한 상황은 우울증, 불안감, 부모에 대한 원망감, 자존감 부재, 스트레스 등이 있다. 그는 특히 우울증에 대

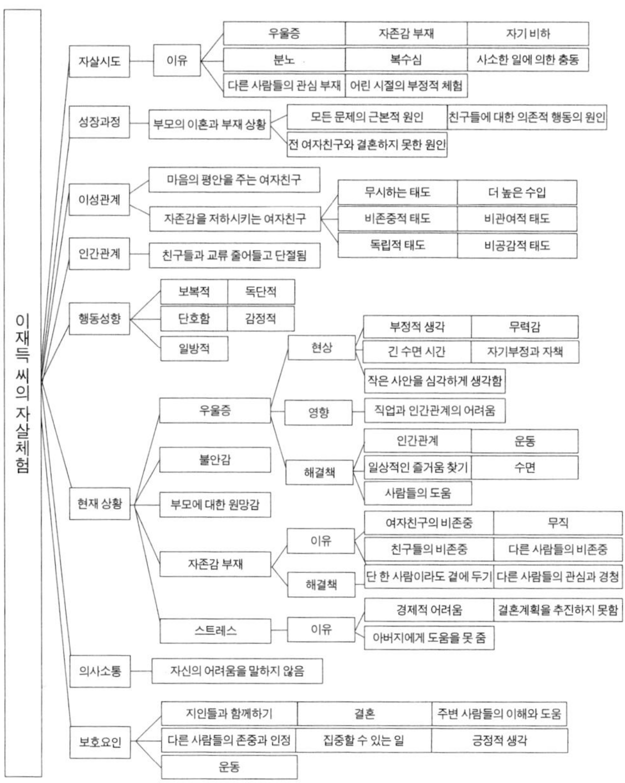

그림 48. 이재득 씨의 자살시도 요인

해서 증상과 이유 그리고 우울증이 끼치는 영향과 우울증을 극복할 수 있는 해결책에 대해서 밝히고 있다.

7. **의사소통**: 이재득 씨는 미성년 시절부터 겪었던 자신의 어려움에 대해 다른 사람들, 심지어는 가족이나 여자친구에게도 이야기를 하지 않는다. 그 이유는 자신의 문제를 다른 사람들이 알기를 원하지 않기 때문이다. 그로 인해서 다른 사람들이나 여자친구도 그의 어려움에 대해서 잘 알고 있지 못한다.

8. **보호요인**: 이재득 씨는 자신의 자살시도의 문제를 해소하기 위한 다양한 방안(지인들과 함께 하기, 결혼, 주변 사람들의 도움, 다른 사람들의 인정과 존중, 집중할 수 있는 일, 긍정적 생각, 운동 등)을 제시하고 있다.

4.6.1. 자살시도

이재득 씨는 고등학교 2학년 때 아버지의 사업 실패 후 가족이 해체되었고, 그 이후 부모가 없는 상태에서 혼자 생활을 하게 되면서 자신의 삶이 행복하지 못하다고 생각하면서 처음으로 자살을 생각하기 시작했다.

인터뷰어: 음. 죽음에 대해서 자살에 대해서 생각하신 게 언제가 처음이죠?

이재득: 어 고등학교 한 2학년 때쯤 인 거 같습니다. (…) 어 그때 상황이 아버지 사업 실패 이후 어 엄마와의 엄마랑 아버지와의 사이가 좋지 않아서 어 아버지가 현실을 도피하기 위해서 어디 멀리 가셨었고요. 그다음에 어머니도 그 상황이 싫어서인지 어디 멀리 가셔 멀리는 아니고 저랑 떨어져 계셨어. 저 혼자 이제 한참 그 처음 이제 생활을 시작했죠. 거 뭐 그때부터 자살이란 거에 대해서 생각해본 거 같은데요. 음 근

데 느낌이 항상 일어나면은 아무도 없고 그다음에 힘겹게 학교 갔다가 집에 들어오기가 싫었어요. 집에 아무도 없기 때문에. 항상 오면은 깜깜한 집에 또 혼자 들어와서 멍하니 있다가 티브이나 본다든지 그러고 있었으니까요. 그러다 보면 인제 혼자만의 생각에 빠지게 되고 씁 그러다 보니까 뭐 뜬금없이 그냥 한동안 행복했던 게 없어서 그런지 뜬금없이 그냥 아 안 행복하다고 생각을 하게 된 거 같아요(3-23).

이재득 씨는 여러 문제로 인해서 자신을 자책하고 실망하면서 자신이 싫어지게 되면 자살을 생각한다. 그가 생각하는 자살시도의 방법은 바다에 투신, 길거리 투신, 약물 등이지만 실제로 자살을 시도한 적은 없다.

이재득: 제 자신에 대해서 실망감도 있고 실망감과 함께 제 자신이 이제 굉장히 싫어지는 거죠. 그러면서 씁 자살에 대한 생각을 이제 하게 됐죠(311-319). […] 이제 바닷가 가서 죽는 그런 상상해보고요. 그다음에 거기가 이제 4차선 7번 국도가 지나가는데 거기 이제 거기 차에 이제 뛰어들어야겠다. 이런 상상도 좀 해보고. 아니면은 집에서 혼자 약 먹고 누워서 자야겠다라는 그런 상상해보고. 막상 근데 음 시도한 적은 없던 거 같아요(96-108).

이재득 씨는 자신이 자살을 생각하게 된 이유로 미성년 시절의 부정적 체험, 우울증, 자존감 부재, 자기비하, 분노, 복수심, 의사소통 부재, 작은 일에 의한 충동 등을 꼽고 있다.

4.6.1.1. 미성년 시절의 부정적 체험

이재득 씨는 그가 자살을 생각하는 주요 이유는 현재의 어려운 상황 때문이 아니라 미성년 시절의 부정적 체험 때문이라고 생각하고 있다.

이재득: 어떠한 이유 때문 어떠한 상황 때문에 이제 생각 옛날에 있던 걸 끄집어내서 내면적으로 이제 부정적으로 가면서 어떤 자살의 이르게까지 되는 그런 시스템인 거 같아요(3085-3090).

4.6.1.2. 우울증

이재득 씨는 자살을 생각하게 된 가장 큰 이유 중의 하나로 우울증을 꼽고 있다. 그는 우울한 기분이 들면 자살 생각을 하게 된다고 말하고 있다.

이재득: 혼자서 우울한 기분이 들기 시작을 하면은 거의 잠들 때까지 계속한 적도 있고요. 잠들 아 이제 학교 등교할 때쯤에 이제 아침부터 우울할 때도 있었거든요. 그럴 때는 이제 학교 교실 들어가기 전까지 계속 그런 생각을 하면서 등교를 해요. 버스에 타면서 걸어가면서 그런 생각을 하게 됐었어요(96-108).

그가 우울한 기분이 드는 이유는 여자친구와의 다툼과 잦은 이직과 직업생활의 불안정 및 그에 따른 사회생활의 불안정이다.

이전 여자친구와의 이별

이재득: 제가 헤어지자고 해서 헤어진 거고요. 그래서 헤어졌는데 어- 헤어지고 나니까 거의 세상에 혼자 된 느낌. (…) 그러면서 여자친구랑까지 헤어지게 되니까 이제 우울한 기분이 또 그때부터 막 오더라고요. 더 오더라고요. 허허 그전에도 있었지만 더 왔고(437-443).

여자친구와의 다툼

이재득: 가끔 이제 여자친구랑 다툰다던가 그다음에 어떤 우울한 기분이 한 번 들어오게 되면 그때부터 자살에 대한 생각을 많이 했죠(311-319).

불안정한 직업생활

이재득: 회사생활을 그만 두고 다른 걸 해보자라고 다른 회사에 취직을

했었다가 다른 회사에 취직한 지 거의 일이년 일 년 반에서 이 년 만에 그 회사가 또 없어지게 되고 그러면서부터 이제 제가 정상적인 회사 생활을 못해 갖고 제가 정상적인 사회생활을 하기가 좀 힘들었어요. 〔…〕 2년 전부터 굉장히 그 제가 소속 없는 그런 사람으로서 조금조금씩 이 일 저 일 하면서 나름대로 뭐 경험 쌓는다고 핑계 대면서 지금까지 지내왔었는데요. 그때부터 이제 간혹 가다가 이제 우울해지거나 그러면은 이제 자살충동이 좀 나긴 하더라고요(270-293).

4.6.1.3. 자존감 부재

이재득 씨는 자살충동에 대한 결정적인 원인의 하나로 자신에 대한 존재감을 느끼지 못하는 것을 꼽고 있다.

이재득: 하나는 이제 존재감이 없다는 어떤 확신이 들 때랑 하나는 어떤 어떤 복수심에 복수심이 넘쳐 갔고 이제 그 두 가지가 이제 결정적인 역할을 하는 거 같아요(1383-1388). 〔…〕 그러니까 뭐 저의 존재감을 또 느낄 수 없는 그런 시간이 딱 오면은 친구조차도 만나는 친구조차도 없어져버리기 때문에 씁 어 자살충동에 대한 그런 거를 이제 거의 더블로 느끼죠(891-894).

이재득 씨가 자존감을 느끼지 못하는 계기는 미성년 시절에 가족해체로 인해서 가족이 서로 떨어져 살아야 했던 슬픔을 느낄 때, 일상생활의 사소한 일로 인해서, 카드사로부터 연체대금 상환 독촉을 받았을 때, 그리고 여자친구에 대한 자신감 부족 등을 들 수 있다.

어린 시절의 가족 해체

이재득: 그냥 저의 그 어떤 존재감이라든지 아니면 현실이 너무 싫었던 거 같아요. 그러니까 너무 그 가정 저의 가정이 떨어져 사는 거 자체가 되게 슬프고 그게 너무 싫어 갖고 왜 이렇게 살아야 하는지 그 이유를 알 수 없었기 때문에 그냥 그냥 고통이 있다 보니까 고통을 없애기 위

한 수단이라고 생각을 했던 거 같아요(110-114).

사소한 일상생활

이재득: 그냥 아 이게 왜 이렇게 안 되지 뭐 이런 식으로 생각을 하다가 순간적으로 건너뛰는 거예요. 아 뭐 저 하루 종일 전화가 안 온다든가 단순한 이유로 만으로도 뭐 이제 그 이유로 이제 자살 쪽으로 이제 생각을 왜 전화가 안 올까 뭐 그러면서 나의 존재감에 대해서 한 번 또 생각을 해보고(1315-1325).

카드사의 연체대금 상환 독촉

이재득: 내가 당장 아 카드 값 때문에 내가 이렇게 저런 취급을 받아야 되나 이러면서 이제 이제 조금 깊숙하게 생각을 하게 되는 거죠. 아 내가 왜 이런 취급을 받아야 되나 뭐 그러면서 아 그냥 뭐 좋은 직장에 그냥 다녔으면 이러지 않았을 텐데 이런 일이 없었을 텐데 뭐 그런 식으로 하면서 더 깊숙이 예전에 말씀했듯이 말씀 드렸듯이 이제 깊숙이 깊숙이 가다 보면은 이제 자살까지 생각을 하게 되는 거죠(3105-3146).

여자친구에 대한 자신감 부족

이재득: 어떤 배우자 될 사람에 어떤 만족을 못 시켜 줄 거 같고 그러면서 자신감이 좀 현저히 저하되는 그런 현상이 많이 나타나죠. 그러면서 이제 자신감 상실은 곧 또 저를 이제 낮추고 누추하게 만들고 그런 생각들로 이제 바뀌고 아 나는 왜 그럴까 뭐 그런 식으로 해서 또 자살 프로세스까지 가는 경우도 있고요(3230-3234).

4.6.1.4. 자기비하

이재득 씨는 자신의 가치를 인정하고 수용하지 못하는 대신 자기를 부정적으로 평가하는 행동을 하는데, 이것이 그가 자살 생각을 하게 되는 원인으로 작용한다.

이재득: 제 자신을 참 좀 깎아 내리면서 이제 제일 중요한 거는 제 자신이

깎아 내리기 시작을 하면은 자살까지 가는 거예요(3157-3160). 내 자신을 상당히 이제 누추하게 되고 누추하게 만들고 비참하게 만들고 그러면은 이제 자살 쪽으로 이제 생각을 길을 열고 그쪽을 향하게 되는 거예요(3172-3178).

4.6.1.5. 분노

이재득 씨의 자살 생각을 일으키는 요인 중의 하나는 분노이다.

인터뷰어: 근데 정말 죽고 싶어서 여자친구한테 나 이런 이렇게 죽을 거야 라고 얘기하는 거예요? (…)

이재득: 그러니까 거의 뭐 심리상태가 제가 볼 때는 거의 막 분노가 이제 막 안에 꽉 차 갖고 터기 터지기 일보 직전일 때 그렇죠(591-599).

여자친구가 자신을 인정해주지 않고 무시하는 말투로 말할 때 그의 분노는 최고조에 이른다.

이재득: 오빠나 잘하고 얘기해, 이런 식으로 할 때. 그때는 나는 심적으로 상당히 정성 들여서 내가 사랑하는 사람을 위해서 해준 얘긴데 그거를 그런 식으로 얘기를 하고 나면은 제가 굉장히 무시당한 느낌이 들죠. 아무리 제가 못나고 그랬어도 그렇게 조언을 신경 써서 조언을 해줬는데 그거를 그런 식으로 무마시키거나 아무것도 아닌 식으로 받아들이는 그거에 대해서 굉장히 분노하는 거 같아요(650-666).

4.6.1.6. 복수심

이재득 씨는 다른 사람, 특히 여자친구에 대한 분노가 가득차고 그녀에 대한 복수심으로 자살 생각을 한다. 특히 자신을 원하는 만큼 인정하고 존중하지 않는 여자친구의 관심을 끌기 위해 여자친구에게 자살 협박을 한다.

이재득: 저는 어떤 보복심 이라고 해야 되나 그때는 보복심이 생기더라고요. 보복심이 생기면서 자살 자살로 보복심 하기 전 단계가 그렇게 그냥 술 먹고 망가져보자. (…) 죽는다는 협박을 하면은 어 다시 그런 관심을 주지 않을까 싶어서 그 애한테 구체적으로 이렇게 이렇게 해서 죽어버릴 거야라고 협박을 해버리죠(542-555).

4.6.1.7. 다른 사람들의 관심 부재

이재득 씨는 자신의 어려움을 가까운 사람들이 알아주지 않을 때 자살 생각을 하게 된다. 특히 그가 자신의 어려움을 토로했음에도 불구하고 다른 사람들이 자신의 어려움에 대해서 별다른 관심을 보이지 않을 때 더 급격하게 자살 생각을 하게 된다.

이재득: 어떻게 인생을 살았기에 제일 친구가 나를 못 알아봐줄까 네 그런 생각이 굉장히 많이 들더라고요. 그래서 씁 그런 면에 있어서도 이제 어떤 자살충동 가기 전까지 어떤 계기가 되지 않을까 싶더라고요(880-887).

이재득: 우울감이 있을 때 어떤 그 제일 가까운 사람들이 몰라 몰라 줄 때 그러니까 이해를 안 해줄 때 뭐 이럴 때 이제 충동적으로 이제 하게 되고요(1312-1314). (…) 얘기하고 나서 뭐 별 반응이 없으면 더 넘어가는 거죠. 자신에 대한 존재감이 없다고 생각이 들기 때문이라고 생각을 해요(1370-1376).

4.6.1.8. 전 여자친구와의 결혼 실패

이재득 씨는 이전에 오랫동안 사귀던 여자친구와 관계를 유지하지 못하고 결혼을 하지 못한 데 대해서 자책감을 가지고 있었고 그로 인해서 자살 생각을 하게 되었다.

이재득: 오래된 여자친구를 어떻게 끝까지 관계 유지를 못했다는 거에

대한 어떤 책임감 그런 거에 대해서 제 자신에 대해서 실망감도 있고 실망감과 함께 제 자신이 이제 굉장히 싫어지는 거죠. 그러면서 쌉 자살에 대한 생각을 이제 하게 됐죠(359-362).

4.6.1.9. 사소한 일에 의한 충동

이재득 씨는 작은 일이라고 할지라도 그것이 자신의 자존감에 상처를 주게 되면 자살의 충동을 느낀다.

> 이재득: 그러니까 솔직히 그 아 내가 일이십 만원 때문에 그렇게 생각했다는 건 지금 생각하면 참 우스운 일인데 그때 당시에 감정상태는 그 카드값 내라는 그런 독촉전화에 하나에 의해서 자살까지 가게 되는 거죠. 그러니까 솔직히 자살까지 가게 되는 이유가 안 되죠. 그런데도 이제 그때 상태에 감정이 그런 그 어떤 한 거 때문에 감정을 거기까지 이끌고 가버리는 그런 상태가 되요(3093-3103).

미성년 시절의 가족 해체와 어머니의 부재라는 부정적 체험은 그에게 감추고 싶은 깊은 상처로 남았고, 이것으로 인해서 그는 자아존중감을 갖지 못했다. 그는 스스로 자기 자신을 부정적으로 평가하고 수용하지 못한다. 자기 가치에 대한 확신을 갖지 못하기 때문에 그는 다른 사람들의 평가와 관심에 대해서 매우 예민하다. 하지만 그는 다른 사람들로부터 존중과 공감을 받지 못한다고 생각한다. 그로 인해서 그는 분노와 복수심을 느끼게 되고 우울증을 겪게 되며, 그러한 감정들로 인해서 자살 생각을 하게 된다.

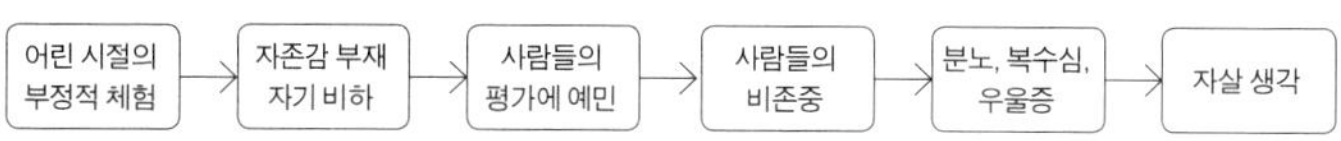

그림 49. 이재득 씨의 어린 시절 체험이 자살시도에 끼친 영향

4.6.2. 성장과정

이재득 씨는 고등학교 때 아버지의 사업 실패 이후 부모가 헤어지고 혼자 사는 생활을 하게 되었다.

> 이재득: 아버지 사업 실패 이후 어 엄마와의 엄마랑 아버지와의 사이가 좋지 않아서 어 아버지가 현실을 도피하기 위해서 어디 멀리 가셨었고요. 그다음에 어머니도 그 상황이 싫어서인지 어디 멀리 가셔 멀리는 아니고 저랑 떨어져 계셨어. 저 혼자 이제 한참 그 처음 이제 생활을 시작했죠(3-23).

이재득 씨는 가족이 해체되고 아무도 없는 집에서 혼자 살게 되면서 외로움과 우울증을 느끼게 되었고 그때 처음으로 자살 생각을 하게 되었다.

> 이재득: 저 혼자 이제 한참 그 처음 이제 생활을 시작했죠. 거 뭐 그때부터 자살이란 거에 대해서 생각해본 거 같은데요. 음 근데 느낌이 항상 일어나면은 아무도 없고 그다음에 힘겹게 학교 갔다가 집에 들어오기가 싫었어요. 집에 아무도 없기 때문에. 항상 오면은 깜깜한 집에 또 혼자 들어와서 멍하니 있다가 티브이나 본다든지 그러고 있었으니까요(10-18). 〔…〕 아침에 눈뜨자 마자부터 시작을 해서 느끼는 우울함 느낀 적도 많고요(125-126). 〔…〕 그냥 막연히 가만 있으면 그냥 우울해지고 그냥 저절로 눈물이 생길 때도 있었고요 (132-133). 〔…〕 외로움하고 고독을 많이 느끼게 되죠. 그러니까 가만히 혼자 공상을 많이 하기도 하고 어 그러면서 우울한 기분이 한 번 딱 들면은 그 이후로는 계속 그 생각뿐이에요. 그냥 그 생각을 시작으로 이제 뿌리를 펼쳐 나가죠(151-154).

이재득 씨는 가족이 해체된 이후로 혼자 살았기 때문에 자신의 일에 대해서 협의하고 조언해줄 가족이 없다는 것에 대해 많은 아쉬움을 가지고 있다.

> 이재득: 다른 친구들 같은 경우는 거의 이제 부모님과의 상담을 통해서 진로도 결정을 하고 예 뭐 많이 그렇더라고요. 근데 저 같은 경우는 거의 뭐 혼자서 생각하고 혼자서 그냥 갔다 왔다 혼자서 계획하고 그랬기 때문에 그런 게 이제 많이 아쉬운 거죠. 〔…〕 내가 제대로 하고 있는 일을 하고 있는 건가 아니면 뭐 아 내가 지금 계획하고 있는 게 인생 계획하고 있는 게 잘 맞는 건가 남들도 다 이렇게 사는 건가 뭐 그런 거에 대한 어떤 궁금증 그런 거를 이제 누군가 옆에서 조언을 좀 해줬으면 좋겠는데 그런 게 없으니까 참 답답해요(1563-1578).

이재득 씨는 부모가 자신에게 평범한 가정을 제공해주지 않은 것에 대해서 원망하는 마음을 가지고 있고, 명절이나 기념일 때 가족의 소중함을 크게 느끼고 있다.

> 이재득: 남들 보 남들보다 뭐 씁 좋은 환경은 아니지만 그래도 어느 정도 왜 어떤 가족이라는 어떤 사회를 지켜주지 못한 것에 대한 어떤 원망이 되게 커요(714-716). 〔…〕 특히 그 어 어버이날 가족관계된 어떤 기념일 그리고 뭐 명절 특히 명절 때 더 그러고 그럴 때 되면은 굉장히 그렇죠. 그러니까 몰랐었는데 그 가족에 대한 소중함 소중함을 다시 한 되게 뼈저리게 느끼는 시간이 돼요. 그때가 되면 저는(724-736).

가족의 해체는 이재득 씨에게 많은 영향을 끼친다. 그는 자신이 현재 겪고 있는 모든 문제의 본질적인 원인을 가족 해체로 생각하고 있다. 또한 이전에 사귀었던 여자친구와의 헤어짐과 고등학교 때 친구들과의 관계가 의존적이고 비주체적으로 변화한 것도 부모의 헤어짐으로 인한 가족 해체가 원인으로 작용한 것으로 판단되고 있다.

4.6.2.1. 모든 문제의 근본적 원인

이재득 씨는 현재 자신이 처한 모든 어려움, 즉, 학업과 직장 그리고 여자친구와의 문제 등의 근원에 부모가 가정을 정상적으로 유지하지 못한 것에 있는 것으로 보고 있다.

> 이재득: 베이스는 제일 마 밑에 깔려 있는 거는 부모님 문제인 거 같아요(2372-2375). (…) 뭐 그냥 그 상태로 쭉 계속 가정이 유지되고 이어왔으면 어떻게 해서든지 제가 조금 더 나은 공부를 해 갖고 지금보다는 어 조금 더 좋은 직장에 다니면서 벌써 결혼을 하지 않았을까 이렇게 간단하게 생각이 되요. 근데 이제 첫 여자친구와의 어떤 유지를 못 한 것도 결혼할 나이가 이제 거의 다 되어가서 이제 그게 되지 않는다는 이유를 대고 이제 헤어지게 된 건데 그러니까 뭐 계속 그 직장 뭐 결혼 제 나이 대에 많이 고민하는 것들이 이제 원망이 다 그걸로 초점이 다 그걸로 맞춰지는 거죠. (…) (2563-2570).

부모의 헤어짐과 가족 해체의 문제는 다른 문제들과는 다르게 시간이 지나가도 해결이 되지 않는 문제로서 그를 괴롭히고 있다. 그러므로 이재득 씨는 어떠한 어려움이 닥치더라도 가정을 지키는 것이 매우 중요하다고 말하고 있다.

> 이재득: 이 문제는 좀 시간이 지나도 해결이 안 되는 거 같아요(2440-2444). (…) 최선의 방법은 헤어지지 않고 가정을 유지하는 게 최고의 방법이라고 저는 생각을 해요. 그러니까 무슨 일이 있든지 가정을 지키 가정이 흐트러지지 않게 그걸 유지하는 게 제일 가장 중요한 거 같아요(2486-2489).

4.6.2.2. 첫 번째 여자친구와의 결혼 실패의 원인

이재득 씨는 부모가 헤어지고 정상적인 가정에서 자라지 못한 것을 부끄럽게 생각하여 가족사를 숨기고 싶어한다. 그러나 결혼상대자의 부모가 그의 가족에 대해 질문을 던짐으로써 그는 그에 대한 대답이 매우 힘들어 첫번째 여자친구와 헤어지게 되었다.

> 이재득: 가족문제는 그때까지 해결이 되지 않아서 참 어디다 얘기하기 부끄러운 상황이었던 거 같아요(295-306). 〔…〕 결혼 문제가 닥쳤을 때 이제 상대방의 그 부모님들이 저희 부모님들은 잘 계시냐 물어보실 수가 있는데 그거에 대한 대답을 하기가 참 힘들어요. 저 같은 경우는 그냥 할 수는 있어요. 근데 심 심리적으로 굉장한 압박감과 굉장한 그 제 상태에 어떤 부끄러움이라고 해야 되나 숨기고 싶은 어떤 사실 그런 거(2414-2426). 〔…〕 그거 때문에 불행한 게 첫 번째 여자친구와의 어떤 헤어짐이 불행했고요(2603-2609).

4.6.2.3. 친구들에 대한 의존적 행동의 원인

이재득 씨는 부모의 헤어짐과 그로 인한 가족의 해체로 인해서 힘들어했고, 이러한 문제를 친구들과의 관계 속에서 해소하려 했기 때문에 친구들에게 많은 의지를 했고 친구들이 원하는 대로 행동을 하게 되었다.

> 이재득: 그 계기로. 그러니까 저는 친구들이 뭘 원하는 다 해주는 그런 스타일로 변하는 거죠. 친구들이 밤에 부르건 낮에 부르건 뭘 하자건 다 했었어요. 원하는 대로 해주고(23-40).

이재득 씨가 성장과정에서 겪었던 가족 해체와 어머니의 부재는 이재득 씨가 현재 겪고 있는 모든 문제(낮은 자아존중감, 우울증, 외로움, 자살 생각)의 근원적인 원인으로 작용할 만큼 그에게 깊은 상처와 열등의식을 남겼다. 특히 이전 여자친구와 결혼을 하기 위해 그녀의 가족을 만나야 했지만 그 과정에서 열등감을 느낀 것이 여자친구와 결혼을 하지 못하게 된 계기가 되었고, 가족 해체로 인한 외로움을 극복하기 위해서 학창 시절 친구들에게 의존적이 된 것도 결과적으로 자기 가치에 대한 평가를 더욱 낮추는 계기가 되었을 것으로 보인다.

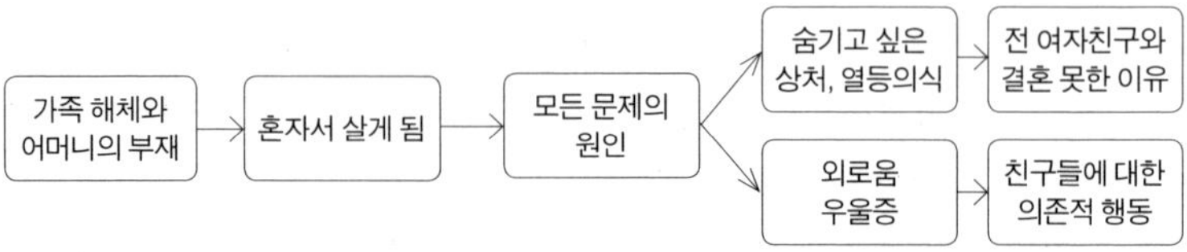

그림 50. 이재득 씨의 성장과정에서 가족의 문제가 그의 삶에 끼친 영향

4.6.3. 이성관계

이재득 씨에게 여자친구는 자신의 우울증을 치료해 줄 수 있는 '마약'과 같은 존재이면서 또한 자신의 자존감을 떨어뜨려 결과적으로 자살을 생각하게 하는 어려움을 주는 존재이기도 하다.

4.6.3.1. 마음의 평안을 주는 여자친구

이재득 씨가 우울증을 심하게 겪을 때 여자친구를 만나게 되면 마치 마약을 한 것처럼 마음이 평안해질 만큼 여자친구는 그에게 매우 중요한 존재이다.

> 이재득: 한참 우울증 되게 심해 심해갖고 이제 그 우울증을 치료할 수 있는 방법은 제 스스로 이제 그때 당시 치료할 수 있는 방법은 여자친구 얼굴을 보고 웃는 거였어요(1199-1202). (…) 그러니까 약이 없으면 이제 막 이렇게 막 부들부들 불안하고 떨리고 막 그러다가 마약을 이제 뭐 보기라도 해야지 아 마약이 저기 있구나 이렇게 생각을 해야지 이제 안도의 한숨이라고 해야 되나 아 이제 좀 편안해지겠다 뭐 이런 마

약을 안 펴봐서 모르겠는데 그냥 마약 같아요. 제가 볼 때는 그냥 약간 모든 거에 중독된 거 같아요(1202-1213).

4.6.3.2. 자존감을 저하시키는 여자친구

이재득 씨에게 여자친구는 자신의 어려움을 가중시키는 존재이기도 하다. 그는 그녀의 무시하는 듯한 태도와 비존중적 태도 그리고 비공감적이고 비관여적인 태도 등으로 인해서 상처를 받고 자존감이 낮아지는 체험을 하였다.

1) 여자친구의 무시하는 태도

이재득 씨는 여자친구가 평소에 자신을 우습게 본다고 생각을 하기도 하고 또한 그녀에게 조언의 말을 해줄 때 그것을 무시하는 듯한 태도로 거부할 때 자존감이 매우 낮아지는 체험을 하였다.

> 이재득: 저를 되게 우습게 보고 뭐 아무것도 아닌 것처럼 보게 되는 구나라고 생각을 하면서 제 자신이 싫어지고 제 자신을 자학하 자학하려고 하는 거고(516-531). […] 오빠나 잘하고 얘기해 이런 식으로 할 때. 그때는 나는 심적으로 상당히 정성 들여서 내가 사랑하는 사람을 위해서 해준 얘긴데 그거를 그런 식으로 얘기를 하고 나면은 제가 굉장히 무시당한 느낌이 들죠(607-617).

2) 여자친구의 비존중적 태도

이재득 씨가 여자친구로부터 자신의 가치를 존중받지 못한다고 느낄 때는 그녀가 그를 소중하게 생각해서라기보다는 그를 그녀의 빈 시간을 채워주는 대안적 인물 정도로 여긴다고 생각될 때이다.

> 이재득: 내가 시간 날 때 보는 사람으로밖에 안 되는구나 뭐 이런 식으로 제가 이제 생각을 하게 돼요(1032-1037). […] 그 제가 뭐 너 시간 날 때

만 내가 보는 사람이냐 그랬을 때 이제 저 같은 경우는 이제 아니 어 오빠 오빠를 시간 나서 보는 게 아니고 어 그냥 오빠가 약속이 깨지는 바람에 오빠가 보고 싶어서 보는 거야라는 대답이 듣고 싶은 거 같아요. 그러니까 저를 이렇게 저를 찾길 바라는 거 같아요. 내심에는 그러니까 저에 저를 되게 보고 싶은 마음으로 저를 찾길 바라는 거 같아요. 그러니까(1087-1093).

3) 여자친구의 독립적 태도

이재득 씨는 여자친구가 그와는 상관없는 상태에서 즐거움과 행복감을 느낄 때 자신의 존재감이 없어지는 느낌을 갖는다.

이재득: 여자친구가 나 때문에 안 웃던 그 여자친구가 어떤 그 다른 모임에서 어떤 즐거움을 느끼는 거를 딱 보게 되면은 그게 그 원래는 그냥 자연스러운 건데 제가 이제 우울증이 생길 때면 그게 굉장히 저 자신에 대해서 이제 존재감이 없어져 있게 느끼게 돼요. 굉장히 커요. 그런게(914-922).

4) 여자친구의 더 높은 수입

이재득 씨는 여자친구가 자신보다 수입이 더 많은 것에 대해서 한편으로는 좋기도 하지만 다른 한편으로는 자존심이 상하고 자격지심을 갖게 된다.

이재득: 이제 여자친구를 하고 나서 이제 일을 하고 수입이 생기다 보니까 약간 어떤 수입이 저보다 이제 더 많이 생기고 그러다 보니까 어떤 저의 자존심이라든지 자격지심이 생기다 보니까. (…) 저보다 어떤 능력이 좋다라고 생각이 되니까 음 좀 뭐랄까 음 괜히 막 그렇게 자격지심이 더 심해졌던 거 같아요. 뭐뭐를 저한테 선물을 하면은 제가 이제 받음에도 좋음에도 불구하고 좀 아 나는 이렇게 좀 뭐 고가의 선물을 잘 못해줬는데 이렇게 나한테 해주냐 이런 식으로 해 갖고 역시 난 음

내가 좀 많이 부족한가 보다 이런 식으로 생각을 좀 많이 했던 거 같아요(2677-2699).

5) 여자친구의 비관여적 태도

이재득 씨가 우울증으로 어려움을 겪을 때 그의 여자친구는 그의 도움 요청을 들어주기보다는 오히려 그가 스스로 문제를 해결하길 바라면서 비관여적인 태도를 보인다.

이재득: 항상 내가 이제 에너지가 없을 때 에너지를 살짝 좀 띄워달라 이런 요군데 그거를 이제 그러면 스스로 굴러봐. 뭐 이런 식으로 (웃음) 엔진이 꺼졌어 네가 좀 밀어봐. 그러는데 혼자서 좀 밀어봐 걸리면 알아서 잘 가잖아. 이런 식으로 답변이 오기 때문에 씁 참 어떻게 그거를 극복해나가야 할지 그게 관건이죠(2084-2093).

6) 여자친구의 비공감적 태도

이재득 씨가 현재 자신이 처한 어려움이나 결혼과 관련된 어려움을 여자친구에게 말을 하더라도 그녀는 그에 대해서 위로와 지지를 해주지 않는다.

이재득: 그런 상황에 대해서 이제 존재감을 잃게 되는 거죠. 그리고 뭐 여자친구를 예를 들면 여자친구가 어떤 일에 의해서 뭐 슬프거나 힘들거나 기쁠 때 그거를 이제 저랑 함께하지 않을 때는 이제 제 저의 어떤 존재감이 약간 없어지는 거 같고(3286-3290).

이재득: 친구 지금 여자친구랑 얘기할 때도 그러니까 현실적으로 이렇게 얘기를 하거나 뭐 좀 어 근데 사실 여자친구 같은 경우는 뭐 못 살아도 괜찮아 뭐 어때 이런 식으로 저한테 다가오고 마음의 위안을 많이 줬는데 지금 여자친구 같은 경우는 이제 그런 말을 한 마디도 해본 적이 없어요. 그러니까 그래서 조금 불안하기도 하고 불안감이 좀 많이 커

지거나 그거 때문에 많이 스트레스 받거나(1811-1817).

이재득 씨가 현재 사귀고 있는 여자친구는 그에게 양가감정을 갖게 하는 것으로 보인다. 그의 여자친구는 한편으로 그의 현재 가장 큰 어려움인 우울증을 해소시켜 줄 수 있는 역할을 한다. 하지만 다른 한편으로 그녀는 그가 가장 필요로 하고 모든 사람들로부터 바라는 인정과 존중 그리고 공감을 해주지 않는 태도를 보이고 행동함으로써, 그가 겪고 있는 어려움의 근원인 낮은 자아존중감을 더욱 낮추는 역할을 하는 것으로 보인다.

4.5.4. 인간관계

이재득 씨는 나이가 들면서 친구들과 교류가 줄어들고 단절되었다고 말하는 것으로 미루어보아 현재 사람들과의 만남이 많지 않은 것으로 보인다.

이재득: 그러니까 나이 들면 들수록 친구들과의 교류가 많이 끊기더라고요. 20대 후반이 될수록 만나는 친구들도 줄어들고 횟수도 줄어들더라고요(396-398).

4.6.5. 행동성향

이재득 씨는 자신의 행동성향을 보복적, 단호함, 독단적, 일방적, 감정적 등으로 보고 있다.

4.6.5.1. 보복적 행동성향

이재득 씨는 다른 사람들이 자신을 무시하거나 마음에 들지 않은 행동을 할 때 마음이 상한 만큼 상대방에게 되갚아주려고 하는 성향이 있다. 이러한 보복적 행동성향은 여자친구가 그에게 상처를 주었을 때 자살 협박을 하려는 보복적 행동으로 이어지거나 친구들과 의절하는 행동으로 이어지는 것으로 보인다.

> 이재득: 가끔 나이 드신 분들이 제 기준으로 봤을 때 무시하는 어떤 언행을 저한테 한다든가 무시하는 어떤 행위를 저한테 한다든가 했을 경우는 그 사람은 그 사람을 완전히 그 제가 높여 봤던 어떤 나이라든지 그런 거를 저도 같이 무시해버리는 그런 스타일로 변해요(641-644). [⋯] 철저하게 저는 이렇게 보복하려는 성격이 강한 거 같아요. 보복성이 강해요. 그러니까 여자친구가 저한테 언젠가 조용히 지적을 해준 게 있는데 손은 누가 오빠한테 피해를 주면은 오빠도 똑같은 피해를 주려고 한다고 그렇게 얘기를 하더라고요(646-654).

4.6.5.2. 단호한 행동성향

이재득 씨는 일을 처리하는 데 문제가 있을 경우 망설임 없이 문제를 해결하기도 하고, 또한 인간관계에서 상대방이 베푼 만큼 되돌려주지 않을 때에는 크게 실망하는 편이다. 그는 그러한 경우 사람들과 단번에 의절하는 단호한 행동을 하는 성향이 있다. 이러한 행동성향으로 인해서 그는 학창 시절 여러 친구들과 관계를 단절한 경험을 가지고 있다.

> 이재득: 제가 친구 관계에 대해서 의절한 게 몇 번 있었는데요(869). [⋯] 어떤 문제점이 생겼을 때 그거를 해결을 안 하려는 어떤 걸림돌이 되면은 과감히 이렇게 치워버리 치워버리려고 하는 그런 스타일인 거 같아요(816-820). [⋯] 정이 많은 스타일임에도 불구하고 정이 떨어질 때는 단번에 떨어져요. 그런 스타일인 거 같아요(1693-1696).

4.6.5.3. 독단적 행동성향

이재득 씨는 조직생활에서 규칙이나 위계관계를 무시하고 자신이 옳다고 생각하는 행동을 하는 경향이 있다. 이로 인해서 조직 내에서 인간관계나 상사와의 관계에서 어려움을 겪은 경험이 있다. 이러한 그의 독단적 행동성향은 그가 우울증과 그로 인해서 자살 생각을 하게 되고 직업 불안정을 야기하는 요인의 하나로 작용하는 것으로 보인다.

> 이재득: 제가 어떤 임무가 주어지고 나서 제 생각대로 하면 안 되는데 제 생각대로 했던 적도 많이 있던 거 같고 근데 그게 이제 뭐 그렇게 나쁘게 뭐 이렇게 진행되는 건 아니었어요. 결코 제 생각과 결국 결과도 좋은 쪽인데 근데 이제 위에서 말하는 규칙이나 뭐 어떤 그 선후배 간의 어떤 어떤 그런 인간관계 때문에 제가 이제 좀 뭐 저의 그 좋게 하려는 고집을 좀 꺾어줬어야 되는데 그게 아니라 좋게 하려는 고집 때문에 이제 제 생각대로 이제 밀고 좀 나가는 어떤 일들이 있었는데 그럴 때 이제 상사나 고참들이 항상 뭐라고 하는 그런 적이 있던 거 같아요 (2985-3013).

4.6.5.4. 감정적 행동성향

이재득 씨는 판단을 내릴 때 어떤 특정한 기준을 중심으로 하는 것이 아니라 그때그때의 감정에 의존하는 경우가 많다. 그렇기 때문에 어떤 사안에 대해서는 심각하게 또는 아무렇지도 않게 받아들이는 경우가 있다. 이러한 행동성향으로 인해서 그는 실제로는 사소한 일임에도 불구하고 이를 자살을 생각하게 하는 요인으로 받아들이기도 한다.

> 이재득: 그러니까 뭐 그거를 이제 아무렇지도 않게 받아들인 날도 있었는데 그거를 이제 심각하게 또 받아들일 때는 또 무한히 심각하게 또 받아들인 적 많죠. (…) 굉장히 그 감정에 따라서 좌우가 많이 되더라고요. 그러니까 감정이 신나고 좋은 날에는 이제 안 좋은 쪽으로 이제

계속 결론이 나는 거 같고요. 좋을 때는 이제 뭐 나쁜 일이 있더라도 어느 정도 좋게 승화시키는 그렇게 되는 거 같아요(3007-3020).

4.6.5.5. 일방적 행동성향

이재득 씨는 다른 사람들과 관련되는 의사결정을 할 때 협의를 하거나 의견을 구하기보다는 미리 결정을 하고, 그 결과를 친구들이나 여자친구에게 일방적으로 통보를 하는 성향이 있다. 그렇기 때문에 친구들이나 특히 여자친구로부터 필요한 조언이나 상담을 받고 있지 못한 실정이다.

> 이재득: 그러니까 거의 이제 제가 선택을 해놓고 거의 통보하는 식이죠. 여자친구도 예 친구들처럼 나 앞으로 뭐 이런 거 할 거야. 거의 그런 식이에요. 나 이제 뭐 이제 할 건데 어떨 거 같아. 이렇게 물어보는 게 아니고 저는 그냥 나 이제 혼자 생각을 거의 다 해놓고서 이제 이렇게 이렇게 할 거다. 뭐 이런 식으로 얘기를 해요. 그래서 여자친구도 쏩 딱히 이렇게 뭐 이렇게 상 상담을 상담 상담 대상이 된 적은 없던 거 같아요(1607-1614).

지금까지 기술한 그의 행동성향으로 인해서 그는 이성관계나 인간관계 그리고 안정적인 직업생활이나 일상생활을 하는 데 어려움을 겪게 되고, 그 결과 그는 자살 생각을 하게 되는 것으로 보인다. 이재득 씨의 행동성향이 그의 자살 생각에 끼치는 영향은 〈그림 51〉처럼 도식화해 볼 수 있다.

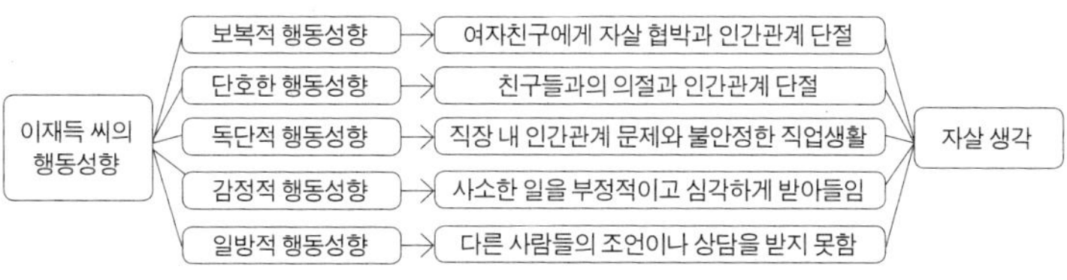

그림 51. 이재득 씨의 행동성향이 자살시도에 끼치는 영향

4.6.6. 현재 상황

이재득 씨의 중요한 자살 생각 이유 가운데 하나는 우울증이다. 그는 우울증과 관련하여 우울증의 현상과 원인 그리고 해결책에 대해서 자세하게 이야기하였다.

4.6.6.1. 우울증

1) 현상

• 사소한 일을 심각하게 받아들이는 성향과 부정적 생각

이재득 씨는 우울증에 빠지게 되면 사소한 일을 심각하게 그리고 예민하게 받아들이면서 자신을 부정적 방향으로 끌고 간다.

> 이재득: 음 그러니까 어떤 자연스런 현상으로 받아들여야 되는 것들을 저 혼자 심각하게 고민하거나 심각하게 생각하고 그다음에 나쁘게 바꿔서 받아들이기 때문에 좀 안 좋은 감정을 이끌어내죠(1020-1023). 〔…〕 우울증 상태면 안 좋은 실마리를 하나 끄집어내서 이만하게 또 부풀려 갖고 아 나는 진짜 재수 없는 놈이다. 어떻게 거기 이제 차가 다 같이 달리다가 저만 미끄러졌었는데 아 다른 놈들은 다 잘 가는데 하필이면 내가 여기서 미끌어질 거 뭐냐 아 푸 그러면서 이제 안 좋은 쪽으로 생각을 하다 보면 이제 야 진짜 올해는 또 작년에도 안 좋더니 올해도 더 안 좋을 팔잔가 보다. 뭐 이러면서 내 인생은 왜 그럴까 이런 식으로 하면서 이제 인생까지 크게 만드는 거죠(2328-2335).

• 무력감

이재득 씨는 우울증에 빠지게 되면 아무 일에도 관심이 없고 하기 싫은 무력감에 빠지게 되고 오로지 수동적으로 할 수 있는 티브이만 보려고 한다.

이재득: 음- 그게 좀 웃긴 게요. 게임도 재미가 없어져요. 그러니까 게임 하면 재밌는데 거기까지 게임 컴퓨터를 켜서 게임 로그인하기 전까지가 싫은 거죠. 그거까지도 그것도 이제 귀찮은 거죠〔…〕 티브이 틀어놓고 그냥 멍하니 보거나 아니면 그 거 보고 듣고만 하지 제가 이렇게 뭔가를 제 안에서 기 뭘 이렇게 제 생각을 빼내 갖고 이제 뭔가를 안 하는 거죠. 예 뭐 굉장히 귀차니즘에 빠진다고 해야 되나 예 그런 거 같아요 (2235-2244). 〔…〕 그 기분이 들 때는 이제 그 친구의 전화 자체도 귀찮게 되는 거죠(2855-2870).

이러한 무력감으로 인해서 이재득 씨는 직업생활에 어려움을 갖게 되고, 사람 만나는 것을 회피함으로써 인간관계를 유지하는 데 어려움을 겪게 된다.

이재득: 음 우선 제 그 사회활동에 지장이 생기고요. 그다음에 대인관계에 지장이 생기는 거 같아요. 그러니까 만나야 될 사람까지 안 만나고 예 그다음에 뭐 제가 이제 그 작년까지는 일을 막 이렇게 스케줄로 막 이렇게 어떤 날은 평일에도 쉬고 어떤 날은 주말에도 일하고 그랬었는데 해야 일을 해야 되는데 막 안 해버리고 그런 거 때문에 아 왜 그럴까 그래도 나름대로 그 학업 학업 마칠 때까지 군생활 마칠 때까지 나름대로 성실하게 생활해왔고 취업해서도 성실하게 직장생활했었었는데 왜 이렇게 컨트롤이 안 될까 뭐 그런 생각을 스스로 많이 했었어요 (2255-2263).

이재득: 예 우울감에 빠지고 우울증에 우울감에 뭐 빠지게 되면은 음 그냥 본능적으로 사람이 그렇게 되는 거 같아요. 〔…〕 그러니까 음 일부러 안 나가게끔 만들어요. 자신을. 뭐 다른 핑계거리를 혼자 이렇게 생각하면서 이제 아 나는 이러니까 못 나가겠다 그런 식으로 이제 자신을 만들어버리죠. 그리고 이제 못 나가게 되고 못 나가게 되면 또 아까 말씀 드렸듯이 마찬가지로 그런 존재감 없는 게 느껴지는 게 또 오고요. 그게 올 건지 알면서도 못 나가게 되는 경우가 많아요(1408-1416).

• 긴 수면 시간

우울증의 한 증상은 잠을 길게 자는 것인데, 그 결과로 신체와 기분 모두 리듬을 잃게 된다.

> 이재득: 그런 그럴 때는 뭐 아 그냥 현실에 어떤 그 도피방법이라고 해야 되나 그러니까 잠을 자게 되면 생각을 안 하고 머리가 안 아플 안 아픈 거 같으니까 그냥 그렇게 도피를 하는 거 같아요. [···] 자자 다 귀찮다 이런 식으로 또 이제 잠을 자게 되는 거 같아요. 그게 험험 그게 우울증에는 상당히 안 좋은 거 같아요(2213-2221). [···] 이제 8시간 9시간 넘어가 버리면은 완전 그 호르몬 자체가 엉망이 되서 그러는지 신체 리듬이 엉망이 되서 그러는지 모르겠는데 조금 뭐 이렇게 다 하기 싫어지는 기분 상태로 바뀌어 버리죠(2194-2197).

• 자기부정과 자책

우울증에 빠지게 되면 이재득 씨는 자신을 자책하고 부끄러워하며 자기를 은폐하는 행동을 반복적으로 하게 된다.

> 이재득: 음 아 예 가끔 아직까지는 그 반복 좀 되요. 그러니까 우울증 상태로 들어가면은 그게 무지하게 반복이 되는 거죠. 그러니까 제 자신에 대해서 굉장히 이제 자책을 하게 되고 제 자신이 되게 부끄럽고 음 그러니까 뭐 제 자신을 굉장히 숨기고 싶어하고 제 자신을 굉장히 환자 취급하죠. 제 스스로가 예 그게 우울증 상태에 오면은 그게 상당히 심해지는 거죠(2747-2752).

2) 이유

이재득 씨는 자신이 우울증에 빠지는 원인을 외적 영향보다는 자기 내부에 있는 것으로 보고 있다. 그가 생각하는 구체적인 우울증의 원인으로는 호르몬의 작용과 일상생활에서 외부의 작용이 없음에도 불구하고 본인 스스로 부정적인 생각을 확대시키고 있기 때문이라고 보고 있다.

• 호르몬

이재득: 우울증이라는 거는 씁 어느 정도 어떤 그 호르몬 때문 호르몬 때문이 때문이기도 한데 (1278-1279). […] 왜 이런 기분 상태가 됐지 뭐 이러면서 또 혼자 나름대로 분석을 하는데 그거를 그 왜 어떤 특별한 원인은 모르겠어요. 제가 어떤 그 행복해지는 호르몬이 안 나오는 그런 순간인 거 같아요(2839-2849).

• 자기 생각

이재득: 제 문제죠. 근본적으로 그거는 제 문제인데 그거를 근데 이제 그 시작 하는 시기가 이제 외부 탓일 수도 있고 제 스스로 그럴 수도 있고 예 그래요(2771-2779). […] 그냥 스스로 그럴 때가 있어요. 아무 외부의 영향 없이 그냥 뭐 하루 일과를 뭐 끝내고 집에 가는 도중에 그냥 그렇게 되는 수가 있어요. 때로는 뭐 자고 일어나서 그렇게 되는 수도 있고요. 그러니까 그게 어떻게 뭐 어떤 다른 상황이 내 상황이 어떻게 안 좋아져서 그렇게 되면은 이제 그런 거 같고(2874-2882).

이재득: 근데 제가 항상 여태껏 보면은 혼자서 혼자 살 혼자서 생각하고 혼자서 있으면은 이제 굉장히 그걸 크게 느껴지 크게 만들죠. 부풀리고 그러니까 안 좋은 쪽으로 생각을 하면은 이제 그게 부풀어지게 어마어마하게 부풀어질 때는 굉장히 이제 스트레스로 변화하고 그러는 거 같아요(1552-1560).

3) 해결책

이재득 씨는 우울증이 한번에 없어지는 것이 아니고 언제든지 재발할 수 있는 것으로 보고 있다. 그렇기 때문에 이재득 씨는 우울증에 잘 대처하려면 지속적인 훈련이 필요하다고 생각한다.

이재득: 그러니까 그 표현을 좀 잘해주셨는데요. 한 번 깔리고 나서 이제 뭔가를 깔고 나서 이제 덮어놓잖아요. 덮어놓는데 말 그대로 덮어놓는 거예요. 지운 게 아니고 덮어놓은 거기 때문에 씁 어- 다시 그거를 뒤집게 되면은 그게 보이는 거죠. 지운 게 아니기 때문에 그런 식이에요. 그러니까 그거를 지우는 데는 시간이 조금 오래 걸릴 거 같고요. 그다음에 여기 말씀 드렸듯이 이제 어떤 훈련이 필요한 거 같아요 (2139-2145).

이재득 씨는 우울증에 대처하기 위한 방안으로 네 가지의 방안을 제시하고 있는데, 그중에서 인간관계와 운동이 가장 중요한 것으로 판단하고 있다.

이재득: 운동 운동 플러스 사람과의 만남이 제일 중요한 거 같아요 (1278-1281).

• 인간관계

우울증은 친구나 다른 사람들과 함께 있으면 잘 느끼지 못하므로 인간관계를 잘 유지하는 것이 중요하다.

이재득: 모임이나 사람과의 어떤 만남을 계속 끊지 않고 유지를 시켜야 될 거 같고요(2145-2160). 〔…〕 가만히 생각을 해보니까 친구들 만났을 때는 아 우울함이 없었구나라고 생각이 들더라고요(137-147).

• 운동

우울증에 대처하기 위한 또 하나의 매우 중요한 방법은 운동이다. 운동을 하게 되면 우울한 기분이 긍정적으로 바뀌고 어려운 일들이 쉽게 받아들여지는 긍정적인 효과를 체험할 수 있다.

이재득: 신체적으로 육체적으로는 운동이 꼭 필요한 거 같고요. 여자 같은 경우는 모르겠는데 남자 같은 경우는 저 같은 경우는 이제 운동을 하고 나면은 조금 했든 많이 했든 굉장히 그 우울한 기분이 굉장히 없어져요. 상당히 씁 제가 살펴 저를 살펴 본 결과 상당히 긍정적으로 바뀌고요. 예 그다음에 상당히 이렇게 뭐 뭐 전날에는 그 일에 대해서 상당히 막 이렇게 고민하고 뭐 머리 아파서 싸매고 있었던 걸 게 운동을 하고 나면은 그다음 날이나 운동 한 그 즉시에는 거의 뭐 쉽게 쉽게 생각되고 쉽게 쉽게 해결할 수 있는 그런 상태가 되는 거 같아요(2145-2160).

• 일상에서 즐거운 일하기

우울증은 일상적으로 할 수 있는 즐거운 일을 통해서 대처할 수 있다.

이재득: 그냥 아 기분 빨리 없어졌으면 좋겠다. 그런 생각이 들고 더 그러기 위해서 뭐 티브이를 그냥 멍하니 본다든가 뭐 좀 재밌는 뭐 영화나 뭐 재밌는 프로그램들을 찾아서 본다든가 뭐 그 정도에 어떤 행동이 있고요. 그다음에 뭐 다른 여자친구랑 상관없는 일로 그랬을 때는 여자친구를 만나서 좀 즐거움을 좀 만들어본다든가 예 그런 게 있는 거 같아요(2910-2915).

• 수면

우울증에 대처하기 위한 본질적인 방법은 아니지만, 우울한 기분을 피하고 잊을 수 있는 중요한 수단으로 수면이 있다.

이재득: 제가 그 우울함을 피하기 위한 제일 큰 수단, 잠을 자버리는 거였어요. 그래서 주말에 친구들이 안 놀아줄 때면 그냥 집에서 잠자는 거 그래서 뭐 집에 일찍 들어갈 때 경우에는 초저녁을 자버리니까 새벽에는 또 잠을 제대로 못 자는 경우도 생기고요. 저 같은 경우 우울함을 피하기 위한 방법 중에 하나가 그 잠을 자는 거였던 거 같아요. 〔…〕

우울한 기분을 없애는 방법은 없어요. 잠밖에 없었어요(137-147).

• 사람들의 도움

우울증에 빠지게 되면 혼자서 빠져나오기가 매우 힘들기 때문에 연락할 사람이 주변에 있어야 하고 주변 사람들이 도와주게 되면 우울증에서 벗어나는 데 도움이 된다.

이재득: 어떻게 해서든지 그걸 전환을 해야 되는데 자기 자신을 그거를 이제 못 할 때가 있어요. 그럴 땐 좀 방법이 없어요. 그럴 때는 주변에서 그걸 우선 지척에서 도와주거나 주변에서 항시 이제 그 사람을 만날 수 있게 만들어놓거나 아니면은 그런 방식이 아니면은 그런 상태 혼자 빠지게 되면은 헤어나오기가 힘든 거 같아요(2224-2231).

4.6.6.2. 자존감 부재

1) 자존감 부재의 이유

이재득 씨가 겪고 있는 심리적 어려움 중의 하나는 그가 자존감을 느끼지 못하는 것과 관련이 있다. 그가 존재감을 느끼지 못하는 핵심적인 이유는 그가 자기 가치를 스스로 인정하지 못하는 데 있지만, 그가 스스로를 인정하지 못하는 것은 외적인 환경에 의해서 촉발된다. 그러한 요소로는 이재득 씨가 다른 사람들이 본인을 찾지 않는다고 생각될 때, 그가 다른 그룹에 속하지 못할 때, 그리고 어떤 문제를 해결하지 못할 때 등이다.

이재득: 우선 크게 보면은 이제 날 찾는 사람이 없을 때. 그다음에 내가 어떤 그룹에 낄 수 없거나 끼지 못할 때 그리고 제가 뭘 처리를 해야 되는데 제가 이제 처리를 못하는 어떤 일이 발생했을 때 보통 그런 거죠. 그게(1394-1397).

이재득 씨가 자존감을 느끼지 못하게 되는 다른 요소는 그가 가족과 친구들 그리고 여자친구로부터 진정으로 인정받고 사랑받지 못하기 때문에 그들과 표피적인 관계 속에 있다는 느낌을 가질 때이다.

> 이재득: 그러니까 잠재되어 있는 생각이 이 사람은 면목상이 아닐까 저 사람은 면목상이 아닐까 그러니까 친구도 친구도 이 친구 저 친구 저 친구 다 면목상이 아닐까 의심하는 거 같고 여자친구 여자친구도 면목상이 아닐까 의심하는 거 같고 가족은 꾸준히 그렇게 하고 있는 거 같고요. 예 그런 거 같아요(1134-1147).

이재득 씨의 자존감 부재에 영향을 끼치는 요인들을 구체적으로 기술하면 다음과 같다.

• 여자친구

그는 여자친구가 자신의 슬픔과 어려움을 함께하지 않을 때 존재감을 느끼지 못한다. 이로 인해서 이재득 씨는 여자친구와 진정한 동반자 관계가 아니라는 느낌과 그녀로부터 진정으로 인정받지 못한다고 느끼는 것으로 보인다.

> 이재득: 여자친구가 어떤 일에 의해서 뭐 슬프거나 힘들거나 기쁠 때 그거를 이제 저랑 함께하지 않을 때는 이제 제 저의 어떤 존재감이 약간 없어지는 거 같고(3286-3290).

• 무직

그는 자주 이직을 하는 등 직업생활이 불안정하다. 자신은 능력이 있다고 생각하지만 채용이 되지 않음으로 인해 소외감을 느끼고, 자신이 인정을 받지 못하고 있다는 느낌을 가지고 있다. 그로 인해서 그의 자존감은 낮다.

이재득: 이제 이것저것 다른 일을 할 때면은 순간적으로 할 일이 없을 때가 있어요. 그러면은 이제 아 뭐 제가 이제 똑바로 직업을 가지지 못한 거에 대한 죄책감부터 해 갖고 쩝 할 수 저는 되게 이렇게 하고자 하는 욕구도 많고 처리할 능력이 있는데도 시켜주지 않는 거에 굉장한 그 소외감과 그 존재감이 없어지는 거죠. 그러니까 씁 우선 일 적으로는 그렇고요(906-912).

• **친구들**

이재득 씨가 자신이 존재감을 느끼지 못할 때는 친구에게 만남의 제안을 했을 때 친구로부터 거부당했을 때이고, 또한 자신이 해주던 친구들의 필요한 일을 다른 사람이 해주는 것을 보았을 때 자신이 친구들에게 필요가 없는 존재라고 보고 있다.

이재득: 제가 이제 보자라고 요구를 할 때 친구들이 이제 안 된다 다른 거 때문에 안 된다라고 얘기를 하면은 그때부터 이제 저의 존재감이 약간 떨어지게 되는 걸 좀 느낀 거 같아요. (975-978). 〔…〕 나는 니네들한테는 내가 그게 아닌가 보다. 이렇게 뭐 얘기했던 적도 있던 거 같고요. 예. 말 그대로 우선 순위가 좀 밀렸다라고 생각이 많이 드는 거 같아요(1007-1011).

이재득: 친구들하고의 존재감 음 그러니까 어떤 문제가 어떤 문제나 그 친구를 필요로 하는 거를 제가 항상 해결해줬는데 언젠가 보니까 다른 사람이 해결을 하고 있을 때 다른 사람이 친구 역할을 하고 있을 때 뭐 그럴 때는 이제 제 저의 역할마다 존재감이 줄어들게 되는 거죠(3290-3296).

• **사람들**

이재득 씨는 대인관계에서 사람들이 자신을 몰라볼 때 존중받지 못한다는 생각이 들고, 성공한 사람들 사이에서는 자격지심이 들면서 자신이 낮아지는 체험을 하게 되는데, 이러한 일들로 인해서 그는 스스로를 존중할 수 없게 된다.

이재득: 여러 사람이 뭐 여러 모임이 있는데 뭐 거기 몇 번 자주 나갔던 나인데도 뭐 어떤 사람이 저를 거의 처음 본다고 처음 보는 식의 어떤 판단을 한다던가 그리고 나름대로 어떤 모임의 어떤 어 모임의 시작의 어떤 멤버인데도 불구하고 모임의 시작의 멤버에서 제외된다거나 뭐 그럴 때 (3281-3286). (…) 자격지심 그런 거 같은 게 생기는 적은 있는 거 같아요(1430-1435).

2) 자존감 부족 해결 방안

이재득 씨는 자신이 자존감을 느끼기 위한 조건으로 본인 주위에 단 한 명의 사람이 필요하다고 말하고 있다. 또한 주변 사람들이 자신에 대해서 관심을 가지고 자신의 어려운 이야기를 들어주게 되면 문제가 아예 발생하지 않거나 해결될 수 있다고 말하고 있다.

• 한 명의 사람

인터뷰어: 사람들 속에 있으면서도 존재감이 없다고 느껴진 적도 있나요?

이재득: 씁. 그런 적이 거의 없다고 할 수 있어요. 예 무조건 앞에 한 명이라도 있으면은 그런 건 못 느끼는데요. 음 옆에 앞에 한 명도 없을 때 이제 그런 게 굉장히 크게 와 닿죠. 한 명이라도 있으면 뭐 그냥 어떻게 어떻게 멀리 알게 어쩌다가 만난 한두 번 뭐 일 년에 한두 번 만난 사람 만나더라도 그러면 이제 그런 걸 못 느끼죠(1417-1423).

• 다른 사람들의 관심과 경청

이재득: 그거를 뭐 얘기를 아예 그냥 안 하고 혼자 계속 있으면은 천천히 넘어가는데요. 얘기하고 나서 뭐 별 반응이 없으면 더 넘어가는 거죠. 자신에 대한 존재감이 없다고 생각이 들기 때문이라고 생각을 해요

(1370-1376). (…) 옆에서 누가 뭐 항상 뭐 어떤 고민을 들어주는 사람이 있으면은 뭐 그 고민이 이제 약간 이렇게 덜어주거나 아니면 해결이 될 수 있고 혹은 그게 그걸 아무렇지도 않게 생각할 수도 있고 그런 거 같아요(1552-1560).

그의 낮은 존중감은 원천적으로는 가족 해체와 어머니의 부재에 있지만, 이로 인해서 발생한 열등의식이 이재득 씨가 여자친구나 친구들 그리고 다른 사람들로부터 존중받지 못한다는 생각을 하게 되는 원인으로 작용하는 것으로 보인다. 그는 단 한명이라도 그의 곁에 누군가가 있고 자신에게 귀를 기울이고 관심을 보여준다면 자존감의 문제가 사라지고 자살 생각도 하지 않을 것이라고 말하고 있다.

4.6.6.3. 스트레스

이재득 씨가 스트레스를 받는 이유는 직업생활의 불안정으로 인해서 경제적인 어려움이 있고 그로 인해 여자친구와 결혼 계획도 세우지 못하고 아버지에게도 도움을 주지 못하기 때문이다.

이재득: 그냥 저 일반적인 사람들하고 똑같 그런 거는 똑같은 거 같아요. 그냥 맨날 스트레스 받고 감 감당하기 힘든 것들은 뭐 요즘에 뭐 경제가 어려워지니까 돈 벌고 쓰는 게 이제 버거워지는 거 같고 그다음에 또 그와 더불어서 이제 여자친구와의 어떤 결혼도 생각을 하고 있는데 이제 어떤 경제적인 어려움 때문에 이제 추진을 하지 못하는 그런 것도 스트레스가 되고요. 그다음에 부모님 아버지도 뭐 뭐 뭘 이렇게 드리고 싶은 데 못 드릴 때 스트레스가 되고 조금 그런 거 같아요. 그런 게 일반적인 사람들하고 똑같은 스트레스인 거 같고요(1730-1739).

4.6.6.4. 불안감

이재득 씨가 불안감을 느끼는 근저에는 경제적 어려움과 미래 결혼과 관련된 자신의 어려움에 대해서 지지와 격려를 해주지 않는 여자친구의 비공감적 행동이 있다.

> 이재득: 예 지금 같은 경우는 제가 뭐 뛰어나게 돈을 이렇게 조금 어느 정도의 돈을 벌 수 있는 능력이 안 되기 때문에 지금 같은 경우에는 이제 불안하죠(1761-1772). (…) 여자친구 같은 경우는 뭐 못 살아도 괜찮아 뭐 어때 이런 식으로 저한테 다가오고 마음의 위안을 많이 줬는데 지금 여자친구 같은 경우는 이제 그런 말을 한 마디도 해본 적이 없어요. 그러니까 그래서 조금 불안하기도 하고 불안감이 좀 많이 커지거나 그거 때문에 많이 스트레스 받거나(1811-1817).

4.6.6.5. 부모에 대한 원망

이재득 씨는 자신이 가진 모든 문제의 근원적인 이유이며 아직 까지도 해결되지 않는 문제인 가족 해체와 어머니의 부재를 생각하면 지금까지도 원망하는 마음이 든다.

> 인터뷰어: 그럼 부모님에 대한 가족에 대한 원망과 그것도 그냥 애써서 가는 게 아니라 그냥 바로 바로 튀어오르는 감정과 생각인 거네요.
> 이재득: 예 거의.
> 인터뷰어: 어떤 상황만 매치만 되면 그냥.
> 이재득: 거의 탁탁 올라온다고 생각.
> 인터뷰어: 정말 자동적인.
> 이재득: 예 그렇게 되는 거 같아요(3434-3440).

4.6.7. 의사소통

이재득 씨는 어려서부터 지금까지 자신이 처한 어려운 상황이나 문제에 대해서 가족이나 친구 그리고 여자친구에게 터놓고 이야기를 한 적이 없다. 그 이유는 자신의 어려운 처지를 다른 사람들이 아는 것을 원하지 않기 때문이다.

> 이재득: 제가 성격이 내성적이었다고 해야 되나 그런 성격이어서 친구들을 만날 때는 전혀 그런 얘기를 안 했었어요. 전혀 얘기할 상대를 못 찾은 건지 아니면 제가 선뜻 얘기를 못한 건지 그거는 씁. 좀 모르겠고요. 제가 먼저 이렇게 뭐 힘들다 뭐 우리 집이 뭐 그렇게 됐다. 그런 얘기를 누구 어느 누구한테도 해본 적이 없었어요. 근데 그런(41-48). (…) 그냥 숨기고 있고 싶었고(50-52).

> 이재득: 동생아 너 우리 부모님 어떻게 했으면 좋겠니 이렇게 대놓고 이렇게 이 얘기를 꺼내본 적이 없어요. 단 한 번도 아직까지(2457-2467).

그렇기 때문에 심지어는 가장 가깝게 지내고 있는 여자친구조차도 자살 생각을 유발하는 이재득 씨의 어려움에 대해서 잘 모르고 있다.

> 이재득: 일상생활에서는 전혀 저런 모습은 없고 제일 가까운 여자친구마저도 그 죽음에 대한 꺼리들을 파악하지 못하면은 이제 겉으론 이제 전혀 그럴 사람으로 안 볼 수밖에 없죠(1942-1955).

이재득 씨는 다른 사람에게 내면의 어려움에 대해 이야기하지 않으면 더 큰 어려움에 빠질 수 있기 때문에, 자기 어려움을 다른 사람에게 이야기하고 이해받는 것이 도움이 되는 것으로 보고 있다.

> 이재득: 제가 내성적이고 그래 갖고 아 제 기분을 잘 안 밝히고 그런 스타일인데 이거는 안 그런 그거를 안 그러면은 굉장히 더 힘들어요. 그러니까 누구한테라든지 뭔가를 얘기를 해서 그걸 그 어떤 얘기한 상대방이 그걸 알아주고 이해해주고 뭐 그러면은 이제 그게 조금 완화되는데 그렇지 않을 경우에는 이제 더 심해지죠. 우울감이(1328-1334).

이재득 씨는 가족이 아닌 다른 사람들에게 도움을 청하는 것이 수치스러운 일이라고 생각하기 때문에 도움을 요청할 가족이 없는 것에 대해서 큰 아쉬움을 가지고 있다.

> 이재득: 아 차라리 뭐 아버지나 어머니한테 돈 좀 잠깐 빌려서 잠깐 내면은 남들은 다 그렇게 해서 하던 잠깐 내고 다시 갚아 드리면 되는 거니까 근데 그거 고거를 못해 갖고 내가 이렇게 되야 된다니 참 안타깝다 뭐 이런 식으로 하면서 내 자신을 상당히 이제 누추하게 되고 누추하게 만들고 비참하게 만들고(3172-3177).

이재득 씨는 자신의 어려움에 대해서 말을 하고 도움을 받을 가족과 주변 인물들이 없다는 것에 대해서 두려움을 가지고 있다.

> 이재득: 당장 내가 만약에 어디 아프거나 뭐 당장이라도 몇백만 원 몇천만 원이라도 필요하게 되면은 나는 어떻게 되는 걸까 누가 분명 주변에는 없을 없는 게 뻔하기 때문에 씁 그거를 이제 약간에 어떤 부담과 위압감은 갖고 있죠(3198-3210).

그렇기 때문에 이재득 씨는 자신의 문제를 상의하고 도움을 줄 수 있는 사람들이 자기 주변에 있기를 바라고 있다.

> 이재득: 이제 조금 좋게 좋게 나가려고 하면 주변사람들의 어느 정도 도움이 좀 필요로 하기 때문에 그런 방식 객관적으로 풀어주는 방식 그런 역할을 하는 역할을 해주는 사람과 함께 좀 이렇게 토의를 할 수 있는 그런 시간이 있으면은 이제 조금 나아질 거 같아요(3354-3370).

실제로 그는 상담을 받으면서 자신의 속마음을 털어놓을 수 있는 것에 대해서 즐거운 기분을 갖는 체험을 하기도 하였다.

이재득: 누군가에게 뭘 제 마음속에 있는 걸 얘기하고 나서요. 좀 뭔지 모르게 그냥 즐거웠어요. 그냥. 뭐 그냥 그렇게 조용하지 않았고 그냥 생각이 좀 즐거운 생각이 많이 났었어요(684-687).

이재득 씨에게 가족의 문제와 자신의 여러 어려움은 남들에게 감추고 싶은 수치스러운 사실이다. 그렇기 때문에 그는 다른 사람들에게 그러한 것에 대해서 이야기를 하지 않고, 그로 인해서 사람들은 그가 처한 어려운 상황에 대해서 알지 못한다. 이는 다른 사람들이 그에게 별다른 관심을 가지지 않고 그가 바라는 인정과 존중 그리고 공감의 행동을 하지 않게 되는 원인으로 작용한다. 그는 다른 사람들로부터 인정과 존중 그리고 공감을 받지 못하기 때문에 그의 우울감이 더욱 심해지게 되고 주위로부터 도움을 받지 못할 것이란 생각으로 인해서 부담감과 위압감을 느끼고 있다.

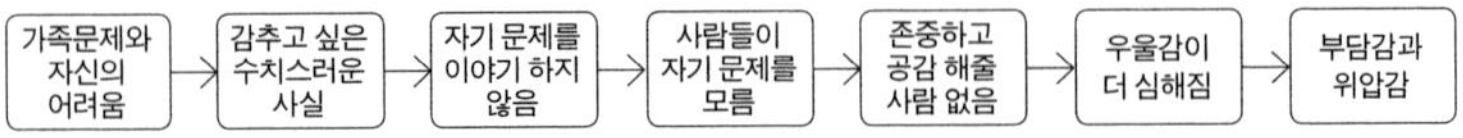

그림 52. 이재득 씨의 의사소통 문제의 원인과 영향

4.6.8. 보호요인

4.6.8.1. 지인들과 함께하기

이재득 씨는 그가 혼자가 아닌 다른 사람들과 함께할 때에는 자살에 대한 생각을 하지 못했다.

이재득: 특수한 아주 특수한 감호실 근무만 빼놓고 나머지는 거의 두 명 이상이 그 근무자들이 필요했기 때문에 혼자서 근무한 적은 없었던 거 같아요. (…) 그래서 자살에 대한 어떤 시도나 생각은 거의 해보지 못했던 같고요(227-242).

그렇기 때문에 제도적으로 지원되는 상담사나 전문가보다는 항상 가까이 지낼 수 있는 사람들이 주위에 있는 것이 자살을 예방하는 데 보다 좋은 방안이라고 생각하고 있다.

> 이재득: 매번 전문가랑 얘기를 하는 거보다는 자기 측근이 이제 약간의 어떤 측근하고 어떤 얘기가 되는 게 사회적으로도 좋게 쫙 퍼져나갈 수 있지 않을까 그런 생각을 해요. 상담사가 그렇게 정신병원이 그렇게 많은 것도 아니고 허 일반적으로 우리나라 그 분위기가 자체가 정신병원에 찾아간다는 거 자체가 이해를 못하는 사람들이 많기 때문에 사회적인 분위기가 어느 정도 변화되고 되면서 이제 그런 식으로 서로 이제 도와가는 형태로 나가야지 된다고 생각을 해요(3493-3505).

> 이재득: 항상 뭐 모 모임이나 사람과의 어떤 만남을 계속 끊지 않고 유지를 시켜야 될 거 같고요(2145-2160).

4.6.8.2. 결혼

이재득 씨는 혼자 있게 되면 자살 생각을 하게 되므로 이를 해결하기 위한 방안으로 항상 다른 사람들과 함께 있는 것이 중요하다고 말하고 있다. 그는 그에 대한 근본적인 대책으로 결혼을 생각하고 있다.

> 이재득: 혼자 있는 시간이 좀 싫죠. 요즘 들어서는 최근 들어서는 어 뭐 나이가 나이니만큼 빨리 결혼을 하고 싶다 이런 생각이 들어요. 그 방법밖에 없어요. 지금은 허허허 (웃음) 그러니까 혼자를 혼자의 어떤 혼자 있는 시간을 최대한 줄여보려면 그 방법이 최고에요. 그 방법 빠른 시간에 이루어지기 힘들 거(1538-1548).

이재득 씨는 자신의 문제를 해결하기 위한 가장 좋은 방법으로 결혼을 생각하지만, 다른 한편으로는 가족 챙기기와 출산과 육아에 대한 경제적 부담 때문에 결혼에 대한 두려움을 가지고 있기도 하다.

이재득: 결혼하고 나서 가장이 되는 건 별로 두렵지 않은데요. 아 두려움은 좀 있긴 있어요. 크 결혼하게 되면 양가 부모님을 이제 챙기기 시작을 해야 되기 때문에 그런 게 우선 두렵죠. 좀. (…) 아이 또 나오게 되면은 이제 그걸 또 키워야 되고 일이 년 동안 더 키워야 되는 그런 육체적인 부담부터 해갖고 경제적인 부담까지 다 이제 올인을 해야 되는 그런 순간이니까 그런 그걸 이제 얘기를 하다 보면 굉장히 부담감이 오죠(1873-1896).

4.6.8.3. 주변 사람들의 이해와 도움

이재득 씨는 자살을 예방할 수 있는 중요한 요인의 하나로 주변인들에게 자신이 어떤 고민을 가지고 있는지에 대해서 대화를 나누어 그들이 자신의 문제를 이해해주고 문제를 해결하는 데 도움이 되도록 해야 한다고 보고 있다.

이재득: 그 사람의 상태를 알아줄 수 있는 어떤 사람이 필요하죠. 거의 그러니까 그 사람이 무슨 생각을 깊숙이 하고 있는지 한 사람이라도 알면은 그 사람은 이제 나름대로 자살까지는 가지 않는다고 생각을 해요. (…) 자살의 가능성이 있는 사람들한테는 자살 가능성 있는 사람은 그 주변 사람이 그거를 인지할 수 있도록 주변 사람하고 함께해서 그 사람이 이제 심 주변사람도 어떤 심각함도 인지를 하고 어느 정도 그 자살하려고 하는 사람을 주변 사람이 이해를 하고 그다음에 그 자살하려고 하는 사람의 어떤 제일 큰 어떤 음 어떤 고민 그거를 이제 같이 해결해주고 하려고 하는 어떤 그런 게 있으면은 자살까지는 안 갈 수 있을 거 같아요(3469-3481).

이재득: 주변에서 그걸 우선 지척에서 도와주거나 주변에서 항시 이제 그 사람을 만날 수 있게 만들어놓거나 아니면은 그런 방식이 아니면은 그런 상태 혼자 빠지게 되면은 헤어 나오기가 힘든 거 같아요(2224-2231). (…) 저 같은 경우는 뭐 주변에 한 명이라도 같이 상담을 하면은

더 도움이 되고 그러면서 이제 제가 어떤 그러니까 제가 겉으로 이제 내성적인 성격이 이제 속에 있던 마음을 어떤 사람이 이제 알게 되기 때문에 나름대로 이제 좀 위안이 되면서(3493-3505).

4.6.8.4. 다른 사람들의 존중과 인정

이재득 씨는 가족과 친구 그리고 여자친구로부터 진정한 인정과 존중을 받지 못하고 있고, 그로 인해서 자아존중감을 느끼지 못하기 때문에 자살 생각을 하게 된다. 그렇기 때문에 다른 사람들로부터 존중과 인정을 받는 것이 자살 예방에 매우 중요하다고 생각하고 있다.

> 인터뷰어: 정말 그렇게 따듯하고 인정받는 관계를 절실히 바라고 있는 거예요.
>
> 이재득: 예 뭐 누구든지 친구든 뭐 여자친구든(1148-1150).

4.6.8.5. 집중할 수 있는 일

이재득 씨는 어떤 일에 몰입하고 집중하면 자살 생각을 하지 않았고, 그렇기 때문에 일이 많고 힘들었던 때가 오히려 행복했다고 말하고 있다.

> 이재득: 이제 한참 훈련받고 이럴 때는 이제 까먹고 거기가 매진을 하다 보니까 전혀 그런 기분이 들지 않았었어요. (…) 그럴 때는 굉장히 좋았고 행복하고 기억 속에 되게 남더라고요. 그 다른 사람들은 뭐 아 지겨웠다 뭐 이렇게 얘기하는데 저 같은 경우는 되게 좋았던 시간으로 기억을 해요(211-218).

4.6.8.6. 긍정적 생각

이재득 씨는 자살 생각을 유발하는 요인으로 우울증을 생각하고 있고 우울증의 중요 원인 가운데 하나가 바로 호르몬이라고 생각하고 있다. 그러므로 행복한 호르몬이 생성되기 위해서는 긍정적으로 생각하는 것이 중요하다고 말하고 있다.

이재득: 긍정적인 생각을 하고 그래야지 행복해지고 행복함을 느낌으로서 행복한 호르몬이 나올 테니까 계속 그거를 이제 그게 이제 좋은 상태로 돌아간 거죠. 그게. 근데 거기에서 이제 안 벗어나기 위해서는 좋은 생각을 많이 하는 게 좋은 거죠(2301-2304).

그는 긍정적인 생각을 하기 위해서는 늘 훈련하고 연습하는 것이 필요하다고 생각하고 있다.

이재득: 제가 볼 때는 좋은 생각을 많이 하고 행복한 호르몬이 많이 나올 수 있도록 연습을 해야 되요. 연습을 그러니까 긍정적인 생각을 많이 하라고 이제 음 긍정적인 생각을 많이 할수록 뭐 좋은 일이 생긴다고 그러잖아요. 그게 이제 그런 걸 이제 동감을 제가 많이 해요(2294-2304). (…) 안 좋은 일이 생기더라도 그거를 행복으로 승화를 시키는 거예요. 아까 말씀 드렸듯이 제가 교통사고가 나더라도 그거를 상당히 즐거워하고 행복해하고 그런 식으로 되어버리는 거죠. 행복한 연습을 하면(2779-2790).

4.6.8.7. 운동

이재득 씨는 운동을 하게 되면 우울한 기분이 사라지고 생각이 긍정적으로 바뀌며 어려운 문제가 쉽게 해결되기 때문에 자살 예방을 위해서는 운동이 중요하다고 보고 있다.

이재득: 저 같은 경우는 이제 운동을 하고 나면은 조금 했든 많이 했든 굉장히 그 우울한 기분이 굉장히 없어져요. 상당히 씁 제가 살펴 저를 살펴 본 결과 상당히 긍정적으로 바뀌고요. 예 그다음에 상당히 이렇게 뭐 뭐 전날에는 그 일에 대해서 상당히 막 이렇게 고민하고 뭐 머리

아파서 싸매고 있었던 걸 게 운동을 하고 나면은 그다음 날이나 운동한 그 즉시에는 거의 뭐 쉽게 쉽게 생각되고 쉽게 쉽게 해결할 수 있는 그런 상태가 되는 거 같아요(2145-2160).

자살시도 요인의 상호 관련성

이재득 씨의 자살 생각과 그와 관련된 그의 모든 문제와 어려움은 그가 미성년 시절 겪었던 가족 해체와 그로 인한 부모님의 부재로부터 기인한다. 그는 가족 해체가 자신이 겪고 있는 모든 어려움의 근본적인 원인이고 아직까지도 해결되지 않은 문제이기 때문에 부모에 대한 원망감을 아직까지도 가지고 있다.

가족 해체로 인해서 겪는 어려움은 고독감과 외로움, 열등의식과 자기비하, 우울증, 더 좋은 교육 기회의 부재 등이 있다.

그는 가족 해체로 인해서 심한 고독감과 외로움을 느끼게 되고 이를 친구들과의 관계에서 해소하려고 한다. 그렇기 때문에 그는 친구들에게 의존적이 되고 자신의 의사와는 관계없이 친구들이 원하는 행동을 하게 된다. 이것이, 그가 직접 말은 하지 않았지만 그가 자존감을 느끼지 못하는 하나의 원인으로 작용했을 가능성이 크다.

가족 해체로 인해서 그는 우울증을 겪게 되고 우울증으로 인한 무력감으로 인해서 그는 사람들과의 만남을 회피함으로써 결과적으로 인간관계 단절의 문제에 봉착하게 되며, 또한 안정적으로 직업생활을 하는 데에도 어려움을 겪게 된다.

가족 해체로 인해서 그가 받은 가장 큰 영향은 열등의식과 자기비하이다. 이재득 씨는 열등의식으로 인해서 낮아진 자아존중감을 여자친구나 다른 사람들의 관심과 존중으로 해소하고 싶어한다.

하지만 그가 가족 해체와 그로 인해서 촉발된 내면의 어려움에 대해서 열등감을 가지고 있고 다른 사람들이 알게 되는 것을 원하지 않기 때문에 그는 여자친구와 사람들에게 그에 대해서 말을 하지 않는다. 그렇기 때문에 여자친구와 다른 사람들은 그가 어떤 상황에 처해 있는지를 알지 못하고, 그에게 존중적이고 공감적인 행동을 하지 않는다. 그로 인해서 그의 자아존중감이 더욱 낮아지게 된다.

그는 열등의식으로 인해서 사람들과의 만남에서 충분히 존중받지 못하고 수용되지 못한다고 생각하기 때문에 사람들과의 만남을 회피하고 그로 인해서 인간관계가 단절되기도 하였다. 또한 그로 인해서 이전 여자친구와 결혼을 하지 못하고 결과적으로 이별을 하는 계기가 되기도 하였다.

그가 인정받고 수용되지 못한다는 느낌으로 인해서 가장 크게 어려움을 겪는 것은 현재 사귀고 있는 여자친구와의 관계이다. 여자친구는 현재 그가 겪고 있는 우울증을 치료해줄 수 있는 마약 같은 존재이기도 하지만, 경제적인 불안정과 더불어 그가 겪는 문제의 가장 큰 원인으로 작용한다. 다시 말해서 그녀의 비존중적이고 비공감적이며 비관여적인 태도 때문에 그의 가장 큰 문제인 열등의식과 낮은 자아존중감의 문제가 더욱 커지게 된다. 또한 그는 그녀의 그러한 행동과 태도로 인해서 분노와 복수심 그리고 불안감을 가지게 된다.

가족 해체로 인해서 그는 더 좋은 교육 기회를 가지지 못한 것에 대해서 아쉬움을 가지고 있다. 그러한 교육환경으로 인해서 그는 더 좋은 직장을 구하지 못했고, 그렇기 때문에 직업생활이 불안정하게 되었으며 경제적으로 불안정한 생활을 하게 되었다.

인간관계의 단절과 현재 사귀고 있는 여자친구와의 불만족 그리고 경제적인 불안정으로 인해서 그는 자살 생각을 직접적으로 촉발하는 자존감 부재, 우울증, 분노, 복수심, 불안감, 스트레스를 느끼며 받고 있다.

가족 해체와 부모의 부재 외에도 그는 자신의 보복적, 단호함, 독단적, 감정적, 일방적 행동성향에 대해서 말하고 있는데, 이는 아마도 자신의 여자친구와의 문제, 친구들과의 관계 단절의 문제, 그리고 직업생활의 어려움에 대한 원인을 설명하는 것으로 보인다.

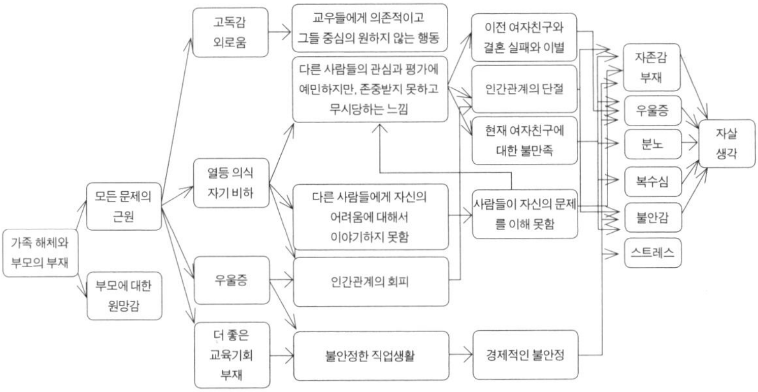

그림 53. 이재득 씨의 자살시도 요인의 상호 관련성

4.7. 장주현 씨의 상담에 나타난 자살시도 요인

장주현 씨의 이야기는 모두 10개의 범주로 분석된다.

1. **자살시도와 자해행위**: 장주현 씨는 자신의 자살시도 이력과 이유 그리고 목적과 자살시도와 관련된 주변 상황에 대해서 말하고 있다.

2. **자살체험**: 장주현 씨는 중학교 때 선배의 투신자살과 최근의 연예인 자살에 대한 체험을 말하고 있다.

3. **성장과정**: 장주현 씨의 자살시도에 가장 크게 영향을 미친 것은 그녀가 성장과정에서 겪었던 일들이다. 그녀는 성장과정에서 겪었던 부

모의 이혼과 어머니의 부재, 고모네 집에서의 위탁 양육 그리고 중학교 시절의 이성관계 및 그와 관련된 친구의 배반 등과 관련된 체험에 대해서 말을 하고 있다.

4. **가족관계**: 이 범주에서는 장주현 씨가 아버지와 겪었던 모든 체험에 관한 내용이 들어 있다. 그녀는 한편으로는 아버지에 대한 깊은 연민과 사랑 및 책임감에 대해서 말하고 있지만, 다른 한편으로는 그녀의 자살시도 요인이었던 아버지에 대한 부담감과 원망 그리고 미움과 분노에 대해 말하고 있다.

5. **인간관계**: 장주현 씨의 자살시도에 가장 큰 영향을 끼친 요인 중의 하나는 그녀의 갈등적 인간관계이다. 이 범주에서는 그녀의 갈등적 인간관계에 영향을 끼치는 그녀의 행동성향(자기부정과 비수용, 사랑과 인정의 갈구, 자신감 없는 행동, 타인 중심의 비주체적인 행동, 타인에 대한 불신과 마음을 열지 못하는 행동, 다른 사람들에게 상처를 주는 말투와 진지하지 못한 말투)과 다른 사람들의 그녀에 대한 행동성향(부정적 평가, 부당한 평가, 우월적 태도, 경시적 태도, 인정 욕구 불충족)에 대한 언급이 있다.

6. **자아규정**: 장주현 씨는 전반적으로 부정적인 자아상이 기술되어 있다. 그녀의 부정적인 자아규정으로는 사랑 받을 자격 없는 사람, 슬픈 외톨이, 못난 사람, 쓸모 없는 사람, 자신감 없는 사람, 주체성이 없는 사람, 순수하지 못한 사람, 일관성 없는 사람, 순결하지 못한 여성, 완벽주의자, 감성적인 사람 등으로 정리할 수 있다.

7. **이성관계**: 장주현 씨는 자신의 이성관계에 대해 언급하고 그것이 그녀에게 끼친 영향에 대해 말하고 있다.

8. 현재 상황: 장주현 씨는 자신이 현재 처한 경제적인 압박감과 우울증 및 불면증에 대해 언급하고 있다.

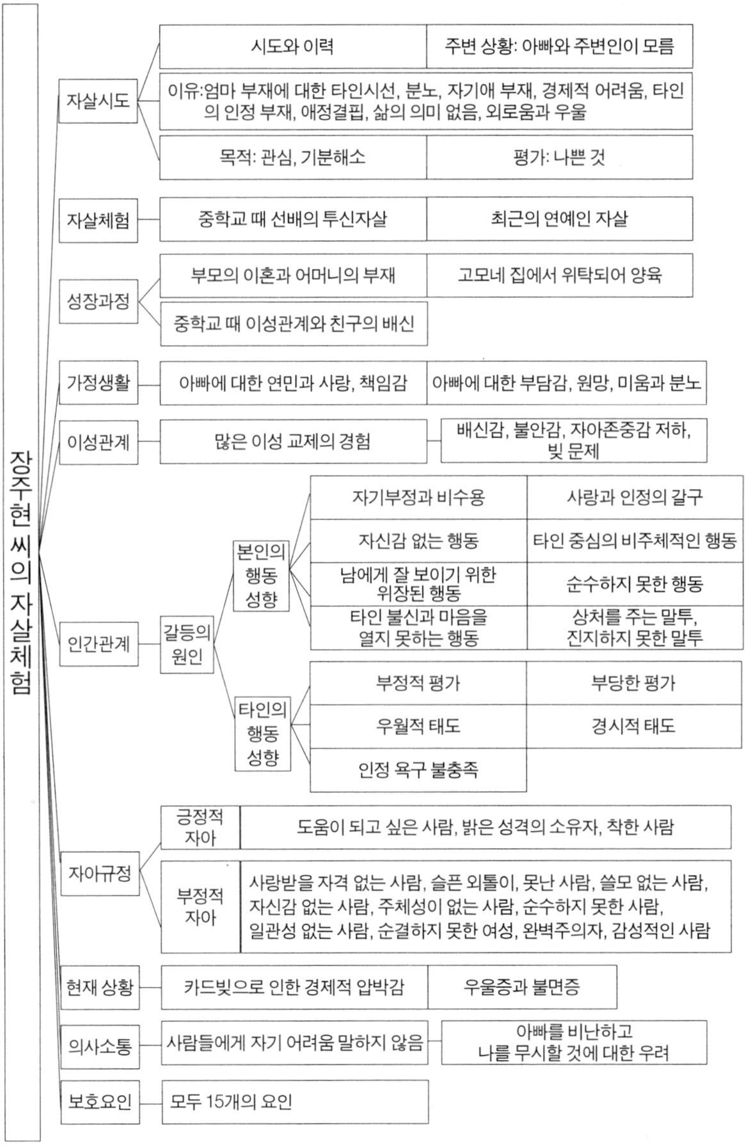

그림 54. 장주현 씨의 자살시도 요인

9. **의사소통**: 장주현 씨는 어려서부터 지금까지 많은 어려움을 겪어왔지만 그녀가 자신에 대해 속 시원하게 다른 사람들에게 털어놓고 위로를 받지 못한 내용과 이야기를 털어놓지 못한 이유에 대해 언급하고 있다.

10. **보호요인**: 장주현 씨는 자살을 막아주는 요인으로 빚, 아버지, 신뢰할 수 있는 사람들과 자살요인과 관련된 문제해결 방안에 대해 말하고 있다.

4.7.1. 자살시도

장주현 씨는 여러 복잡한 이유와 목적으로 잦은 자살시도를 하였다. 그녀의 자살시도는 주로 손목에 자상을 입히는 방식으로 이루어진다. 그녀는 7살의 어린 나이에 죽음이 어렵지 않고 쉽다는 생각을 하면서 자살 생각을 한 적이 있다. 그리고 중학교 때에는 가족 문제, 친구들의 배신 등으로 인해서 어려움을 겪고 있을 때 선배가 옥상에서 뛰어내리는 자살을 체험하면서 구체적으로 자살 생각을 하기도 하였다.

> 장주현: 초등학교 때요.
> 인터뷰어: 처음 그렇게 생각한 게 초등학교 때예요? 초등학교 몇 학년 때예요?
> 장주현: 아니 아니 죽음에 대해서 저는 되게 쉽게 생각했어요. 죽는다는 걸. 저 한 7살 때 그랬던 거 같아요(49-53).

> 인터뷰어: 예를 들면 구체적으로 내가 시도를 해야 겠다, 충동을 느낀다. 계획을 세워야 겠다. 구체적으로 이런 충동이 든 때가?
> 장주현: 중학교 때요. 모르던 선배 언니가 아파트 옥상에서 뛰어내린 거

예요. 죽었어요. 저 중학교 때 굉장히 힘들게 겪었거든요. 그때 나이에 배신 같은 거 많이 겪었어요. 남자도 그때 알았고, 친구들에 대한 배신, 또 아빠 밖에서 일하시고 고모네서도 따스함을 못 받고, 정말 삭막했던 거? 저 친구들하고 아파트에 술 마시러 갔는데 술 마실 때 그냥 뛰어내려볼까 그런 거(334-339).

장주현 씨는 중학교 때 왕따 문제로 친구에게 괴롭힘을 당하면서 죽고 싶다는 생각을 심각하게 한 경험이 있었다. 그리고 아빠와 그녀가 함께 살던 고모와 싸웠을 때 처음으로 손목에 자상을 입히는 방식으로 처음 자살을 시도하였고 그 이후로는 수시로 자살을 시도하게 되었다.

인터뷰어: 정말 간절히 죽고 싶은 적도 있었어요?
장주현: 네.
인터뷰어: 어떤 상황에서 그런?
장주현: 그때 한번 맞을 뻔 했을 때. 친구들한테 왕따 심하게 당해서 한 명이 진짜 안 좋게 해 가지고 오해받아서 맞을 뻔했었거든요.
인터뷰어: 중학교때?
장주현: 네. 그때 저 진짜 죽고 싶었어요. 그렇게 못했어요. 그때는 용기가 없었으니까(3833-3840).

장주현: 중학교 때요. 1학년 때요. [⋯] 아빠랑 싸웠을걸요. 고모한테 싸우고, 열받았으니까. 이게요. 흉터가 이렇게 생긴 건데요. 이거 한 1년 정도 있으면 금방 없어지거든요. 근데 이건 좀 오래가잖아요. 이건요. 이것들은 몇 년이 가도 안 없어져요. 그 눈썹 미는 칼로 수시로 그었어요(647-653).

장주현 씨는 향후 심리적으로 극복하지 못하는 문제가 발생하면 죽음에 이를 정도는 아니라고 하더라도 손목에 자해를 하는 행위는 계속할 수 있을 것이라고 말하고 있다.

> 인터뷰어: 앞으로도 그러면 감정이 쌓이고 쌓이면 그런 식으로 행동을 할 수 있다는 거네요?
>
> 장주현: 죽지 않을 만큼만 하겠죠. 아프니까. 없다고는 솔직히 말 못하겠어요(3829-3832).

장주현 씨가 자살을 생각하고 시도하는 데에는 다양한 이유가 있다.

4.7.1.1. 엄마의 부재와 그에 대한 타인의 불편한 시선

장주현 씨는 당시만 해도 이혼이 흔하지 않던 시절, 그녀가 어린 시절에 부모가 이혼하고 엄마 없이 사는 상황이 남들과 다르게 느껴졌고, 그에 대한 다른 사람들의 시선이 불편했다. 그 때문에 그녀는 현재의 상황과는 다른 새로운 삶을 살고 싶어했고, 이를 위해서는 죽어야 한다고 생각을 하게 되었다.

> 장주현: 아니 아니 죽음에 대해서 저는 되게 쉽게 생각했어요. 죽는다는 걸. 저 한 7살 때 그랬던 거 같아요. 남들과 다름을 제가 알잖아요. 저 클 때까지만 해도 이혼이 보편적인 게 아니었어요. 뭐라 그래야 될까 동정받기 싫어하면서도 은근히 동정받는 데 익숙해졌다고 할까요. 엄마가 없다는 거, 주위사람들이 엄마가 없다는 저를 보는 눈빛 그리고 남들과 다르다는 거 그런 게 싫었어요. 다른 집에서 태어났으면 좋겠다는 생각을 했고, 그러기 위해서는 새로운 삶이 필요한데 여기서 제가 할 수 있는 게 없었잖아요(55-63).

4.7.1.2. 분노

장주현 씨가 자살을 생각하게 하는 요인 중의 하나는 분노이다. 그녀의 분노가 극단적인 상태로 도달하게 되면 그녀는 손목에 자해행위를 하게 된다.

장주현: 화나서. 열 받았는데 폭발할 때가 없을 때. 〔…〕 극도로 화났을 때가 그거고요. 사소하게 친구들하고 싸우면 화를 내죠. 정말 극도로 내가 스스로 해결할 수 없는 정도의 힘듦이 나한테. 화가 났을 때. 어렸을 때부터 철들었으니까 알잖아요. 아빠는 고모 때문에 힘들면 내가 해결할 수 없으니까, 받아들이는 수밖에 없으니까 열 받는 데 해결할 수가 없으니까(852-855).

그녀가 자살을 생각하게 하는 분노는 어린 시절 성장과정에서 그녀가 처한 가족 상황과 관련이 있다. 엄마가 가출하고 난 후에 그녀를 돌볼 수 없는 아빠는 그녀를 고모집에 맡겼다. 평소에 고시원에서 지내던 아빠는 가끔 술에 취해서 고모네 집에서 잠을 잤는데 고모와 고모부가 이를 싫어했다. 그런 상황에서 고모와 아빠가 싸우면 장주현 씨는 누구의 편도 들 수 없는 난처한 상황에 빠지게 된다. 그러한 난처한 상황이 증폭되면서 그녀는 자해를 하게 된다.

장주현: 아빠 술 취해서 고모네 자고 가는데 고모랑 고모부가 되게 싫어했거든요. 특히 고모가 제가 얼마나 눈치가 보여요. 아무렇지 않은 척 할 수밖에 없었어요. 고모한테 대들 수도 없고, 아빠 서운할까봐 싫은 척 할 수도 없고, 속으로 그게 되게 한이 됐어요. 많이(291-295).

장주현: 별로 아프지 않네. 할 만하구나. 부엌칼로 한 번 했었어요. 근데 부엌칼이 안 들어오는 거예요. 이렇게 했었는데 식칼로 이렇게 했는데 안 그어지는 거예요. 눈썹 미는 칼로 계속 긁었죠. 오히려 더 화가 나니깐요. 분노의 표출을 여기다 한 거예요(647-653). 〔…〕 아빠랑 고모랑 싸워서. 짜증 나니까. 있잖아요. 어렸을 때부터 그런 생각을 하니깐요. 한 번만 열 받으면 더 화가 나는 거예요. 왜 내가 다 참아야 되고, 왜 나만 다른 애들같이 못 살고, 왜 나만 이렇지 그런 거(685-693)?

그녀가 분노로 인해서 자해를 한 이유는 아빠 때문이다. 그녀가 정확한 정황을 밝히지는 않았지만 이미 어렸을 때 아빠로 인한 분노로 자해를 한 적이 있었고, 최근에도 아빠와 다투었고 그의 취중 잔소리로 인해서 자해를 한 적도 있었다.

장주현: 어렸을 때요. 진짜 어렸을 때요. 아빠 때문에 짜증 났을 때(4133). (…) 올해 제가 늦게 들어와서 싸웠는데요. 근데 모르겠어요. 지금은 기억이 안 나는데 싸웠었어요. 방에 있는데 밖에서 아빠 라면 끓여 먹는 그 모습이 싫은 거예요. 미치게 싫은 거예요. 싫어서 미칠 것 같은 거예요. 사이가 안 좋았는데 안 좋긴 안 좋았어요. 제가 아마 그때 잘못했을 거예요. 그때 쌓여 있었던 게 아빠가 술 마시면 저한테 툭툭 거리니까 듣기가 싫잖아요. 쌓이고 쌓여 있다가 너무 화가 났던 거 같아요. 너무 꼴도 보기 싫고, 딸그락 거리는 소리도 듣기 싫고, 술취해서 툭툭거리는 소리가 다 싫은 거예요. 그래도 막 정말 소리 참아가면서 우는데 속이 터질 것 같은 거예요. 그때 못 참아서 이거 했어요(1221-1249).

장주현 씨의 분노의 또 다른 원인은 자신의 우울한 생각 때문이다. 우울감으로 인해서 초조한 마음이 들고 그러다 다시 진정이 되는 기제가 반복되면 어느 일순간 그것에 대해서 분노의 마음이 들게 된다. 그러한 분노의 마음을 푸는 수단으로서 그녀는 손목에 자해행위를 한다.

장주현: 또 긁고 싶다. 해소가 스트레스 해소가 되는거 같아요. (…) 분노가 풀려요. 막 싫고, 눌리고 답답한 게 이것 때문에 풀리는 거예요. (…) 그냥 저 자신에 대한 거요. 너는 왜 자꾸 그런 우울한 생각만 하는 거야? 이런 거. 제 이 우울한 면에 대한 분노. (…) 그러니까 우울해하다가요. 되게 초조해해요. 그러면 진정을 해요. 그러다가 어떻게 한순간에 이렇게 쌓이거든요. 근데 이거는 제 기분에 대한 거고. 일상적인 일들에서 사람들을 만나면 제가 상처를 주거나, 상처를 받거든요. 되게 일상에 다반사잖아요. 저한테 그런 부분이 되게 크잖아요. 그러니

까 결국에는 그게 다 제 우울함 때문인 거 같아서 분노를 이렇게 푸는 거예요. 그래서 상상만 해요. 여름이잖아요. 긴팔 못 입잖아요. 하면 안 되겠다(1541-1557).

4.7.1.3. 자기애 부재

장주현 씨가 죽음을 생각하는 또 다른 이유는 자기 자신을 있는 그대로 받아들이지 못하고 자신이 사랑받을 가치가 없다고 생각하며 자기를 사랑하지 못하기 때문이다.

인터뷰어: 어떤 공격적인 마음이 생기고, 자해하고 싶은 마음이 생기고, 그런 어떤 순간이 어떤 순간들이에요?

장주현: 〔…〕 제가 저를 한심하게 느꼈을 때. 그 순간에는(2638-2642). 〔…〕 제가 저를 안 좋아하다 보니까 더 날 좋아한다고 하면 내가 어디가 좋지? 나는 사랑받을 자격이 없는 사람인데 그러고. 그래서 되게 마음이 아파요. 〔…〕 그때는 지금은 사소한 거를 말씀 드리지만 죽음하고 상관이 없을 수도 있는데, 결과적으로 보면 그게 나오거든요(462-473).

그녀가 자기 자신을 부정하기 시작한 것은 중학교 때의 한 체험에서 비롯된다. 중학교 때 좋아하던 한 오빠와 몇 차례의 관계를 가진 일이 있었다. 그녀는 술에 취해서 일순간에 한 행동을 매우 잘못된 것으로 받아들였다. 그로 인해서 그녀는 자신이 매우 싫어졌고 살 가치가 없다고 생각하기에 이르렀다. 그 이전까지 그녀는 자신이 순진하고 착하게 살아 왔으며, 주위로부터 많은 사랑을 받았다는 긍정적인 자아상을 가지고 있었다.

장주현: 중학교 때 그때 굉장히 사랑하는 그때 당시에 굉장히 좋아하는 오빠가 있었어요. 그래서 처음 관계를 맺었어요. 〔…〕 근데 그 처음이 중학교 2학년 때였어요. 그때 술이 너무 취해서 딱 그때 당시에는 결혼

이라는 걸 어렸을 때 되게 쉽게 생각하잖아요. 되게 좋아서 집에서 탈출하고 싶었고 그랬는데 제가 그 다음 날 얼마나 많이 울었겠어요. 술이 깨고 나서 아빠, 고모, 고모부 얼굴 보는 것조차 미안해서 왜냐하면 나 되게 착하게 자랐거든요. 그랬어요. 정말. 남들이 볼 때도 그렇고, 제가 생각했을 때도 되게 순진한 애였는데 한순간 그런 짓을 저질렀다는 거에 대해서 그때 처음으로 제가 정말 싫어진 거예요. 아!! 그때부터 죽음에 대해서… 제가 정말 싫어졌기 때문에 죽음에 대해 생각했던 거 같아요. 정말 살아 뭐하냐 니 같은게. 그러고 있는데 저 되게 이쁨 많이 받고 자랐거든요. 성격도 이쁘고, 제가 그때는 교회도 다녔었거든요. 언니 오빠들 선생님들 항상 제가 받은 아픔 때문에 다들 보듬어 주시려 그러고, 예뻐해 주시려 그러고, 그 일이 있어서 굉장히 충격을 많이 받은 거예요. 왜냐하면 그전까지 좋아하는 남자친구가 있었는데 그 앞에 가서 수줍어서 말도 못하고 그러던게(351-376).

4.7.1.4. 타인으로부터 인정을 못 받을 때

그녀는 남들이 자신을 이해하고 인정해주지 않는다고 생각할 때 자해의 충동을 느낀다.

인터뷰어: 어떤 공격적인 마음이 생기고, 자해하고 싶은 마음이 생기고, 그런 어떤 순간이 어떤 순간들이에요?

장주현: 그냥 제가 저 스스로 생각했을 때요. 인정받고 있지 못하다고 느낄 때. 내가 남한테 실망감을 안겨줬다 그랬을 때나(2638-2642). (…) 정말 남들이 나를 이해해주지 못 한다 이런 생각이 들 때(4143-4146).

4.7.1.5. 애정결핍으로 인한 불안감

그녀는 여러 가지 이유로 애정결핍 증상을 겪고 있는데 애정결핍이 심해지면 불안해진다. 그런 상태에서 손목에 자해를 하고 피가 나오는 것을 보면 자기 자신에 대한 연민이 생기고 그것을 통해서 애정결핍이 해소되는 느낌을 갖기 때문에 그녀는 자해를 하게 된다.

장주현: 애정결핍이 너무 커져서요. 불안해요. 항상. 근데 그런 생각이 있으면 얘를 그으면 해소가 되요. 그게 관심받고 싶어서 일 수도 있고, 또 보면은 아 몰라요. 아 이렇게 한숨이 나온다고 그래야 되나? (…) 해소가 되요. 저 그래서요. 그 마음 긍정이가 있잖아요. 긍정이가 그래요. 얼마나 아파하시겠어 하느님이, 널 좋아해준 사람들이. 근데 또 애정결핍이는 해소가 된다(549-556).

4.7.1.6. 경제적 어려움

장주현 씨가 자살을 하려는 또 하나의 이유는 빚으로 인한 압박감이다. 그녀는 월급의 일부로 빚을 꾸준히 갚는데도 불구하고 제2금융권의 이자가 너무 높아서 빚이 줄지 않는 경제적 어려움에 처해 있다. 그녀는 빚 때문에 자살을 한 한 연예인에 대한 공감을 표하면서 빚 문제만 해결되었더라도 자해행위를 하지 않았을 것이라고 말하고 있다.

장주현: 금전적인 거 생각하면 되게 머리 아파요(558-560). (…) 돈을 해결을 하고 싶은데 해결할 방법이 없잖아요. (…) 다하면 천만 원 정도 갚았던 거 같아요. 1년에 제가 그 정도를 갚고 있어요. 근데 줄지 않는 거예요. 그 대출이라는 게 이자가 너무 세서 모르고 받은 건 아닌데 제가 되게 갑갑해진 거예요. 짜증 나서(3436-3443). (…) 진짜 누가 이천만 원만 주면 목숨이라도 팔겠다 영혼이라도 팔겠다 그런 생각이 드는 거예요. 그분 죽은 거를 보면서 진짜 남일 같지가 않은 거예요. 제가 막 그것 때문에(3445-3447). (…) 당장 빚만 없어도 안 할 거 같아요. 빚만 없어도(4130-4131).

4.7.1.7. 삶의 무의미함과 미래에 대한 희망의 부재

장주현 씨는 어린 시절부터 미래에도 현재 처한 상황이 개선되고 더 나은 삶을 살게 될 것이라는 희망을 발견하지 못했고, 그로 인해서 살 만한 가치가 없는 삶에 대해서 의미를 갖지 못하였다.

장주현: 더 이상 살아봤자 미련이 없었어요. 사는 데 있어서. 내가 당장 죽어도 돼. (…) 저는 되게 쉽게 생각했어요. 죽음에 대해서는 저를 사랑하는 사람들이 슬퍼한다는 생각조차 안 해보고, 그냥 싫으니까 무의미하니까요. 왜냐하면 똑같이 이렇게 반복되는 인생 이렇게 살아서 뭐하나, 내가 과연 커서 더 나은 인생을 살 수가 있을까. 희망이 없으니까요(314-318).

4.7.1.8. 외로움과 우울

장주현 씨는 혼자 있는 것을 못 견디거나 주위에 아무도 없다는 생각이 들어 우울해지면 죽고 싶다는 생각을 하게 된다.

인터뷰어: 다시. 그런 적이 좀 차원이 다른 데 어떨 때 죽고 싶죠?
장주현: (침묵). 혼자라고 느껴질 때.
인터뷰어: 어떤 혼자죠?
장주현: 우울해서 좀 이렇게. 내가 있을 곳이 없을 때. 혼자 있는 걸 되게 못 견뎌 가지고, 다른 사람하고 웃고 떠들면 그 순간은 되는데 제가 혼자라고 느껴질 때죠(2194-2196).

장주현 씨가 지금까지 밝힌 자살의 이유를 도표로 정리하면 〈그림

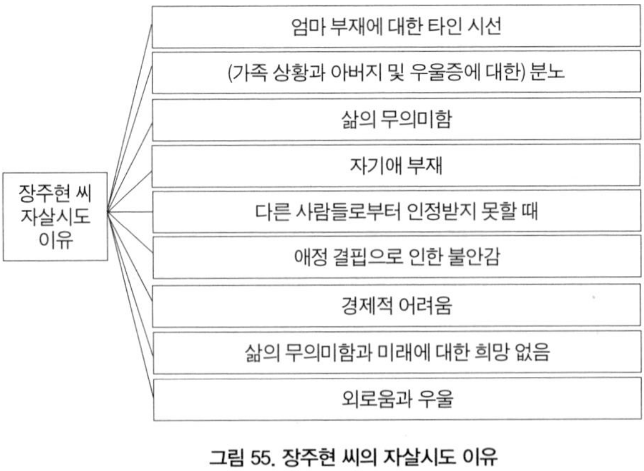

그림 55. 장주현 씨의 자살시도 이유

55〉와 같다.

장주현 씨는 여러 이유로 자살 생각과 자해를 하게 되는데, 이러한 자해 행위를 하는 목적은 다른 사람들이 자신에 대해서 관심을 가져주기를 바라는 것이다.

> 장주현: 날 좀 봐주지. 날 좀 관심을 가져주지 이런 거(3845-3849)?

장주현 씨가 자해행위를 하는 또 다른 목적은 자신이 그러한 행위를 하게 되는 다양한 요인들로 인해서 한계 상황에 봉착했을 때 하나의 돌파구를 찾고자 하는 것이다. 그녀는 자해행위를 통해서 특히 자기 내면에 팽배해 있는 분노, 초조, 자아존중감 부재, 인정 욕구불만족, 애정결핍증 등과 같은 부정적인 감정을 분출하고자 한다.

> 인터뷰어: 본인이 과거에 여러 차례 죽고싶다는 생각, 자해 이런 경험이 있잖아요. 그때를 돌아봤을 때 그때는 어쩔 수 없는 그 상황에서는 최선의 행동이었던 거 같아요?
>
> 장주현: 네. 돌파구였다고 생각해요(3821-3828). […] 저 가끔 정말 토해내 우는 거나 토하고 싶어요. 저 가끔 그냥 구역질 내면서 토하고 싶어요. 정말. 제 안에 있는 나쁜 감정이 이렇게 쏟아져 나와서 분출이 됐으면 좋겠는데 그게 안 되는 거예요(1246-1249).

그녀는 자해를 하고 자신의 팔목에 피가 나오는 것을 보게 되면 슬프고 억울한 마음에 울게 되고, 자기 자신에 대한 연민을 느끼면서 자신을 위로하게 된다. 또한 자기 내부에서 자신을 괴롭히는 자아를 없애는 느낌이 들기도 한다. 그렇게 되면 기분이 전환되고 새로운 출발에 대한 의욕이 생겨난다.

> 인터뷰어: 피나는 거 보면 어때요?

장주현: 열 받죠. 너무 분해서 울죠. 분해서 울어요. 이제 진정이 좀 되는 거예요. 아휴(한숨) 그럼 이제 다독거리는 거예요(865-867). […] 순간적인 기분 해소가 되기 때문에, 아 짜증 나 그러고 확 그으면 풀리잖아요. 그래 그럼 이제 새롭게 시작하자. 오히려 그런 자극이 되는 거예요. 저한테. 새롭게 시작하자 하는 이런 계기가. 하나의 뭔가. 제 안의 저를 죽인다는 느낌? 그래서 또 언제 그럴지는 나도 잘 모르겠어요(4111-4122).

장주현 씨는 자신의 자살 생각과 자해행위 시에 다른 사람들을 전혀 고려하지 않고 있고, 가족이나 주변 사람들은 그녀의 그러한 행위에 대해서 전혀 알고 있지 않다.

인터뷰어: 다른 사람한테는 큰 상처고, 받아들이기 어려운 행동일 수 있잖아요?

장주현: 그런 생각 안 해봤어요(4128-4130).

인터뷰어: 예전에 내가 어떤 자해하고 자살에 대한 생각을 했을 때, 그거를 아버지나 가까운 사람들이 알았었나요?

장주현: 몰랐어요.

인터뷰어: 그러면 아버지는 지금도 주현 씨가 한 번도 그렇게 했다는 거를 그런 거를 전혀 모르시겠네요?

장주현: 네(3666-3671).

장주현 씨는 다른 사람들이 자해행위를 한다면 그러한 행동을 꾸짖겠다는 입장을 밝히고 있다. 이는 장주현 씨가 본인은 자해와 자살 생각을 부정적으로 평가하고 있음을 보여준다.

인터뷰어: 만약에 주현 씨를 사랑하는 사람의 입장에서 본다면, 아버지든 나중에 주현 씨 정말 사랑하는 사람이든, 나중에 자식이든, 만약에 내가 새 출발하기 위해서 새 출발할 때마다 이렇게 긋는 거를 본다면

어떻게 될 거 같아요?

장주현: 때려주겠죠. 때려주겠죠(4123-4127).

4.7.2. 자살체험

장주현 씨는 중학교 때 선배의 투신자살을 체험하였다. 그로 인한 영향으로 그녀는 그 당시 가족과 급우들과의 문제로 어려움을 겪고 있을 때 자살충동을 겪은 바 있다.

장주현: 중학교 때요. 모르던 선배 언니가 아파트 옥상에서 뛰어내린 거예요. 죽었어요. 저 중학교 때 굉장히 힘들게 겪었거든요. 그때 나이에 배신 같은 거 많이 겪었어요. 남자도 그때 알았고, 친구들에 대한 배신, 또 아빠 밖에서 일하시고 고모네서도 따스함을 못 받고, 정말 삭막했던 거? 저 친구들하고 아파트에 술 마시러 갔는데 술 마실 때 그냥 뛰어내려볼까 그런 거(334-339).

장주현 씨의 또 다른 자살체험은 인터뷰 당시 있었던 유명 배우의 자살이었다. 유명 배우의 자살에 대해서 그녀는 한편으로는 유명배우가 자살에 이르기까지 누구의 관심도 받지 못하고, 누구에게도 자신의 말을 하지 못한 데 대한 안타까움의 마음을 가지고 있다. 다른 한편으로 자신도 어려움을 겪고 있는 경제적 어려움으로 자살을 행한 데 대해서 이해와 공감의 마음을 가지고 있기도 하다.

인터뷰어: 자살했다 그랬을 때 어떤 느낌을 받아요?

장주현: 딱 드는 생각은 왜 옆에서 안 봐줬을까. 왜 옆에 아무한테도 얘기 못했을까, 자살을 이끌고 가기까지 왜 옆에서 아무에게도 털어놓지 못했을까 나라도 있었으면 이런거(2405-2408). (…) 나 같아도 그럴 수 있겠다 그러다 싶은 거예요. 진짜 무책임하다고 사람들 그러잖아요. 솔직히 제가 신앙인이니까 저도 그런 생각을 했어요. 더 살지 왜 그랬을까.

근데 이해가 되는 거예요. 누구한테도 말하지 못해 가지고 혼자서 끙끙 앓던 그 사람 심정이 제가 느껴지는 것 같은 거예요. 저도 그런 적이 있었기 때문에. 그게 비교가 안 되지만, 금액 액수 차원에서 비교가 안 되지만, 휴 진짜 저 이해가 되는 거예요. 누구한테 말도 못하고, 되는 일은 없고, 그 사람도 종교가 있었을 텐데. 더 잘될 거야 분명 시련이겠지라고 생각했지만 얼마나 자기 상황이 끔찍했겠어요(3422-3433).

4.7.3. 성장과정

4.7.3.1. 부모의 이혼과 어머니의 부재

장주현 씨의 부모는 그녀의 어린 시절에 이혼을 하였고 그녀는 어머니가 없는 상태에서 성장을 하였다. 부모의 이혼은 어린 나이에 결혼과 출산을 하였던 어머니의 외도와 혼외 임신으로 인한 것이었다. 장주현 씨는 그러한 어머니의 행동을 무책임한 것으로 생각하고 있고 그녀에 대해서 미움의 마음을 가지고 있다.

장주현: 엄마가 무책임하게 쫓아다녀서, 나를 낳아서 바람을 펴서 이혼을 했기 때문에 그런 걸 내가 모르게 했었어야지. 바람이 나서 애를 가져서 이혼을 한 거거든요. (…) 생각이 있는 여자는 그러면 안 되잖아요. 그렇죠? 그런데 정말 개념 없이 이게 뭐하는 짓인가 이게 엄마의 존재가 작기 때문에 상처가 많진 않지만 굉장히 싫은 사람이에요(191-211).

어머니의 부재로 인해서 그녀가 겪은 어려움 중의 하나는 따뜻하게 기댈 수 있는 곳이 없었기 때문에 위축되는 느낌의 상처를 받은 것이다.

장주현: 원초적인 거라고 생각을 해요. 누군가한테 마음껏. 엄마한테 마음껏 기댈 수 있잖아요. 그렇죠? 전 그걸 못했잖아요. 고모는 고모고,

아빠는 아빠고, 엄마가 해줄 건 따로 있고(876-889). (…) 아무래도. 인정하고 싶진 않지만. 음 어쩔 수 없어요. 누군가에게 편히 기댈 수 없다는 것조차 그런 거라고 생각해요. 엄마들은 자식늘 무조건 이뻐하잖아요. 그렇죠(893-896).

장주현 씨는 어머니가 없는 가정에서 성장한 사실을 정상적이지 않은 것으로 생각했고 그것을 부끄럽게 생각했으며 다른 사람들이 자신이 엄마가 없는 가정에서 성장한 사람으로 알려지고 낙인찍히는 것에 대해서 두려운 마음을 가지고 있었다. 그래서 오히려 더 밝게 보이려는 위장된 행위를 한 적도 있었다. 하지만 그녀는 어머니가 없다는 것에 대한 놀림을 받은 경험이 있었다.

장주현: 워낙 어릴 때부터 엄마가 없다는 핸디캡이 많았기 때문에 더 웃어 보이고 그런 거 있잖아요 (전화 받음). 그러니까 입학식 때 아빠랑 고모가 오잖아요. 남들은 엄마가 오잖아요. 다른 그게 어린데도 창피하더라구요. 부끄러워 할 일이 아닌데, 그걸 부끄러워해야 될 것도 아니고, 그렇게 생각해서는 안 되는데, 아무튼 싫었어요. 고모네 산다는 것 자체가(72-83). (…) 주위에서 봤을 때, 그런 놀림 동네에 한 언니가 있었었어요. 되게 예쁜 원피스를 선물받았었어요. 그 원피스가 되게 짧았었어요. 어릴 땐 입을 수 있잖아요. 엄마도 없는 게 그런 걸 입고 다닌다 그런 거(161-164).

그녀는 자신에게 큰 상처를 준 어머니에 대해서 표면적으로는 어린 시절에 떠난 어머니에 대한 추억과 기억이 없기 때문에 그녀에 대해서 아무런 감정이 없다고 말한다. 하지만 실제로는 자신과 아버지가 불행하게 살게 된 원인을 어머니가 제공했다고 생각하고 그녀를 무책임한 여자로 규정하고 있고 어머니에 대한 미움과 분노의 마음을 표출하고 있다.

인터뷰어: 엄마에 대한 미움은 없어요?

장주현: 네.절대 없어요. 없는 사람 같아 가지고 모든게. 감정을 가질 만한 가치의 사람이 아닌거 같아요. (…) 아무것도 없어요. 얼굴도 모르고, 같이 있는 추억이 없고, 뭐가 있어야 화가 나는데 저는 하나도 없어요(1629-1638).

장주현: 이젠 싫고요. 굉장히 이해는 할 수 있어요. 하지만 싫어요. 하지만 싫고, 그런 생각했어요. 엄마가 없어서 우리 아빠랑 내가 이렇게 됐던 거, 엄마 아빠 때문에 고생한다 이런 거. 옛날에 그런 생각 했어요(168-180). (…) 따져보면 문제의 근원지는 그건데. 내가 결국엔 작아질 수밖에 없었던 그런 상처인데(876-889). (…) 엄마만 있으면 안 그랬을 텐데, 엄마만 있으면 내가 올바른 가정에서 자랄 수 있었을 텐데(1644-1645).

장주현: 되게 무책임한 여자라고 생각을 해서, 이거는 그냥 이해는 하지만 그건 싫은 거예요. 사람 대 사람으로 봤을 때 이거는 이해할 수 있는 상식이 아니에요(187-190).

4.7.3.2. 고모 가족과 동거

장주현 씨는 어머니의 가출과 아버지의 경제적 어려움으로 인해서 고모 집에 맡겨져 어린 시절과 청소년기를 보내게 되었다. 그곳에서 그녀는 이방인이라는 느낌과 배신감을 느꼈고 언제라도 버려질 수 있다는 두려움을 가지게 되었으며, 그 두려움은 지금까지도 지속되고 있다. 그녀는 그로 인해서 자신이 매우 왜소해지고 위축되는 느낌을 가졌다.

장주현: 10살 때부터 18살 때 까지 자랐는데, 그전에도 고모가 키워주셨어요. 그런데 제일 마음 아픈 건, 그 어디에도 소속되지 못했다는 그런 배신감 그게 커요. 지금도 그래서 언제 내쳐질까, 내가 여기에 소속되

도 되는 사람일까라는 불안감이 아직까지도 있어요(85-89). (…) 그러니까 어디에 속하지 못했다는 그런 아 뭐라 그래야 되지 굉장히 작아져요. 제가(100-119).

그녀는 고모집에서 더부살이를 한 것이 매우 구차하게 느껴졌고, 고모의 가족에 소속되지 못하였다는 느낌으로 인해서 가지게 된 피해의식은 이후에 학교생활이나 사회생활에도 악영향을 주었다. 그녀는 성인이 되어서도 모든 곳에서 언제든지 내쳐질 수 있다는 두려움을 가졌다.

장주현: 내가 어디에도 소속되지 못했다는 그런 좀 피해의식이라고 해야 하잖아요. 그게 굉장히 커요. 너무 싫었어요. 왜냐하면 어렸을 때는 그게 잘 몰랐는데, 커가면서 어디 사회에 소속이나 학교에 소속이나 그런게 되게 불안한 거예요. 내가 과연 여기 속해도 될까, 누가 나한테 나가라고 하지는 않을까. 그건 지금도 그래요(100-119).

장주현 씨가 고모집에서 가족이 아닌 이방인으로 취급받으며 소외감을 구체적으로 느낀 경험으로는 그녀가 고모의 친척집을 방문했을 때 고모 친척들이 그녀에게 보였던 행동, 사촌오빠의 비난과 그녀가 자기 식구가 아니라는 투로 한 말, 그리고 자신의 존재를 인정하지 않는 듯한 고모의 힐난 등이 있었다.

장주현: 고모네 집에 살아서 고모네 친척집에 같이 가면 얘 누구야 얘 누구야 이런 소개 자체도. 굉장히 싫은 거예요. 남들한테는 가족이 굉장히 당연한 건데, 저는 좀 이상한 다른 가족이잖아요(100-119). (…) 오빠가 그랬어요. 왜 내가 우리 엄마가 너 땜에 힘들어야 되냐고 할 말이 없잖아요. 그걸 왜 나한테 얘기하지? 그런 거랑 고모가 이런 게 어디서 나왔을까 이런 말? 오빠가 너네 집으로 가 이런 거(158-161).

그녀가 고모 가족으로서의 소외감을 느끼게 할 만한 사례가 있기는 하였지만, 전반적으로는 고모 식구들이 장주현 씨를 소외시키고 미워한 것은 아닌 것으로 보인다. 장주현 씨는 고모와 고모부가 희생하면서 자신을 잘 키워주었고 자신을 사랑스럽게 대해주었다는 사실을 알고는 있었다. 하지만 그녀는 자신이 그것을 진정으로 받아들이지 못하고 스스로 소외감을 느꼈다고 판단하는 것으로 보인다.

> 장주현: 그래서 원체 어디에 내쳐질까봐 두려워하고 그걸 주위에서 보면 얼마나 안타깝겠어요. 얼마나 화가 나겠어요. 저를 이렇게 이뻐해주시는데, 안타깝게 그걸 제 자신이 알면서도 제 마음속에서 진정으로 믿지를 못해요(119-123). 〔…〕 제가 생각해도. 겉으로 보면 고모, 고모부 제가 이런 상처 가진 줄 아무도 몰라요. 정말 잘했고, 그렇게 잘 키워주셨거든요(168-180). 고모랑 고모부한테 절 위해 얼마나 희생하시는지 그런 게 보이니까 누구하나 원망을 못하겠는 거예요(180-187).

장주현 씨는 고모집에서 더부살이를 하면서 느꼈던 이방인으로서의 느낌과 더불어 자신에 대한 인정과 애정의 말을 누구로부터도 들어본 적이 없기 때문에 애정결핍증을 가지게 되었다.

> 장주현: 그래서 애정결핍이라고 하잖아요. 저는 굉장히 제가 성격이 밝고, 애교가 많은 성격이기 때문에 누가 저한테 그래준 적이 없어요. 〔…〕 너 이뻐. 사랑해. 이런 말을 그런 걸 들어야지만 확인이 되는 거예요(100-119). 〔…〕 아빠나, 고모, 고모부 성격이 무뚝뚝해서 주현아 사랑해 이런 말을 잘 안 했어요(621-623). 〔…〕 왜 사람들은 나한테 더 많은 걸 바랐을까. 그냥 충분히 사랑해주지 이 정도로도 괜찮다고 그냥 있는 그대로 사랑받을 수 있는 사람이라고 누가 얘기해줬으면 좋았을 텐데(613-619).

또한 장주현 씨는 애정결핍의 보다 더 본질적인 원인은 타인이 아닌 바로 자기 자신이 스스로를 있는 그대로 인정하지 못하고 만족하지 못한 데에서 찾고 있다. 다만 성장과정에서 그녀가 사랑받을 수 있는 사람이라고 누군가가 이야기를 해주지 않은 것에 대해서는 아쉬움을 가지고 있다.

> 장주현: 어렸을 때 저부터 왜 나는 있는 그대로의 나를 인정하지 않았을까? [⋯] 그러니까 더 화가 나는 게, 누가 저한테 그 너 사랑 못 받어라고 얘기를 한 게 아닌데, 제가 그렇게 만들어간 거 같아요. 그래서 그게 너무 마음이 아파요(613-619).

4.7.3.3. 중학교 시절의 교우관계

장주현 씨는 중학교 때 일진을 하면서 어른들 흉내를 내면서 자유스럽게 행동을 하였다.

> 장주현: 중학교 때 일진이란 걸 했었어요. 그때 되게 멋있어 보이잖아요. 맞고도 다니고, 싸우고도 다니고, 술도 마시고, 담배도 피우고(351-376). [⋯] 노는 데 맛이 들린 거예요. 어른들 흉내 내고, 내 맘대로 하고 그게 멋있어 보이고 자유스럽게 하는 게 멋있어 보였어요(380-387).

그런 자유분방한 생활을 하는 가운데 그녀는 아는 오빠와 사귄 경험이 있었다. 그런 사실을 친구 중의 한 명이 알게 되었고 그것을 주위에 소문을 냈다. 그 친구는 나중에 그 오빠와 사귀게 되었고 그녀의 자존심을 훼손하는 모욕적인 말을 하였다. 장주현 씨는 그녀의 친구에게 극심한 배신감을 느꼈고, 그 사건이 이후 사람들과 남자를 믿지 못하게 된 계기가 된 것으로 보고 있다.

> 장주현: 친구가 그걸 알았어요. 관계 가진 걸. [⋯] 그걸 소문을 냈구요.

그 오빠랑 걔랑 사귀게 된 거예요. 저한테 웃으면서 얘기를 했어요. 〔…〕 자존심이 너무 상하잖아요. 그 나이에 처음으로 그렇게 자존심이 상했는데(380-387). 〔…〕 걔가 저를 되게 배신을 한 거예요. 따돌린 거예요(351-376). 걔 때문에 사람을 믿지 못하는 불신이 생겼기 때문에요. 〔…〕 그래서 세상에서 좀 없어졌으면 좋겠다. 그런 생각 했었어요(990-996). 걔만 아니었으면 그렇게 남자에 대한 불신은 없었을 텐데(409-410).

장주현 씨는 친구로 인해서 자신이 오빠와 사귄 사실이 모두에게 알려지게 되었고, 그로 인해서 자신을 이뻐해 주었던 주변 사람들을 만나는 데 어려움이 있었고 자신이 여성으로서의 고결함을 상실했다는 생각을 하게 되었다.

장주현: 그전까지 그 오빠 친구들이나 다른 오빠들이 저를 엄청 예뻐해서 귀여워해줬는데, 그거 하나로 소문이 나니까 제가 어땠겠어요. 그게 지금 생각해도 굉장히 아파요. 그리고 그 이후에 제가 되게 걸레 같았다는 생각을 많이 했어요. 남들이 친구들한테는 아니라고 그럴 수 있다라고 이해를 해주고, 주위에서 그런 애들을 많이 봤어요. 저는 그렇게 잤다는 게 나쁜 게 아니라, 제가 그만큼 사랑하지를 않아서 되게 헤퍼 보이는 거예요. 그게 굉장히 컸던 거 같아요(391-404).

그녀는 또 다른 중학교 친구의 이간질로 인해서 친했던 남자친구들로부터 비난과 폭력을 당한 적이 있었다.

장주현: 그때부터 중학교 때 친했던 여자애의 이간질로 인해서 친했던 남자친구들이 저 때린다고 몰려오고, 또 일진애들 다른 학교에서도 욕먹고 다니고(391-404).

4.7.4. 이성관계

장주현 씨는 남자친구를 사귐으로써 위로를 받고 싶었기 때문에 여러 명의 남자친구와 사귄 경험이 있다. 그로 인해서 그녀는 스스로를 헤픈 여자라고 생각하게 되었고, 남자로부터 사랑을 받지 못할 것이라는 두려움을 가지고 있다.

> 장주현: 남자친구 사귀면서라도 위로를 받고 싶은데 항상 겁이 나요. 날 많이 안 좋아 하는 건 아닐까. 내가 이런 행동을 해서(449-450). 어렸을 때 저 남자 되게 많이 만났어요. 되게 쉽게 생각한다 그래야 되나 제가 헤픈 여자가 됐다고 생각해버리니까(466-467).

장주현 씨는 그동안 사귀어왔던 남자친구들부터 배신을 당한 경험이 있다. 중학교 때 사귄 남자친구는 그와의 관계를 소문내면서 자신을 배반한 친구와 사귄 일이 있었고, 20대 초반에 회사 내에서 사귀었던 친구는 나중에 알고 보니 자신과 친하게 지내던 여자친구와 오랜 기간 교제 중이었으며, 그 후 만났던 남자친구도 여자친구가 있는 사람이었다. 세 번째 남자와의 만남의 과정에서 과도하게 카드를 사용하면서 나중에 자살충동을 일으킬 만큼 큰 압박감을 느끼게 작용했던 카드빚을 지게 되었다.

> 장주현: 22살 때 남자를 만났어요. 참 기가 막혀서(웃음). 걔가… 그 사람이 저를 6개월 동안 쫓아다녔어요. 사내 커플이었는데. […] 2주일 정도 있다가 그거 근데 끝났거든요. 제 피해만 봤어요. 알고 보니까 회사에 제 친한 친구랑 더 오래전부터 만나고 있던 거예요. 비밀로. 근데 그 여자애가 친구니까 나중에 알게 됐어요. 제가 얼마나 자존심 상해요(720-745).

> 장주현: 한번은 만나서는 사람은 좋아하긴 했는데 그 남자 때문에 지금 제가 빚이 생긴 거구요. [⋯] 그때 카드 긁어서 돈이 되게 많이 빚이 생겼어요. 근데 걔하고 결국엔 안 됐어요. 걔도 여자친구 있었거든요. 저한텐 안 그래 놓구선. 모든 게 다 끝나고 나서 다 끝나고 났을 때 그때가 작년 초였는데 24살 될 때쯤이었는데, 정말 죽고 싶은 거예요(741-751).

그녀는 남자친구들로부터 받은 배신감으로 인해서 사귀는 남자친구들로부터 언제든지 버림을 받을 수 있을 것이라는 불안감을 가지게 되었다.

> 장주현: 내가 쉽게 내쳐지면 어떡할까라는 불안감이 그때 생겼는데 남자에 대한 건 아 남자들은 언제나 예쁘고, 예쁜 애들 있으면 돌아설 수 가 있구나(415-422).

장주현 씨는 이전의 이성관계로 인해서 자신을 더욱 부정적으로 평가하게 되었고 그렇기 때문에 스스로를 사랑하지 못하게 되었다.

> 장주현: 더러워요. 더럽고, 왜 그런 호빠를 갔고, 왜 남자하고의 관계가 있었고, 그거는 제가 제 자의로 선택을 한 거잖아요. 그때는 그게 좋았는데, 좋았는데 지금 마음이 많이 무거워졌잖아요. 그냥 그게 되게 커요. 그게 저를 사랑할 수 없게 만들어요. 그런 과거들이 (785-789).

그러한 이유로 남자들과 신중하게 교제를 하고 싶지만, 이성친구들과의 관계를 자신이 원하는 방향으로 통제를 못하고 있다.

> 장주현: 머릿속에서는 안 돼 이러면 안 돼. 근데 행동으로는 하고 있는 거예요. 아! 몰라. 자포자기? 몰라 몰라 어떻게 되든 몰라 이런 거(2925-2931). [⋯] 정말 좋아하는 사람이 있다고 말은 하면서, 하는 짓은 다 진

> 짜 막 여러 남자한테 관계를 이렇게 막 옛날 남자친구한테 연락하고, 안 좋은 행동을 술기운에 하고, 다른 애하고도 미묘한 관계를 행동하고 제가 되게 스스로 민망한 거예요. 얘기하기가 좀 힘들어요(3948-3955).

4.7.5. 가족관계

장주현 씨는 이혼 후 집을 나간 어머니와의 관계가 완전히 단절된 것과는 달리 아버지와는 현재까지도 같은 집에서 살고 있다. 그녀는 아버지와 밀접한 관계 속에서 살고 있는 만큼 아버지에 대해서 매우 복합적인 생각을 가지고 있다. 그녀는 아버지에 대해서 한편으로는 연민과 책임감을 다른 한편으로는 부담감과 미움과 분노 그리고 복수심과 원망의 마음을 가지고 있다.

4.7.5.1. 연민의 마음

장주현 씨는 어머니와 이혼 후 경제적인 어려움 속에서 혼자 살아온 아버지에 대해 깊은 연민을 가지고 있다. 그녀는 어렸을 때부터 가난 속에서 빈한하고 옹색한 삶을 이어가는 아버지의 상황과 그것을 목도해야 했던 상황을 너무 싫어했고 마음 아파했다.

> 장주현: 아빠가 고시원에 계셨거든요. 도시락을 싸다, 아… 제가 중학교 2학년 때 도시락을 고모가 갖다 주라 그랬어요. 아빠 밥을 못 먹고 있다고 아빠는 얼마나 답답했겠어요. 돈 빌릴 데도 없고 아파서 밥 못 먹고 있는 거 다 알면서 갔는데 아파서 누워 있고, 되게 마른반찬에 저희 아빠 국 없으면 식사를 못 하셨거든요. 마른반찬에 구부려 앉아서 밥 먹고 있는 모습이 너무 싫은 거예요. 마음이 아프니까. 마음이 아파서 제가 너무 싫은 거예요. 차라리 몰랐으면 좋은데 왜 이런 모습을 보여줘서 내 마음을 아프게 할까(1049-1057).

장주현 씨는 아버지에 대한 연민이 지나쳐서 감정이 조절이 되지 않았을 때 손목에 자해를 한 적도 있었다.

> 장주현: 지금은 기억이 안 나는데 싸웠었어요. 방에 있는데 밖에서 아빠 라면 끓여 먹는 그 모습이 싫은 거예요. 미치게 싫은 거예요. 싫어서 미칠 것 같은 거예요. (…) 그래도 막 정말 소리 참아 가면서 우는데 속이 터질 것 같은 거예요. 그때 못 참아서 이거 했어요(1221-1249).

4.7.5.2. 책임감

장주현 씨는 헌신한 아버지에게 최선을 다해 보답하고자 한다. 그녀는 자신의 인생목표가 아버지를 행복하게 해 드리는 것이고 아버지가 원하시는 것은 최대한 해 드리려고 하고 있다. 그녀는 결혼 후에도 가능하면 아버지와 함께 살기를 원하고 있고, 그것이 가능하지 않다면 결혼 전에 아버지가 혼자서 살아갈 수 있는 기반을 마련해줄 수 있기를 바라고 있다. 아버지가 현재 행복하지 못한 상태에서 삶을 마감한다면 그녀는 평생 죄책감을 가지게 될 것이라는 우려를 하고 있다.

> 장주현: 돈이 없는데도 카드 현금서비스까지라도 받아서 아빠가 돈 달라고 하면 무조건 드리거든요. (…) 저는 당연히 제 인생의 마지막 목표는 저희 아빠이기 때문에 물론 제 인생도 있지만, 아빠 정말 행복하게 해드리고 싶거든요(251-260). (…) 아빠는 정말 절 위해만 사시는 분이고(264-270). (…) 결혼을 해도 아빠 모시고 살 정도는 아니더라도 아빠에 대한 기반이 확실히 진 다음에 결혼을 해야 되기 때문에요. 아빠가 만약에 이렇게 아빠가 만약 이런 상태로 돌아가신다면 제가 얼마나 마음이 아프겠어요. 저는 아마 죽을 거 같거든요. 죄책감에(3794-3792).

4.7.5.3. 부담감

아버지는 장주현 씨에게 부담으로 느껴지는 경우도 많았다. 그 이유는 아버지가 어려운 상황 속에서도 그녀가 원하는 것을 그의 능력범위 내에서 다해주었고, 엄마가 없는 상태에서 자신만 바라보면서 사랑해주었으나 자신에 대한 지나친 기대에 대해서 그녀는 부담감을 느꼈다.

> 장주현: 아빠의 사랑은 되게 부담스러웠으니까 나밖에 없다는 걸 알았으니까 엄마 몫까지 해서(울음). 〔…〕 정말 저하나만 사랑하신 분 인생의 목표가 저. 저는 그게 너무 싫었어요. 되게 부담스러웠어요. 굉장히. 금전적인 문제에 있어서 한 번도 졸라 본 적도 없고, 그렇지만 못 해주신 건 아니에요. 할 수 있는 한도에 내에서도, 제가 원하는 거에 대해서는 정말 잘 해주셨어요. 그 이상으로(226-235).

또한 장주현 씨는 아버지가 자신에게 지나치게 의존하고 있다는 점과 자신이 아버지의 행복을 위해서 최선을 다하고 싶지만 실제의 삶 속에서 그렇게 하지 못하는 것에 대한 부담감이다.

> 인터뷰어: 지금 내가 살아가는 데 아빠가 음 부담스럽거나, 짐이라고 생각하신 적도 있어요?
>
> 장주현: 네. 그거 생각하면 진짜 막장인데 최근까지도 그랬어요. 진짜 막장이다 생각하면서도 그렇게 생각이 드는 걸 어떡해요. 힘든데 내가 당장(3760-3764). 〔…〕 저한테 그런 걸 너무 기댈려고 하시니까 그게 너무 답답해요(226-235).

그녀는 아버지에 대한 부담감으로 인해 자신이 너무 힘들어서 그런 부담감에서 벗어나고 싶어한다. 그래서 지금을 그런 마음을 가지고 있지 않지만, 한때는 아빠가 죽어서 없어지길 바라는 마음을 가진 적도 있었다.

장주현: 아빠가 없으면 오히려 홀가분할 것 같은데 의무감에 굉장히 아빠를 사랑하려고 노력했던 거 같아요. 지금은 아니지만, 지금은 좀 수그러들었어요. 한때 그런 게 있었어요. 아빠가 없어졌으면. 아빠가 사고가 나서 죽어버렸으면 그랬어요(1026-1029).

4.7.5.4. 원망감

장주현 씨는 자신의 부모가 이혼을 한 결손가정에서 성장했기 때문에 남들과 다른 어려운 삶을 살게 되었다는 피해의식이 있었고, 홀로 남은 아버지가 경제적으로 어려운 삶을 사는 것을 무력하게 바라볼 수밖에 없어서 괴로웠던 일로 인해서 아버지에게 원망하는 마음을 가지고 있다. 또한 자신을 힘들게 하는 현재 상황의 모든 원인이 아빠에게 있다는 생각을 가지고 있다.

장주현: 아빠 때문에 내가 이혼가정에서 살게 됐다는 자기 피해의식도 생겼고, 남들과 다르다는 거 그것부터 시작해서 물질적인 것까지 진짜 못되게 생각했을 때는 그런 생각까지 다 들었어요(3756-3759).

장주현: 중학교때? 아빠가 저한테 힘든 모습을 보여주는 게 싫었어요. 내가 이걸 굳이 봐야 되서, 왜 내 마음이 아파야 되고, 아무것도 못해주지, 왜 내가 이래야 되는지, 왜 남들은 안 그런데 나만 이걸 해야 되지? 피해의식? 자격지심이 똘똘 뭉쳐 가지고 다 원망이 아빠한테 가는 거예요. 정말 그랬어요(1038-1045).

장주현: 나중에 원망, 아빠에 만약에 어, 나를 제대로 된 가정에서 키웠으면은 내가 정말 바르게 키웠으면은 내가 그런 어두운 면들 몰랐을텐데 내가 나빠진 거는 다 아빠 때문인 거 같구요. (…) 선택은 제가 했지만, 그렇게 자랄 수밖에 없는 건 다 아빠 책임으로 돌려지는 거예요(1073-1079).

4.7.5.5. 미움과 분노

아버지에 대한 장주현 씨의 연민과 사랑이 큰 만큼 그에 대한 그녀의 미움과 분노도 크다. 그런 이유로 아버지와 대화가 단절된 지도 이미 오래되었다.

> 인터뷰어: 차분하게 아버지하고 대화하는 시간은?
> 장주현: 없는 지 되게 오래됐어요(3016-3017).

어렸을 때 그녀가 아버지에 대해서 미움을 가진 이유는 아버지의 경제적 형편이 어려워서 자신이 빈한한 삶을 살아야 했기 때문이다.

> 장주현: 친구들한테 돈 빌리고, 돈 없어서, 차비 없어서 애들이 대줘서 학교 다니고 그런 거, 유흥비 대주는 거, 옷 못 사 입는 거. 짜증 나잖아요. 진짜 싫었어요. 정말 많이 밉고 그런 거예요. 하지만 철이 들다 보니까, 아빠도 힘드니까(1221-1249).

아버지가 장주현 씨를 힘들게 하는 또 다른 요인은 장주현 씨가 잘못한 일이 있을 때 큰 소리를 내면서 자신이 화가 났다는 표시를 하거나 취중에 잔소리를 하는 것 그리고 장주현 씨의 잘못한 일에 대한 반응으로써 자신의 나약한 모습을 보일 때이다.

> 장주현: 제가 어렸을 때 충격을 받은 거 같아요. 큰 소리 나거나 장주현, 성 붙여서 그런 거 되게 싫어하거든요. 가슴이 툭 내려앉아요. 특히 누가 쿵 소리 내거나 그러면 안 고쳐지더라구요. 굉장히 싫어해요. 상당히 반감들어요. 되게 싫어해요. 그런데 아빠가 그런 걸 되게 잘해요. 장주현! 문소리 쾅쾅 내는 거, 자기 열받았다는 그런 표시. 그런 게 되게 힘들어요(1277-1292).

장주현: 이런 거. 아빠가 술 마시면 저한테 틱틱 거리니까 듣기가 싫잖아요. 쌓이고 쌓여 있다가 너무 화가 났던 거 같아요. 너무 꼴도 보기 싫고, 딸그락 거리는 소리도 듣기 싫고, 술취해서 틱틱거리는 소리가 다 싫은 거예요(1221-1249).

장주현: 아빠는 저한테 되게 표시를 해요. 약한 모습을 되게 많이 보여주고 어떻게든 막 저한테 힘든 걸 내색을 하세요. 어떻게든 화를 내고. 진짜 싫거든요. 아예 포기를 하던지. 그때 정말 마음속에서 분노가 일어나요. 제가 잘못한 거를 아는데도 그렇게 약한 모습을 보여주면은(3685-3693).

아버지에 대한 미운 마음이 너무 커서 때로는 새로운 삶을 시작할 수 있도록 아버지가 사라졌으면 하는 마음을 가진 때도 있다.

장주현: 사람이. 제가 미워하는 사람이. 친구도 한 명 그랬고, 아빠도 그랬고, 없어 왜냐면 죽으면 또 다른 시작이잖아요. 용기가 없어서 못 죽으니까, 차라리 누군가 없어져서 그걸 계기로 새롭게 시작하고 싶다는 그런 마음이 많이 생겼었던 것 같아요(985-988).

4.7.5.6. 복수심

장주현 씨는 미움과 분노의 마음을 일으키는 아버지를 괴롭히고 싶어 한다. 아버지를 괴롭히는 수단은 그가 제일 싫어하고 힘들어하는 것으로 그녀가 그를 피하고 외면하는 것이다.

장주현: 그니까 아빠를 좋아는 하는데 진짜 미워서, 짜증 나고, 막 괴롭히고 싶고, 어떻게든 아프게 해주고 싶은 거 있잖아요(1189-1193). (…) 아빠를 피했어요. 그게 제일 힘든 거 아니까. 그러니까 제일 사랑을 많이 받으면 어떻게 해야 제일 아파하는지 알잖아요. 힘들다고 저녁에 오면 모른 척하고 막 그랬어요(1203-1205).

하지만 최근에는 아빠와 자신의 문제를 터놓고 대화를 하고 서로 잘해보려고 노력을 하면서 아버지와의 관계가 개선되었다.

> 인터뷰어: 요즘 아빠하고 관계는 어떻죠?
> 장주현: 좋아졌어요.
> 인터뷰어: 조금 더 구체적으로.
> 장주현: 아빠한테 다 얘기했어요. 아빠 그렇게 말하는 거 싫다고, 그렇게 얘기하는 거 싫다고, 퉁명스럽게. 퉁명스럽게 얘기 하지 말라고 그러니까 아빠도 되게 많이 노력해요(2243-2253).

장주현 씨는 아버지에 대해 연민, 사랑의 마음 및 아버지의 미래에 대한 책임감 등과 같은 긍정적인 생각을 하기도 한다. 하지만 장주현 씨가 힘들어하는 아버지와의 관계적 요소는 자신에 대한 아버지의 지나친 의존과 기대감에 대한 부담감, 어린 시절 어려운 환경에 대한 피해의식과 원망감 그리고 아버지의 분노 표시 행동과 잔소리 등이다. 아버지에 대한 부담감으로 인해서 그녀는 아버지가 없어져버렸으면 하는 바람을 가진 적이 있었고 아버지에 대한 분노에 대해서 복수를 한 적도 있었다. 장주현 씨와 아버지 사이의 관계를 도표로 나타내면 〈그림 56〉과 같다.

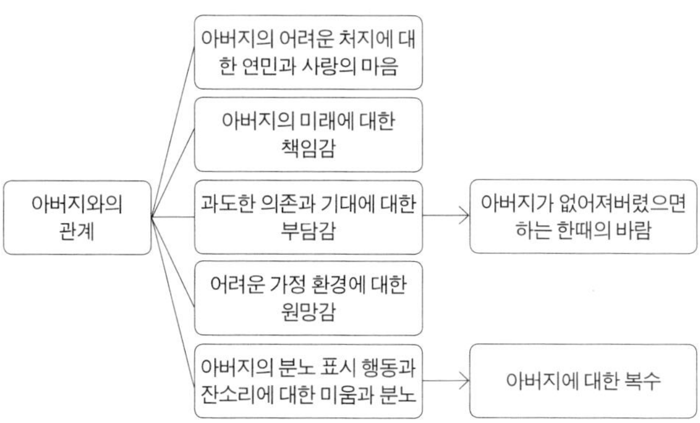

그림 56. 장주현 씨와 아버지 사이의 관계

4.7.6. 인간관계

장주현 씨는 어려서부터 소외감과 애정결핍의 느낌을 가지고 있고 자기를 긍정적으로 인정하고 수용하지 못하며 스스로를 사랑하지 못하고 있다. 그녀는 그러한 애정결핍의 어려움을 다른 사람들과의 관계 속에서 해소하고자 한다.

> 장주현: 욕심을 내게 해요. 사람 마음에 대해서. 되게 욕심을 내게 해요. 그게 애정결핍이잖아요. 그게 어렸을 적부터 그래왔기 때문에 이렇게 커진 것 같아요(500-502). […] 혼자 있는 게 느껴지니까 계속 사람들하고 너무 어울릴라 그러는 거예요. 또 재밌거든요. 또 거기에 매달리는 거예요. 연연해하고(2261-2263).

그녀는 다른 사람들의 인정과 사랑을 받기 위해서 지나치게 다른 사람들에게 적극적으로 다가가고 매달리며, 자기가 원하는 방식으로 자기를 사랑하고 인정해 주기를 바란다.

> 장주현: 제가 저를 사랑을 못하니까 더 매달렸어요(586-589). […] 너무 제가 다가가는 스타일이니까 다가가서 그 어느 정도 선이라는 거를 했어야 되는데 그게 아니라 온통 제 생각대로 남에 대한 평가를 내려버리는 거예요. 이 사람이 내가 원하는 대로 말을 해줬으면 좋겠고, 내가 바라는 대로 이런 형태나 이런 말을 해줬으면 좋겠고 그거에 대해 욕심을 부리는 것 같아요(3629-3638).

하지만 사람들이 자신의 바람을 충족시켜 주지 못하는 것으로 판단할 뿐만 아니라 사람들의 말과 행동에 대해서 상처를 받고 감정적인 행동을 하는데, 이것이 장주현 씨의 인간관계를 매우 어렵게 하는 요소이다.

장주현: 제가 제 성격을 감당하기가 힘든 거예요. 잘 삐지고 토라지고 일일이 사랑받고 싶어하고, 제 친구들은 저를 10년 넘게 저의 곁에서 봤기 때문에 그런 점을 굉장히 옆에서 봤어요. 그럼 주위사람들이 굉장히 피곤해하거든요(131-134). 〔…〕 저는 그런 거 말 한 마디나 행동하나에 상처를 잘 받는 타입이라서 굉장히 힘들어요. 제 주변에서도 그랬거든요. 친구들이 너만 왜 유독 그런 인간관계에 있어서 문제가 많은지 모르겠다고(1033-1038).

장주현 씨는 자신이 다른 사람들과 원만한 인간관계를 맺지 못하고 갈등 속에서 사는 이유를 다른 사람들에 대한 자신의 행동성향과 본인에 대한 다른 사람들의 행동성향을 통해서 설명한다.

4.7.6.1. 장주현 씨의 행동성향

1) 자기부정과 자기애의 부족

장주현 씨는 자신이 사랑받을 자격이 없다고 생각하고 자신을 사랑하지 않으며, 그렇기 때문에 자기가 하는 일상적인 행동도 부정적으로 평가하고 수용하지 않음으로써 불안하고 초조한 삶을 살아가고 있다.

장주현: 제가 저를 안 좋아하다 보니까 더 날 좋아한다고 하면 내가 어디가 좋지? 나는 사랑받을 자격이 없는 사람인데 그러고. 그래서 되게 마음이 아파요(462-465). 〔…〕 저를 사랑하지 않으니까 〔…〕 뭘 해도 되게 심했을 때는 어땠냐면요. 술 마시고 와도 솔직히 25살에 남자친구랑 키스할 수 있잖아요. 죄책감이 미치겠는 거예요. 하면 안 되는 데 이런 거. 술 마시고서 실수하면서 왜 그래? 누구나 다 하는 건데 저는 제가 용서가 안 되는 거예요. (714-719). 〔…〕 미칠 것 같은 거예요. 이런 저를 제가 돌봐주지 않으니까는 그래서 막 확 밑도 끝도 없이 내려가요. 초조하고 불안하구요(1419-1424).

장주현 씨는 자기 자신을 사랑하지 않고 자신의 행동을 부정적으로 평가하며 존중하지 않는 데에는 여러 가지 이유가 있는 것으로 보고 있다. 그 이유로는 그녀가 성장과정에서 가족이나 친척으로부터 인정받고 수용된 체험이 없었고, 아토피 피부로 인한 열등감이 있었으며, 여러 차례에 걸친 남자관계로 인해 자신을 가치 없는 여성으로서 자리매김하고 있기 때문이다. 하지만 자신이 사랑받을 수 없는 사람이라는 관념에 대한 보다 더 본질적인 이유는 자기 스스로가 그렇게 생각했기 때문이다.

• 인정받는 말을 들어보지 못함

장주현: 어렸을 때 저부터 왜 나는 있는 그대로의 나를 인정하지 않았을까. 왜 사람들은 나한테 더 많은걸 바랐을까. 그냥 충분히 사랑해주지 이 정도로도 괜찮다고 그냥 있는 그대로 사랑받을 수 있는 사람이라고 누가 얘기해줬으면 좋았을 텐데(울음). (…) 그러니까 아빠나, 고모, 고모부 성격이 무뚝뚝해서 주현아 사랑해 이런 말을 잘 안 했어요(613-623).

• 외모로 인한 열등감

인터뷰어: 자신의 외모에 대해서 열등감이 많아요?

장주현: 네. 되게 심해요. 피부가 굉장히 아토피가 심해요. 하느님은 나한테 이걸 왜 주셨지. 이게 없어도 될 텐데 아프거든요. 되게. 그러니까 되게 제가 저 자신을 사랑받지 못하는 사람으로 만들었던 거 같아요(424-428).

• 이전의 이성관계

장주현: 더러워요. 더럽고, 왜 그런 호빠를 갔고, 왜 남자하고의 관계가 있었고, 그거는 제가 제 자의로 선택을 한 거잖아요. 그때는 그게 좋았는데, 좋았는데 지금 마음이 많이 무거워졌잖아요. 그냥 그게 되게 커요. 그게 저를 사랑할 수 없게 만들어요. 그런 과거들이(785-789).

• 자기 가치에 대한 자기부정

장주현: 그러니까 더 화가 나는 게, 누가 저한테 그 너 사랑 못 받어라고 얘기를 한 게 아닌데, 제가 그렇게 만들어간 거 같아요. 그래서 그게 너무 마음이 아파요(613-619).

인터뷰어: 그럼 결국 본인이 본인에게만 야박하다는 거예요?

장주현: 어느 정도(3888-3982).

2) 사랑과 인정의 갈구

장주현 씨는 자기 자신에 대한 확신이 없고 자기 자신을 사랑하지도 않기 때문에 그것을 타인들로부터 확인받고 싶어한다.

장주현: 제가 저에 대한 자신이 없으니까 다른 사람들 하고 지내면서 웃으면서, 관심을 받고 싶은 거예요. 그거 안 좋잖아요(1426-1429).

3) 타인 중심의 비주체적인 행동

장주현 씨는 사람들과의 관계 속에서 자신의 주관이 아닌 다른 사람들의 관점에 자신의 행동을 맞추며 평가하고 살아가기 때문에, 자기 자신의 삶이 없다는 생각이 들기도 하고 늘 자신 없고 불안한 삶을 살아가고 있다.

장주현: 사람들 말 한마디에 좌지우지되는 제가 너무 싫고(580-581). (…) 제가 저를 위해 산다는 느낌이 하나도 안 들어요(2145-2152).

장주현: 어 내가 잘못한 건가? 그거랑. 내가 이 사람한테 내가 이런 생각을 해서 실망을 줬나. 그런 것 때문에 어 내가 또 잘못한 건가(1871-1876).

장주현: 너 이거 안하면 사람들이 널 안 좋아할거야. 불안감들이 자꾸 연

결이 되요(2529-2537).

장주현 씨가 자신이 아닌 타인 중심으로 자신의 삶을 살아가는 데에는 주관과 자신감의 부족, 자기애 부족, 애정결핍, 혼자 있을 때의 외로움, 사랑과 인정의 갈구, 다른 사람에게 배척당하지 않기 위함 등과 같은 여러 이유가 있다고 말하고 있다.

• 주체성과 자신감의 부족

장주현: 제가 저한테 제 주관이 없고 저한테 자신이 없으니까(493-495).

• 자기애 부족

장주현: 제가 저를 안 사랑해서 그런 거 같아요(2156-2169).

• 애정결핍과 외로움

장주현: 정말 애정결핍이 너무 심한 거 같아요(630-633).

장주현: 혼자 있는 게 느껴지니까(2261-2263).

• 사랑과 인정에 대한 욕구

장주현: 사랑받고 싶은데 확인받고 싶은데(2269-2291).

장주현: 굉장히 사랑받고 싶어하는 타입이라서(1079-1084).

장주현: 이렇게 비굴하게 사랑을 얻으려고(630-633).

장주현: 사랑받는 거, 인정받는 걸 느끼면서, 아. 내가 살아 있구나라고 느끼는 사람(2156-2169).

장주현: 배척당하지 않기 위해서(1937-1942).

그러한 과도한 타인 중심의 위장된 삶에 대해서 장주현 씨는 분노와 초조함 그리고 소진감과 굴욕감을 느낀다.

• 분노

장주현: 되게 화가 나요. 이렇게 비굴하게 사랑을 얻으려고 그러는지. 그냥 그냥 그럼 되는데. 무언가 하지 않아도 되는데 (630-633). […] 남에 대한 미움 같은 거? 분노(2145-2152)?

• 초조함

인터뷰어: 근데 자꾸 무엇에 쫓긴다 그러지 않았나요? 무엇에 쫓기는 거죠? 그러면?

장주현: 잘 보이고 싶은 마음? 사람들한테(2269-2291).

• 소진감

장주현: 매달리는 거 같아요. 비굴해요. […] 누구를 위해서 뭘 위해서, 왜 남을 위해 남한테 보여지는 거, 그거에 너무 신경 쓰다 보니까 제가 제 자신한테 지치는 거예요(2156-2169).

• 굴욕감

인터뷰어: 그냥 그 사람한테 행여나 배척당하지 않기 위해서 그렇게 한다는 거죠?

장주현: 네. 기분 되게 더러웠어요. 계속 매달리는 거 같아서(1937-1942).

장주현 씨는 자신을 힘들게 하는 주체성 부족과 인정과 사랑의 욕구 불만족을 남성 접대부에게서 해소하고자 하였다.

장주현: 호빠 가면 남자들이 돈 주면 좋아하거든요. 돈 주면 좋아하는 게 아니라, 내가 가서 노는 거니까 술집에 있는 여자들이랑 똑같으니까 그런 식으로까지 해서 사랑을 찾으려는 제가 너무 한심해 보이는 거예요(1079-1088).

4) 자신감 없는 행동

장주현 씨는 자신에 대한 다른 사람들의 평가가 자신의 삶에 큰 영향을 끼치고 있기 때문에 그에 대해서 매우 예민하다. 그녀는 다른 사람들의 긍정적인 평가를 항상 받기를 원하지만 자신의 행동이 그러한 평가에 부합할 지에 대해서 늘 확신을 갖지 못한다. 또한 다른 사람들의 부정 평가가 있을 경우 자기가 한 행동에 대한 확신을 가지지 못하기도 하다.

> 장주현: 말 한 마디를 하는데 그냥 자신이 없어요. 왜 이런 제가 저에 대한 자신이 없으니까 다른 사람들 하고 지내면서 웃으면서, 관심을 받고 싶은 거예요. 그거 안 좋잖아요(1426-1429).

> 장주현: 네. 속으로 내가 또 뭘 잘못했지? 내 잘못이 뭐지? 그런 거? 그걸 먼저 따지게 되는 거예요(1135-1144).

5) 남에게 잘 보이기 위한 위장된 행동

장주현 씨는 다른 사람들로부터 인정과 사랑을 받기 위해서 자신이 원하지 않는 행동과 진실하지 않은 위장된 행동을 과도하게 하고 있다.

> 장주현: 착한 척하면 누구나 좋아해요. 착하면. 제가 천성이 착했더라도 착하지 않은 부분도 있는데 그런 부분까지 착하게 보여왔어요. 도를 넘어서(1079-1084). 〔…〕 이렇게 비굴하게 사랑을 얻으려고 그러는지(630-633).

> 장주현: 제가 좋아서 옷을 산 건데 진짜 제가 저를 위해서가 아닌 다른 사람한테 보여지는 저를 위해서, 꾸며지는 저를 만들어가는 거 같아서 너무 싫어요. 자꾸 짜증 나요. 그럼 제 삶에 저는 없는 거잖아요. 남한테 잘 보이고 꾸며지는 제가 무슨 소용이 있어요(2145-2152).

장주현: 누구한테 잘 보이고 싶고 누구한테 좋게 보이고 싶고 이게 저한테 와야 되잖아요. 그 기준이요. 여태까지 그 싸이클이 잘못 맞춰져 있었던 거 같아요(3717-3722).

6) 순수하지 못한 행동

장주현 씨는 다른 사람들에 대한 자신의 행동이 순수하지 못하다고 생각하고 있는데 그 이유는 다른 사람에게 어떤 것을 해줄 때 순수하게 하기보다는 항상 보상을 바라고 있고, 원하는 것은 아니지만 하지 않으면 다른 사람들로부터 거부를 당할 것이라는 두려움을 갖고 행동하기 때문이다.

장주현: 제가 마음을 주고자 하는 게 순수하게 주고자 하는 게 아니라 은연중에 받고 싶어하는 게 있으니까 제가 봤을 때 순수하지 않은 거 같아요(2364-2375). (…) 그런 게 싫어요. 순수하지 않은 게. 잡음 섞이는 마음이 되게 불결해요. 덜 순수한 거 같고, 덜 진심인거 같아요. 계산적인 거 같아서 그런 저의 마음이 되게 싫어요(2569-2572).

장주현: 너 이거 안 하면 사람들이 널 안 좋아할 거야. 불안감들이 자꾸 연결이 되요. (…) 그거랑. 정말 진심은 아닌데 억지로 하고 있는 걸까 그런 불안이 있어서 제가 그것조차도 의심을 하게 되는 거예요(2529-2537).

7) 불신과 상처로 인해서 다가가지 못하는 행동

장주현 씨는 사람들과 친밀한 관계를 맺는 데 어려움을 겪고 있다. 그 이유는 그녀가 다른 사람들과 관계가 깊어지면 다른 사람들이 자신에게 상처를 줄 수 있다고 생각하기 때문이다. 하지만 그녀가 다른 사람들과 좋은 관계를 맺지 못하는 것은 다른 사람들이 그녀에게 실제로 상처를 주기 때문이 아니라, 대인관계로 인한 상처에 대한 두려움 때문에 자신이 마음을 열지 않기 때문이다. 그러므로 타인에 대한 불신은 곧 자신에 대한 불신이라고도 할 수 있을 것이다.

장주현: 제 이 애정결핍 어두움 그 어두움을 애정결핍이라고 그럴게요. 걔가요. 완벽하게 못 믿게 해요(517-518). […] 마음 터놓는 거 저 사람 편하게 생각하는 거 그게요. 편하면 기대고 싶어요. 좋아하니까. 근데 애정결핍이 못 그러게 해요. 상처받는다. 이 사람 너 되게 부담스러워하고 이런 거 있죠. […] 내면적으로는 제가 그렇게 편하게 생각하는 사람이 없어요(670-682).

장주현: 어떻게 보면은 상대방이 저한테 마음을 안 열어서 그런 게 아니라, 제가 저를 좀 그렇게 몰아가는 것 같아요. […] 상처받기 싫으니까. 기대면 기댈수록 서로가 상처받는 말이 많아지니까 제가 저를 더 웅크러 들게 만들었던 거 같아요(2002-2009).

장주현 씨가 다른 사람들을 믿지 못하는 또 다른 계기는 아버지의 거짓말과 관련이 있다. 그녀는 어려서부터 아버지의 거짓말을 많이 경험하였고 그로 인해서 다른 사람들을 믿지 못하게 되었다.

장주현: 거짓말이 눈에 보인 거예요. 아빠 도박 안 했어. 아빠 술집 안 갔어. 아빠 그냥 친구네서 잤어. 아닌 걸 알아요. 느낌으로 알아요. 거짓말 하는 거. 그걸 제가 봤어요. 제가 느꼈어요. 어렸을 때부터. 그래 갖고 불신 그게 시작이었던 거 같아요(2587-2594).

8) 상처를 주는 말투

장주현 씨는 가볍고 장난스럽게 한 말이지만 다른 사람들은 그런 말에 의해서 상처를 받고 오해를 하기 때문에 스트레스를 받고 정작 자신이 하고 싶은 말을 충분히 하지 못하는 어려움을 느끼고 있다.

장주현: 단어사용이나 말을 할 때가 좀 특이하거든요. 그게 되게 좀 심하

대요. (…) 그래서 그 말에 상처를 받았대요. 상처를 받았대요. 너가 그런 말을 해서 난 정말 상처를 받았다. 되게 깜짝 놀란 거예요. 그 사람이 저한테 정색을 하고 진지하게 상처를 받았다고 얘기를 하는데 내가 이걸 상처를 주려고 준 상처가 아닌데(1144-1166). (…) 내가 입 한 번 열어서 여러 명 다쳐서 가만히 있는 거예요. 그거에 대해서 왜 그랬냐라고 속 시원히 얘기를 못 하니깐은 쌓여가고 어쩔 수 없다고 하는데도 짜증이 나는 거예요(3404-3419).

9) 진지하지 못한 말투

장주현 씨가 다른 사람들과의 인간관계를 원만하게 유지하지 못하는 또 다른 이유로 자신이 다른 사람들에게 진지하지 못한 어투로 말을 하는 데 있다.

장주현: 제가 너무 막 장난치고, 밝고, 말 가볍게 던지고 말도 가볍게 하는 편도 있는 거 같아요. 그러니까 사람들이 나를 볼 때 제 잘못이잖아요. 나를 그렇게 보는 건 근데 그중에서도 저하고 사람들이 놀라는 게 둘이 있을 때 다르고, 사람들 많이 있을 때 다르다는 말 많이 듣거든요. 어쩔 수 없이 보고 싶은 면만을 보는 사람은 따로 있구나(1375-1381).

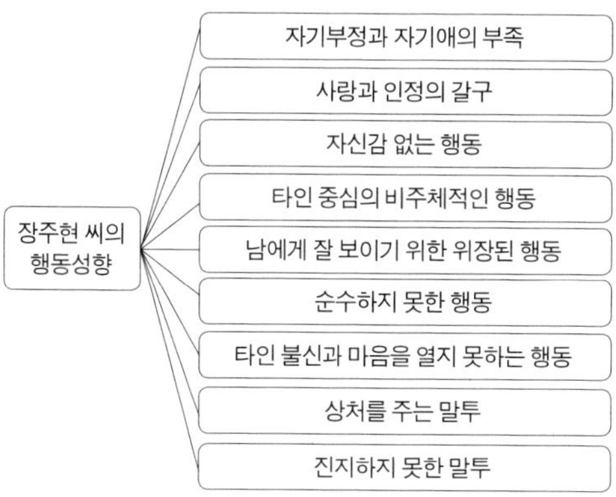

그림 57. 장주현 씨의 행동성향

장주현 씨는 다른 사람들에 대한 자신의 부정적인 행동성향을 〈그림 57〉과 같이 밝히고 있다.

그러한 행동성향 가운데에서 '자기부정과 자기애의 부족'과 '타인 중심의 비주체적인 행동'에 대해서는 왜 그렇게 되었는지에 대한 이유를 각각 4개씩 들고 있다. 또한 타인 중심의 비주체적인 행동이 자신에게 끼치는 정서적 영향에 대해서도 언급하고 있다.

밝혀진 범주들 사이에는 또 다른 형태의 인과관계가 성립되어 있다. 장주현 씨는 자기부정과 자기애의 부족을 다른 사람들이 자신을 사랑해주고 인정해주게 함으로써 해소하려고 노력하고 있다. 하지만 그녀는 자신의 행동의 정당성에 대해서 확신을 가지지 못하고 자신감이 없다. 그렇기 때문에 그녀는 다른 사람들의 관심과 사랑을 받기 위해서 자신의 행동을 다른 사람들의 평가 기준에 맞추려고 하고 있으며, 자신이 원하지 않은 것을 하거나 착한 척을 해야 하는 위장된 행동을 하는 경우가 많다. 그녀는 그러한 행동들이 다른 사람들에게 잘 보이고 또한 자신에 대한 사랑과 인정을 기대하는 것이기 때문에 자신의 행동을 순수하지 못한 것으로 판단하고 있다. 그러한 일련의 행동으로 인해서 그녀는 다른 사람들에게 수용되지 못하고 사랑받지 못한다고 느낌으로써 다른 사람들을 믿지 못하게 되고, 그 결과로 다른 사람들에게 마음을 열고 다가가지 못하고 있다.

그녀의 또 다른 행동성향은 다른 사람들에 대한 그녀의 상처를 주는 말투와 진지하지 못한 말투로 인해서 다른 사람들로부터 인정과 사랑을 받지 못하고 있다. 또한 그녀가 다른 사람들로부터 사랑과 인정을 받지 못하기 때문에 자기를 부정하고 자기를 사랑하지 못하는 악순환에 빠지게 되며, 이러한 모든 것들이 원만하지 못하고 갈등적인 인간관계를 맺게 되는 요인으로 작용하고 있다.

이러한 범주와 범주들 사이의 상호인과적 관계를 도표로 나타내면 〈그림 58〉과 같다.

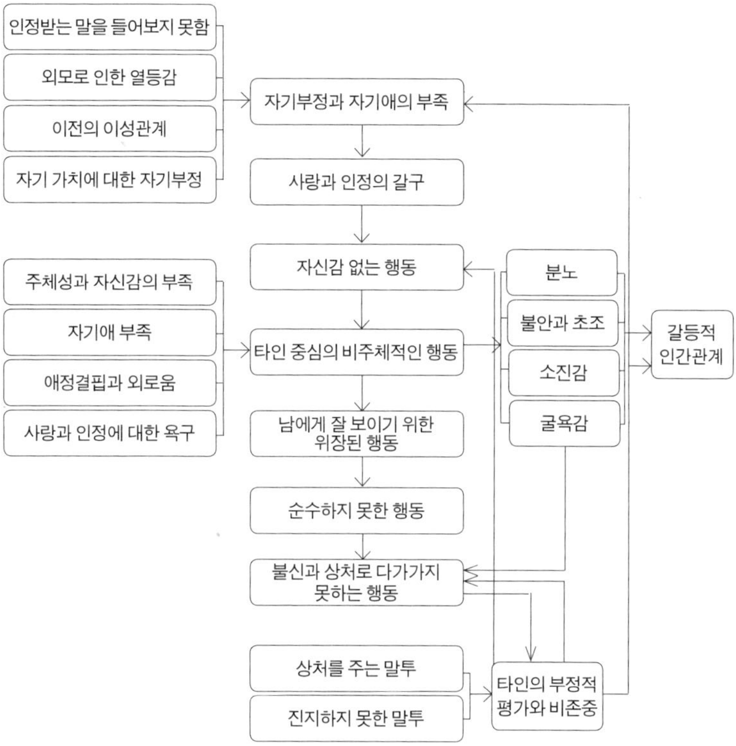

그림 58. 장주현 씨의 행동성향으로 인해서 나타나는 부정적 요인

4.7.6.2. 장주현 씨에 대한 다른 사람들의 행동성향

장주현 씨는 다른 사람들의 말 한마디에 상처를 받기 때문에 다른 사람들에 대해서 분노를 느끼고 있고 또한 인간관계에서 많은 문제를 느끼고 있다. 장주현 씨가 다른 사람들에게 반감을 느낄 때는 그들이 그녀를 있는 그대로 인정해주지 않고 그녀의 행동이 올바르지 않다는 부정적인 평가를 할 때이다.

> 장주현: 저는 그런 거 말 한 마디나 행동 하나에 상처를 잘 받는 타입이라서 굉장히 힘들어요. 제 주변에서도 그랬거든요. 친구들이 너만 왜

유독 그런 인간관계에 있어서 문제가 많은지 모르겠다고(1033-1038).

장주현: 화날 때 많아요. 말 한 마디에 상처받으면 짜증 나요(1318-1322). (…) 싸가지 없다는 말. 넌 원래 그런 애야 이런 거. 넌 좀 이상해. 넌 좀 생각하는 게 이상해. 니가 잘못된 거 같아. 이럴 때인 거 같아요. 그러니까 다른 사람들이 저의 외향적인 모습만 보고 제 생각 같은 거를 함부로 판단을 하는 거 같아요(1324-1327). (…) 사람들이 저한테 개념 없다 그런 말을 되게 잘 흘려들어요(2184-2190).

장주현 씨는 다른 사람들로부터 부정적인 평가를 받게 되면 다른 사람들로부터 사랑받지 못한다는 느낌을 받고 또한 자기도 스스로를 사랑할 수 없게 된다.

장주현: 다른 사람한테 사랑 못 받았다고 느끼는 내가 다시 사랑을 할 수 있을까 정말. 내가 나부터 좀 사랑을 해줘야 되는데 내가 그걸 할 수가 있을까? 잘 모르겠다. 너무 어렵다 (2184-2190).

그녀가 다른 사람들로부터 상처를 받고 또한 그러한 이유로 인간관계의 어려움을 겪게 하는 그녀에 대한 다른 사람들의 행동들은 다음과 같은 것들이 있다.

1) 부정적 평가

장주현: 제가 외향적인 면이 되게 강한데도, 내성적인 게 강해서 같이 공존이 되야 되거든요. 돌아보니까 너무 바쁘게 바깥일에 제가 처한 거에 취해서 제가 저를 돌아볼 시간이 굉장히 없었던 거 같아요. 이 사람들은 나를 이 정도로 봤구나. 이런 거에 대한 실망(2738-2739).

2) 부당한 평가

장주현: 평가. 그렇죠. 보이는 면만 가지고. 그런데 그건 또 문제가, 한 번

은 모르는 부분에 대해서였구요. 또 하나는 들은 얘기를 갖고 저한테 뭐라 그러는 거예요. 제가 진짜 화가 많이 났었어요. 그때(2744-2747). 〔…〕 저의 잘못한 일에 있어서는 그건 주관적인 판단이지 객관적인 게 될 수 없잖아요. 그쵸(2718-2728)? 〔…〕 되게 짜증 났어요. 알지도 못하면서 저딴 식으로 얘기를 하는 건지(2712-21720).

3) 우월적 태도

장주현: 전 기분이 나빠 있는 상탠데 저한테 따박따박 가르치려고 드는 거예요. 저는 그때 동안에도 저한테 많은 생각이 있어서 감정을 다스리려고 하는데 거기다 대고 자꾸 따박따박 가르치려고 드니까 되게 짜증 나는 거예요. 서운하고(2731-2751).

4) 경시적 태도

장주현: 사람들이 저를 되게 우습게 본다는 생각을 많이 했어요. 저 원래 놀림받으면서 당하거든요. 그때 또 예민해져 있었어요(3055-3060). 〔…〕 제가 말만 하면은 자꾸 이렇게 장난 식으로 넘기고, 제가 다른 거 얘기하면서 이해 못하는 부분 있으면은 뻔히 그런 거 알면은 설명을 해줘야 되는데 아유 답답해 쟤 또 시작이다 이런 식으로 넘기는 게 짜증 나는 거예요(3388-3391).

5) 인정 욕구 불충족

장주현: 저는 제가 하는 대로의 표현방식을, 제가 저한테 해줬으면 좋겠다는 식으로 남한테 했던 거 같아요. 언제 책에서 그랬거든요. 제가 받고 싶어하는 사랑만큼 그렇게 다른 사람한테 주면 된다구요. 근데 그게 틀린 거 같아요. 왜냐하면 그렇게 해서 제가 상처를 받으니까, 제 욕심에 못 이겨서 그 상처를 제가 받으니깐은 그건 좀 아닌 거 같아요 (3902-3908).

장주현 씨는 다른 사람들의 부정적이고 부당한 평가에 대해서 실망감과 분노 및 짜증감을 느낀다. 또한 그녀는 그들의 우월적이고 자신을 경시하는 행동에 대해서 역시 짜증과 서운함을 느끼고 다른 사람들에게 기대하는 인정 욕구가 충족되지 않은 데 대해서 상처를 받기도 한다. 다른 사람들의 그러한 행동으로 인해서 장주현 씨는 사랑받는 느낌을 가질 수 없게 되고, 그렇기 때문에 또한 자기 자신도 사랑할 수 없게 된다. 이를 도표로 나타내면 〈그림 59〉와 같다.

그림 59. 다른 사람들의 장주현 씨에 대한 행동으로 인한 영향

4.7.7. 자아규정

장주현 씨는 자기 정체성을 긍정적(밝고 착한 사람) 또는 중립적(감성적인 사람)으로 자리매김하기도 하지만, 전반적으로는 부정적으로 자리매김을 하고 있다.

4.7.7.1. 사랑받을 자격이 없는 사람

장주현 씨가 현재 자살을 생각할 만큼 큰 고통을 받고 있는 가장 큰 이유는 자기 자신이 사랑받을 자격이 없다고 생각하는 것이다. 그렇기 때문에 그녀는 다른 사람들이 자신을 사랑해주지 않을 뿐만 아니라 자기 자신도 자기를 긍정적으로 수용하지 못하고 있다고 생각한다.

장주현: 제가 저를 안 좋아하다 보니까 더 날 좋아한다고 하면 내가 어디가 좋지? 나는 사랑받을 자격이 없는 사람인데 그러고. 그래서 되게 마음이 아파요. 그게 그냥 제가 생각했을 때 이게 제가 살아가는 데 있어서 굉장히 핸디캡이거든요(462-465).

장주현: 저 사랑하는 법을 잘 모르네요(1740-1743). (…) 남들이 나를 별로 사랑해주지도 않는 거 같고. 나도 나를 별로 사랑하지 않는 거 같고. 이해되세요(2626-2627)?

4.7.7.2. 소외된 슬픈 외톨이

장주현 씨가 겪고 있는 어려움 중의 하나는 자신을 소외되고 어디에도 소속감이 없는 이방인이자 슬픈 외톨이라고 생각하면서 자신이 왜소해지고 비참해지는 느낌을 갖는 것이다.

장주현: 그냥 막연하게요. 되게 소외받았다. 버림받았다(1426-1429). (…) 외톨이에요(703-714).

장주현: 네. 누구한테도 그러니까 어디에 속하지 못했다는 그런 (한숨) 아 뭐라 그래야 되지 굉장히 작아져요. 제가(100-119). (…) 그래서 더 비참해요(1409-1415).

장주현 씨의 그런 느낌은 어머니가 집을 나간 후에 아버지와 둘이 살던 중 혼자 잠에서 깼을 때의 공포감과 고모집에 위탁되어 살면서 보고 싶었던 그녀의 부모가 그녀를 찾아오지 않았을 때의 버림받았다는 생각에서 기인하는 것으로 보인다.

장주현: 일곱 살 전쯤에. 그때 혼자인 걸 알았던 거 같아요. (…) 아빠가 안 들어왔어요. 같이 살고 있었는데 아침이 되니까 저 혼자 눈뜬 거예요. 되게 무서웠어요. (…) 아빠랑 아홉 살 때까지 같이 살았는데. 고모

네서 있는데 일곱 살 때니까 되게 보고 싶잖아요. 지하 집에 살았는데요. 온다 그러는 아빠도 안 오고, 엄마도 안 왔어요(1503-1512).

그 이후 고모네 집에 살면서 소속감을 느끼지 못한 것도 그녀가 외톨이 또는 이방인으로 느끼게 된 중요한 이유로 보인다.

장주현: 열 살 때부터 열여덟 살 때까지 자랐는데, 그전에도 고모가 키워주셨어요. 그런데 제일 마음 아픈 건, 그 어디에도 소속되지 못했다는 그런 배신감 그게 커요. 지금도 그래서 언제 내쳐질까, 내가 여기에 소속 되도 되는 사람일까라는 불안감이 아직까지도 있어요(85-89). (…) 고모네서도 그랬거든요. 얹혀산다는 느낌. 나는 이방인이니까요(1533-1540).

어디에 소속되어 있지 못하다는 느낌은 성장하면서 더욱 심해졌다.

장주현: 커가면서 어디 사회에 소속이나 학교에 소속이나 그런 게 되게 불안한 거예요. 내가 과연 여기 속해도 될까, 누가 나한테 나가라고 하지는 않을까. 그건 지금도 그래요(102-105). (…) 이게 커가면서 되게 심해져 왔어요(1485).

4.7.7.3. 못난 사람

장주현 씨는 자신을 남과 비교해서 별로 장점이 없는 못난 사람으로서 규정하고 있다.

장주현: 원하는 사람이라기보다 내세울 것도 없고, 잘하는 것도 없고, 그냥 어딜 갈라치면 같이 가자 이런 애 였는데 내가 가도 되나 다른 사람이 재는 왜 와? 이러지 않을까 이런 거 (1492-1494). (…) 되게 못나 보여가지고 제가 저를 더 싫어하게 될까봐 그게 더 걱정이 됐어요(19-24).

그녀가 자기를 못난 사람이라고 여기는 구체적인 이유는 자신의 심한 아토피 피부와 엄마가 없는 결손 가정에서 자랐다는 사실 때문이다.

장주현: 피부가 굉장히 아토피가 심해요. 하느님은 나한테 이걸 왜 주셨지. 이게 없어도 될 텐데 아프거든요. 되게. 그러니까 되게 제가 저 자신을 사랑받지 못하는 사람으로 만들었던 거 같아요(424-428).

장주현: 엄마가 없다는 거, 주위 사람들이 엄마가 없다는 저를 보는 눈빛(57-58). (…) 엄마가 없다는 핸디캡이 많았기 때문에 더 웃어 보이고 그런 거 있잖아요(72-83). (…) 엄마 없는 애 집에서 아빠랑 살아서 그런 거 아닌가. 그게 어떻게 보면 그렇게 보여질 수도 있거든요. 그런 게 싫은 거예요(873-875).

4.7.7.4. 쓸모 없는 사람

장주현 씨는 자신을 다른 사람에게 별로 도움이 되지 않는 쓸모 없는 사람으로서 느끼고 있고, 그렇기 때문에 어느 집단에 소속감이 없는 외톨이 또는 이방인으로서 자기를 느끼게 된다.

인터뷰어: 왜 나는 어디에도 소속될 수 없는 거죠?
장주현: 필요. 없다고 느끼니까요(2223-2224).

4.7.7.5. 자신감 없는 사람

장주현 씨는 다른 사람들과의 관계에서 항상 자신감이 없다. 그래서 그녀는 다른 사람들의 관심을 끌고자 하지만, 자신의 말과 행동을 다른 사람들이 부정적으로 평가할 것이라는 판단 때문에 더욱 자신감을 잃게 되고 그로 인해서 불안하고 우울하다.

장주현: 말 한 마디를 하는데 그냥 자신이 없어요. 왜 이런 제가 저에 대한 자신이 없으니까 다른 사람들 하고 지내면서 웃으면서, 관심을 받

고 싶은 거예요. 그거 안 좋잖아요(1426-1429). (…) 되게 불안해해요. 이렇게 있다가도 나를 별로 안 좋아하는 거 아냐. 나를 싫어하는 거 아냐 (…) 말 한 마디 잘못하면(1510-1513). (…) 그거는 정말 제가 자신이 없어서 그런 거라고 생각을 하거든요. 맞어. 정말 그게 힘들어요. 여유로움을 만끽하고 싶은데 그게 잘 안 돼요. (…) 내 불안함. 우울함(1430-1438).

4.7.7.6. 주체성이 없는 사람

장주현 씨는 다른 사람들의 평가에 지나치게 예민하게 반응하고 있다. 그 이유는 자기 평가에 대한 자신만의 확고한 기준이 없기 때문이다.

장주현: 사람들 말 한 마디에 좌지우지되는 제가 너무 싫고(580-581). (…) 제가 저한테 제 주관이 없고 저한테 자신이 없으니까 관계에 있어서 편하지가 않아요(493-495).

장주현: 제가 제 주관이 확실하거나 주체적 자아가 확실하면은 좀 도움이 될 텐데 올곧게 서 있는 편도 아니고, 저는 저 자신에 대한 자신이 없기 때문에 이 부분에 대해서는 앞으로 계속 힘들어하면서 그 안에서 뭘 찾아가야 할 것 같아요. 막막해요. 좀(3564-3568).

4.7.7.7. 마음이 순수하지 못한 사람

그녀는 자기 확신과 자기애가 없기 때문에 다른 사람들로부터 그런 것을 보상받고자 자신이 원하지 않는 행동을 하기도 하고, 또 다른 사람에게 무엇인가를 베풀더라도 보상을 전제로 하는 것이기 때문에 자신이 순수하지 않다고 인식하고 있다.

장주현: 근데 제가 봤을 때 제 마음이 순수하지가 않거든요. 제 마음이. 안 좋아요. 질적으로(2364-2375). (…) 그런 게 싫어요. 순수하지 않은 게. 잡음 섞이는 마음이 되게 불결해요. 덜 순수한 거 같고, 덜 진심인 거 같

아요. 계산적인 거 같아서 그런 저의 마음이 되게 싫어요(2569-2572).

4.7.7.8. 일관성이 없는 사람

장주현 씨는 자기 자신을 일관성이 없는 사람으로서 규정하고 있다. 그녀는 자신의 외적인 면과 내면이 그리고 자신이 지향하는 목적과 현실이 일관되지 않는 삶을 살고 있다고 생각하고 있다.

장주현: 저 대외적으로 되게 밝았던 거 같아요. 네(621-623).

장주현: 겉으로 볼 때는, 지금의 제가 베푸는 사람이에요. 하지만 속은 아니에요. 속은 썩었어요(811-812).

장주현: 근데 겉으로 보기에는 그땐 좀 고집이 있는데 되게 유해 보이거든요(3573-3576).

장주현: 난 정말 되게 순수하고 착한 사람이고 싶은데 난 과거가 너무 더러우니까(765-766).

장주현: 그냥 무조건 한 걸음 떨어져서 힘든 거 모르고, 그냥 밝게 밝은 모습만 착하게만(1117-1118).

4.7.7.9. 순결하지 못한 여성

장주현 씨는 이전에 남성들과의 많은 관계들로 인해서 자신이 여성으로서 더 이상 고결하지 않다고 느끼고 있고 이것이 자기 스스로를 사랑하는 데 걸림돌로 작용하고 있다.

장주현: 어렸을 때 저 남자 되게 많이 만났어요. 되게 쉽게 생각한다 그래야 되나. 제가 헤픈 여자가 됐다고 생각해버리니까(431-432). 더러워요. 더럽고, 왜 그런 호빠를 갔고, 왜 남자하고의 관계가 있었고, 그거

는 제가 제 자의로 선택을 한 거잖아요. 그 때는 그게 좋았는데, 좋았는데 지금 마음이 많이 무거워졌잖아요. 그냥 그게 되게 커요. 그게 저를 사랑할 수 없게 만들어요. 그런 과거들이(785-789).

4.7.7.10. 완벽주의자

장주현 씨는 자기 자신이 어떤 실수도 용납하지 않는 완벽주의자로 인식하고 있다.

> 장주현: 제가 되게 완벽주의자에요. 일 같은 면에서. 하나 틀리면 잘 용납을 안 해요. 인정을 잘 못하려 그러고 욕심이 굉장히 많아요(3573-3576).

4.7.7.11. 도움이 되고 싶은 사람

장주현 씨는 한편으로는 자기 자신이 쓸모가 없는 사람으로서 인식하고 있기도 하지만, 다른 한편으로는 다른 사람들에게 기쁨과 도움을 줄 수 있는 사람으로서 자기를 인식하고 있다.

> 장주현: 사람을 만나도. 저는 남들한테 되게 잘하고 싶구요. 밝은 모습만 보여주고 싶고, 믿음을 주고 싶은 사람인데요(466-467). […] 다른 사람을 행복하게 해주고 싶었어요. 아빠도 물론이고 고모, 고모부 정말 주현이가 있어서 행복하다 이런 거(561-565).

4.7.7.12. 밝은 성격의 소유자

장주현 씨는 자신이 원래는 매우 밝은 성격을 지닌 사람으로 규정하고 있다.

> 장주현: 저 선천적으로 정말 밝은 성격을 태어났거든요. 개념 없다라는 소리를 들을 정도인데 (72-83). […] 저는 굉장히 제가 성격이 밝고, 애교가 많은 성격(100-119).

4.7.7.13. 착한 사람

장주현 씨는 어려운 가정환경 속에서도 예쁘고 착하게 성장했다고 생각하고 있고, 다른 사람들에게 항상 선의를 베풀고 싶어하고 피해를 주지 않는 착한 사람으로서 자기를 인식하고 있다.

> 장주현: 정말 싫어요. 정말 싫고, 그땐 생각조차 안 했어요. 없어도 저 지금 되게 잘 살았거든요. 솔직히 아까 그랬는데 엄마 없는 집안에서 아빠가 일용직 노동자로 제가 이만큼 컸는데, 밝게 키워줬는데, 사람들이 너 정말 잘 컸다라고 하거든요. 잘 큰 것 같아요(168-180). 〔…〕 저 되게 이쁨 많이 받고 자랐거든요. 성격도 이쁘고(351-376).

> 장주현: 나쁜 사람은 아닌 거 같아요. 착한 사람은 아니지만 남한테 피해를 주지 않으려고 하기 때문에 나쁜 사람은 아닌 거 같아요. 〔…〕 항상 웃고, 잘 해주려고 그러고, 그냥 제가 원하는 모습이 저는 있는 거 같아요(1384-1388).

4.7.7.14. 감성적인 사람

장주현 씨는 자신을 이성보다는 감성적으로 판단하고 행동하는 사람으로 인식하고 있다.

> 장주현: 저는 또 머리로 생각하는 사람보다 감정적인 면이 더 많아서(3616-3617).

장주현 씨는 자기 자신에 대한 부정적인 정체성의 자리매김으로 우울감과 불안 그리고 분노감을 느끼게 되고, 분노가 극대화되면 이를 해소하기 위해서 자해행위를 하게 된다.

> 인터뷰어: 그럼 단순히 내가 혼자고, 버려졌다는 그런 느낌, 가치 없다는 그런 느낌, 이방인 이라는 느낌, 거기서 바로 분노로 이어져요?

장주현: 그러니까 우울해하다가요. 되게 초조해해요. 그러면 진정을 해요. 그러다가 어떻게 한순간에 이렇게 쌓이거든요. (…) 그러니까 결국에는 그게 다 제 우울함 때문인 거 같애서 분노를 이렇게 푸는 거예요. 그래서 상상만 해요. 여름이잖아요. 긴팔 못 입잖아요. 하면 안 되겠다(1549-1557).

장주현 씨의 여러 부정적인 자기 자래매김은 서로 통합적이거나 인과적인 관계를 가지고 있다. 그녀의 자리매김 '못난 사람'과 '쓸모없는 사람'은 그녀가 스스로를 사랑받을 수 없는 사람이라고 자리매김하게 되는 토대가 된다. '사랑받을 자격이 없는 사람'이라는 정체성은 자신이 다른 사람들로부터 소외되는 외톨이 또는 이방인이라는 자리매김을 하는 토대가 되기도 한다. 이러한 일련의 부정적인 자아상으로 인해서 그녀는 우울감과 불안, 초조 그리고 이것이 다시 분노로 이어지면서 자해행위를 하게 된다.

한편 주체성 또는 주관이 없다라는 그녀의 자기 자리매김은 자신이 다른 사람과의 관계 속에서 '자신감 없는 사람'으로서, 다른 사람

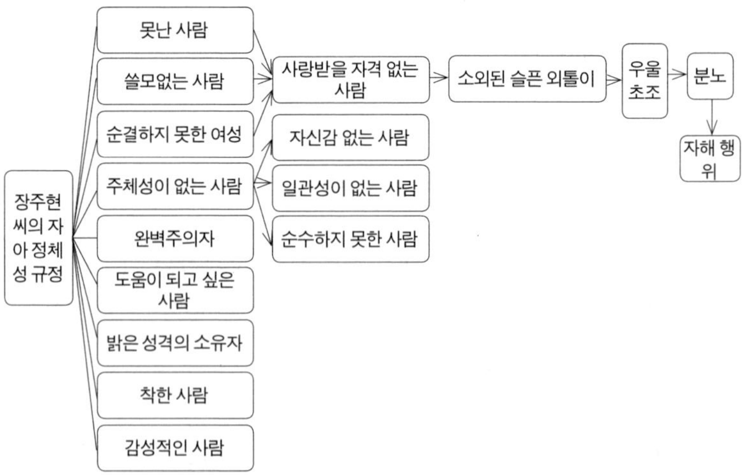

그림 60. 장주현 씨의 자아정체성 규정이 끼치는 영향

의 행동이 겉과 속이 다르고 또는 생각과 행동이 상호 일치하지 않는 '일관성이 없는 사람'으로서, 그리고 그렇기 때문에 '순수하지 못한 사람'으로서 자신을 인식하게 되는 기제로 작용한다.

이와 같은 범주 사이의 상호 관계를 도표로 나타내면 〈그림 60〉과 같다.

4.7.8. 현재 상황

4.7.8.1. 경제 상황

현재 장주현 씨를 가장 힘들게 하는 문제 중의 하나는 경제적 압박감이다. 경제적 압박감은 제한된 수입으로 빚과 생활비의 충당이 부족한 데서 발생하고 있다.

> 장주현: 이제 제가 몇 천 갚았거든요. 처음엔 아빠 거였구요. 지금은 제 거랑 아빠 거랑 같이 있어요(2933-2942). (…) 월급이 그냥 그대로 나가요. 근데 생활비가 없으니까 제가 제 용돈을 안 쓴다고 하더라도요. 생활비가 없으니까 가스비, 월세, 방세, 아빠 돈 갖다 주는 것까지 계속 카드를 쓸 수밖에 없는 거예요. 그게 악순환의 반복이니깐은(3475-3533).

그녀는 아버지의 빚과 자신의 카드빚을 갚아가고 있는데, 제한된 수입으로 빚을 갚고 생활을 해나가는 데 대해서 매우 버거워하고 있다. 특히 빚 문제는 그녀를 가장 힘들게 하는 요인 중의 하나이다. 빚 문제로 인한 우울로 자살한 한 연예인에 대해서 그녀가 깊게 공감을 할 만큼 빚 문제는 현재 겪고 있는 그녀의 큰 고통의 원인이다. 경제적 문제는 그녀가 불안과 초조감에 시달리게 하며 직접적인 자살 생각의 요인으로 작용하고 있다.

장주현: 진짜 누가 이천만 원만 주면 목숨이라도 팔겠다 영혼이라도 팔겠다 그런 생각이 드는 거예요. 그분 죽은 거를 보면서 진짜 남 일 같지가 않은 거예요. 제가 막 그것 때문에(3445-3447). (…) 이것만 없으면 진짜 숨 쉬면서 살 것 같아요(4226-4227).

그녀의 삶을 힘들게 하는 빚 문제는 그녀가 이전에 남자친구를 만나면서 사용한 카드빚 때문에 발생하였다.

장주현: 걔가 좋아서 걔를 맨날 보러 간 거예요. 그러면 안 되는데 그 돈만 안 썼어도 되는데, 그때 카드 긁어서 돈이 되게 많이 빚이 생겼어요(741-751).

장주현 씨는 현재의 빚 문제를 해결할 수 있는 방법을 가지고 있지 않다. 또한 그녀의 아버지에게 상처가 될까봐 빚 문제에 대해 말하지 못함으로써 그 문제를 혼자서 고민하고 있는 실정이다.

장주현: 이 정도 있는 줄은 모르세요. 아빠가 너무 힘들어하니까 말을 못하겠어요(3539-3541).

4.7.8.2. 심리 상황

장주현 씨는 현재 자신을 압박하는 여러 어려움으로 인해서 우울증을 앓고 있다. 그녀는 자신이 우울증을 앓게 된 요인으로 경제적 압박감, 타인의 시선 그리고 자신의 어두운 미래를 꼽고 있다.

장주현: 돈 걱정. 사람들에 대한 시선, 내 미래, 이런 거. 남들이 하는 그런 거 이상으로 제가 우울증이 되게 심한 거 같아요. 못 견디고 되게 미칠 꺼 같아요. 그 순간에요. 무섭고, 겁이 나구요. 조바심이 나고 미칠 거 같아요(1397-1404). (…) 항상 있어요. 정말 정말 기분이 좋을 때도요.

마음속으로 〔…〕 마음속으로 우울한 면. 항상 존재해요. 그래서 행복함을 느낄 수가 없어요(1505-1507).

4.7.8.3. 불면증

그녀가 현재 겪고 있는 또 다른 고통 중의 하나는 불면증이다.

장주현: 여유가 없어요. 저 자신에 대해서. 불면증이 더 심해져서요. 지난주부터요. 하루에 많이 자면 4-5시간 잤나? 술취해서 잔 날 빼고. 불면증이 너무 심한 거예요. 피부 예민해서 잠 못 자는데 너무 심해요. 진짜. 미칠 것 같아요(2119-2140).

4.7.9. 의사소통

장주현 씨는 자신의 어려움과 고통에 대해서 가족이나 친척 그리고 친구나 동료들에게 이야기를 하지 못하고 있다. 그녀는 어린 시절 가족의 경제적인 궁핍으로 인해서 자신이 원하는 것을 가질 수는 없었지만 가정의 형편을 잘 알고 있었기 때문에 자신의 소망을 표현하지 않았고 또한 불만에 대해서 원망도 하지 않았다.

장주현: 금전적인 문제도 일찍 알게 되서 뭐하나 사달라고 직접 졸라본 적이 없어요. 아빠 나 다음에 사줘 이런 거. 다음에 사줘. 아빠 고생하는 게 눈에 보이니까. 열심히 고모랑 고모부한테 절 위해 얼마나 희생하시는지 그런 게 보이니까 누구하나 원망을 못하겠는 거예요(180-187).

특히 빚 문제로 그녀는 큰 고통을 겪고 있지만 이 사실을 아버지가 알게 되면 너무 힘들어할까봐 그 문제를 묵인하고 있다.

인터뷰어: 아버지하고 이 부분에 대해 같이 의논한 적 있어요?

장주현: 이 정도 있는 줄은 모르세요. 아빠가 너무 힘들어하니까 말을 못 하겠어요(3539-3541).

장주현 씨는 자신이 겪는 어려움을 다른 사람에게 말하지 못하는데, 그 이유는 다른 사람들에게 자신의 어려움에 대해 말하면 자기의 어려움이 드러나게 되고 사람들이 동정심을 갖고 자신을 대하면 수치심을 느끼게 될 것이라는 우려 때문이다.

장주현: 말하지 못하는 건 정말 저 혼자 갖고 있는거. 사랑받지 못했다는 피해의식, 자격지심. 그리고 누군가를 좋아할 때 바라게 되는 그런 마음. 제가 저를 좋아해 보이지 않는 마음에 대해서는 입도 뻥긋 못하겠어요. 그리고 특히 인정하기 힘든 건 사랑받지 못했다 그런 거. 그런 말 하면서 동정받기를 원할까봐(2422-2427). […] 얘기해도 속이 시원해지지 않고, 오히려 저희 아빠를 욕하는 거 같고, 제가 더 안돼 보이는 거 같고, 제가 형편없어 보이는 거 같아서 이런 얘기 잘 안 해요(3545-3558).

장주현 씨는 주위 사람들과 갈등을 겪고 그들의 말에 의해서 상처를 받지만 그에 대응해서 마음이 후련해질 만큼 자신의 이야기를 하지 못하고 있다. 왜냐하면 그녀가 그렇게 하면 사람들이 상처를 받게 될 것이라고 생각하기 때문이다.

장주현: 내가 입 한 번 열어서 여러 명 다쳐서 가만히 있는 거예요. 그거에 대해서 왜 그랬냐라고 속 시원히 얘기를 못하니깐은 쌓여가고 어쩔 수 없다고 하는데도 짜증이 나는 거예요. 저를 자꾸 그런 식으로 몰아가면은 정말 스트레스 받고 힘들어하잖아요. 내가 생각했던 이게 아닌가? 차라리 다른 사람들처럼 나도 누가 저래 그러고 다른 사람들한테 속 시원히 얘기를 해버릴까. 제가 봤을 때 이건 아닌 거 같거든요(3404-3419).

장주현 씨가 자신의 문제를 터놓고 말을 하지 못하는 이유는 자신의 고민을 털어놓을 상대가 없기 때문이다. 한 예로 장주현 씨는 빚 문제로 큰 고통을 겪고 있지만 아버지에게 말을 못하고 있다. 만약 어머니가 살아계셨다면 그녀는 편안하게 자신의 고민에 대해 어머니에게 말을 했었을 것이라고 말하고 있다.

> 장주현: 진짜 화가 났는데 속마음을 털어놓을 사람이 없는 거예요(2720-2721). (…) 이 정도 빚이 있다면 다른 집 돈 많은 집 아빠 같았으면, 엄마가 있었더라면 최소한 엄마가 있었더라면 아빠보다 말하기 더 편했을 거 아니에요. (…) 엄마 같았으면 편하게 이것저것 얘기를 했겠죠. 더 편하게 할 수 있었겠죠(3750-3756).

장주현 씨가 자신의 문제를 터놓고 이야기할 상대가 없는 또 다른 이유는 그동안 자신이 마음을 닫고 있었고, 마음 편하게 다른 사람들에게 도움을 청하는 방법을 잊어버렸기 때문이다.

> 장주현: 제가 확실히 살면서요. 제가 오픈마인드인 줄 알았는데 그게 아니었어요. 되게 마음이 많이 닫힌 거 같아요(3545-3558). 외로움이 되게 컸었어요. 주위에 얘기할 사람도 없고, 제가 자신이 마음이 닫혀져 있는 상태라서 다른 사람들 얘기가 위로로 다가오지 않는 거예요. 그러면서 위로를 찾고, 그러니까 다른 사람한테 어떻게 기대는 방법을 까먹은 거예요(2768-2778).

하지만 장주현 씨는 의사소통의 순기능에 대한 체험을 한 바 있다. 아버지와 주위 사람들에게 자신의 문제를 솔직하게 털어놓았을 때 감정이 풀리고 관계가 개선되는 체험을 한 적이 있었다.

> 장주현: 제가 그렇게 생각을 해 가지고, 나중에 가서는 다 얘기를 해요.

처음엔 화가 많이 났는데 이래저래서 그랬다. 그러면 그 사람이 그냥 아 그렇게까지 생각을 했었구나. 안다고. 자기도 솔직히 그랬는데 그냥 그랬다고. 그러고 나면 그 감정이 풀리게 되잖아요. 그런 게 좋았어요(2112-2116).

인터뷰어: 요즘 아빠하고 관계는 어떻죠?
장주현: 좋아졌어요.
인터뷰어: 조금 더 구체적으로.
장주현: 아빠한테 다 얘기했어요. 아빠 그렇게 말하는 거 싫다고, 그렇게 얘기하는 거 싫다고, 퉁명스럽게. 퉁명스럽게 얘기하지 말라고 그러니까 아빠도 되게 많이 노력해요(2278-2288).

장주현: 성당 사람들 하고 이런 일 때문에 솔직히 힘들었다 그렇게 얘기했어요 〔…〕. 제가 얘기하다 너무 힘들어서 울었거든요 〔…〕 그냥 힘내라고 그래도 니 편이 있지 않냐고. 보면서 되게 고마웠어요. 그 말 한마디가 그냥. 그건 얘기하고 나서 그전에 언니가 힘들어 보이는데 억지로 웃지 않아도 된다고, 도와줄 수는 없지만 정말 니 편이 있으니까 언제든지 기대라고. 되게 고마웠어요(4171-4182).

장주현 씨는 또한 자신의 문제를 해결하기 위해 상담을 받으면서도 의사소통의 순기능에 대한 체험을 하였다.

장주현: 마음이 불안하거나 우울할 때. 그러니까 지난번에 상담받고서 많이 좋았던 거 같아요. 마음이 많이 편해졌고, 아 그럼 행복할려고 지금 많이 노력을 해야겠다. 편하게 가져야겠다(1858-1860).

4.7.10. 보호요인

4.7.10.1. 문제해결 방안

1) 자기인정과 수용

장주현 씨가 처한 가장 큰 문제적 상황 중의 하나는 스스로가 자신의 가치를 인정하지 못하고 존중하지 못하는 것이다. 그러므로 자기인정과 수용은 자살을 막아주는 중요한 요소로 작용할 것이다.

> 장주현: 마음을 편안하게 먹는 거라든가. 생각을 저 좋을 대로 그냥 하는 거. 남과 다름을 인정하고 그냥 너는 니 생각이 있는 거고, 100% 다 널 좋아할 순 없잖아. 그렇게 생각을 해야되는데(2509-2515).

2) 타인에 대한 순수한 봉사

장주현 씨의 또 다른 문제 중의 하나는 자신이 다른 사람들로부터 인정받지 못하고 수용되지 못한다고 느끼는 것이다. 그녀는 순수한 봉사활동을 통해서 다른 사람들에게 자신이 가치가 있고 수용된다는 느낌을 가짐으로써 자살을 생각하게 하는 요인 하나를 없앨 수 있다고 생각한다.

> 인터뷰어: 한번 예외적인 상황이 있었어요? 내가 나를 좀 좋아해 줬던 예외적인 상황? 여태까지 살아오면서 늘 상 내가 안 좋았어요? 그런 건 아니잖아요. 아 생각해보니 괜찮다.
>
> 장주현: 일할 때? 누군가를 위해서 봉사할 때.
>
> 인터뷰어: 누군가를 위해 봉사할 때? 누구한테?
>
> 장주현: 그냥 남을 위해서. 정말 좋아하는 순수한 이런 마음 되게 좋아한다 그랬잖아요. 그리고 유치부 아이들을 위해서 간식 아니 물품을 준비했었거든요. 그런걸 준비할 때라던가. 뭘 하는데 제가 선물 같은 걸

줬는데 상대방이 되게 기뻐하는 거에요. 되게 이게 제가 힘들어하는 사람한테 가서 얘기를 했어요. 좋게 좋게 조곤조곤 설명을 해주는데 그 사람이 정말 힘 받았다고 고마워 할 때 그때는 아! 좋다(2516-2528).

3) 의사소통 대상자 찾기

장주현 씨는 힘들고 어려울 때 자신의 어려움을 터놓고 속시원하게 이야기를 하면 위로해주고 지지해 줄 상대자가 거의 없다. 그렇기 때문에 의사소통 대상자이자 지지자를 구하는 것은 그녀의 어려움을 해소할 수 있는 방안이 될 수 있다.

장주현: 누구한테 자꾸만 연락을 하고 싶고, 대화를 하고 싶고, 날 좀 지켜봐줄 수 있는 사람이 있었으면 좋겠고, 이런 내 마음 다독거려줄 누군가가 있었으면 좋겠고, 한없이 날 좀 돌봐줄 수 있는 사람이 있으면 좋겠다. 근데 없으니깐은 좀 허전하고(2213-2216).

4) 의사소통 방식의 개선

장주연 씨가 자살을 생각하는 요인 중의 하나는 원만하지 못한 인간관계이다. 이는 다른 사람들과 적절한 의사소통을 하지 못하거나, 자신의 실제 생각이나 감정을 감추고 위장된 언행을 하기 때문이다. 그러므로 그녀는 타인과 의사소통의 방식을 바꾸고 자신의 생각을 부드럽지만 솔직하게 표현하는 것이 매우 중요하다.

장주현: 말을 좀 더 가려가면서 하려구요. 그리고 웃는 모습은 좋은데 제가 저 자신을 스스로 이렇게 안 낮출려구요. 화가 나면 화가 난다고 얘기를 하고, 지금 화내는 방법하고 얘기하는 방법을 몰라서 솔직히 지난 주에 지난 주에 되게 화가 나는 일이 좀 그때 있었는데요. (......) 그때 당시에는 화를 안내고 이야기를 하면서 풀어가는 방법을 배우면서, 제가 안 그래야 되겠어요. 그거에 대해서 안 그래야 되겠어요. 싫은 건

싫다고 얘기하는 방법이 저한테는 좋을 것 같애요(4268-4278).

5) 진실하게 행동하기

그녀가 인간관계의 문제를 해결할 수 있는 방안은 위장된 행동이 아닌 진실된 행동을 하는 것이다.

장주현: 감정에 관한 거니까 나아질 수 있을 거라 생각하고 사람관계는 진심은 통한다고 믿기 때문에요(3852-3861)

6) 선별적으로 사람 만나기

장주현 씨는 지금까지 모든 사람으로부터 인정받고 사랑받기 위해 과도한 노력을 하고 댓가를 기대했었기 때문에 상처를 받았고 그로 인해 인간관계에 문제가 있었다. 앞으로 그녀는 자인이 진심으로 좋아하는 사람에게만 호의적인 관계를 맺는 것이 문제해결 방안이다.

장주현: 모든 사람들한테 꼭 잘 보일 필요. 없고 잘 할려고 하니까 그 사람들하고의 관계가 여러 가지로 형성이 돼서, 쌓아가서 애매모호한 입장이 된다고 생각하거든요. 그래서 결론적으로는 제가 누군가에게 힘이 되고 싶을 때 그게 좀 약간 버거울 때가 있어요. 저는 그래서 그거 이제 안하려구요. 그냥 제가 정말 좋아하는 사람한테 잘하고 놀아야지, 모든 사람한테 잘 해서 그럴 필요. 없는 거 같애요(3633-3644).

7) 타인의 말과 행동을 여유롭게 바라보기

장주현 씨를 괴롭히는 일은 다른 사람들로부터 오해를 받는다고 생각하는 것이다. 그런 생각은 그녀가 다른 사람들의 말과 행동에 대해서 지나치게 예민하게 받아들이기 때문이다. 그러므로 그녀는 다른 사람들의 말과 행동을 여유롭게 바라보는 것이 필요하다.

장주현: 제가 오해를 받고 그런 거에 있어서. 근데 딱 드는 게 한 가지는 제가 예민하게 사람들 말에 신경을 써서 그런 것일 수 있겠다는 생각이 들었구요(3598-3603).

8) 인정 욕구 낮추기

장주현 씨가 다른 사람들로부터 상처를 받는 이유는 그녀가 원하는 만큼 그들이 그녀의 인정 욕구를 충족시켜주지 못하기 때문이다. 그러므로 다른 사람들로부터 인정받고자 하는 기대치를 낮추는 것이 해결 방안이다.

장주현: 온통 제 생각대로 남에 대한 평가를 내려버리는 거예요. 이 사람이 내가 원하는 대로 말을 해줬으면 좋겠고, 내가 바라는 대로 이런 형태나 이런 말을 해줬으면 좋겠고 그거에 대해 욕심을 부리는 것 같아요(3598-3603). (…) 그 사람들한테 기대를 하지 않는 거예요. 그러니까 어떻게 이야기를 해야 되냐면, 이게요. 뭔가를 바라질 않아요(1781-1790).

9) 자기 되돌아보기

장주현 씨가 사람들과의 관계에서 어려움을 겪는 이유는 그녀가 자기가 아닌 다른 사람들의 관점에서 행동하고 다른 사람들의 말과 행동에 민감하게 반응하기 때문이다. 그러므로 그녀는 자기 혼자 있는 시간이 필요하고 자기를 이해할 수 있는 반추의 시간을 갖는 것이 중요하다.

장주현: 지금 당분간은 만남도 그렇고, 그 사람들에 대해서 아예 지금은 약간 혼자 있는 시간이 필요한 거 같애요. (…) 너무 바쁘게 바깥일에 제가 처한 거에 취해서 제가 저를 돌아볼 시간이 굉장히 없었던 거 같애요(3650-3659).

10) 타인의 인정과 사랑

장주현 씨가 현재의 어려움을 벗어나기 위해서 바라는 점은 자신에 대한 다른 사람들의 인정과 수용이다. 즉, 다른 사람들이 자신을 있는 그대로 인정해주길 바라고, 자신이 그들에게 다가가면 거부하지 말고 받아주길 바라고 있으며 자신의 가치를 존중해주길 바라고 있다.

> 장주현: 딱 드는 생각이 그건데. 저를 좀 좋아해 줬으면 좋겠어요(2443-2448).
>
> 장주현: 그냥 주는 대로 얌전히 받았으면 좋겠어요. 사랑을. 거부하질 않았으면 좋겠어요. 밀어내질 않았으면 좋겠어요(1757-1764).
>
> 장주현: 정말 힘들 때 혼자라고 느껴질 때 이럴 때 있잖아요. 그럴 때는 제 생각을 하면서 힘냈으면 좋겠어요(1781-1790).

11) 신뢰할 수 있는 남자친구 만나기

장주현 씨는 자신의 애정결핍을 해소할 수 있고 자신이 온전히 믿고 사랑을 줄 수 있는 남자 친구를 만날 수 있기를 희망하고 있다.

> 장주현: 제가 좋아하는 사람. 제가 정말 정말 머리부터 발끝까지 온 마음 다해서 좋아할 수 있는 사람(2450-2461).

12) 결혼과 출산

장주현 씨는 결혼이 자신의 마지막 희망이라고 말하고 있다. 그 이유는 남편보다는 아이를 낳아서 아이에게 무조건적인 사랑을 주고 싶기 때문이다.

> 인터뷰어: 주현씨는 본인의 결혼에 대해서 어떻게 생각하세요?
>
> 장주현: 정말 행복한 거요. 제 인생에 마지막 꿈이에요.
>
> 인터뷰어: 어떤 결혼생활을?

> 장주현: 남편보다는 아이한테 대한 욕심이 많아요. 정말 사랑을 주고 싶은 나의 아이 (…) 정말 아이가 생기면은 사랑만 주면서 키우고 싶어요(1648-1656).

13) 빚 갚기

장주현 씨가 현재 간절히 바라고 있는 소망은 경제적 어려움의 근원인 빚 문제가 해결되는 것이다.

> 인터뷰어: 실제로 정말 간절하게 바라는 게 있어요?
> 장주현: 빚갚는거? 돈 그거 없어지는 거(3850-3851)?

그녀는 빚을 갚는 방안의 하나로 글쓰기 공모전에 참가하고 입상해서 받는 상금으로 빚을 갚을 희망을 가지고 있다. 그녀는 빚을 갚는 일을 자신을 용서하는 일로 보고 있다.

> 장주현: 이것 때문에 힘든데 여기서 희망을 또 찾는 거에요. 내가 나를 스스로 여기 까지 만들었으니까 내가 나를 스스로 끌어올리자. 이런 생각이 이게 저한테는 그게 희망인거 같거든요. 글을 어떻게든 써서 공모전에 내가지고 당선되면 돈이 생기니까 그걸로 갚으면은 그땐 진짜 웃을 수 있겠지. 이거 하나? 요즘엔 이거 하나예요. 제 자신이 저의 만약에 제가 공모전에 돼서 이 돈을 갚았어요. 그러면 제가 속이 얼마나 뻥 뚤리겠어요. 아 내가 나를 용서하는구나 이렇게(4203-4216).

빚을 갚는 것뿐 아니라 빚 자체가 장주현 씨의 자살을 막아주는 요인으로 작용하고 있다. 그 이유는 장주현 씨가 삶에 대한 의욕이 없기 때문에 자살 생각을 하였는데, 채무 변제로 인해서 자신이 삶에서 무엇인가를 해야 할 일이 있다고 생각하기 때문인 것으로 보인다.

장주현: 자살하겠다는 생각을 왜 못했냐면요. 갚아야 될 빚이 있으니까. 이거 갚고 나서 생각하자. 그래도 그랬어요. 그 때 꿈이 생겼어요. 하고 싶은 일이 그때 생긴 거예요. 더 괴롭잖아요. 이런 거라도 없으면 (762-765).

14) 아버지

장주현 씨는 아버지를 미워하기도 하지만, 동시에 어려운 처지에서 살아온 아버지에 대한 깊은 연민과 사랑 그리고 부양의 책임감도 가지고 있다. 그렇기 때문에 빚을 지고 있은 상황에서 그녀가 자살을 하게 되면 아버지의 상황이 더 나빠지게 될 것을 염여하여 자살을 하지 못한다. 즉, 아버지는 그녀의 자살을 막아주는 요인으로 작용하는 것으로 보인다.

장주현: 그래도 당분간은 못 죽어요. 한 3년 동안에는. 빚 갚고 죽을 꺼니까. 만약에 만약에 그러면. 이게 있는 상태면 아빠가 너무 힘들어 하실 거 같애요. 저에 대한 배신감이나 이런 것 때문에. 그래서 저는 이것 때문에라도 못 죽어요. 이게 제일 저의 큰 발목을 잡고 있기 때문에 (4184-4191).

15) 신뢰할 수 있는 사람들

장주현 씨가 삶의 어려움을 겪게 된 이유 중의 하나는 다른 사람들을 신뢰하지 못하고 또한 다른 사람들로부터 인정과 존중을 받지 못하기 때문이다. 그러므로 좋은 인간관계를 형성하고 있는 사람들이 그녀의 주변에 많다는 것은 곧 자살을 생각하게 하는 큰 요인 하나가 없어진 것이라고 할 수 있다.

장주현: 요새 최근에 많이 좋아진 거예요. 정말 사랑하는 사람들이 너무 많이 생겨서 그거에 대한 욕심 정말 사랑하는 사람들이 많이 생겨서

좋아가지고, 그 마음이 너무 욕심이 돼서 이 사람들 때문에 라도 살아야 되겠다는 그거랑 빛(323-327).

자살시도 요인의 상호 관련성

장주현 씨가 가지고 있는 모든 문제의 근본적인 원인은 부모의 이혼과 어머니의 부재 속에서 성장한 것과 관련이 있다. 부모의 이혼과 어머니의 부재는 장주현 씨의 이야기 속에 나오는 모든 내용들과 직접적 또는 간접적으로 관련성을 맺으면서 자살시도에 원천적인 영향을 끼친다. 부모의 이혼과 어머니의 부재가 끼치는 가장 직접적인 요인은 그녀가 고모 집에서 위탁되어 성장하게 된 것과 고모 집에서 소속감이 없이 성장하던 중학생 때 집을 나와서 남자친구와 성관계를 하게 된 것이다. 이 두 요인으로 인해서 그녀는 삶에서 매우 다양하고 힘든 체험을 하게 되었고, 그러한 체험들은 그녀가 자살 생각과 자해행위를 하게 하는 데 큰 작용을 한다.

부모 이혼과 어머니의 부재가 그녀의 자살시도에 끼친 또 다른 중요한 요인은 아버지와 그녀가 경제적으로 어려운 환경에 있었다는 사실과 어머니의 부재에 대한 타인의 시선과 그로 인한 상처와 낮은 자아존중감이다. 그녀는 어린 시절의 그러한 어두운 체험을 평생 약점으로 여겼고 다른 사람들이 그녀의 어두운 성장과정을 아는 것을 원하지 않았다. 그녀는 자살 생각에 이르게 했던 많은 부정적인 체험을 하였지만, 그러한 문제를 이야기하고 위로받을 수 있는 의사소통 상대와 지지자가 없었던 것을 어머니의 부재에서 그 이유를 찾고 있다.

그녀는 성장과정에서 겪었던 부모의 이혼과 엄마의 부재 그리고 아버지의 경제적 어려움으로 인해서 고모집에 위탁되어 양육된다. 고모 집에서 살면서 그녀는 소외감과 외로움 그리고 애정결핍을 느끼게 되었고, 자아존중감이 낮아졌으며 자기를 부정하고 자기를 사랑하지 못하게 되었다. 이러한 요인들로 인해서 그녀는 사랑과 인정에 대한 욕구가 컸고, 이를 해소하기 위해서 많은 남자친구들과 사람들을 만난다.

이성친구와 다른 사람들로부터의 인정과 사랑을 받기 위해서 그녀는 타인 중심의 비주체적인 행동을 하기도 하고 자신이 원하지 않는 행동을 하기도 하지만, 이성친구들과 다른 사람들로부터 그녀의 인정과 사랑에 대한 욕구가 충족되지는 않는다.

인정과 사랑에 대한 욕구 불충족은 한편으로는 그녀가 상처를 받고 자아존중감이 낮아지며 자기를 부정하고 사랑하지 못하게 하는 요인으로 작용한다. 그녀가 우울과 불안 그리고 분노를 일으키게 하는 작용을 하기도 한다. 분노가 극단적인 상태가 되면 그녀는 자살시도를 하게 된다. 그녀는 다른 사람들의 사랑과 인정을 받기 위해서 비주체적이고 타인 중심의 은폐적 행위를 하게 되고 이 과정에서 그녀는 굴욕감과 불안 및 초조를 느끼게 되며 그러한 감정들은 분노로 발전하게 된다.

이 과정에서 볼 수 있듯이 부모의 이혼과 어머니의 부재는 직접적으로 자살시도를 하게 하는 요인으로 작용하지 않지만, 그녀가 많은 사회심리적 어려움을 겪게 되는 원인으로 작용하고 그러한 것들이 자살시도를 유발하는 요인으로 작용한다. 그러므로 장주현 씨가 밝혔듯이 부모의 이혼과 특히 어머니의 부재는 모든 문제의 원인이자 동

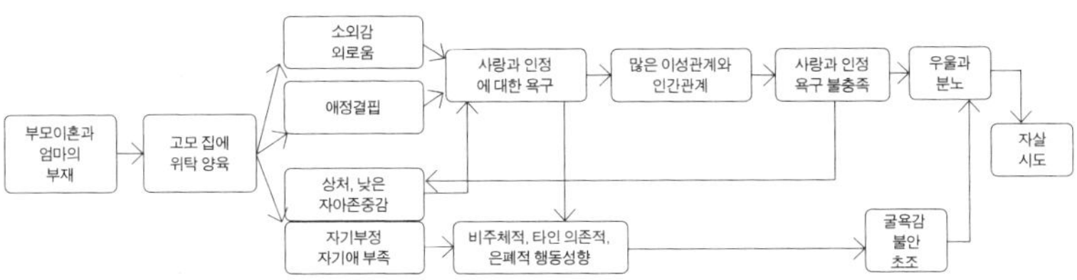

그림 61. 부모의 이혼으로 인한 어머니의 부재가 장주현 씨의 자살시도에 끼친 영향

시에 자살시도의 원천적인 요인이기도 하다.

부모의 이혼과 어머니의 부재가 야기하는 장주현 씨의 어려움과 그녀가 자살시도를 하게 되는 다양한 요인의 경로는 〈그림 61〉과 같이 나타낼 수 있다.

〈그림 61〉에서 볼 수 있듯이 '상처와 낮은 자아존중감'과 '자기부정과 자기애 부족'은 '사랑과 인정에 대한 욕구'를 불러일으키고, 이는 다시 많은 '이성관계와 인간관계'를 유발하지만 '사랑과 인정욕구 불충족'의 어려움을 초래한다. 그리고 '사랑과 인정욕구의 불충족'은 다시금 '상처와 낮은 자아존중감'과 '자기부정과 자기애 부족'의 원인으로 작용한다. 이러한 네 개의 요소는 악순환의 고리를 형성한다.(〈그림 62〉 참조)

장주현 씨의 자살시도와 자해행위에 직접적인 영향을 끼치는 두 번째 요인은 부모 이혼과 어머니의 부재 그리고 그로 인한 사랑과 인정에 대한 욕구를 충족시키기 위해서 중학교 때 만난 이성친구와의 성관계와 그것을 알고 있었던 친구의 배신행위이다. 이 체험을 통해서 그녀는 여성으로서의 가치와 사람에 대한 신뢰를 상실하게 되었으며, 자기를 부정하고 자기를 사랑할 수 없게 되었다.

여성으로서의 가치 상실감으로 인해서 그녀는 더 많은 이성관계를 맺게 되고 그럴수록 자기부정과 자기존중의 어려움을 겪게 된다. 특히 한 남자친구와의 교제 중에 그녀가 감당하기 어려운 카드빚을 지고 그로 인해서 느끼는 강한 심리적 압박감으로 인해서 자살 생각을 하게 된다.

또한 많은 갈등적 인간관계와 이성교제로 인한 배신감은 우울감과

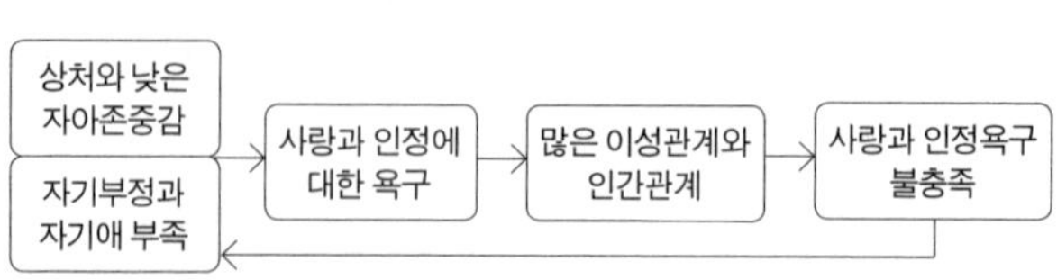

그림 62. 낮은 자아존중감과 자기애 부족으로 발생하는 악순환의 고리

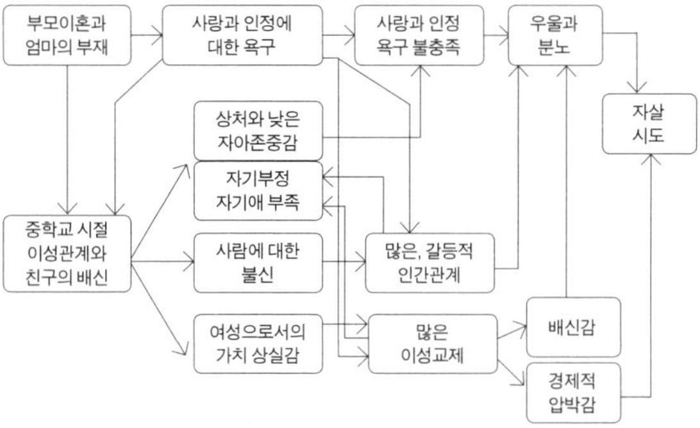

그림 63. 성장과정의 체험이 장주현 씨의 자살시도에 끼친 영향

분노로 이어지고, 이것이 다시 자살 생각을 하게 하는 요인으로 작용한다.

지금까지 성장과정에서 체험하였던 중학교 시절의 이성교제와 친구의 배신, 그것으로 인해서 촉발된 다양한 사회심리적 체험, 그리고 이로 인해서 발생한 자살시도의 요인과 경로는 〈그림 63〉과 같이 도표로 나타낼 수 있다.

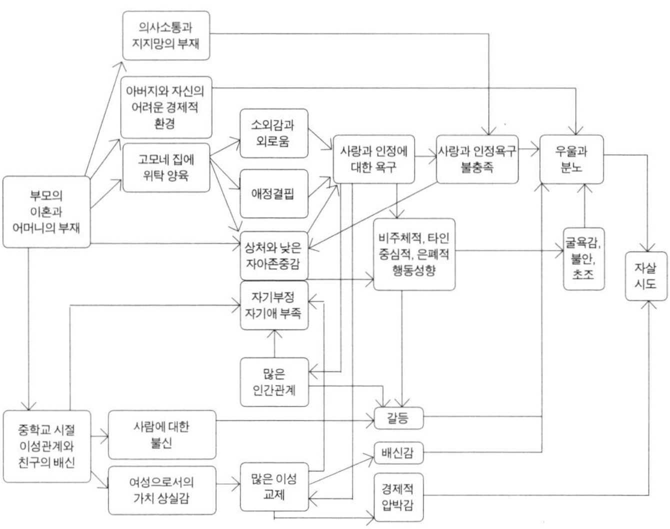

그림 64. 장주현 씨의 자살시도 요인의 상호 관련성

지금까지 논의한 부모 이혼과 어머니의 부재 그리고 중학교 시절 체험하였던 이성교제와 친구의 배신으로 인해서 야기된 다양한 체험들과 그러한 것들이 자살시도에 끼치는 영향과 경로를 전체적으로 요약하면 〈그림 64〉처럼 나타낼 수 있다.

4.8. 조혜란 씨의 상담에 나타난 자살시도 요인

조혜란 씨의 자살 상담에서 발견된 의미 범주는 모두 12개이다.

1. **자살 생각**: 조혜란 씨는 주로 자살 이유에 대해서 말하였는데, 자살시도의 이유로는 학교에서 적응하지 못하고 자신에게 반항하는 아들의 문제, 동거남과의 결혼 실패 그리고 여러 직장에서 겪는 직장 부적응 등으로 인한 스트레스로 밝혀졌다.

2. **자살체험**: 조혜란 씨는 어린 시절 어머니의 음독자살을 목격하였고 그러한 사실을 알고서도 막지 못한 것에 대한 죄책감을 느끼고 있다.

3. **성장과정**: 조혜란 씨는 어린 시절 어머니의 음독자살을 목격한 것 외에도 아버지의 음주와 폭력에 시달렸고 그로 인해서 가출하여 독립적인 삶을 살게 되었다.

4. **이성 및 부부관계**: 어머니의 부재로 인한 외로움과 애정결핍을 해소하기 위해서 많은 남자를 만나지만 모두 경제적으로 무능하고 문제가 있었으며 그중에는 폭력적인 남자도 있었다. 또한 속아서 결혼 한 남편이 아이를 낳은 직후 사망하였다. 그 후 결혼을 약속했던 동거남과 파혼을 하면서 큰 어려움을 겪었다.

5. **가족관계**: 결혼생활은 무난했지만 남편의 사망으로 가정이 오래 지속되지 않았다. 남편 사망 후에 시댁에서 도움을 주지 않았고, 아이가 반항적이 되고 학교에서 적응을 하지 못하면서 조혜란 씨는 큰 스트레스를 받았다. 그녀는 또한 형제자매로부터 자신의 문제 해결에 필요한 도움을 받지 못하고 있다.

6. **직업생활**: 조혜란 씨는 여러 직장의 상사 및 동료들과 갈등을 겪었고 그로 인한 잦은 이직을 하였다.

7. **자아규정**: 조혜란 씨는 전반적으로 긍정적인 자아상(주도적, 독립적, 추진력, 주위에서의 칭찬)을 가지고 있다.

8. **행동성향**: 조혜란 씨는 거칠고 공격적인 말투와 같은 행동성향을 가지고 있다.

9. **인간관계**: 조혜란 씨는 직장에서 다른 사람들과 불편한 인간관계를 가지고 있다.

10. **현재 상황**: 조혜란 씨는 욕구불만과 심신 쇠약 그리고 짜증과 정신이 없는 등의 어려움을 겪고 있고 그로 인해서 정신과 및 상담치료를 받고 있다.

11. **의사소통**: 조혜란 씨는 친한 친구에게 자신의 문제를 이야기하고 적극적인 상담치료를 받고 있다.

12. **보호요인**: 조혜란 씨는 보호요인으로 아들, 의사소통과 상담, 긍정적으로 생각하기, 자기 자신으로 존재하기, 미용실 창업, 남자친구 또

는 평범한 가정생활, 교육자로서의 직업 등에 대해서 말하고 있다.

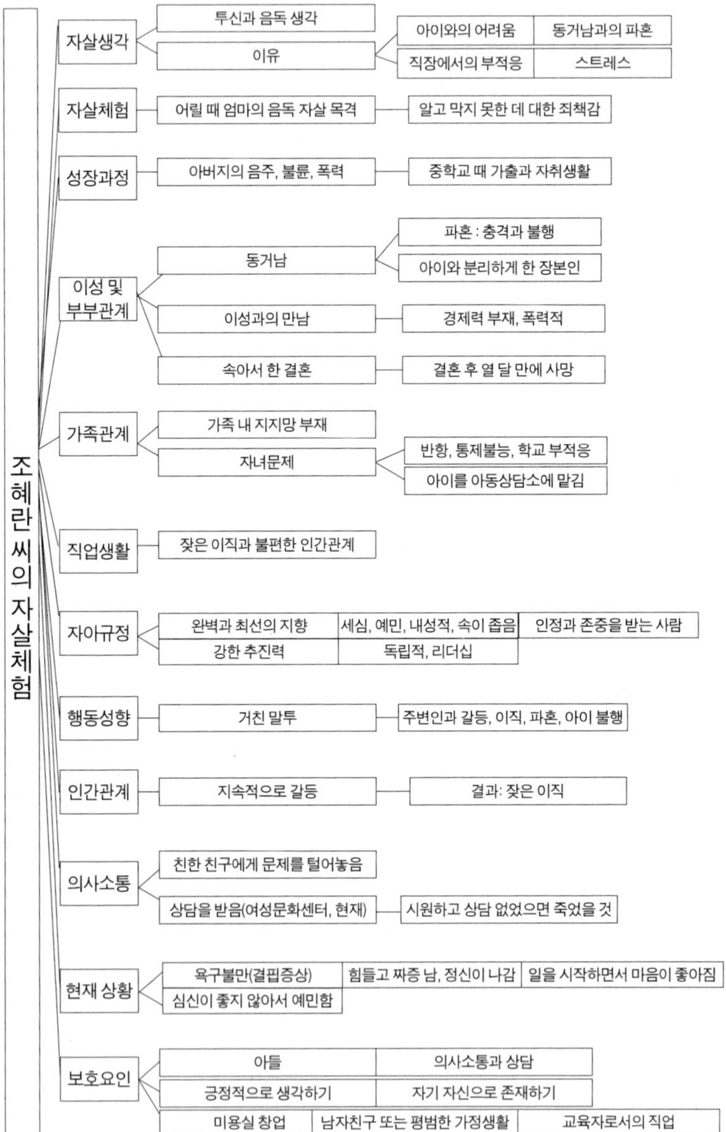

그림 65. 조혜란 씨의 자살시도 요인

4.8.1. 자살시도

조혜란 씨는 자신이 자살시도를 하게 된 이유를 아이의 문제, 동거남과의 결혼 문제, 직장에서의 부적응의 문제 그리고 스트레스 등을 들고 있다.

> 인터뷰어: 어떤 거 때문에 충동적으로 죽음을 생각하고 자살을 계획하고 그러셨어요?
>
> 조혜란: 그냥 풀리지 않는 가정사겠죠.
>
> 인터뷰어: 편하게 한 번 말씀해주시겠어요? (…)
>
> 조혜란: 음 아이 문제 또 결혼 문제 씁. 음 제가 직장에서 잘 적응하지 못하는 문제 음 그런 거(3-10).

특히 스트레스의 경우는 그녀가 가지고 있는 문제들이 해결되지 않음으로써 너무 힘이 들고 지칠 때 생기는 불안과 초조감이 극단화되면 심한 자살충동을 느끼게 하는 요인으로 작용하고 있다.

> 조혜란: 힘들 때는 되게 내 내 스스로 여기서 흥분이 딱 올라오면서 여기가 심장이 벌렁벌렁거리고 막 불안하고 초조하고 가만 앉아 있지 못해가지고 막 자꾸 왔다 갔다 왔다 갔다 막 이러거든요. 되게 갑자기 충동적일 때가 있어요(…). 아 어떤 상황이 어떻게 되면 누가 나를 괜히 스트레스를 주거나 막 모여 있으면은 갑자기 제가 확 충동적이 되요. 확 해버릴라는 게 있어요(405-418). (웃음) (…) 직장이고 뭐고 다 포기해버리고 (…) 그것도 진짜 내가 마음의 안정이 안 되니까. 죽을 거 같 죽겠어요. 심정은 죽겠어요 (717-719).

그러한 자살의 충동을 느낄 때 조혜란 씨는 자살의 방법으로 고층 건물에서의 투신과 수면제를 생각한다.

조혜란: 가령 집에서도 그렇고 이렇게 지나가다가 빌딩이 창문 큰 데가 있잖아요. 그러면은 창문이 좁은 데는 내 몸이 빠져나갈 수가 없으니까 못 뛰어내릴 거 아니에요. 근데 창문이 큰 데는 그냥 마음 편안하게 탁 뛰어내릴 수 있을 거 아니에요. 그래서 그 생각도 해봤고. 음 이제 씁. 아니면은 수면제 뭐 수면제를 많이 먹으면 죽을 수 있다는 얘기를 들었는데 그 수면제를 어떻게 구입할 수가 있을까. 약국에 가서 약사한테 그 얘기를 하면 그냥 주지는 않을 텐데. 그 많은 거를. 그런 그렇게 한 번 생각도 해봤고(284-397).

4.8.2. 자살체험

조혜란 씨는 초등학교 3학년의 어린 나이에 어머니의 음독자살을 체험하였다. 그녀는 아버지가 술에 취하면 어머니에 대해서 반복적으로 폭력을 행사하였고 어머니가 너무 괴로워하고 정신적으로 많이 혼란스러운 상태에서 자살을 행한 것으로 판단하고 있다.

조혜란: 가끔은 엄마가 초등학교 3학년 때 돌아가셨는데요. 아버지 때문에 약을 먹고 돌아가셨거든요(1833-1834). [...] 술을 너무 좋아하셨고 술을 드시고 집에 오면 엄마를 그렇게 때렸어요. 엄마가 진짜 많이 맞았거든요. 그래서 엄마 맨날 도망 다니고 그랬는데요(4036-4039). [...] 그때 엄마가 약간 정신 아버지가 엄마를 너무 많이 속을 서 속을 많이 썩혀 드려 가지구요. 엄마가 약간 정신이 오락가락 오락가락했었거든요(1834-1847).

어머니의 자살에 대한 체험이 조혜란 씨에게 큰 어려움으로 작용하고 있는 이유는 어머니가 자살을 준비하는 것을 알았지만 어머니의 위협으로 아무에게도 말하지 못하였고 어머니가 음독으로 사망하는 과정을 직접 목격했기 때문이다.

> 조혜란: 그때에 엄마가요. 약을 먹을 때에 그 소독약 병을 숨기는 걸 내가 봤는데 내가 부모님 아버지나 누구한테 얘기를 해야 됐잖아요. 형제한테. 말을 안 했어요. 〔…〕 그때 엄마가 저한테 그 약을 숨기면서 너 엄마가 이거 숨기는 거 아버지한테 얘기하면 죽을 줄 알아 이랬어요. 저한테. 진짜 그때 엄마도 칼을 들고 막 부 부엌칼 가지고 그랬구요. 그래서 저는 그게 겁이 나가지고 얘기를 해야 되는데 말을 안 했어요. 그랬는데 엄마가 웬걸요. 그 약을 먹고 거품을 물면서 그 그때에 어디서 그랬나 방에서 그랬나 어디서 그랬나 기억은 지금 잘 안 나는데 그때는 제가 초등학교 3학년 2학년 그쯤이었으니까 그리고 엄마가(1834-1847).

그러한 이유로 조혜란 씨는 자신이 어머니를 죽음에 이르게 한 책임이 있는 것처럼 느끼고 있고 현재 자신과 형제들이 겪고 있는 어려움이 그러한 책임에 대한 징벌일 수도 있다고 생각하고 있다.

> 조혜란: 그러니까 나는 우리 엄마를 내가 죽인 거 같고(1860-1863). 〔…〕 가끔 가다가 엄마가 나 이렇게 못살게 구는 건가(1864-1869). 나도 이렇게 잘 안 되고 우리 그 형제들이 자꾸 이렇게 잘 안 되는 거를 생각해 볼 때에 그래도 우리가 엄마 자식인데 엄마가 그 원한을 우리한테 품을 수가 있는가. 〔…〕 그 정도로 왜 자식들이 이렇게 참 이렇게 제대로 순탄하게 못 살아가고 어 자꾸 안 좋게 꺾여가는가에 대한 상처 힘든 거 그런 게 내 안에 있어요(4039-4047).

조혜란 씨는 어린 나이부터 어머니가 부재한 상태에서 성장한 것이 자신이 자주 겪는 외로움의 원인으로 파악하고 있다.

> 조혜란: 자세히 외로움이 어떤 건지 모르겠지만 혼자라서 외로운 건지 아니면 어려서부터 엄마도 일찍 돌아가셨고 좀 거의 혼자 스스로 자랐잖아요. 제가 씁. 제 동생이나 우리 언니들도 그렇고 다 이제 엄마 일찍

돌아가시고 그렇게 자랐는데 유독이 제가 외로움을 잘 타는 거 같아요 (3629-3634).

어머니의 자살에 대한 체험 이야기는 두 가지 설명적 기능을 가지고 있는 것으로 보인다. 첫째는 조혜란 씨가 현재 겪고 있는 어려움을 어머니의 자살을 막지 못했던 자신의 행동에 대한 응보적 결과로서 설명하는 것이다. 둘째는 조혜란 씨가 일종의 애정결핍 증상을 가지고 있고 많은 이성과 만나게 되는데, 그러한 행동의 저변에 어린 시절 어머니 없이 성장하면서 갖게 된 외로움이 그에 대한 설명으로 보인다.

4.8.3. 성장과정

조혜란 씨는 성장과정에서 어머니의 음독자살과 아버지와의 갈등에 대한 체험이 그 이후의 삶에 많은 영향을 끼친 것으로 보인다. 아버지와 겪은 갈등의 이유는 아버지의 음주와 취중에 이루어졌던 자신과 형제들에 대한 폭력 그리고 아버지의 불륜 때문이다.

아버지는 어머니가 돌아가신 후에 동네에 살고 있던 유부녀와 사귀게 되었다. 동네의 모든 사람들이 그 사실을 알게 되고 아버지를 비난했다. 그러한 사실을 알고 있는 조혜란 씨와 형제들은 아버지에 대해서 불만을 품게 되고 집안에 조용한 날이 없을 정도로 아버지와 자주 갈등을 겪었다.

조혜란: 아빠가 힘들었는지 어쨌는지 여자를 만나기 시작했어요. (…) 아부지가 좋아한 여자가 가정이 있는 그 집에 고 동네에 그런 사람을 좋아했어요. 우리 아버지가 둘이 바람이 나 가지고 우리는 그런 모습을 보고 자라왔지요. (…) 그러니까 동네에 막 욕을 먹으면서도 그 아줌마를 만났어요. 근데 그 집에 아저씨는 알면서도 어떻게 못하더라구요. 그래서 그랬었던 거 저는 오랫동안 지켜봐왔고 그래서 나는 불만이었

고 우리 오빠도 그게 불만이어서 우리 아버지랑 많이 싸웠고 쩝. 그렇게 되서 우리 집 자식들하고 우리 아버지하고가 사이가 맨날 이렇게 트러블이었어요. 맨날 집안이 조용할 날이 없었어요. 아버진 맨날 술에 그 여자에 맨날 그랬고(1419-1436).

아버지는 어머니가 사망한 이후에도 자주 음주를 했고 술에 취하면 평소와는 달리 폭력적으로 변하였다. 취중의 아버지에게 자신이 하고 싶은 말을 했던 조혜란 씨는 아버지로부터 자주 심한 폭력을 당하였다. 조혜란 씨는 그러한 폭력을 견디기 어려워서 중학교 때 가출을 하게 된다. 가출 후에 아버지와 함께 한집에서 살 수 없다고 생각한 조혜란 씨는 집으로 돌아가지 않고 친구와 함께 자취생활을 하였다.

조혜란: 네. 아버지가 절 그렇게 잘 때렸었어요(1416). (…) 우리 아버지가 술을 안 먹을 때는 잘했어요. 그래도. 근데 술만 먹으면 확 변해버려요. (…) 아버지가 술만 먹으면 뭐라고 하면 차라리 가만있으면야 되는데. 저는 저는 (…) 말대답을 했던 거 같아요. 지금 생각해보니까 그럼 (웃음) 우리 아버지 뭐 말대꾸 그러냐면서 저를 그렇게 아프게 엄청 아프게 때렸어요. 그럼 나는 그게 너무 싫어 가지고 도망을 갔는데 이쪽 건너방으로 차라리 어디 밖으로 돌아가면 되는데 건너방으로 해서 문을 닫아버리면 아버지는 그냥 거기서 말아 말아 줄 줄 알았는데 그리고 전 이불을 푹 덮고 가 가지고 막 울어요. 그럼 그 거기를 끝까지 쫓아와서 발로 아버지가 발로 나를 짓이겼어요. 그 정도로 맞아 가지고 제가 그때 가출을 했었어요(1441-1461).

조혜란: 중학교 쯤. 중학교 1학년이나 2학년. 그랬던 거 같은데. 정확한 기억은 모르겠고 그때부터 가출을 했던 기억도 있구요. (…) 그때부터 아버지랑 같이 살 수 없다고 자취를 했던 거 같아요.

가출 이후 아버지가 자신을 보기 위해서 학교 교문 앞에서 기다리

곤 했지만 아버지를 좋아하지 않았던 조혜란 씨는 아버지를 피해서 도망다니곤 하였다.

> 조혜란: 음. 그러고 나서 아버지는 그래도 우리가 보고 싶었나봐요. 학교로 찾아와 가지고 교문 앞에 서 있고 그랬었어요. 그러면 저는 보기 싫어 가지고 막 절로 어디 도 도망가고 막 그랬어요(1477-1486).

조혜란 씨는 성장과정에서 자신에 대한 매우 긍정적인 이미지를 가지고 있다. 그녀는 자신이 부모와 이웃으로부터 많은 사랑을 받은 것으로 기억하고 있다. 그녀는 또한 또래와의 관계에서 매우 주도적인 리더로서의 역할을 하였고, 학교에서도 반장이나 부반장 또는 응원대장과 같은 리더로서의 적극적인 활동과 뛰어난 운동 실력을 발휘한 것으로 말하고 있다. 그러한 이유로 학교에서도 그녀는 선생님들로부터 존중받았던 체험을 가지고 있다.

> 조혜란: 엄마 그러니까 저 어렸을 때 학교 가기 전에는 저를 되게 그때 기억에 귀염을 되게 많이 받았던 그런 사람이었었어요. 되게 어 아버지도 아빠도 저를 되게 귀여워라 했고 음 엄마도 사랑을 저한테 줬던 거 같고(1151-1160). (…) 또래 엄마들이 항상 절 보면 자기 그 애 딸들을 저를 저보고 좀 챙겨가지고 학교 다녀라 이랬어요. 그 정도로 저는 이렇게 덩치가 좀 크면서 아이들을 참 많이 리드했구요(…). 그리고 이제 학교 때는 뭐 반장 뭐 부반장 에 그런 거 학교 때부터 중학교까지 줄곧 그런 거 했고 또 운동도 또 뒤쳐지지 않게 잘했고 그리고 뭐 학교 항상 또 운동도 이렇게 앞에서 애들 응원대장 이런 거 하고(…) 저는 다른 아이들에 비해서도 운동도 잘했고(1164-1191). (…) 그래도 학교 때 습. 음 선생님한테 귀여움도 받았고 선생님들한테 그래도 귀여움을 받았구요(1297-1299).

중학교 때 이미 또래보다 신체적으로 성숙했던 조혜란 씨는 이미 사회생활을 잘 알고 있었던 육상부 친구와 친하게 지내면서 큰 도시로 나돌아다니고 흡연을 시작하였으며 본드 흡입을 한 일도 있었다. 그리고 고등학교 때는 나이트클럽을 다니기 시작하였다.

> 조혜란: 키가 크니까는 중학교 2학년 땐가 3학년 때 이제 고2학년 때부터 사실 좀 쩝. 고 육상 했다는 친구는 이미 바깥을 이렇게 먼저 외부를 돌면서 애가 이렇게 뭔가를 사 뭔가 받아들이기가 빠르더라구요. 사회를 받아들였다인지 뭐라고 말해야 할 지 모르겠지만 고 아이랑 제가 친해지면서 저 제가 이제 그때부터 약간 탈바꿈을 하게 됐어요. 그때부터 충주 시내를 나가게 됐고 나가면서 이제 돌아다니는 걸 좋아하게 됐고 그랬는데요. 어찌 되었던 에에 그 아이랑 이제 어울리면서 제가 사실 그때에 이미 담배를 배웠어요(1191-1199). […] 막 본드 같은 것도 막 이렇게 본드가 아니라 그때는 그 저기 부탄가스 그거 이렇게 불고 막 그런 것도 했는데 근데 저는 부탄가스는 안 불었어요(1204-1211). […] 나이트를 다니고 고등학교 때부터 뭐 그러긴 했는데(1224-1227).

조혜란 씨는 청소년기의 학생들이 하지 말아야 할 음주나 본드 흡입과 같은 일탈적인 행동을 하였지만, 자신이 크게 나쁜 짓은 하지 않았을 뿐만 아니라 학생으로서 나름 모범적인 행동을 하려고 노력한 것으로 말하고 있다. 또한 나쁜 행동을 하는 친구들이 그러한 행동을 하지 못하도록 하는 지도적인 역할을 하기도 하였다.

> 조혜란: 그렇다고 해서 지금 생각해보면 그렇게 나쁜 짓을 한 거 같지는 않고(1224-1227). […] 학교생활 그래도 벗어나지 않게 행 행동하려고 하는 성격이었고 좀 그래도 뭐 하지 말라면 좀 범생적으로 할려고 했고(1299-1303). 더 나쁜 짓을 한 아이들이 있었어요(1224-1227). […] 저기 부탄가스 그거 이렇게 불고 막 그런 것도 했는데 […] 저는 저게

이미 안 좋을 거라는 걸 알았는데 다른 아이들은 막 호기심을 가진 애들은 그걸 벌써 불고 창문 있는 데서 막 소리 지르고 뛰어내릴라고 그러더라구요. 근데 저는 그래도 그때에도 내가 그 아이들을 야 이거 안 좋은 거다 하지 말아라 하는 같이 어울리면서도 저는 좀 그런 쪽이었죠(1204-1211).

조혜란 씨의 성장과정의 모든 체험의 핵심은 아버지와 관련이 있다. 아버지의 음주와 폭력으로 인해서 어머니가 자살을 하게 되고 자신은 어린 나이에 가출을 해 자취생활을 시작하게 된다. 그 이후 운동부 친구와 어울리면서 흡연과 본드 흡입과 같은 청소년이 하지 말아야 할 일탈적인 행동을 하게 된다. 자신이 현재도 겪고 있는 외로움과 결핍증으로 인해서 끊임 없이 이성을 만나야 하는 원인도 어머니의 음독자살 이후에 겪게 된 외로움이기 때문에 그러한 행동의 원인도 결과적으로는 아버지에게 있다고 볼 수 있다.(〈그림 66〉 참조)

그러한 어린 시절의 힘든 체험을 했음에도 불구하고 조혜란 씨는 성장과정의 자신에 대한 긍정적인 자아상을 가지고 있다. 그녀의 긍정적인 자아정체성 규정의 핵심은 자신이 부모나 이웃 그리고 교사들로부터 인정되고 수용되며 또래의 친구들에게는 적극적이고 주도적인 역할을 한 것에 있다. 또한 어린 나이에 아버지를 떠나서 자취를 하면서 일탈적인 행동을 하기도 하지만 일정한 선을 넘지 않고 모범적으로 살려고 했던 통제력도 자신에 대한 긍정적인 이미지이다.

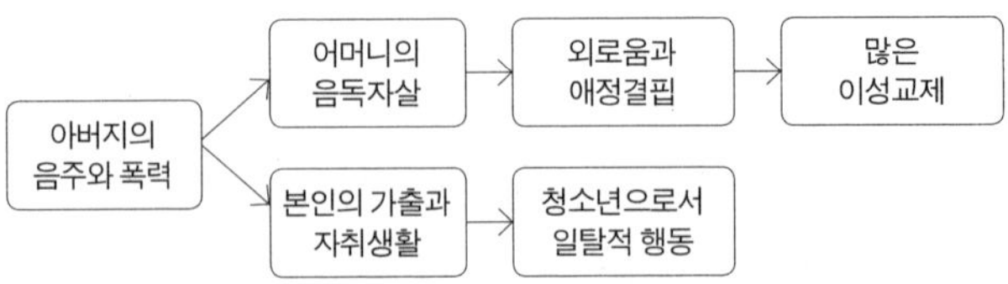

그림 66. 아버지의 음주와 폭력이 조혜란 씨에게 끼친 영향

4.8.4. 이성 또는 부부관계

4.8.4.1. 결혼

조혜란 씨는 같은 회사에서 근무하던 경비 아저씨의 소개로 그의 아들을 소개받았다. 처음 만났을 때 그가 젊은 나이임에도 불구하고 죽어 가는 식물처럼 병약해 보여 그녀의 마음에 들지는 않았지만, 그녀는 경비 아저씨의 적극적인 권유로 결혼을 하게 되었다.

> 조혜란: 어느 날은 자기 아들 한번 만나 볼래냐고 그러더라구요. (…) 그 때 나이가 제가 스물여덟 그랬는데 벌써 이 남자가 완전히 머리도 여기 막 빠져가지고 굽실굽실하니 얼굴도 지글지글해 가지고 진짜 그 때 저는 그 남자를 딱 보는 순간 식물로 치면은 진짜 죽은 식물 같다는 죽어가는 식물 같다는 느낌이 확 들었다니까요. 아 영 아니더라구요. (…) 이제 자꾸 싫어서 3번 정도를 내가 아무튼 거부를 했는데 시아빠가 자꾸 밀어붙이다시피 했구. 그러면서 이미 그 그때 그 신랑이 (…) 벌써 아파트를 하나 이제 뭐 집값 되지도 않는다는 고거를 이제 해놓고 완전 떠밀다시피 아파트 해놨으니까 그 아빠가 막 귓바람을 또 한 거죠(1525-1566).

남편은 착하고 성실한 사람이어서 조혜란 씨를 괴롭히거나 불편하게 한 것은 없었다. 그래서 결혼생활도 평탄하였다.

> 조혜란: 뭐 같이 살면서 남자가 그래도 좀 착하고 좀 성실한 사람이었고 남편이. 뭐 속 썩인 일도 없었고 결혼 열 달 열흘 만에 이제 사망을 했지만 고 열 달 뭐 고 동안에 술을 좋아하지도 않고 그냥 퇴근 일 끝나면 바로 오고 주말마다는 이제 집에 시댁 가서 같이 지내다 오고 그냥 그냥 평탄했었어요(2495-2500).

결혼 직후 곧바로 임신이 되었지만 남편은 정상적인 부부생활을 하지 못하였다. 그녀는 처음에는 대수롭지 않게 생각했으나, 그런 상황이 오래 지속되는 데 대해서는 의아하게 생각하였다. 그런 와중에 아이가 태어났고, 그 직후에 남편이 간염으로 투병생활을 하기 시작하였다. 병원에서 확인해 보니 남편은 결혼 전에도 이미 정상적인 결혼생활을 할 수 없을 정도로 건강이 좋지 못한 중증 질환자였다. 결국 남편은 결혼한 지 1년도 지나지 않아서 사망했고 조혜란 씨는 그 이후로 혼자서 아이를 키우며 지내고 있다. 조혜란 씨는 그녀의 삶을 꼬이고 망치게 한 잘못된 결혼에 대해서 억울하게 생각하고 있다.

> 조혜란: 제가 결혼해서 뭐 1년도 안 되서 혼자가 됐고(71-72).

> 조혜란: 그러고 나서 이제 지내면서 부부생활을 하는데 아 그 남자가 그게 잘 안 스더라구요. 그래 이제 저 딴에는 이제 그때 그런 거는 별로 개의치 않았지만 몇 달이 지나도 그게 안 되니까는 좀 뭔가 이 사람이 이상한 거 같다는 생각이 들면서 씁. 어 좀 뭔가 의문이 생기고 막 이래지더라구요(1634-1643). (…) 그때 당시에 담당 의사를 어떻게 만나볼 수 있었어요. 그래가지고 이제 다 해봤는데 그분도 진짜 무릎을 치면서 그러더라구요. 나보고 누구냐고 그래서 막. 결혼한 와이프라고. 세상에 그때 으 이미 이 사람 이렇게 안 좋다는 얘기를 했는데 어떻게 결혼을 부모도 시켰나 모 시켰나 모르겠다고 그러면서 막 그러더라구요. 그래서 저 거기서 제가 충격을 받아 가지고 되게 좀 그러고 그랬었는데 내가 그때도 나 이네들이 너무 억울해 가지고 진짜 멀쩡히 살아가는 사람 인생을 완전히 꼬이게 만들었잖아요(1654-1668).

조혜란 씨는 자신이 그러한 불합리한 결혼을 하게 된 원인을 자신의 성장과정에서 찾고 있다. 즉 어머니가 자살로 부재하였고 아버지의 음주와 폭력으로 인해서 어려서부터 가족 없이 혼자 자취생활을 하였기 때문에, 그녀의 중요한 문제를 상의할 수 있는 사람이 주위에 없었던 것이 자신의 삶을 망치게 한 잘못된 결혼 선택의 원인으로 보고 있다.

> 조혜란: 생각해보면 가정 없 없이 사 없이 사니까 그 속에서 저는 또 그런다고 엄마가 있거나 누가 나를 좀 보듬어 줄 수 있는 사람이 있었다면 이러이러해서 이런데 나 어떻게 해야 되나 상담을 상의할 사람이라도 있었으면 했는데 엄마도 일찍 돌아가셨지 아빠 밑에서 막 그렇게 성장과정이 그랬었잖아요(1566-1571).

4.8.4.2. 이성관계

조혜란 씨는 결혼 전과 후에 여러 명의 이성과 교제를 한 경험이 있다. 그녀는 결혼 전에 한 도시에서 총각 행세를 하였던 유부남과 교제를 하였고, 남편이 사망하고 난 이후 한 남자와 동거를 하게 되었고, 그 동거남 이전에도 두 명의 다른 남자와도 교제를 한 경험이 있다. 또한 동거를 하는 남자와의 관계가 소원해진 이후에는 동거를 하는 중에도 채팅을 통해서 두 명의 남자를 만나기도 한다.

> 조혜란: 남자를 만났는데 그 남자가 아 유부 유부남이었는데요. 저한테 총각 행세를 했고 저도 만나다 보니 좋아졌고(1393-1397). 〔…〕 이 남자 만나기 전에 두 남자 만났었다고 했잖아요(1724-1727). 〔…〕 이 남자를 만나서 그 8월 1일부터 내가 동거를 시작하면서(172-176).

> 조혜란: 오빠가 나한테 힘이 못 되주니까 다른 남자를 새로운 남자를 만나고 싶더라구요(746-750). 〔…〕 두 명 만났어요. 두 명. 채팅을 좀 했고 실질적으로 만난 건 두 명 정도 만나봤어요. 왜냐 오빠가 아닌 더 괜찮은 사람을 정말 만날 수 있는가 싶어서(765-774).

조혜란 씨는 이성교제를 자주 갖는 이유를 외로움과 욕구불만 그리고 자신의 행동성향으로 설명하고 있다. 그녀는 어린 시절에 자살을 한 어머니의 부재와 아버지의 음주와 폭력을 피해서 자취생활을 하였기 때문에 외로움을 겪게 되었고 충족되지 않은 욕구가 있었다.

> 조혜란: 자세히 외로움이 어떤 건지 모르겠지만 혼자라서 외로운 건지 아니면 어려서부터 엄마도 일찍 돌아가셨고 좀 거의 혼자 스스로 자랐잖아요. 제가 쓥. 제 동생이나 우리 언니들도 그렇고 다 이제 엄마 일찍 돌아가시고 그렇게 자랐는데 유독이 제가 외로움을 잘 타는 거 같아요(3629-3634). 〔…〕 뭔가 속에서 계속 욕구가 일어나요. 욕구가 일어나고(1787-1792). 〔…〕 그러니까 남자를 좀 찾으려는 거 같고 음 모르겠어요. 혼자 지내는 거에 대한 그런 그런 외로움 그렇게 표현해야 되는 건지 모르겠어요. 그게 뭔 외로움 대충 그런 거 같아요(3722-3725). 〔…〕 남자가 많이 좌우하는 거 같아요. 그리고 음 항상 남자가 내 안에 나를 크게 여기서 좌우를 시키는 거 같구요(1819-1826).

그녀는 자신이 무엇인가를 원하는 것이 있을 때에는 수단과 방법을 가리지 않고 그 일을 해야만 하고 할 수 있다는 성향을 가지고 있다고 말하고 있다. 그렇기 때문에 남자를 만나고 싶은 마음이 들 때에는 남자를 만나는 행동성향을 그동안 많은 이성교제를 하게 된 이유로써 보고 있다.

> 조혜란: 그렇 그냥 나는 그런 게 있었던 거 같아요. 나는 뭐든지 내가 할 수 있는 대로 내가 그러니까 그러니까 내 안에 능력이 있다라고 쉽게 표현을 할 수 있을까 어찌 됐든 난 내가 누굴 만나고 싶으면 만날 수 있고 내가 하는 대로 뭐든지 될 수 있다는 그런 게 있어요(3754-3758). 〔…〕 남자를 만나고 싶음 남자를 만나야 되고 내가 지금 뭔가를 하고 싶으면 뭘 해야 되고 그 해야 되는 게 뭐 좀 들어가면은 만약에 예를 들어서 술을 먹고 싶으면 술을 먹어야 되고 담배를 피우고 싶으면 담배를 피워야 되고 그러니까 그런 욕구에 대한 거를 내가 재우질 못하는 거 같아요. 재우질 못해요. 그냥 하고 싶은 일을 해야 돼요(1802-1810). 〔…〕 사람을 만나서 즐기고 싶은 그런 욕구는 막 있어요. 그리고

어 그러니까 내 안에 뭔가 분출해내고 싶은 그런 게 되게 많이 있나봐요(3781-3789).

그녀는 남자들로부터 집착한다는 말을 들을 정도로 남자를 좋아하는 것을 잦은 이성교제를 하게 된 이유로 들고 있다.

조혜란: 사실 제가 사실 남자라는 존재를 좋아한다고 표현해야 될지 모르겠지만 어 남자가 나한테 즐거움을 준다는 생각은 저한테 저한테 있긴 있거든요(746-750). 〔…〕 그러니까 남자를 좀 찾으려는 거 같고(3722-3725).

그녀가 남자를 만나려고 하는 목적은 외로울 때 서로 대화를 나누면서 즐기고 싶기도 하고, 힘들 때 남자친구가 자신에게 관심을 가져주고 조언을 해주는 진정한 반려자의 역할을 기대하고 있으며, 또 굳이 결혼을 하지 않더라도 남자친구로부터 사랑과 예쁨을 받는 행복을 누리기 위한 것이다.

조혜란: 나 역시 이제 외로워서 대화 나누고 어떤 그런 술 한 잔 가볍게 마시면서 대화 나누고 또 그런 거에 대해 즐거움을 느끼게 즐기는 건 좋아하는데(3781-3789). 〔…〕 사랑을 받고 싶은 거고. 내가 힘들 때 같이 이렇게 보듬어주면서 이럴 때 어떻게 어떻게 해쳐나가야 된다는 것을 알릴 수 있는 그런 그런 사람 그러니까 그런게 어떤 사람인 거죠. 그냥 그게 반려잔가(778-780). 〔…〕 나 이렇게 좀 사랑해주고 나 이뻐해주고 이러는 남자친구 있었으면 좋겠어요. 음 그래서 남자친구만 있다면 결혼을 별로 인제 음 아직은 그러고 싶지가 않네요(4099-4103).

남자친구를 자주 만나는 또 다른 이유는 평소 매우 중요하게 생각하는 결혼을 하기 위함이다. 그녀가 결혼을 통해 기대하는 것은 그간 불행한 결혼생활 이후 혼자서 아이를 키우면서 누리지 못했던 자신만의 행복을 찾고 싶은 것도 있고, 남편은 경제 활동을 하고 자신은 살림과 육아에 전념할 수 있는 안정적인 삶을 살고 싶은 것이다. 그렇기 때문에 그녀는 경제적인 능력이 있고 자기를 보호해 줄 수 있는 책임감 있는 남자를 만나길 바라고 있다.

> 조혜란: 나도 내 안에 행복을 누리고 싶기에. 그러니까 그게 그 7년여 동안에는 나는 우리 아이를 보살피면서 나는 살아갈 수 있어라는 생각으로 그냥 살아왔는데 이제 와서 나도 내 행복을 갖고 싶은 거예요(139-142). 〔…〕 좋은 남자 만나서 남자 그냥 뒷바라지하면서 나도 쩝 남자 벌어다 주는 돈 가지고 그냥 이렇게 잘 꾸려가면서(4092-4095). 〔…〕 내가 일 안 다니고 아이 볼 수 있고(460-461), 나를 책임져 줄 수 있는 남자를 찾으려고 찾는 거 같아요. 내가. 그런 거 같아요. 생각해보니까. 반려자를 찾는 거 같아요. 그러니까 그런 남자 만나서 그냥 그 사람 뒷바라지하면서 그냥 그렇게 편안하게 살고 싶어요. 행복하게. 그냥. 쩝. 결혼하고 싶은 건가봐요(803-808). 〔…〕 남자를! 참 많이 따지는 거 같아요. 제가. 참 많이 따지는 거 같은데 일단은 직업이 안정적이어야 되고(1956-1959).

이성친구 또는 배우자를 통해서 안정적이고 행복한 삶을 살기를 바라지만, 그녀는 이성친구와의 만남에서 그와는 반대의 체험을 하고 있다. 결혼 전에 만났던 남자는 총각 행세를 했던 유부남이었고 그로부터 금전적인 손해를 입은 적이 있었다.

> 조혜란: 그 사람이 그때 학원을 미술 미술 그 컴퓨터디자인 그런 학원 운영하는 사람이었거든요. 쓥 근데 자기네 학원이 좀 어려워졌다. 그러면서 에 돈이 좀 있으면 다시 살릴 수 있는데 그러더라고요. 저한테 그래가지고 어 오빠 나한테는 (웃음) 내가 좀 도와주겠다. 그때는 모르겠어요. 왜 사람이 그랬었는지 모르겠는데 그 돈을 떡하니 떡 빌려주고 지

가 갚겠다고 차용증도 다 받았었는데 뭐 완전히 뭐 발뺌해요. 오리 발뺌하고 지금 그게 제 저기 법원에 다 이렇게 해 가지고 수속 수속 다 받아놨는데요. 지금 그게 이자까지 붙어 가지고 2천 얼마가 올랐어요. 근데 뭐 그 사람이 못 준다고 뒤로 빠져버리면 어떻게 받을 방법이 없더라구요. 그래서 아무튼 아유 그냥 쩝 포기했어요. 포기하구(1385-1411).

불행한 결혼 후에 만난 두 남자는 모두 변변한 직업이 없는 경제적으로 무능한 남자들이었다. 그중의 한 남자는 섹스만 지나치게 좋아하고, 다른 한 남자는 폭력이 심한 남자였다. 그 남자는 자신뿐만 아니라 아이에게까지 심각한 폭력을 행사했다.

조혜란: 이 남자 만나기 전에 두 남자 만났었다고 했잖아요. 그 남자들도 지지리 경제력 없는 남자들이 한 남자는 너무 섹스만 좋아하는 남자. 한 남자는 섹스를 좀 떠나서 이렇게 폭행이 있는 남자예요(1724-1727). (…). ○○를 밧줄 같은 거 갖다 묶어 가지고 가위로 갖다 ○○를 찔러 죽인 찔러 죽인다라고 그랬던 남자예요(1728-1731). (…) 저도 많이 맞았죠. 제가요. 이 사람 땜에 진짜로 미쳐버리는지 알았어요. 소리 빽빽 지르고 사람들한테 막 저 살려달라고 막 그랬었어요(1742-1750).

남자를 만나는 중요한 이유 중의 하나가 결혼상대자를 만나는 것이었고, 결혼의 중요한 이유 중의 하나가 바로 안정된 삶 속에서 아이를 잘 키우는 것이었는데, 만났던 남자들과 동거남은 아이를 부담스러워하였고 심지어 아이에게 폭력을 가하기도 하였다.

조혜란: 그 결혼상대자가 나 아닌 우리 아들까지 사랑해 줄 수 있는 남자를 찾아왔거든요. 쩝 근데 그 7년여 동안 만났다는 두 명의 남자가 저희 아들한테 아빠가 되려고 노력은 하더라구요. 근데 그 노력이 가식이었던 걸 내가 느꼈어요. 자기네들이 화를 화나면 우리 아이를 때리는 거예요(253-258). 지금의 그 남자가 그나마 성실하고 또 이 남자도

원래 제 원래 저를 만났을 때 제가 처년 줄 알았대요. 근데 애가 있다는 소릴 듣고 되게 많이 놀라더라구요. 그러면서. 그래도 이제 만나면서 제가 저희 아이를 사랑해 줄 수 있겠냐 그랬어요. 그랬더니. 음 노력해 보겠다고 하더라구요. 그래서 저도 마음을 열었고. 그래서 이제 오빠한테 마음을 저도 의 의지를 했고. 하게 됐는데 결론적으로는 네. 이렇게 되었어요(260-267).

그녀의 바람과는 달리 그녀는 늘 기대했던 것과는 전혀 다른 남자들을 만나왔고 남자 복은 커녕 그들에 대해서 치가 떨릴 만큼 분노의 마음을 가지고 있다. 그녀는 나이가 36세가 되도록 진정한 사랑을 느껴보지 못했다는 슬픈 생각을 하고 있다.

조혜란: 내가 원하다 보니까 이제 만나게 된 건데 그 남자들이 제대로 남자 꼭 못 만나고 맨 이상한 남자만 만난 거 같고 아 아무튼 이상해요(3985-3987). (…) 남자 복이 너무 지지리 없는 거 같애. 너무 없는 거 같애(4015-4019). (…) 나는 서른여섯 먹도록 참 사랑이 과연 뭔가를 내가 왜 그러니까 아직 못 느꼈단 말이죠. 과연 사랑이란 누가 나한테 무어라고 내가 답할 수 있을까 싶어요. 그 정도로 맨 쓸데없는 남자들 그런 게 이제 치가 떨리고 막 진짜 어 사랑이 뭔지 느끼고 싶고 막 진짜 아름다운 사랑이 뭔지 알고 싶고 아 막 그런 거 같아요. 쩝. 그런 거 같아요(4225-4231).

4.8.4.3. 동거남

조혜란 씨의 이성교제 가운데 그녀에게 가장 큰 영향을 끼친 남자는 상담 당시에도 같이 살고 있던 동거남이었다. 결혼을 약속했던 남자와의 동거생활은 그녀의 바람에 의해서 시작된 것이었고, 동거를 하는 며칠 동안 그녀는 바라왔던 동반자와의 안정적이고 행복한 삶을 느낄 수 있었다.

조혜란: 몇 달 만나는 동안에 그래서 솔직히 나는 동거생활하고 싶다. 이런 식으로 말한 적이 있었는데 그 사람은 이제 자기는 부모가 있기 때문에 쩝 뭐 이제 그 그럴 수 없다는 식으로 뭐 이제 약간 미루더라구요. 미루더라구요. 말을. 그러다가 그냥 그러면 말아. 하면서 이사를 막 하서 3개월 정도 됐는데 이제 그렇게 살자고 한 거예요(2125-2130). […] 그 이제 이 남자를 만나서 그 8월 1일부터 내가 동거를 시작하면서 8월 8일날 그 예물 뭐 그 문제가 8월 8일날 생겨나 그러니까 8일, 8일 동안 그 8일이 저한테 너무 행복했죠. 왜냐. 직장 안 다니고 애만 바라볼 수 있었고 남편 오면 남편 뒷바라지만 할 수 있었으니까(172-176).

조혜란 씨는 동거남과 모든 결혼 준비를 끝냈으나 갑작스런 파혼을 겪게 된다. 조혜란 씨는 파혼의 이유에 대해서 명확하게 밝히지는 않았지만, 파혼의 귀책사유가 예물과 관련된 자신의 언행에 있다고 말하고 있다. 그녀는 그로 인해서 파혼에 이르게 된 것에 대해서 후회와 죄책감을 느끼고 있다.

조혜란: 예물을 엄 시엄마랑 같이 보러 갔다가 결론적으로 이렇게 되면서 자꾸 일이 이렇게 안 좋게 꼬여간 건데 저는 다시 그때로 정말 되돌렸으면 하는 마음. 너무 간절히 마음속에 있지요. 어떻게 보면 막 막 죄책감까지 막 들어요. 내가 왜 말을 그렇게 해 가지고 일을 이 지경으로 만들었을까. ○○이도 행복할 수 있고 나도 행복할 수 있고 그 남자도 행복할 수 그러니까 그 행복할 수 있는 부분을 내가 말 한 마디 잘못 실수하는 바람에 모든 게 다 끝나버렸잖아요. 애도 끝나버리고 나도 끝나버리고 그 남자도 끝나버리고. 네(177-187).

그녀가 자살을 생각하는 이유로 이미 앞에서도 언급한 바와 같이 아이 문제, 직장에서의 부적응 문제, 그리고 스트레스와 동거남과의 파혼 등을 들고 있다. 그중에서 가장 큰 문제가 동거남과의 파혼이다.

> 조혜란: 뭐 결혼을 하려고 하다가 좋은 남잘 만났다 생각을 했다가 어떤 그게 나한테 큰 어떻게 보면 큰 충격이었어요. 진짜. 아이 문제도 문제지만 가장 더 이렇게까지 된 이유가 어찌 보면 그것도 크게 좌우를 하는 거 같아요(168-172).

파혼은 그녀가 자살을 생각하게 하는 가장 큰 요인이었을 뿐만 아니라, 동거남을 죽이고 싶을 만큼 큰 분노를 야기하였다.

> 조혜란: 과정이었고 예식장 잡고 드레스 맞춰놓고 다 해놓은 상황이었고 다 신혼여행이다 뭐다 다 준비된 상황이었고〔…〕. 다 이제 취소되버리고(452-456). 〔…〕 그 그런 그게 가장 컸던 거 같아요. 지금은. 에. 충격이 컸던 거 같아요. 그게(465-468). 〔…〕 그냥 일단은 혼자 있으면 생각이 많아지구요. 생각하다가 슬픈 생각하고 오빠 생각하고 그러면 눈물이 막 흘러요. 혼자서. 그러고 어떨 때는 시원하게 아아 되고 울어야 속이 시원해요. 근데 이제 그러다가 몸 몸 조금 풀리긴 풀리는데 그러다가 다시 한 번 먼 산을 바라보다가 어 그러니까 이제 꼭 그때만이 아니고 이렇게 가령 집에서도 그렇고 이렇게 지나가다가 빌딩이 창문 큰 데가 있잖아요. 그러면은 창문이 좁은 데는 내 몸이 빠져나갈 수가 없으니까 못 뛰어내릴 거 아니에요. 근데 창문이 큰 데는 그냥 마음 편안하게 탁 뛰어내릴 수 있을 거 아니에요. 그래서 그 생각도 해봤고. 음 이제 씁. 아니면은 수면제 뭐 수면제를 많이 먹으면 죽을 수 있다는 애기를 들었는데 그 수면제를 어떻게 구입할 수가 있을까 씁. 약국에 가서 약사한테 그 얘기를 하면 그냥 주지는 않을 텐데. 그 많은 거를. 그런 그렇게 한 번 생각도 해봤고(284-397) 〔…〕. 저 사람을 진짜 죽여버려야겠구나. 하하하 진짜 죽이고 싶은 때가 두세 번 정도 들었었어요(2102-2103).

파혼 후에도 불가피하게 동거를 하면서 동거남의 마음을 되돌리려고 노력을 하였으나 동거남이 원하지도 않고 동거남의 부모가 반대를 하고 있기 때문에 그와의 결혼생활에 대한 기대는 더 이상 하지 않게 되었다.

> 조혜란: 저는 사실 그동안 솔직히 그 남자 마음을 돌려보려고 노력을 했었어요. 아. 이 남자가 마음을 먹으니까는 이게 안 잘 안 돌아오더라구요. 그리고 일단은 부모가 자꾸 중간에서 막으니까 부모가 강 아주 강력하게 막고 있으니까 음. 씁. 잘 안 되는 거더라구요. (…) 그래서 저도 이제는 마음을 좀 이 남자한테 접어가고 있는 상황이고 음. 다시 지금 상태로는 지금 심정 같아서는 별로 이 남자랑 다시 돌이켜서 뭐 그렇게 하고 싶지 않아요. 네. 네 지금 그래요(187-207).

동거남과 헤어지기로 했지만 조혜란 씨가 새집을 찾을 때까지 동거남의 집에서 살고 있으면서, 집 안 청소와 식사준비를 하고 있고 그와 잠도 같이 자고 있다. 하지만 불편한 이별을 전제로 한 동거생활이기도 하고 동거남이 그녀에게 냉정하게 대하기도 하며 서로 다투기도 하기 때문에 저녁 때 집에서 동거남과 만나게 되면 초조하고 불편한 마음이 든다.

> 조혜란: 들어가는 게 사실 싫고 들어가서도 뭐 집청소다 뭐 밥 반찬이다 준비를 다해요. 제가. 지금도 그 사람 오고 밥 차려주고 다 하니까 그리고 일단 아이가 밥을 먹어야 하고 일단 아이를 잘 씻겨서 재우고 그런 일들을 해야 되니까 근데 그 남자가 오는 순간부터 초조해져요. 오늘은 어떻게 대해야 되지. 어 내가 어떻게 대하면 될까(731-736).

조혜란 씨는 한편으로는 동거남에 대한 미련이 남아 있기도 했다. 하지만 그와의 문제로 인해서 아들과도 떨어져 살아야 한다는 생각이 들기 때문에 그에 대한 미움과 원망이 생겼고 그와의 관계를 빠른 시간 내에 정리하고자 하였다. 그녀가 자신의 집을 구해서 그와 헤어져 살게 되면서 홀가분한 마음이 들 것이고 동거남과 또 다른 시작을 한다는 것에 대해서는 더 이상 관심을 두지 않게 되었다.

> 조혜란: 저는 한편으로는 오빠가 마음속으로 좋지만 가만 이렇게 생각해보면 아 이 남자 때문에 이렇게 된 거 같고 내가 이 남자 때문에 우리 애랑 떨어진 거 같고 뭐 막 그런 게 머릿속에 막 들어요. 그래서 어 그런 거 내가 생각하면 막 미운 거예요. 이 사람이. 빨리 떨어질 수 있으면 빨리 떨어져나가고 싶다. 그래 이제 떨어져나가면 지금 같이 있으니까 자꾸 이렇게 연계 개입이 되는 거 같고 만약에 떨어지면은 나도 생각을 정리할 수 있게 되잖아요(1120-1127). 〔…〕 막상 떨어지니까 아유 그거는 있을 때 굴레 속에서 생각하고 그랬나봐요. 막상 떨어지니까는 어우 내가 저 사람 속으로 들어간다는 거 생각하면 정말 끔찍하고 싫고 뭐 그런 생각 에 좀 들어요(3593-3596).

4.8.5. 가족관계

남편의 사망 후에 조혜란 씨는 남편 앞으로 보험금이 있는 것을 알고 있었지만 보험금 수령인이 시아버지의 이름으로 되어 있어서 보험금을 직접 수령하지 못했고, 시아버지도 그녀에게 보험금을 주는 것을 거절하였다. 그녀는 남편이 사망한 이후에 주변의 아무런 도움 없이 혼자서 아이를 키워왔다. 그녀는 자신의 능력으로 아이를 키울 수 있다고 단순하게 생각해왔다.

> 조혜란: 신랑이 들던 보험이 있었는데 보험도 수령인을 시아버지 이름을 적어놨더라구요. 근데 이제 저는 그런 거 신경을 안 썼었었는데 나중에 그런 거 이렇게 연락이 오고 막 이래서 알고 보니까 근데 수령인이 시아버지로 되어 있어 가지고 배우자가 받을 수 없다고 그러더라구요. 씁. 어쨌든 간에 그것만 해도 제가 봤을 때 돈 좀 되는 거로 알고 있

> 는데 시댁에서 다 챙겼죠. 돈을. 그래 이제 저는 이제 그냥 그때도 나 좀 뭐 좀 할 수 있게 그 돈 좀 달라고 그랬어요. 내가 근데 자기네 빚 갚아야지 너 해줄 돈이 어딨냐 그렇게 해 가지고 또 그때 그냥 그렇게 말아버리고서(2500-2532). 그때 일 그러니까 제가 지금으로부터 칠 년간을 이태껏 아이를 델꼬 혼자 살아왔는데. 에 그 7년간은 정말 아무 생각 없이 나는 우리 아이를 내가 키우고 그러니까 내가 돈을 벌어서 우리 아이랑 살면 되지라는 생각으로 계속 살아왔었어요(72-76).

하지만 그동안 잘 순응하고 살던 아들이 그녀의 직장생활로 인해서 아이가 혼자 집에 있을 수밖에 없는데, 아이가 그런 상황을 좋아하지 않고, 자신에게 점점 더 반항적으로 행동을 하며, 학교에서도 적응을 잘하지 못해서 학교로부터 연락이 오는 등의 문제적 상황을 만들었다.

아이는 조혜란 씨의 직장생활로 인해서 방과후에는 혼자 방치된 상태로 지내고 있었고, 특히 그동안 만났던 남자들에 의해서 심한 폭력과 학대를 당한 경험이 있었다. 그러한 좋지 못한 아이의 체험이 엄마에 대한 반항과 학교 부적응의 원인으로 작용한 것으로 보인다.

> 조혜란: 씁 어 아직은 방치가 된 상태구요 어. (…) 저는 일을 해야 되는 상황이고 어쩔 수 없이 그러다 보니 아이를 내가 보살필 수 없는 입장이 되어서 음. (…) 쩝 근데 그 칠 년여 동안 만났다는 두 명의 남자가 (…) 화를 화나면 우리 아이를 때리는 거예요(253-258). 예. ○○를 밧줄 같은 거 갖다 묶어 가지고 가위로 갖다 ○○를 찔러 죽인 찔러 죽인다라고 그랬던 남자예요(1729-1731). (…) 그리고 단지 거기에 좀 첨가를 뭐 예 들어서 얘길 한다면 남자 문제도 껴 있겠지요. 내가 지난번에도 얘기했지만 아 일단은 만약에 남자가 그 사이에 안 끼었더라면 안 끼었더라면 그거야 또 그때에 어떤 방법들 근데 근데 그 남자가 끼기 이전에도 저는 예전부터 그 ○○와 저의 문제 대해서 그 애로 부분을 가지고 있기는 했었어요(161-167).

아이의 그러한 문제는 가뜩이나 직장에서의 부적응과 특히 파혼으로 인한 스트레스로 심신이 지쳐 있는 상태에서 특히 아이의 문제를 단기간에 해결할 수 없기 때문에 조혜란 씨에게 몸과 마음이 아파지는 더 큰 어려움을 야기하고 있다.

> 조혜란: 그 아이를 방치를 시키긴 제가 자꾸 너무 아이한테 신경이 쓰여서 제 일도 안 되고 제 몸도 더 아파지는 거 같아서 아이 문제를 어 될 수 있는 빨리 해결을 짓고 싶구. 음 제가 같이 가고 싶은 마음이야 굴뚝 같지만 현 상황이 어 저는 일을 해야 되는 상황이고 어쩔 수 없이 그러다 보니 아이를 내가 보살필 수 없는 입장이 되어서 음 쩝 어떡하면 우리 아이가 올바로 갈 수 있고 또 내가 좀 아이한테 이렇게 조금 이나마음 고 신경에서 조금 벗어나서 내가 내 일에 좀 집착하면서 어 내 몸도 좀 추스리면서 쯥. 이렇게 살아갈 갈 수 없을까 싶은 생각에 음 아동상담보호소에다가 이제 지금 상담을 신청해놓은 상황이고(14-24).

아이가 조혜란 씨에게 어려움을 야기하는 또 다른 이유는 아이가 자신의 걸림돌로 작용한다는 사실이다. 그동안 여러 남자를 만났지만 남자들 모두가 아들의 존재를 부담스럽게 생각했다.

> 조혜란: 남자를 좀 만나기는 했지만 쩝. 남자들이라는 존재들이 참 아이 있는 모르겠어요. 나는 그런 부분까지는 내가 잘 모르겠지만 아이 있는 걸로 인해서 그 여자를 받아들일 수 없다는 이런 좀 고정관념?(108-126) (…) 솔직히 내 솔직한 심정으로는 허 아이가 있어서 내가 결혼을 못한다는 거 자체가 음 어떻게 생각하면 아이가 조금 걸리걸 걸 걸리적거려요. 조금. 솔직히 말하면(135-139).

조혜란 씨는 아이와 관련된 현재의 어려운 상황이 아이와 자신 모두를 더욱 힘들게 하기 때문에 우선은 자신이 심신을 회복하는 것이 중요하므로 아들의 문제로 인해서 야기되는 문제를 차단하고 싶어한다. 그에 대한 방안이 아이와 떨어져 지내는 것이다.

> 조혜란: 제 심정으로는 일단은 저와 아이가 떨어져 있었음 싶어요〔…〕. 저는 더 이상 제 상황에서 아이를 내가 바로잡아주기에 아이한테 제가 지고 있거든요. 그냥 제가 쓰러져버려요〔…〕. 저는 그 아이를 일단 제 아들이지만 일단 신경 쓰고 싶지 않아요. 솔직한 심정은(31-40). 〔…〕 이 아이가 점점 생각이 생겨나고 하면서 엄마도 일 다녀 일 갔다 오고 나서 힘들어 죽겠는데 그걸 이렇게 좀 엄마를 이렇게 좀 위하고 엄마가 뭐 어떻게 하라 그러면 엄마가 하라는 대로 하는 게 아니라 막 되게 엄마를 이렇게 막 댐비다들 듯이 엄마가 걔를 주체를 못하게끔 그런 식으로 해대니까 내 스스로가 자꾸 포기를 하게 되는 거예요. 아이를. 그래서 지금에 와서 저의 그 생각이 정말 옳은 건지 아닌지 모르겠지만은 일단은 내가 살고 보자(142-152).

조혜란 씨는 아이와의 분리 문제를 해결하기 위한 방안의 하나로 아이를 시댁에게 맡기길 바라고 전화를 해보지만 시댁에서는 아이를 맡아서 키우는 것을 거절하고 있다. 결국 다른 방안의 하나로 조혜란 씨는 아이를 시립아동보호소에 위탁했다. 아이를 위탁하고 난 후에 마음의 부담은 줄어들었지만, 아이에게 미안하고 슬프며 엄마로서 자책하는 마음이 들었다.

> 조혜란: 제가 얼마 전에 전화 한 번 해봤다고 했잖아요. 너무 힘들어가지고 또 ○○도 정상적이지 못하고 나도 지금 이렇 정상적여지지 못하고 너무 힘드니까 누군가를 진짜 붙들고 싶은데 뭐 누가 방법을 해결을 해주겠어요. 내가 나서서 하지 않는 한. 그래서 이제 시댁이 생각이 나더라구요 〔…〕 시아버지가 〔…〕 시동생한테 전화 못 받았니. 그러더니만 아유 우리 키울 힘 없다. 애 재울 때도 없어 그러더라구요. 그래서 아유 참 어이가 없네 이러고 아예 알겠습니다(2577-2624).

조혜란: 이제 114 물어가지고 아동 혹시 보호소를 해서 인제 혹시 인제 제가 지금 이러이러한 상탠데 씁 저희 아이 아이를 당분간 제가 자리 잡을 수 있는 동안이라도 음 맡아 줄 수 있는 곳이 없겠냐라고 물어보면서 지금의 그 시립아동보호소를 알게 된 거고 그러면서 지금 이제 아들을 일단 맡겨놓게 되니까 내가 일단 좀 이제 마음의 부담을 좀 덜어놓을 수 있게 되었고(4168-4176). 〔…〕 그래도 내가 아이를 잘 컨트롤을 못 시켜서 엄마가 무능하니까 아이가 저렇게 되는가 싶고(821-825). 〔…〕 그래도 이게 마음 아픈 거는 여전하죠. 이게 뭐 어디 가겠어요. 몰라요. 이런 뭔가 안고 가는 이런 게 너무 힘들어요. 나는. 내 안에 좀 이런 게 없었으면 좋겠어요(980-983). 〔…〕 ○○한테도 내가 너무 미안하고 엄마로서 결과적으로 내가 애한테 이런 결과밖에 주지 못했구나 애한테 너무 미안하고(3471-3473).

조혜란 씨는 아버지에게는 자신의 이야기를 하지 않고 있고 형제들에게는 자신의 문제를 이야기하지만 형제들은 자신에게 별로 도움이 되지 않는 실정이다.

조혜란: 우리 가족이 가족이 있어서 나 우리 아버지한테도 이런 얘기 안 해요 〔…〕 양재동에 언니네가 여호와를 믿어가지고 뭔 얘기만 하면 그러니까 여호와를 믿으라고 그랬잖아 그러지. 또 큰언니는 큰언니인데도 생각이 좀 깊질 못해요. 그냥 뭔 얘기를 하면 그래 어떡하냐 그러면 아이구. 이런 식이고 또 우리 오빠는 얘기하면 그러니까 ○○랑 우리집에 와서 살으래니까 이러기만 하고 그러니까 막상 무언가 살아가는 데 있어서 어떤 길잡이 뭔 좀 뭔 그래도 뭔가 그런 제시가 나오고 해야지 말도 안 되는 가족들이 터무니없는 얘기들만 해대니(2714-2728).

4.8.6. 사회생활

조혜란 씨의 사회생활에 관한 언급은 직장생활에 국한되어 있다. 그의 직업은 미용사로서 미용실에서 일을 하고 있다. 조혜란 씨는 직장에서 길어야 일 년 반 정도로 근무를 했고, 대부분의 경우는 한 직장에서 몇 달을 견디지 못했다. 직장을 그만두게 된 경우의 대부분은 동료들과의 인간관계가 어긋났기 때문이다. 그로 인해서 조혜란 씨는 큰 스트레스를 겪었다.

> 조혜란: 그 속에서 어 내가 한 직장을 오래 다녔다고 친 게 그래도 그나마 한 일 년 한 일 년에서 일 년 반. 네. (웃음) 〔…〕 나머지는 다 단기 한 진짜 잘해야 삼 개월. 에 그랬어요〔…〕. 이제 직장에서 이렇게 직장인들하고 이제 이렇게 관계 속에서 자꾸 뭔가가 어긋나면서 트러 트러블이 막 생겨나면서 어 고런 게 잘 해결이 잘돼서 이렇게 정상적으로 간 게 아니라 결과적으로는 항상 제가 그만둬버리고 마는 좀 쩝 그렇게 됐던 거 같아요(2769-2779). 〔…〕 자꾸 이직을 하게 되는데 저도 모르게 이게 직장에서 개인관계가 좀 자꾸 안 좋아져 가지고 또 그로 인해 받는 스트레스(99-102).

조혜란 씨는 잦은 이직의 원인이었던 직장 내에서 겪었던 인간관계의 문제에 대한 책임이 자신에게 있지 않은 것으로 보고 있다.

> 조혜란: 뭔 상황 상황이 안 맞았던 것도 있었고 그리고 본의 아니게 이 직원들하고 트러블도 진짜 모르겠어요. 내가 나를 말하기 뭐한데 난 내 잘못이 아니라 생각해요〔…〕. 생각해봐도 저 제가 잘못한 거 같지가 않고(3387-3399).

조혜란 씨가 한 직장에서 오랜 기간 견디지 못하고 여러 직장을 전전하는 또 다른 이유는 미용실마다 미용기술과 체계가 각각 다르기 때문에 자신이 가진 기술을 인정해주지 않고 각각의 체계에 자신을 맞추려고 하고 그 과정에서 사람들이 거슬리게 말을 하기 때문에 나타나는 갈등 때문이다.

> 조혜란: 걔네들이 이렇게 해보면은 자기들 나름대로의 같은 일이래도 시스템이 다르거든요. 그러면 거기에 적합하게 날 시키거든요. 맞추거든요. 그러면 난 또 거기에서 조금 맞추려고 그러다 보면 어떻게 트러블이 생겨서 딴 데로 또 가버려요(3252-3267).

> 조혜란: 원장님이 말을 좀 고객이 특히나 계실 때는 조금 더 좀 생각해서 이렇게 좀 기분 좋게 좀 말해줬으면 좋겠고 그리고 일도 더 리듬감 있게 할 수 있을 텐데. 너무 이렇게 그 사람 좀 그러듯이 말을 하지 않나 내가 완전 자기네 집에서 이렇게 뭐 그렇게 와서 이러는 사람처럼 나를 그렇게 하더라구요. 그래가지고 좀(3282-3287).

조혜란 씨가 직장에서 만족하지 못하는 또 다른 이유는 자신이 근무하는 미용실이 번듯하지 않고 작으며 자신이 하는 일도 또한 허드렛일에 불과하며 그에 따라서 자신이 받은 대우도 변변치 않기 때문이다. 그런 이유로 그녀는 자신이 왜소해지는 느낌이 들고 비참하다는 생각이 들기도 한다.

> 조혜란: 저 좀 편하려고 하고 어 난 좀 대우를 받아야 난 좀 그런 게 있는 거 같아요(3373-3376). 〔…〕 여기 저기 작은 샵에서 내가 결과적으로 이런 일밖에 이렇게 담글 수 없다는 게 나를 좀 비참하게 만드는 거(3423-3424). 〔…〕 어떤 풋내기 일 막 이렇게 좀 단순한 일 막 뭐 이렇게 그런 일 할 때는 내 자신이 조그맣게 보여요. (웃음) 아 씨 나 이 정도밖에 안 되나 그래질 때가 있더라구요(3431-3434).

조혜란 씨의 사회생활을 요약하자면, 그녀는 직장에서 적응을 잘하지 못하고 그렇기 때문에 잦은 이직을 하게 됨으로써 자살을 생각할 만큼 스트레스를 받는다. 그녀가 직장에서 적응을 하지 못하는 이유는 그녀의 공격적이고 거친 말투로 인해서 동료 직원이나 상사들과 끊임없이 갈등을 겪기 때문이다. 그녀가 거친 말투를 하는 행동성향

그림 68. 조혜란 씨의 직장 부적응의 원인과 영향

을 보이는 이유는 그녀가 근무하는 미용실이 대부분 소규모이고 자신이 하는 일이 허드렛일이며 그에 따라서 보수도 만족스럽지 못한 데서 기인하는 것으로 보인다. 또한 그녀는 스스로가 매우 주도적이고 리더십이 있으며 항상 칭찬을 받고 존중받았다는 긍정적인 자아상을 가지고 있다. 하지만 그녀가 잦은 이직으로 인해서 늘 새로운 기술과 시스템을 배워야 하는 입장에 놓이게 되고 그 과정에서 인정을 받지 못하기 때문에 상사나 동료 직원들과 갈등을 겪게 되고 그러한 과정에서 거친 말투가 나오는 것으로 보인다.

4.8.7. 인간관계

조혜란 씨는 인간관계에서 어려움을 겪고 있다. 그녀가 겪고 있는 인간관계의 어려움은 주로 직장 내의 동료들과의 사이에서 일어난다. 그녀는 직장 내에서 친하게 지냈던 사람들이 거의 없었고 동료들과 자주 다툼을 벌였기 때문에 직장에서 퇴직을 당하는 경우가 많았다. 그로 인해서 극심한 스트레스와 우울증을 겪게 되었다. 그녀의 직장 내 인간관계의 어려움은 직장생활의 어려움의 원인이기도 하다.

> 조혜란: 샵에 들어가기만 하면 누구랑 싸워 싸워서 또 얼마 못 가 어디 들어가면 또 얼마 못 가 계속 그러더라구요(2652-2663). […] 직장에서도 예. 그랬던 거 같아요. 맞아요. 그랬던 거 같아요. 아 진짜 내가 친한 사람이다 이런 사람은 없었던 거 같애(2825-2828). 자꾸 대인관계가

안 되고 내가 일을 좀 한 곳에서 줄곧 다니고 싶은데 자꾸 대인이 이렇게 되면 직장 자꾸 내가 직장에서 나를 고만 다니라고 하니 상처를 안 받겠어요. 그래서 그래서 도대체 나한테 뭐가 문제가 있을까 생각하면 하다 하다 스트레스 받고 우울해지고 그때 막 슬퍼지고 사는 거에 대한 회의 느끼고 애 데리고 이렇게 사는 것도 힘들어 죽겠는데 저네들이 나까지 이렇게 쫓아버리는구나(667-677).

그녀가 직장 내에서 어려움을 겪는 이유로 사람을 대하는 태도와 거친 말투 그리고 부적절한 의사소통을 들고 있다. 그녀는 자신이 좋아하는 사람과 싫어하는 사람을 명확하게 구분하고, 싫어하는 사람에게는 싫은 내색을 분명하게 하고 그 사람을 피하는 경향이 있다. 또한 그녀는 사람들에게 베풀지 않고 말을 험악하게 하기 때문에 사람들이 그녀를 피하게 되고 그렇기 때문에 직장 내에서 사람들과 친분을 쌓지 못한다. 그녀는 사람들과 바람직한 방식으로 의사소통을 하지 못하는 것이 사람들과의 갈등을 겪게 되는 원인으로 작용하는 것으로 보인다.

조혜란: 좀 싫은 내색을 하죠. 싫은 내색을 해요. 옆에 오면 피하고 어 좀 같이 그래 싫은 사람이 옆에 있으면 막 내가 화가 나기 때문에 그 사람하고 붙어 있으면은 안 부딪치려고 제가 그냥 돌아요. 그냥. 걜 그 자릴 피해버려요. 네(593-596).

조혜란: 저는 그렇게 베풀지 않았었던 거 같아요. 그래서 그럴 수도 있는가 싶기도 하고 어찌 됐든 지난번같이 말을 좀 이렇게 상대가 듣기에 좀 제가 이렇게 생각 없이 좀 험악하게 한다는 말들을 대체적으로 많이들 들었어요. 에 그래서 나를 좀 피하고 거부하고 그런다 하더라구요(2836-2841).

조혜란: 언니하고 나하고는 커뮤니케이션이 잘 안 되는 거 같지 그러더

라구요. 그래서 에? 그냥 그랬더니 언니는 내가 무슨 얘기하면은 그걸 이렇게 들어서 이렇게 저렇게 얘기를 오고 가면서 얘기를 해야 되는데 그 그게 꼭 맥이 꼭 끊기게 한대요. 제가. 에. 그래서 아무튼 그런 얘기 하긴 하더라구요. 뭔가가 문제가 있나 봐요. 저한테(2862-2873).

그녀는 인간관계 상대자가 지적이고 자신에게 가르침을 주며 편안하게 대해줄 수 있는 사람을 선호하지만 그녀가 그런 사람을 직장에서 만나지 못하는 것도 인간관계가 원활하지 못한 이유로 보인다.

조혜란: 외관상으로라고 치면은 약간 지적인 지적이다라고 해야 되나 근데 어찌 되었든 대화를 하면은 왜 이렇게 편안하면서도 에 에 어떤 이야기가 내가 저 사람한테 이렇게 들어서 배울 점이 많다 어 좋다 왜 이런 것들이 있잖아요. 그런 느낌 들고 그러는 거(3196-3199).

4.8.8. 자아규정

조혜란 씨는 자신에 대한 자아정체성을 전체적으로 긍정적인 모습으로 가지고 있다. 자기 자신은 본래 남자답고 리더십이 있다고 생각하지만, 최근에는 주위 사람들로부터 자신이 내성적이고 속이 좁다는 말을 많이 듣고 있다. 그녀는 그러한 주변의 평가를 수용하고 싶어하지 않는 것으로 보인다. 본래 자신은 호방하며 리더십이 강했지만, 여러 가지 어려움 속에서 위축된 삶을 살게 되면서 그녀의 성격이 변화한 것일 수도 있다.

조혜란: 남자다워요. 운동 좋아하고. 음 남한테 나서는 거 좋아하고. 또 학교 때도 보면 좀 반장 뭐 이렇게 앞에서 그런 간부직도 많이 했고 좀 리드하고 운동 같은 거 할 때도 꼭 앞에서 그런 역할을 많이 대학교 때까지도 그랬어요(597-601). […] 그런데 그게 전체적으로 내성적이어

지고 저는 몰랐는데요. 주변에서 저를 잠깐 본 사람도 어머 왜 이렇게 속이 좁아. 이러더라구요. 저한테. 아휴 그 소리 듣고 씁. 어머 내가 이렇게 나 이러지 않았는데 어유(622-625).

조혜란 씨가 자신에 대해 가지고 있는 두 번째 자아상은 명석함과 지혜로움이다. 그녀는 자신이 머리가 매우 잘 돌아가는 사람이고, 어려운 삶의 환경 속에서 주변의 도움이 전혀 없었지만 난관을 헤치고 꿋꿋하게 살아나온 지혜가 자신에게 있다고 생각하고 있다.

조혜란: 근데 나는 그런 거는 이상하게 빠바바바 머리가 돌아가요(1499-1500). 〔…〕 첫 신랑이 그렇게 죽어서 내가 그때 그렇게 됐을 때에 전 그게 진짜 엄청나게 저한테 큰 큰 힘든 일 이었거든요. 근데 그때도 제가 생각을 자꾸 굴레로 빠져들어가지 않았고 빨리 일어나야지 그리고 빨리빨리 자리 잡아야지 빨리빨리 어 뭐지 어떤 내 안에 나도 나는 그때 그런 생각을 빨리빨리 가졌어요. 씁 그래서 쉽게 그래도 일어서서 이렇게 이렇게 올 수 있었던 거였고 음 그래도 모르겠어요. 습. 참 엄마가 일찍 돌아가시고 그렇다고 아빠가 나한테 많이 영향을 미친 것도 없었고 또 그렇다고 형제들이 나를 많이 보듬어준 것도 아니고 씁 그냥 혼자 그렇게 살 자라왔는데 그래도 되게 착하단 소리 많이 들었고 참 착하다. 그러고 학교 가나 어디 가나 되게 열심히다 뭐다 이러고 자라왔고 그러고 아 어떤 큰일이 닥칠 때에 참 쉽게 슬기롭게 헤쳐갈 수 있는 어떤 그런 거를 누가 나한테 준 거 같아요(3952-3965).

조혜란 씨는 자신이 하고 싶은 일과 그렇지 않은 일을 명확히 구분하는 사람으로서 그리고 자신을 매우 개성이 강한 사람으로서 이해하고 있다.

조혜란: 나는 내가 아닌 거에 대한 거는 나는 안 해요(1253). 〔…〕 꼭 어디 가면 튀어요. 제가(1312).

조혜란 씨의 네 번째 자아상은 강한 추진력이다. 그녀는 자신이 하고 싶은 일은 항상 하고 그런 일을 할 수 있으며 그렇게 하기 위해서 수단과 방법을 가리지 않는다고 말하고 있다.

> 조혜란: 그러니까 내가 뭔가를 하겠다고 하면 해버리는데(1277-1278). 〔…〕 그냥 나는 그런 게 있었던 거 같아요. 나는 뭐든지 내가 할 수 있는 대로 내가 그러니까 그러니까 내 안에 능력이 있다라고 쉽게 표현을 할 수 있을까 어찌 됐든 난 내가 누굴 만나고 싶으면 만날 수 있고 내가 하는 대로 뭐든지 될 수 있다는 그런 게 있어요(3754-3758). 〔…〕 지금도 내 안에 불만이 욕구불만이고 어떤 그런 불만이라면은 채우기 위해서 나는 방법을 가리지 않고 나는 할 수 있는 대로 난 해요(3758-3760).

조혜란 씨의 긍정적인 자아상 중에서 가장 특징적인 것은 자신이 항상 다른 사람들로부터 인정을 받고 존중을 받았다는 생각이다. 어려서는 부모와 주변인들로부터 사랑을 많이 받았고, 학창 시절에는 선생님한테 사랑을 받았으며 졸업 후에는 다니는 직장의 상사로부터 언제나 칭찬과 예쁨을 받은 기억이 있다.

> 조혜란: 엄마 그러니까 저 어렸을 때 학교 가기 전에는 저를 되게 그때 기억에 귀염을 되게 많이 받았던 그런 사람이었었어요. 되게 어 아버지도 아빠도 저를 되게 귀여워라 했고 음 엄마도 사랑을 저한테 줬던 거 같고. 특히나 동네 분들이 저를 많이 예뻐했고(1151-1160). 〔…〕 학교 때 습. 음 선생님한테 귀여움도 받았고 선생님들한테 그래도 귀여움을 받았구요. (1297-1299). 〔…〕 그 우체국장님도 또 어떤 행사 있고 그러면 제가 가면 저는 운동도 열심히 하고 하니까 그래 이제 거기서도 좀 예뻐라 해주고(1308-1313). ○○○○○○ 호텔에 취업을 나갔고 그리고 그 그전에도 뭐 뭐 여기 그런데에 총지배인으로 있는 사람들이 우리 학교에 호텔 이제 그런 거 다 연계가 되 있으니 이렇게 강사로 오거든요. 그러면은 그런 선생님도 저를 되게 잘 봐요(1340-1344). 〔…〕 ○○○○ 콘

도라고 있거든요. 거기에 입사를 했어요. 경비 아저씨가요. 아 저만 또 자꾸 예뻐라 하는 거예요(1525-1532).

조혜란 씨는 자신에 대해서 전반적으로 긍정적인 사람이다. 요약하면 능력이 있고 리더십이 있으며 그런 것을 다른 사람들로부터 인정받고 칭찬받으며 수용되는 기억을 가지고 있다. 하지만 현재 자신이 처한 상황은 다르다. 자신이 다니는 직장은 왜소하고 자신이 하는 일은 허드렛일이며 자신을 인정하지 않는 직장동료들과 갈등을 겪고 있다. 이러한 자아상과 현재의 상황 속에 있는 차이에서 그녀는 적응을 하지 못하는 것으로 보인다.

조혜란: 제 자신이 그런 거 같은데 저는 항상 완벽해야 된다 생각하구요. 항상 최고여야 된다고 생각하구요. 항상 〔…〕 네 그런데 막상 그렇게 못 따라주는 거 같아요(웃음) 못 따라주니까 상황 상황이 내 생각처럼 이게 안 안 되는 거 같아요. 그러니까 너무너무 허상 허의적인 생각을 많이 하나봐요. 큰 생각 너무 그러니까 자기 주변이나 어떤 상황 상황이 씁 몰라 그 말이 맞는 건지 모르겠는데 어쨌든 너무 허상 큰 생각을 한다. 허상을 많이 하나봐(3304-3313).

4.8.9. 행동성향

조혜란 씨의 행동성향 중에서 특이한 점은 말실수이다. 정작 본인은 자신이 말실수를 한다는 사실을 잘 인식하지는 못하는데 주위 사람들로부터 조혜란 씨가 말이 거칠고 공격적이라는 것과 그렇기 때문에 말조심해야 한다는 말을 자주 들었다.

조혜란: 사랑하는 사람들이 자꾸 저보고 말을 너무 함부로 한다느니 생각 좀 하면서 말을 하라느니 침을 삼키면서 좀 한두 번 삼켜라. 그런

얘기도 진짜 많이 들었거든요(2674-2677). […] 왜 왜 자꾸 그러냐 막 이렇게 조금 저돌적인 말투 약간 격돌적이래요. 제가 격돌적이고 음. 친구도 왜 제가 지난번에도 그랬죠. 제 친한 친구 술 같이 먹는 친구도 허 혜란 너 예전에 안 그랬는데 너무 너 거칠어졌다. 그런 얘기해줘요. 그 친구가. 그러니까 좀 좀 성격이 좀 그렇게 변했대요. 많이(2742-2747). […] 그러니까 나는 모르겠어요. 나는 그 사람한테 뭐라고 그럴라고 그런 건 아닌데 내가 말투가 되게 이렇게 저 그러니까 뭐라 이러는 거 같은 그런 말투래잖아요. 근데 전 잘 모르죠(2664-2669).

조혜란 씨는 자신이 공격적이고 거친 말투로 인해서 겪는 말실수의 원인을 남편이 사망한 이후 혼자 아이를 키우면서 겪게 되는 수많은 어려움으로 인해서 겪게 된 스트레스와 감정조절 실패에서 찾고 있다.

조혜란: 최근 들어가지고 아 내가 신랑이 이렇게 되고 이렇게 이렇게 힘든 과정을 자꾸 겪어오면서 내 스스로 이 나도 모르게 어떤 내 속에 쌓인 게 은연중에 이렇게 분출되듯이 말이 막 거칠게 나오거나 나도 모르게 이렇게 좀 그런 거 같단 생각이 드는 거예요(2682-2686).

그녀의 그런 공격적이고 거친 말투로 인해서 그녀는 직장에서 동료들과 늘 갈등을 겪게 되고 그럼으로써 한 직장에 오래 머물지 못하고 결과적으로 자주 이직을 하게 되는 어려움을 겪게 된다. 그녀의 직업이 미용사이므로 자주 이직을 하게 되며 새로운 시스템에 적응을 해야 하는 또 다른 어려움을 겪게 되고 그러한 과정에서 또다시 갈등을 겪게 되고 이직을 하는 악순환에 빠지게 된다(직업생활 참조).

인터뷰어: 이직하는 게 내가 어떤 말을 잘 못하고 대인관계에서 자꾸 갈등이 생기고.

조혜란: 에에. 그래서 바껴요. 많았어요. 뭐 손가락으로 치면 대여섯 번. 그 정도(485-494). 〔…〕 저로 인해서 저는 그게 아이들한테 피해를 주게 말한 건 아닌데 저도 모르게 던지는 말이 상대가 그런 걸 갖나 봐요. 근데 거기 원장님이 이제 오십두 센가 두 살 두 세 되시는 원장님이셨는데. 그분은 의외로 은근히 저 잘해주시긴 하셨어요. 근데 아이들이 자꾸 자기 한테 원장님한테 와 가지고 혜란 언니 때문에 혜란 언니 뭐 이렇게 이렇게 했는데 이렇게 했다. 이런 얘기를 많이 듣나 봐요. 그래 이제 그 원장님도 자꾸 참다 참다 해서 저를 자꾸 몇 번 불르더라구요. 허 너는 도대체 왜 그러느냐. 근데 이제 그게 원장님도 느끼는 거예요. 저한테. 왜 말을 혜란이야. 씁. 좀 깊이감 있게 못하고 왜 그렇게 자꾸 이렇게 던지기 식으로 하고 상대한테 자꾸 피해를 주고 해를 주느냐 제가. 쩝. 그래서 아무튼 그러고 있다가 결정적인 거는 원장님 딸이 거기 매니저로 있었는데 원장님 딸하고 실랑이가 벌어지면서 제가 어쩔 수 없이 거기를 그만둬야 되는 상황이 되었고. 또 다른 직장 미용실에 또 들어갔을 때도 거기 직원 직원 누구랑 어떻게 어떻게 하다가 실랑이가 벌어지면서 원장한테 내가 짤리게 되었고(504-521).

또한 그녀의 말실수는 그녀를 가장 힘들게 했던 동거남과의 파혼에 가장 직접적인 영향을 끼친 요인이기도 하다.

조혜란: 내가 왜 말을 그렇게 해 가지고 일을 이 지경으로 만들었을까. ○○도 행복할 수 있고 나도 행복할 수 있고 그 남자도 행복할 수 그러니까 그 행복할 수 있는 부분을 내가 말 한 마디 잘못 실수하는 바람에 모든 게 다 끝나버렸잖아요. 애도 끝나버리고 나도 끝나버리고 그 남자도 끝나버리고. 네. 그게 엄청나게 나한테도 지금(180-185).

4.8.10. 현재 상황

그녀는 현재 지속적으로 내면에서 채워지지 않는 욕구가 계속 일어나는 것을 느끼고 있고, 그러한 욕구가 채워지지 않으면 스트레스 증세를 느끼며 주위 사람들에게 화를 내고 있다.

> 조혜란: 뭔가 속에서 계속 욕구가 일어나요. 욕구가 일어나고(1787-1792). 〔…〕 하 속에서 뭔가가 흠. 막 이렇게 끌어내래는지 아니면은 자꾸 뭐를 채우려는지 욕구가 계속 일어나요. 여기서 속에서 속에서 그리고 이게 안 되면 짜증이 막 나고요. 옆 사람을 뭐야 씨 뭐여 성질부리고 안 된다고 어유 씨 막 이러면서 허 막 그래요(1869-1878).

그녀는 현재 매우 피곤하고 쇠약해져서 일을 할 수가 없는 신체적 상태이다. 또한 심신이 쇠약해지다 보니 모든 게 귀찮고 예민해져서 주변 사람들과도 원만하게 지낼 수 없는 상태이다.

> 조혜란: 지금 문제는 몸이 많이 쇠약해졌다는 거예요. 기운이 되게 없구요. 덩치는 되게 좋은데 예전하고 다르게 기운이 되게 없구요. 자주 피곤하고 음 신경을 많이 써서 그러는지 누가 또 나를 이렇게 건드리면 비위가 확 상해요. 기분이 확 나빠요(1076-1080). 〔…〕 그러니까 건강치 않으니까는 모든 게 귀찮고 힘들고 짜증만 나는 거예요. 그래 지금 그런 꿈마저도 생각하고 싶지 않은 거예요(2906-2912).

그녀는 그러한 심신쇠약 상태를 해결하기 위해서 적극적인 조치를 취하고 있다. 그녀는 정신과치료를 받기도 했고 상담치료를 받기도 했다. 또한 친구와도 자신의 문제를 털어놓고 적극적인 대화를 하고 있으며, 자신의 마음을 다스리기 위해서 노력을 하고 있기도 하다.

> 조혜란: 이런 내 안에 있는 걸 씻어내야 되겠구나 그래서 이제 정신치료도 좀 받아야겠다 생각을 (2686-2688). 〔…〕 ○○동에 거기 또 종합상담실에 고런데 자꾸 찾아가 가지고 상담 자꾸 하고 그랬어요. 그러니

까 이렇게 말로 내가 누군가의 지금도 선생님한테 이렇게 털어놓을 수 있는 선생님이 만약에 안 계셨더라면 지금도 내가 더 답답한 거를 어떻게 분출 어떻게 해야 될지를 아마 누구 하나 나하고 대화가 안되니까(2697-2702). 〔…〕 그나마 많이 받아주는 친구가 있는데 이제 그 친구랑 술을 마시면서 대화를 하게 되죠(2702-2704).

조혜란: 요새는 제가(기침) 예전엔 누가 막 좀 기분 나쁜 소리하면요. 좀 콱콱 했는 말을 제가 이렇게 콱콱 했는 게 있었거든요. 근데 지금 그게 많이 고쳐진 거 같아요. 조금 차분해졌다라고 표현해야 되나(2446-2453). 〔…〕 내가 이제 스스로 이렇게 좀 컨트롤이 좀 되더라구요. 근데 될 수 있으면 아까도 얘기했지만은 복잡한 생각을 자꾸 안 할라고 그러는거죠. 자꾸 단순해질라고만(2940-2942).

4.8.11. 의사소통

조혜란 씨는 자신의 문제를 해결하기 위해서 다양한 조치를 취하기도 하지만 자신의 문제를 숨기지 않고 털어놓을 수 있는 친구들이 있다.

조혜란: 아주 그냥 가깝다고 제가 생각하기에는 한 친구들이야 많은데 내가 그래도 터놓는 친구들은 어 세 일단 세 명이에요(3050-3053). 〔…〕 속상하면은 이걸 그냥 삼키지 못하구요. 친구한테 수다를 떨어놓든 그러니까 넉살 그러니까 수다를 떨든 술을 마셔주든 담배를 펴주든 해야 이게 삭혀져요(2005-2009). 〔…〕 제가 고럴 경우에 항상 너무 속상해서 제 친한 친구한테 꼭 전화를 해서 얘기를 하거든요. 아 나 오늘도 직장에서 이러이러해서 이렇게 트라블이 생겼다. 야 뭐가 잘못된 거 같냐라고 물어보면은 아후 친구는 모르겠어요. 아후 걔도 잘못했네 너무 심하다 이런 식으로 말하더라구요(2841-2845).

특히 스트레스가 심할 경우 자살충동을 느끼는 경우 이러한 문제를 친구들에게 말을 하고 친구들에게 위로를 받으면 스트레스가 완화되는 느낌을 받는다.

> 조혜란: 머리 복잡해 죽겠어요. 머리 뒷골이 띵해지고 그러는데요. 그렇게 힘들 때는 되게 내 내 스스로 여기서 흥분이 딱 올라오면서 여기가 심장이 벌렁벌렁거리고 막 불안하고 초조하고 가만 앉아 있지 못해 가지고 막 자꾸 왔다 갔다 왔다 갔다 막 이러거든요. 되게 갑자기 충동적이 질 때가 있어요. 지금 그나마 저는 털어놓을 때는 마음 편해요. 근데 아 어떤 상황이 어떻게 되면 누가 나를 괜히 스트레스를 주거나 막 모여 있으면은 갑자기 제가 확 충동적이 돼요. 확 해버릴라는 게 있어요. (웃음) 그래 가지고 그래 가지고 제 친구들이나 제 마음 아는 사람들한테도 그 얘기 한 적은 있어요. 야 자꾸 죽고 싶어지는데 어떻게 해야 되냐 그랬어요. 헤. 다들 나보고 저런 바보 같은 소리한다고 (웃음) 이래요. 근데 근데 걔네들은 지네도 내 심정을 모르는 거니까. 허. 그래 바보 바보 같지 그래 그래. 어휴 그러면서 난 말죠(405-418).

조혜란 씨는 의사소통과 상담을 통해서 자신의 이야기를 털어놓는 것이 일상의 스트레스를 관리하는 데도 중요하지만 그녀에게 자살을 막아주는 가장 중요한 역할을 하는 것으로 보인다.

> 조혜란: 그러니까 이렇게 말로 내가 누군가의 지금도 선생님한테 이렇게 털어놓을 수 있는 선생님이 만약에 안 계셨더라면 지금도 내가 더 답답한 거를 어떻게 분출 어떻게 해야 될 지를 아마 누구 하나 나하고 대화가 안 되니까(2697-2702). [⋯] 그렇죠. 하 그나마 선생님한테 이렇게 털어놓는 게 진짜 시원해요. 이게 진짜 시원해요. 네 진짜 만약에 이거조차 없으면 죽어버릴 거예요. 시원해요. 이렇게 털어놓을 수 있다는 게(2728-2731).

4.8.12. 보호요인

4.8.12.1. 아들

조혜란 씨는 자신이 자살의 충동에 빠질 때에 자살을 막아주는 요인으로 아들을 들고 있다. 그녀가 심한 자살충동을 느낄 때 아들을 생각하면 아들의 미래가 걱정이 되어서 자살을 시도하지 못하게 된다.

> 조혜란: 근데 그때에 저는 만약에 제 아들이 없었다면 씁 아마 진짜 어떻게 버렸을 수도 있어요. 솔직히 그냥. 근데 이상하게 내가 그런 자살충동을 막 느끼고 그런 그 그 그래야겠다고 생각할 때에 문득문득 우리 아들 생각이 자꾸 나더라구요. 내가 없어지면 우리 아들은 어떻게 되는 거지 그러면서 아냐 내가 없어지면 우리 아들은 또 나도 힘들었지만 더 힘들어질 수가 있어 우리 아들을 생각해야지 그러면서 생각을 이렇게 아들 쪽으로 바꾸면서 뭔가 희망을 거기서 찾게 되더라구요. 저 같은 경우에는 네 뭐 다른 사람도 그때 상황상황에 따라서 어떤 무슨 그런 게 생겨나겠지만은 저는 아무튼 내 아들 생각을 하면서 좀 작 이렇게 일어설 수 있었다고 그래야 되나 희망을 찾게 됐구요(4140-4151).

4.8.12.1.2. 의사소통과 상담

조혜란 씨의 자살시도를 막아주는 또 다른 요인으로 작용하는 것은 친한 친구들에게 자신의 자살충동을 털어놓고 이야기하는 것과 상담을 통해서 자신의 이야기를 하는 것이다.

> 조혜란: 제 친구들이나 제 마음 아는 사람들한테도 그 얘긴 한 적은 있어요. 야 자꾸 죽고 싶어지는데 어떻게 해야 되냐 그랬어요. 헤. 다들 나보고 저런 바보 같은 소리한다고 (웃음) 그래요. 근데 근데 걔네들은 지네도 내 심정을 모르는 거니까. 허. 그래 바보 바보 같지 그래 그래. 어휴 그러면서 난 말죠. 그냥(405-418). 〔…〕 하 그나마 선생님한테 이렇게 털어놓는 게 진짜 시원해요. 이게 진짜 시원해요. 네 진짜 만약

에 이거조차 없으면 죽어버릴 거예요. 시원해요. 이렇게 털어놓을 수 있다는 게(2728-2731).

4.8.12.1.3. 긍정적으로 생각하기

그녀는 자신의 문제를 해결할 수 있는 방안으로 먼저 긍정적으로 생각하기를 제시하고 있다. 어렵고 힘겨운 상황이라고 하더라도 자신이 그것을 어떻게 생각하느냐에 따라서 더러는 힘겨운 상황이라도 기쁘고 감사하게 받아들여진다는 것이다.

> 조혜란: 아무리 또 없어도 아 나는 왜 이렇게 없지 아 난 뭐가 필요해 돈이 필요해 아 이렇게 한다기보다도 그냥 일단 있는 돈이 나한테 크다라고 난 생각하거든요. 그 돈에서 그냥 뭐도 할 수 있고 뭐도 할 수 있고 그 돈을 가지고 쪼개는 거예요. 그 돈이 80만 원이라고 해서 아 난 80만 원밖에 없어 아 80만 원 갖다가 뭐해. 이렇게 생각하면 아무것도 되는 거 같지 않구요. 어우 그래도 나한테 80만 원씩이나 있는데 와 80만 원 갖다가 60만 원으로 뭐 뭐하고 뭐 막 이렇게 생각을 해보는 거예요. 그러면 그냥 즐겁고 뭐 그러고 내가 설령 예를 들어서 50만 원밖에 못 모았다 하더라도 그게 어떻게 보면 다른 사람한텐 50만 원이 작을 수 있지만 나는 어쨌든간에 현 상황이 그럴 수밖에 없어서 50만 원밖에 못 모은 건데 그걸 50만 원이 조금이다라고 이렇게 생각하지 말고 어휴 그래도 난 50만 원씩이나 내가 적금을 넣을 수 있다는 어떤 마음가짐. 그런 게 상당히 중요한 거 같고요(4202-4216).

그녀는 아무리 복잡한 문제라고 하더라도 하나씩 천천히 방안을 찾아가다보면 문제를 해결할 수 있다고 생각한다.

> 조혜란: 모든 걸 한꺼번에 막 생각해낼라고 하면 이것도 안 되고 저것도 안되고 이제 뭐를 하나 먼저 딱 기준을 딱 정한 다음에 뭔가를 먼저 툭 해결을 짓는 게 먼저 빠른가를 생각한 다음에 고거에 대해서 먼저 해

결을 짓고 그리고 고게 어느 정도 차츰 차츰 풀어나가면 이제 고 다음께 고 문제를 잡아서 고걸 풀어나갈라고 하고 이렇게 실 실타래를 풀어 나가는 거마냥 이렇게 이렇게 조금 조금씩 또 너무 많이 크게 크게 생각하지 말고 천천히 조금 조금씩 좀 릴렉스하게 저는 생각을 했고요(4155-4162). (…) 그러면서 이제 일을 이제 잡아서 이제 일에 적성도를 이제 나한테 그 또 거기가 맞는지를 또 따져야 될 거 같다는 생각도 들었고 이제 이모저모 따져서 거기에 이제 어느 정도 나한테 맞아서 내가 이제 맞춰가고 있는 입장이고 이렇게 하나하나 풀어나가다 보니까 다시 살아갈 수 있게, 서게 되더라고요(4177-4181).

4.8.12.1.4. 자기 자신으로 존재하기

조혜란 씨가 제시하는 또 다른 문제해결 방안은 자기 자신으로 존재하기 이다. 즉 자신이 스스로 설 수 있어야 다른 사람들에게도 관대하고 여유롭게 대할 수 있고, 그럼으로써 자신이 겪고 있는 인간관계의 갈등과 직장의 문제를 해결할 수 있다는 것이다. 자기 자신으로 존재하기 위해서는 우선 몸을 먼저 챙겨야 하고 이를 위해서는 먹고 싶은 것도 먹고 심신을 편안하게 해야 한다고 생각한다.

조혜란: 내가 서야 딴 사람들도 설 수 있는 거고 내가 무너지면 딴 사람도 다 무너지게 된다 라고 생각하거든요(4193-4195). (…) 그냥 천천히 좀 나도 좀 약간 돌보면서 내 몸도 좀 돌보면서 그래야 뭔 생각도 더 나고 내가 일도 할 수 있는 거고(4189-4192). (…) 몸도 먹고 싶은 거 먹고 자꾸 나를 이렇게 조정하고 즐길 수 있는 거 즐기고(4192-4193). (…) 자꾸 나를 릴렉스하게 자꾸 컨트롤을 시키고 나를 자꾸 만들고 그러면서 내가 상대한테는 어떻게 지금 하고 있는가라는 것도 다 여유 속에 나타나는 거 같애요. 너무 촉박하고 막 강박관념 막 이렇게 들면서 뭐 이러게 뭐든지 대할라고 그러면 안 되는 거 같고 좀 릴렉스하고 편안하고 좀 여유롭게 이렇게 생각을 좀 갖을 때에 뭔가가 하나가 더 자꾸 머릿속에 어 이렇게 되겠구나 이런 생각이 드는 거 같고

음 삶은 좀 그렇게 살아야 된다 라고 생각해요(4195-4202).

4.8.12.1.5. 미용실 창업

조혜란 씨는 열심히 돈을 벌고 모아서 2년 후에는 자신의 미용실을 창업하고 직접 운영하기를 바라고 있다

> 조혜란: 내가 한 2년만 악착같이 모아가지고 한 5천 정도 만들면 조그맣게 샵처럼 차릴 수 있거든요. 그래서 그때 되면 경기가 어때질지 모르겠지만 그때까지 열심히 기술 익히고 날 이제 가다듬어가지고 쌉 조그맣게 이제 나도 내가 내가 생각한 내가 구상한 어떤 그런 샵. 지금 계획은 그거예요. 에, 내고 싶어요(3924-3934).

4.8.12.1.6. 남자친구 또는 평범한 가정생활

조혜란 씨는 결혼을 하지는 않더라도 자신을 사랑해줄 남자친구를 만나거나 결혼을 해서 평범하지만 행복한 가정생활을 해보는 것을 바라고 있다.

> 조혜란: 그래도 나를 생각하자면 남자친구 하나쯤은 (웃음) 있었으면 좋겠다라고 나 이렇게 좀 사랑해주고 나 이뻐해주고 이러는 남자친구 있었으면 좋겠어요. 음 그래서 남자친구만 있다면 결혼을 별로 인제 음 아직은 그러고 싶지가 않네요. 이 남자한테 좀 데인 게 좀 있어서 그런 거 같아요(4099-4103).
>
> 조혜란: 저도 남들처럼 그냥 평범하게 그냥 자식 낳고 전 진짜 가끔 길가 같은데 지나다니고 어디 이렇게 뭐 어디 상가 어디 이렇게 가면은 두 젊은 부부들이 애들 이렇게 손잡고 막 이렇게 다니는 모습 저는 되게 부럽거든요. 그리고 어제도 집에 가는데 어떤 한 엄마가 이제 애기를 이렇게 안고 있고 한 애는 이제 어떤 남자애가 있었는데 아빠를 기다리는 모습인가 봐요. 아빠가 이제 딱 차에서 내려서 오는데 두 애가 막— 아빠 이러면서 달려가 가지고 막 껴안으니까 아빠는 또 좋아가지

> 고 애가 깔깔깔 웃는 거예요. 어 그런 게 너무 행복하고 정말 부러운 거에요. 그래서 아 나도 저렇게 충분히 살 수 있는데 왜 내 나는 뭐가 씌어가지고 참 어 저렇게 나는 못 살까 그런 생각을 해보게 돼요. 에 해보게 되요(4047-4060).

4.8.12.1.7. 교육자로서의 직업

조혜란 씨는 공부를 많이 해서 미래에는 다른 사람들을 가르치는 교육자가 되고 싶어 한다.

> 조혜란: 너는 뭐를 했으면 좋겠냐? (웃음) 내가 막 버스를 타고 가면서 가만히 생각해봤는데. 교 교육자? (웃음) 이런 생각을 해봤어요. 씁. 남 가르치는 강사 교육자 뭐 그런 생각을 한번 해봤거든요. 그러니까 그러니까 교육을 막 열성적으로 내가 공부를 하고 배우고 막 이런 걸 되게 좋아해요(3426-3431).

자살시도 요인의 상호 관련성

조혜란 씨의 서사 인터뷰에서 발견된 12개의 요인들 간의 상호관계는 다음과 같다. 조혜란 씨가 자살 생각을 하게 되는 직접적인 요인은 동거남과의 파혼과 아들과의 갈등과 아들의 학교 부적응의 문제 그리고 직장 부적응과 잦은 이직으로 인한 극심한 스트레스이다.

그녀는 동거남과의 파혼의 문제뿐만 아니라, 자신의 외로움과 애정결핍을 해소하기 위해서 많은 남자를 만나왔지만, 결과적으로 자신이 원하는 남자를 만나지 못했기 때문에 불행한 삶을 살았다. 그녀가 남자를 통해서 해소하고자 했던 외로움과 애정결핍은 어렸을 때 어머니가 음독자살을 하게 된 이후에 생긴 것이었다. 어머니가 음독자살을 하게 된 이유는 아버지의 잦은 음주와 어머니에 대한 폭력 때문이었다. 아버지의 음주와 폭력은 어머니가 돌아가시고 난 이후에 자신에게도 미쳐서 중학교 때 가출을 하게 되고 그 이후에 보호자가 없는 상태에서 자취생활을 하였다. 그녀는 그러한 상황 속에서 일찍이 청소년들이 하지 말아야 할 행동을 하였으나 정도를 넘어서지는 않았고 나름대로 모범적이려고 노력을 하였다.

조혜란 씨는 어렵고 힘든 성장과정을 거쳤지만 자신이 주도적이고 리더십이 강했으며 부모와 주위 그리고 학교와 졸업 후 취업생활 등에서 모두 긍정적으로 평가되고 수용된 체험을 가지고 있다. 이는 회사생활의 부적응과 직장동료와의 갈등을 겪게 되는 요인, 즉 자살시도의 간접적인 요인으로 작용하기도 하고, 반대로 자신에 긍정적인 자아상이 자살을 억제하는 요인으로 작용할 것으로 추측된다. 긍정적 자아상이 부정적 요인으로 작용하는 이유는 자신은 능력이 많고 리더십이 있다고 생각하는 데 비해서 자신이 근무하는 환경은 열악하고 하는 일은 변변치 않으며, 잦은 이직으로 늘 새로운 직장에서 새로운 기술과 시스템에 적응해야 하는 상황에서 동료들이 조혜란 씨가 생각하는 자아상과는 반대로 행동을 했기 때문일 것으로 보인다. 즉, 그녀의 능력과 주도성 및 수용과 존중과 관련된 자신에 대한 인정욕구가 충족되지 않는 요인으로 긍정적인 자아상이 작용하는 것으로 판단된다.

반대로 긍정적인 자아상이 자살시도를 억제하는 기제로 작용하는 이유는 그녀가 자신에 대한 긍정적인 자아상을 가지고 있기 때문에 그것에 대한 인정을 받기 위한 동기에서 주변의 친구들과 상담사들에게 적극적으로 자신의 문제를 이야기하는 의사소통의 통로가 확보되기 때문이다. 즉, 그녀가 여러 가지 어려움에 처해 있기는 하지만, 그런 가운데에서도 자신에 대한 긍정적인 자아상을 견지하고 있고, 이를 적극적인 의사소통을 통해서 인정받고자 하고 또한 인정욕구가 충족되는 것이 자살을 막아주는 요인으로 작용하는 것으로 보인다.

그녀는 한 회사에서 근무하던 중에 자신에게 매우 호의적이었던 경비로부터 그의 아들을 결혼상대자로 소개받았다. 처음에는 그를 마음에 들어하지 않았으나 경비의 적극적인 권유로 그와 결혼을 하였다. 그러나 알고 보니 그는 이미 결혼 전부터 정상적인 부부생활을 할 수 없을 정도의 중증 환자였다. 그녀가 결혼상대자를 올바로 선택하지 못하게 된 이유는 그녀에게 조언과 도움을 주지 못했던 성장과정과 가족 상황이다. 다시 말해서 그녀의 성장과정과 그로 인해서 야기된 상황이 그녀가 잘못된 결혼상대자를 만나게 했고 그 이후의 그녀가 처한 여러 어려움에 영향을 끼친 것이다.

결혼 초에 아들을 출산한 후에 남편은 사망을 하였고, 시댁은 남편의 보험금을 모두 가져가고 그녀에게 한 푼도 주지 않을 만큼 그녀에게 아무런 경제적인 지원을 하지 않았다. 혼자서 아이를 키우는데 부담을 느껴서 아이를 시댁에 맡겨보려고 하지만 시댁은 조혜란 씨의 요청을 받아들이지 않는다. 이러한 부당한 시댁의 처사가 그녀가 중요한 자살요인으로 꼽고 있는 아이의 문제가 발생하는 데 직접적인 영향을 끼쳤다고 할 수 있다.

그녀의 또 다른 자살요인인 사회생활은 그녀가 직장에서 동료 또는 상사들과 항상 갈등을 겪으며 잦은 이직을 하게 되는 것과 관련이 있다. 그녀가 사람들과 항상 갈등을 겪게 되는 이면에는 그녀의 공격적이고 거친 말투가 있다. 그녀의 거친 말투는 한편으로는 직장에서 갈등적 인간관계의 문제를 야기하는 요인으로써, 그리고 갈등적 인간관계의 문제는 직장 부적응과 잦은 이직의 문제를 야기하는 요인으로 작용한다. 다른 한편으로 그녀의 거친 말투는 더 나아가 자살시도를 심각하게 생각하게 할 만큼 큰 충격을 주었던 동거남과의 파혼에 직접적인 영향을 끼치는 요인으로 작용한다.

그녀의 거친 말투는 왜소한 직장 규모와 그녀가 하는 일의 성격 그리고 변변치 못한 보수 등으로 인해서 그녀의 인정욕구가 충족되지 않기 때문인 것으로 추측할 수 있다. 인정 욕구 불만족의 이면에는 앞에서도 언급한 바와 같이 주도적이고 항상 긍정적으로 평가되고 수용되는 조혜란 씨의 자아상과 직장생활의 현실과의 충돌이 있는 것으로 보인다.

조혜란 씨의 세 번째 자살요인인 아들의 문제는 아들이 점점 더 반항적이고 학교에서도 적응을 하지 못하는 것과 관련이 있다. 아들이 그러한 성향을 보이는 이유는 그녀가 직장생활을 하기 때문에 아들이 방과후에 방치되었기 때문이다. 또한 그동안 만났던 남자들이 아이를 원하지 않았고 아이에게 폭력과 학대를 가했기 때문이기도 하다. 조혜란 씨가 아이의 문제로 자살을 생각하게 할 만큼 크게 작용한 요인으로는 시댁에서 그녀에게 아무런 도움을 주지 않았고 또한 시댁의 무관심한 태도 때문이다.

아들은 비록 어려움을 야기하기도 하지만 그녀의 자살을 막는 요

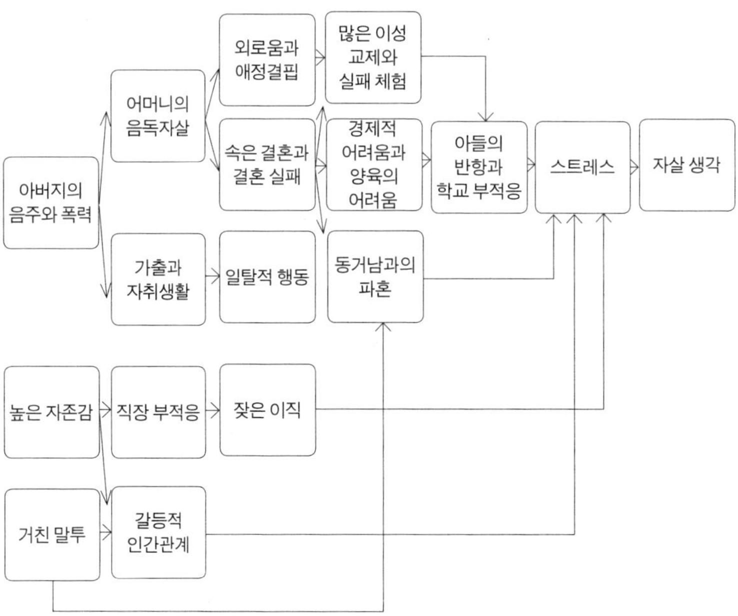

그림 68. 조혜란 씨의 자살시도 요인의 상호 관련성

인으로도 작용한다. 조혜란 씨는 자살을 생각하는 순간에 아들에 대한 생각으로 자살 생각이 억제된다. 또한 아들은 그녀에게 희망이기도 하다. 또 다른 자살시도 억제요인으로 의사소통과 지지망이 있다. 그녀는 힘들고 어려울 때 친구들에게 자신의 처지를 솔직하게 털어놓고 위안과 조언을 받는다. 그녀는 자신의 적극적인 주도로 정신과치료와 상담치료를 받는다. 특히 상담을 하면서 자신의 이야기를 털어놓지 않았더라면 자신은 이미 죽었을 것이라고 생각할 만큼 상담의 치료적 효능을 높이 평가하고 있다. 조혜란 씨는 자살을 억제하는 또 다른 요인으로 자신의 문제해결 방안과 미래의 소망을 말하고 있다.

지금까지 기술한 자살시도 요인의 상호 관련성은 〈그림 68〉과 같이 도표로 나타낼 수 있다.

5
자살시도 요인의 범주별 특성과 상호 관련성

이 장은 자살시도 요인의 범주별 특성과 이들 사이의 상호관계에 대한 내용으로 구성된다. 특히 자살시도 요인이 연구참여자에 따라서 어떻게 실현되는지를 구체적인 예문을 통해서 밝혀질 것이다. 또한 하나의 자살시도 요인이 어떻게 형성되었고, 그것이 다른 자살시도 요인의 형성에 어떤 방식으로 영향을 끼치며, 결과적으로 하나의 요인이 자살시도 또는 자살 생각에 어떻게 작용하는지를 구체적으로 제시할 것이다.

5.1. 자살시도

5.1.1. 자살의 이력

자살시도자 중에는 매우 어린 나이에 자살 생각을 한 경우도 있었다. 예를 들면 장주현 씨의 경우 7세의 나이에 자살을 생각한 바 있었고 중·고등학교 때부터 자살을 생각한 사람도 있었다(강석민, 안정희, 장영복, 민형주). 그 외의 경우에는 성인이 되어서 자살 생각을 하거나 자살을 시도하였다. 강석민, 이재득, 조혜란 씨의 경우에는 직접 자살을 시도하지는 않았지만, 지속적으로 자살 생각을 하고 있다.

인터뷰어: 자살과 관련해서 처음 그런 생각을 가진 게 언제예요?
강석민: 아마 한 중학교 땐가부터 생각을 했었던 거 같아요(251-254).

인터뷰어: 음. 처음 죽음에 대해서 자살에 대해서 생각하신 게 언제가 처음이죠?
이재득: 어 고등학교 한 2학년 때쯤인 거 같습니다(3-23).

인터뷰어: 그게 지난번 자살시도 할 때 처음 든 마음이에요, 아니면 전에도 내가 내 인생을 포기한 것 같은 마음이 든 적이 있었어요[…]?
민형주: 이제 처음에 동기는 외국어고등학교 시험 떨어졌을 때 막, 그때 한동안 그랬고(415-426).

연구참여자들은 대부분의 경우 충동적으로 한두 번의 자살시도를 한 것이 아니라, 여러 차례 자살을 시도하거나 지속적으로 자살 생각을 하고 있다.

인터뷰어: 그때가 몇 번째 자살시도였죠?
우지선: 그게 제가 생각이 안 나는데요, 대략 잡아도 한 10번은 넘었었을 텐데(93-99).

김명관: 그리고 뭐 몇 번 쩝 차 몰고 가면서도 한 번 그냥 뛰어들을 생각도 했었고
인터뷰어: 한강으로 뛰어들.
김명관: 네.
인터뷰어: 또 있었습니까 그런 일이

김명관: 어 지방 가서도 몇 번 그랬지요(73-79).

하지만 자살시도자 중에는 마음의 불안정으로 인한 극심한 스트레스 때문에 사소한 일로 충동적으로 자살 생각을 하게 된다고 언급하는 사람들도 있다.

장영복: 우유배달을 하면서 너무 어려워 가지고 제가 생각했던 거보다 그때 막 이제 충동적으로 진짜 고층 아파트에서 난간 보이는 데서 어우 너무 힘들 때 춥고 너무 힘들 때 그때 또 마침 1월달 가장 추울 때라 새벽에 와 어둡고 어두운데 무섭더라구요. 또 겁도 나고 재래식 그런 데라서 어우 정말 난간도 되게 낮고 그래 가지고 그때 하 진짜 충동적으로

우지선: 출근하는 길에 그렇게 했었어요. 그래 갖고 출근… 해서 메신저로 마악 그렇게 얘기하다가, 너무 저 제가 너무 화가 나 갖고 주체가 안 되는 거예요. 얘기했는데 자기도 이제 화가 나있으니까 니가 열 받든 말든가 이제. 그렇게 된 거죠. 그래 갖고 아 그러냐고 나 나 나 조퇴하고 집에 갈 거라고 그러고 그냥 전 갔어요. (…) 집으로 와서는 또 연탄개스 피웠죠(1761-1790). 뛰어내릴까 뭐 그런 생각을 아마 그때부터(53-62).

이재득: 그냥 아 이게 왜 이렇게 안 되지 뭐 이런 식으로 생각을 하다가 순간적으로 건너뛰는 거예요. 아 뭐 저 하루 종일 전화가 안 온다든가 단순한 이유로 만으로도 뭐 이제 그 이유로 이제 자살 쪽으로 이제 생각을 왜 전화가 안 올까 뭐 그러면서 나의 존재감에 대해서 한 번 또 생각을 해보고(1315-1325).

조혜란: 어떤 상황이 어떻게 되면 누가 나를 괜히 스트레스를 주거나 막 모여 있으면은 갑자기 제가 확 충동적이 돼요. 확 해버릴라는 게 있어요(405-418). (웃음) (…) 직장이고 뭐고 다 포기해버리고. (…) 그것도

진짜 내가 마음의 안정이 안 되니까. 죽을 거 같 죽겠어요. 심정은 죽겠어요(717-719).

5.1.2. 이유와 계기

자살시도자들은 모두 14개 유형에 이르는 다양한 자살시도의 이유를 말하고 있다. 자살시도의 이유는 자살시도의 계기, 직·간접적인 이유 그리고 자살의 목적 등을 포괄한다.

① **우울증**: 많은 자살시도자들은 직접적인 자살시도의 이유로 우울증을 꼽고 있다.

장영복: 계속 우울하더라구. 우울해지면 또 그러다가 수면제를 그때 한 번 술을 많이 먹고 수면제를 한 많이 먹었죠. 한 20알 가까이 먹었던 거 같아요(444-452).

이재득: 간혹 가다가 이제 우울해지거나 그러면은 이제 자살충동이 좀 나긴 하더라고요(270-293).

한정연: 죽고 싶다는 생각은 제가요. 아이를 낳고 나서. 우울증이 그때부터 시작됐거든요(25-32). […] 우울증이 생기고 나서부터. 죽고 싶다는 생각을 많이 했던 것 같아요(176-186).

② **분노와 복수심**: 자살시도자들 중에는 부모와의 잦은 갈등과 이것이 해소되지 않는 것에 대해서 그리고 여자친구가 자신을 충분히 인정하고 존중해주지 않는 것에 대해서 부모와 여자친구에게 분노하고 그에 대한 복수심으로 자살을 시도하였다.

강석민: 이제 혼자 마음속에서 이제 계속 아마 분노가 쌓였던 거 같아요. 그러다가 어느 순간부터는 이제 그런 생각을 한 거 같아요. 자살은 자살인데 그니까 다 죽이고 저도 죽고 싶은 그런 거 있잖아요(109-124). 그래서 막 상상을 많이 했어요(109-124). 나는 너무 화가 나니까 복수만 하고 싶은 거예요. 그래서 아 복수를 하려면 차라리 내가 죽는 게 낫겠다(144-148).

이재득: 저는 어떤 보복심이라고 해야 되나 그때는 보복심이 생기더라고요. 보복심이 생기면서 〔…〕 죽는다는 협박을 하면은 어 다시 그런 관심을 주지 않을까 싶어서 그 애한테 구체적으로 이렇게 이렇게 해서 죽어버릴 거야라고 협박을 해버리죠(542-555). 거의 뭐 심리상태가 제가 볼 때는 거의 막 분노가 이제 막 안에 꽉 차 갖고 터기 터지기 일보 직전일 때 그렇죠(591-599).

우지선: 너무 화가 나갖고 주체가 안 되는 거예요. 얘기했는데 자기도 이제 화가 나 있으니까 니가 열받든 말든가 이제. 그렇게 된 거죠. 그래갖고 아 그러냐고 나 나 나 조퇴하고 집에 갈 거라고 그러고 그냥 전 갔어요〔…〕 집으로 와서는 또 연탄개스 피웠죠(1761-1790).

장주현: 화나서. 열받았는데 폭발할 때가 없을 때. 〔…〕 극도로 화났을 때가 그거구요. 〔…〕 열 받는데 해결할 수가 없으니까(852-855). 〔…〕 너무 화가 났던 거 같아요. 너무 꼴도 보기 싫고, 딸그락거리는 소리도 듣기 싫고, 술 취해서 틱틱거리는 소리가 다 싫은 거예요. 그래도 막 정말 소리 참아가면서 우는데 속이 터질 것 같은 거예요. 그때 못 참아서 이거 했어요(1221-1249).

안정희: 진짜 죽고 싶어서, 그런 마음도 있었어요. 그때는 너무 힘들게 하니까, 내가 이렇게 하면 그 사람이 진짜 정신 차리고 살지 않을까, 그런 복수심 같은 것도 있었고(914-920).

③ 자존감 부재/열등감: 자살시도자들은 대다수 자존감 부재, 즉, 열등감의 문제를 가지고 있다. 이들이 자신이 부족하고 열등하다고 생각하는 원천적인 원인은 어린 시절 부모의 갈등과 이혼으로 인해서 충분히 사랑을 받지 못했고 그로 인해서 애정결핍의 문제를 가지고 있거나 결손가정에 대한 열등감을 가지고 있는 것으로 보인다. 이들은 열등감으로 인해서 자신감이 없고 또한 다른 사람들의 시선에 대해서 지나친 부담감을 가지고 있으며, 인간관계에서 어려움을 가지는 경우가 대부분이다.

강석민: 모든 걸 다 자신감 차고 열심히 하고 그랬었어요. 남들 눈치도 보지 않았었고. 근데 그 뒤부터 정말로 열등감으로 된 거 같아요. 정말로 열등감으로 된 거 같고(3348-3352).

장영복: 일단 뭐 무엇보다 결정적인 거는 제 자격지심인 거 같아요. 자신감이 없었기 때문에 그러니까 저를 사랑하지 않았기 때문에 모든 일이 다 잘 안 됐던 거 같아요. 그러니까 […] 그것 때문에 나온 다 결과물이지 않았나 생각 들거든요(1994-2003).

우지선: 뭐, 저 하나 죽는다고. 세상이 크게 달라지는 것도 아니고. 천지개벽하는 것도 아니고. 그냥 저 하나만 없어지는 건데. 어차피, 어차피 없어질 존잰데 조금 일찍 가는 건데, 뭐가 그렇게 대단하겠어요(793-796). […] 내가 죽어도 세상은 잘 돌아간다(805-809).

한정연: 다른 사람들이 저를 […] 어떻게 생각을 할 거라는 그 생각을 제가 생, 생각을 하거든요. 그래 가지고 그런 것 때문에 많이 힘들거든요[…]. 그런 것 때문에 살기가 싫고 죽고 싶다고 생각이 되거든요(2152-2175).

이재득: 저의 존재감을 또 느낄 수 없는 그런 시간이 딱 오면은 친구조차도 만나는 친구조차도 없어져버리기 때문에 자살충동에 대한 그런 거

를 이제 거의 더블로 느끼죠(891-894).

장주현: 제가 저를 안 좋아하다 보니까 더 날 좋아한다고 하면 내가 어디가 좋지? 나는 사랑받을 자격이 없는 사람인데 그러고. 그래서 되게 마음이 아파요. (…) 그때는 지금은 사소한 거를 말씀 드리지만 죽음하고 상관이 없을 수도 있는데, 결과적으로 보면 그게 나오거든요(462-473).

④ 허무함/절망감: 자살시도자들이 느끼는 상황은 매우 어렵고 힘들다. 그래서 그들은 현재의 삶을 의미 없고 허망한 것으로 인식하고 있다. 이러한 점은 그들이 미래를 꿈꾸고 설계하는 데 장애요인으로 작용하고 있다. 그들은 미래에 대한 희망을 발견하지 못하기 때문에 절망하고 자포자기하게 된다.

강석민: 내가 힘들어지니까 그냥 포기하고 싶고 그냥 뭐하나 싶고 그냥 삶에 대해서 별로 욕심이 이제 없어진 것 같아요. 그냥 두려울 게 없는 것 같은 그런 거 있잖아요. 그냥 뭐 당장 누가 날 죽이겠다고 칼을 들이대도 아무렇지도 않을 거 같아요. 차라리 죽여달라고 달려들 거 같고(692-704).

안정희: 희망이 일단 없으니까(946-953). (…) 제가 힘들 때 자리에 누우면 아침에 눈 좀 못 떠졌으면. 그렇게 진짜 힘들 때 그랬었거든요. 눈뜨는 게 싫었어요. 자다가 그냥 영원히 그랬으면 잠들었으면(2306-2311).

우지선: 뭔가가 재미있어야 되고, 뭔가가 세상 사는 게 기쁘고 즐겁고, 희망이 있고, 미래가 있고, 뭐 이런 생각들이 들어야지 세상 사는 즐거움이 있고, 그래 내가 살아야 될 이유가 있어 하고 살고 싶은 마음이 들텐데, 그런 게 없어요(3462-3469).

한정연: 그래서어 도저히 어떻게 제가 제 자신도 어떻게 할 수가 없고 하

아 그 방법이 없겠다. 거의 지금은 지, 지금 현재 상태에는 하아 포기상태라고 말해도 뭐 예 포기상태라고 말할 정도의 그런 상태거든요. (…) 이대로는 도저히 살 수가 없다. 다 포기를 해야 할 것 같다. 하아. 도저히 습 이 상태로서는 방법이 없겠다. 하어. 죽어야 되겠다. 죽을 수밖엔 없겠다. 그 죽는 거밖에는 방법이 없겠다. 네. 그렇게 생각을 하거든요(2700-2734).

⑤ 업무/과제에 대한 중압감: 자살시도의 이유로 언급되는 또 다른 요인은 자살시도자들이 수행해야 하는 일상적 업무 또는 직업과 관련된 업무의 부담감과 중압감이다.

강석민: 이제는 어머니도 (…) 아버지가 안 계신 자리에 대한 저한테 의지를 하시거든요. 그러다 보니까 아마 제가 좀 겁이 생기지 않았나. 근데 이제 앞에서는 그래도 책임감이 있으니까 듬직하게 행동하려고 그렇게 보여주지만 속으로는 사실은 좀 겁나고 처음 해보는 거라서 참 두려운데 티는 안 내려고 하다보니까 그 겁이 더 커지지 않았나 그렇게 생각을 하고 있어요(5112-5120).

장영복: 우유배달을 하면서 너무 어려워 가지고 제가 생각했던 거보다 그때 막 이제 충동적으로 진짜 고층 아파트에서 난간 보이는 데서 (…) 진짜 충동적으로 뛰어내릴까 뭐 그런 생각을 아마 그때부터(53-62).

우지선: 이건 토요일도 나오라 그래, 나와서 거의 여섯시 넘어서 들어가, 평일에도 맨날 열시 열한시 열두시 넘어가 들어와. 쉴 수가 없어요(3977-4000). (…) 직장 내에서 스트레스가 너무 과도했기 때문에. 이거를 그릇이 넘치기 전에 비워줘야 되는데, 물이 넘치기 전에 비워줘야 되는데 그러지 못하니까. 이제 인제 계속 넘으면서 이제 그전에 것들까지 같이 첨가가 돼갖고 더 그랬던 거 같다라는 생각이 좀 들어요(2682-2692).

⑥ 직업생활에서의 실패: 한 명의 자살시도자는 자신의 자살시도 이유로 사업실패, 그리고 다른 한 명의 자살시도자는 직장에서의 적응 실패와 잦은 이직 그리고 그로 인한 실직을 자살시도의 이유로 꼽고 있다.

인터뷰어: 그 부도 맞았을 때 그 당시에 심경을 조금 더 구체적으로 말씀해주실 수 있나요?
김명관: 그때 뭐 내 돈 다 잃었다 생각하고 정신이 멍하더라고 그냥 그래 차츰차츰 가니까 그게 이제 아이고 내 돈 다 뺏겼다라는 생각을 한 2주 정도 되니까. (…) 진짜 2주 지나니까 죽겠더라고. 그때부터 마 심경에 변화가 오더라고 그냥 쩝 잘 끝내자 그런 생각 들고(1905-1113).

이재득: 회사생활을 그만두고 다른 걸 해보자라고 다른 회사에 취직을 했었다가 다른 회사에 취직한 지 거의 일이 년 일 년 반에서 이 년 만에 그 회사가 또 없어지게 되고 그러면서부터 이제 제가 정상적인 회사생활을 못 해 갖고 제가 정상적인 사회생활을 하기가 좀 힘들었어요. (…) 2년 전부터 굉장히 그 제가 소속 없는 그런 사람으로서 조금 조금씩 이 일 저 일 하면서 나름대로 뭐 경험 쌓는다고 핑계 대면서 지금까지 지내왔었는데요. 그때부터 이제 간혹 가다가 이제 우울해지거나 그러면은 이제 자살충동이 좀 나긴 하더라고요(270-293).

장영복: 우유배달을 하면서 너무 어려워 가지고 제가 생각했던 거보다 그때 막 이제 충동적으로 진짜 고층 아파트에서 난간 보이는 데서 어우 너무 힘들 때 춥고 너무 힘들 때 그때 또 마침 1월달 가장 추울 때라 새벽에 와 어둡고 어두운데 무섭더라구요. 또 겁도 나고 재래식 그런 데라서 어우 정말 난간도 되게 낮고 그래 가지고 그때 하 진짜 충동적으로 뛰어 내릴까 뭐 그런 생각을 아마 그때부터(53-62).

⑦ 관계적 갈등과 스트레스: 자살시도자들 중에서 부모형제 사이의 관계

(강석민, 장영복), 이성관계(우지선, 이재득, 조혜란), 부부관계(김명관, 안정희), 조직 내 상관과의 관계(민형주) 등에서 발생하는 갈등과 스트레스를 자살시도의 이유로 꼽고 있다.

> 강석민: 배신감을 느끼게 됐고 그니까 어느 순간부터는 그 배신감을 표현을 못하겠고 성격이 표현을 못하겠더라고요. 또 무서워했어요. 어머니를. 무서워도 했고. 그래서 표현을 못하니까 이제 혼자 마음속에서 이제 계속 아마 분노가 쌓였던 거 같아요. 그러다가 어느 순간부터는 이제 그런 생각을 한 거 같아요. 자살은 자살인데 그니까 다 죽이고 저도 죽고 싶은 그런 거 있잖아요(118-124).

> 장영복: 아부지하고 거의 얘기도 안 하고 진짜 큰누나하고 얘기도 안 하고 집에서 피해 다니고 막 이러다가(74-80). 〔…〕 몇 달 동안 쉬고 저희 아버지도 뭐 집에 계시고 그러다 보니까 셋이서 뭐 친하지도 않은데 셋이서 있다보니까 자꾸 부딪히고 못 견뎌요. 숨이 막히더라구요(251-257).

> 김명관: 좀 싫어하더라고. 험. 더 끊고 맺고는 확실해. 근데 뭐 내하고는 뭐 성격이 많이 틀리지. 그래도 뭐 애들 다 키워놓고는 뭐 서로 갈라서자 그런 얘기도 해. 내한테(1482-1490)

> 안정희: 차라리 저 사람 죽었으면 하는 생각도 들고. 죽이고 싶은 충동도 많이 느꼈었고. 저 사람만 아니면 이렇게 힘들게 살 이유가 없는데. 차마 그렇게는 못 하겠구. 내가 죽으면 편하겠다는 생각을 하게 된 거예요(279-287).

> 우지선: 지금 남자친구가 친구를 만나도 저희가 남자애들이랑 같이 여자애들이랑 같이 만나거든요. 그럼 꼭 10시, 10시까지 들어오라고 난리를 그걸 계속 연락을 해요. 안 들어오면 자기가, 자기 틀에 계속 맞출라 그래요. 그런 거를. 그러니까 거기서 이제 조금 조금씩 지쳐갔던 것

같아요(2520-2566).

조혜란: 과정이었고 예식장 잡고 드레스 맞춰놓고 다 해놓은 상황이었고 다 신혼 여행이다 뭐다 다 준비된 상황이었고. (…) 다 이제 취소되버리고(452-456). (…) 그 그런 그게 가장 컸던 거 같아요. 지금은. 에. 충격이 컸던 거 같아요. 그게(465-468). (…) 이렇게 지나가다가 빌딩이 창문 큰 데가 있잖아요. 그러면은 창문이 좁은 데는 내 몸이 빠져나갈 수가 없으니까 못 뛰어내릴 거 아니에요. 근데 창문이 큰 데는 그냥 마음 편안하게 탁 뛰어내릴 수 있을 거 아니에요. 그래서 그 생각도 해봤고. 음 이제 씁. 아니면은 수면제 뭐 수면제를 많이 먹으면 죽을 수 있다는 얘기를 들었는데 그 수면제를 어떻게 구입할 수가 있을까 씁. 약국에 가서 약사한테 그 얘기를 하면 그냥 주지는 않을 텐데. 그 많은 거를. 그런 그렇게 한 번 생각도 해봤고(284-397).

조혜란: 아이 문제… 또 결혼 문제. 씁. 음 제가 직장에서 잘 적응하지 못하는 문제 음 그런 거(3-10).

이재득: 가끔 이제 여자친구랑 다툰다던가. 그다음에 어떤 우울한 기분이 한 번 들어오게 되면 그때부터 자살에 대한 생각을 많이 했죠(311-319).

⑧ 인간관계 단절과 고립감: 자살시도자들은 대부분의 경우 인간관계의 형성과 유지에 어려움을 겪고 있고 그로 인해서 외부세계와 절연된 삶을 살고 있고, 긴밀하게 교류하고 지내는 사람들이 없는 실정이다. 그로 인해서 발생하는 고립감과 외로움이 자살시도의 원인으로 작용한다.

민형주: 사회를 떠나서 군에 있다는 그 뭐라 그래야 돼, 고립감? 친구들은 거의 다 사회에 있거든요. 그것 때문에 힘들어도 아, 내가 이 정도는 잘 견뎌낼 수 있겠다 하다가, 어느 순간 갑자기 일하다가 아 난 왜 이렇

게 살고 있지? 난, 난 이 고통에서 벗어나려면 죽을 수밖에 없겠구나. 그런 생각이 들어서 사무실 문을 열고 나가는 순간 저도 모르게 그냥 막 본청 건물로 가서 자살시도를 했고(50-57)

장주현: 그냥 제가 저 스스로 생각했을 때요. 인정받고 있지 못하다고 느낄 때. 내가 남한테 실망감을 안겨줬다 그랬을 때나(2638-2642). 〔…〕 정말 남들이 나를 이해해주지 못한다 이런 생각이 들 때(4143-4146)

이재득: 어떻게 인생을 살았기에 제일 친구가 나를 못 알아봐줄까 네 그런 생각이 굉장히 많이 들더라고요. 그래서 쯥 그런 면에 있어서도 이제 어떤 자살충동 가기 전까지 어떤 계기가 되지 않을까 싶더라고요(880-887).

⑨ 강박적이고 편집적 사고: 자살시도자 중에는 한 가지를 생각하기 시작하면 그 생각에 파묻혀서 다른 것을 할 수 없는 강박적 사고와, 사소한 일에 대해서도 계속적으로 부정적으로 생각함으로써 결과적으로는 자살 생각에 이르는 편집적인 사고방식을 자살시도의 이유로 꼽고 있다.

한정연: 제 자신이 허어 막 너무 한 가지에 습 집착 심하게 집착하고 골똘하게 생각하고 막 신경 쓰고. 막 그 체크하고. 그런 그 그니까 그런 것들 때문에 제 자신이 많이 힘들고 스, 그니까 제 스스로가 제 자신한테 많이 힘들고 좀 복잡하기도 하고 머리도 좀 많이 아픈 것 같기도 하고. 그래서 그런것 때문에 많이 힘들거든요. 주로 그런 것 때문에 많이 힘들거든요(1285-1293). 〔…〕 그것 때문에 많이 힘들고 죽고 싶다는 생각이 많이 들더라고요(1405-1419).

강석민: 지금 돌이켜서 생각해보니까. 생각을 자꾸 부정적인 쪽으로 가다 보니까 그냥 이게 자살충동까지 아닌데도 불구하고 내가 자살충동

처럼 느끼는 거죠. 그래서 그러다 보면 이 생각이 아 내가 왜 이러지 하다가 거기서 생각이 멈추는 게 아니라 또 발전을 시키는 거예요. 막 앞 과거 사건에 연관 짓고 그러다 보면은 마치 정말로 제 스스로가 아 내가 정말로 지금 되게 자살성향이 있나 보다라고 자꾸 주문을 하는 거 같아요. 빠져들었던 거 같아요(5046-5055).

이재득: 그러니까 솔직히 그 아 내가 일이십만 원 때문에 그렇게 생각했다는 건 지금 생각하면 참 우스운 일인데 그때 당시에 감정상태는 그 카드값 내라는 그런 독촉전화 하나에 의해서 자살까지 가게 되는 거죠. 그러니까 솔직히 자살까지 가게 되는 이유가 안 되죠. 그런데도 이제 그때 상태에 감정이 그런 그 어떤 한 거 때문에 감정을 거기까지 이끌고 가버리는 그런 상태가 돼요(3093-3103).

⑩ 경제적 어려움과 압박감: 자살시도자들 중에는 이혼과 외벌이를 통한 자녀양육 또는 실직으로 인해서 겪게 되는 경제적 어려움과 압박감을 자살의 이유로 꼽는 경우도 있다.

안정희: 아이 아빠가 직장을 그만두고 수입이 없게 되니까. 수입이 자꾸 없어지잖아요. 저도 먹고살기 힘들고, 애들은 자꾸 커가고, 빚은 빚대로 졌지. 그러니까 너무너무 힘들더라구요. 그냥 이건 어떻게 해결되는 방법이 없잖아요(486-489). 〔…〕 너무 힘드니깐. 죽고 싶은 거예요(516-517).

장주현: 진짜 누가 이천만 원만 주면 목숨이라도 팔겠다 영혼이라도 팔겠다 그런 생각이 드는 거예요. 그분 죽은 거를 보면서 진짜 남일 같지가 않은 거예요. 제가 막 그것 때문에(3445-3447) 〔…〕 이것만 없으면 진짜 숨 쉬면서 살 것 같아요(4226-4227).

장영복: 이렇게 막 일 년 이 년 집에서 허송세월 보내고 나니까 시간이 아

깝지가 않더라구요. 전혀 아깝지가 않고 그냥 빨리 가서 그냥 빨리 죽었으면 나는 하는 그런 생각밖에 없고 돈 돈에 대한 개념도 없더라구요(531-555).

이재득: 내가 당장 아 카드값 때문에 내가 이렇게 저런 취급을 받아야 되나 이러면서 이제 이제 조금 깊숙하게 생각을 하게 되는 거죠. 아 내가 왜 이런 취급을 받아야 되나 뭐 그러면서 아 그냥 뭐 좋은 직장에 그냥 댕겼으면 이러지 않았을 텐데 이런 일이 없었을 텐데 뭐 그런 식으로 하면서 더 깊숙이 예전에 말씀했듯이 말씀 드렸듯이 이제 깊숙이 깊숙이 가다 보면은 이제 자살까지 생각을 하게 되는 거죠(3105-3146).

⑪ 죄책감과 미안함: 부정적인 행동과 잦은 자살시도로 인해서 고통을 겪고 있는 남자친구에 대한 미안함을 없애기 위한 수단으로서 자살을 생각하는 여성 자살시도자도 있고, 차압으로 인해서 놀란 아이들에 대한 연민과 미안함으로 인해서 죽음을 생각한 어머니 자살시도자도 있다.

우지선: 저 사람 인생에 계속 방해가 되는 것 같은 느낌이 드는 거예요. 방해가 되고, 내가 계속 족쇄를 채우는 것 같고, 지금 저 때문에 뭔가를 사회생활도 지금 제대로 안 되고 있고, 자기 생활도 지금 제대로 안 되고 있고. 뭐가 안정되지 않잖아요. 계속 제가 발목을 잡고 있으니까(1213-1225). 〔…〕 제가 계속 미안한 짓을 계속 하잖아요(2653-2658). 〔…〕 그거를 알겠으니까 더 죽고 싶은 거예요(2108-2112).

안정희: 너무 충격 받은 게 뭐냐면 애들 있는데 집 안에 압류딱지가 붙은 거예요. 애들이 다 놀랜 거예요. 이거 막으니까 또 터지고, 또 터지고 계속 터지는 거예요. 그러니까 애들이 쇼크를 받았을 거 아니에요. 근데 제가 너무 힘들었었고, 근데 내가 너무 힘드니깐 죽고 싶은 거예요. 그래서 한 번은 애들 보는 앞에서 그런 적이 있었어요. 목을 맨 적이 목을 맬라고(509-532).

한정연: 예예 아이가 너무 작게 태어나 가지고. 막 스, 너무 여리잖아요. 그래 가지고 하아 어어 과연 잘 자랄 수가 있, 저 상태에서 습 크게 자랄 수가 있을까, 커질 수가 있을까 그런 생각을 했었어요.

인터뷰어: 그리고 나서, 아이한테로 관심이 쭉 가는 게 아니라, 나의 어떤… 우울감이나, 죽고 싶다는 생각 쪽으로 다시 옮겨진 거예요, 생각이?
한정연: 어어어어, 예 그랬던 것 같아요. (469-483)

⑫ 관심유도: 갈등을 겪고 있고 충분한 관심을 표명하지 않는 남자친구의 관심을 유도하기 위한 수단으로서 자살시도가 이루어진 경우도 있다.

인터뷰어: 죽을 마음이, 근데 죽을 마음이 없었는데 칼을 집은 이유는 뭐예요?
우지선: 그러면 관심 가져줄 것 같아서(625-643). 그때는 죽을 마음이 없었어요. 그냥 단지 자기 삐져서 들어간 거. 나 좀 봐달라고. 삐지지 말고(647-654).

이재득: 죽는다는 협박을 하면은 어 다시 그런 관심을 주지 않을까 싶어서 그애한테 구체적으로 이렇게 이렇게 해서 죽어버릴 거야라고 협박을 해버리죠(542-555).

장영복: 작년에 한 4월달 5월달에 그때 이제 막 죽겠 그때 어머님한테 뭐 구체적으로 아 너 죽어야겠다 이런 걸 얘기한 거 같아요. 그때는 이제 어머님이 처음에 놀라 가지고 어 그 잘 진짜 집이라도 팔아 가지고 뭐라도 하자 이런 식으로 해 했었는데 이제는 너무 제가 그 그런 얘기를 쉽게 쉽게 하니까 처음엔 놀라셨는데 이제는 뭐 귀찮아진 거죠. 어머니도. 별로 뭐 특별히 또 않고 어머니 나름대로 방법으로는 그냥 무시해버리는 게 낫겠단 생각을 이제 이제는 별로 반응이 없어요. 그래서 이번에 뭐 올해 들어와서 죽겠다 그러면 크게 반응을 안 하시는 거 같

아요. 그냥. 피하시고 뭐 요즘 그러세요. 그냥(466-476).

장주현: 날 좀 봐주지. 날 좀 관심을 가져주지 이런 거(3845-3849)?

⑬ 의사소통 단절: 외적인 어려움이나 환경이 아니라 그에 대해서 허심탄회하게 털어놓고 상의를 할 수 있는 의사소통의 부재를 자살시도의 이유라고 언급되는 경우도 있다.

김명관: 이 대화라는 게 상당히 중요한 거 같아(707-708). 〔…〕 실질적으로 자살 문제도 그거 아무것도 아니잖아요. 그래서 얘기하고 좀 이렇게 하면 되는 데 성격이 좀 그런 거 같아서 많이 고비를 넘겼지(715-717).

김명관: 나도 사람들이 왜 죽나 싶은데 본인이 느껴보니까 아 그런 그게 내한테 오면은 감당을 그 못하니까 진짜 그거는 대화 없이는 그 죽음이 사망에 이르더라고. 내 생각에는 난 이런 전문가는 아니지만은 내가 느껴본 바로는 대화 많이 얘길 해야 돼. 있는 걸 다 얘기해서 고쳐주면은 결론적으로 경제 문제는 이 대화로 하면 풀리거든(1784-1790).

민형주: 이 고통에서 벗어나려면 죽을 수밖에 없겠구나. 그런 생각이 들어서 사무실 문을 열고 나가는 순간 저도 모르게 그냥 막 본청 건물로 가서 자살시도를 했고(50-57). 〔…〕 그거를 누구한테도 얘기할 수 없으니까 그 점이 힘들고(208-214). 〔…〕

⑭ 어린 시절의 부정적 체험: 이재득 씨의 경우 자신이 지금 시도하고 있는 자살행동의 가장 근본적인 원인으로 어린 시절에 겪었던 부모의 이혼과 어머니의 부재를 언급하고 있다.

이재득: 어떠한 이유 때문 어떠한 상황 때문에 이제 생각 옛날에 있던 걸

끄집어내서 내면적으로 이제 부정적으로 가면서 어떤 자살의 이르게 까지 되는 그런 시스템인 거 같아요(3085-3090).

이재득: 베이스는 제일 마 밑에 깔려 있는 거는 부모님 문제인 거 같아요(2372-2375). 〔…〕 뭐 그냥 그 상태로 쭉 계속 가정이 유지되고 이어왔으면 어떻게 해서든지 제가 조금 더 나은 공부를 해 갖고 지금보다는 어 조금 더 좋은 직장에 다니면서 벌써 결혼을 하지 않았을까 이렇게 간단하게 생각이 돼요. 근데 이제 첫 여자친구와의 어떤 유지를 못 한 것도 결혼할 나이가 이제 거의 다 되어가서 이제 그게 되지 않는다는 이유를 대고 이제 헤어지게 된 건데 〔…〕. 그러니까 뭐 계속 그 직장 뭐 결혼 제 나이 대에 많이 고민하는 것들이 이제 원망이 다 그걸로 초점이 다 그걸로 맞춰지는 거죠(2563-2570).

장주현: 아니 아니 죽음에 대해서 저는 되게 쉽게 생각했어요. 죽는다는 걸. 저 한 일곱 살 때 그랬던 거 같아요. 남들과 다름을 제가 알잖아요. 저 클 때까지만 해도 이혼이 보편적인 게 아니었어요. 뭐라 그래야 될까 동정받기 싫어하면서도 은근히 동정받는 데 익숙해졌다고 할까요. 엄마가 없다는 거, 주위사람들이 엄마가 없다는 저를 보는 눈빛 그리고 남들과 다르다는 거 그런 게 싫었어요. 다른 집에서 태어났으면 좋겠다는 생각을 했고, 그러기 위해서는 새로운 삶이 필요한데 여기서 제가 할 수 있는 게 없었잖아요(55-63).

5.1.3. 죽음 또는 자살에 대한 관념

자살시도자들은 여러 가지 이유로 극심한 고통을 겪고 있는 상태에서 자살은 현재의 고통을 깨끗하게 없애주고 자신을 편안하게 해줄 수 있는 수단 또는 문제해결의 돌파구라고 생각하고 있다. 또한 죽음은 편안하다는 인식을 가지고 있기도 하다. 자살한 사람들에 대해서는 그들이 자살을 할 만한 충분한 이유가 있다는 공감을 하기도 한다.

강석민: 실은 딱 갔는데 사실 갈 때까지도 저는 아무 느낌이 없었어요. 진짜 아무 느낌이 없었고 슬프지도 않았어요. 딱 가면서 시신을 딱 받고 볼 때까지도 아무렇지도 않았어요. (…) 동화 같은 거예요. 죽음이. 슬프질 않고. 너무 동화 같고 아름다운 거예요(539-559). 죽음에 대한 생각이 쉬워졌어요. 사람 죽는 게 아 별거 아니다 한순간이구나. (…) 정말 죽음이 쉽게 느껴졌었어요. 사람 목숨이라는 게 정말 영화나 드라마처럼 끈질긴 게 아니구나. 그냥 확 죽는 거구나(630-638).

김명관: 그래서 이제 그 자살 한 번 하면 다 끝인데 깨끗하지만은(349-353).

김명관: 자살 문제에 대해서 남이 자살하는 걸 아 저 미친놈이라고 많이 얘기했는데 내 현실에 당해보니까 그게 아니더라고. 아 자살할 만한 하겠다 저 정도면은. 다 뭐 이유 있어 가지고(433-436).

인터뷰어: 본인이 과거에 여러 차례 죽고 싶다는 생각, 자해 이런 경험이 있잖아요. 그때를 돌아봤을 때 그때는 어쩔 수 없는 그 상황에서는 최선의 행동이었던 거 같아요?
장주현: 네. 돌파구였다고 생각해요(3821-3828).

우지선: 처음에는 저도 막 죽음이라는 게 되게 무서웠어요. 되게 막. 너무 무섭더라고요. 근데 요즘은 그런 생각도 안 들어요. 옛날 같으면 아 죽으면 어떻게 될까, 내가 죽으면 어떻게 될까 막 이렇게 했는데(805-809). (…) 힘들고 고통스러우면. 차라리 한번에 겪고, 일찍 겪는 게 오히려 더 나을지도. 모른다라는 생각이 들어서(844-847).

민형주: 내가 지금 고통스러우니까 이 고통에서 벗어나려면 그럼 죽는 수밖에 없겠구나(105-106).

안정희 : 공감해요. 그 사람은 편안할 거 같아요. 그 사람들이 많이 힘들어했을 것 같아요. 그렇게 까지 힘들었겠죠. 아무래도 저도 애들 앞에

서 목을 매려고 그랬었으니까(3133-3150).

장주현: 자살을 이끌고 가기까지 왜 옆에서 아무에게도 털어놓지 못했을까 나라도 있었으면 이런 거(2405-2408). […] 나 같아도 그럴 수 있겠다 싶은 거예요(3422-3433).

그림 69. 자살시도 체험의 요소

5.1.4. 방법

자살시도자들이 시도했거나 생각하고 있는 자살시도 방법은 목맴, 투신, 수면제, 약물, 자해, 가스중독 등이 있다.

김명관: 그리고 뭐 몇 번 쩝 차 몰고 가면서도 한 번 그냥 뛰어들을 생각도 했었고.
인터뷰어: 한강으로 뛰어들.
김명관: 네(73-79).

조혜란: 가령 집에서도 그렇고 이렇게 지나가다가 빌딩이 창문 큰 데가 있잖아요. 그러면은 창문이 좁은 데는 내 몸이 빠져나갈 수가 없으니까 못 뛰어내릴 거 아니에요. 근데 창문이 큰 데는 그냥 마음 편안하게 탁 뛰어내릴 수 있을 거 아니에요. 그래서 그 생각도 해봤고. 음 이제 쓥. 아니면은 수면제 뭐 수면제를 많이 먹으면 죽을 수 있다는 얘기를 들었는데 그 수면제를 어떻게 구입할 수가 있을까 씁. 약국에 가서 약사한테 그 얘기를 하면 그냥 주지는 않을 텐데. 그 많은 거를. 그런 그렇게 한 번 생각도 해봤고(284-397).

민형주: 노끈을 가지고 가서 목을 매서 죽으려고 했어요(59).

한정연: 뭐어. 목을 매달아서 죽든지 아니면 뭐 칼로 찔러서 죽든지 칼로 이렇게 배 뭐 이렇게 가슴 배를 배나 가슴을 찔러 가지고 죽든지 아니면 약을 머 뭐 약 같은 거를 먹고 죽든지 뭐 그런 생각을 많이 했었던 것 같아요(176-186).

안정희: 죽으면 그냥 끝이구나. 내가 너무 힘드니까 끝날 거라는 생각이 그러면 나만 죽으면 끝날 거잖아요. 아무것도 없는 거잖아요(2328-2332).

5.2. 자살체험

연구참여자 중에서 모두 네 명이 가족 또는 주변 사람들의 자살과 관련된 체험을 한 것으로 밝혀졌다. 이 가운데 자살체험이 자살시도와 자살 생각에 직·간접적으로 영향을 끼쳤다는 사실을 명시적으로 밝힌 연구참여자도 있었고, 또 반대로 그들의 자살시도나 자살 생각에 영향을 끼치지 않았거나 영향에 대해서 특별하게 언급하지 않은 경우도 있었다. 강석민 씨의 경우 어머니의 거듭되는 자살 위협이 자신의 자살 생각에 직접적인 영향을 끼쳤다고 말하고 있다.

> 강석민: 어머니가 어릴 때부터 되게 죽는다는 말씀을 굉장히 많이 하셨었어요. 저는 생각이 아무래도 부모님이 자꾸 그런 얘기를 자식 앞에서 하면 자식들도 그냥 쉽게 그런 단어를 뱉을 수 있을 것 같고 쉽게 생각을 할 수 있다고 생각을 하거든요. 접하는 게 그런 거니까 그래서 그랬던 거 같아요. 처음 시작은 그런 식으로 시작을 했던 거 같고(234-239).

조혜란 씨의 경우에는 어린 시절에 목격한 어머니의 음독자살에 대해서 평생 책임감을 느끼고 있고, 자살로 인한 어머니의 부재로 인해서 많은 이성관계를 갖게 되고 그 가운데에서 어려움을 겪게 된 요인으로 작용한 애정결핍을 겪게 된다. 그러므로 조혜란 씨의 경우 어머니의 자살을 체험한 것이 그녀의 삶에 부정적으로 작용하였을 뿐만 아니라 그녀의 자살시도에도 영향을 끼쳤다고 할 수 있다.

> 조혜란: 엄마 일찍 돌아가시고 그렇게 자랐는데 유독이 제가 외로움을 잘 타는 거 같아요(3629-3634). 〔…〕 그러니까 남자를 좀 찾으려는 거 같고(3722-3725). 〔…〕 사랑을 받고 싶은 거고. 내가 힘들 때 같이 이렇게 보듬어주면서 이럴 때 어떻게 어떻게 해쳐나가야 된다는 것을 알릴 수 있는 그런 그런 사람 그러니까 그런게 어떤 사람인 거죠(778-780). 〔…〕

뭐 결혼을 할려고 하다가 좋은 남잘 만났다 생각을 했다가 어떤 그게 나한테 큰 어떻게 보면 큰 충격이었어요. 진짜 〔…〕 가장 더 이렇게까지 된 이유가 어찌 보면 그것도 크게 좌우를 하는 거 같아요(168-172).

장주현 씨는 중학교 때 가족 그리고 급우들과의 갈등으로 인해서 힘들 때 선배의 자살을 체험하였고 그로 인해서 자살충동을 겪은 바 있었다.

장주현: 중학교 때요. 모르던 선배 언니가 아파트 옥상에서 뛰어내린 거예요. 죽었어요. 저 중학교 때 굉장히 힘들게 겪었거든요〔…〕. 저 친구들하고 아파트에 술 마시러 갔는데 술 마실 때 그냥 뛰어내려볼까 그런 거(334-339).

반면에 큰오빠 자살, 작은오빠 자살시도 아버지의 음독자살시도, 남편의 자살시도, 남편의 형 자살 등과 같이 많은 자살 경험을 한 안정희 씨는 그것에 큰 영향을 받지 않은 것으로 보인다. 그 이유는 큰오빠의 경우 그녀가 나이가 매우 어린 시절에 집이 아닌 서울에서 자살을 했기 때문에 자살을 직접 체험하지 못하였고 기억하지도 못하고 단지 어른들의 전언에 따라서 큰오빠의 자살을 알고 있을 뿐이기 때문이다. 안정희 씨는 작은오빠의 자살시도를 유치한 행동으로 간주하고 있는 것으로 보아서 작은오빠의 자살시도를 진지하게 생각하지 않았고 또한 그로부터 영향을 받지도 않은 것으로 보인다. 그 외에 아버지와 남편의 자살시도와 남편 형의 자살도 짧게 언급하고 있을 뿐 그것의 영향에 대해서는 언급하지 않았다.

안정희: 맨 위에 큰오빠가 저 초등학교 들어갈 무렵에 자살을 했다고 들었어요. 근데 어렴풋이 기억이 나거든요? 〔…〕 그때 어렸을 때 추억만 갖고 있고, 얼굴도 지금은 가물가물하고 그렇거든요. 그때 오빠가 서

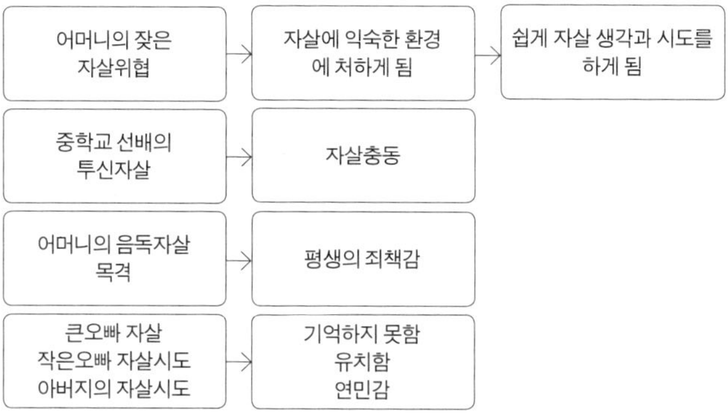

그림 70. 자살시도자들의 자살체험이 끼친 영향

> 울에 있었나봐요. 그때 자살을 했다고 얘기를(24-31). (…)
> 인터뷰어: 그때는 특별히 실감이 나거나 그러지는 않으셨어요?
> 안정희: 그런 거는 없었어요(52-57).

> 안정희: 둘째오빠가 (…) 여자문제로 그런 거 때문에 집에서 약을 먹고 한 번 자살시도를 한 적이 있었어요. 저 그때 중학교 때(60-66). (…) 그냥 약 먹고, 그때도 제가 생각해도 왜 철이 없었나. 그런 거에 대해 죽음에 대해 크게 생각은 안 했었거든요(70-71)?

〈그림 70〉과 같이 요약하자면 자살체험은 자살충동이나 자살 생각을 하게 함으로써 자살시도에 직접적인 영향을 끼치기도 하고, 자살시도에 별다른 영향을 끼치지 않은 경우도 있다.

5.3. 성장과정

연구참여자들이 어린 시절 성장과정에서 체험한 것에 대한 이야기는 대부분 부정적이다. 성장 시절의 부정적 체험은 크게 가족 내 체험(1)과 학교생활 체험(2)으로 분류할 수 있다. 소수이지만 어린 시절을 긍정적으로 회고한 경우도 있었다.

5.3.1. 가족 내 체험

가족 내 문제는 대부분 부모와 관련된 문제들이다. 구체적으로는 아버지와 어머니의 문제적 행동, 아버지와 어머니 사이의 부부갈등, 부모의 이혼으로 인한 부모의 부재 또는 편부모 가정생활, 부모의 무관심과 차별, 부모와의 갈등, 부모의 사업 실패 또는 실직으로 인한 경제적 어려움 등이 있다.

① **부모의 문제적 행동**: 부모의 문제적 행동은 많은 경우 아버지의 잦은 음주와 취중폭력과 관련이 있다. 아버지의 취중폭력은 자살시도자의 어머니에게 가해진 경우가 있고, 자살시도자에게 가해진 경우도 있다.

> 안정희: 술을 좋아하시고 시골양반들 다 그러시잖아요. 술 드시면은. 두들겨 패고 욕하고. 막 이러는 게(124-139).

> 조혜란: 아버지가 술을 너무 좋아하셨고 술을 드시고 집에 오면 엄마를 그렇게 때렸어요. 엄마가 진짜 많이 맞았거든요. 그래서 엄마 맨날 도망다니고 그랬는데요(4036-4038).

> 조혜란: 아버지가 절 그렇게 잘 때렸었어요(1416). 〔…〕 우리 아버지가 술을 안 먹을 때는 잘했어요. 그래도. 근데 술만 먹으면 확 변해버려요. 〔…〕 말대답을 했던 거 같아요. 지금 생각해보니까 그럼 (웃음) 우리 아버지 뭐 말대꾸 그러냐면서 저를 그렇게 아프게 엄청 아프게 때렸어요. 그럼 나는 그게 너무 싫어 가지고 도망을 갔는데 이쪽 건넛방으로 차라리 어디 밖으로 돌아가면 되는데 건넛방으로 해서 문을 닫아버리

면 아버지는 그냥 거기서 말아 말아 줄줄 알았는데 그리고 전 이불을 푹 덮고 가 가지고 막 울어요. 그럼 그 거기를 끝까지 쫓아와서 발로 아버지가 발로 나를 짓이겼어요. 그 정도로 맞아 가지고 제가 그때 가출을 했었어요(1441-1461).

아버지의 또 다른 부정적인 문제는 도박과 그로 인해서 발생한 빚의 문제와 또한 그에 따른 경제적 문제이다. 그로 인해서 어린 시절에 심리적인 압박감과 강박관념을 갖게 되었다.

강석민: 아버지가 그니까 도박에 좀 손을 대셔 가지고 돌아가실 때까지도 계속 끊임없이 도박을 하셨거든요(51-52). (…) 우리 집 되게 어렵고 빚도 뭐 산더미 같고 뭐, 항상 빚을 지면서 경제활동을 하신대요. 뭐 돌려막기 하신다고 그러고(736-738).

강석민: 어머니께서 끊임없이 돈이 부족하다고 우리한테 맨날 얘기했어요. 아껴 쓰라고. 뭐 전기, 수도, 뭐 이런 것부터 시작해서 맨날 아끼라고 아끼라고 하셨고 저는 이제 딴에 눈치 빠른 애였기 때문에 눈치 빠르고 또 바른 애였기 때문에 되게 실천을 잘했어요. 잘했고. 근데 그게 좀 잘못된 방향으로 가서 좀 강박관념이 많았었어요. 그래서 저는 저 혼자는 누나도 그래요. 저랑 저희 누나는 우리가 사실상 겉모양은 절대 그러지 않은데 심리적인 거는 굉장히 가난하게 컸어요(717-725).

부모의 문제적 행동에는 아버지와 어머니의 불륜도 있다. 장주현 씨의 경우 어머니가 외도를 하였고 이로 인해서 부모가 이혼을 하였다.

장주현: 바람을 피셨대요.
인터뷰어: 누가요?
장주현: 엄마가요(191-194).

조혜란 씨의 아버지는 어머니가 돌아가시고 난 후에 한 동네에 사는 유부녀와 불륜의 관계를 맺음으로써 동네 사람들로부터 비난을 받았다. 그로 인해서 조혜란 씨와 그녀의 형제들은 아버지와 갈등을 겪게 되고 가정 내 불화가 잦았다.

조혜란: 아부지가 좋아한 여자가 가정이 있는 그 집에 고 동네에 그런 사람을 좋아했어요. 우리 아버지가 둘이 바람이 나 가지고 우리는 그런 모습을 보고 자라왔지요. (…) 그러니까 동네에 막 욕을 먹으면서도 그 아줌마를 만났어요. (…) 그래서 나는 불만이었고 우리 오빠도 그게 불만이어서 우리 아버지랑 많이 싸웠고 쩝. 그렇게 되서 우리 집 자식들하고 우리 아버지하고가 사이가 맨날 이렇게 트러블이었어요. 맨날 집안이 조용할 날이 없었어요(1419-1436).

② 부모 사이의 갈등: 부모의 문제적 행동 또는 경제적 어려움으로 인해서 부부 간의 갈등과 가정 내 불화가 심한 경우가 많았다.

강석민: 부모님이 거의 머 일주일에 머 한 4-5일은 항상 싸우셨기 때문에 예 그때는 그런 거를 보면서 좀 화가 많이 났었어요. 화가 많이 났었고.
인터뷰어: 그런 싸움이 일주일로 따지면 몇 번 일주일에 몇 번 정도 있는 거예요?
강석민: 거의 4-5번(251-254).

강석민: 어머니는 어머니대로 밖으로 돌았어요. (…) 언젠가부터 되게 많이 놀러 다니시더라구요. 친구분들하고 아마 스트레스 풀러 다니 신 것 같은데 머 심지어는 나이트도 배회하시고 머 술도 맨날 드시고 그러시더라고요. 맨날 새벽에 들어오시고(68-74).

안정희: 엄마 아빠가 많이 싸우는 게 그렇게 싸우는데 너무 싫었거든요.

아버지가 술을 좋아하시니까 엄마 아빠하고도 많이 싸웠어요. 사춘기 때는 차라리 싸우지 말고 이혼하라고도 그런 소리를 많이 했었거든요. 저렇게 난 절대로 저렇게 안 살겠다고 (117-121).

③ 가족 해체와 편부모 생활: 부모의 문제적 행동으로 인해서 부모가 갈등을 겪고 이혼을 하거나 어머니가 자살을 함으로써, 자살시도자들은 부모가 모두 없는 독거 생활을 하거나(이재득), 친척집에서 기거하거나(장주현), 편부모생활을 하기도 하였다(조혜란). 또한 아버지의 폭력적 행동을 견디지 못하여 어린 나이에 가출을 한 경우도 있다(조혜란).

이재득: 아버지 사업 실패 이후 어 엄마와의 엄마랑 아버지와의 사이가 좋지 않아서 어 아버지가 현실을 도피하기 위해서 어디 멀리 가셨었고요. 그다음에 어머니도 그 상황이 싫어서인지 어디 멀리 가셔 멀리는 아니고 저랑 떨어져 계셨어. 저 혼자 이제 한참 그 처음 이제 생활을 시작했죠(3-23).

장주현: 바람이 나서 애를 가져서 이혼을 한 거거든요. [⋯] 생각이 있는 여자는 그러면 안 되잖아요. 그렇죠? 그런데 정말 개념 없이 이게 뭐하는 짓인가 이게 엄마의 존재가 작기 때문에 상처가 많진 않지만 굉장히 싫은 사람이에요(191-211).

인터뷰어: 고모네서 생활하셨어요?
장주현: 네. 10살 때부터 18살 때까지 자랐는데, 그전에도 고모가 키워주셨어요(100-119).

조혜란: 엄마가 초등학교 3학년 때 돌아가셨는데요. 아버지 때문에 약을 먹고 돌아가셨거든요[⋯]. 아버지가 엄마를 너무 많이 속을 서 속을 많이 썩혀 드려 가지구요. 엄마가 약간 정신이 오락가락 오락가락했었거

든요(1833-1839).

조혜란: 중학교 쯤. 중학교 1학년이나 2학년. 그랬던 거 같은데. 정확한 기억은 모르겠고 그때부터 가출을 했던 기억도 있구요.

인터뷰어: 오랫동안 가출했었어요?

조혜란: 그때부터 아버지랑 같이 살 수 없다고 자취를 했던 거 같아요 (1464-1469).

④ 부모의 무관심과 차별: 연구참여자들 중에서는 성장과정에서 부모가 다른 형제자매를 편애했고 자신은 부모로부터 차별적인 대우를 받았다는 생각을 가진 사람들이 있었다. 부모의 무관심과 차별은 연구참여자들이 성인이 되어서 분노, 부모 형제와의 불편한 관계, 올바르지 못한 성격 형성 등과 같은 자살시도의 직접적 또는 간접적 요인으로 작용하는 것으로 밝혀졌다.

강석민 씨의 경우 가사일을 제대로 돌보지 않고 밖으로 떠도는 어머니가 집안일을 아픈 누나에게는 시키지 않고 자신에게만 시킴으로써 부담감과 억울함을 갖게 되었다. 이러한 차별에 대한 억울함은 그가 자살을 생각하게 된 분노의 한 원인으로 작용한다.

안정희 씨의 경우 중학교 때 부모님들이 오빠들만 편애하고 자신에게는 관심을 주지 않았으며, 꼭 가고 싶었던 수학여행을 가지 못하게 됨으로써 처음으로 자살 생각을 하게 되었다.

장영복 씨의 경우 일방적으로 누나 편을 드는 것에 대해서 아버지와 누나에게 불편하게 생각한다.

김명관 씨의 경우 어린 시절 부모 형제들이 자신에게 무관심하였고 제대로 된 교육을 하지 않았기 때문에 자신의 일방적인 성격이 형성된 것으로 파악하고 있다. 그의 일방적인 성격은 그의 사업 실패의 한 원인이고, 사업 실패는 다시 자살시도의 본질적인 원인이었으므로 김명관 씨는 부모 형제의 무관심을 자살시도의 한 원인으로 보고 있는 것으로 보인다.

강석민: 집안일을 다 해놨어야 했어요. 밥 해놓고 반찬 해놓고 설거지하고 빨래하고 청소하고 그걸 다 해놓고 그제서야 나갈 수가 있었어요. 그걸 안 해놓으면 어머니께 혼났어요. [···] 누나도 그니까 누나가 되게 초등학교 때부턴가 한 스무 살 땐가까지 다리에 또 암이 있었어요. [···] 어머니는 과잉보호를 한 거죠. 걘는 일 시키지 말라고. 실제 성격도 누나도 좀 좀 게으른 편이었고 그래서 원래 제가 많이 나서서 하는 편이었고 그래서 어떻게 하다 보니까 그냥 제가 다하게 됐고. [···] 어릴 때는 당연히 그렇게 당연히 아 그래야 되는구나 하고 그렇게 항상 지냈는데. 근데 그렇게 지내다가 한 번씩 그렇게 싸우고 이러면. 억울한 거예요(92-110).

안정희: 집안이 많이 힘들었었거든요. 근데 수학여행인가? 가야 되는데, 형편이 어려우니까 여행비를 안 주시는 거예요. 초등학교 때도 돈 때문에 못 갔었거든요. 근데 중학교 때 가야 되는데 꼭 가고 싶은데 집에서 돈이 없으니까 못 보내주시는 거예요. 요번에 꼭 가고 싶은데. 그래서 한번 저희 집 근처에 예당저수지 거기 내려오면 수로가 있어요. 집 앞에 조금 나가면. 한번 뛰쳐나가서. 죽겠다고 뛰쳐나가서. 그때 사춘기 때잖아요? 그 뚝방에 앉아서 생각한 적이 있어요. [···] 오빠들이 있다 보니까 저는 맨 날 밀리게 되는 거예요. 엄마, 아빠는 살기 힘드시니까. (울먹) 저한테 관심을 안 보여주시고. 그냥 하고 싶은 일도 많고 공부도 하고 싶었는데. 저 힘으로. 하면서 알바라고 하긴 좀 그런데, 일을 하면서. 했었고, 중학교 때. 처음 그 생각을 했어요(7-21).

장영복: 그 뭐 어렸을 때 같은 경우는 예를 들어 누나랑 싸우면 싸우면은 저를 이제 그 어떻게 보면 둘이 이제 잘못을 했을 텐데 불구하고 저를 이제 많이 나무랐죠. 동생이 누나한테 그러면 안 된다 많이 혼났던 거

> 같아요. 그랬던 게 어렸을 때는 또 많이 서운했던 거 같아요. 차별을 당한다는 씁 어떤 느낌을 받았던 거 같아요. 어렸을 때는 그런 게 강한 거 같아요(1142-1147).

> 김명관: 이제 그 성장과정이 좀 부모님 밑에서 컸지만 크게 뭐 관심을 안 가져주니까 그 뜻대로 내 뜻대로 좀 했다고(590-594). (…) 우리가 뭐 교육을 교육도 뭐 잘못 받았고 어떤 옆에서 자꾸 깨우쳐줬으면 리드를 좀 해줬으면 싶은 생각이 들고 아 시골 사람들이 뭐 그렇게 해주는 사람이 어딨어? 자기 스스로 깨쳐나가야 되는데 난 그런 점이 좀 부족한 거 같아 어릴 적부터(689-692).

⑤ **부모와의 갈등**: 부모의 문제적 행동은 부부 사이의 갈등뿐만 아니라 자녀인 자살시도자들과의 갈등도 유발한다.

강석민 씨는 아버지의 도박과 그로 인해서 자주 발생하는 부모의 다툼에 힘들어하고 이를 해결하기 위해서 부모와 대화를 시도하지만 문제가 해결되지 않는다. 이로 인해서 그는 부모에 대해서 분노를 하게 되고 부모에게 복수를 하고 싶은 극단적인 마음으로 자살을 생각한다.

장영복 씨는 아버지의 누나에 대한 편애와 자신에 대한 차별의 감정으로 인해서 성인이 되어서도 아버지와 누나와 함께 한집에서 사는데 불편감을 느끼고, 실패로 끝난 사업을 위해서 중국으로 출국하게 된다. 거듭되는 실직과 사업 실패는 그의 우울증과 자살 생각에 영향을 끼치는 요인이기 때문에 장영복 씨에 대한 아버지의 차별도 그의 자살 생각에 영향을 끼친 것이라고 할 수 있다.

조혜란 씨의 경우도 아버지의 폭력으로 어머니가 자살을 하게 되고 그 이후 어버지의 불륜과 자신에 대한 폭력으로 인해서 아버지와 갈등을 빚고 어린 나이에 가출을 하게 되고 청소년으로서 해서는 안 되는 일탈적 행위를 하였다. 또한 부모의 부재로 인한 외로움을 달래기 위해서 잦은 이성교제를 하게 되었고 잘못된 결혼을 하게도 되었다. 그러므로 부모와의 갈등이 조혜란 씨가 자살을 생각하게 된 요인으로 작용하는 것이라고 할 수 있다.

강석민: 가족회의를 하재요. 그러면 가요. 가족회의도 제 생각에 아마 진짜 한 한 50번은 했을 거 같아요. (…) 우리의 입장과 우리가 제시한 해결책은 받아들여지지 않고 계속 똑같은 얘기만 해서 결국 그렇게 끝나요. 항상 그거를 십 년 동안 계속 시도를 했는데 끊임없이 시도는 했어요. 왜냐면 그래도 가족회의라는 것을 하고 있고 안 싸울 때는 그래도 따뜻하게 잘 대해주니까 희망은 계속 있거든요. 그래서 끊임없이 희망만 믿고 계속했는데 안 되더라구요. 그러니까 나중에는 이제 화가 날 때 생각이 드는 생각이 당신들 소용없는 사람들이니까 진짜 큰 충격이 필요하겠다(153-179).

장영복: 아부지하고 거의 얘기도 안 하고 진짜 큰누나하고 얘기도 안 하고 집에서 피해 다니고 막 이러다가(74-80). (…) 몇 달 동안 쉬고 저희 아버지도 뭐 집에 계시고 그러다보니까 셋이서 뭐 친하지도 않은데 셋이서 있다보니까 자꾸 부딪히고 못 견뎌요. 숨이 막히더라구요. 하 어디든지 떠나자 이런 식으로 했는데 아무래도 중국이 제 생각에는 좀 하나의 제 기회라고 생각했었기 때문에 그냥 또 중국으로 가게 됐죠(251-257).

조혜란: 아부지가 좋아한 여자가 가정이 있는 그 집에 고 동네에 그런 사람을 좋아했어요. 우리 아버지가 둘이 바람이 나 가지고 우리는 그런 모습을 보고 자라왔지요. (…) 그러니까 동네에 막 욕을 먹으면서도 그 아줌마를 만났어요. (…) 그래서 나는 불만이었고 우리 오빠도 그게 불만이어서 우리 아버지랑 많이 싸웠고 쩝. 그렇게 되서 우리집 자식들하고 우리 아버지하고가 사이가 맨날 이렇게 트러블이었어요. 맨날 집안이 조용할 날이 없었어요(1419-1436). (…) 아버지가 절 그렇게 잘 때렸었어요(1416). (…) 발로 아버지가 발로 나를 짓이겼어요. 그 정도

로 맞아 가지고 제가 그때 가출을 했었어요(1441-1461).

⑥ **경제적 어려움**: 여러 연구참여자들이 어린 시절 집안 형편이 어려웠음을 말하고 있다. 하지만 구체적으로 어려운 집안 형편으로 자살을 생각하거나 시도하게 된 요인으로 작용하는 것은 장영복 씨와 장주현 씨 사례이다.

장영복 씨는 원래 미술을 하고 싶었지만 아버지의 정년퇴직으로 집안 형편이 어려워짐으로써 정작 자기가 하고 싶은 일을 하지 못하게 된다. 이것이 현재 그가 여러 직장에서 적응하지 못하고 이직을 하고 사업에도 실패하는 이유의 하나로 생각되는 것으로 보인다. 부모가 이혼을 한 후에 어려운 집안 형편으로 인해서 장주현 씨는 고모 집에서 살게 되었고 그로 인해서 나중에 자살을 시도하게 된 소외감과 외로움, 애정결핍, 낮은 자아존중감, 자기부정과 자기애 부족 등과 같은 많은 요인들이 발생하였다.

장영복: 이제 좀 미술을 좀 좋아했거든요. 미술을 좀 잘했고 그래서 사실은 미대나 이런 쪽으로 정말 가고 싶었어요. (…) 고등학교 올라가니까 다른 친구 뭐 전혀 생각지도 못했던 애들이 뭐 미술 배운다고 막 학원 다니면서 석고상 들고 다니고 막 그러더라구요. 그래서 물어봤어요. 뭐 비용을. 그랬더니 한 달에 굉장히 비싸더라구요. (…) 경제적으로도 저희 아버지가 좀 거의 퇴직당하는 그때 시점이라 아 제가 뭐 선뜻 그거를 손 벌리기가 그전부터 뭐 사실 그랬던 거 같아요. (…) 만약에 지금 생각해보면은 사실 정말 어떻게든 그때 미대를 들어갔으면 오히려 내가 하고 싶었던 걸 하지 않았을까? (…) 내 인생이 좀 많이 바뀌지 않았을까 하는 후회가 많이 되지요. 그때 조금 뭐 무리를 해서라도 투자를 해서 제대로 된 뭐 공부하고서 딱 했으면 지금쯤 인생이 좀 많이 바뀌지 않았을까 하고 싶었던 거 전 미술 그쪽으로 하고 싶었어요(1066-1106).

장주현: 13살도 안 되서, 열 살도 안 돼서 집이 가난하다. 엄마가 없다. 고

모네 읎혀 산다. 크면 니가 빚을 갚아야 된다(625-627).

5.3.2. 학교생활 체험

① 일탈적 행동: 조혜란 씨는 아버지와의 갈등 후에 가출하고 나중에는 아버지와 떨어져서 친구와 같이 살면서 학교를 다녔다. 그녀는 중학교부터 흡연이나 본드 흡입 등과 같은 일탈적인 행동을 하였고 고등학교 때부터는 나이트클럽을 출입하기 시작하였다.

조혜란: 키가 크니까는 중학교 2학년 땐가 3학년 때 이제 고. 2학년 때부터 사실 좀 접. 고 육상했다는 친구는 이미 바깥을 이렇게 먼저 외부를 돌면서 애가 이렇게 뭔가를 사 뭔가 받아들이기가 빠르더라구요. 사회를 받아들였다인지 뭐라고 말해야 할지 모르겠지만 고 아이랑 제가 친해지면서 저 제가 이제 그때부터 약간 탈바꿈을 하게 됐어요. 그때부터 충주 시내를 나가게 됐고 나가면서 이제 돌아다니는 걸 좋아하게 됐고 그랬는데요. 어찌 되었던 에에 그 아이랑 이제 어울리면서 제가 사실 그때에 이미 담배를 배웠어요(1191-1199). [⋯] 막 본드 같은 것도 막 이렇게 본드가 아니라 그때는 그 저기 부탄가스 그거 이렇게 불고 막 그런 것도 했는데 근데 저는 부탄가스는 안 불었어요(1204-1211). [⋯] 나이트를 다니고 고등학교 때부터 뭐 그러긴 했는데(1224-1228).

② 입시 실패 체험: 민형주 씨는 외고 입시에 실패를 하고 신분상승의 기회를 잃어버렸다는 상실감과 미래에 대한 불안감을 느꼈고 이때 처음으로 자살 생각을 하였다.

민형주: 그러니까 이 학교는 내가 생각하는 그렇게 성공에 발판을 마련해주는 그런 일종의 코스라고 생각을 했는데, 떨어져버리니까 아 난 그 코스에서 이탈했구나. 이런 상실감?이라고 해야 되나. 그동안 잘

해오다가 갑자기 뚝 떨어져버리니까 막 불안감도 있었던 것 같고. 미래에 대한 불확실. 그런 불안한 마음이 많았었던 것 같아요(582-587). 〔…〕그때 딱 떨어졌다 불합격통보를 받고 나서는 그런 생각은 없었는데, 계속 고등학교 진학하고 그러고 나서, 아 죽고 싶다는 생각이 들더라고요. 〔…〕 고1 말? 그때부터? 아, 내가 엘리트코스를 밟을 수 없을 바에야, 아 난 차라리 죽는 게 더 낫다. 그땐 울기도 많이, 혼자 울고 그랬는데(605-611).

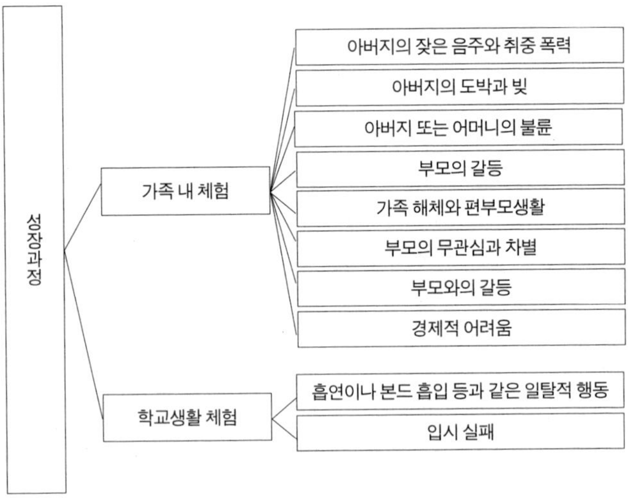

그림 71. 자살시도자들의 성장과정 체험

자살시도자들은 대부분 어린 시절 가정 내에서 부정적인 체험을 하였다. 부정적인 체험은 주로 부모와 관련이 있는 것으로서 부모 간의 갈등과 불화, 부모의 외도, 도박, 음주, 폭력 등이 자살과 관련이 있다. 이러한 요인들로 인해서 부모가 사망을 하거나 이혼을 하게 되어서 가족이 해체되는 결과를 맺게 된다. 이로 인해서 자살시도자들은 첫째로 편부모생활을 하게 되고 경제적 어려움에 처하게 된다. 이는 자살시도자들이 자신에 대한 부정적인 평가를 하게 되고 열등감을 갖게 되어서 자신을 있는 그대로 수용하고 사랑하지 않게 된다.

자살시도자들은 성장과정에서 부정적인 체험으로 인한 열등감과 낮은 자존감으로 인해 자신의 있는 그대로의 모습을 남에게 보이는 것을 두려워하여 은폐하는 행동을 하거나, 애정결핍적인 행동을 하게 된다. 자살시도자들은 다른 사람들이 자신의 실상을 알게 되는 것을 두려워하기 때문에 인간관계를 제한하거나 단절함으로써 결과적으로는 고립된 생활을 하게 되고 자신의 어려움을 토로할 수 있는 의사소통이 단절되어 이것이 결과적으로 자살 생각이나 시도를 하게 되는 결과를 초래한다.

한편 애정결핍으로 인해서 자살시도자들은 타인 또는 이성으로부터 사랑과 인정에 대한 과도한 기대를 하게 된다. 이로 인해서 그들은 이성에 대해서 집착적인 행동을 하게 되고, 타인에 대해서는 자신이 원하는 행동이 아닌 다른 사람들의 가치와 평가에 맞춘 타인에 대한 지나친 의존적인 행동을 하게 된다. 집착적인 이성관계와 지나친 타인 의존적인 행동을 통해서도 이루고자 하는 사랑과 인정에 대한 욕구는 충족되지 않는다. 이는 자살시도자들이 이성과 인간관계를 단절하고, 분노와 복수심 그리고 심화된 우울증으로 자살 생각이나 자살시도를 하는 요인으로 작용하고 있다.

어린 시절 겪은 편부모생활과 경제적 어려움으로 인해서 그들은 부모 또는 제도적 교육기관으로부터 받을 수 있는 좋은 교육의 기회를 상실하게 된다. 이로 인해서 그들은 안정적이지 못한 직업을 갖게 되고 경제적 어려움에 처하게 되기도 하며 미래에 대한 희망을 갖지 못하게 되어서 결과적으로 자살 생각이나 시도를 하게 된다. 특히 부모 형제 등으로부터 받을 수 있는 조언과 충고를 받지 못하면서 성장한 여성 자살시도자들의 경우 원하지 않거나 속아서 결혼을 하게 되는 경우가 있다. 이는 불행한 결혼생활로 이어지고, 이로 인해서 경제적 어려움이나 미래에 대한 희망을 상실하게 되고, 그러한 상황에서 혼자서 양육하는 자녀들에 대한 걱정과 그들로 인한 부담감을 갖게 된다. 이것이 또한 자살 생각이나 자살시도를 하게 하는 요인이 되기도 한다.

가족 해체로 인해서 자살시도자들은 어린 시절 친척집에 위탁되거나 혼자서 생활을 하는 경우도 있다. 이로 인해서 그들은 일탈적 행동을 하거나 외로움이나 우울증을 겪게 되는데, 특히 외로움으로 인해서 그들은 애정결핍을 겪게 된다.

자살시도자가 어린 시절 체험한 또 다른 경험은 부모의 무관심이

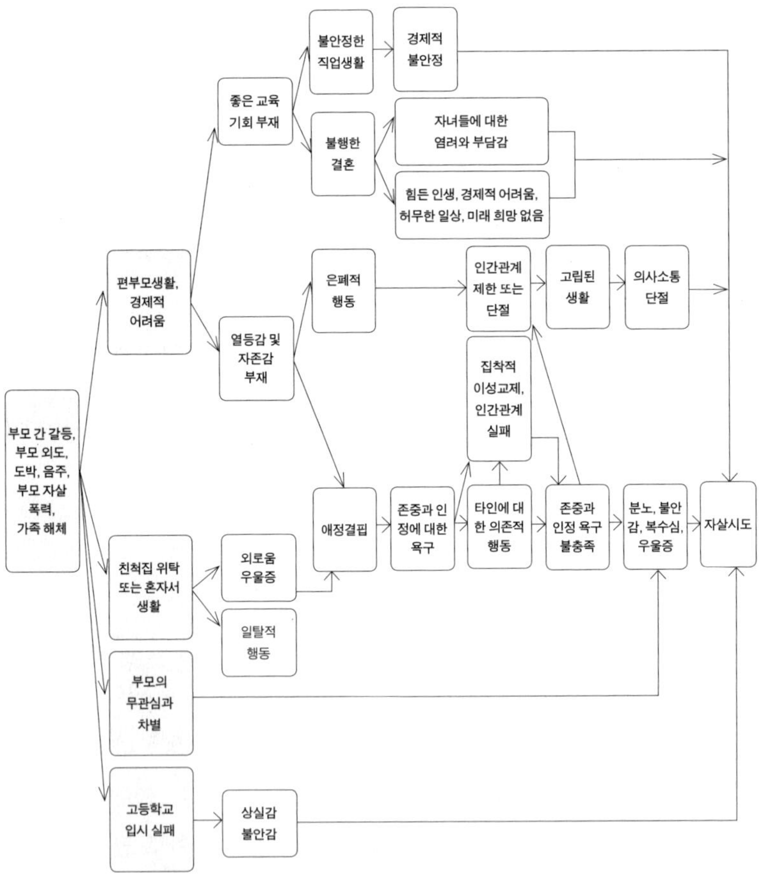

그림 72. 자살시도자들의 성장과정 체험이 자살시도에 끼치는 영향

나 차별적 대우였다. 이로 인한 분노와 복수심으로 자살을 생각한 경우도 있었다. 또한 어린 시절의 입시 실패 체험으로 인한 상실감과 불안감으로 인해서 자살을 생각한 경우도 있다.

지금까지 살펴본 바와 같이 가족 내에서 겪은 성장과정의 부정적 체험은 자살시도자들에게 깊은 상처를 남겼고 자살시도에 대한 결정적인 요인이며 동시에 자살시도의 원인의 실마리로 작용한다. 성장과정의 부정적 체험이 야기하는 다양한 요인들과 이들이 자살시도에 영향을 끼치는 경로는 〈그림 72〉와 같다.

5.4. 이성관계와 결혼생활

이성과 교제를 한 경험이 있는 연구참여자에게 이성은 한편으로는 그들의 문제를 해결해주고 삶의 고통을 덜어주는 사람이기도 하지만 동시에 그들의 문제를 악화시켜 다른 문제를 야기하는 사람으로서 작용한다.

> 강석민: 여자친구가 생기면 좋은데 조금 지나면 저는 힘들어져요. 분명 재밌고 즐겁고 좋은데도 불구하고 힘들어지더라구요. 자꾸 유지해야 될 것 같고(2790-2797).

> 장영복: 같이만 있으면 괜찮은데 자신감도 생기고 그런 또 같이 뭐 이렇게 그런 생각을 하면 또 우울해지거든요. 자신도 없어지고 만나면서 싫고 아 뭐 그냥 쩝 아 초라해 제 자신이 더 초라해질 거 같고 아 근데 두려운 거죠. 또 미래가 자꾸 두렵고 어떻게 할까(403-410).

> 장주현: 남자친구 사귀면서라도 위로를 받고 싶은데 항상 겁이 나요. 날 많이 안 좋아하는 건 아닐까. 내가 이런 행동을 해서(449-450).

이성친구들이 연구참여자들에게 순기능으로 작용하는 이유는 연구참여자들이 가지고 있는 외로움을 해소해주거나 낮아진 자존감을 회복시켜 자신감을 갖게 해주기 때문이다. 현재 사귀고 있는 남자친구가 삶의 버팀목이자 존재의 이유로 작용하는 경우도 있고(우지선), 이성 친구로 인해서 자신감이 회복되고 우울증이 극복된 경험이 있기도 하며(장영복), 여자친구로 인해서 외로움과 우울증이 치유되는 경험을 한 사례도 있다(이재득).

> 인터뷰어: 그니깐은 이런 거네요, 그러면. 이 남자가 없으면 나는 죽거나.
> 우지선: 네. 제 존재가 사라지겠죠(742-748). (…) 지금은 사는 이유 중에 하나가 남자친구죠(1934).

> 장영복: 전까지만 해도 정말 자신이 없었는데 누구 만나는 것도 그렇고 근데 이 친구를 통해서 굉장히 저라는 한 인간에 대해서 자신감을 저를 일단 사랑하는 어떤 쌉 그런 거 계기가 된 거 같아요. (…) 그 친구가 항상 뭐 잘될 거다 뭐 자신감을 가져라 항상 그렇게 얘기해주니까 어 저도 모르게 그 자꾸 이렇게 되는 거 같아요. 자신감을 갖게 되고(1894-1902).

> 이재득: 한참 우울증 되게 심해 심해 갖고 이제 그 우울증을 치료할 수 있는 방법은 제 스스로 이제 그때 당시 치료할 수 있는 방법은 여자친구 얼굴을 보고 웃는 거였어요(1199-1202).

이성친구가 연구참여자에게 역기능으로 작용하는 이유는 연구 참여자들이 자신의 결핍을 이성친구에 의해서 해소하려고 하고, 이를 위해서 이성친구에게 과도한 기대와 집착을 하기 때문이다. 그들은 그러한 상황에서 기대가 충족되지 않아서 실망하는 경우도 있고 또한 의존하고 있는 이성 친구와의 결별에 대한 두려움을 갖고 있기도 하다. 이러한 이성과의 역기능적 관계로 인해서 연구참여자들이 자살 생각과 자살시도를 하게 되는 경우가 있다.

우지선 씨와 장주현 씨는 남자친구에게 지나치게 집착하고 의존하기 때문에 남자친구에게 속박되어 있다는 느낌을 가지고 있거나, 남자친구로부터 버림을 받을 것에 대한 불안감을 가지고 있다. 이재득 씨와 장영복 씨의 경우 여자친구로부터 많은 지지와 위안을 받지만, 거꾸로 여자친구로 인해서 열등감이 더해지고 자신감을 상실하게 되기 때문에 큰 고통을 느끼고 있기도 하다.

> 우지선: 지지대이기도 하지만, 구렁텅이로도 밀어넣는 것 같은. (…) 다 지금 남자친구한테 얽매어 있는 거잖아요. 그러니깐 그냥 구렁텅이에 집어넣는 것 같기도 하고(3551-3560).

> 장주현: 내가 쉽게 내쳐지면 어떡할까라는 불안감이 그때 생겼는데 남자에 대한 건 아 남자들은 언제나 예쁘고, 예쁜 애들 있으면 돌아설 수 가 있구나(415-422). (…) 남자친구 사귀면서라도 위로를 받고 싶은데 항

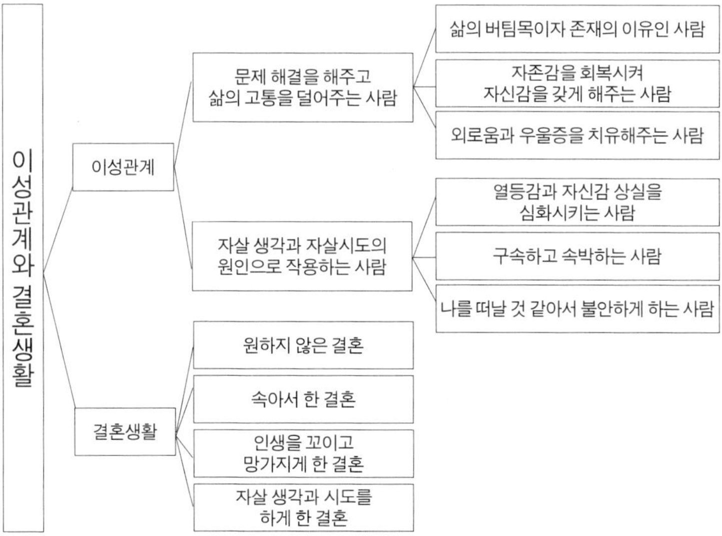

그림 73. 자살시도자의 이성관계 또는 결혼생활

상 겁이 나요. 날 많이 안 좋아하는 건 아닐까. 내가 이런 행동을 해서(449-450).

장영복: 모든지 개한테도 자신이 없고 일에 대해서도 자신이 없고 아 만나지 말아야지 또 며칠 동안 이제 안 만나요. 그러면 또 우울하게(361-365).

이재득: 저를 되게 우습게 보고 뭐 아무것도 아닌 것처럼 보게 되는구나 라고 생각을 하면서 제 자신이 싫어지고 제 자신을 자학하 자학하려고 하는 거고(516-531).

연구참여자 중에는 원하지 않게 결혼을 하게 된 경우도 있고(안정희), 중병을 앓고 있는 사람과 속아서 결혼을 한 남편이 결혼 1년만에 사망하여 혼자 된 경우도 있다(조혜란). 결혼을 한 대부분의 연구참여자는 원만하지 않은 결혼생활을 하고 있고 결혼으로 인해서 자신의 삶이 꼬이고 망가졌다는 생각을 하고 있으며, 그것이 결과적으로 자살 생각 또는 자살시도 이유로 작용한다.

김명관: 근래 들어와서 이 와이프가. 그래 가지고 하 며칠 동안 머리가 좀 아파. (…) 전체적으로 사는 게 서로가. 그래 가지고 나도 마 혼자 살아버릴까 그런 생각이 드네요. 요즘 또. 다른 거 다 잊어버리고. 돈이고 뭐 다 잊어버리는데 그런 사정을 떠나서 혼자 살고 싶더라고요. 그런 생각 많이(1439-1451).

안정희: 아무튼 결혼 때부터 많이 힘들었었어요(127-138). (…) 저 사람 때문에 내 인생이 꼬였다고 생각했었고, 저 사람으로 인해서 내가 이렇게 힘들구나(1641-1647).

조혜란: 이네들이 너무 억울해 가지고 진짜 멀쩡히 살아가는 사람 인생을 완전히 꼬이게 만들었잖아요(1654-1668). (…) 결혼 열 달 열흘 만에 이제 사망을 했지(2495-2500).

자살시도자들의 이성관계는 왜곡되어 있고 그들이 이전에 가지고 있었던 우울증이나 불안감 또는 낮은 자존감을 더 악화시키는 요인으로 작용한다. 그들의 이성관계가 왜곡된 것은 어린 시절의 부정적 체험으로 인해서 발생한 낮은 자존감과 애정결핍을 이성으로부터 해소하고 상쇄하기 위해서 잦은 이성교제를 하게 되고, 의존적이고 집착적이며 구속적인 이성관계를 맺기 때문이다. 이러한 이유 때문에 그들은 자신의 삶을 살기보다는 이성이 원하는 삶을 살게 되고, 인간관계를 제한하거나 단절하게 됨으로써 의사소통의 통로를 상실하게 된다. 또한 매우 의존적이고 집착적인 관계에서 이성에게 지나친 사랑과 인정의 욕구 충족을 기대하지만 그 기대는 대부분 충족되지 않는다. 그로 인한 분노와 불안감 그리고 더욱 심화된 열등감과 우울증으로 인해서 그들은 자살 생각과 자살시도를 하게 된다. 이성관계에서 자살시도자들은 자신의 원초적인 문제인 낮은 자존감과 애정결핍을 해소하고자 하지만, 결과적으로는 이성관계로 인해서 그러한 문제들이 더욱 악화되는 결과가 초래된다.

여성 자살시도자들은 불우한 가정환경으로 인해 성장과정에서 가족으로부터 필요한 조언과 충고를 받지 못하게 되고 그로 인해서 원하지 않거나 속아서 결혼을 하게 된다. 이는 불행한 결혼생활로 이어지고, 남편의 질병과 사망으로 결혼생활이 정상적으로 유지되지 못한다. 이로 인해서 자녀에 대한 양육의 부담감과 염려와 걱정 그리고 경제적인 문제 등과 같은 많은 현실적인 문제와 미래에 대한 희망을 포기하는 상황이 발생되며, 한 여성의 경우 많은 남성들과 교제를 하거나 동거를 하기도 하지만 이들과도 어려움을 겪게 된다. 이러한 결과 그들은 자살 생각과 자살시도를 야기하는 요인으로 작용한다.

이성관계나 결혼 및 부부 간의 관계가 정상적으로 이루어지지 않고 유지되지 못하는 그 기저에는 성장과정에서 겪었던 가족과의 부정적인 체험이 원초적인 원인으로 작용하고 있고, 또한 이성관계나 결혼생

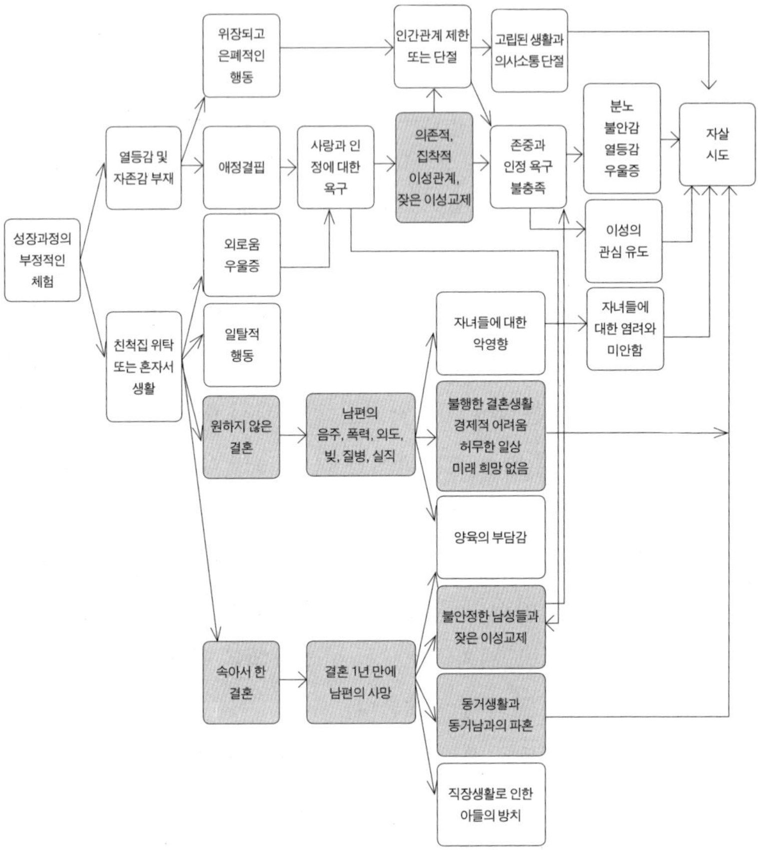

그림 74. 불안정한 이성관계와 불행한 결혼생활의 원인과 영향

활이 심리적이고 경제적이며 가족과 관련된 문제를 야기함으로써 결과적으로 자살 생각이나 자살시도를 하게 하는 요인으로 작용한다.

5.5. 가족과의 관계

5.5.1. 부모와의 관계

연구참여자들은 성장과정에서 부모에 대한 부정적인 경험을 한 바 있다. 부정적인 경험은 주로 부모 사이에 발생했던 심각한 갈등(예: 안정희, 장주현, 조혜란)이나 부모와 연구참여자와의 갈등(강석민, 장영복)과 관련이 있다. 성장과정에서 부모에 대한 매우 부정적인 체험에도 불구하고 연구 참여자들은 대체적으로 부모에 대한 애정을 가지고 있다.

강석민 씨의 경우 가정 불화의 모든 책임이 아버지에게 있고 그로 인해서 아버지를 미워하고 자살을 생각할 정도였지만 아버지가 사망하고 난 후에 되돌아보면서 아버지에 대한 미움이 아버지로부터 관심을 받고 싶었기 때문인 것으로 보고 있다.

> 강석민: 제가 아버지를 싫어했던 이유가 나중에 생각을 해보니까 저는 되게 그런 걸 받고 싶었던 거. 그러니까 부모님한테 항상 관심을 받고 싶었고. (…) 전 관심 못 받고 자랐잖아요. 근데 아버지는 그래도 막연하게 항상 큰사람이 될 거라고 믿고 있었어요. 그거 하나에 되게 저한테 대해서 바깥에 나가면 자랑을 되게 많이 하셨어요. 내 아들이 대단한 사람인 것처럼 얘기를 하고 다니셨고. 그걸 증명하고 싶었던 것 같아요(668-698).

장영복 씨는 아버지 및 누나와 심한 갈등을 겪었지만 현재는 그들과 원만하게 지내고 있다.

> 장영복: 아부지하고 거의 얘기도 안 하고 진짜 큰누나하고 얘기도 안 하고 집에서 피해 다니고 막 이러다가(74-80). (…) 물과 기름과 같죠. 그래서 씁. 뭐 뭐 다른 집들이 어떻게 사는 지 모르겠는데 저희 집 같은

> 경우는 그래서 아 싫었죠. 집에 대해서 항상 어머니 빼고는 아유 그냥(1300-1303). [⋯] 중국에 있어봤을 때 느꼈던 게 떨어져 있으니까 소중한 걸 알겠더라구요. 그래서 오히려 한국에 있을 때 같이 살 때는 얘기도 안 하고 막 그랬는데 중국에서 이제 국제전화하고 이러다 보니까 어 막 문안인사도 하게 되고 자꾸 막 얘기하고(1204-1218).

안정희 씨는 부모의 심각한 갈등과 차별을 성장과정에서 겪었지만 지금은 부모에게 연민과 애정을 가지고 있고 의지하고 있다.

> 안정희: 제일 미안한 거는 엄마, 아버지한테 잘 사는 모습 보여 드리려 했는데 그렇지 못했기 때문에 불효를 한 거잖아요. 엄마 아빠가 연세가 많으시니까 잘사는 모습을 보여 드려야 되는데 그렇게 못해서 제일 가슴이 아프고 그래요(1970-1974). [⋯] 부모님이 계시니까 더 잘 살아서 열심히 살아서 부모님 돌아가시기 전에 잘 사는 모습을 보여 드려야지 저도 좋은 거잖아요. [⋯] 제가 힘들 때는 아버지, 엄마한테 많이 의지를 했었고(2328-2345).

장주현 씨도 성장과정에서 부모의 이혼으로 어려움을 겪었고 그것이 자살시도의 원천적인 이유로 작용하였지만 아버지에 대한 애정과 연민을 가지고 있다.

> 장주현: 돈이 없는데도 카드 현금서비스까지라도 받아서 아빠가 돈달라고 하면 무조건 드리거든요. [⋯] 저는 당연히 제 인생의 마지막 목표는 저희 아빠이기 때문에 물론 제 인생도 있지만, 아빠 정말 행복하게 해 드리고 싶거든요(251-260). [⋯] 아빠는 정말 절 위해만 사시는 분이고(264-270). [⋯] 결혼을 해도 아빠 모시고 살 정도는 아니더라도 아빠에 대한 기반이 확실해진 다음에 결혼을 해야 되기 때문에요. 아빠가 만약에 이렇게 아빠가 만약 이런 상태로 돌아가신다면 제가 얼마나 마음이 아프겠어요. 저는 아마 죽을 거 같거든요. 죄

책감에(3794-3792).

반면에 부모에 대한 반감과 부담감을 가지고 있는 경우도 있다. 강석민 씨의 경우 성장과정에서 어머니를 중심으로 삶을 살았지만 아버지가 사망하고 난 후에는 어머니가 자신의 삶에 지나치게 간섭하고 조정하려고 하고 자신에게 의지하려고 하기 때문에 어머니에 대해서 부담감과 불안감을 느끼고 있다. 강석민 씨와 비슷하게 장주현 씨도 자신에게 지나치게 의존하고 있는 아버지에 대해서 큰 부담감을 느끼고 있다.

> 강석민: 주로 어머니랑만 대화가 오가고 했기 때문에 거의 그까 그 진짜 한 스물한두 살까지만 해도 제 인생의 포커스는 거의 어머니였어요. 어머니를 위해 살아야 됐고 어머니한테 뭘 커서 뭔가를 해 드려야겠다. 이런 생각만 전부였고(29-33). [⋯] 전 불안하거든요. 조금이라도 내가 틈을 줘서 다시 잘해주기 시작하면 조금씩 조금씩 더 확대를 시켜서. 나. 내 인생에 전부를 만들 거 같아요. 어머니가(2206-2214). [⋯] 이제는 어머니도 저한테 의지를 하시고 그전에도 저한테 의지를 했지만 전적으로는 아니었거든요. 그냥 그 전에는 자식이니까 그리고 아들이니까 의지했지 지금은 아버지가 안 계신 자리에 대한 저한테 의지를 하시거든요. 그러다 보니까 아마 제가 좀 겁이 생기지 않았나(5112-5120).

> 장주현: 저한테 그런 걸 너무 기댈려고 하시니까 그게 너무 답답해요(226-235). [⋯] 의무감에 굉장히 아빠를 사랑하려고 노력했던 거 같아요. 지금은 아니지만, 지금은 좀 수그러들었어요. 한때 그런 게 있었어요. 아빠가 없어졌으면. 아빠가 사고가 나서 죽어버렸으면 그랬어요(1026-1029).

이재득 씨는 가족 재결합을 거부하는 어머니에 대해서 강한 거부감을 가지고 있고 어머니와 관계를 단절하고 있다.

> 이재득: 어머니한테 가서 이제 얘기를 했어요. 제가 그때 처음 시도를 했던 거 같아요. 그래서 이제 음 같이 다시 가정 가족을 이제 완성시키자고 제가 말씀을 드렸는데 어머니가 거부를 하셨죠. 그래서 이제 거기에 이제 또 제가 씁 분노를 하고 그래 갖고 어 그러면은 안 보는 게 낫겠다 싶어서 저도 씁 나름대로 되게 원망스러운데 그거를 해결을 안 해주니까 그런 식으로 이제 화풀이가 된 거죠. 안 보는 거로 그래서 지금까지 거의 연락이 없었어요. 그러니까 직접적으로 제가 연락을 한 적은 없어요(821-841).

5.5.2. 자녀와의 관계

연구참여자들은 자녀들과의 관계가 소원하거나 자녀들의 양육에 대해서 큰 부담을 느끼고 있다. 특히 남편과의 갈등이나 이혼 또는 사별이나 자신의 우울증 등과 같은 다양한 유형의 부정적인 환경에서 원만하게 성장하지 못하는 아이들에 대해서 미안하고 가슴 아프게 생각한다.

> 안정희: 애들한테 상처 주는 말도 사실은 많이 하고. 근데 그게 잘하는 짓은 아니라고 생각은 하는데 애들이 엄마 아빠 싸우는 것도 많이 봤고, 안 좋은 모습도 많이 봐왔기 때문에(869-878). [⋯] 압류 같은 거 들어오고, 애들한테 가슴 아픈 거 다 보여줬고 다 할 때마다 그게 너무 너무 싫었어요(1277-1283). [⋯] 애들한테도 관심도 없고 제가 못해주는 게 너무 많으니까, 제가 많이 힘드니까 일하기도 힘들고 그냥 그래요(1815-1817).

> 조혜란: 내가 아이를 잘 컨트롤을 못 시켜서 엄마가 무능하니까 아이가 저렇게 되는가 싶고(821-825). [⋯] 그래도 이게 마음 아픈 거는 여전

하죠. 이게 뭐 어디 가겠어요? 몰라요. 이런 뭔가 안고 가는 이런 게 너무 힘들어요. 나는. 내 안에 좀 이런 게 없었으면 좋겠어요(980-983). 〔…〕 ○○한테도 내가 너무 미안하고 엄마로서 결과적으로 내가 애한테 이런 결과밖에 주지 못했구나 애한테 너무 미안하고(3471-3473).

한정연: 뭐 엄마 노릇..은 엄마 역할은 진짜로 하지 못해 전혀 하지 못했던 상황이었죠(360-362). 〔…〕 집에서 아이하고 같이 있을 때요. 아이한테 어어. 제가 할 수 있는 일들도요. 막 아이한테 심부름 같은 거를 많이 시키거든요. 어어. 그래 가지고요. 스읍. 아이한테 으음. 스읍 으음 미안한 것 같기도 하고요. 그런 것 때문에 아이가 어어 안됐다는 그런 생각이 들더라고요. 불쌍하기도 하, 불쌍하다고 생각되기도 하고요(1914-1926).

하지만 그러한 환경으로 인해서 아이들이 여러 가지 문제를 일으키고 있기도 하고, 혼자서 아이를 키우는 데 대한 경제적 어려움이나 아이가 새로운 파트너를 만나는 데 걸림돌로 작용하는 데 대해서 큰 부담감을 가지고 있다.

안정희: 자식도 이제 귀찮다라는 생각이 들어요. (783). 〔…〕 어느 때는 자식도 버리고 싶다는 생각도 들고〔…〕 솔직히 애들 아빠는 제가 포기를 한 상태라서 애들을 키우는 건 이제 제 몫이잖아요(882-891). 〔…〕 여자 혼자 애들을 키운다는 게 쉬운 일은 아니잖아요. 그런 것 때문에 부담감은 되는데, 지금도 애들한테는 그런 얘기해요. 너희들은 엄마가 끝까지 지켜줄 테니까 걱정하지 말라고 얘기를 하면서도 힘들면 짜증을 내요. 내가 너희들을 왜 낳아 가지고 이렇게 고생을 하냐(1333-1337)?

조혜란: 제 심정으로는 일단은 저와 아이가 떨어져 있었음 싶어요. 〔…〕 엄마도 일 다녀 일 갔다 오고 나서 힘들어 죽겠는데 그걸 이렇게 좀 엄마를 이렇게 좀 위하고 엄마가 뭐 어떻게 하라 그러면 엄마가 하라는대로 하는 게 아니라 막 되게 엄마를 이렇게 막 덤비다시피 엄마가 개를

주체를 못하게끔 그런 식으로 해대니까 내 스스로가 자꾸 포기를 하게 되는 거예요. 아이를(142-152). (…) 지금의 그 시립아동보호소를 알게 된 거고 그러면서 지금 이제 아들을 일단 맡겨놓게 되니까 내가 일단 좀 이제 마음의 부담을 좀 덜어놓을 수 있게 되었고(4168-4176).

성장과정에서 부모는 자살시도자들에게 자살 생각과 자살시도의 직·간접적인 요인으로 작용할 만큼 깊은 상처를 남기지만 대부분의 자살시도자들은 현재 부모에 대한 애정과 연민을 가지고 있고 그들과 원만한 관계를 유지하고 있다. 가족은 자살의 보호요인으로 작용하고 있다.

자녀와의 관계는 주로 여성 자살시도자들에게 문제로 나타나는데, 그 이유는 정상적이지 못하고 행복하지 못한 결혼생활 때문이다. 한 여성 자살시도자의 경우 남편의 폭력적인 행동을 따라하고 혼란스러운 가정환경으로 인해서 게임중독에 빠져 있는 아들이 문제가 된다.

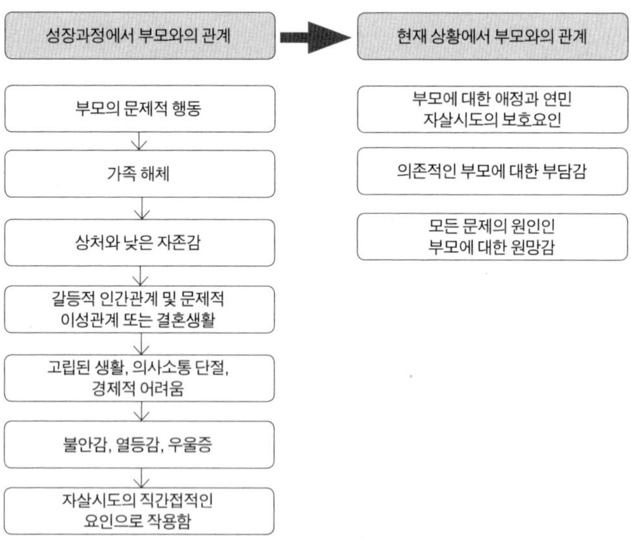

그림 75. 연구참여자와 부모 사이의 관계와 그 영향

그녀는 어려운 경제적 환경으로 인해서 아이들이 겪어야 하는 어려움 때문에 죽고 싶다는 생각이 들기도 하고, 남편 없이 혼자서 아이들을 양육해야 하는 데 대한 큰 심리적 어려움을 겪기도 한다. 다른 여성 자살시도자의 경우 남편 사망 후 여러 명의 불안정한 남성들과 교제를 하는 과정에서 아들이 그들로부터 폭력과 학대를 당하게 되고, 엄마의 직장생활로 인해서 방치된 생활을 하게 되면서 학교생활에 적응을 하지 못하게 된다. 또한 혼자서 아들을 키우는 데 대해서 그리고 아들이 새로운 이성을 만나는 데 걸림돌로 작용하는 데 대해서 큰 부담을 느낀다.

결과적으로 자녀들과의 문제는 온전하지 못한 결혼생활에서 기인

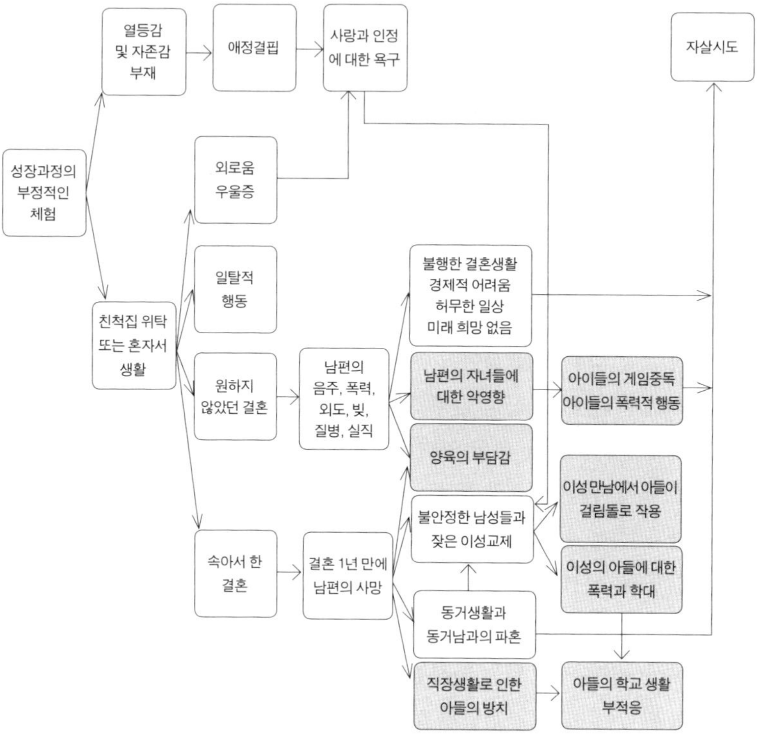

그림 76. 연구참여자와 자녀 간 관계의 원인과 영향

하지만 더 원초적인 원인은 성장과정의 부정적인 체험이라고 할 수 있다.

5.6. 직업생활

연구참여자들은 군대나 직장 등과 같은 조직에서 대체적으로 적응을 하지 못하고 어려움을 겪고 있다. 그들이 조직에서 적응을 하지 못하는 요인으로는 조직의 문화와 자신의 속성이 맞지 않거나, 조직에서 부여하는 업무가 지나치게 많아서 스트레스로 작용하는 경우도 있고, 자신이 하는 일에 대한 정당한 인정과 대우를 받지 못하거나 동료나 상사 등과 원만한 관계를 형성하지 못하는 것 등이 있다. 이로 인해서 그들은 한 조직에 오래 머물지 못하고 잦은 이직을 하게 되고, 그러한 과정에서 자신감을 상실하는 경우도 있다. 또한 바쁜 회사생활로 인해서 같은 직장에 근무하는 남자친구가 관심을 충분히 보여주지 못하는 데 대한 분노와 남자친구의 관심을 끌기 위해서 자살시도를 하는 경우도 있다.

민형주: 긴장된 삶을 살아본 적이 없으니까. 굉장히 괴로웠어요. 저는 느긋한 편인데. 막 항상 긴장하고 있는 게, 그런 게. 사무실 벌써 내려가기 전부터 긴장을 하고 있다가. 막 이제 어떻게든 뭐, 혼나든 뭐든 끝나고 돌아서면 너무 공허해요. 긴장이 풀리면서. 왜 이렇게까지 살아야 하나. 죽을 생각은 안 했어도 그런 생각은 많이 했죠. 아, 이렇게까지 살아야 하나(263-269).

우지선: 근데 지금 있는 회사는 갑자기 너무 많은 스트레스를 격하게 주는 바람에 제가 그게 넘친 것 같아요. 그릇이 이제 그릇이. 그거를 받아들일 수 있는 그릇이(1875-1878). (…) 스트레스 받으면. 그니까 마음

에 여유가 없고. 계속 애는 힘들고 막 그랬는데, 그게 계속 쌓이고 쌓이고 쌓이고 하다 보니까, 회사에 대한 불만도 너무 많고(283-287).

우지선: 남자친구가 회사에 계속 얽매이는 거도 너무 보기가 싫었었고. (…) 회사일 때문에 나한테도 관심을 너무 그니까 회사에 저랑 계속 약속을 하면 계속 어겨요. 맨날 무슨 일이 생겨서 계속 어기고 (…) 그게 폭발하는 거죠.
인터뷰어: 그래서 죽으려는 시도를 했고?
우지선: 네(139-160).

장영복: 제 스스로 이제 좌절감을 점점 맞게 되고 회사에서도 이제 인정을 안 해주고 자꾸 저도 인정 못 받으니까 일하는데 자꾸 일을 그 자꾸 등한시하게 되고 집중 못하고 이제 그만두게 되고 결론은 그러게 되거든요. 쩝 뭐 그런 거고(138-148).

조혜란: 그 속에서 어 내가 한 직장을 오래 다녔다고 친 게 그래도 그나마 한 일 년 한 일 년에서 일 년 반 (…) 나머지는 다 단기 한 진짜 잘해야 3개월. 에 그랬어요. (…) 이제 직장에서 이렇게 직장인들하고 이제 이렇게 관계 속에서 자꾸 뭔가가 어긋나면서 트러 트러블이 막 생겨나면서 어 고런 게 잘 해결이 잘 돼서 이렇게 정상적으로 간 게 아니라 결과적으로는 항상 제가 그만둬버리고 마는 좀 쩝 그렇게 됐던 거 같아요(2769-2779). (…) 자꾸 이직을 하게 되는데 저도 모르게 이게 직장에서 개인관계가 좀 자꾸 안 좋아져 가지고 또 그로 인해 받는 스트레스(99-102).

연구참여자 중에는 사업에 실패한 경우도 있는데, 사업 실패로 인해서 많은 스트레스를 받고 그로 인해서 자살 생각과 자살시도를 하는 경우도 있었다.

김명관: 예 동대문운동장에서 그 그 ○○○라는 본사에 그 선금 줬던 게 다 월드컵 때 대비해서 준비하던 게 다 날아가버렸지. […] 그 한 번 맞고는 고마 정신을 못 차리겠더라고요. 그 지금도 마찬가지지만 그 일이 계속 떠오르면서 내가 지금 뭐 있는 재산도 정리하고 그래서 뭐 허무하더라고. […]

인터뷰어: 예 실제로 죽고 싶다는 생각을 강하게 하시고?

김명관: 그렇지요.

인터뷰어: 그걸 실행에 옮긴 경험이 있으세요?

김명관: 예(22-58).

장영복: 처음에 시작할 때 조그맣게 해서 거기서부터 이어나갔어야 되는데 처음부터 막 구역을 너무 많이 이걸 받아 가지고 권리를 사 와 가지고 둘이 하는데 못 하겠더라구요. 하루에 그 11신가 전날 11시에 나가서 그다음 날 15시까지 일했으니까 3시까지 일한 적도 있었거든요. 그러니까 열 몇 시간을 그냥 운전 계속 같이. […] 아 막 그 한 달인가 하다가 저는 도저히 못 하겠다고 포기를 해버렸죠. 아 그때부터 참 힘들더라구요. 우유배달하고 그만두고 이제 그다음부터 우울모드로 들어간 거죠(274-285). […] 그때 하 진짜 충동적으로 뛰어내릴까 뭐 그런 생각을 아마 그때부터(53-62).

자살시도자들은 대부분의 경우 직업생활을 원만하게 유지 못하고 있다. 이들이 직업생활에 적응하지 못하는 원인은 개인적 요인과 외적 요인으로 구분되는데, 이러한 요인들은 개별적 또는 복합적으로 다양한 후속 요인들을 발생시키고 그러한 요인들 중에는 자살 생각이나 자살시도를 유발시키는 것이 있다.

먼저 인내력 부족, 호불호가 명확한 성격, 일에 대한 부정적 관점과 판단, 비현실적인 성향 등과 같은 개인적 성향과 부담스러운 육체적인 업무, 건강에 해로운 업무환경 등과 같은 외적 요인들은 사업 실패의 요인이나 직장생활 부적응의 요인으로 작용한다. 직장생활의 부적응은 다시 잦은 이직과 무직생활로 이어지고, 무직생활로 인해서 자살시도자들의 열등감과 미래에 대한 불안감, 경제적 어려움과 자신감 상실 및 가족과의 갈등과 같은 문제를 야기하기도 한다.

열등감과 불안감 그리고 경제적 어려움 등을 숨기기 위해서 인간관계를 단절하게 되고 이는 다시 고립감을 심화시키는 의사소통의 단절 상태로 발전하며 이로 인해서 자살 생각과 자살시도가 이루어진다.

자신감 상실의 문제는 직장생활에 대한 두려움을 야기하고 이로 인해서 구직을 포기하게 되면서 삶의 의욕을 상실하는 요인으로 작용하면서 결과적으로 자살 생각과 자살시도를 하는 요인으로 작용한다.

가족과의 갈등으로 인해서 시작한 사업이 실패로 끝나기도 하고 또한 사업이 지나치게 힘들어서 충동적으로 자살 생각을 하는 경우도 있다. 또한 사업 실패는 허무함과 박탈감으로 인해서 또한 자살 생각이나 자살시도를 하게 하는 요인으로 작용한다.

자살시도자들은 자신감 부족과 동료들에 대한 열등감으로 인해서 자신감을 상실하게 되고 그로 인해서 직장생활 부적응과 잦은 이직 그리고 무직생활로 이어지면서 결과적으로 자살 생각을 하게 하는 요인으로 발전한다.

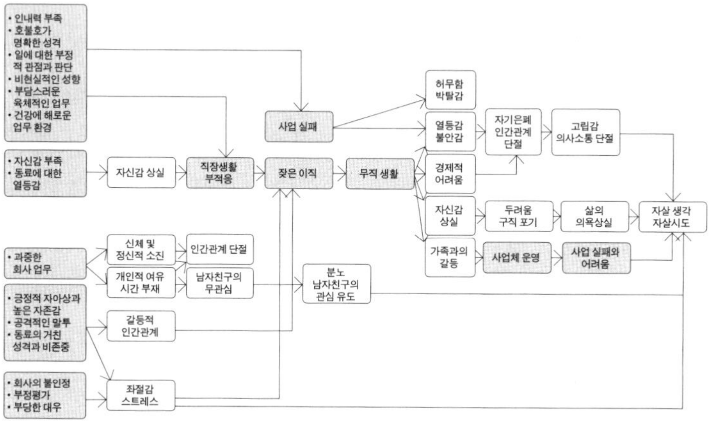

그림 77. 연구참여자의 부정적인 직업생활의 원인과 영향

감당하기 어려운 과중한 회사의 업무로 인해서 재충전을 할 수 있는 여유 시간이 없고 신체적, 정신적으로 소진됨으로써 인간관계가 단절되고, 다른 한편으로는 그로 인해서 같은 회사에 다니고 있는 남자친구가 관심을 충분히 보여주지 못하게 되는 결과가 초래된다. 그러한 상황에 대한 분노와 남자친구의 관심을 유발하기 위한 목적으로 자살시도를 하는 경우도 있다.

자살시도자들 중에는 긍정적 자아상과 높은 자존감을 가지고 있지만 그에 걸맞지 않은 일을 하고 있고 동료들이 합당한 존중을 하지 않음으로써 그들과 갈등을 빚게 됨으로써 잦은 이직을 하게 되고 스트레스를 받기도 한다. 또한 자살시도자의 업무에 대한 회사의 불인정과 부정평가 또는 하는 일에 대한 정당하지 못한 대우는 한편으로 좌절감과 스트레스를 유발하기도 하고, 다른 한편으로는 잦은 이직을 하게 하는 요인으로 작용하기도 한다.

5.7. 자아규정

연구 참여자들의 자기 자신의 정체성 규정은 대체로 비관적이고 부정적일 것으로 예측되었지만, 실제의 분석 결과 전체적으로 자신을 긍정적 또는 부정적으로 규정한 연구참여자의 숫자는 큰 차이가 없었다.

연구참여자들은 자아정체성을 뒤끝이 없는 사람, 인내하고 희생하는 사람, 원칙적인 사람, 정의로운 사람, 주도적인 사람, 주체적인 사람, 추진력이 있는 사람, 솔직한 사람, 타인에게 도움이 되고 싶은 사람, 밝은 성격의 소유자, 착한 사람, 인정과 존중을 받는 사람, 리더십이 있는 사람 등으로 긍정적으로 규정하고 있다. 연구참여자들이 자신에 대해서 긍정적으로 바라보는 이유는 현재 그들이 처한 부정적인 상황이 그들 자신으로부터 기인하는 것이 아니라, 환경에 의해서 그렇게 된 것이고 또한 그러한 부정적인 환경에서 벗어나 본래의 긍정적인 자아를 회복하고자 하는 염원이 담긴 것으로 보인다.

안정희: 제가 성격이 똑똑 부러지는 성격이었었어요(121-122). (…) 저는 화나면 막 다다다닥 하고 하는 성격. 제가 불같은 성격이라 뒤끝은 없어요(2807-2808).

인터뷰어: 안정희 씨는 이런 성향이 있는 같아요. 그러니까 다른 사람이 나를 원하면 내가 힘들고 고통스러워도 그 사람이 원하는 것을 들어줄려는 마음이 많으신 거예요? 살아오면서 봤을 때.
안정희: 그랬죠. 많이(2658-2669).

우지선: 예전부터 계획을 세워놓고 생활하는 스타일이고 계획대로 하는 스타일이라서, 약속 같은 것도 되게 중요하게 생각하고 그 뭐지, 일 이렇게 진행되는 것도 되게 중요하게 생각하는데, 여기 회사도 그렇게 진행이 안 되고, 남자친구도 그게 안 되는 거예요. 그게 저는 너무 스트레스였어요(184-189). 원래는 되게 적극적이고 밝고 막 사람들이랑 친밀하거나 막 이런 거 되게 좋아하는데(376-377). (…) 제가 알아서 공부하는. 집에서도 공부하라고 하는 소릴 거의 잘 안 하셨어요. 그냥 제가 알아서 하는 스타일이라(1347-1350). (…) 성격이 거 뭔가를 한 번 시작을 하면 그거를 진짜 완전 마스터할 때까지 내가 아니면 끝을 볼 때까지 계속하는 스타일이에요(2635-2649).

장주현: 천적으로 정말 밝은 성격을 태어났거든요(72-83). (…) 저는 굉장히 제가 성격이 밝고, 애교가 많은 성격(100-119). (…) 사람들이 너 정말 잘 컸다라고 하거든요. 잘 큰 것 같아요(168-180). (…) 저 되게 예쁨 많이 받고 자랐거든요. 성격도 예쁘고(351-376). (…) 사람을 만나도. 저는 남들한테 되게 잘하고 싶구요. 밝은 모습만 보여주고 싶고, 믿음을 주고 싶은 사람인데요(466-467). 착한 사람은 아니지만 남한테 피해를 주지 않으려고 하기 때문에 나쁜 사람은 아닌 거 같아요.

〔…〕 항상 웃고, 잘 해줄려고 그러고, 그냥 제가 원하는 모습이 저는 있는 거 같아요(1384-1388).

조혜란: 남자다워요. 운동 좋아하고. 음 남한테 나서는 거 좋아하고. 또 학교 때도 보면 좀 반장 뭐 이렇게 앞에서 그런 간부직도 많이 했고 좀 리드하고 운동 같은 거 할 때도 꼭 앞에서 그런 역할을 많이 대학교 때까지도 그랬어요(597-601). 〔…〕 근데 나는 그런 거는 이상하게 빠바바바 머리가 돌아가요(1499-1500). 〔…〕 어떤 큰일이 닥칠 때에 참 쉽게 슬기롭게 헤쳐갈 수 있는 어떤 그런 거를 누가 나한테 준 거 같아요(3952-3965). 〔…〕 그러니까 내가 뭔가를 하겠다고 하면 해버리는데(1277-1278). 〔…〕 엄마 그러니까 저 어렸을 때 학교 가기 전에는 저를 되게 그때 기억에 귀염을 되게 많이 받았던 그런 사람이었었어요. 되게 어 아버지도 아빠도 저를 되게 귀여워라 했고 음 엄마도 사랑을 저한테 줬던 거 같고. 특히나 동네 분들이 저를 많이 예뻐 했고(1151-1160).

자신을 부정적으로 규정하는 연구참여자들은 자신을 모난 사람, 능력과 지능이 부족한 열등한 사람, 지나치게 심각하고 소심한 사람, 쓸모없는 사람, 자신감 없는 사람, 주체성이 없는 사람, 순수하지 못한 사람, 일관성 없는 사람, 순결하지 못한 여성, 포용력이 부족한 사람, 예민한 사람 등과 같이 부정적으로 규정한다.

김명관: 다른 사람들하고 내가 떨어진 그런 기분이 들기도 하고 뭐 능력이 딸린다(837-839). 〔…〕 내 능력이 상당히 없다고 생각하거든요. 제 자신이 그래서 뭐 결혼 문제도 그렇고 사회생활도 그렇고 이제 애들 키우는 과정에서도 요즘 안 힘든 사람이 있겠습니까만은(870-875). 〔…〕 내가 능력 부족으로 인해서 많은 것을 야 나는 사회적으로 좀 뒤떨어져 있는 사람이다(893-897).

한정연: 으음… 스읍. 예 제가요. 제 성격이 좀 많이 진지하고 어 많이 심

각하고 많이 소심하고 많이 내성적이, 아 그러니까 조금 내성적이고 그런 편이라서 (1234-1236)

장주현: 원하는 사람이라기보다 내세울 것도 없고, 잘하는 것도 없고, 그냥 어딜 갈라치면 같이 가자 이런 애 였는데 내가 가도 되나 다른 사람이 쟤는 왜 와? 이러지 않을까 이런 거 (1492-1494). [···] 되게 못나 보여 가지고 제가 저를 더 싫어하게 될까봐 그게 더 걱정이 됐어요 (19-24).

조혜란: 그런데 그게 전체적으로 내성적이어지고 저는 몰랐는데요. 주변에서 저를 잠깐 본 사람도 어머 왜 이렇게 속이 좁아. 이러더라구요. 저한테(622-625). [···] 의외로 되게 저기 세심하고 예민 예민하죠. 그러더라구요. 그래서 어 예? 그랬더니 아 제가 좀 예민한가? 흐 요즘 그래지는 거 같아요. 제가. 좀 예민하고 그래지는가 봐요(653-656).

그러한 자신에 대한 부정적인 자아정체성 규정으로 인해서 자신감을 상실하게 되고 다른 사람들로부터 사랑받고 존중 받을 만한 가치가 없는 사람으로서 그리고 다른 사람들과 갈등을 빚게 되고 원만하지 못한 사회생활을 하는 사람으로서 자신을 규정하게 된다.

김명관: 그래서 내가 뭐 쩝 아유 나는 사회에서 이 냉대받는 사람이기 때문에 내가 이 피해 주면서 살고 싶지 않다는 생각을 많이 하면서 에라 모르겠다 그냥 가자 그런 생각도(931-933). [···] 내가 사회에 있어서 좀 인정을 못 받더라고 모든지 그런 실수를 좀 많이 하고 그런 거 (935-936).

장주현: 제가 저를 안 좋아하다 보니까 더 날 좋아한다고 하면 내가 어디가 좋지? 나는 사랑받을 자격이 없는 사람인데 그러고. 그래서 되게 마음이 아파요. 그게 그냥 제가 생각했을 때 이게 제가 살아가는 데 있어

서 굉장히 핸디캡이거든요(462-465).

연구참여자들은 자아정체성의 부정적인 한 요인으로 완벽주의와 지나치게 긍정적인 자기규정을 꼽고 있다. 연구참여자들은 완벽주의와 지나치게 긍정적인 자기규정으로 인해서 자신이 생각하는 이상적 자아상과 그렇지 못한 현실적 자아상 사이의 괴리감으로 인해서 그들은 스스로를 괴롭히고 고통을 겪고 있는 것으로 보인다.

조혜란: 제 자신이 그런 거 같은데 저는 항상 완벽해야 된다 생각하구요. 항상 최고여야 된다고 생각하구요. 항상 〔…〕 그런데 막상 그렇게 못 따라주는 거 같아요. (웃음) 못 따라주니까 상황 상황이 내 생각처럼 이게 안 안 되는 거 같아요. 그러니까 너무너무 허상 허의적인 생각을 많이 하나 봐요(3304-3313).

장주현: 제가 되게 완벽주의자예요. 일 같은 면에서. 하나 틀리면 잘 용납을 안 해요. 인정을 잘 못하려 그러고 욕심이 굉장히 많아요(3573-3576).

우지선: 그렇죠. 제가, 제가 좀 완벽주의자예요. 그니까 일 같은 거 좀 제, 제 마음에 안 들면 다 다시 하고, 제가 처음부터 끝까지 좀 하는 걸 좋아해요. 그렇다 보니까 되 그...래서 막 일을 던져주면 그 시간에는 무조건 해야 된다는 게 있었어요. 〔…〕 완벽하게 할려니깐 시간이 너무 많이 걸리니까(4078-4095).

5.8. 행동성향

5.8.1. 과대망상 및 침소봉대

연구참여자 중에는 평범한 것을 심각하게 받아들이고 작은 일을 큰 일로 만들어버리는 과대망상적이고 침소봉대적인 생각을 하기도 한다. 이들은 그러한 것에 대해서 한 번 생각하기 시작하면 계속해서 생각을 하는 편집적인 행동을 하기도 한다. 이로 인해서 그들은 사소하고 평범한 일로 인해서 큰 고통을 받는 이들이 있다.

> 이재득: 어떤 자연스런 현상으로 받아들여야 되는 것들을 저 혼자 심각하게 고민하거나 심각하게 생각하고 그다음에 나쁘게 바꿔서 받아들이기 때문에 좀 안 좋은 감정을 이끌어내죠(1020-1023). 〔…〕 우울증 상태면은 안 좋은 실마리를 하나 끄집어 내서 이만하게 또 부풀려 갖고 아 나는 진짜 재수 없는 놈이다(2328-2335).

> 강석민: 한번 생각이 사람이 어느 한쪽으로 기울기 시작하면 계속 글루 빠지잖아요. 진짜 그랬었던 거 같아요. 그래서 조금 정말 오픈된 마음으로 한번 받아들여볼 생각을 하고 했더니 그리고 나서 봤더니. 에. 다 그대론데 혼자만 그냥 많이 다른 쪽으로 갔었더라구요. (3246-3250). 〔…〕 말하는 거나 사고방식도 너무 확대시켜서 해 버릇하는 거 같아요(3849-3850).

> 민형주: 조금만 신경 쓰이는 일이 있어도 그게 계속 생각이 나고 막 마음속에 있어 갖고 담아두고 있으니까 그게 계속 확대, 내 속에서 확대되는 경향이 있었던 것 같아요(2465-2470).

5.8.2. 자기부정과 비수용

연구참여자들은 대부분의 경우 자신에 대한 가치를 인정하고 수용하지 못하고 있다. 그들은 스스로를 무능력하거나 쓸모가 없는 사람으로서 자신을 비하하고 자리매김한다. 그렇기 때문에 그들은 자신을 있는 그대로 수용하거나 사랑하지 않고, 자신을 비난하고 부끄럽게 여긴다. 또한 이로 인해서 그들은 불안해하고 심적인 고통을 받게 되기도 한다.

이재득 씨는 자신을 부정적으로 생각하고 수용하지 못하는 것이 직접적인 자살시도의 원인이라고 보고 있기도 하다. 그들이 자신을 부정적으로 생각하기 때문에 그들은 자신을 은폐하거나 다른 사람들과의 관계를 회피하게 되는 원인으로 작용하기도 하고, 다른 사람들의 인정을 갈구하고 그것에 의존하게 하는 원인이 되기도 한다.

> 이재득: 제 자신에 대해서 굉장히 이제 자책을 하게 되고 제 자신이 되게 부끄럽고 음 그러니까 뭐 제 자신을 굉장히 숨기고 싶어하고 제 자신을 굉장히 환자 취급하죠. 제 스스로가 예 그게 우울증 상태에 오면은 그게 상당히 심해지는 거죠(2747-2752). […]제 자신을 참 좀 깎아내리면서 이제 제일 중요한 거는 제 자신이 깎아내리기 시작을 하면은 자살까지 가는 거예요(3157-3160). […] 내 자신을 상당히 이제 누추하게 되고 누추하게 만들고 비참하게 만들고 그러면은 이제 자살 쪽으로 이제 생각을 길을 열고 그쪽을 향하게 되는 거예요(3172-3178).

> 장영복: 이제 조직 자체 내에서도 잘하는 사람들한테는 굉장히 이제 높게 이거 하고 못하는 사람들은 아무래도 천대하잖아요. 거기서 또 약간 제가 뭐라고 그럴까 그 자신이 없는 거예요. 여기서 과연 버텨낼 수 있을까(325-332)?

김명관: 다른 사람들하고 내가 떨어진 그런 기분이 들기도 하고 뭐 능력이 딸린다(837-839). 〔…〕 내 능력이 상당히 없다고 생각하거든요. 제 자신이 그래서 뭐 결혼 문제도 그렇고 사회생활도 그렇고 이제 애들 키우는 과정에서도 요즘 안 힘든 사람이 있겠습니까만은(870-875). 〔…〕 내가 능력 부족으로 인해서 많은 것을 야 나는 사회적으로 좀 뒤 떨어져 있는 사람이다 그런 생각을 하면서 많이 뒤로 빼는 스타일로 요즘 그런 게 있더라고(893-897).

우지선: 뭐, 저 하나 죽는다고. 세상이 크게 달라지는 것도 아니고. 천지 개벽하는 것도 아니고. 그냥 저 하나만 없어지는 건데. 어차피, 어차피 없어질 존잰데 조금 일찍 가는 건데, 뭐가 그렇게 대단하겠어요(793-796). 〔…〕 내가 죽어도 세상은 잘 돌아간다(805-809).

강석민: 그리고 막연하게 생각은 하고 있었는데 제가 원래는 되게 당당한 사람이었다고 저 스스로가 느끼고는 있거든요. 계속해서. 근데 어느 순간부터 막 눈치보고 이렇게 됐잖아요.(3275-3278). 〔…〕 그 뒤부터 정말로 열등감으로 된 거 같아요. 정말로 열등감으로 된 거 같고(3348-3352).

장주현: 제가 저를 안 좋아하다 보니까 더 날 좋아한다고 하면 내가 어디가 좋지? 나는 사랑받을 자격이 없는 사람인데 그러고. 그래서 되게 마음이 아파요(462-465). 〔…〕 미칠 것 같은 거예요. 이런 저를 제가 돌봐주지 않으니까는 그래서 막 확 밑도 끝도 없이 내려가요. 초조하고 불안하구요(1419-1424). 말 한 마디를 하는데 그냥 자신이 없어요. 왜 이런 제가 저에 대한 자신이 없으니까 다른 사람들 하고 지내면서 웃으면서, 관심을 받고 싶은 거예요. 그거 안 좋잖아요(1426-1429).

한정연: 생각이 너무 제가요. 생각이 제가 많이 부정적인 편이거든요. 그렇다 보니까 그런 거에서 많이 불안해하고 초초하, 좀 예 좀 불안해하고 좀 당황스러워하고 좀 긴장하고 긴장하고 그렇죠(1333-1341).

5.8.3. 타인의 시선과 평가에 대한 두려움

연구참여자들 중에는 다른 사람들의 시선과 평가에 대해 매우 두려워하고 예민하게 반응하여 자신의 생각과 행동을 다른 사람에게 맞추는 이들이 있다. 이에 대한 근본적인 이유는 자신이 부족하거나 정상이 아니기 때문에 다른 사람들이 자신을 낮게 평가하거나 비난할 것이라는 데 대한 불안감 때문인 것으로 보인다. 자신의 생각과 행동을 다른 사람에게 맞추지 못할 것이라는 데 대해서 불안감을 가지고 있기도 하고, 자기 것이 아닌 다른 사람들의 시선과 평가에 맞추어 삶을 사는 데 대해서 매우 힘겹게 생각하며, 또한 정작 자신의 삶을 살지 못한다는 사실 그 자체에 고통을 느끼기도 한다. 또한 타인의 시선과 평가에 대한 두려움은 다른 사람들과의 관계를 단절하고 고립된 삶을 살게 하는 원인이 되기도 한다.

> 민형주: 남들 앞에서 보여지는 걸 되게 중요시하는 것 같아요. (1375-1386). (…) 그걸 과대평가하게 되는 것 같아요. 그 사람은 아무렇지 않게 뱉은 말이나 행동인데, 제가 오히려 상처받거나, 오히려 아니면 들뜨게 되고. 그게 좀 과대평가하는 것 같아요. (1621-1635). (…) 다른 사람들의 평가가 젤 무서운 것 같아요(…). 그런 게 대화나 저의 행동에 좀 부담을 주는 것 같아요. 그니까 그런 거를 생각하지 않아도 되는 그런 편한 친구만 찾게 되는 것 같기도 하고(1637-1639).

> 장주현: 제가 저에 대한 자신이 없으니까 다른 사람들하고 지내면서 웃으면서, 관심을 받고 싶은 거예요. 그거 안 좋잖아요(1426-1429). (…) 사람들 말 한마디에 좌지우지되는 제가 너무 싫고(580-581). (…) 제가 저를 위해 산다는 느낌이 하나도 안 들어요(2145-2152). 너 이거 안 하면 사람들이 널 안 좋아할 거야. 불안감들이 자꾸 연결이 돼요(2529-2537).

한정연: 너무 그니까. 어어 어떤 뭐 기준이라고 할 때 뭐 그런 게 남한테에 다른 사람들한테 스읍 맞춰지져 맞춰지다 보니까 그런 거 때문에 그니까. 어어… 제가 살아가는 게 마치 다른 사람들을 위해서 살아가게 되는 것 같아서, 그것 때문에 살기가 싫다는 거거든요(2509-2513). 〔…〕 다른 사람들을 너무 생각하고 신경 쓰다 보니까 어… 살아가기가 힘이든 것 같아요(2586-2590). 〔…〕 다른 사람들하고, 많이 고립을 시키고 〔…〕 그니까 제가 제 스스로가, 그니까 저하고 다른 사람들하고, 완전히 이렇게 차단시킬려고 차단시키고 있, 시킬려고, 그러 어 그런 것 같아요(2383-2391).

강석민: 누군가 막 얘기를 하면 다 들어줘야 될 거 같고 그거를 안 해주면은. 솔직히 뭐가 두려운지는 모르겠는데 그걸 안 해주면 안 될 거 같아요. 솔직히 뭐가 두려운지는 모르겠어요. 그냥 안 해주면 안 될 거 같고. 〔…〕 그러니까 이제 저는 산발적으로 다 해줘야 되다 보니까 어느 순간에 이제. 줏대 없는 사람이 되 있는 거죠(3533-3568).

장영복: 누구한테 욕먹을 게 또 두렵고 예전에는 젊었을 때는 그게 별거 아니었다 생각했는데 이제는 아 저 사람이 또 날 괄시하면 어떡할까 뭐 욕먹을까 어떡할까 그런 게 자꾸 두려운 거죠(561-564).

5.8.4. 타인에 대한 불신감

연구참여자의 행동성향 중에는 다른 사람들에 대한 충분한 믿음을 가지고 있지 못해서, 즉 다른 사람들이 자신을 있는 그대로 봐주거나 자신의 믿음대로 행동해주지 않을 것이라는 생각으로 인해서 자신의 속마음을 터놓고 이야기를 나눌 상대자가 없기도 하다. 다른 사람을 신뢰하지 못하기 때문에 다른 사람들과의 관계형성이 어렵고 결과적으로 고립된 삶을 살게 되는 원인으로 작용하는 것으로 보인다.

장주현: 제 이 애정결핍 어두움 그 어두움을 애정결핍이라고 그럴게요. 걔가요. 완벽하게 못 믿게 해요(517-518). (…) 마음 터놓는 거 저 사람 편하게 생각하는 거 그게요. 편하면 기대고 싶어요. 좋아하니까. 근데 애정결핍이 못 그러게 해요. 상처받는다. 이 사람 너 되게 부담스러워하고 이런 거 있죠. (…) 내면적으로는 제가 그렇게 편하게 생각하는 사람이 없어요(670-682). (…) 상처받기 싫으니까. 기대면 기댈수록 서로가 상처받는 말이 많아지니까 제가 저를 더 웅크리게 만들었던 거 같아요(2002-2009).

김명관: 사람을 내가 좀 많이 못 믿더라고. 그게 이제 좀 의심을 항상 하면서 그런 게 많이 좀 있더라고. 의심을 좀 하는 거 같아. 와이프도 의심이 내가 더 하다고 어떤 뭐 매장에 창고에 물건이라든가 그런 거 보면 사람들을 많이 의심하고 그래(955-958).

5.8.5. 부정적 자아의 은폐

연구참여자들 중에는 자신의 본래 모습을 부정적으로 생각하고 그것이 남에게 알려지는 것에 대해서 큰 두려움을 가지고 있다. 그들은 자신이 생각하는 자신의 부정적인 면을 감추기 위해서 다른 사람들 앞에서 그들이 좋아하고 인정하고 평가해줄 만한 모습을 보여주거나(민형주, 장주현), 다른 사람들과의 관계를 회피하거나 단절하기도 한다(강석민, 장영복). 이렇듯 자신의 본 모습을 은폐하고 자신이 원하지 않지만 다른 사람들이 원한다고 생각하는 양식으로 삶을 살아가는 데에서 그들은 고통을 느끼고 있고, 그러한 것이 인간관계가 단절되고 고립된 삶을 살게 되는 원인으로 작용하기도 한다.

민형주: 이게 한번 인간관계에서 그렇게 생각하기 시작하니까, 혼자 있을 때도 자기를 포장해요, 막. 그러니까 막, 집에 혼자 있는 데도 왠지 내가 남이 보는 것 같고, 아 나는 집에서는 클래식 음악을 듣거나, 좀

어려운 비문학책 같은 걸 읽으면서 휴식시간을 보내야 돼, 이러면서. 게임, 남들 좋아하는 게임도 안 하고. 실제로 흥미도 없어지더라고요. 게임 그래서 안 했는데, 사실 책 읽는 것도 별로 안 좋아하고, 클래식 음악도 별로 감흥이 없어요. 근데 아 듣고 있으면서 책 보면서, 아, 나는 고상한 사람이구나. 만족을 느끼죠. 원랜 안 그랬는데, 집에 있을 때는 편한 그냥 애 같았는데. 그, 계속 남 앞에서도 나를 포장하게 되니까, 집에 혼자 있을 때도 그런 식으로 되는 것 같더라고요(1353-1364).

장주현: 착한 척하면 누구나 좋아해요. 착하면. 제가 천성이 착했더라도 착하지 않은 부분도 있는데 그런 부분까지 착하게 보여 왔어요. 도를 넘어서(1079-1084). (…) 이렇게 비굴하게 사랑을 얻으려고 그러는지(630-633). (…) 제가 좋아서 옷을 산 건데 진짜 제가 저를 위해서가 아닌 다른 사람한테 보여지는 저를 위해서, 꾸며지는 저를 만들어가는 거 같아서 너무 싫어요. 자꾸 짜증 나요. 그럼 제 삶에 저는 없는 거잖아요. 남한테 잘 보이고 꾸며지는 제가 무슨 소용이 있어요(2145-2152).

강석민: 어느 순간에 이제. 줏대 없는 사람이 되어 있는 거죠. 근데 그거를. 쩝. 그래도 좀 사람들한테 들킨다고 해야 되나. 그러진 않았던 게 혼자 지내는 걸 좋아하게 됐다고 그랬잖아요. 나중에는. 그래서 제가 만약에 그런 걸 두려워하지 않았으면 결국은 다 까발려져 갖고 사람들한테 줏대 없는 놈으로 그렇게 됐을 수도 있는데. 저는 그게 두려우니까 혼자서 하는 방향으로 돼 갖고 거의 혼자 지냈단 말예요(3562-3568).

장영복: 그래서 새로운 사람 만나는 게 전 약간 솔직히 두려워요. (…) 한국에서는 일단은 뭐 이것저것 자꾸 물어보잖아요. 뭐 뭐 대학은 어디 나오고 고등학교 어디 나오고 뭐하며 나이는 뭐며 이런 게 자신 없는데 말하기도 싫고 그리고 특히 여자를 만날 때 거짓말을 해야 되고 뭐 남자를 만나도 자신이 없고 또 뭐 뭐 좋은 직장 갖고 이런 친구들 보면

> 어우 또 괜히 말하기 싫고 그러니까는 한국 사람은 더더욱 만나기가 싫은 거예요. 입장이(566-608).

5.8.6. 자기중심적 행동

연구참여자 중에는 타인에 대한 시선과 평가를 두려워하는 사람들과는 반대로 자기의 생각과 편의대로 행동하고 타인의 입장과 생각을 배려하지 않는 경우도 있다. 이러한 자기중심적 행동은 다른 사람들 또는 파트너와 원만한 인간관계를 형성하지 못하고 갈등적 관계를 맺게 되는 원인으로 작용하는 것으로 보인다.

> 이재득: 이제 위에서 말하는 규칙이나 뭐 어떤 그 선후배 간의 어떤 어떤 그런 인간관계 때문에 제가 이제 좀 뭐 저의 그 좋게 하려는 고집을 좀 꺾어줬어야 되는데 그게 아니라 좋게 하려는 고집 때문에 이제 제 생각대로 이제 밀고 좀 나가는 어떤 일들이 있었는데 그럴 때 이제 상사나 고참들이 항상 뭐라고 하는 그랬던 적이 있던 거 같아요(2985-3013).

> 이재득: 그러니까 거의 이제 제가 선택을 해놓고 거의 통보하는 식이죠. 여자친구도 예 친구들처럼 나 앞으로 뭐 이런 거 할 거야. 거의 그런 식이에요. 나 이제 뭐 이제 할 건데 어떨 거 같아. 이렇게 물어보는 게 아니고 저는 그냥 나 이제 혼자 생각을 거의 다 해놓고서 이제 이렇게 이렇게 할 거다. 뭐 이런 식으로 얘기를 해요. 그래서 여자친구도 쏩 딱히 이렇게 뭐 이렇게 상 상담을 상담 상담 대상이 된 적은 없던 거 같아요(1607-1614).

> 김명관: 그냥 뭐 뭐라고 그럴까 내 내 멋대로 갈 길 가고 그런 식으로 하다 보니까 이 콘트롤이 안 되는 거 같아(1253-1254). 〔…〕 나는 난 내 진짜 하고 싶다고 내가 몬 한다고 규제 받고 그런 거는 행동을 그렇게

안 돼. 난 내일 내가 미국 가고 싶으면 가고. 그런 거지 내가 규제를 받고 뭐 그런 거는(1492-1494).

5.8.7. 공격적 말투와 행동

연구참여자의 행동성향 중에는 공격적이고 감정적인 말투로 인해서 다른 사람들이 상처를 받게 되고 그들이 연구참여자를 멀리하게 됨으로써 연구참여자들이 인간관계의 어려움을 겪게 되는 경우가 있다.

장주현: 단어사용이나 말을 할 때가 좀 특이하거든요. 그게 되게 좀 심하대요. (…) 그래서 그 말에 상처를 받았대요. 상처를 받았대요. 너가 그런 말을 해서 난 정말 상처를 받았다. 되게 깜짝 놀란 거예요. 그 사람이 저한테 정색을 하고 진지하게 상처를 받았다고 얘기를 하는데 내가 이걸 상처를 줄려고 준 상처가 아닌데(1144-1166). (…) 내가 입 한 번 열어서 여러 명 다쳐서 가만히 있는 거예요. 그거에 대해서 왜 그랬냐라고 속 시원히 얘기를 못 하니깐은 쌓여가고 어쩔 수 없다고 하는 데도 짜증이 나는 거예요(3404-3419).

조혜란: 사랑하는 사람들이 자꾸 저보고 말을 너무 함부로 한다느니 생각 좀 하면서 말을 하라느니 침을 삼키면서 좀 한두 번 삼켜라. 그런 얘기도 진짜 많이 들었거든요(2674-2677). (…) 왜 왜 자꾸 그러냐 막 이렇게 조금 저돌적인 말투 약간 격돌적이래요. 제가 격돌적이고 음. 친구도 왜 제가 지난번에도 그랬죠. 제 친한 친구 술 같이 먹는 친구도 허 혜란 너 예전에 안 그랬는데 너무 너 거칠어졌다. 그런 얘기 해줘요. 그 친구가. 그러니까 좀 좀 성격이 좀 그렇게 변했대요. 많이(2742-2747).

이재듣: 가끔 나이 드신 분들이 제 기준으로 봤을 때 무시하는 어떤 언행을 저한테 한다던가 무시하는 어떤 행위를 저한테 한다던가 했을 경

우는 그 사람은 그 사람을 완전히 그 제가 높여 봤던 어떤 나이라든지 그런 거를 저도 같이 무시해버리는 그런 스타일로 변해요(641-644). 〔…〕 철저하게 저는 이렇게 보복하려는 성격이 강한 거 같아요. 보복성이 강해요. 그러니까 여자친구가 저한테 언젠가 조용히 지적을 해준 게 있는데 손은 누가 오빠한테 피해를 주면은 오빠도 똑같은 피해를 주려고 한다고 그렇게 얘기를 하더라고요(646-654).

5.8.8. 인내심과 꾸준함의 부족

인터뷰의 행동성향 중에는 인내심이 없어서 일과 인간관계에서 꾸준함이 없는 경우가 있다. 연구참여자들이 인내심과 꾸준함이 없다라고 밝히는 이유는 직장이나 사업 그리고 인간관계 등이 성공적이지 못한 이유를 설명하기 위한 것으로 보인다.

김명관: 마무리 부족, 꾸준함 부족 마무리가 아까 안 된다 했지. 또 꾸준한 게 없다. 그게 좀 단점인 거 같아(975-976). 〔…〕 그 성격이 너무 좀 급한 거 같아. 요것도 좀 고쳐야겠더라고. 그런데도 있다더라고 정신과(1718-1719).

장영복: 결정적으로 결점이 하나가 끈기가 이제 제가 봐도 부족한 거 같아요. 남들도 그런 얘길 하지만(103-105).

민형주: 게임기를 사주면 좀 하다가. 처음엔 집중을 잘하죠, 진짜. 근데 금방 질리고 또 딴 거 사달라고 하고. 그것도 사주니까 또 하다가. 그런 식으로, 인간관계에서도 그런 식으로 된 것 같아요. 이 친구랑 막 친하게 놀다가, 이렇게 친구랑 좀 싸우거나 잘 안 되면 또 다른 친구랑 놀다가. 또 계속 이런 식(1571-1583).

한정연: 그런데 그렇게 하다가도 며칠 그렇게 하다가도 또 어 음 습 또

다른 날 다음 그 또 다, 또 다음 날이 되면 하다가 말하다(1760-1765).

지금까지 논의한 연구참여자들의 행동성향은 직접적 또는 간접적 자살시도의 요인으로 작용한다. 먼저 과대망상적인 감정적인 사고방식으로 인해서 별것 아닌 사소한 일을 매우 심각한 문제로 발전시킴으로써 자살 생각과 자살시도가 발생한다. 수동적이고 비사교적인 행동성향은 인간관계와 의사소통의 단절로 이어지고 이로 인한 고립감으로 인해서 자살 생각과 자살시도의 원인이 된다.

부정적 자아 인식과 자아 비수용적 행동성향은 자신이 생각하는 자신의 부정적인 측면을 다른 사람들이 알게 되는 것을 두려워하여 다른 사람들과의 인간관계를 제한하거나 단절하기도 하고, 자신을 은폐하거나 실제와는 다르게 보이도록 행동한다. 이는 각각 의사소통의 단절과 고립감 그리고 분노와 초조함 및 소진감과 굴욕감을 유발하여 결과적으로 자살 생각과 자살시도를 유발하는 요인으로 작용한다. 부정적 자아 인식과 자아 비수용적 행동성향은 다른 사람들이나 이성으로부터 사랑과 인정을 갈망하게 하는 원인으로 작용하고, 이것은 다시 자아의 은폐나 위장 그리고 의존적이고 속박적인 인간관계를

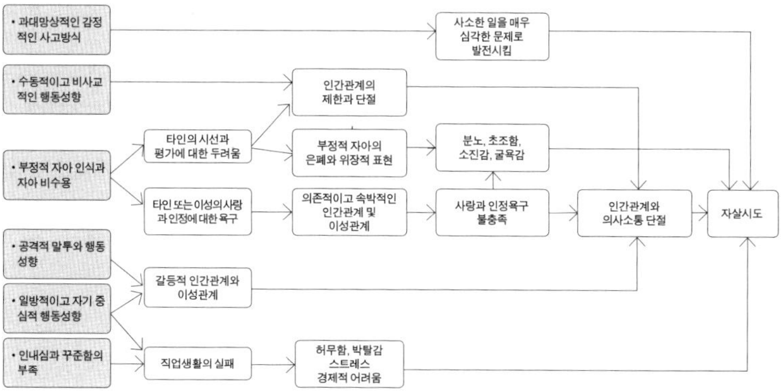

그림 78. 연구참여자들의 행동성향이 자살시도에 끼치는 영향

맺게 하는 원인으로 작용한다. 그럼에도 불구하고 사랑과 존중에 대한 욕구가 충족되지 않음으로써 자살시도자들은 그들과의 관계를 단절하게 된다. 그럼으로써 의사소통이 단절되고 고립되어 자살 생각과 자살시도가 유발된다.

공격적 말투와 행동성향 및 일방적이고 자기중심적 행동은 다른 사람들과 갈등을 일으키는 요인으로 작용하고 이는 다시 인간관계와 의사소통의 단절을 유발한다. 또한 일방적이고 자기 중심적 행동과 인내심과 꾸준함이 부족한 행동성향은 직업생활의 실패 요인으로 작용하고 이로 인해서 발생하는 허무함과 박탈감 그리고 스트레스와 경제적 어려움은 자살시도의 요인이 되기도 한다.(〈그림 78〉 참조)

5.9. 인간관계

이 연구에 참여한 연구참여자들은 모두 인간관계가 단절되고 고립된 삶을 살고 있다. 그들이 다른 사람들과 원만한 인간관계를 형성하지 못하는 근본적인 이유는 자신에 대한 자존감이 매우 낮고, 그렇기 때문에 타인들의 시선을 강하게 의식하고 타인이 자신의 약점을 알게 될 것을 두려워하기 때문인 경우가 많다. 연구참여자들이 인간관계를 단절하는 이유와 인간관계 회피의 양상은 다양하게 존재한다. 첫 번째로는 자신의 약점을 다른 사람들이 알게 될 것을 두려워해서 다른 사람들과의 새로운 만남을 적극적으로 회피하거나 알게 되더라도 일찍 관계를 단절하는 경우이다.

> 장영복: 작년에랑 올 올 초 그때까지는 거의 저기였어요. 완전 대인기피증이었어요. 그래서 친구들도 연락 다 끊고 (…) 만나기가 싫더라구요. 사람. 뭐 친척들도 안 만나고 친구들도 안 만나고 그렇죠(566-573).

〔…〕 새로운 사람 만나는 게 전 약간 솔직히 두려워요. 〔…〕 뭐 이것저것 자꾸 물어보잖아요. 뭐 뭐 대학은 어디 나오고 고등학교 어디 나오고 뭐 하며 나이는 뭐며 이런 게 자신 없는데 말하기도 싫고(596-608). 〔…〕 오래 지속을 못 하는 이유가 오래 지속을 하면은 결국 결국은 알게 될 거 같아서 씁. 정말 괜찮은 사람도 많았 많았음에도 불구하고 제가 끊을 수밖에 없었던 게(1547-1555).

강석민: 이제 저는 산발적으로 다 해줘야 되다 보니까 어느 순간에 이제. 줏대 없는 사람이 되어 있는 거죠. 근데 그거를. 쩝. 그래도 좀 사람들한테 들킨다고 해야 되나? 〔…〕 저는 그게 두려우니까 혼자서 하는 방향으로 돼 갖고 거의 혼자 지냈단 말이에요(3562-3568).

한정연: 이렇게 흉을 보거나 뭐 욕을 하거나 그럴 것 같다는 생각이 들거든요(1878-1888). 〔…〕 다른 사람들이 그거를 그니까 저의 그런 거를 아는 것 같아요. 아는 것 같아 가지고 제 생각에는요. 그래서 그 사람들이 저에 대해서 뭐라고 얘기를 하고 아이, 뭐 이렇게 욕을 하, 그러니까 흉을 본다던지 욕을 한다던지 뭐 저에 대해서 얘기를 하고 그런 것 같거든요(2067-2075). 〔…〕 사람들이 습 무섭다는 생각이 들었다고요. 〔…〕 그런 것 때문에 살기가 싫고 죽고 싶다고 생각이 되거든요(2152-2175).

연구참여자들이 다른 사람들과의 인간관계를 회피하고 단절된 사회생활을 하는 이유는 인간관계에 대해서 원천적으로 의미를 가지고 있지 않거나, 이성과의 의존되고 속박된 삶을 사는 과정에서 다른 사람들과의 관계에 대해서 흥미를 상실한 경우이다.

민형주: 사람들과의 관계를 유지해나가려면 제가 또 별도의 노력을 해야 되잖아요. 자주 만나서 얘기를 한다든가, 밥도 자주 먹는다든가. 그런게 지쳤던 것 같아요. 〔…〕 그리고 의미가 없다고 생각했어요. 그다지. 아, 이건 돈 낭비고 시간 낭비다. 이런 식으로 생각했던 것 같아요

(887-898). [···] 저를 뭐 못살게 구는 친구는 없었는데 제가 제 스스로 이렇게 벽을 만들었던 것 같아요(1268-1274).

우지선: 지금 남자친구가 다른 남자랑 어울리는 걸 싫어해요. 그래서 그닥 사람들도 잘 안 만나게 되더라고요. [···] 술을 멀리하다 보니까, 친구들은 만나도 안 마신, 못 마신, 안 마시게 되니까 남자친구랑 한 약속이 있어서. 그러니까 친구들이랑 있는 것도 재미도 없고, 애들이랑 이제 말하는 코드도 안 맞으면 또 그렇고. 이게 지루한 거예요, 말을 하는 게. 재미를 못 느끼는 거죠, 흥미를(398-409).

연구참여자들이 인간관계를 회피하는 또 다른 이유는 그들이 기대하는 만큼 친구 또는 다른 사람들이 그들의 가치를 인정하고 수용해 주지 않기 때문에 실망하고 분노하기 때문이다.

이재득: 나이 들면 들수록 친구들과의 교류가 많이 끊기더라고요. 20대 후반이 될수록 만나는 친구들도 줄어들고 횟수도 줄어들더라고요(396-398). [···] 언젠가부터는 제가 이제 보자라고 요구를 할 때 친구들이 이제 안 된다 다른 거 때문에 안 된다라고 얘기를 하면은 그때부터 이제 저의 존재감이 약간 떨어지게 되는 걸 좀 느낀 거 같아요. 그러니까 그러면서 또 친구들에 대한 어떤 제가 애착심이 있었는데 아 다른 사람들은 안 그렇구나 내가 괜히 너무 사람들한테 너무 많은 걸 바라 바랐구나 라는 생각이 들면서 그러면서 사람들한테 정을 안 줄려는 그런 스타일로 변해가는 거 같아요(1011-1033).

장주현: 제가 제 성격을 감당하기가 힘든 거예요. 잘 삐지고 토라지고 일일이 사랑받고 싶어하고, 제 친구들은 저를 10년 넘게 저의 곁에서 봤기 때문에 그런 점을 굉장히 옆에서 봤어요. 그럼 주위 사람들이 굉장히 피곤해하거든요(131-134). [···] 되게 욕심을 내게 해요. 그게 애정결핍이잖아요. 그게 어렸을 적부터 그래왔기 때문에 이렇게 커진 것 같아요. (500-502). [···] 친구들이 너만 왜 유독 그런 인간관계에 있어

서 문제가 많은지 모르겠다고(1033-1038).

다른 사람들과의 원만한 인간관계를 형성하지 못하는 또 다른 요인으로는 타인과의 관계에 적응하지 못하거나 갈등적 관계에 있기 때문이다.

김명관: 친절하게 터놓고 얘기할 그 좀 친구들이 없었어요(736-738). 〔…〕 어떤 사회에 적응에 좀 발 디딧음이 안되고 적응을 좀 못하더라고 좀 그런 생각이 많이 들더라고(743-744).

조혜란: 샵에 들어가기만 하면 누구랑 싸워 싸워서 또 얼마 못 가 어디 들어가면 또 얼마 못 가 계속 그러더라구요(2652-2663). 〔…〕 직장에서도 예. 그랬던 거 같아요. 맞아요. 그랬던 거 같아요. 아 진짜 내가 친한 사람이다 이런 사람은 없었던 거 같애(2825-2828). 〔…〕 그래서 그래서 도대체 나한테 뭐가 문제가 있을까 생각하면 하다 하다 스트레스 받고 우울해지고 그때 막 슬퍼지고 사는 거에 대한 회의 느끼고 애 데리고 이렇게 사는 것도 힘들어 죽겠는데 저네들이 나까지 이렇게 쫓아버리는구나(667-677).

연구참여자 중에는 인간관계를 유지하더라도 자신의 약점을 이해하고 수용해 줄 수 있는 비슷한 부류의 사람들과 교류하고 다른 사람들과의 인간관계를 회피하는 경우도 있다.

강석민: 여자도. 사실은. 다른 인간관계가 좋은 여자는 배제를 시켰어요 (웃음) 저도 모르게 그렇게 했더라구요. 그래서. 소문을 두려워한 거겠죠. 아무래도. 내가 이렇게 막. 막! 밑바닥까지 보여줄 건데. 다른 사람들하고 좀 친분이 있고 내가 친한 어떤 남자들하고 관계가 되어 있으면 소문이 날 수 있고 이러니까 그러니까 아예 거의 뭐 소규모로 다니는 애들이라든지 뭐 이렇게 크게 사람들하고 어울리지 않는 부류라든

지 이렇게 선택을 한 거 같아요(3639-3646).

인터뷰어: 그니까 주로 다른 사람과의 대인관계에 어려움이 있는 사람들이 친구가 되는 거네요?

민형주: 예, 그런 것 같아요. 제가 생각하기에.(1451-1460). […] 아무렇지 않게 뱉은 말이나 행동인데, 제가 오히려 상처받거나, 오히려 아니면 들뜨게 되고. 그게 좀 과대평가하는 것 같아요 […] 아 내가 이런 행동을 하면 남들이 어떻게 생각을 하거나 이런 식으로 행동하겠구나를 막 이렇게 멀리까지 생각하게 되는 것 같아요. […] 그러니까 그런 게 대화나 저의 행동에 좀 부담을 주는 것 같아요. 그니까 그런 거를 생각하지 않아도 되는 그런 편한 친구만 찾게 되는 것 같기도 하고(1621-1639).

인간관계가 자살시도에 영향을 주는 이유는 자살시도자들이 다양한 이유로 인간관계를 제한하거나 단절함으로써 고립감을 느끼고 자신을 괴롭히는 고통스러운 마음을 토로할 데가 없기 때문에 결과적으로 자살 생각을 하기 때문이다. 자살시도자들의 인간관계 단절에 결정적으로 영향을 미치는 요인은 그들의 성장과정에서 체험했던 부정적인 일로 인해서 그들은 부정적인 자아정체성을 가지고 있고 자신을 사랑하지 못하고 수용하지 못하는 것과 관련이 있다. 그로 인해서 자살시도자들은 다른 사람들로부터 사랑과 인정을 받기 위해서 타인의 시선과 평가에 의존하는 비주체적인 삶을 살게 된다. 결과적으로 타인으로부터 사랑과 인정을 받지 못하는 데 대해서 그들은 분노, 불안감, 스트레스, 우울증이 생기거나 더욱 악화되고 그로 인해서 자살 생각과 시도를 하게 된다. 같은 이유로 사람들로부터 상처를 받고 신뢰를 상실하게 됨으로써 인간관계를 멀리하게 된다. 그럼으로써 인간관계와 의사소통이 단절되고 고립된 상황에서 자살시도에 이르게 된다.

자기부정과 자기애의 부족으로 인해서 그들은 자신의 부정적 자아가 알려질 것에 대해서 두려움을 가지고 있고 자신을 은폐하고 위장

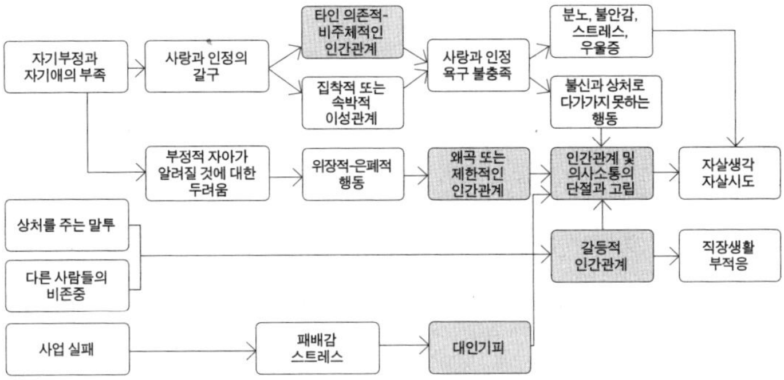

그림 79. 연구 참여자의 부정적 인간관계의 원인과 영향

하는 행동을 하게 되며 동일한 문제를 가진 사람들과 인간관계를 제한하거나 아니면 다른 사람들과의 만남을 회피하게 된다. 그럼으로써 자살시도를 유발하는 인간관계와 의사소통의 단절 그리고 고립된 상황이 발생한다.

자살시도자들의 인간관계가 훼손되고 단절되는 또 하나의 이유는 그들의 공격적이고 거친 말투와 행동 때문이며 다른 사람들이 그들을 인정하지 않고 존중하지 않으므로 사람들과 갈등을 겪기 때문이다.

인간관계의 단절을 야기하는 또 하나의 요인은 사업에 실패한 후 패배감으로 인해 사람들과의 만남을 피하는 것과 관련이 있다.(〈그림 79〉 참조)

5.10. 현재 상황

연구참여자들은 현재 자신이 처한 상황에서 겪는 다양한 어려움과 고통에 대해서 언급을 하고 있지만, 그중에서 대표적인 것은 현재 처해 있는 상황에 대한 정서적이고 심리적인 어려움, 정신적이고 신체적인 질병, 경제적 어려움 등으로 유형화할 수 있다.

5.10.1. 정서 및 심리적 어려움

연구참여자들은 현재 다양한 형태의 정서적·심리적 어려움에 대해서 토로하고 있다. 그들이 겪고 있는 정서 · 심리적 어려움으로는 생각이 정리되지 않는 혼란스러움이나 적응하기 어려운 심리변화, 스트레스, 삶의 의미 상실로 인한 좌절감, 두려움과 불안감 등이 있다.

5.10.1.1. 혼란스럽고 기복이 심한 심리상태

연구참여자들 중에는 생각이 명확하게 정리가 되지 않는 혼란스러움이나 특정한 감정을 느끼지 못하는 멍한 상태를 호소하기도 하고 심리상태의 변화가 심한 것에 대한 어려움에 대해서 말하는 사람도 있다.

> 우지선: 전 제가 제정신이 아니라고 생각해요. 아, 그렇다고 미친 건 아니지만, 그렇다고 정, 제 제 저의 일반적인 정상적인 나가 아닌 것 같아요(821-823). 〔…〕 이런 말 써도 되나요? 미친년 같아요(2097-2099). 〔…〕 요즘 감정도 그렇게 없는 것 같아요. 뭘 해도 그렇게 즐겁지도 않고 〔…〕 기쁜 것도 잘 모르겠고. 슬픈 것도 잘 모르겠고요(602-614) 〔…〕 요즘 그러니까 생각이요, 멍해요(1153-1155).

> 민형주: 이제 그 처음 뵙기 전에는 쭉 우울한 상태였고, 그랬는데. 요즘은 그 항상 우울한 상태에서 괜찮은 날도 있고. 어, 그렇게 좀, 뭐라 그러나 변동 폭이 심하게 변한 것 같아요. 그 어떤 날은 되게 기분이 좋은데, 또 어떤 날은 어, 이렇게 침울하거나 막 이렇게 무기력한 날도 있고. 이렇게 또 아침저녁에 따라서 다른 거. 아침에 괜찮다가, 저녁에 기분이 슬프기도 하고(6-11).

5.10.1.2. 스트레스

연구참여자들 대부분은 자신이 현재 처한 상황에서 스트레스가 있다고 말하고 있다. 이들이 스트레스를 받는 이유는 다양하지만 자신의 강박적 행동성향(한정연, 김명관)이나 욕구불만(조혜란) 때문에 고통을 받는 경우도 있고, 자신이 처한 경제적 상황(이재득)이나 업무의 과중함(우지선)으로 인해서 스트레스를 받는 경우도 있다.

> 한정연: 저는 그 강박증이 다른 사람들에 비해서 너무 너무나 많이 심해가지고요, 그것 때문에 좀 다른 것보다도 특히 그런 부분 때문에 제 스스로가 제 자신한테 많이 힘들어했거든요(918-922).

> 김명관: 사업장에 나가면 이제 사업장에 나가면 자꾸 비교되는 게 있기 때문에 위치가 좀 문제더라고(94-95). [⋯] 스트레스 쌓이더라고(103). [⋯] 강박관념이 떠나지 않더라고(106-107).

> 조혜란: 속에서 뭔가가 흠. 막 이렇게 끌어내리는지 아니면은 자꾸 뭐를 채우라는지 욕구가 계속 일어나요. 여기서 속에서 속에서 그리고 이게 안 되면 짜증이 막 나고요. 옆 사람을 뭐야 씨 뭐여 성질부리고 안 된다고 어유 씨 막 이러면서 허 막 그래요(1869-1878).

> 이재득: 맨날 스트레스 받고 감 감당하기 힘든 것들은 뭐 요즘에 뭐 경제가 어려워지니까 돈 벌고 쓰는 게 이제 버거워지는 거 같고 그다음에 또 그와 더불어서 이제 여자친구와의 어떤 결혼도 생각을 하고 있는데 이제 어떤 경제적인 어려움 때문에 이제 추진을 하지 못하는 그런 것도 스트레스가 되고요. 그다음에 부모님 아버지도 뭐 뭐 뭘 이렇게 드리고 싶은 데 못 드릴 때 스트레스가 되고 조금 그런 거 같아요(1730-1739).

> 우지선: 이게 한 한 달 두 달 되니깐 이게 스트레스를 계속 넘치는 게 두 달 정도 그냥 넘쳐버리니까. 왜 저희 물 끓일 때도 물이나 이런 거 가스레인지에 끓일 때도 얘가 넘치다가 나중에는 가스를 꺼트려버리잖아요. 그것처럼 이게 지속적으로 이렇게 계속 넘치니까 그게 안 되니까 제가 미쳐버리는 것 같아요(2831-2840).

5.10.1.3. 삶의 의미 상실로 인한 좌절감

연구참여자들은 자신이 처한 어려운 상황이 극복되지 않거나 개선되지 않을 것이라는 생각으로 인해서 삶에 대한 의미를 상실하고 좌절감을 느끼며 그로 인해서 삶을 포기하고 싶은 생각을 갖기도 한다.

> 민형주: 인생이 굉장히 무의미하다. 그래요, 무의미해요(19). (…) 아, 내가 왜 살고 있는지 이유를 모르겠어요(22-23). (…) 그니까 제가 느끼기에도 지금 제가 제 인생을 포기해버릴 것 같은 그런 느낌이에요(399-414).

> 우지선: 제가 하루하루 노력해 갖고 매 시간마다 매 순간마다 노력을 하는 거예요, 저는. 근데 한순간에 그게 이렇게 휘청거리고 막 다시 무너져버리면, 그냥 포기하고 싶어져요. 노력을 해도 이건 별 나아지는 그런 게 안 보이니까. 이걸 해서 뭐하나. 완치는 되는 건가. 무슨 안개 속을 걷는 것 같아요, 길도 없는 곳에서, 계속. 그러니깐 계속 포기하고 싶어져요, 지금(3532-3538).

> 안정희: 아무리 발버둥 쳐봐야 맨 날 그게 그건데, 사는 게 똑같은데 왜 내가 이렇게 하나, 하루하루 즐겁게 이렇게 살자라는 생각을 하기 때문에 하고 싶은 거는 너무 많은데 현실은 그렇지가 못하잖아요. 그렇게 때문에 그냥 사는 게 그냥 그렇구나라는 생각을 하는데 허무하다라는 생각을 많이 해요(2211-2227).

5.10.1.4. 두려움 및 불안감

연구참여자들은 새로운 환경에 대처할 수 없을 것이라는 두려움이나 현재 처한 상황 또는 미래에 닥쳐올 상황에 대해서 두려움이나 불안감을 가지고 있다.

> 강석민: 이제는 어머니도 저한테 의지를 하시고 그전에도 저한테 의지를

했지만 전적으로는 아니었거든요. 그냥 그전에는 자식이니까 그리고 아들이니까 의지했지 지금은 아버지가 안 계신 자리에 대한 저한테 의지를 하시거든요. 그러다 보니까 아마 제가 좀 겁이 생기지 않았나. 근데 이제 앞에서는 그래도 책임감이 있으니까 듬직하게 행동할라고 그렇게 보여주지만 속으로는 사실은 좀 겁나고 처음 해보는 거라서 참 두려운데 티는 안 내려고 하다 보니까 그 겁이 더 커지지 않았나 그렇게 생각을 하고 있어요(5112-5120).

우지선: 그전에는 안 봐도 막 그냥 그렇게, 막 심장, 심장이 마악 그렇게 뛰는 것까진 아니었는데, 요즘 막 그래요. 저도 그게 언제 시작부터인지 잘 모르겠어요, 솔직히(933-936). (…) 지금 현재...상태가 너무 안 절부절못하다 보니까, 그냥 딱 이 순간이. 마지막인 것 같고. 살얼음판 같아요, 지금. 제가 걷고 있는 게(1921-1924). (…) 그러니까 절벽을, 절벽, 가장자리를 걷고 있는 기분(2215-2217).

이재득: 예 지금 같은 경우는 제가 뭐 뛰어나게 돈을 이렇게 조금 어느 정도의 돈을 벌 수 있는 능력이 안 되기 때문에 지금 같은 경우에는 이제 불안하죠(1761-1772). (…) 여자친구 같은 경우는 뭐 못 살아도 괜찮아 뭐 어때 이런 식으로 저한테 다가오고 마음의 위안을 많이 줬는데 지금 여자친구 같은 경우는 이제 그런 말을 한 마디도 해본 적이 없어요. 그러니까 그래서 조금 불안하기도 하고 불안감이 좀 많이 커지거나(1811-1817).

장영복: 무슨 새로운 일을 시작할 때 자꾸 두려움이 앞서는 거예요. 지금도 이제 문제가 그게 문제가 뭐냐면 저 일은 과연 계속 끝까지 할 수 있을까 뭐 그런 두려움 자꾸 그게 앞서기 시작해 가지고 새로운 일을 자꾸 못하게 되더라구요. 아 그런 식이 된거죠(120-127).

5.10.2. 신체적 또는 정신적 질병

연구참여자들 중에는 당뇨와 같은 신체적 질병이나 우울증 같은 정신적 질병을 앓고 있는 경우가 있다.

김명관: 그래서 요즘에 또 뭐 저녁에 잘 때도 이 발도 저릿 저리고 그 당뇨 때문에 그것도 뭐 또 신경 잘 써야지(172-173). (…) 그 스트레스가 몸을 상하게 하더라고 지 당뇨도 마찬가지 전에 정신적인 스트레스로(1075-1084). (…) 내 혼자 자꾸 안에 여 넣고 삭이니까 이 뭐 병이 왔지. 당뇨가 와(1124-1125)

이재득: 예 우울감에 빠지고 우울증에 우울감에 뭐 빠지게 되면은 (…) 일부러 안 나가게끔 만들어요. 자신을. 뭐 다른 핑계거리를 혼자 이렇게 생각하면서 이제 아 나는 이러니까 못 나가겠다 그런 식으로 이제 자신을 만들어버리죠. 그리고 이제 못 나가게 되고 못 나가게 되면 또 아까 말씀 드렸듯이 마찬가지로 그런 존재감 없는 게 느껴지는 게 또 오고요. 그게 올 건지 알면서도 못 나가게 되는 경우가 많아요(1408-1416).

장주현: 돈 걱정. 사람들에 대한 시선, 내 미래, 이런 거. 남들이 하는 그런 거 이상으로 제가 우울증이 되게 심한 거 같아요. 못 견디고 되게 미칠 꺼 같아요. 그 순간에요. 무섭고, 겁이 나구요. 조바심이 나고 미칠 거 같아요(1397-1404). (…) 항상 있어요. 정말 정말 기분이 좋을 때도요. 마음속으로 (…) 마음속으로 우울한 면. 항상 존재해요. 그래서 행복함을 느낄 수가 없어요(1505-1507).

5.10.3. 경제적 어려움

연구참여자들 중에는 경제적 어려움으로 인해서 일상생활에서 고통을 받고 있는 사람들이 있다.

안정희: 물가는 오르고, 생활비는 더 들고, 카드값은 더 많아지고 그러니까 그런 것도 부담도 되고, 그냥 내일은 생각은 안 하고(1813-1817). 〔…〕 나는 이렇게 하고 싶은 것도 많은데 내 현실은 아닌 거예요. 하루하루 먹고살기 바쁘고, 애들 먹을 거 걱정해야 되고 맨날(2174-2175).

장주현: 이제 제가 몇 천 갚았거든요. 처음엔 아빠 거였구요. 지금은 제 거랑 아빠 거랑 같이 있어요(2933-2942). 〔…〕 월급이 그냥 그대로 나가요. 근데 생활비가 없으니까 제가 제 용돈을 안 쓴다고 하더라도요. 생활비가 없으니까 가스비, 월세, 방세, 아빠 돈 갖다 주는 것까지 계속 카드를 쓸 수밖에 없는 거예요. 그게 악순환의 반복이니깐은(3475-3533).

이재득: 맨날 스트레스 받고 감 감당하기 힘든 것들은 뭐 요즘에 뭐 경제가 어려워지니까 돈 벌고 쓰는 게 이제 버거워지는 거 같고 그다음에 또 그와 더불어서 이제 여자친구와의 어떤 결혼도 생각을 하고 있는데 이제 어떤 경제적인 어려움 때문에 이제 추진을 하지 못하는 그런 것도 스트레스가 되구요. 그다음에 부모님 아버지도 뭐 뭐 뭘 이렇게 드리고 싶은 데 못 드릴 때 스트레스가 되고 조금 그런 거 같아요(1730-1739).

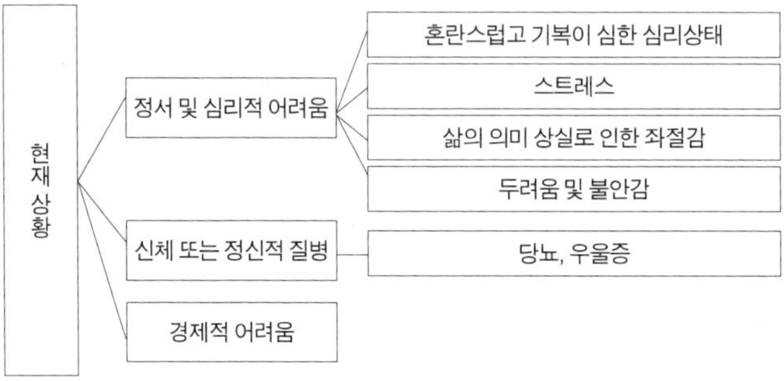

그림 80. 연구참여자가 겪고 있는 현재의 어려움

5.11. 의사소통

연구참여자 중에는 자신의 힘들고 어려운 상황에 대해서 가족이나 가까운 친구들에게 터놓고 이야기를 하고 조언을 구하는 경우도 있지만 이는 소수에 불과하고(한정연, 조혜란), 대부분의 연구참여자들은 자신의 고통과 힘든 상황에 대해서 이야기를 하지 않거나 이야기를 할 상대자가 없다.

5.11.1. 어려운 상황이나 고통에 대해서 터놓고 이야기함

한정연 씨와 조혜란 씨의 경우 자신이 겪고 있는 고통에 대해서 남편이나 가까운 친구에게 터놓고 이야기를 하고 있다. 그 결과 한정연 씨는 적극적인 상담치료를 받게 되었고, 조혜란 씨는 친구들과 이야기를 함으로써 그날 겪었던 스트레스가 해소되는 느낌을 받았다.

> 인터뷰어: 남편한테 여보 나 너무 허전하고 외롭다란 얘기를 하셨어요?
> 한정연: 그런 얘기도 했었죠, 예. 안 해보지는 않았어요(152-162).

> 인터뷰어: 어떻게 병원에 가시게 된 거예요? 처음 병원에 어떤 식으로 누구에 의해서 가게 된 거예요?
> 한정연: 어어어. 스읍. 그냥. 어어 그냥 제 자신이 힘드니까. 가게 됐던 거같.
> 인터뷰어: 스스로, 스스로 찾아서 갔어요?
> 한정연: 아니요. 남편하고… 서로 얘기를 했었던가. 그랬던 것 같기도 하거든요(198-208).

> 조혜란: 아주 그냥 가깝다고 제가 생각하기에는 한 친구들이야 많은데 내가 그래도 터놓는 친구들은 어 세 일단 세 명이에요(3050-3053). 〔…〕 속상하면은 이걸 그냥 삼키지 못하구요. 친구한테 수다를 떨어놓

든 그러니까 넉살 그러니까 수다를 떨든 술을 마셔주든 담배를 펴주든 해야 이게 삭혀져요(2005-2009).

5.11.2. 어려운 상황이나 고통에 대해서 터놓고 이야기하지 못함

연구참여자들은 대체로 자신의 어려움이나 고통에 대해서 가족이나 친한 친구들 또는 주변 사람들에게 이야기를 하지 않거나 못한다. 그래서 힘든 상황에서 벗어나지 못하거나 오히려 마음의 병이나 질병과 같은 더 힘든 상황이 발생한다.

우지선: 혼자 산 지가 8년짼데 그동안 힘든 일 있어도 계속 전 저 혼자만 끙끙 앓고 있었어요. 부모님한테 얘기 안 해요, 힘든 일은 또, 있어도. 집안에서 이제 있으시니까. 걱정하시니까. 괜히 마음 아프실까봐. 그니까 그전까진 계속 힘든 걸 혼자 끌어안고 있었어요(675-683).

민형주: 내가 엘리트코스를 밟을 수 없을 바에야, 아 난 차라리 죽는 게 더 낫다. 그땐 울기도 많이, 혼자 울고 그랬는데.

인터뷰어: 그때도 아무도 누구에게도 얘기할 수 없었던 거예요? 그런 마음을?

민형주: 네. (…)

인터뷰어: 특별히 부모님하고 대화는 없었어요?

민형주: 네(612-623). (…)

민형주: 서로 얘기는 잘 맞고 굉장히 친한 사인데, 서로 고민 같은 건 얘긴 잘 안 하죠(655-659).

인터뷰어: 다른 사람들한테 마음속에 있는 얘기를 하고 싶은 얘기를 전달하는 게 힘드세요?

김명관: 거의 뭐 못하지 뭐 내 혼자 뭐 내 혼자 삼키면서 내 혼자 얘기하면서 그래서 속병이 나나봐. 안 좋더라고(908-919). (…) 그런 얘기조

차를 남한테 하기 싫더라고 그래 내 혼자 자꾸 안에 여 넣고 삭이니까 이 뭐 병이 왔지. 당뇨가 와(1124-1125).

연구참여자들이 자신의 어려운 상황이나 고통을 가족이나 친한 친구 또는 주변 사람들에게 하지 않는 이유는 먼저 성격이 내성적 또는 폐쇄적이기 때문이거나 그것이 자신의 치부라고 생각하고 다른 사람이 그런 사실에 대해서 알게 될 것을 두려워하기 때문에 숨기고 싶었기 때문이다. 그들이 자신의 어려움이나 고통에 대해서 다른 사람들에게 말하지 않는 이유는 다른 사람들이 그러한 문제를 해결해주지 않을 것이라는 생각 때문이기도 하다.

이재득: 제가 성격이 내성적이었다고 해야 되나 그런 성격이어서 친구들을 만날 때는 전혀 그런 얘기를 안 했었어요. 전혀 얘기할 상대를 못 찾은 건지 아니면 제가 선뜻 얘기를 못 한 건지 그거는 좀 모르겠고요(41-48). [⋯] 그냥 숨기고 있고 싶었고(50-52).

장주현: 말하지 못하는 건 정말 저 혼자 갖고 있는거 사랑받지 못했다는 피해의식, 자격지심. 그리고 누군가를 좋아할 때 바라게 되는 그런 마음. 제가 저를 좋아해보지 않는 마음에 대해서는 입도 뻥긋 못하겠어요(2422-2427). [⋯] 얘기해도 속이 시원해지지 않고, 오히려 저희 아빠를 욕하는 거 같고, 제가 더 안돼 보이는 거 같고, 제가 형편없어 보이는 거 같아서 이런 얘기 잘 안 해요(3545-3558).

강석민: 까발려져 같고 사람들한테 줏대 없는 놈으로 그렇게 됐을 수도 있는데. 저는 그게 두려우니까 혼자서 하는 방향으로 돼 갖고 거의 혼자 지냈단 말이에요. (3564-3568). [⋯] 사람들한테 이렇게 안 좋게 보이기 싫어서 혼자 계속 지내다 보니까 또 외롭잖아요(3623-3624).

장주현: 제가 확실히 살면서요. 제가 오픈마인드인줄 알았는데 그게 아

니었어요. 되게 마음이 많이 닫힌 거 같아요(3545-3558). 외로움이 되게 컸었어요. 주위에 얘기 할 사람도 없고, 제가 자신이 마음이 닫혀져 있는 상태라서 다른 사람들 얘기가 위로로 다가오지 않는 거예요. 그러면서 위로를 찾고, 그러니까 다른 사람한테 어떻게 기대는 방법을 까먹은 거예요(2768-2778).

인터뷰어: 요즘은 그런 복잡하고 그런 상황들을 주변 분들하고 의논하세요?
안정희: 아니요. 혼자 생각하고 혼자 삭히고 그래요.
인터뷰어: 의논해도 별로 특별한 게 없어서 그러세요? 아니면.
안정희: 없고, 무슨 방법이 없잖아요(3024-3027).

5.11.3. 터놓고 이야기할 사람이 없음

연구참여자들 중에는 자신의 어려움이나 고통을 토로할 수 있는 대화상대자가 없는 경우가 많다. 그들은 대화상대자 없기 때문에 힘들게 생각하고 외로움을 느끼기도 한다.

장주현: 진짜 화가 났는데 속마음을 털어놓을 사람이 없는 거예요(2720-2721). (…) 제가 오픈마인드인 줄 알았는데 그게 아니었어요. 되게 마음이 많이 닫힌 거 같아요(3545-3558). 외로움이 되게 컸었어요. 주위에 얘기 할 사람도 없고, 제가 자신이 마음이 닫혀져 있는 상태라서 다른 사람들 얘기가 위로로 다가오지 않는 거예요. 그러면서 위로를 찾고, 그러니까 다른 사람한테 어떻게 기대는 방법을 까먹은 거예요(2768-2778).

민형주: 그니깐 누구한테도 도움을 요청할 수 없다는 사실에 굉장히 힘들었던 것 같아요(131-132). (…) 제가 뭐 이런 힘든 것들. 선임이 나를 힘들게 한다거나 일이 많아서 힘들다 이런 걸 얘기해도, '아, 군대는 원

래 다 그런 거야.' 그렇게 말할 거라는. 그러니까 편견인지 뭐 그런 확신이 제 마음속에 있어요. 도움을 요청해도 변하는 건 없다. 그런 식으로(138-142).

인터뷰어: 그 상황에서 누가 위로가 됐던 사람이나 이야기를 좀 털어놓고 나눌 수 있는 사람이 있었나요?
김명관: 그때는 없었어요. 그때는 뭐 내 혼자 집에 가고(1905-1113).

안정희: 내가 힘들 때 누구한테 상의할 사람도 없고. 그런 게 좀 많이 힘들어요(887-890). (…) 하고 싶은 얘기도 못하니까(1868). (…) 주위에서 관심을 갖고 좀 해줬으면 했는데 저는 관심 가져줄 사람이 없잖아요(3111-3113).

장영복: 사실 어머님밖에 없는데 사실 대화할 만한 사람이 (…) 엄마한테 짜증 내고 이러니까 어머니도 그게 싫으시니까 (…) 그걸 피하시는 건데 저는 이제 그 외에 말할 사람이 없으니까는 매형하고도 잠깐 그런 얘기해봐도 매형하고는 대화가 안 되니까 얘길 못하겠고 그렇다고 누나랑 얘기하기도 그렇고 작은누나한테는 뭐 예를 들어 뭐 정신적으로나 지금 너무 힘들고 뭐 우울증도 있고 뭐 그러면 또 누나는 그런 거예요. 그런 거 없는 사람 어딨냐 나도 죽 죽 죽기 일보 직전이라구 그러니까 저도 할 말 없고 그런 거에 대해서 얘기하기도 그렇고 그러니까 누구나 다 똑같은 거 같아요(479-492).

김명관 씨는 사람들이 특정한 문제나 상황 때문에 자살을 하려는 것이 아니라, 그러한 문제를 터놓고 이야기하지 못하거나 그런 대화를 할 상대가 없기 때문에 자살을 하는 것이라고 말을 함으로써 대화의 중요성에 대해서 강조한다.

김명관: 이 대화라는 게 상당히 중요한 거 같아. (…) 실질적으로 자살 문제도 그거 아무것도 아니잖아요. 그래서 얘기하고 좀 이렇게 하면 되

는 데 성격이 좀 그런 거 같아서 많이 고비를 넘겼지(707-717).

자살시도자들이 자신의 이야기를 하지 않거나 의사소통이 단절됨으로써 다른 사람들은 그들이 처한 상황이나 문제를 모르게 된다. 그럼으로써 그들이 필요한 위로와 공감 그리고 다른 사람들로부터 관심과 존중을 받을 수 있는 가능성이 차단된다. 그러한 상황 속에서 그들의 상황과 문제 그리고 특히 우울감이 더욱 악화되고 그런 상황에 대한 부담감과 위압감으로 인해서 자살 생각과 자살시도를 하게 된다.

자살시도자들이 의사소통을 단절하는 요인은 첫째, 그들이 성격이 원래 내성적이고 폐쇄적이어서 다른 사람들에게 자신의 이야기를 잘 하지 않는 것과 관련이 있다. 둘째, 다양한 이유로 인간관계가 제한되고 단절됨으로써 의사소통 상대자를 상실하는 것이다. 셋째, 자살시도자들이 자신의 부정적 자아와 열등감이 다른 사람들에게 알려지는 것이 두렵기 때문에 마음을 열고 자신의 이야기를 토로하지 않으려고 하는 것과 관련이 있다. 넷째, 자신의 이야기를 다른 사람들에게 해 봐

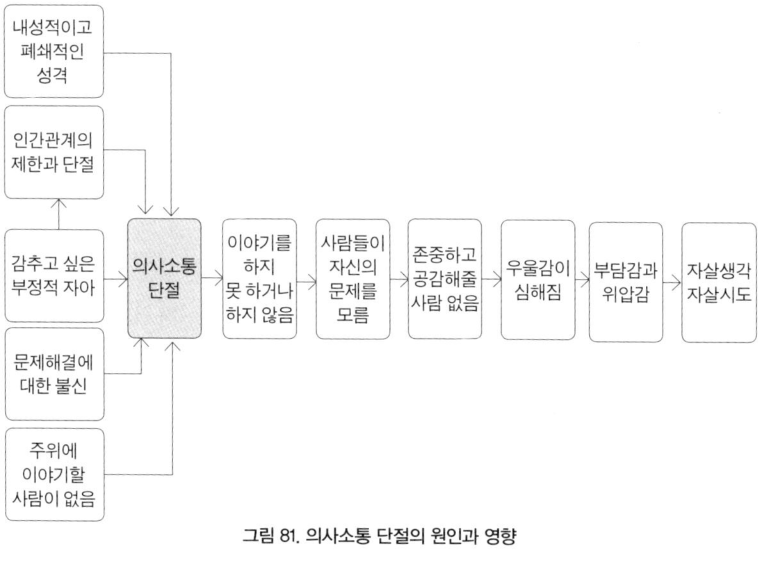

그림 81. 의사소통 단절의 원인과 영향

야 문제해결에 아무런 도움이 되지 않을 것이란 생각과 관련이 있다. 그리고 마지막으로 자신의 주변에 이야기를 할 사람이 원래부터 없기 때문이다.

5.12. 보호요인

연구참여자들이 자살을 시도하지 않고 삶을 살아가게 하는 보호요인으로 자기인정과 현실수용, 타인 시선을 의식하지 않기, 자기 모습을 숨기지 않고 있는 그대로 보여주기, 인간관계의 회복과 다양화, 적극적인 의사소통, 긍정적으로 생각하기, 운동, 가족, 집중할 수 있는 일, 꿈과 바람 등을 꼽고 있다.

5.12.1. 자기인정과 현실수용

연구참여자들이 자살을 시도하는 이유 가운데 하나는 그들 자신에 대한 자아존중감이 낮기 때문에 그들이 자신을 있는 그대로 인정하지 못하고 수용하지 못하기 때문이다. 그러므로 그들은 자기 자신이나 자신이 처해 있는 상황을 있는 그대로 인정하고 존중하는 것이 자살을 막는 중요한 요인이라고 생각한다.

민형주: 저를 인정하고, 저를 저대로 표현하고, 자기감정을 솔직히 말하고, 또 이제 안 좋은 일은 감싸두지 않고, 이렇게 표현하거나 이렇게 잘 넘기는. 그런 거를 좀. 알게 된 것 같아요(2780-2783).

장주현: 남과 다름을 인정하고 그냥 너는 니 생각이 있는 거고, 100% 다 널 좋아할 순 없잖아. 그렇게 생각을 해야 되는데(2509-2515).

김명관: 이제는 뭐 다 놓고 현실에 맞게 되는 대로 살아보자. 그렇게 많이 생각하죠(220-221).

김명관: 글쎄 뭐 있는 현 그 내 위치 위치를 있는 거에서 만족을 느끼고 고렇게 앞으로 열심히 열심히 사는 거는 살아야 돼(1701-1708).

조혜란: 내가 서야 딴사람들도 설 수 있는 거고 내가 무너지면 딴사람도 다 무너지게 된다라고 생각하거든요(4193-4195).

5.12.2. 타인 시선을 의식하지 않기

연구참여자들이 자신에 대한 존중감과 신뢰가 낮기 때문에 타인의 시선과 평가에 대해서 매우 예민하고 타인의 가치에 맞추는 비주체적인 삶을 살려고 한다. 그렇기 때문에 그들은 자기 자신이 원하는 삶을 살지 못할 뿐만 아니라 타인의 가치에 부합하는 삶을 사는 것에 힘들어하고 있다. 그러한 이유로 연구참여자들은 자살을 막아주는 요인으로 타인의 시선과 평가를 의식하지 않고 자기의 삶을 사는 것이라고 생각한다.

강석민: 그거에 대해서는. 사회적으로 보이는 거라던지 이런 거에 대해서는 이제 의식 안하고 그게 행복이 아니니까. 그렇게 살라고요. 그것도 하나에 짐이었는데 책임감이었구. 남들한테 보여지는 걸 맞춰줘야 됐었고 남들이 저를 보고 기대하고 저를 보면서 따라오는 거 다 맞춰 줄라고 했는데. 못하는 건 못하는 걸로 놓을라구요(5460-5465).

민형주: 남 앞에서 잘 보이려고 하다 보니까 자꾸 이렇게 따른 사람과 저를 비교하게 되다 보니까, 제 자신감은 오히려 상실되는 것 같아요. (…) 남이 나를 본다고 생각하지 말고, 아 이건 내 개인적인 시간이니까. 담배 피울 때나 뭐 그런, 그런 때도, 음. 마, 나에게만 집중을 할 거

야. 내 휴식, 휴식에 온전히 집중을 할 거야. 이런 생각을 하니까 훨씬, 남의 시선도 신경 안 쓰고 좀 자유로워진 느낌이에요(2711-2723).

장주현: 남과 다름을 인정하고 그냥 너는 니 생각이 있는 거고, 100% 다 널 좋아할 순 없잖아. 그렇게 생각을 해야 되는데(2509-2515).

한정연: 사람들을 신경 쓰지 않고 어 제가 제 할 일을 어어 하면서 그니까 으으 음. 뭐 두렵다 두렵거나 무섭다고 생각이 들더라도 그냥 몸으로 부딪쳐서 힘들더라도 몸으로 부딪쳐서 어어 예 그렇게. 극복을 해야 될 것 같다고 생각이 되거든요(2609-2614).

5.12.3. 자기 모습을 있는 그대로 보여주기

연구참여자들은 자아존중감이 낮아 다른 사람들에게 자신의 실제를 은폐하고, 타인의 시선과 평가에 예민하고 그에 의존되어 있기 때문에 실제의 자신이 아닌 다른 모습을 다른 사람들에게 보여주려는 성향이 있다. 이것이 그들이 겪는 고통의 큰 원인으로 작용하므로 자기의 실제 모습을 있는 그대로 보여주는 것이 자살을 막아주는 보호요인이라고 생각한다.

강석민: 예전에는 그저 무조건 의젓하게 보일라고 그러고 무조건 무게 잡을라고 그랬는데. 그럴 필요. 전혀 없고. 심지어는 집에서도 그랬거든요. 집에서도 의젓하게 보여야 된다고 생각했는데 그런 거 봤을 때 속으로 좋았지만 반응을 안 하고 있었고 이제는 오히려 제가 더 드러내놓고 하는 편이에요. 아이들, 아이들이 나온다던지 그러면 너무 좋거든요. 너무 좋아서 막 아줌마들처럼 좋아해요. 그래서 그런 거를 이제는 숨기지 않을라고 그냥 그대로 하고. 좋아해 줄 사람은 좋아해 줄 테고 그 모습을 굳이 싫어할 사람도 없을 거고. 그 그거를 드러낸다고 해서 저의 의젓함이 사라지는 건 아니니까(5543-5552).

민형주: 예, 이제 제 감정표현에도 좀 능숙해졌다고 해야 되나? 예. 그니까 예전에는 그런 걸 숨겼었는데. 아, 이제 힘들면 힘들다. 뭐 좋으면 좋다. 뭐, 잘 표현해야 된다고 생각하고 또 좀 그런 식으로 표현하려고 많이 노력해요. (…) 이제 저를 인정하고, 저를 저대로 표현하고(2731-2783).

5.12.4. 인간관계의 회복과 다양화

많은 경우 자아존중감이 낮은 연구참여자들은 다른 사람들이 자신의 실제 모습을 아는 것을 두려워하기 때문에 인간관계를 단절하거나 자신을 이해해주는 사람들에 제한하여 고립된 삶을 사는 경우가 많다. 인간관계의 절연은 자살의 직접적인 요인이 될 수도 있고(민형주), 인간관계의 유지는 살아야 할 이유가 되기도 하며(장주현), 자살을 막아주는 핵심적인 요인이기도 하다(이재득). 인간관계의 유지가 중요하게 되는 요인은 다른 사람들로부터 인정과 존중을 받을 수 있기 때문이다. 자살시도자들은 그러한 문제를 해소하기 위해서 인간관계를 회복하거나 다양화하는 것을 중요한 것으로 보고 있다.

인터뷰어: 여러 사람들하고 관계 형성하는 게 어렵지만 그래도 한두 사람하곤 유지가 되는 면이 있는 거네요?
민형주: 네. 아마 다 단절됐다면 전 벌써 죽었을 것 같아요(905-921).

장주현: 요새 최근에 많이 좋아진 거예요. 정말 사랑하는 사람들이 너무 많이 생겨서 그거에 대한 욕심 정말 사랑하는 사람들이 많이 생겨서 좋아 가지고, 그 마음이 너무 욕심이 돼서 이 사람들 때문에라도 살아야 되겠다는 그거랑(323-327).

이재득: 항상 뭐 모 모임이나 사람과의 어떤 만남을 계속 끊지 않고 유지를 시켜야 될 거 같고요. (2145-2160). (…) 그 사람의 상태를 알아 줄 수 있는 어떤 사람이 필요하죠. 거의 그러니까 그 사람이 무슨 생각을

깊숙이 하고 있는지 한 사람이라도 알면은 그 사람은 이제 나름대로 자살까지는 가지 않는다고 생각을 해요. 〔…〕 자살의 가능성이 있는 사람들한테는 자살 가능성 있는 사람은 그 주변 사람이 그거를 인지할 수 있도록 주변 사람하고 함께해서 그 사람이 이제 심 주변 사람도 어떤 심각함도 인지를 하고 어느 정도 그 자살 하려고 하는 사람을 주변 사람이 이해를 하고 그다음에 그 자살하려고 하는 사람의 어떤 제일 큰 어떤 음 어떤 고민 그거를 이제 같이 해결해주고 하려고 하는 어떤 그런 게 있으면은 자살까지는 안 갈 수 있을 거 같아요(3469-3481).

강석민: 제가 이렇게 몇 주가 안 됐지만 이 사이에 되게 많이 나아졌다는 걸 느낀 게 일단은 용기가 없었던 걸 해봤던 게 연락을 한 2년 동안 끊었던 사람들한테 그냥 다 해봤어요. 〔…〕 다 환영해주고 오히려 상대방들한테(1783-1790). 〔…〕 이제는 인간관계부터 시작해서 정말 어떤 누구 가리지도 않고 모든 사람과 다하는 게 가장 먼저 필요할 거 같구요(5117-5128).

민형주: 선임들이 너는 사무실 일도 하고 내무실 일도 열심히 하니까 힘들겠구나. 이런 말도 해주고. 오히려 그게 제가 더 바쁘더라고 고마웠어요, 저는. 이해해준다는 게. 그래서 내무실 생활을 더 열심히 했던 것 같아요(257-261).

5.12.5. 적극적인 의사소통

연구참여자들은 이야기 또는 대화로 지칭되는 의사소통의 중요성에 대해서 언급하고 있고 의사소통에 대한 욕구를 피력하고 있다. 이들이 말하는 의사소통이란 그들이 자신이 겪고 있는 어려운 상황이나 고통을 숨기지 않고 털어내고 상대방은 진지하게 들어주고 위로해주고 격려해주는 것을 의미한다. "대화 없이는 그 죽음이 사망에 이르더라고"(김명관), "이렇게 털어놓는 게 진짜 시원해요 〔…〕 이거조차 없으면 죽어버릴 거예요"(조혜란), "자살이라든가 우울하다든가 이런 거는 솔직히 그 이후로는 없었거든요"(장영복)이라는 말을 따르면, 의사소통은 자살을 막아주거나 예방함으로써 생명을 지켜주는 삶의 핵심적인 요소이다. 이들은 주위 사람들이나 상담자에게 이야기를 하고 난 후에 느낀 치유적 소감이나 변화된 점을 "진짜 시원해요" "변하는 게 느껴지고, 또 그게. 더 즐거움이 더 배가 되는 것" "인생이 달라졌다고 단언할 수 있어요" "대화도 하고 그러니까 많이 긍정적으로 바뀐 거 같아요" "굉장히 마음 편해졌어요" 등으로 표현하고 있다.

> 장주현: 누구한테 자꾸만 연락을 하고 싶고, 대화를 하고 싶고, 날 좀 지켜봐줄 수 있는 사람이 있었으면 좋겠고, 이런 내 마음 다독거려줄 누군가가 있었으면 좋겠고, 한없이 날 좀 돌봐줄 수 있는 사람이 있으면 좋겠다. 근데 없으니깐은 좀 허전하고(2213-2216).

> 김명관: 실질적으로 자살 문제도 그거 아무것도 아니잖아요. 그래서 얘기하고 좀 이렇게 하면 되는 데 성격이 좀 그런 거 같아서 많이 고비를 넘겼지(715-717). [···] 대화 없이는 그 죽음이 사망에 이르더라고 내 생각에는 난 이런 전문가는 아니지만은 내가 느껴본 바로는 대화 많이 얘길 해야 돼 있는 걸 다 얘기해서 고쳐주면은 결론적으로 경제 문제는 이 대화로 하면 풀리거든(1784-1790).

> 조혜란: 제 친구들이나 제 마음 아는 사람들한테도 그 얘긴 핸 적은 있어요. 야 자꾸 죽고 싶어지는데 어떻게 해야 되냐 그랬어요. 헤. 다들 나보고 저런 바보 같은 소리한다고(웃음) 이래요. 근데 근데 걔네들은 지네도 내 심정을 모르는 거니까. 허. 그래 바보 바보 같지 그래 그래. 어휴 그러면서 난 말죠. 그냥(405-418). [···] 하 그나마 선생님한테 이렇게 털어놓는 게 진짜 시원해요. 이게 진짜 시원해요. 네 진짜 만약에 이거조차 없으면 죽어버릴 거예요. 시원해요. 이렇게 털어놓을 수 있다는 게(2728-2731).

민형주: 혼자 생각을 안 하고. 이렇게 남들이랑 공유하려고 하다 보면 항상 해결책이 나오진 않더라도. 그니까 좀 말했다는 거 자체도 제 자신의 스트레스를 덜어버리게 되기도 하고. 또 어떤 말, 위로든 뭐든 상대방이 이해해주고, 도움을 주니까(2608-2623). […] 내 안에 있는 이렇게 솔직한 내 얘기를 하고 나니까, 좀 아, 뭔가 달라져 볼까? 이렇게 시킨 데로 한번 해볼까? 이래 갖고 이제 나름대로 노력을 하고 나니까 주가 지날수록 정말 그 변하는 게 느껴지고, 또 그게. 더 즐거움이 더 배가 되는 것 같아요(2665-2670). […] 그니까. 이 상담을 통해...서 제 진짜 감히 제 인생이 달라졌다고 단언할 수 있어요[…]. 상담을 통해서, 제 자신이 조금이라도 변하는 것에 느낀다면 이제 그때부터 시작이에요, 진짜. 아, 나 좀 좋은 쪽으로 달라질 수 있구나 하는 걸 느끼고, 아, 인생은 이래서. 내 주변 환경이 어떻든 간에 내 마음먹은 대로, 내가 행복할 수 있고, 불행할 수 있고, 그런게 결정되는구나. 그니까 주변 환경을 내 마음이 좋은 쪽으로 생각하려고 노력한다면 아마, 인생은 살아있는 것만으로 행복해질 거예요(2884-2893).

장영복: 지금 이렇게 뭐 상담도 받고 이 친구 만나고 또 그런 좋은 얘기 많이 하니까는 대화도 하고 그러니까 많이 긍정적으로 바뀐 거 같아요(2015-2019). […] 이렇게 터놓고 얘기해본 적이 없었기 때문에 터놓고 얘기하다 보니까 저의 나름대로 많이 도움이 된 거 같아요(2123-2125). […] 굉장히 마음 편해졌어요. 그리고 뭐 예를 들어 자살이라든가 우울하다든가 이런 거는 솔직히 그 이후로는 없었거든요(1727-1731).

5.12.6. 긍정적으로 생각하기

연구참여자들은 비록 상황이 어렵고 힘들더라도 그것을 부정적으로 생각하고 힘들어하기보다는 그 안에서 다른 면을 보면 장점이나 긍정적인 요인을 찾아낼 수 있기도 하고 문제의 해결 방안도 찾을 수 있게 된다고 생각한다. 또한 긍정적으로 생각하는 것이 자살 생각이나 시도를 하지 않게 하는 보호요인으로 작용하고, 더 나아가 인생은 살아볼 만한 가치가 있는 것이라는 생각을 갖게 한다.

> 김명관: 이제 내가 편안함을 가지려고 그래 생각하니까. (…) 어떤 생각 자체가 많이 좀 좋아져 있다고 그래 생각하거든요. 그래서 이 생각만 뭐면 이 생각만 뭐면 자살할 일이 뭐 있겠어요. 하루에 뭐 밥 한 끼 먹는데 뭐 되는대로 살면 되고 돈 있으나 없으나(160-164).

> 안정희: 한번 살아볼 만한 인생인데, 왜 내가 이 나이에 이렇게 죽어야 하나 그런 생각도 들고 그래요(2317-2325). (…) 재밌게 살다 가야지. 내가 나한테 주어진 생명이고, 주어진 삶인데 그렇게 우울하고 꿀꿀하게 살고 싶은 생각이 없는 늘 꿀꿀한 일만 있는 건 아니잖아요. (…) 좋은 생각만 하고 좋은 일만 생각을 하고, 좋게 좋게 이렇게 긍정적인 생각을 하면 내 삶도 긍정적이지 않을까. 남한테 악하게 안 하고, 애들 아직까지 건강하고, 아직까지 속 썩이지 않고, 내가 내 몸만 건강하면 살아도 되지 않을까. 행복하니까(2764-2777).

> 민형주: 마음이 안 들더라도 참고, 짜증나게 하더라도 웃고, 좀 웃고, 잘 지내보려고 노력하는 편이에요. 또 그러다 보니까 장점도 조금씩 보이더라고요(1987-1996). (…) 부모님도 있고. 친구도 있고. 그래도 살아 있는 거 자체가 가치 있는 일 아닌가. 그런 생각으로 감사하며 살았는데 더 이상 좀 감사하지 않은 거죠(415-426).

> 이재득: 긍정적인 생각을 하고 그래야지 행복해지고 행복함을 느낌으로서 행복한 호르몬이 나올 테니까 계속 그거를 이제 그게 이제 좋은 상태로 돌아간 거죠. 그게. 근데 거기에서 이제 안 벗어나기 위해서는 좋은 생각을 많이 하는 게 좋은 거죠(2301-2304).

> 장영복: 생각을 바꾸니까는 이게 또 틀려지더라구요. 사람 사고방식 자체가 예전엔 내가 왜 그거를 하 이뤘으면 지금 잘돼 있을 텐데 그나마

그래도 뭐 성공은 아니더라도 야 그래도 어느 정도 좀 자리 잡고 이 나이에 진짜 결혼해 가지고 애도 있고 뭐 일찍 결혼해서 뭐 그나마 안정되게 돈도 좀 모으고 그랬으면 근데 또 다시 바꿔 생각하니까 오히려 또 내가 그 취미로 그거를 더하면은 더 또 그걸 더 잘할 수 있지 않을까 일보다 일하면 또 지겨워지잖아요. 어떤 일이든지 오히려 괜찮을 거 같아요. 그래서 씁. 생각 자체가 전환이 되는 거 같아요(1848-1861).

조혜란: 모든지 가만히 천천히 생각하면 다 죽으란 법은 없고 다 방도는 있는 거 같고(4218-4219). 〔…〕 절망적일 때 자꾸 절망감 속으로 빠져서 생각한다기보다도 찾다 보면은 나한테 회복할 수 있는 그러니까 〔…〕 어떤 고 절망감에 빠지지 않게끔 할 수 있는 방법은 있으니까 으 그러니까 사람이 내가 조금 어떻게 생각을 갖느냐에 따라 달라지는 거 같다라는 생각이 드는 거예요(4132-4140).

장주현: 마음을 편안하게 먹는 거라든가. 생각을 저 좋을 대로 그냥 하는 거(2509-2515).

5.12.7. 운동

운동이 복잡한 마음을 정리해주기도 하고 부정적인 생각을 긍정적인 생각으로 전환시켜주기도 하며 복잡한 문제의 해결 방안을 찾는 데 도움을 주기도 한다.

장영복: 운동할 때랑 똑같은 거라 땀을 흘리면은 이제 모든 게 좀 마음이 진정될 때가 있거든요(775-776).

이재득: 저 같은 경우는 이제 운동을 하고 나면은 조금 했든 많이 했든 굉장히 그 우울한 기분이 굉장히 없어져요. 상당히 씁 제가 살펴 저를 살펴 본 결과 상당히 긍정적으로 바뀌고요. 예 그다음에 상당히 이렇

게 뭐 뭐 전날에는 그 일에 대해서 상당히 막 이렇게 고민하고 뭐 머리 아파서 싸매고 있었던 걸 게 운동을 하고 나면은 그다음 날이나 운동한 그 즉시에는 거의 뭐 쉽게 쉽게 생각되고 쉽게 쉽게 해결할 수 있는 그런 상태가 되는 거 같아요(2145-2160).

5.12.8. 가족

자살을 막아주는 중요한 보호요인은 가족이다. 연구참여자들 중에는 부모나 자식에 대한 걱정과 연민으로 자살시도를 하지 않고 있다.

장주현: 그래도 당분간은 못 죽어요. 한 삼 년 동안에는. 빚 갚고 죽을 거니까. 만약에 만약에 그러면. 이게 있는 상태면 아빠가 너무 힘들어 하실 거 같아요. 저에 대한 배신감이나 이런 것 때문에. 그래서 저는 이것 때문에라도 못 죽어요. 이게 제일 저의 큰 발목을 잡고 있기 때문에(4184-4191).

인터뷰어: 나는 살고 싶지 않은데, 어쨌든 그래도 가족구성원 중에 한 사람이니까 그래도 사, 죽을 순 없지 하면서 사는 거예요? (…)
한정연: 예예. 그니까 제가 죽게 되면 남아 있을 가족들이 어떨지. 그러한 생각 그런 것 때문에(823-833).

안정희: 내가 살아야 하는 첫 번째 이유는 내가 살아야 하는 이유가 아이들이 있기 때문에 살아야 하는 거고, 엄마 아버지가 계시기 때문에 엄마 아버지를 앞서서 가면 안 되잖아요. 그게 불효잖아요. 그 생각을 해서 제가 힘들 때는 아버지, 엄마한테 많이 의지를 했었고, 아이들이 있어서 그게 보탬이 되긴 됐었는데(2328-2345).

조혜란: 근데 그때에 저는 만약에 제 아들이 없었다면 씁 아마 진짜 어떻게 버렸을 수도 있어요. 솔직히 그냥. 근데 이상하게 내가 그런 자살 충동을 막 느끼고 그런 그 그 그래야겠다고 생각할 때에 문득문득 우

리 아들 생각이 자꾸 나더라구요. 내가 없어지면 우리 아들은 어떻게 되는 거지 그러면서 아냐 내가 없어지면 우리 아들은 또 나도 힘들었지만 더 힘들어질 수가 있어 우리 아들을 생각해야지 그러면서 생각을 이렇게 아들 쪽으로 바꾸면서 뭔가 희망을 거기서 찾게 되더라구요(4140-4151).

인터뷰어: 그전엔 그 마음을 어떻게 극복하고 올 수 있었던 거예요?
민형주: 그때는 아, 그래도 살자. 집에 산 데도 있고. 부모님도 있고. 친구도 있고. 그래도 살아 있는 거 자체가 가치 있는 일 아닌가. 그런 생각으로 감사하며 살았는데 더 이상 좀 감사하지 않은 거죠(415-462).

5.12.9. 집중할 수 있는 일

자살을 막아주는 보호요인 중의 하나는 집중할 수 있는 일이다. 집중해서 일을 하게 되면 우울하고 부정적인 생각이 없어지고 만족스럽고 행복한 생각이 든다.

장영복: 직장 다닐 때는 저번에도 말씀 드렸지만은 우울해도 다른 내일 또 가서 일을 하면 일을 하다 보면 그게 이제 없어지잖아요(93-95).

민형주: 일단 일은 해야 돼요. 진짜. 제가 그걸 느낀 게, 가만히 있으면 더. 선생님이 말한 대로 안 좋은 쪽으로 흘러요(…). 뭐 간단한 풀 뽑기나 뭐 쓰레기 치우는 거라도 좋으니까 그런 일을 시키는 게 나은 것 같아요. 그런 간단한 일은 뭐 특별히 스트레스 그렇게 안 받으면서도, 좀 자기성찰에도 도움이 되는 것 같아요. 이렇게 아, 풀을 보면서 아 얘네도 꿋꿋이 사네(2810-2841).

이재득: 이제 한참 훈련 받고 이럴 때는 이제 까먹고 거기가 매진을 하다 보니까 전혀 그런 기분이 들지 않았었어요. (…) 그럴 때는 굉장히 좋

았고 행복하고 기억 속에 되게 남더라고요(211-218).

인터뷰어: 어떻게 살 때 행복하세요? 내가 행복하다고 느끼세요?
안정희: 지금이 행복해요. 일하고, 일 열심히 하고. (…)
인터뷰어: 일에, 지금 하고 있는 일에 충실할 때?
안정희: 네 충실하고, 제가 일도 즐긴다 그랬잖아요. 즐기고(2764-2777).

5.12.10. 꿈과 바람

연구참여자들은 꿈과 바람에 대해서도 언급하고 있다. 비록 꿈과 바람이 자살을 막아준다는 직접적인 언급은 없지만, 꿈과 바람에 대해서 생각할 때 기분이 좋아지고 미래에 대한 희망과 설계를 함으로써 자살 생각을 없애준다는 점에서 꿈과 바람도 자살 방어요인으로 간주할 수 있을 것이다. 연구참여자들의 꿈과 바람은 주로 이성 파트너와 보다 여유로운 경제적 환경과 관련이 있다.

인터뷰어: 주현 씨는 본인의 결혼에 대해서 어떻게 생각하세요?
장주현: 정말 행복한 거요. 제 인생에 마지막 꿈이에요(1648-1656).

안정희: 진짜 좋아하는 사람을 만나봐서 진짜 연애도 진짜 제대로 해보고, 사랑도 제대로 해봐서, 물론 그 사람하고 결혼까지 골인을 해서 그렇게 행복하게 살면 좋겠지만 그렇게 못 해봤으니까 그런 미련 같은 것은 있어요(2152-2156).

조혜란: 그래도 나를 생각하자면 남자친구 하나쯤은 (웃음) 있었으면 좋겠다라고 나 이렇게 좀 사랑해주고 나 예뻐해주고 이러는 남자친구 있었으면 좋겠어요(4099-4103).

인터뷰어: 실제로 정말 간절하게 바라는 게 있어요?

장주현: 빚 갚는거? 돈 그거 없어지는 거(3850-3851)?

김명관: 그래서 올해 두 두 건이 두 건 그 이 상담하면서 들어와 상황이 좋아(1523-1537). (…) 기분이 너무 좋더라고(1565-1570).

조혜란: 내가 한 2년 만 악착같이 모아 가지고 한 오천 정도 만들으면 조마낳게 샵처럼 차릴 수 있거든요. 그래서 그때 되면 경기가 어때질지 모르겠지만 그때까지 열심히 기술 익히고 날 이제 가다듬어 가지고 씁

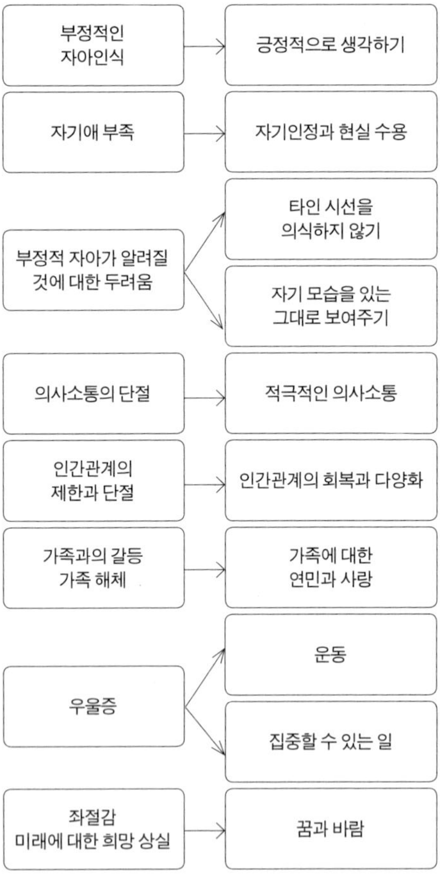

그림 82. 자살시도 보호요인

조마낳게 이제 나도 내가 내가 생각한 내가 구상한 어떤 그런 샵. 지금 계획은 그거예요. 에 내고 싶어요. 그렇게 에(3924-3934).

장영복: 일에 대해서 노예가 돼 노예라고 하 기계처럼 일했거든요. 근데 한 가지 좋았던 거는 정말 돈이 통장에 쌓이니까 적금 부으면서 그 이자 챙기고 매달 얼마씩 적금 붓고 그게 너무 뿌듯하더라구요(511-521).

장영복: 이제 그 저기 이제 미래에 대한 그거는 씁 아직까지 이제 확실하게 뭐 뭔가 직장을 어떤 직장이든 가져야만 그게 해결 될 거 같아요(912-914).

지금까지 살펴본 자살시도자들이 언급한 자살을 막아주는 보호요인들은 〈그림 82〉에서 볼 수 있듯이 그들이 자살 생각 또는 자살시도를 하게 하는 문제적 요인과 직접적인 관련이 있다. 이는 자살시도자들이 자살을 시도하게 하는 문제적 요인뿐만 아니라 또한 그 해결책도 알고 있다는 것을 함의한다. 더 나아가서 자살시도자들에게 필요한 것은 자살시도를 막을 수 있는 방법을 알려주는 데 있는 것이 아니라, 그들에 대해서 공감하고 경청해줌으로써 그들이 스스로가 가치가 있고 타인으로부터 인정받고 존중받는 사람이라는 사실을 느끼게 해주는 데 있다.

6
연구 결과와 활용 가능성

이 연구는 모두 10명의 자살을 생각하거나 시도한 사람의 서사인터뷰 내용을 언어학적 질적 연구 방법론으로 분석하였다. 그 결과를 바탕으로 이 책에서는 모두 8명의 자살시도 요인과 관련된 자전적 이야기가 재구성되었다. 개별 자살시도자에 대한 연구 결과를 바탕으로 모두 12개의 자살시도와 관련된 요인들이 범주별로 왜 그리고 어떤 요인에 의해서 발생하는지, 자살시도나 자살 생각에 어떻게 영향을 끼치는지, 서로 어떤 영향을 끼치는지, 그리고 그러한 요인들이 서로 어떤 관련성을 맺으면서 자살시도에 이르는 지에 대해서도 구체적으로 분석되고 논의되었다. 범주와 범주 사이의 상호관련성을 간략하게 요약하면 다음과 같다.

가족 해체와 경제적 문제 그리고 부모의 무관심과 차별 등과 같은 성장과정의 부정적 체험은 열등감과 낮은 자존감으로 요약되는 자아정체성을 형성하기도 하고 나중에 원하지 않는 결혼을 하고 불행한 결혼생활을 하게 하는 요인으로 작용한다. 부정적인 자아정체성 규정은 자기 은폐적이거나 위장적이고 타인의 시선과 평가에 의존적이며 이로 인해 자신이 원하지 않는 삶, 즉 비주체적인 삶을 살게 된다. 이로 인해서 인간관계가 제한되거나 단절되기도 하고 집착적이며 구속적인 이성관계를 맺기도 한다. 부정적인 자아정체성 규정으로 인해서 발생하는 또 다른 문제는 이들이 직장생활에 적응을 하지 못하거나 사업에 실패하는 요인으로 작용한다. 한편 불행한 결혼생활은 특히 자녀와의 문제를 야기하는 요인으로 작용한다. 인간관계와 이성관계 그리고 직업생활에서의 문제는 각각 의사소통의 단절과 불안감, 분노, 좌절감, 우울증 등과 같은 심리적 문제를 야기한다. 심리적 문제를 야기하는 또 다른 요인은 불행한 결혼생활과 자녀의 문제와 그들에 대한 부담감이다. 의사소통의 문제와 심리적 문제는 자살 생각과 자살시도를 야기하는 요인으로 작용한다.

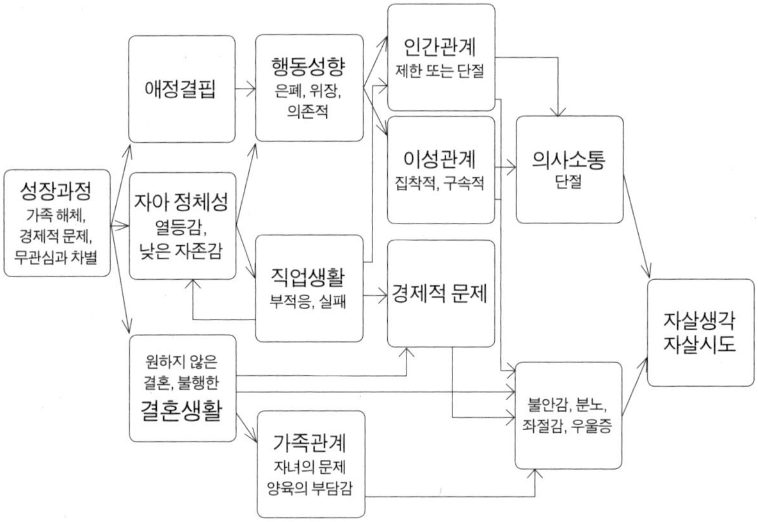

그림 83. 연구 참여자의 자살시도 요인의 상호관련성

이 연구의 결과는 여러 분야에서 다양한 방식으로 활용할 수 있고 후속 연구에 대한 의미를 발견할 수 있을 것이다.

1) 이 연구는 규모가 크고 다수의 텍스트로 구성된 방대한 이야기 텍스트에 관한 언어학적 질적 분석 방법을 제시한다. 따라서 언어학

분야에서 앞으로 다량의 텍스트를 분석하기 위한 방법론적 토대로 이야기 분석을 활용할 수 있다는 점을 제시할 수 있을 것이다. 또한 이 연구는 다른 연구 분야의 질적 연구자들에게도 언어에 민감하고 정밀하게 텍스트를 분석하고 해석하는 모델로 제시할 수 있을 것이다.

2) 지금까지 텍스트언어학 연구가 본격적으로 텍스트의 전체 의미를 연구의 대상으로 삼지 않은 상황에서 이 연구는 거대 텍스트의 전체 의미를 대상으로 하였고 전체 텍스트의 의미를 재구성하였다는 점에서 향후 텍스트의 기능과 의미를 중심으로 하는 텍스트언어학 연구의 방향을 제시하였다는 점에서 의미가 있다.

3) 이 연구는 기존의 언어학적 연구가 이론적이고 방법론적인 기초 연구에 머무른 한계를 넘어서, 한국 사회가 당면하고 있는 사회적이고 시사적인 대상을 연구하고 그 결과를 사회로 환원하여 실용적으로 활용할 수 있도록 하는 연구 분위기를 확산시키는 데 기여할 수 있을 것이다.

4) 이 연구의 결과는 자살상담자와 자살시도자들의 상담을 효과적으로 수행하기 위한 기초자료로 활용될 수 있을 것으로 기대된다. 특히 자살시도자와의 상담에서 자살시도자가 이 연구에서 밝혀진 자살시도 요인을 언급하지 않았다면 그러한 요인과 관련된 체험을 했는지에 대해서 물어볼 수 있는 근거자료로서 활용 가치가 있을 것이다.

5) 이 연구에서 밝혀진 자살시도 요인과 이들 사이의 상호관련성은 심각한 사회적 문제인 자살에 대한 보건정책을 수립하는 데 기초정보로써 활용될 수 있을 것이다. 이 연구는 자살시도자들이 밝힌 자살시도 요인을 그들의 관점에서 밝혀내고 재구성한 것이므로 실제적인 보건정책을 수립하기 위해서는 이 연구의 결과를 토대로 사회학, 심리학, 사회복지학, 보건정책 등과 같은 다양한 학제에서 심도 있는 자살 관련 전문 연구가 후속적으로 이루어져야 한다. 이를 통해서 자살로 귀중한 생명을 스스로 끊어버리는 사회적 병리현상을 완화하는

데 도움이 될 것으로 기대한다.

6) 현재 청소년 자살이나 노인 자살이 급격하게 늘어나고 있는 추세이고 이 또한 심각한 사회적 문제로 대두되고 있다. 이 연구가 이러한 계층별 자살에 대한 심층적인 이해를 연령별 자살시도자의 관점에서 할 수 있고 자살을 예방할 수 있는 방안의 토대를 마련하기 위한 연구의 모형으로써 활용될 수 있을 것이다.

참고문헌

고문희(2009), "자기 해석적 존재로서 자살시도자의 자전적 스토리". 송파구 자살예방심포지움. 〈무엇이 그들을 스스로 죽고 싶게 만드는가: 자살시도자와의 면담분석〉 자료집.

고미영(2004), 《이야기 치료와 이야기의 세계》. 청목출판사.

고미영(2007), 〈가능성을 불러오는 이야기의 힘〉. 《국어국문학》 146.

김귀분 외(2005), 《질적 연구 방법론》. 현문사.

김대현(2006), 〈내러티브 탐구의 이론적 기반탐색〉. 《교육과정연구》 24/2, 111-134.

김선욱(2008), 〈아렌트의 내러티브와 의사소통적 합리성〉. 《철학연구》 94, 29-49.

김용분·이정섭(2003), 〈자살 개념분석〉. 《정신간호학회지》 12/4, 394-401.

김익진(2010), 〈소통의 모델에 기초한 인문치료의 이론 모형〉. 《인문과학연구》 25, 5-507.

김익진(2011), 〈인문치료의 구성요소로서의 감성〉. 《호남문화연구》 49, 99-124.

김호연·엄찬호(2010), 〈구술사(oral history)를 활용한 인문치료의 모색 — 기억, 트라우마, 그리고 역사치료〉. 《인문과학연구》 24, 361-383.

김태구(2014), 〈요약규칙에 관한 텍스트언어학적 연구 — v. Dijk의 거시규칙을 중심으로〉. 고려대학교 석사학위 논문.

남윤영(2005), 〈우리나라 자살의 경향과 특징〉. http://www.suicideprevention.or.kr/

다카하시 요시토모(2007), 《고독의 병 자살의 심리학》(변은숙 역). 알마.

박민정(2006), 〈내러티브란 무엇인가?: 이야기 만들기, 의미구성, 커뮤니케이션의 해석학적 순환〉. 《아시아교육연구》 7/4, 27-47.

박여성(1994), 〈화용론적 텍스트유형학을 위하여〉. 《텍스트언어학》 2, 7-60.

박용익(2006), 〈이야기란 무엇인가?〉. 《텍스트언어학》 20: 143-163.

박용익(2009), "자살시도자 면담에서 나타난 자살 요인 — 이야기분석". 송파구 자살예방심포지움 〈무엇이 그들을 스스로 죽고 싶게 만드는가: 자살시도자와의 면담분석〉 자료집.

박용익(2010), 《대화분석론》(재개정 3판). 백산서당.

박용익(2012a), 〈질적 연구와 텍스트언어학〉. 《텍스트언어학》 32, 125-147.

박용익(2012b), 〈텍스트와 대화〉. 《텍스트언어학》 33, 87-115

박용익(2014), 《환자 중심의 의료 커뮤니케이션 — 대화분석을 기반으로 하는 의료인의 의사소통 교육 방법론》(제2판). 현문사.

박용익·정연옥(2012), 〈인문학적 이야기 치료와 서사 인터뷰〉. 《의료커뮤니케이션》 7 (2): 59-71.

박지영(2007), 〈노인자살 생존자의 자살경험에 관한 연구〉. 《정신보건과 사회사업》 27, 295-330.

박형민(2007), 《한국의 자살실태와 대책》. 한국형사정책연구원.

방선욱(2004), 〈의미구성 도구 및 커뮤니케이션으로서의 내러티브〉. 《커뮤니케이션학 연구》 12/3, 70-89.

서동우(2005), 〈생명존중 및 자살에 대한 국민태도조사〉. http://www.suicideprevention. or.kr

서혜석(2006), 〈고등학생의 자살 생각에 관한 인과모형〉. 《청소년학연구》 13/5-1, 207-332.

서혜석(2007), 《청소년의 자살 생각》. 한국학술정보.

손철민(2004), 〈이야기치료 이론〉. 《한국성경적상담학》 29-44.

손철민(2004), 〈이야기치료의 이론과 실제〉. 《상담과 선교》 45, 35-54.

양유성(2004), 〈이야기치료의 상담원리와 방법론〉. 《상담과 선교》 45, 6-34.

윤택림(2010), 〈질적 연구 방법과 구술사: 체육인의 역사쓰기를 위하여〉. 《스포츠인류학연구》 5/2, 1-33

이광자(2009), 〈자살위기 상담 기법〉. 한국의료커뮤니케이션학회 가을철 학술대회 발표집.

이나현(2008), 《배려윤리의 내러티브 교육과정을 위한 탐색》. 한국학술정보.

이명선(2009), "자살시도 여성들의 경험에 관한 현상학적 연구: 페미니스트 접근". 송파구 자살예방심포지움 〈무엇이 그들을 스스로 죽고 싶게 만드는가?: 자살시도자와의 면담분석〉 자료집.

이민용(2009), 〈인문치료와 이야기치료 —《천일야화》를 중심으로〉. 《뷔히너와 현대문학》 32, 259-284.

이민용(2010), 〈서사와 서사학의 치유적 활용 — 인문치료 방법론의 관점에서〉. 《독일언어문학》 47, 247-268.

이영의(2010), 〈인문치료 패러다임〉. 《범한철학》 56, 283-309.

이윤주(2008), 《청소년 자살상담》. 학지사.

이현지·김명희(2007), 〈대학생의 자아정체감과 무망감, 우울, 자살사고의 상관관계에 관한 연구〉. 《청소년학연구》 14/3, 243-264.
이혜선·권정혜(2009), 〈한국판 자살 생각척도(K-BSI)의 타당화 연구〉. 《한국심리학회지》 28/4, 1155-1172.
장영식(2010), 〈한국인의 사망수준〉. http://www.kihasa.re.kr.
정연옥·박용익(2013). 〈이야기 텍스트의 구조〉. 《언어와 언어학》 62. 53-80.
전우택(2005), 〈자살 예방 정책 개발 연구: 외국의 국가 자살 예방 전략과 국내 활동 분석을 중심으로〉. 자살예방협회. http://suicideprevention.or.kr.
전진성(2007), 〈트라우마, 내러티브, 정체성 — 20세기 전쟁 기념의 문화사적 연구를 위한 방법론의 모색〉. 《역사학보》 193, 217-243.
최민수(2009), 〈"자료가 스스로 말하게 하라": 질적 방법으로서의 내러티브 연구방법〉. 《한국기독교상담학회지》 18, 265-288.
최혜실(2011), 《스토리텔링, 그 매혹의 과학. 이야기의 본질과 활용》. 한울아카데미.
최희봉(2010), 〈인문학, 인문학 실천, 그리고 인문치료〉. 《인문과학연구》 25, 327-346.
통계청(2008), 〈2008년 사회조사결과보고서〉. http://kostat.go.kr.
한국자살예방협회(2007), 《자살의 이해와 예방》. 학지사.
황순찬(2009), "자살예방상담의 실제". 송파구 자살예방 심포지움 〈무엇이 그들을 스스로 죽고 싶게 만드는가?: 자살시도자와의 면담분석〉 자료집.
황순찬(2014), 〈자살행동에 대한 발견적 탐구 — 가장 역설적인 자기표현〉. 성공회대학교 박사학위 논문.

Abbott, H. P. (2008), *The Cambridge Introduction to Narrative*, Cambridge University Press.
Adamzig, K. (2004), *Textlinguistik. Eine einführende Darstellung*. Tübingen: Niemeyer.
Austin, J. L. (1962), *How to do Things with Words*. Oxford: Clarendon Press.
Bak, Y.-I./Kang, Ch.-U./Waßner, U. H(1992), Illokutionshierarchie im argumentativen Dialog. In: Müstersches Logbuch zur Linguistik 2. *Sprechakttheorie*, 72-85.
Bamberg, M. (2004), Narrative discourse and identities. In: J.C. Meister/T. Kindt/W. Schernus/M. Stein (eds.), *Narratology beyond literary criticism*. Berlin/New York: de Gruyter, 213-237.
Bamberg, M. (2005), Master narrative, In: D. Herman/M. Jahn/M-L. Ryan

(eds), *Routledge encyclopedia of narrative theory*. London: Routledge, 287-288.

Bamberg, M. (2006), Stories: Big or small. Why do we care? In: *Narrative Inquiry* 16/1, 139–147.

Bamberg, M. (2010), Who am I? Big or small-shallow or deep? In: *Theory & Psychology* 21/1, 1–8.

Bamberg, M./De Fina, A./Schiffrin, D. (2010), Discourse and Identity Construction. In: S. J. Schwartz et al(eds.), *Handbook of Identity Theory and Research*. Springer Science+Business Media.

Benbassat, J./Baumal, R. (2004), What Is Empathy, and How Can It Be Promoted during Clinical Clerkships? Acad Med 79, 832-839.

Bradley, E. L. (2010), Narrative Medicine and Healthcare Reform. In : Journal of medical humanities 32/9, 9-20.

Brinker, K. (1992), *Linguistische Textanalyse. Eine Einführung in Grundbegriffe und Methoden.* 3., durchges. und erweit. Aufl. Berlin: Schmidt(텍스트언어학의 이해, 이성만 역, 2004)

Brinker, K./Antos, G./Heinemann, W./Sager, S. F. (Hg.) (2000), *Text- und Gesprächslinguistik. Ein internationales Handbuch zeitgenössischer Forschung.* 1. Halbband. "Textlinguistik". Berlin: de Gruyter: 397-413.

Brown, G./Yule, G. (1983), *Discourse Analysis*. Cambridge: University Press.

Cepeda, M. S. et al. (2008), Emotional Disclosure Through Patient Narrative May Improve Pain and Well-Being: Results of a Randomized Controlled Trial in Patients with Cancer Pain. In: *Journal of Pain and Symptom Management* 35/6, 623-631.

Charon, R. (2001), Narrative Medicine: A Model for Empathy, Reflection. In: *JAMA* 286/16, 1897-1902.

Clandinin, D. J. (2007), 《내러티브 탐구. 교육에서의 질적 연구의 경험과 사례》(소경희 역). 교육과학사.

Combs, G./Friedman, Z. (2009), 《이야기치료》(전영주·정혜정 역). 학지사.

Coseriu, E. (1980), *Textlinguistik. Eine Einführung*. 2. durchges. Aufl. Tübingen: Narr(《텍스트언어학》, 신익성 역, 1995).

Creswell, J. W. (2010), 《질적 연구방법론》(조흥식 외 역). 학지사.

de Beaugrande, R.-A./Dressler, W. U. (1981), *Einführung in die Textlinguistik*. Tübingen: Niemeyer(《담화. 텍스트언어학입문》, 김태호·이현호 역, 1995)

De Fina, A./Schiffrin, D./Bamberg, M. (2006): *Discourse and Identity.* Cambridge University Press.

Dixon-Woods, M./ Shaw, R. L./ Agarwal, S./Smith J. A. (2012), The problem of appraising qualitative research. qualitysafety.bmj.com

Eggs, E. (2000), Vertextungsmuster Argumentation. In: K. Brinker/G. Antos/W. Heinemann/S. F. Sager (Hg.), *Text- und Gesprächslinguistik. Ein internationales Handbuch zeitgenössischer Forschung*. 1. Halbband. "Textlinguistik". Berlin: de Gruyter: 397-413.

Ehlich, K. (Hg.) (1980), *Erzählen im Alltag*. Frankfurt am Main: Suhrkamp.

Freeman, M./deMarrais, K./Preissle, J./Roulston, K./St Pierre, E. A. (2007), Standards of Evidence in Qualitative Research: *An Incitement to Discourse Educational Researcher* 36/1, 25-32.

Garden, R. (2008), Expanding Clinical Empathy: An Activist Perspective. In: *J Gen Intern Med* 24/1, 122–125.

Georgakopoulou, A. (2006), Thinking big with small stories in narrative and identity analysis. In: *Narrative Inquiry* 16/1, 122-130.

Gubrium, J. F./Holstein, J. A. (2009), *Analyzing narrative reality*. London: Sage.

Gülich, E./Hsendorf, H. (2000), Vertextungsmuster Narration. In: K. Brinker/G. Antos/S. F. Sager/W. Heinemann (Hg.), *Text- und Gesprächslinguistik. Ein internationales Handbuch zeitgenössischer Forschung*. 1. Halbband. Berlin: de Gruyter, 369-385.

Gülich, E./Quasthoff, U. (1985), Narrative analysis. In: T. A. van Dijk (ed.), *Handbook of discourse analysis*, Vol. 2: Dimensions of discourse. London: Academic Press, 169-197.

Heinemann, W. (2000), Vertextungsmuster Description. In: K. Brinker/G. Antos/S. F. Sager/W. Heinemann (Hg.), *Text- und Gesprächslinguistik. Ein internationales Handbuch zeitgenössischer Forschung*. 1. Halbband. Berlin: de Gruyter, 356-368.

Heinemann, W./Viehweger, D. (1991), *Textlinguistik. Eine Einführung*. Tübingen: Niemeyer (《텍스트언어학 입문》, 백설자 역, 2001).

Heinemann, W. (2000) Vertextungsmuster Description. In: K. Brinker/G. Antos/S. F. Sager/W. Heinemann (Hg.), *Text- und Gesprächslinguistik. Ein internationales Handbuch zeitgenössischer Forschung*. 1. Halbband. "Textlinguistik". Berlin: de Gruyter: 356-368.

Helbig, G. (1990), *Entwicklung der Sprachwissenschaft seit 1970*. 2. unveränd. Aufl. Opladen: West deutscher Verlag.

Herman, D./Jahn, M, Ryan, M.-L. (eds.) (2007), *Rouledge encyclopedia of narrative theory*. London/New York: Taylor & Francis.

Hoffmann, L. (1983), Berichten und Erzählen. In: K. Ehlich (Hg.), *Erzählen in der Schule*. Tübingen: Narr, 55-66.

Honneth, A. (2011), 《인정투쟁 — 사회적 갈등의 도덕적 형식론》(이현재·문성훈 역). 사월의 책.
Jacobson, R. (1971), Results of the Ninth International Congress of Linguistics. In: Selected Writings II. Word and Language. *The Hague: Mouton*, 593-604.
Jahr, S. (2000), Vertextungsmuster Explikation. In: K. Brinker/G. Antos/S. F. Sager/W. Heinemann (Hg.), *Text- und Gesprächslinguistik. Ein internationales Handbuch zeitgenössischer Forschung*. 1. Halbband. Berlin: de Gruyter, 385-398.
Kallmeyer, W. and Schütze, F. (1977), Zur Konstitution von Kommunikationsschemata der Sachverhaltsdarstellung, in D. Wegner (ed), *Gesprächsanalysen*. Hamburg:Buske, 159-274.
Klein, J. (2001), Erklären und Argumentieren als interaktive Gesprächsstrukturen. In: K. Brinker/G. Antos/S. F. Sager/W. Heinemann (Hg.), *Text und Gesprächslinguistik* (2. Halbband). Berlin: de Gruyter, 1309-1329.
Korobov, N. (2001), Reconciling Theory with Method: From Conversation Analysis and Critical Discourse Analysis to Positioning Analysis. In: *Forum qualitative Sozialforschung* 2/3, Art. 41.
Kraus, W. (2006), The narrative negotiation of identity and belonging. In: *Narrative Inquiry* 16/1, 103-111.
Kritz, J. (2000), Inhaltsanalyse (Content Analysis). In: K. Brinker/G. Antos/S. F. Sager/W. Heinemann (Hg.): *Text- und Gesprächslinguistik. Ein internationales Handbuch zeitgenössischer Forschung*, 1. Halbband "Textlinguistik". Berlin: de Gruyter, 220-225.
Labov. W./Waletzky, J. (1967/1997), Narrative analysis: Oral versions of personal experience. In: J. Helm (ed.), *Essays on the verbal and visual arts*. Seattle: Washington University Press, (reprinted in: Journal of Narrative and Life History, 7, 3-38), 12-44
Levinson, S. C. (1983), *Pragmatics*. Cambridge: University Press(《화용론》, 이익환·권경원 역, 1993).
Lucius-Hoene, G. (2000), Constructing and Reconstructing Narrative Identity. In: *Forum qualitative Sozialforschung* 1/2, Art. 18.
Lucius-Hoene, G./Deppermann, A. (2004), *Rekonstruktion narrativer Identität. Ein Arbeitsbuch zur Analyse narrativer Interviews*. 2. Aufl(《이야기분석》, 박용익 역, 2011).
Mann, J. J./Apter A./Bertolote, J. et al. (2005), Suicide Prevention Strategies: A Systematic Review. In: *JAMA* 294/16, 2064-2074.
Mead, G. H. (2010), 《정신 자아 사회 — 사회적 행동주의자가 분석하는 개인과 사회 (나은영 역). 한길사.

Mehl-Madrona, L./Hartmann, Th. (2011), *Narrative Medicine: The Use of History and Story in the Healing Process*. Bear & Company.

Michel, K. et. al. (2002), Discovering the truth in attempted suicide. In: *American journal of psychotherapy* 56/3, 424-437.

Motsch, W. (2000), Handlungsstrukturen von Texten (Illocutionary structures of texts). In: K. Brinker/G. Antos/S. F. Sager/W. Heinemann (Hg.), *Text- und Gesprächslinguistik. Ein internationales Handbuch zeitge- nössischer Forschung*, 1. Halbband "Textlinguistik". Berlin: de Gruyter, 414-421.

Nentwich, J. C. (2009), Zwischen Provokation und Anpassung: Handlungsmachtigkeit als diskursive Positionierung. In: *Forum qualitative Sozialforschung* 10/3, Art. 8.

Pasupathi, M./Wainryb, C. (2010), Developing Moral Agency through Narrative. In: *Human Development* 53, 55-80.

Polkinghorne, D. E. (2009), 《내러티브, 인문과학을 만나다. 인문과학연구의 새지평》 (강현석 역). 학지사.

Pulkkinena, M.-L./Aaltonena, J. (2003), Sense of agency in narrative processes of repeatedly convicted drunk drivers. In: *Counselling Psychology Quarterly* 16/2, 145–159.

Quasthoff, U. (2001), Erzählen als interaktive Gesprächsstruktur. In: K. Brinker/G. Antos/S. F. Sager/W. Heinemann (Hg.), *Text und Gesprächslinguistik* (2. Halbband). Berlin: de Gruyter, 1239-1309

Quasthoff, U. (2001), Erzählen als interaktive Gesprächsstruktur. In: K. Brinker/G. Antos/S. F. Sager/W. Heinemann (Hg.), *Text- und Gesprächslinguistik. Ein internationales Handbuch zeitgenössischer Forschung*. 2. Halbband "Gesprächslinguistik". Berlin: de Gruyter: 1239-1302.

Rebecca, G. (2007), Expanding Clinical Empathy: An Activist Perspective. In: *J Gen Intern Med* 24(1), 122-125.

Rebecca, G. (2007), The Problem of Empathy: Medicine and the Humanities. In: *New Literary History* 38, 551-567.

Rehbein, J. (1983), Beschreiben, Berichten und Erzählen. In: K. Ehlich (Hg.), *Erzählen in der Schule*. Tübingen: Narr, 67-124

Riessman, C. K. (2005), Narrative Analysis. In: *Narrative, Memory & Everyday Life*. University of Huddersfield, Huddersfield, 1-7.

Roßbach, B. (2010), Linguistische Aspekte narrativer Texte. 《독일문학》 114, 319-338.

Sandig, B. (1986), *Stilistik der deutschen Sprache*. Berlin/New York: de Gruyter.

Schütze, F. (1984), Kognitive Figuren des autobiographischen Stegreiferzählens. In: M. Kohli/R. Günter (Hg.), *Biographie und soziale Wirklichkeit. Neue Beiträge und Forschungsperspektiven*. Stuttgart: Metzler, 78-117.

Searle, J. R. (1969), *Speech acts. An essay in the philosophy of language*. Cambridge: University Press(《언화행위》, 이건원 역, 1991).

Stack, S./State, W. (2000), Media impacts on suicide: a qualitative review of 293 findings. In: *Social science quarterly* 81/4, 957-970.

Stein, M. (2007): The Lonely Patient, William Morrow.

Talseth, A.-G./Gilje, F./Norberg, A. (2001), Being Met - A Passageway to Hope for relatives of patients at risk of committing suicide: a phenomenological hermeneutic study.

Tirado, F./Galvez, A. (2007), Positioning Theory and Discourse Analysis: Some Tools for Social Interaction Analysis. In: *Forum qualitative sozialforschung* 8/2, Art. 31.

Tracy, K. (2002): Everyday Talk: Building and Reflecting Identities, The Guilford Press.

van Dijk, T. A. (1980) *Textwissenschaft. Eine interdisziplinäre Einführung*. Tübingen: Niemeyer (《텍스트학》, 정시호 역, 2001).

Vater, H. (1994), *Einführung in die Textlinguistik: Struktur, Thema und Referenz in Texten*. 2., überarb. Aufl. München: Fink(《텍스트언어학입문》, 이성만 역, 1994).

von Stutterheim, Ch./Kohlmann, U. (2001), Beschreiben im Gespräch. In: K. Brinker/G. Antos/W. Heinemann/S. F. Sager (Hg.), *Text- und Gesprächslinguistik. Ein internationales Handbuch zeitgenössischer Forschung*. 2. Halbband "Gesprächslinguistik". Berlin: de Gruyter, 1279-1292.

Watson, C. (2007), Small stories, positioning analysis, and the doing of professional identities in learning to teach. In: *Narrative Inquiry* 17/2, 371-389.

White, M. (2010), 《이야기 치료의 지도》(허남순·이선혜·정슬기 역). 학지사.

Woods, P. (2006), *Qualitative Research*. University of Plymouth.

찾아보기

그들은 왜 자살을 생각하게 되었는가

자살시도 요인에 대한 텍스트언어학적 질적 연구

초판발행1쇄	2015년8월31일
지은이	박용익
펴낸곳	**고려대학교출판문화원**
	www.kupress.com
	kupress@korea.ac.kr
	02841 서울특별시성북구안암로 145
	02-3290-4230, 4232
	Fax 923-6311
찍은곳	네오프린텍(주)

ISBN 978-89-7641-887-6 93330

값 36,000원

* 잘못 만들어진 책은 바꿔드립니다.